“十二五”国家重点图书

近代中国经济思想史

下册

叶世昌　孙大权　丁孝智　著

上海财经大学出版社

图书在版编目(CIP)数据

近代中国经济思想史.下册/叶世昌,孙大权,丁孝智著.—上海:上海财经大学出版社,2017.1

("十二五"国家重点图书)

ISBN 978-7-5642-2594-0/F·2594

Ⅰ.①近… Ⅱ.①叶…②孙…③丁… Ⅲ.①经济思想史-中国-近代

Ⅳ.①F092.6

中国版本图书馆CIP数据核字(2016)第266631号

□ 责任编辑 施春杰

□ 书籍设计 钱宇辰

JINDAI ZHONGGUO JINGJI SIXIANG SHI

近代中国经济思想史

下 册

叶世昌 孙大权 丁孝智 著

上海财经大学出版社出版发行

(上海市中山北一路369号 邮编200083)

网 址:http://www.sufep.com

电子邮箱:webmaster @ sufep.com

全国新华书店经销

江苏凤凰数码印务有限公司印刷装订

2017年1月第1版 2018年4月第2次印刷

787mm×1092mm 1/16 28.25印张 492千字

定价:98.00元

下册说明

以按人物为体例的中国经济思想史著作，其中的近代部分，过去实际上都是以1919年为下限。1919至1949年部分，成系统的著作一直空缺。前辈中国经济思想史学家已为中国经济思想史学科的发展作出了重要的贡献，我年纪较轻（现在也已奔九了），很想将这种体例的经济思想史研究史前进一步，能写成一部延续到1949年的中国经济思想史著作。经过多年的曲折发展，在一些年轻学者的参与下，经反复修改，到今天终于能正式出版。本册作者以三人署名，实际作者更多，请见以下说明。

1993年我申请到国家教委"八五"研究规划课题"20至40年代的中国经济思想"后，即组织本学科的博士生、硕士生们分工研究并撰写初稿。因他们在校的时间不长，又要撰写学位论文，不可能全身心投入，大多只能交出一两篇稿子，只有博士生丁孝智写了多篇，本书采用作为初稿的有李大钊、毛泽东、张闻天、蒋介石、孔祥熙、王学文、伍启元的经济思想。其余博士生，张远写了薛暮桥、苗欣宇写了陈翰笙、欧阳文和写了许涤新的经济思想。硕士生中，童丽写了章乃器的经济思想，傅学良写了陈长蘅等的人口思想。马涛博士来复旦大学经济学院任教后，写了李达的经济思想。以上各稿除陈长蘅稿外，都经我的修改和补充。我还写了王亚南的经济思想和总论（后者相当于本册首章的第一节）。虽然有了这一些，但离目标的完成还有很大的距离。

2005 年，孙大权博士被批准进入复旦大学理论经济学博士后流动站学习和研究中国经济思想史，我是他的联系导师。2007 年出站后留校任教，我建议他参加本书的撰写工作。孙大权掌握大量民国时期的经济学史料，又学习了经济学基本理论，是继续完成本书的合适人选。从 2005 年起，我受聘为国家《清史·金融篇》的项目主持人，后来又作为《钱法篇》的主审专家，历时数载，书稿的完成就要更多地依靠孙大权了。他为本书撰写了首章（第四章）的第二节、第三节，以及马寅初、刘大钧、何廉、谷春帆、唐庆增、陈长蘅、翁文灏、董时进、顾翊群、张培刚 10 人的经济思想，完成书稿 23 万余字（其中，陈长蘅部分是在傅学良稿基础上补充修改而成的）。以上稿子的大部分内容已由他写成论文提交学术会议交流或在学术期刊发表。

以上两部分书稿是完成下册稿的基础。我在完成本书上册的定稿以后，就转而对下册进行统稿。除重新校对所有的引文外，还对论述的内容作了一些修改和补充。孙大权也参与协助。下册的研究对象中，有不少人的经济思想在 1949 年以后还有新的发展，本册除介绍研究对象的生平方面不受 1949 年的限制外，对其经济思想的介绍和分析一律以 1949 年 10 月 1 日中华人民共和国成立时为下限，其后的经济思想一般不予涉及。1919 年以后，中国的经济思想有很大的发展。下册所选的人数有限，还谈不上完整。我们希望有更多的研究成果出现，使中国近代经济思想史的研究成果更加丰富。

下册的写作，除 1993 年国家教委资助的项目经费外，作者孙大权曾得到教育部“高等学校全国优秀博士学位论文专项资金资助项目”和上海市教育委员会“科研创新重点项目”的经费支持。复旦大学“金秋项目”的资助对象主要是下册。上海财经大学出版社出版本书，使中国近代经济思想史有更完整的著作与读者见面。谨代表本册的作者们向上述各方表示衷心的感谢！

叶世昌

2016 年 8 月

目录

第四章　五四运动至新中国成立时期的经济思想

第一节　官僚资本的形成和新民主主义革命的胜利

五四运动的结果之一是1921年诞生了中国共产党，随后达成了中国第一次国共合作。1926年7月，广州国民政府开始北伐战争，节节胜利。在1927年上海工人武装起义成功以后，蒋介石集团即在上海发动“四一二”政变，另立国民党中央和国民政府，定都南京；中国共产党则建立了自己的武装，成立苏维埃政权。1930至1934年，国民政府先后对苏区进行五次军事“围剿”。1934年10月，红军突围，开始长征。1935年10月，红军在陕北建立革命根据地。在国民政府统治区，还多次发生政府军与地方军事势力的战争。

1931年9月，日本占领沈阳，进而占领中国东北，建立伪政权，并将侵略势力向华北扩张。中国人民的抗日呼声高涨，1935年爆发了“一二·九”爱国运动。1936年12月12日发生西安事变，蒋介石被主张抗日的张学良、杨虎城将军领导的军队拘押。在中国共产党的参与调处下，事变和平解决，为国、共两党的第二次合作创造了条件。

国民政府成立之初，曾采取一些措施发展经济。1928至1930年，相继与美、德、意、英、法、日等国签订了新的关税条约，中国获得了一定的关税自主权。国民政府实施差别税率，最高关税提高到 80%，关税收入大幅增长，一定程度上保护了国内的幼稚产业。1930 年裁除厘金，改征统税。厘金的废除方便了商业流通，统税的征收使政府获得了另一重要财源。

南京国民政府成立至 1937 年抗日战争爆发的 10 年间，虽然国家并没有真正的统一，但在国民政府统治区，经济有了发展。这种发展是不平衡的，主要是在城市，农村的经济则更趋凋敝，资金逐渐向城市集中，特别是向上海等大城市集中。1929 年开始的世界经济危机，使中国以出口为主的行业（如生丝、茶叶、豆类等）的生产受到很大的打击，华侨的汇款也因其所在国的经济危机而大减，这些都导致中国国际收支的恶化。但中国是以银为货币的国家，白银的购买力随着国际市场银价的下跌而降低，以银计算的物价因而上涨，这对世界经济危机对中国的消极影响起了一些抵消作用。而 1931 年 9 月英国放弃金本位制，英镑贬值，银价上涨；中国国内又发生大水灾，1932 年还发生了“一二八”淞沪抗战，这些因素促使中国经济转向了萧条。

中国的币制，两、元并用的局面到国民政府初期仍未改变。1928 年，国民政府邀请美国甘末尔（E. W. Kemmerer）教授来华调查财政和货币问题，次年 2 月，甘末尔偕专家、助手、秘书等来华，至 11 月向财政部长宋子文提交《中国逐渐采行金本位币制法草案》。这一建议并未实行，但其中提出的货币单位含纯金 0.601 866 克，于 1930 年被确定为海关金单位（关金）的计算标准。1932 年上海建成了中央造币厂。1933 年 3 月 8 日，财政部颁布《银本位币铸造条例》，4 月 6 日在全国实行废两改元，即废除银两制度，实行银本位制。《条例》规定，银本位币重 26.697 1 克，成色 88%，含纯银 23.493 448 克。本位币一面为孙中山像，一面为帆船图案，俗称“船洋”。旧银元在一定期限内仍准与本位币同时使用。本位币照例应允许自由铸造，即由造币厂代铸，请求代铸者要付少量的铸造费，国民政府规定的铸造费高达 2.25%。另外，为了节省时间，还规定中央造币厂可铸造成色为 999‰，相当于 1 000 元银元之含银量的厂条。废两改元取得了成功，使中国的货币制度前进了一步。

但时，中国实行银本位制之日，正是国际上普遍放弃金本位制之时，可谓生不逢时。1933 年 4 月美国放弃金本位制，8 月起向国外高价收买白银，造成中国白银的大量外流，于是中国在原来萧条的基础上又形成了 1934 至 1935 年的金融危机。上海是中国的金融中心，自然首当其冲。在危机期间，银根紧缺，利率高涨，物价下跌，不少银行、企业倒闭，工人失业增加，富豪破产相继，甚至有因经济困难而全家自杀者。为了解救金融危机，国民政府发行了 1 亿元金融公债，增加中央银行资本及中国银行和交通银行的官股，还将豫鄂皖赣四省农民银行改组为中国农民银行，加上中央信托局和邮政储金汇业局，形成了以“四行二局”为首的金融垄断系统。

在美国收购白银的压力之下，中国非放弃银本位制不可。1935 年 11 月 3 日晚，财政部发布《施行法币布告》，宣布从 11 月 4 日起，以中央、中国、交通三银行（后又加中国农民银行）发行的钞票为法币，不得行使现金，机关或个人持有的银币或生银等类交发行准备管理委员会或其指定银行兑换法币，中央、中国、交通三银行无限制买卖外汇以稳定汇价。从此中国进入了纸币流通制度时期。法币政策统一了混乱的币制，切断了国际银价上涨对中国货币金融的冲击，使中国的物价开始恢复性地上涨，刺激了经济的复苏和发展，很快走出了金融危机。但国民政府的财政不能平衡，不兑现的纸币流通也为实行持续的通货膨胀政策准备了条件。

1937 年“七七事变”爆发后，中国经济逐渐转入战时统制经济。国民政府动员组织了大批沿海工厂随政府西迁，促进了西部经济的开发。国共两党联合抗日，其间国民政府曾发动三次反共高潮，但共同抗战的局面仍继续维持。国统区的恶性通货膨胀，物价上涨，成为人们普遍关心的问题，也是当时学者讨论经济问题的重要内容之一。而官僚资本势力则大发国难财，不断壮大，控制了国统区的经济命脉。

1945 年 8 月 15 日，日本宣布无条件投降。胜利后，国、共双方代表曾在重庆会谈，签订了《双十协定》。但国民党政府坚持以武力消灭中国共产党的政策，使内战重启。国民党政府战事频频失利，财政极度恶化，物价飞涨。1948 年 8 月实行所谓“币制改革”，发行金圆券，以 1∶300 万的比价收兑法币，并强制收兑民间的金、银、外币。币改以后，物价更如脱缰野马，一日数涨，百姓怨声载道。1948 年 8 月 21 日（金圆券的实际发行日期）的法币发行数字达 6 636 946 亿元，至 1949 年 6 月的金圆券发行数字达 1 303 046亿元[①]。如将金圆券转换成法币，则为 1937 年 6 月法币发行量 14.1 亿元的2 772.44亿倍[②]。从物价上涨来看，如以 1937 年 1～6 月的上

---

① 法币的发行数字据吴冈：《旧中国通货膨胀史料》，上海人民出版社 1958 年版，第 96 页。金圆券的发行数字据中国人民银行总行参事室编：《中华民国货币史资料》第 2 辑，上海人民出版社 1991 年版，第 597 页。

② 计算式为：(1 303 046 亿×3 000 000＋6 636 946 亿)÷14.1 亿＝2 772.44 亿（小数点后取两位数）。

海批发物价为1,至1948年8月21日的上海批发物价指数为4 927 000;金圆券的物价指数从1开始重新计算,至1949年5月第1周的上海批发物价指数为2 102 000[①]。将金圆券的物价指数乘以300万,可得出1937年上半年至1949年5月第1周的上海批发物价总指数为63 060亿,即上海的批发物价上涨了63 060亿倍,而这还不是上海、更不是全国物价上涨的最后数字。

在解放区,中国共产党实行新民主主义制度,实施"发展经济,保障供给"等政策。各解放区银行发行的纸币,虽也有贬值的问题,但都是有限度的,同国统区纸币贬值的一泻千里形成了鲜明的对比。1948年12月成立了中国人民银行,发行人民币,按不同比价收兑各解放区旧币,为建立新中国统一的货币金融制度奠定了基础。1949年10月1日中华人民共和国成立,标志着国民党政府在大陆的彻底失败和中国新民主主义革命的胜利。

第二节　经济学科的繁荣

一、经济类著作

1919至1949年是中国经济学和西方经济学完成接轨的时期,西方各种资产阶级经济学说都在中国传播,马克思主义经济学也在中国发生着深刻的影响。其间,出版的经济学科著作很多,发表的经济论文更多。1936年,经济学家赵兰坪指出:1934至1935不到两年的时间,"关于币制、白银、经济、金融之论战文字,据吾人所知,约有五六千篇"[②]。1936年9月,南开大学经济研究所图书室所藏中文经济类书籍即达5 512册[③]。由此可见当时经济学界的盛况。要搞清这一时期中国经济思想的来龙去脉十分不易,这是关于此30年的中国经济思想史综合性研究成果较少的重要原因。

对该时期的经济学科论著进行统计分析,可以加深对中国近代经济学发展状况的了解。以下列表说明1919至1949年的中国经济学科著作的出版情况(见表4—1)。

---

① 吴冈:《旧中国通货膨胀史料》,上海人民出版社1958年版,第162、163页。

② 赵兰坪:《最近吾国经济论战之回忆》,《时事月报》第14卷第2期(1936年)。

③ 《十年来之南开大学经济研究所》,南开大学1937年版,第17页。

表 4—1　　1919～1949 年中国经济类著作统计①　　单位:种

出版年份	年总数	编　述	专　著	编　著	翻　译
1919	72	50	9	1	12
1920	105	71	13	1	20
1921	99	67	13	2	17
1922	113	76	18	0	19
1923	149	99	33	2	15
1924	135	83	24	1	27
1925	190	141	25	6	18
1926	159	103	35	7	14
1927	228	130	65	2	31
1928	369	233	72	11	53
1929	598	328	138	20	112
1930	723	437	127	16	143
1931	624	402	137	17	68
1932	563	357	114	16	76
1933	802	503	177	26	96
1934	924	582	219	35	88
1935	980	664	186	36	94
1936	988	616	224	39	109
1937	760	445	191	34	90
1938	531	305	153	31	42
1939	577	331	139	42	65
1940	719	438	172	45	64
1941	722	479	171	38	34
1942	576	383	127	39	27
1943	703	459	162	45	37
1944	503	263	157	44	39
1945	368	237	89	18	24
1946	592	435	104	31	22

① 孙大权:《中国经济学的成长:中国经济学社研究(1923—1953)》,上海三联书店 2006 年版,第 353、354 页。

续表

出版年份	年总数	编　述	专　著	编　著	翻　译
1947	882	673	128	39	42
1948	837	609	155	40	33
1949	419	242	83	7	87
年份不明①	3 007	2 507	303	90	107
合　计	19 017	12 748	3 763	781	1 725

资料来源:北京图书馆编:《民国时期总书目·经济(1911—1949)》,书目文献出版社1993年版;谈敏主编:《中国经济学图书目录(1900—1949)》,中国财经出版社1995年版。

从表4—1中的出版总数分析,1919至1949年间中国经济学著作总数达19 017种。在当时的出版条件下,对于一种新引进的学科来说,数量是相当惊人的。南京国民政府成立后,经济学著作增长尤快。出版著作的高峰是1934、1935、1936三年,每年都达900多种。1937年后受抗战影响,经济学著作有所减少。从著述方式分析,编述类和编著类总和为13 529种,占总量的71.1%,居第一;专著类为3 763种,占总量的19.8%;翻译类为1 725种,占总量的9.1%。自撰与翻译的比率约为91∶9,由此可以认为,本时期中国经济学界的著述已摆脱了完全贩运外国著作的"述而不作"阶段,进入模仿与研究时期,是以述为主的有述有作。

本时期中国经济学的翻译书中,能肯定原著国别的有日本472种、美国299种、苏联246种、英国239种、德国100种、法国64种,反映了这6个国家的经济学著作对中国有重要影响。这种影响与这些国家的经济学水准没有明显的对应关系,而同这些国家对中国的整体影响特别是政治文化影响直接相关。日本著作在中国翻译最多,这与近代日本对中国的影响、留日学生多有关。英、美对中国的影响也很大。苏联产生以后,为中国革命者所向往,学习马克思列宁主义要以苏联为桥梁。这样,中国在经济学的翻译上也表现出日、苏、英美这三大势力的角力场的特点。1928至1940年为经济学翻译出版的高峰,每年的出版数均超过50种。1941至1948年因通货膨胀和时局动荡,翻译的数量有较大程度的下降。1949年新中国成立前夕,翻译苏联经济学著作达57种,显示中国正在进入学习苏联的新时期。

近2万种经济图书中,到底有多少有分量的著作呢?1946年方显廷在

① 出版年份不明的著作中可能包含1918年前出版的著作。

《二十年来之中国经济研究》[①]一文中提出了150余种中国经济名著。著作者包括政府机构以及外国在华经济学者。内容包括经济史、经济地理、人口、土地与农业、农业、工业、矿业、劳工、商业贸易、交通、中国货币史、中国的银行及银行史、白银与中国币制改革、外汇侨汇及外人在中国投资、财政史、财政问题、公债、赋税、岁计与会计、统计物价及物价指数、一般经济、经济计划、外人在华经济势力23类。1994年叶世昌主编《中国学术名著提要·经济卷》的《现代编》，简述了58种经济学名著[②]。两者所列名著不尽相同，可以互为补充和参考。

二、经济类期刊

经济类期刊是经济学家及时发表论文的载体。1936年，张肖梅统计中国经济研究机构达248家，每个研究机构几乎都办有刊物，有些机构还办有多种刊物[③]。1936年9月，南开大学经济研究所图书室所藏中文经济类杂志达1 018卷，共有中文杂志420种[④]。以下将本时期经济类期刊每年的创刊数列表于下(见表4—2)。

表4—2　　1919～1949年经济类期刊每年创刊数统计　　单位:种

年份	数量	年份	数量	年份	数量	年份	数量	年份	数量
1919	19	1926	27	1933	67	1940	89	1947	164
1920	19	1927	40	1934	95	1941	126	1948	142
1921	26	1928	57	1935	78	1942	102	1949	59
1922	21	1929	95	1936	103	1943	95		
1923	22	1930	53	1937	76	1944	71		
1924	18	1931	70	1938	65	1945	60		
1925	21	1932	68	1939	93	1946	147	合计	2 376

资料来源:《1833—1949全国中文期刊联合目录》，书目文献出版社1981年版;国家图书馆、上海图书馆编:《1833—1949年全国中文期刊联合目录:补充本》，中央民族大学出版社2000年版。还有一些经济类期刊无创刊日期，未统计在内。

---

① 《财政评论》第16卷第1期(1947年)。

② 叶世昌主编:《中国学术名著提要·经济卷》，复旦大学出版社1994年版。该书《现代编》所收著作的出版时间从1917年至1949年。

③ 中国国民经济研究所编:《中国公私经济研究机关及其出版物要览》，中国国民经济研究所1936年版。

④ 《十年来之南开大学经济研究所》，南开大学1937年版，第17页。

上述 2 376 种经济期刊没有包括社会科学综合期刊，如《社会科学杂志》、《社会科学季刊》等，也没有包括各大学的学报。当时发表经济论文还有另一重要阵地——时论综合期刊，如《东方杂志》、《新中华杂志》、《学艺》、《中央时事周报》、《复兴月刊》、《中山文化教育馆季刊》、《独立评论》、《文化建设月刊》、《时事内编(半月刊)》、《时事月报》、《申报月刊》、《文化建设》、《新路》、《观察》、《中华月报》、《国闻周报》等，也未包括在内。

从表 4—2 可知，1928 年后创刊数量大幅增加，每年均达 50 种以上，最高为 1946 至 1948 三年，每年创刊均超过 140 种以上。本时期经济期刊每年创刊数为一典型的上升曲线，基本上反映了中国经济学的成长轨迹。

在 2 376 种经济期刊中，能坚持出刊两年以上的较少。那么，到底有多少重要的有影响力的期刊呢？1946 年方显廷在《二十年来之中国经济研究》一文中列举了 133 种著名期刊，其中：普通经济期刊 26 种，如《经济学季刊》、《社会科学杂志》、《经济汇报》、《新经济》等；专门经济期刊 107 种，如经济史类的《食货》、土地类的《地政月刊》、工矿类的《资源委员会季刊》、金融类的《银行周报》、财政类的《财政评论》、统计类的《统计月报》等。这 133 种重要经济类期刊，类似于今日的“核心期刊”。

三、报纸经济专栏

报纸为当时经济学家发表论文的另一重要场所。各大报纸的时评、社评、专栏发表了大量有影响力的经济论文，如《大公报》时评和星期论文，以及《中央日报》、《申报》等报的专论都是引领舆论者。据上海图书馆统计，报纸经济专栏总量达 364 种，其具体类别见表 4—3。

表 4—3　　1919～1949 年报纸经济专栏分类统计　　单位：种

类　别	数　量	类　别	数　量	类　别	数　量
工商业	113	经济建设	12	统　计	3
经济总论	103	会　计	8	国防经济	2
农　业	39	国际经济	6	合　作	2
金　融	27	管　理	6	市政建设	2
交通、邮电	19	计　政	4	房地产	2
财　政	13	战时经济	3	合　计	364

资料来源：上海图书馆编：《上海图书馆馆藏中文报纸副刊目录》(1898—1949)，上海图书馆 1985 年版，第 43～53 页。

从表4—3可知，报纸经济专栏以工商业和经济总论最多。报纸最早举办经济专栏的有1919年4月开办的《时报·实业周刊》、1920年1月开办的《时事新报·工商之友》；影响较大的有1933年3月南开大学经济研究所主办的《大公报·经济周刊》、1932年12月开办的《申报·经济专刊》。报纸经济专栏各年份的创刊数见表4—4。

表4—4　　1919～1949年报纸经济专栏每年创刊数量统计　　单位：种

年　份	数　量	年　份	数　量	年　份	数　量
1919	1	1930	4	1941	12
1920	2	1931	4	1942	5
1921	1	1932	5	1943	13
1922	1	1933	9	1944	10
1923	2	1934	28	1945	17
1924	2	1935	17	1946	54
1925	2	1936	12	1947	51
1926	1	1937	12	1948	31
1927	3	1938	3	1949	10
1928	16	1939	24		
1929	6	1940	6	合　计	364

资料来源：同表4—3。

从表4—4可知，经济专栏在20世纪20年代创办的有36种，30年代创办的有118种，40年代创办的有209种。40年代中国虽处于战乱时，报纸经济专栏却是最繁荣的时期。

第三节　中国经济学界的状况和主要争论问题

一、中国经济学界的状况和发展经济学的形成

1919至1949年的中国经济学界主要有三大派别，即西方经济学中的新古典经济学、马克思主义经济学和民生主义经济学。中国传统经济思想仍在发生作用，但它的理论和概念已经丧失了独立形态，而附属于上述三大派别。由于中国政权的不统一，中国的经济思想也不能定于一尊，形成了百家争鸣的局面。

中国经济学界的英美派信奉新古典经济学，他们是当时中国经济学界的主流。该派以资本主义私有制为前提，研究如何发展资本主义经济，防止经济波动，实现中国的资本主义工业化。此派以马寅初的《中国经济改造》为代表作，主要的学术社团为中国经济学社，在学术界以及对国家经济政策都有很大影响。

中国的马克思主义经济学以半殖民地半封建的生产关系为主要研究对象，揭露其矛盾和走向毁灭的规律，以建设和发展新民主主义社会为近期目标。陈翰笙、薛暮桥等组织的中国农村经济研究会是马克思主义经济学家的主要学术团体。毛泽东的《新民主主义论》和王亚南的《中国经济原论》为这一派的代表作。马克思主义经济学是中国共产党及其支持者指导经济建设的理论，苏联的经验是这一派学习的榜样。

民生主义经济学源于孙中山的民生主义，兴起于抗战时期的国统区。此派主张将平均地权、节制资本等理论学理化，建立一个既反对马克思主义又反对资本主义经济学的新经济学体系。蒋介石的《中国经济学说》被称为民生主义经济学的代表作。经济学家祝世康组织成立了民生主义经济学社，发行《经济论衡》杂志，出版民生主义经济学系列丛书。鼓吹民生主义经济学的经济学家主要是与国民政府联系紧密者，如立法院的陈长蘅、楼桐荪、吴尚鹰与陈伯庄等。民生主义经济学是具有国民党官方意识形态性质的经济学。

中国几千年的传统经济思想在"五四"新文化运动后影响大为削弱。总体来看，传统经济思想作为潜流通过流行的经济思想而表现出来。三大流行经济学派对传统经济思想的态度不同。民生主义经济学提倡宣传中国固有道德，提出"发扬旧道德，建设新中国"的口号。英美派经济学家马寅初等偏向于批评传统思想，唐庆增进而提出整理旧思想、建立新经济科学的主张。马克思主义经济学家对传统经济思想也主要持否定态度，针对这一情况，毛泽东曾批评中国的马克思主义学者"言必称希腊"[①]，只知道引述外国人的观点，忘掉了自己的祖宗，提出对传统文化应采取去其糟粕、取其精华的态度。

不同经济观点的存在就会产生争论，或点名批评，或只是正面宣传自己的观点。蒋介石的《中国经济学说》批评共产主义和自由主义经济学都不适用于中国。马克思主义学者许涤新批判全体主义和庸俗经济学，王亚南彻

---

① 《改造我们的学习》，《毛泽东选集》第3卷，人民出版社1991年版，第797页。

底否定古典经济学以外的所有西方经济学。早期的马寅初既反对马克思的劳动价值论,又反对孙中山的节制资本主张;后来他还批评阎锡山的物产证券和按劳分配理论,批评国民政府宣布新货币制度(法币)绝非通货膨胀之说不能成立等。中国马克思主义经济学派与民生主义经济学派由于有很强的政治背景,对立更加明显。新古典经济学者人数众多,多数采取多谈问题、少谈主义的研究取向,不直接参加争论。

除上述三种经济学派别之间的争论外,每种派别内部也有观点的分歧。英美派经济学内部就存在因留学国别的不同而接受了不同经济学教育的现象,马尔萨斯(T. R. Malthus)、亚当·斯密(A. Smith)、马歇尔(A. Marshall)、德国历史学派、美国制度学派、凯恩斯(J. M. Keynes)、哈耶克(F. A. Hayek)等各种思想在中国均有信奉者和宣传者。其中也有一些经济学家并不以照搬西方经济学为满足,而是探索中国的富强之路,提出了很多有创造性的经济建设的理论和主张。马克思主义经济学家除学习《资本论》等经典著作外,还以苏联的经济建设实践为榜样,联系中国的实际,提出了自己的经济学说和主张。这种经济思想在发展过程中,曾出现"左"的观点,最后形成了以毛泽东思想为代表、以首先实现新民主主义社会为目标的经济学说。民生主义经济学内部有学者与政治家之分,观点也并不完全一致。

总之,本时期的经济思想非常活跃,是一种百家争鸣的局面。这一时期还产生了"现代化"和"工业化"等新词语。

"现代化"一词产生于19世纪20年代末。1929年,胡适"为英文《基督教年鉴》写的《文化的冲突》一文,正式使用了'一心一意的现代化'(whole-hearted modernization)的提法"①。1933年7月《申报月刊》"刊出'中国现代化问题号'特辑,大概是这个新概念被推广运用的正式开端"②。"工业化"一词也产生于20年代,时间更早些。1923年10月25日《申报》发表董时进的《论中国不宜工业化》,三天后又发表杨铨(杏佛)的《中国能长为农国乎》,又过两天再发表戴英(恽代英)的《中国可以不工业化乎》。这可能是中国使用"工业化"一词的初始。

落后国家的工业化理论后来被总称为发展经济学。西方的发展经济学形成于20世纪40年代,而中国的发展经济学则在20世纪三四十年代就已

---

① 罗荣渠:《中国近百年来现代化思潮演变的反思》,《从"西化"到现代化》,北京大学出版社1990年版,第13页。

② 罗荣渠:《中国近百年来现代化思潮演变的反思》,《从"西化"到现代化》,北京大学出版社1990年版,第14页。

经形成。西方的发展经济学是发达国家的经济学家研究落后国家的工业化问题，而中国的发展经济学，除张培刚等人在国外的研究成果外，则都是本国的经济学家研究本国的工业化问题。

关于中国工业化的著作，20 世纪 30 年代有几种。何廉、方显庭在 1930 年出版《中国工业化之程度及其影响》，龚骏在 1933 年出版《中国都市工业化程度之统计分析》，刘大钧在 1933 年出版英文著作《上海工业化的初步报告》(*A Preliminary Repot on Shanghai Industrialization*)、1936 年出版英文著作《上海的发展与工业化》(*The Growth and Industrialisation of Shanghai*)，吴景超在 1938 年出版《中国工业化的途径》等。40 年代则数量剧增。刘大钧在 1940 年出版《上海工业化研究》，又组织国民经济研究所内同仁和所外特约研究员分专题研究中国工业化问题，作为《国民经济研究所丙种丛书》，共出版著作 7 种：刘鸿万的《工业化与中国劳工问题》(1943)，刘大钧的《工业化与中国工业建设》(1944)，韩稼夫的《工业化与中国农业建设》(1945)和《工业化与中国交通建设》(1945)，褚葆一的《工业化与中国国际贸易》(1945)，曹立瀛的《工业化与中国矿业建设》(1945)，刘鸿万的《工业化与中国人口问题》(1945)。翁文灏、胡庶华、简贯三主编的《中国工业化丛书》，共出版了三种：谷春帆的《中国工业化计划论》(1945)，伍启元的《中国工业建设之资本与人材问题》(1945)，章友江的《中国工业建设与对外贸易政策》(1946)。此外，1940 年施建生出版《中国工业化问题》，1941 年刘大钧出版《中国工业发展之方针》，1943 年吴景超出版《中国经济建设之路》，1944 年翁文灏出版《中国工业化的轮廓》，1945 年简贯三出版《工业化与社会建设》，1946 年朱伯康出版《经济建设论》(主张以工业化为中心实现民生主义)，1947 年谷春帆出版《中国工业化通论》，1949 年顾毓瑔出版《中国工业化之前途》，等等。1945 年，张培刚在哈佛大学完成博士论文《农业与工业化》。这些研究工业化成果的出现，是中国已经形成了发展经济学的重要标志。

二、主要争论问题

(一)中国社会性质

1928 至 1936 年，中国出现了关于中国社会性质或中国经济性质的激烈论争①。该场争论缘起于共产国际斯大林和托洛茨基关于中国社会性质的

---

① 有关这场争论可参考高军《中国社会性质的论战》，人民出版社 1984 年版；张问敏《中国政治经济学史大纲》(1899—1992)，中共中央党校出版社 1994 年版；温乐群等《二三十年代中国社会性质和社会史论战》，百花洲文艺出版社 2004 年版。

不同观点。斯大林认为中国正处于半殖民地半封建社会，托洛茨基认为中国已经是资本主义社会。共产国际的争论影响到中国共产党，以王学文、张闻天为代表的中国共产党干部派以《新思潮》为阵地，以任曙、严灵峰为代表的中国托派以《动力》杂志为阵地，双方展开了激烈的论战。争论涉及如何估计中国社会经济的发展程度和水平，引起了社会的广泛关注，其他政治人物和学者如陶希圣、何幹之、周谷城等人也参与了讨论。争论的焦点是中国到底是半殖民地半封建社会还是资本主义社会。《新思潮》派的王学文、张闻天等人以马克思主义原理为指导，结合中国实际，论证了中国为半殖民地半封建社会的特质。争论双方均以马克思主义者自居，这场论争对马克思主义政治经济学在中国的广泛传播起了重要的作用。

1935 至 1936 年，又出现了中国农村社会性质论战，以钱俊瑞、薛暮桥、孙冶方为代表的《中国农村》派同王宜昌、张志澄、王景波为代表的《中国经济》派进行了热烈的争论。论争的焦点为：(1)农村经济研究对象。《中国农村》派认为应主要研究生产关系，即人与人的关系；《中国经济》派则认为应主要研究生产力，即人与自然的关系。(2)农村社会性质。钱俊瑞等认为中国农村是半封建性质；王宜昌等人则认为中国农村为资本主义商品经济性质。

30 年代关于中国经济性质的论战，涉及政治、经济、历史、社会等各方面问题，从不同的学科可以将它总结为革命史、史学史、社会史的重要论战。参加这场论战的主体是马克思主义者王学文、张闻天、薛暮桥、孙冶方等人，发表论著以“经济研究”的名义，因此这场论争也应该是中国经济思想史研究的重要内容。本书仅从王学文、张闻天、薛暮桥等人经济思想的角度叙述了这场论争的某些内容，如要全面了解这场论战，还必须参照政治、历史、社会等其他学科的相关论述。

（二）经济制度

20 世纪 30 年代初，面对世界与中国的经济危机和日本的侵略，中国兴起了统制经济思潮。与此同时，批评统制经济的自由主义思想也开始出现。抗日战争中后期，设计战后经济制度成为经济学界研究的热点。40 年代，对经济制度进行了持续的讨论。在这些讨论中，大致有四种倾向，即计划经济、统制经济、自由经济和混合经济。

主张计划经济的代表人物有沈志远、章乃器等，他们倾向于学习苏联模式，认为计划经济可以快速工业化，社会分配也比较平均，可以克服资本主义经济危机。反对者认为该模式压低人民的生活水平，没有生产、消费和就业的自由，计划经济与民主不能并存。国民党和共产党都主张计划经济，然而双方主张的具体内容却相差甚远：国民党主张民生主义的计划经济，即保留私有制的国家计划；共产党主张社会主义的计划经济，最终目的是要在公有制基础上进行全国性的计划。

主张统制经济的代表人物有罗敦伟、刘大钧等，他们倾向于德日模式，认为统制经济可以快速建设经济、强大国防，并可保留私有制。批评者则认为容易走上对外侵略的道路。反对统制经济的有唐庆增等。

主张自由经济的代表人物有顾翊群、唐庆增、蒋硕杰等，他们倾向于英美模式，认为自由经济有美妙的价格机制，有利于发展和效率。反对者认为价格机制是盲目的，建设速度太慢。

主张混合经济的代表人物有谷春帆、马寅初、何廉、吴景超、夏炎德等，他们主张结合中国国情，吸收苏联、英、美、德、日各国模式之长，以建立一个具有中国特色的新制度。在40年代后期，混合经济制度论得到了大多数主流经济学家的认同。王亚南则批评混合经济论难以成立，因为每个社会必有一种主要生产关系，不存在混合制度。

以上的代表人物仅是大致的划分，有些经济学家的思想常随环境的改变而改变。如马寅初，最初主张自由主义，30年代主张统制经济，40年代主张偏向自由经济的混合经济。

（三）人口问题

中国是世界人口最多的国家，也是世界最贫穷的一类国家，这两种现象有没有直接关系呢？对此，中国经济学界进行了长期热烈的讨论。陈长蘅、董时进、吴景超等人认为，中国已出现人满为患现象，人均耕地太少，无法养活当时的人口，这是中国贫穷的根本原因；如果不控制人口，中国将永远贫穷，并会出现人吃人的现象。孙中山、李大钊、萧铮等人认为，中国地大物博，发展潜力无限，贫穷原因在于制度不良和帝国主义的侵略，中国不存在人口与土地失衡问题；即使有此问题，也应该强调增强土地利用，而不应强调自杀性的人口控制政策。

前一派学者均主张控制人口，但对控制人口的原因认识有不同。陈长蘅认为，中国人口压迫是中国贫穷落后的总原因，主张实施较严厉的节制生育政策。董时进从农业经济的角度认识到，中国为保持水土要退耕还林，随着工业化、城市化的进展，耕地必然会不断减少，必须控制人口，以防止人地失衡。谷春帆认为，在工业化初期，资本筹集艰难，必须暂时减少人口。吴景超认为，在工业化初期，食品、卫生条件改善，人口增殖率会大增，必须控制人口。谷春帆、吴景超均认为，控制人口为阶段性政策。

后一派观点之间也有区别。孙中山认为中国人多是优势，中国近代以来人口增加率不断下降，可能亡国灭种。廖仲恺反对中国存在“人满之患”之说（见上册）。萧铮认为应从增强土地利用、发展生产、改良制度等方面去解决中国贫穷问题，人多不是贫穷的原因，中国江南一带人多恰恰是富裕的象征。王亚南认为，人口与资源的多少是枝节问题，解决中国问题的关键在于建立一个好的制度。

1935 至 1936 年，人口与土地的论战爆发。翁文灏、陈长蘅、胡焕庸提出了中国地大物不博论。萧铮、汤惠荪、张丕介等地政学院的学者群起反驳之，他们认为翁文灏、陈长蘅对中国地力估计太悲观了，中国可耕地多，开垦荒地大有作为。只要人尽其才、地尽其利，没有人多问题，人多恰恰是劳动力丰富的表示。萧铮的结论是：“土地问题者，非为怨天时之不顺，地力之不厚，而为不良的土地制度之妨碍地利。人口问题者，非为生齿之过繁，而为分布之不均，素质之不良。”①

人口多是中国的重要国情，关于人口的争论近代以来从没有停止过。控制人口与反对控制人口两种声音很难说哪一个占主流。国民政府奉孙中山为国父，加上抗日战争时期中国人多有利于抗战，在抗战时期还公布了奖励生育政策，三个以上的孩子实行免费教育。抗战胜利后，国民党“六大”又通过了生育节制的议案。不过，国民党奖励和节制人口的政策均没有认真实施过。

（四）以农立国还是以工立国

中国经济现代化的目标是使农业国变为工业国，即实现工业化。但对中国应不应该工业化，从 20 年代到 40 年代曾多次发生争论，争论的典型表述为：是“以工立国”还是“以农立国”？

20 年代，主张以农立国的以章士钊（行严）、董时进为代表。1923 年 8 月，章士钊在告中华农学会文《业治与农》中提出：“吾国当确定国是，以农立国，文化治制，一切基于农”②。还继续发表《农国辨》和《何故农村立国》。1923 年 10 月，董时进发表《论中国不宜工业化》。他们认为工国贫富悬殊，政治经济危机频发，而农国社会安定；农国可以离工国而独立，工国的食品

---

①　萧铮：《中国的土地与人口问题：兼请益于翁文灏、陈长蘅二先生》，《地政月刊》第 4 卷第 4、5 期合刊（1936 年）。

②　《新闻报》1923 年 8 月 12 日。转引自罗荣渠主编：《从“西化”到现代化》，北京大学出版社 1990 年版，第 681 页。

却必须依靠农国，农业为中国的比较优势产业。以工立国派以杨铨（杏佛）、恽代英、杨明斋等为代表，他们认为农业国在现代世界不能独立生存，工业化为时代潮流。

30年代，重农派以梁漱溟、漆琪生等为代表，他们主张从农业引发工业，先农后工。重工派有吴景超、张培刚、千家驹、袁聘之、周宪文[①]、谷春帆等。他们重工而不轻农，如1939年4月周宪文在《中国不能以农立国》中指出："我虽说：时代已经进化到以农不能立国，但我丝毫没有轻视农业的意思……农业的地位不能不算重要；不过重要不重要是一问题，能否赖以立国又是一问题，这是我们应该注意的。"[②]

进入40年代，曾在美国密歇根农业大学获得博士学位的杨开道发表《中国以何立国?》，宣称："过去的中国是以农立国"，"现在的中国仍然是以农立国"，"将来的中国还是要以农立国"[③]。周宪文即发表《再论中国不能以农立国》进行商榷，针锋相对地指出："一、过去的国家，都是以农立国……中国自然未能例外。二、现在的中国，仍然是一个农业国家，但说不上以农立国。三、将来的中国，只有向工业迎头赶上去，才有立国的希望。靠农业只有殖民地的前途。"[④]接着，杨开道又发表《再论中国以何立国》，他说："我们的农业应该采攻势，我们的工业应该采守势；攻也要紧，守也要紧；攻不容易，守又何尝容易？我相信这并不是一个误国的主张，一个妨碍中国工业化、中国现代化的主张，而是目前中国唯一可走的路，恐怕至少是二三十年以内可走的路。"[⑤]周宪文针对此文，又发表《三论中国不能以农立国》。他指出争论的问题，"是说在立国的意义上"是"农重于工，还是工重于农……所以主张以工立国的人，虽在立国观点上坚持非以工不可，但同时并不轻视农业（在养

---

① 周宪文（1906～1989），字质彬，号毅恒，浙江黄岩（今属台州市椒江区）人。1931年毕业于日本京都帝国大学经济学部。回国后任中华书局编辑。1933年任中国驻日本留学生监督。后任暨南大学教授兼系主任、院长及福建分校主任。抗战中期曾在重庆主编《时代精神》月刊。抗战胜利后任台湾大学法商学院院长，兼台湾大学法学院院长及人文研究所所长。后筹设台湾银行经济研究室，专事研究台湾经济，是著作颇丰的台湾著名经济学家。他的许多经济著作成于1949年以后，本书未设周宪文经济思想专节。因他在本题讨论中有特殊作用，故加注略述其生平。

② 周宪文：《中国不能以农立国》，《时代精神》第1卷第5期（1939年）。又见周宪文编：《新农本主义批判》，国民出版社1945年版，第10页。

③ 杨开道：《中国以何立国?》，《新蜀报》1940年1月7日。又见周宪文编：《新农本主义批判》，国民出版社1945年版，第11页。

④ 周宪文：《再论中国不能以农立国》，《时代精神》第2卷第1期（1940年）。又见周宪文编：《新农本主义批判》，国民出版社1945年版，第25页。

⑤ 杨开道：《再论中国以何立国》，《新蜀报》1940年2月25日。又见周宪文编：《新农本主义批判》，国民出版社1945年版，第31页。

生的观点上，反视农重于工）。所以这一问题，根本是一立国上的比重问题，不是一般的比重问题"[①]。周宪文主编的《时代精神》第2卷第2期还发表杜沧白、王亚南、朱伯康、彭立谟等批评杨开道观点的文章。杨开道又发表《现代农业国家诠释》，继续宣传自己的观点。他说他所主张的农业国家是在工业上能够自给自足、国防上可以独立自主并以农业特产品称雄世界的农业国家。"中国不会是农业王国，而会是农业帝国，在工业上能自给自足，在国防上能独立自主，而仍然可以农业的优势，加诸其他工业国家……工业国家不是可以永久维持世界经济霸权的。"[②]

1940年底，周宪文编成了《中国不能以农立国论争》，除编入他和杨开道争论期间发表的相关文章外，还选录1923年以来的同类文章，作者有董时进、恽代英、杨杏佛(2篇)、章士钊、江公怀及周宪文等，交由中华书局香港印刷厂排印出版。书印成后即因太平洋战事发生而被毁。1945年，周宪文以出版社寄给他的"孤本"交国民出版社重新出版，将书名改为《新农本主义批判》，这就是后来的通行本。这书名改得并不妥当，因为书中讨论的是以工立国还是以农立国，而"新农本主义"却可能有另外的解释。即使是工业化，仍要以农业为基础，从这个角度看，"新农本主义"不能作为完全反面的概念来理解。

周宪文所编书中遗漏了两篇重要文章。一是许涤新在1940年6月4日《新华日报》上发表的《关于中国以何立国的问题》，其中既有对杨开道观点的批评，也有对周宪文《再论中国不能以农立国》的不同意见；另一篇是翁文灏在1941年7月7日《中央日报》上发表的《以农立国以工建国》[③]。经过40年代初期的争论，中国的工业化思想大兴，以后主张工业化的专著或文章占了主流地位[④]。

(五)土地问题

中国地权集中，土地改革问题成为包括国民党与共产党等多种政治力量关注的中心，关于土地问题的讨论也成为经济学界的核心问题之一。可分为三大派：一派以马克思主义经济学家王亚南、薛暮桥、许涤新等人为代

① 周宪文：《三论中国不能以农立国》，《时代精神》第2卷第3期(1940年)。又见周宪文编：《新农本主义批判》，国民出版社1945年版，第33、34页。

② 杨开道：《现代农业国家诠释》，《农业周刊》第12期。又见周宪文编：《新农本主义批判》，国民出版社1945年版，第84页。

③ 《以农立国以工建国》发表时，在"以农立国"和"以工建国"之间并无逗号分开。

④ 相关史料除《新农本主义批判》外，还可参考罗荣渠主编：《从"西化"到现代化》第4编，北京大学出版社1990年版。

表，主张和宣传彻底平分土地，将地主土地所有制变为农民土地所有制；一派以董时进、卜凯(J. L. Buck)等人为代表，反对一切土地改革，甚至认为“二五减租”也不应该，佃农生产效率优于自耕农，中国农村经济的中心是土地利用而不是土地分配，主张完全维护地主所有制；一派以萧铮等地政学会会员为代表，主张“税去地主”、“买去地主”，实施孙中山土地涨价归公、平均地权、耕者有其田的主张。

除上述主张外，阎锡山还提出了“土地村公有”，主张由村公所发行无利公债，收买全村土地为村公有。

土地问题实质上是一个利益分配问题，关于它的讨论有很强的政策性。苏区和解放区实施了平分土地的政策。南京国民政府号称要实施孙中山平均地权、耕者有其田的主张，也公布了《土地法》，宣传和部分实施了“二五减租”，但从未实行耕者有其田的政策。

(六)工业化的路径之争

20世纪40年代初，针对抗日战争中暴露出中国工业落后而被动挨打的无情事实，经济学界出现了设计战后工业化方案的热潮，由此形成了工业化路径的论争。

关于国防与民生的关系。翁文灏、吴景超主张先强后富，以国防为中心。刘大钧、马寅初等主张先富后强，以民生为中心。

关于重工业与轻工业、国营与民营的关系。翁文灏、简贯三等认为应优先发展重工业，以国营为主。马寅初等主张优先发展轻小工业，以民营为主。

关于资本筹集。谷春帆、钱昌照主张利用外资，认为资本无民族之分。丁洪范、祝世康等强调以国内储蓄为主，以防止外资侵略，发展民族资本。

关于规模与速度。翁文灏、伍启元提出“一五”计划投资300亿元，20年左右赶上德国、苏联。滕维藻提出“一五”计划投资200亿元，10至15年赶上日本。谷春帆设计“一五”计划投资135亿元，10年左右基本实现工业化。

(七)货币与金融

货币金融为现代经济问题的核心，中国的主流经济学家一直将货币金融作为研究的中心，货币金融也成为中国经济学中研究较为深入的方面。

1933年废两改元前，世界银价贬值，中国经济金融学界讨论的中心是，如何设计一种新的币值稳定的货币制度。废两改元是多数学者的共同主张，也有学者主张实行金本位制。有些学者则提出一些特殊的币制主张，主要有刘振东的有限银本位制、黄元彬的物银矫正策、刘冕执的能力本位制、徐青甫的虚粮本位制、阎锡山的物产证券论等。

废两改元及白银外流以后，顾翊群、姚庆三、张素民、赵兰坪等人提出了放弃银本位的主张，与马寅初、谷春帆为代表的以关税政策达到国际贸易平衡的主张争论激烈。1935年11月实行法币政策后，经济学界纷纷发表评论。有些学者表示肯定，有些学者担心通货膨胀。章乃器从世界货币战争的角度分析中国的币制改革，指出中国被拉入了英镑集团，后又加入了美金集团。他还断定实行新币制是正式通货膨胀的开端。

币制改革后，如何对法币进行有效管理以达到币值稳定成为学界讨论的中心。1936年发生了"物价稳定与汇价稳定孰重"的争论，上海朝鲜银行总经理服部岱三主张物价稳定，顾翊群主张汇价稳定，马寅初主张二者同时兼顾。1938至1940年，应否维持法币汇价成为讨论主题。以马寅初、刘大钧为代表的维持法币汇率派，同以叶元龙、厉德寅、陈长蘅为代表的法币贬值派进行了激烈的辩论。1940年后，讨论的中心为如何反通货膨胀，包括：(1)收缩与扩充信贷的论争。谷春帆等认为应紧缩生产信贷，减少货币流通，控制物价上涨。章乃器等认为应扩充信贷以发展生产，增加物资供应，控制物价上涨。(2)利率高低的论争。刘大钧、吴大业等认为应提高利率，指出通货膨胀情况下实际利率为负，生产变为没有效益的"负号生产"。厉德寅、朱祖晦等认为应降低利率，鼓励生产。(3)物价管制的论争。伍启元等认为应加大物价管理力度，打击既得利益集团。董时进认为政府定价不可能合理，也不可能成功，破坏了价格调节机制。(4)物价指数储蓄券的论争。蒋硕杰建议以物价指数储蓄券吸收储蓄，使储户没有贬值的后顾之忧，可以降低货币流通速度。胡寄窗等认为此办法效果不大，治标不治本，兑现时会加快货币流通。上述论争涉及的西方经济学理论有卡塞尔(K. G. Cassel)的购买力平价论、费雪(I. Fisher)的货币数量论、凯恩斯的就业论、哈耶克的经济危机论等。

(八)财政问题

近代以来，民穷财尽，政府入不敷出，财政问题始终是政府关注的中心，关于财政的讨论也成为经济学界的热点之一。国民党统治时期召开了四次全国财政会议，均邀请了经济学家参加。经济学家参与了财务行政的完善，关税自主方案的设计，中央、地方收支的划分，所得税、遗产税等新税的创立等财政改革实践。对每一个重大问题，他们都进行了热烈的讨论。

在抗战时期和解放战争时期，国民政府曾实施征收遗产税、过分利得税、发行公债、出售国营企业、田赋征实、粮食征借、节省与战争无关的开支等政策。总的来说,除田赋征实外,其他政策都收效不大。马寅初于 1940 年提出征收临时财产税(特别是征收发国难财者财产)以充政府抗战经费的主张,引起了各界的热议。反对者认为这是共产主义政策,战后才能施行。到 1948 年 6 月,立法院提出了征收财产 5%～60%的临时财产税法案,引起了政界、商界、学界的热烈讨论[①]。

① 《财政评论》第 18 卷第 6 期(1948 年)为讨论临时财产税的专号。

第五章　代表两条道路的政治领袖的经济思想

第一节　李大钊的经济思想

一、中国共产党早期领导人之一的李大钊

李大钊(1889～1927),原名耆年,字寿昌,后改名守常,号龟年,河北乐亭人。幼年丧失双亲,靠祖父抚养成人。1913 年毕业于北洋政法专门学校。同年考入日本早稻田大学政治本科。次年在日本组织神州学会,进行反袁活动。1915 年被推举为留日学生总会文牍干事,起草通电,反对袁世凯与日本签订卖国条约。1916 年 6 月回国,先后任《晨钟》、《甲寅》等杂志编辑。1918 年,接替章士钊担任北京大学图书馆主任,兼该校经济学教授,曾讲授有关中国经济思想史的课程①。1918 年还被陈独秀邀为《新青年》编辑,又与陈独秀共同创办《每周评论》,并任少年中国学会机关刊物《少年中国》月刊的编辑主任。1919 年"五四运动"期间,发表文章支持学生反帝爱国斗争,并积极参加营救被捕学生的活动。1920 年 3 月,领导成立马克思学说研究会,

① 《守常文集》中收有《中国古代经济思想之特点》(据 1920 年北大讲义),有老子、儒家、管子、韩非子、墨子、荀子的经济学说,附注"未完,下缺"。《李大钊文集》(下)据《守常文集》入编。

10月，成立北京共产党早期组织。1921年7月中国共产党成立后，任中共北方区委负责人。1922年8月，当选为中共候补中央委员，并任中国劳动组合书记部北方区分部主任。10月，参与领导开滦五矿工人大罢工。1923年6月，在广州出席中共第三次全国代表大会，主张国共合作，当选为中共中央委员。1924年1月，在中国国民党第一次全国代表大会上，当选为中央执行委员。同年6月，率中共代表团赴莫斯科参加共产国际第五次代表大会。1927年，被奉系军阀张作霖逮捕。在严刑面前，他坚贞不屈，4月28日，被秘密绞死在京师看守所。著作方面，自1933年以来，先后编有《守常文集》、《李大钊选集》、《李大钊文集》和《李大钊全集》等。

李大钊是中国最早的马克思主义者之一，中国共产主义运动的先驱。1912至1913年，他在《言治》月刊发表了《隐忧篇》、《大哀篇》等文，表达了一个民主主义者对中国社会面临内忧外患的深深忧虑，同时提出了自己的救国主张。他指出，辛亥革命前有一专制君主，而在革命后则有数十专制都督。这种政府的"所谓民政者，少数豪暴狡狯者之专政，非吾民自主之政也；民权者，少数豪暴狡狯者之窃权，非吾民自得之权也；幸福者，少数豪暴狡狯者掠夺之幸福，非吾民安享之幸福也"。人民切望国家能解其倒悬之苦，实际上却是"农失其田，工失其业，商失其源，父母兄弟妻子离散茕(孤独)焉，不得安其居，刀兵水火，天灾乘之，人祸临之，荡析离居，转死沟洫，尸骸暴露，饿殍横野"。他认为实现国家富强并不难，"富强之本不外振农、通商、惠工。农以生之，工以成之，商以通之。试观吾国，版图若兹其阔，民庶若兹其繁，江河贯于南北，沃野千里，天府之区也。苟有善治者，不待十年，丰庶之象，可坐而睹"。① 这种富强思想仍是中国传统经济思想的表现。

早年的李大钊还具有进化论的思想。1916年他发挥进化论的观点说："由历史考之，新兴之国族与陈腐之国族遇，陈腐者必败；朝气横溢之生命力与死灰沉滞之生命力遇，死灰沉滞者必败；青春之国民与白首之国民遇，白首者必败，此殆天演之公例，莫或能逃者也。"②从社会进化的观点来看，资本主义比封建制度进步，因此他深切希望中国能实行资产阶级议会制度，提出"吾民于此，其当鼓勇奋力，以趋从此时代之精神，而求此适宜之政治"，此政治即"惟民主义为其精神、代议制度为其形质之政治"③。

1917年，李大钊接连写了两篇关于战争与人口的文章，批评了马尔萨斯

---

① 本段引文均见《大哀篇》，《李大钊文集》(上)，人民出版社1984年版，第6、7页。

② 《青春》，《李大钊文集》(上)，人民出版社1984年版，第199页。

③ 《民彝与政治》，《李大钊文集》(上)，人民出版社1984年版，第157、158页。

的人口论。他指出:“余维今日战争之真因,不在人满乏食,乃在贪与惰之根性未除。”①贪就要强夺他人所有,惰则不思勤奋创造,因此认为惟贪与惰,实为万恶之源。李大钊概述了战争的历史和马尔萨斯人口论的源流,指出人口论和天演论起了助长战争昌炽的作用。他认为,马尔萨斯人口论在当今社会已经失效,因为人口增殖和富力成反比,各国人口已呈衰減趋势。“今日之势,不必虑人口之过庶,且将忧其过減。马氏固未能逆知,使其复生于今日,亦当自悔其言之过。”②他还认为,即使人口增加也不足虑,“以今日人类之知能,享兹现能生产之土域,尚有容纳六百余亿人口之余地”③。李大钊关于人口的论述意在反对战争,反对帝国主义为发动战争制造借口,但他对人口过分增长所造成的严重社会问题尚认识不足。

俄国十月革命的胜利对李大钊产生了深刻的影响,使他由民主主义者转变为马克思主义者。1918 年 11 月,他作了庆祝第一次世界大战胜利的演讲《庶民的胜利》,称赞世界大战的胜利是“劳工主义的战胜,也是庶民的胜利”,并指出今后的世界要“变成劳工的世界”④。接着他又发表《Bolshevism(布尔什维主义)的胜利》,热情讴歌十月革命,称它是“二十世纪世界人类人人心中共同觉悟的新精神的胜利”,并预言:“由今以后,到处所见的,都是 Bolshevism 战胜的旗。到处所闻的,都是 Bolshevism 的凯歌的声……试看将来的环球,必是赤旗的世界!”⑤

1919 年,胡适发表《多研究些问题少谈些主义》,引起了问题与主义之争。李大钊写了《再论问题与主义》,参加了对胡适主张的批评。他指出:“要想使一个社会问题,成了社会上多数人共同的问题,应该使这社会上可以共同解决这个那个社会问题的多数人,先有一个共同趋向的理想、主义,作他们实验自己生活上满意不满意的尺度(即是一种工具)……所以我们的社会运动,一方面固然要研究实际的问题,一方面也要宣传理想的主义。”⑥在该文中,他还宣传了马克思主义的唯物史观,指出经济构造是法律、政治、伦理等精神构造的基础。“经济问题一旦解决,什么政治问题、法律问题、家族制度问题、女子解放问题、工人解放问题,都可以解决。”⑦他还指出,经济

① 《战争与人口问题》,《李大钊文集》(上),人民出版社 1984 年版,第 367 页。
② 《战争与人口》,《李大钊文集》(上),人民出版社 1984 年版,第 394 页。
③ 《战争与人口》,《李大钊文集》(上),人民出版社 1984 年版,第 399 页。
④ 《庶民的胜利》,《李大钊文集》(上),人民出版社 1984 年版,第 595 页。
⑤ 《Bolshevism 的胜利》,《李大钊文集》(上),人民出版社 1984 年版,第 603 页。
⑥ 《再论问题与主义》,《李大钊文集》(下),人民出版社 1984 年版,第 32 页。
⑦ 《再论问题与主义》,《李大钊文集》(下),人民出版社 1984 年版,第 37 页。

问题并不能自然而然地解决，必须通过“阶级竞争”，否则经济革命永远不能实现。

在同年发表的《我的马克思主义观》中，李大钊进一步宣传了唯物史观，强调了经济的基础作用。他指出：“历史上物质的要件中，变化发达最甚的，算是经济现象。”“人类社会生产关系的总和，构成社会经济的构造。这是社会的基础构造。”社会组织的变化源于生产力的变化，生产力的发展，“与那不能适应他的社会组织间的冲突愈迫，结局这旧社会组织非至崩坏不可”。不同的经济利益必然导致阶级斗争，“历史的唯物论者，既把种种社会现象不同的原因，总约为经济的原因，更依社会学上竞争的法则，认许多组成历史明显的社会事实，只是那直接，间接，或多，或少，各殊异阶级间团体竞争所表现的结果”。历史上一切政治斗争，“背后都藏着很复杂的经济意味”，都是为了“保自己阶级经济上的利益”，“其根本原因都在殊异经济阶级间的竞争”。①

同年，李大钊再一次表述了经济基础决定上层建筑的观点，指出：“思想、主义、哲学、宗教、道德、法制等等不能限制经济变化物质变化，而物质和经济可以决定思想、主义、哲学、宗教、道德、法制等等。”②

二、对马克思主义经济学的宣传

李大钊认为，马克思经济学有两个要点：一是“余工余值说”，即剩余价值理论；一是“资本集中说”。“前说的基础，在交易价值的特别概念。后说的基础，在经济进化的特别学理。”③

关于剩余价值学说，李大钊用简明通俗的语言作了解释。他指出：“例如有一个工人在一种产业里作工，一日工作十小时，什么是他的生产物的交易价值呢？这交易价值，应该是他那十小时劳工的等量。他所生产的，是布，是煤，或是他物，都不必问。按工银交易的条件，资本家把处分物品的权保留在自己手中，而按实在的价值出售。这实在的价值，就是十小时劳工的等量。”但是，实际上工人并未得到十小时劳工的等量，原因是“工人的工力(labour force)为工银所买，与其本人断绝关系。工银专以代表资本家偿他工力的物价，而资本家即保持自由处分这个物品(指工力)的权利于自己手

① 本段引文均见《我的马克思主义观》，《李大钊文集》(下)，人民出版社 1984 年版，第 51、59～61 页。

② 《物质变动与道德变动》，《李大钊文集》(下)，人民出版社 1984 年版，第 139 页。

③ 《我的马克思主义观》，《李大钊文集》(下)，人民出版社 1984 年版，第 69 页。

中”。这样，尽管工人出的劳工价值由他生产所必需的劳工时间所决定，但实际上资本家付给工人的工银则仅仅是他自己劳工生产的一小部分。李大钊还进一步解释说：“维持工力所必要的物品的价值，永不能与那工力的生产的价值相等……工人所生产的价值，全部移入资本家的手中，完全归他处分。而以其一小部分用工银的名目还给工人，其量仅足以支应他在生产此项物品的期间所消用的食品，余则尽数归入资本家的囊中。”这就是“现代资本主义的秘密”，是“资本主义下资本家掠夺劳工生产的方式”。[①]

1922 年和 1923 年，李大钊两次作马克思经济学说的演讲，经人记录成文。他介绍了马克思的不变资本和可变资本理论、劳动价值理论等。他将不变资本和可变资本理论同亚当·斯密的固定资本和流动资本理论作了对比，指出两者在分类上虽然相同，但“马克思所说的不变，不是资本的形状不变，乃是他的价值不变……这不变资本，在生产程序中，或者不如可变资本之重要。可变资本，除维持劳力外，更能发生新的价值”[②]。资本家正是利用可变资本，暗中把劳动所得的结果完全掠夺。“大体言之，从理论讲，生产全靠不变的和可变的资本混合起来，才能有经济的价值。”[③]对于劳动价值理论，李大钊指出：虽然生产的三要素为资本、土地、劳力，但从马克思主义的观点来看，“一切生产都从劳力，都是劳动结果”[④]，所以“马克思说，劳动不单是价值的标准……且也是价值的本体”[⑤]。

关于资本集中理论，李大钊指出，根据马克思的学说，一方面资本家骗取剩余价值劳动，另方面却又有一种新趋势，这种新趋势，就是资本集中。“资本集中于少数人的手中，于是资本家获利更厚，而小产业因此凋敝倒闭者亦复不少。”资本集中导致大批小生产者破产，沦为无产阶级，其结果是“大都市发生的大产业一天多一天，失业的‘无产阶级者’也一天多一天，于是千千万万的‘无产阶级者’齐集资本家之下，而形成社会的两大阶级”，即“有产阶级”和“无产阶级”。资本集中为“劳动者得着集合的机会”，他们联络起来，“和资本家作战，和资本家竞争”。“这样，发达的资本家他们自己却产生了可以致其死命的敌人——无产阶级。”[⑥]这不仅完全出乎资本家的意

① 本段引文均见《我的马克思主义观》，《李大钊文集》（下），人民出版社 1984 年版，第 70～72 页。

② 《马克思的经济学说》，《李大钊文集》（下），人民出版社 1984 年版，第 542 页。

③ 《马克思的经济学说》，《李大钊文集》（下），人民出版社 1984 年版，第 632 页。

④ 《马克思的经济学说》，《李大钊文集》（下），人民出版社 1984 年版，第 545 页。

⑤ 《马克思的经济学说》，《李大钊文集》（下），人民出版社 1984 年版，第 629 页。

⑥ 本段引文均见《马克思的经济学说》，《李大钊文集》（下），人民出版社 1984 年版，第 544 页。

料，而且也决定了无产阶级革命的不可避免性。

李大钊对马克思主义的宣传，对马克思主义在中国的早期传播和促进工人阶级的觉醒起了极为重要的作用。另一方面，他对马克思主义经济学的认识也有不够准确的地方。如他认为马克思的平均利润理论与其劳动价值论“发生一绝大矛盾”，“这究不能不算是马克思主义的一大遗憾”[①]。这说明在马克思主义传播初期，由于各种条件的限制，先进的中国知识分子对这一科学的理论体系还不可能全面准确地理解。

三、中国经济结构和阶级状况论

李大钊在接受马克思主义之后，对中国的社会经济结构、土地制度和各阶级经济状况等进行了考察。

关于中国封建社会经济结构，李大钊在1920年初发表的《由经济上解释中国近代思想变动的原因》中指出：“中国以农业立国，在东洋诸农业本位国中，占很重要的位置，所以大家族制度在中国特别发达。原来家族团体，一面是血统的结合，一面又是经济的结合。”其中“经济的结合之性质，恐怕比血统的结合之性质多些。中国的大家族制度，就是中国的农业经济组织，就是中国二千年来社会的基础构造。一切政治、法度、伦理、道德、学术、思想、风俗、习惯，都建筑在大家族制度上作他的表层构造”。这种大家族制度牢不可破的基础，使孔子成为中国人的“万世师表”，孔子的学说成为“支配中国人心有二千余年的原故”。李大钊还把这种由大家族制度与孔子学说相结合的、以“农业为本位”的中国式的经济结构称为“静的文明”；将西方的“以工商为本位”的、“与自然竞争，与同类竞争”、“时时进步，时时创造”的文明称为“动的文明”。[②]

接着李大钊又指出：“时代变了！西洋动的文明打进来了！西洋的工业经济来压迫东洋的农业经济了！孔门伦理的基础就根本动摇了！”对扩张市场和搜求原料的要求，“驱着西洋的商人，来叩东洋沈（沉）静的大门”。“结果就是中国的农业经济挡不住国外的工业经济的压迫，中国的家庭产业挡不住国外的工厂产业的压迫，中国的手工产业挡不住国外的机械产业的压迫。”中国的农业经济遭到破坏，国内产业大多被压倒，大批农民和手工业者

① 《我的马克思主义观》，《李大钊文集》（下），人民出版社1984年版，第75、79页。

② 本段引文均见《由经济上解释中国近代思想变动的原因》，《李大钊文集》（下），人民出版社1984年版，第177～179页。

破产。“一切生活，都露出困迫不安的现象。”[①]由于农业经济的破产，中国的大家族制度也跟着崩溃粉碎，孔子主义也不能不跟着崩溃粉碎。

1925年12月至1926年2月，李大钊的《土地与农民》一文在《政治生活》中分期刊出。对于土地问题，李大钊指出：“在中国历史上，自古迄今，不断的发生平均地权的运动。”[②]历代统治者实行的土地政策，如汉武帝时的限田制建议，王莽名天下田为王田，晋代的占地制度，后魏孝文帝设均田法，唐代的租庸调税法以及宋代的谋行限田制等，都未能取得效果。太平天国运动宣布一种含有均分性质的土地政策，随着太平天国的灭亡归于消灭。“孙中山先生的民生主义，其中心亦在平均地权与节制资本。惜其所拟的平均地权办法，未能及身而见其实行！”因此，李大钊得出结论说：“中国今日的土地问题，实远承累代历史上农民革命运动的轨辙，近循太平、辛亥诸革命进行未已的途程，而有待于中国现代广大的工农阶级依革命的力量以为之完成。”[③]

对于农民问题，李大钊指出：“在经济落后沦为半殖民的中国，农民约占总人口百分之七十以上，在全人口中占主要的位置，农业尚为其国民经济之基础。故当估量革命动力时，不能不注意到农民是其重要的成分。”[④]农民中以自耕农、佃户及自耕兼佃为最多。他列举一些统计数字后指出：“中国农民在帝国主义压迫之下已日趋于难境，重以兵祸连年，流离失所。入民国来，苛捐杂税，负担日重，各省田赋，有预征至数年后者。佃农及雇工所受的压迫，比自耕农更甚。”[⑤]农民苦不堪言，已经成为革命的一支重要力量。他预言：“中国的浩大的农民群众，如果能够组织起来，参加国民革命，中国国民革命的成功就不远了。”[⑥]

对于中国的工人，1919年和1924年李大钊分别发表《唐山煤厂的工人生活》和《上海的童工问题》，揭示他们的悲惨命运。唐山煤厂的工人，“终日在炭坑里作工，面目都成漆黑的色。人世间的空气阳光，他们都不能十分享受。这个炭坑，仿佛是一座地狱”[⑦]。“上海工人在身体上精神上都受极重的

---

① 本段引文均见《由经济上解释中国近代思想变动的原因》，《李大钊文集》（下），人民出版社1984年版，第179、181页。

② 《土地与农民》，《李大钊文集》（下），人民出版社1984年版，第822页。

③ 《土地与农民》，《李大钊文集》（下），人民出版社1984年版，第824页。

④ 《土地与农民》，《李大钊文集》（下），人民出版社1984年版，第824页。

⑤ 《土地与农民》，《李大钊文集》（下），人民出版社1984年版，第833页。

⑥ 《土地与农民》，《李大钊文集》（下），人民出版社1984年版，第834页。

⑦ 《唐山煤厂的工人生活》，《李大钊文集》（上），人民出版社1984年版，第658页。

损伤，而童工为尤烈，这都是长时间工作疲劳过度之所致。”①中国的工人阶级内受封建主义之害，外受帝国主义压迫，他们成了中国社会受压迫受剥削最深的一个阶级。他断言：“在国民革命中当先锋的亦只有无产阶级。”②

对于资本家，1923 年李大钊指出，他们操纵社会经济权，直接或间接地也可以控制政权。“中国所以十二年还没有革命成功，因为经济阶级没有受到痛苦，不想去革命。他们——握有经济权的商人——只是唱着和平，所以革命终不能成功。”③

从李大钊对中国社会各阶级的分析来看，他对中国新民主主义革命的性质、动力等问题已经有了初步的认识，尤其是对农民是民主革命的重要动力的认识，更表现出他的远见卓识。他是中共领袖中较早对这一问题有较深刻认识的人物之一。他的这一认识，不仅唤起了一大批早期进步知识分子走上了与工农相结合的道路，同时也为毛泽东等开辟中国革命的新道路，即农村包围城市的道路提供了一条重要的思路。

四、社会主义经济论

俄国十月革命后，社会主义已经从理想变成了现实。李大钊通过对中国社会阶级结构等方面的考察，连续写下了一系列文章，对中国社会经济发展道路提出了自己的构想。

1921 年，李大钊提出中国已不能实行资本主义制度。他说：“中国人民在世界经济上的地位，已立在这劳工运动日盛一日的风潮中，想行保护资本家的制度，无论理所不可，抑且势所不能……所以今日在中国想发展实业，非由纯粹生产者组织政府，以铲除国内的掠夺阶级，抵抗此世界的资本主义，依社会主义组织经营实业不可。”④他认为在资本主义制度下，资本不能集中，劳力不能普及，而在社会主义制度下，“资本可以集中，劳力可以普及。资本之功能以集中而增大，劳力之效用亦普及而加强……中国不欲振兴实业则已，如欲振兴实业，非先实行社会主义不可”⑤。

关于实现社会主义的途径，1923 年李大钊提出了三个阶段的方案：“一、

---

① 《上海的童工问题》，《李大钊文集》(下)，人民出版社 1984 年版，第 790 页。

② 《追悼列宁并纪念“二七”》，《李大钊文集》(下)，人民出版社 1984 年版，第 708 页。

③ 《劳动问题的祸源》，《李大钊文集》(下)，人民出版社 1984 年版，第 686 页。

④ 《中国的社会主义与世界的资本主义》。《李大钊文集》(下)，人民出版社 1984 年版，第 454、455 页。

⑤ 《社会主义下之实业》，《李大钊文集》(下)，人民出版社 1984 年版，第 445、446 页。

政权的夺取；二、生产及交换机关的社会化；三、生产分配及一般执行事务的组织。”夺取政权有两种手段：“一是平和的，一是革命的。”[①]但是平和的手段常归于失败，许多社会主义者乃觉悟到改造的事业非采取革命的手段不可，就是无产阶级必须独揽政权，建立无产阶级专政的国家。

李大钊认为社会主义经济最主要的是国营经济，实行公有制。除去一部分有土地的农民外，凡大资本的企业，包括铁路、矿山、轮船公司、承办运输事业、大规模的制造工业、大商店，都收归公有，在人民会议代表人的支配之下照常办理。银行收归公有，停止其从前的业务。小工商业及运输机关，亦渐次收归国有。“生产行于大工厂。分配集中于大中心。市场运输归于国营。”[②]除去有土地的农民的所有土地外，土地也收归国有，但在未觅得他种职业以前，此项农民仍准续理前业。

对于社会主义制度下的生产和管理，李大钊提出以发展生产力为核心，以“工人政治”(ergatocracy)为组织保证的主张。他认为：“随着阶级制度的消灭，ergatocracy 的内容将发生一大变化。他的统治的意义，将渐就消泯，以事物的管理代替了人身的统治。此时的工人政治就是为工人，属于工人，由于工人的事务管理。”[③]也就是说：“社会主义的制度，是以事物的管理代人的统治的制度。此时所欲解决的，不是政治问题，乃是经济问题。”为此，李大钊提出要实行专家管理生产的制度：“农部委员必集合农业专门家，组织高等会议，分部实行指导农民，以图农业生产的改进。工部委员及其他委员亦然。”[④]

关于社会主义的分配，李大钊认为有直接的分配和通过商品货币关系的分配。他说：“生产品不就是为消费的，有直接分配于消费者，有分配于他业者。后者不过记一记账，前者则须代价。金银纸币流行，可以换取所需的物品。国家将生产品经过一回中心市场，使有货币者得以换取所需的物件，售价适应于此期流行的货币。”[⑤]社会主义的分配原则是“使直接从事生产的人得和他劳工相等的份”，这是一种按劳分配的主张；他认为“到了那时，余工余值都随着资本主义自然消灭了”[⑥]。

李大钊所处的时代，社会主义国家还只有一个苏联，社会主义经济建设

---

① 《社会主义下的经济组织》，《李大钊文集》(下)，人民出版社 1984 年版，第 611 页。
② 《社会主义下的经济组织》，《李大钊文集》(下)，人民出版社 1984 年版，第 612 页。
③ 《平民政治与工人政治》，《李大钊文集》(下)，人民出版社 1984 年版，第 572 页。
④ 《社会主义下的经济组织》，《李大钊文集》(下)，人民出版社 1984 年版，第 613 页。
⑤ 《社会主义下的经济组织》，《李大钊文集》(下)，人民出版社 1984 年版，第 614 页。
⑥ 《我的马克思主义观》，《李大钊文集》(下)，人民出版社 1984 年版，第 85 页。

的经验不多,他的社会主义经济论还是以个人的预想居多。他肯定了在社会主义制度下主要是解决经济问题,要发展国有制,还要保存商品生产和交换,实行按劳分配等。这些从发展方向上看都是正确的,代表中国早期共产党人对社会主义经济的认识。其中自然也有不够准确之处,如将国有经济的范围定得过宽;认为工人的所得等于他劳动所创造的全部价值,完全消灭了剩余价值;甚至认为在社会主义制度下,信用机关"久已不必要了"[①]。作为对于未来理想社会的一种推想,存在这样或那样的不准确之处是有其必然性的,不独李大钊为然。

第二节　毛泽东的经济思想

一、领导中国新民主主义革命走向胜利的毛泽东

毛泽东(1893～1976),字润之,湖南湘潭人。辛亥革命时曾经参加新军。1913 年考入湖南省立第四师范学校。1914 年随校并入湖南省立第一师范学校。1918 年 4 月,参加组织湖南新民学会。8 月,为组织青年赴法勤工俭学而赴北京,任北京大学图书馆助理员。1919 年回湖南,在长沙创办《湘江评论》。1920 年,组织长沙共产党早期组织。7 月,参加了中共第一次代表大会。会后,任中共湘区党委书记、中国劳动组合书记部湖南分部主任等职。1923 年中共三大上当选为中央委员和中央局秘书。1924 年国共合作后,任国民党中央候补执行委员,并代理宣传部长。1926 年,任第六届农民运动讲习所所长、中共中央农民运动委员会书记。1927 年"八七会议"上当选为临时中央政治局候补委员。会后领导了湘赣边秋收起义,创立了井冈山革命根据地。先后任红一方面军总政委和前委书记、中华苏维埃共和国中央执行委员会主席和中央工农民主政府主席、党中央政治局委员等职。他率领红军粉碎了国民党军队的三次军事"围剿"。在王明"左"倾路线统治时期,被排挤出党和军队的领导核心。遵义会议重新确立了其领导地位,其后他领导红军完成了长征,于 1935 年 10 月到达陕北。1936 年 12 月任中央军委主席。抗日战争期间,领导全党和人民军队开展敌后抗日游击战争,建立和发展抗日民族统一战线。1943 年 3 月,当选为中央政治局主席、中央书记处主席。抗日战争胜利后,又领导中国人民取得解放战争的胜利,建立了

① 《社会主义下的经济组织》,《李大钊文集》(下),人民出版社 1984 年版,第 611 页。

中华人民共和国。新中国成立以后，长期担任中共中央主席、中央军委主席等职。领导全国人民进行了土地改革、抗美援朝和对农业、手工业及资本主义工商业的三大改造。著作编有《毛泽东选集》、《毛泽东著作选读》、《毛泽东文集》等。

五四运动前，毛泽东基本上属于激进民主主义者。俄国十月革命后，他的思想开始发生变化。到五四运动后，逐步接受了马克思主义，并成为一名坚定的共产主义战士。在长期的革命斗争实践中，逐步形成并完善了他的新民主主义革命理论。他肯定中国革命的历史进程必须分两步走：第一步是民主主义革命，第二步是社会主义革命。这种民主主义已不是旧民主主义，而是新民主主义。在 1940 年发表的《新民主主义论》中，对新民主主义的政治、经济、文化等作了精辟的论述。

关于新民主主义政治，毛泽东指出，新民主主义的革命目标是要建立一个"无产阶级领导下的一切反帝反封建的人们联合专政的民主共和国，这就是新民主主义的共和国"①。这种几个革命阶级联合专政的国家，既不是无产阶级专政，也不是资产阶级专政，而是在一定历史时期采取的国家形式。这个共和国的国家构成和政权构成的基本部分是中国的无产阶级、农民、知识分子和其他小资产阶级，同时也包括民族资产阶级和其他一切反帝反封建的人们。这个政权的组织形式必须采取各级人民代表大会制度，选举政府实行民主集中制。在《论联合政府》的报告中，毛泽东还对民主集中制作了进一步的论述。他指出：民主集中制是指"在民主基础上的集中，在集中指导下的民主"。他认为："只有这个制度，才既能表现广泛的民主，使各级人民代表大会有高度的权力；又能集中处理国事，使各级政府能集中地处理被各级人民代表大会所委托的一切事务，并保障人民的一切必要的民主活动。"②

关于新民主主义文化，毛泽东指出，新民主主义的文化是"无产阶级领导的人民大众的反帝反封建的文化"③。这种文化既不同于国民党顽固派所鼓吹的专制主义文化，也不是单纯的无产阶级的社会主义文化，而是无产阶级领导的民族的、科学的、大众的文化。这种文化是世界无产阶级的社会主义的文化革命的一部分，只能由无产阶级的文化思想即共产主义思想去领导。国民文化的方针，居于指导地位的是共产主义的思想。毛泽东指出，应

① 《新民主主义论》，《毛泽东选集》第 2 卷，人民出版社 1991 年版，第 675 页。
② 《论联合政府》，《毛泽东选集》第 3 卷，人民出版社 1991 年版，第 1057 页。
③ 《新民主主义论》，《毛泽东选集》第 2 卷，人民出版社 1991 年版，第 698 页。

当努力在工人阶级中宣传社会主义和共产主义，并适当地有步骤地用社会主义思想教育农民及其他群众。但整个的国民文化，现在还不是社会主义的。它反对帝国主义的压迫，主张中华民族的尊严和独立，带有我们民族的特性。它同一切别的民族的社会主义文化和新民主主义文化相联合，共同形成世界的新文化。它反对一切封建思想和迷信思想。它是为全民族中90%以上的工农大众服务的民主的文化。

毛泽东新民主主义革命的理论是建立在马克思主义的辩证唯物主义和历史唯物主义的基础之上的。在革命斗争实践中，他特别强调"实事求是"的原则，指出：一切事情必须从实际出发，"从其中引出其固有的而不是臆造的规律性"，"不凭主观想象，不凭一时的热情，不凭死的书本，而凭客观存在的事实，详细地占有材料，在马克思列宁主义一般原理的指导下，从这些材料中引出正确的结论"①。他主张，即便是马克思主义，也不能生搬硬套。

二、中国半殖民地半封建经济论

毛泽东关于中国半殖民地半封建经济的理论，建立在对鸦片战争以后中国社会经济形态的考察和中国社会各阶级经济状况的分析的基础上。这是毛泽东新民主主义经济思想的重要内容，也是毛泽东制定新民主主义革命各项政策的前提。

毛泽东指出，鸦片战争以前的中国，封建的自然经济一直占据着统治地位。在这种社会经济形态下，农民不但生产自己需要的农产品，而且生产自己需要的大部分工业品。地主阶级主要靠剥削农民地租生活，商品交换虽然有所发展，但在整个经济中不起决定作用。1840 年的鸦片战争以后，中国逐步沦为一个半殖民地半封建的社会。"帝国主义列强侵略中国，在一方面促使中国封建社会解体，促使中国发生了资本主义因素，把一个封建社会变成了一个半封建的社会；但是在另一方面，它们又残酷地统治了中国，把一个独立的中国变成了一个半殖民地和殖民地的中国。"②"外国资本主义的侵入……一方面，破坏了中国自给自足的自然经济的基础，破坏了城市的手工业和农民的家庭手工业；又一方面，则促进了中国城乡商品经济的发展。"③自然经济的破坏，不仅给资本主义造成了商品市场，也造成了劳动力市场。但是，"帝国主义列强侵入中国的目的，决不是要把封建的中国变成资本主

① 《改造我们的学习》，《毛泽东选集》第 3 卷，人民出版社 1991 年版，第 801 页。
② 《中国革命和中国共产党》，《毛泽东选集》第 2 卷，人民出版社 1991 年版，第 630 页。
③ 《中国革命和中国共产党》，《毛泽东选集》第 2 卷，人民出版社 1991 年版，第 626 页。

义的中国。帝国主义列强的目的和这相反，它们是要把中国变成它们的半殖民地和殖民地”①。

毛泽东指出，帝国主义列强对中国进行着军事的、政治的、经济的和文化的压迫。在经济方面，它们控制了中国一切重要的通商口岸，控制了中国的海关和对外贸易，控制了中国的交通事业。它们的在华企业，直接利用中国的原料和廉价的劳动力，压迫中国的民族工业，阻碍中国生产力的发展。它们在中国开设银行，垄断中国的金融和财政，在金融、财政上扼住了中国的咽喉。它们在中国造成了一个买办的和商业高利贷的剥削网，以便于剥削广大的中国农民和其他人民大众。

毛泽东归纳了中国半殖民地半封建社会的特点，关于经济方面的特点为：(1)封建时代的自给自足的自然经济基础被破坏；但是，封建剥削制度的根基——地主阶级对农民的剥削，不但依旧保持着，而且同买办资本和高利贷资本的剥削结合在一起，在中国的社会经济生活中，占着显然的优势。(2)民族资本主义有了某些发展，并在中国社会的政治、文化生活中起了颇大的作用；但是，它没有成为中国社会经济的主要形式，力量很软弱，它的大部分同外国资本和国内封建主义有着或多或少的联系。(3)帝国主义操纵了中国的财政和经济的命脉。(4)由于帝国主义和封建主义的双重压迫，特别是由于日本帝国主义的大举进攻，中国的广大人民，尤其是农民，日益贫困化以致大批破产。

毛泽东还对中国半殖民地半封建社会中各阶级的经济状况进行了分析。早在1925年，当大革命的风暴刚刚兴起，他就写出了《中国社会各阶级的分析》一文，从对各阶级经济状况的考察入手，分析了他们对革命的态度及其在革命运动中扮演的角色。他指出："在经济落后的半殖民地的中国，地主阶级和买办阶级完全是国际资产阶级的附庸，其生存和发展，是附属于帝国主义的。这些阶级代表中国最落后和最反动的生产关系，阻碍中国生产力的发展。"②中产阶级代表中国城乡的资本主义生产关系。他们对革命具有矛盾的态度：当他们受到外资打击、军阀压迫时，就赞成革命；当革命的发展威胁到他们时，又怀疑革命。小资产阶级有三个不同部分，因经济地位的不同而分为左、中、右三派。在革命潮流高涨时，不但左派、中派会参加革命，就是右派受革命大潮流所裹挟，也只得附和革命。半无产阶级，包含绝

① 《中国革命和中国共产党》，《毛泽东选集》第2卷，人民出版社1991年版，第628页。
② 《中国社会各阶级的分析》，《毛泽东选集》第1卷，人民出版社1991年版，第3、4页。

大部分自耕农、贫农、小手工业者、店员、小贩等。由于经济地位的不同，革命性也有差别。多数对于革命宣传极易接受。“工业无产阶级人数虽不多，却是中国新的生产力的代表者，是近代中国最进步的阶级，做了革命运动的领导力量。”[①]

土地革命战争时期，为了解决农民的土地问题，毛泽东多次深入农村，进行了大量的调查，写下了许多调查报告。在此基础上，于1933年发表了《怎样分析农村阶级》。他将中国农村的阶级划分为地主、富农、中农、贫农、工人(包括雇农)等几种，以是否占有土地、工具和剥削或被剥削的情况作为划分的标准。

到抗日战争时期，毛泽东对中国社会各阶级的分析有了更为科学的表述。在1939年发表的《中国革命和中国共产党》中，他指出中国社会的阶级有地主阶级、资产阶级、农民以外的各种类型的小资产阶级、农民阶级、无产阶级和游民阶层。资产阶级又可分为带有买办性的大资产阶级和民族资产阶级；农民以外的小资产阶级包括知识分子、小商人、手工业者和自由职业者；农民阶级则可划分为富农、中农和贫农。地主阶级和资产阶级的上层部分都是中国社会的统治阶级，无产阶级、农民阶级、农民以外的小资产阶级则还是被统治阶级。“所有这些阶级，它们对于中国革命的态度和立场如何，全依它们在社会经济中所占的地位来决定。”[②]

毛泽东对中国半殖民地半封建经济形态的考察，对中国社会各个阶级经济地位的分析，为正确制定新民主主义的各项政策提供了理论指导。

三、新民主主义经济论

在《新民主主义论》中，毛泽东指出：“中国的经济，一定要走‘节制资本’和‘平均地权’的路，决不能是‘少数人所得而私’，决不能让少数资本家少数地主‘操纵国民生计’。”“节制资本”和“平均地权”原是孙中山的主张，在《中国国民党第一次代表大会宣言》中确定为民生主义的两大原则。毛泽东的话意在表明新民主主义的经济政策同孙中山的民生主义的一致性。他又说：“这个共和国将采取某种必要的方法，没收地主的土地，分配给无地和少地的农民，实行中山先生‘耕者有其田’的口号，扫除农村中的封建关系，把土地变为农民的私产。农村的富农经济，也是容许其存在的。这就是‘平均

---

① 《中国社会各阶级的分析》，《毛泽东选集》第1卷，人民出版社1991年版，第8页。
② 《中国革命和中国共产党》，《毛泽东选集》第2卷，人民出版社1991年版，第638页。

地权'的方针。"①

1947年,毛泽东在《目前形势和我们的任务》一文中,明确提出了新民主主义的三大经济纲领:"没收封建阶级的土地归农民所有,没收蒋介石、宋子文、孔祥熙、陈立夫为首的垄断资本归新民主主义的国家所有,保护民族工商业。"②

第一,没收封建阶级的土地归农民所有。没收地主土地分配给农民耕种的政策,在第二次国内革命战争时期即已实行。抗日战争时期,因民族矛盾上升,适应建立抗日民族统一战线的需要,中共中央将"耕者有其田"改为"减租减息"。抗日战争胜利后,根据国内形势的变化,特别是为争取新民主主义革命的彻底胜利,中共中央于1947年在《中国土地法大纲》中将"减租减息"政策改为没收地主阶级的土地分配给农民的政策。

第二,没收垄断资本归新民主主义国家所有。毛泽东指出:蒋宋孔陈四大家族垄断了全国的经济命脉。"这个垄断资本,和国家政权结合在一起,成为国家垄断资本主义。这个垄断资本主义,同外国帝国主义、本国地主阶级和旧式富农密切地结合着,成为买办的封建的国家垄断资本主义……这个资本,在中国的通俗名称,叫做官僚资本。这个资产阶级,叫做官僚资产阶级,即是中国的大资产阶级。"③没收官僚资本不仅具有反帝反封建的民主革命性质,而且通过没收官僚资本归新民主主义的国家所有,建立起社会主义性质的国营经济,又具有社会主义革命的内容。

第三,保护民族工商业。毛泽东指出,新民主主义革命所要消灭的只是封建主义和垄断资本主义,而不是一般地消灭资本主义。"由于中国的经济落后性,广大的上层小资产阶级和中等资产阶级所代表的资本主义经济,即使革命在全国胜利以后,在一个长时期内,还是必须允许它们存在;并且按照国民经济的分工,还需要它们中的一切有益于国民经济的部分有一个发展。"④他告诫全党,绝不许重复过去那种侵犯工商业者利益的行为发生。1948年,他指出:"现在农村中流行的一种破坏工商业、在分配土地问题上主张绝对平均主义的思想,它的性质是反动的、落后的、倒退的。我们必须批判这种思想。"⑤

---

① 《新民主主义论》,《毛泽东选集》第2卷,人民出版社1991年版,第678页。
② 《目前形势和我们的任务》,《毛泽东选集》第4卷,人民出版社1991年版,第1253页。
③ 《目前形势和我们的任务》,《毛泽东选集》第4卷,人民出版社1991年版,第1253、1254页。
④ 《目前形势和我们的任务》,《毛泽东选集》第4卷,人民出版社1991年版,第1254、1255页。
⑤ 《在晋绥干部会议上的讲话》,《毛泽东选集》第4卷,人民出版社1991年版,第1314页。

这三大经济纲领中,“没收垄断资本归新民主主义国家所有”一条是较晚形成的。1948年9月毛泽东曾解释说:“官僚资本在六大以后20年中有了很大发展,我们对它的认识有一个过程。六大决议里没有没收官僚资本,没有联合中小资产阶级……写《新民主主义论》时,民族资本与官僚资本之区别当时尚未在我们脑子里明朗。”①这说明抗战胜利后批判官僚资本高潮的形成,对党的没收官僚资本政策的形成起了积极的作用。

新民主主义的三大经济纲领,其中心内容是要在中国废除半殖民地半封建经济,建立新民主主义经济。关于新民主主义的性质,1944年3月,毛泽东在陕甘宁边区宣传工作会议上的讲话中曾说:“现在我们建立新民主主义社会,性质是资本主义的,但又是人民大众的,不是社会主义,也不是老资本主义,而是新资本主义,或者说是新民主主义。”②

关于新民主主义经济的成分,最初毛泽东将其概括为三个部分。1934年,他在分析根据地经济成分时指出:“现在我们的国民经济,是由国营事业、合作社事业和私人事业这三方面组成的……尽可能地发展国营经济和大规模地发展合作社经济,应该是与奖励私人经济发展,同时并进的。”③

抗日战争时期,毛泽东除了再次重申上述提法外,还对新民主主义经济成分构成的方针、各种经济成分的性质和地位等作了说明。他引述《国民党第一次全国代表大会宣言》关于“节制资本”的一段话,然后指出:“这就是新民主主义共和国的经济构成的正确的方针。”对各种经济成分的性质和地位,他指出:“在无产阶级领导下的新民主主义共和国的国营经济是社会主义的性质,是整个国民经济的领导力量”;“在‘耕者有其田’的基础上所发展起来的各种合作经济,也具有社会主义的因素。”④

到解放战争时期,毛泽东对新民主主义经济成分构成的提法有了一些新的变化。1947年12月,他指出:“新中国经济的构成是:(1)国营经济,这是领导的成分;(2)由个体逐步地向着集体方向发展的农业经济;(3)独立小工商业者的经济和小的、中等的私人资本经济。这些,就是新民主主义的全部国民经济。”⑤随着解放战争的顺利进行和解放区的扩大,各解放区在实践

① 《胡乔木回忆毛泽东》,人民出版社1994年版,第543、544页。“六大”即中国共产党第六次全国代表大会,1928年6月18日至7月10日在莫斯科召开。

② 《关于陕甘宁边区的文化教育问题》,《毛泽东文集》第3卷,人民出版社1996年版,第110页。

③ 《我们的经济政策》,《毛泽东选集》第1卷,人民出版社1991年版,第133、134页。

④ 《新民主主义论》,《毛泽东选集》第2卷,人民出版社1991年版,第678页。

⑤ 《目前形势和我们的任务》,《毛泽东选集》第4卷,人民出版社1991年版,第1255、1256页。

中对这一问题有了更为明确的认识。如张闻天在东北就将新民主主义经济成分概括为国营经济、合作社经济、国家资本主义经济、私人资本主义经济和小商品经济等。到1949年中共七届二中全会上，毛泽东对新民主主义经济成分作了更完整的表述，并对各种经济成分的性质进行了分析。他说："国营经济是社会主义性质的，合作社经济是半社会主义性质的，加上私人资本主义，加上个体经济，加上国家和私人合作的国家资本主义经济，这些就是人民共和国的几种主要的经济成分，这些就构成新民主主义的经济形态。"①

四、新民主主义经济建设论

毛泽东有关新民主主义经济建设的思想，主要包括以下几个方面：

第一，"发展经济，保障供给"的财政经济总方针。1934年，毛泽东指出，"从发展国民经济来增加我们财政的收入，是我们财政政策的基本方针"②。到1942年12月，面对抗日根据地出现严重经济困难的形势，毛泽东明确提出了"发展经济，保障供给，是我们的经济工作和财政工作的总方针"。针对一些人片面强调财政、忽视经济的现象，他从经济决定财政的基本原理出发，指出："他们不知道财政政策的好坏固然足以影响经济，但是决定财政的却是经济。未有经济无基础而可以解决财政困难的，未有经济不发展而可以使财政充裕的。"③他又说："财政困难，只有从切切实实的有效的经济发展上才能解决。忘记发展经济，忘记开辟财源，而企图从收缩必不可少的财政开支去解决财政困难的保守观点，是不能解决任何问题的。"④他要求县区党政工作人员"应以百分之九十的精力帮助农民增加生产，然后以百分之十的精力从农民取得税收"⑤。以上论述，正确地揭示了经济和财政的辩证关系。

第二，经济建设的计划性原则。1934年，毛泽东指出："工业的进行需要有适当的计划。在散漫的手工业基础上，全部的精密计划当然不可能。但是关于某些主要的事业，首先是国家经营和合作社经营的事业，相当精密的

① 《在中国共产党第七届中央委员会第二次全体会议上的报告》，《毛泽东选集》第4卷，人民出版社1991年版，第1433页。

② 《我们的经济政策》，《毛泽东选集》第1卷，人民出版社1991年版，第134页。

③ 《抗日时期的经济问题和财政问题》，《毛泽东选集》第3卷，人民出版社1991年版，第891页。

④ 《抗日时期的经济问题和财政问题》，《毛泽东选集》第3卷，人民出版社1991年版，第892页。

⑤ 《开展根据地的减租、生产和拥政爱民运动》，《毛泽东选集》第3卷，人民出版社1991年版，第911页。

生产计划，却是完全必需的。”①农业也应当有适当的计划：“在小农经济的基础上面，对于某些重要农产作出相当的生产计划，动员农民为着这样的计划而努力，这是容许的，而且是必须的。”②另外，还要有计划地组织人民的对外贸易。

第三，发展农业和合作组织。在新民主主义革命时期，共产党的工作重心长期在农村，农业是第一位的经济工作。毛泽东指出：“我们的经济建设的中心是发展农业生产，发展工业生产，发展对外贸易和发展合作社。”③合作社包括农业的和非农业的。早在 1927 年的《湖南农民运动考察报告》中，毛泽东就把“合作社运动”列为农民协会办的 14 件大事之一。1933 年 9 月，江西、福建两省 17 个县共建立各种合作社 1 423 个，股金 30 余万元。“发展得最盛的是消费合作社和粮食合作社，其次是生产合作社。信用合作社的活动刚才开始。”④关于合作社的地位，毛泽东说：“合作社经济和国营经济配合起来，经过长期的发展，将成为经济方面的巨大力量，将对私人经济逐渐占优势并取得领导的地位。”⑤1943 年，毛泽东又发出了“组织起来”的号召。他说：“（中国）几千年来都是个体经济，一家一户就是一个生产单位，这种分散的个体生产，就是封建统治的经济基础，而使农民自己陷于永远的穷苦。克服这种状况的唯一办法，就是逐渐地集体化；而达到集体化的唯一道路，依据列宁所说，就是经过合作社。”⑥当时陕甘宁边区的合作社有农业生产合作社，包括生产、消费、运输、信用的综合性合作社，运输合作社和手工业合作社等。

毛泽东还十分重视农田水利建设。1934 年，他提出了“水利是农业的命脉”⑦的著名论断。

第四，发展工商业。工商业包括国营的和私营的。1934 年，毛泽东指出：国营的工业或商业都已开始发展，前途不可限量。“我们对于私人经济，只要不出于政府法律范围之外，不但不加阻止，而且加以提倡和奖励。因为目前私人经济的发展，是国家的利益和人民的利益所需要的。”⑧到 1940 年，

---

① 《我们的经济政策》，《毛泽东选集》第 1 卷，人民出版社 1991 年版，第 132、133 页。
② 《我们的经济政策》，《毛泽东选集》第 1 卷，人民出版社 1991 年版，第 131 页。
③ 《我们的经济政策》，《毛泽东选集》第 1 卷，人民出版社 1991 年版，第 130、131 页。
④ 《我们的经济政策》，《毛泽东选集》第 1 卷，人民出版社 1991 年版，第 133 页。
⑤ 《我们的经济政策》，《毛泽东选集》第 1 卷，人民出版社 1991 年版，第 133、134 页。
⑥ 《组织起来》，《毛泽东选集》第 3 卷，人民出版社 1991 年版，第 931 页。
⑦ 《我们的经济政策》，《毛泽东选集》第 1 卷，人民出版社 1991 年版，第 132 页。
⑧ 《我们的经济政策》，《毛泽东选集》第 1 卷，人民出版社 1991 年版，第 133 页。

他进一步提出:“应该积极发展工业农业和商品的流通。应该吸引愿来的外地资本家到我抗日根据地开办实业。应该奖励民营企业,而把政府经营的国营企业只当作整个企业的一部分。”①他要求关税政策和货币政策都应和发展农工商业的基本方针相适合,而不是相违背。

在1945年的《论联合政府》报告中,毛泽东提出要调节好劳资关系。他说:“在新民主主义的国家制度下,将采取调节劳资间利害关系的政策。一方面,保护工人利益,根据情况的不同,实行八小时到十小时的工作制以及适当的失业救济和社会保险,保障工会的权利;另一方面,保证国家企业、私人企业和合作社企业在合理经营下的正当的赢利;使公私、劳资双方共同为发展工业生产而努力。”②到1947年12月,他进一步提出了“发展生产、繁荣经济、公私兼顾、劳资两利”的经济建设总目标,强调新民主主义国民经济的指导方针必须紧紧地追随着这个总目标,而“一切离开这个总目标的方针、政策、办法,都是错误的”③。

在《论联合政府》中,毛泽东又提出了工业化的目标。他说:“没有工业,便没有巩固的国防,便没有人民的福利,便没有国家的富强。”④“在新民主主义的政治条件获得之后,中国人民及其政府必须采取切实的步骤,在若干年内逐步地建立重工业和轻工业,使中国由农业国变为工业国。”⑤1945年在对美国官员谢伟思(J. S. Seruice)的谈话中,他还指出工业化的前提是解决农民的土地问题:“中国除非把解决土地问题作为基础,否则是不能成功地实现工业化的。因为农民必须要为这种工业化的产品提供真正的市场。”⑥发展工业的资本,除主要依靠中国人民自己的积累外,毛泽东也主张利用外资。1936年7月,他在同埃德加·斯诺(E. Snow)的谈话中明确说:“苏维埃政府欢迎外国资本的投资。中国过去未能利用外国资本使中国人真正得到好处,外国资本给群众带来很少好处,或者根本没有好处。只有在中国取得真正的独立和民主之后,才有可能把大量外资用于大规模地发展生产事业;也只有自由的中国,由于生产性经济的广泛发展,才能够偿还这种外国投资的本金和利息。”⑦在《论联合政府》的报告中,他又说:“在服从中国法令,有

① 《论政策》,《毛泽东选集》第2卷,人民出版社1991年版,第768页。
② 《论联合政府》,《毛泽东选集》第3卷,人民出版社1991年版,第1082页。
③ 《目前形势和我们的任务》,《毛泽东选集》第4卷,人民出版社1991年版,第1256页。
④ 《论联合政府》,《毛泽东选集》第3卷,人民出版社1991年版,第1080页。
⑤ 《论联合政府》,《毛泽东选集》第3卷,人民出版社1991年版,第1081页。
⑥ 《美国和中国》,姜义华编:《毛泽东著作选》,台湾商务印书馆1994年版,第310页。
⑦ 《和美国记者斯诺的谈话》,《毛泽东文集》第一卷,人民出版社1993年版,第393、394页。

益中国经济的条件之下，外国投资是我们所欢迎的……中国在得到一个巩固的国内和平与国际和平，得到一个彻底的政治改革与土地改革之后，能够蓬蓬勃勃地发展大规模的轻重工业与近代化的农业。在这个基础上，外国投资的容纳量将是非常广大的。”①

从以上可见，毛泽东关于新民主主义经济的认识是正确的，符合中国的国情。这是引导中国新民主主义革命走向胜利的重要保证。

第三节　张闻天的经济思想

一、中国共产党主要领导人之一的张闻天

张闻天(1900～1976)，又名洛甫，江苏南汇(今属上海)人。出身农民家庭。五四时期，求学于南京河海工程专门学校，积极投身于新文化运动。1919年加入王光祈、李大钊等领导的少年中国学会。1920年赴日本留学。1922年到美国旧金山，任华文《大同日报》编辑。1924年回国，任中华书局编辑。同年加入郭沫若、沈雁冰等领导的文学研究会和创造社。1925年加入中国共产党。同年赴莫斯科，入中山大学、红色教授学院学习，并兼任翻译和劳动大学教员。1931年回国后任中共中央宣传部部长、中共临时中央政治局常委。1933年，随中共中央机关进入中央革命根据地，任中共苏区中央局宣传部部长。1934年当选为中央政治局委员、书记处书记，中华苏维埃共和国中央人民政府人民委员会主席。1931年至1934年，他是中共“左”倾错误的主要负责人之一。1934年10月参加长征。在遵义会议前夕，转而支持毛泽东的正确主张。在遵义会议上，作了批判“左”倾军事路线的报告。随后，代替博古在中共中央负总责。抗战期间，兼任中共中央宣传部部长、马列学院院长等职。1945年，当选为中共第七届中央委员、中央政治局委员。抗战胜利后赴东北创建东北根据地，并出任中共合江(今黑龙江省东部)省委书记。1948年任中共中央东北局常委兼组织部部长、东北财经委员会副主任等。新中国成立以后，曾任驻苏大使、外交部第一副部长等职。1959年7月，在庐山会议上因支持彭德怀对“大跃进”问题的看法而受到错误的批判。1976年7月1日在江苏无锡病逝。1978年，中共十一届三中全

① 《土地问题与工业问题》(《论联合政府》中的两小节，引文中的文字在《毛泽东选集》中已删除)，姜义华编：《毛泽东著作选》，台湾商务印书馆1994年版，第349页。

会予以平反。著作编为《张闻天选集》、《张闻天文集》等。

在五四运动时期，张闻天还是一个激进的民主主义者。在1919年7月发表的《"五七"后的经过及将来》一文中，他提出了彻底推翻军阀政府的革命主张。同年8月，他发表了《社会问题》，开始运用马克思主义的唯物史观观察人类社会，提出了一些朦胧的但大体上正确的主张。如他认为，中国"起革命的要是劳农界人（就是工人和农人），革命的目标自然是去士大夫阶级"[①]；中国革命分成两步，第一步争取民主，第二步实行社会主义。到1922年，张闻天已比较彻底地接受了马克思主义。他在《中国底乱源及其解决》中明确指出，中国未来社会的发展道路，"自然不能不走社会主义一条路了"[②]。以后，张闻天虽然有过"左"倾的错误，但在遵义会议以后，一直坚持正确的路线。长征途中，他同张国焘分裂红军、分裂党的行为作了坚决斗争。1935年主持召开瓦窑堡会议，起草了《关于目前形势与党的任务决议》，这一决议和随后毛泽东发表的《论反对帝国主义的策略》等文献，成为中共政治路线由"反蒋抗日"向"联蒋抗日"转变的标志，促成了抗日民族统一战线的形成。在反对王明投降主义路线的斗争中，张闻天也作出了积极的贡献。在东北时期，他提出了一系列有关中国新民主主义经济的路线、方针和策略，不仅正确地指导了东北根据地的经济建设，而且也为毛泽东系统地论述新民主主义经济提供了重要的参考。

二、中国近代社会性质论

要进行革命，必须对中国近代的社会性质有正确的认识。1928年6至7月，中国共产党在莫斯科举行了第六次全国代表大会。大会肯定了中国社会的半殖民地半封建性质。而一些反对这一革命的政治派别则竭力否定这一结论，于是在20世纪30年代形成了关于中国社会性质的论战。1930年7月，中国的托派创办《动力》杂志，发表严灵峰的《中国是资本主义经济，还是封建制度的经济?》。到1931年6月，严灵峰将其有关的文章汇编成《中国经济问题研究》出版。1931年1月，任曙出版《中国经济研究绪论》一书。以严、任为代表的托派观点受到了革命派的批判。1931年6月，张闻天在上海完成《中国经济之性质问题的研究》[③]，对任曙的《中国经济研究绪论》进行了

---

① 《社会问题》，《张闻天文集》第1卷，中共党史出版社1990年版，第8页。

② 《中国底乱源及其解决》，《张闻天文集》第1卷，中共党史出版社1990年版，第36页。

③ 此文发表于《读书杂志》第1卷第4、5期合刊（1932年4月），署名刘梦云，署写作地点为"日本东京"。

批评。

任曙否认帝国主义在中国的统治以及封建关系在中国农村仍占统治地位的事实，他从对外贸易的发展，证明中国的社会性质已经是资本主义。张闻天指出："这种把一个社会的经济性质，看做完全同这一社会中的剥削方式与阶级关系离开，不去拿剥削方式与阶级关系来决定经济性质，而是什么经济性质，去决定剥削方式与阶级关系，这实是完全离开了阶级立场的资产阶级的'理论'！"[①]他以古希腊罗马、中国古代以及苏联为例，责问说："在希腊罗马时代，商品经济有过很大的发展，难道那时希腊罗马已经是资本主义的社会？在中国历史上，远自秦朝以迄清朝，曾经有过不少时期，商品经济得到了很大的发展，难道那时中国已经有了资本主义的发展？在现在，商品经济在苏联也还存在着，难道那里也是资本主义的社会？"[②]他强调决定社会经济性质的是这一社会中有什么阶级，它们中间的剥削关系怎样。

从剥削关系决定社会经济性质这一命题出发，张闻天对中国社会经济的性质作了分析。他指出：帝国主义对中国的侵略，造成了两方面的后果。一方面，不平等条约保护下的廉价商品瓦解了中国自然经济的基础，促进了中国城乡资本主义经济的发展；另一方面，帝国主义的侵略，又阻遏了中国社会经济的正常发展。"它不但不能帮助中国资本主义的独立发展，而且阻止中国资本主义的独立发展，他不但不消灭乡村中间的封建式的剥削，而且加紧了这种剥削。"[③]

张闻天以汇丰银行为例，指出该银行在中国营业的利息，往往高至50%至70%。这样高的利息，在帝国主义国家内部是不会有的。这一事实证明了帝国主义在中国的统治，是起殖民地与半殖民地的作用。"它只破坏殖民地与半殖民地的生产力，而不能发展生产力。"[④]他又分析了中国的对外贸易和民族工业的状况，进一步得出结论说："现在不是中国经济的繁荣，而是中国经济的恐慌。帝国主义在中国的统治，只能破坏中国经济，而不能发展中

① 《中国经济之性质问题的研究》，《张闻天文集》第1卷，中共党史出版社1990年版，第175页。

② 《中国经济之性质问题的研究》，《张闻天文集》第1卷，中共党史出版社1990年版，第175、176页。

③ 《中国经济之性质问题的研究》，《张闻天文集》第1卷，中共党史出版社1990年版，第178页。

④ 《中国经济之性质问题的研究》，《张闻天文集》第1卷，中共党史出版社1990年版，第180页。

国的经济。它只能使中国的经济殖民地化，而不能使中国的经济独立发展。”①

对于农村经济，张闻天也从不同的角度进行了论述。在土地问题上，针对任曙的“土地愈集中的地方，资本主义愈发达”及严灵峰的帝国主义侵入中国以后，旧地主已破产，拥有小数货币的民族资本家、商人、高利贷者购买土地，成为新式地主的观点，指出任、严不考虑土地集中到谁的手中，事实上是集中在地主阶级的手中。这些地主是旧式的封建地主，而不是资本主义化的地主。他们将土地集中起来后，并不是购买先进的机器，利用新式的生产技术进行经营，而是分散给千百万农民耕种。“这些耕种地主土地的农民，每年要把田地上所生产出来的百分之五十到百分之七十奉献给地主。”②这同封建时代地主对农民的剥削形式没有什么区别。

除地主外，农民还要受商人和高利贷者的剥削。张闻天指出：“这些商人，他们利用农民的困难情形，廉价的收买农民的生产品，再转卖给比较大的出口商或城市的商人。他们在这中间所赚的钱，同资本主义社会中商业资本家所分得的一部分利润带有完全不相同的性质。”③他们在封建社会中是常有的。高利贷也与资本主义社会中的借贷资本完全不同。而且很多地主同时就是高利贷者。另外还有帝国主义，“帝国主义除了利用买办，地主，商人，高利贷者以间接剥削中国的农民群众外，它还亲自出马，对于中国的农民实行高利贷的，封建地主的，以及奴隶式的剥削”④。更有中国的军阀制度，它是“依靠帝国主义，依靠封建剥削而存在的政治的上层建筑”⑤。军阀往往自己就是地主、买办、商人和高利贷者。张闻天并不否认中国农村有资本主义的发展，但占统治地位的仍是封建的剥削。

根据以上分析，张闻天指出当前中国的革命是土地革命，是无产阶级领导下的工农革命，是民主资产阶级性的革命，土地革命成功后将开辟一个非资本主义的前途。

---

① 《中国经济之性质问题的研究》，《张闻天文集》第1卷，中共党史出版社1990年版，第199页。

② 《中国经济之性质问题的研究》，《张闻天文集》第1卷，中共党史出版社1990年版，第202页。

③ 《中国经济之性质问题的研究》，《张闻天文集》第1卷，中共党史出版社1990年版，第204页。

④ 《中国经济之性质问题的研究》，《张闻天文集》第1卷，中共党史出版社1990年版，第209页。

⑤ 《中国经济之性质问题的研究》，《张闻天文集》第1卷，中共党史出版社1990年版，第210页。

1933年，张闻天在江西苏区马克思共产主义学校讲授《中国革命基本问题》。第一讲为《中国革命的社会经济基础》，对中国的社会性质作了更系统更有理论性的论述，观点基本上与《中国经济之性质问题的研究》相同。文中提出，中国的经济是“半殖民地与半封建的经济，这种经济决定了中国革命的任务与性质，决定了中国革命中各阶级的关系，决定了中国革命的动力”①。

三、发展工商业论

保护民族工商业，是新民主主义革命三大经济纲领之一。张闻天在这方面的贡献是很大的。还在中央革命根据地时期，当时的中共中央负责人博古等人无视根据地的现实条件和新民主主义革命的历史任务，提出没收或消灭私人工商业者的错误口号，造成了很大的危害。针对上述错误倾向，张闻天提出了不同的看法。1933年他指出：“当苏维埃政权没有力量经营国有的大企业，那末利用私人资本来发展苏维埃经济，不能不是目前主要出路之一。”②“在中国革命目前的阶段上，我们不能不有资本家，我们只能经过苏维埃政权限制资本主义的发展，经过劳动法的执行与工人阶级本身的斗争，限制资本主义的剥削，但不能武力消灭资本主义与它的剥削。”③中央革命根据地时期，张闻天是“左”倾错误的主要代表之一，但是从对待私人工商业的态度来看，他同博古等人又明显地存在着分歧，这是张闻天重视实际的结果。这一因素，也是张闻天最终抛弃“左”倾错误的思想基础。

解放战争时期，张闻天到东北领导根据地建设，在进行土地改革的同时，很注意保护和发展民族工商业，不断作出相关的政策规定。1946年2月，在他主持下制定的《牡丹江市施政纲要》中，有关于发展工商业的一条，内容为：“发展工商业。恢复与发展公营工业，保护与奖励私人企业，发展私人资本主义，实行公买公卖的自由贸易，反对贱买贵卖的统制贸易，繁荣市场，发展生产与消费的大众合作社，调剂输出入，整理币制，稳定金融。”④

在日本占领东北时期，实行经济统制，曾指定一些商店和加工厂销售受统制的商品。东北解放以后开展清算运动，没收汉奸、特务的工厂、矿山、商

---

① 《中国革命的社会经济基础》，《张闻天文集》第1卷，中共党史出版社1990年版，第479页。

② 《论苏维埃经济发展的前途》，《张闻天文集》第1卷，中共党史出版社1990年版，第343页。

③ 《苏维埃政权下的阶级斗争》，《张闻天文集》第1卷，中共党史出版社1990年版，第357页。

④ 《一九四六年牡丹江市施政纲要》，《张闻天文集》第3卷，中共党史出版社1994年版，第276页。

店。在清算运动中，有些曾经营统制商品的小加工厂、小配给店也受到波及。1964年7月4日，张闻天为合江省委起草指示，对清算运动作出政策规定，其中指出："我们对待城市工商业资产阶级与对待封建地主阶级的政策，应有原则的区别。清算地主阶级的目的，是在消灭其封建剥削，而清算配给店与加工厂，则只是收回其不应取得的意外之财及限制其过于苛刻的额外剥削。"[①]9月15日，在为佳木斯市起草的另一文件中，又规定："非大汉奸，大特务之中等配给店主，可经过市政府仲裁用赔款形式酌量清算其额外剥削群众与吞搂敌产之部分，其正当之工商业部分，应予保留。""非汉奸、特务，又非配给店主之中、小工商业资本家一律保护。"[②]9月21日，为恢复工商业及纠正城市清算运动中某些"左"的偏向，张闻天又为合江省委起草恢复工商业的指示，其中规定："一律停止城市、市镇中对工商业者工商业方面的经济清算，使其能照常营业与生产。凡被没收的企业，如原主愿继续经营者，应发还之。""召集党政干部，说明我党的经济政策是发展与保护工商业而不是消灭工商业，并在城市工商业者的会议上说明我党的这一政策。"[③]

1946年11月，张闻天为中共合江省委起草《发展工商业的若干政策问题》，经合江省委召开的全省群众工作会议讨论修改后，于18日在《合江日报》公布。"当时对保护和发展民族工商业作出这样比较系统、全面的政策规定……在全国解放区中可以说是最早的。"[④]

张闻天首先分析了对私人资本和公营资本的政策。关于私人资本，他指出："为繁荣工商业、改善人民生活、支持长期战争，必须承认，大量的吸收私人资本，发展私人资本主义，是非常重要的任务……我们即应停止城市中的清算运动，而把我们的注意力转移到繁荣工商业方面去……我们应该劝告与鼓励纯正的工商业者恢复与继续他们的工商业活动，同时在一切可能方面帮助他们，保护他们的生命财产与经营工商业的自由与安全。一切侵犯工商业者正当权益的行动，必须严格禁止。"[⑤]关于公营资本，他指出："它

---

① 《城市清算运动中应注意事项》，《张闻天文集》第3卷，中共党史出版社1994年版，第293页。

② 《佳木斯市反奸清算处理办法》，《张闻天文集》第3卷，中共党史出版社1994年版，第318页。

③ 《关于恢复工商业的一些指示》，《张闻天文集》第3卷，中共党史出版社1994年版，第320、321页。

④ 《发展工商业的若干政策问题》选编说明，《张闻天文集》第3卷，中共党史出版社1994年版，第333页。

⑤ 《发展工商业的若干政策问题》，《张闻天文集》第3卷，中共党史出版社1994年版，第328、329页。

的主要任务，不是在排斥与吞并私人资本，与民争利，而是在调节私人资本的活动，补助私人资本的不足与缺陷，使之与支持长期战争的需要及整个社会发展的利益相符合。但能够起着这种照顾全局的调节与补助作用的，只有大公家的资本。至于小公家的资本……容易与民争利，破坏政策，因而小公家资本的活动范围是应该受到限制的。它们使用各种特权同私人资本争利的一切举动都是应该禁止的。”[①]“大公家”指由省、地区、县所掌握的公有经济，“小公家”指党政军各机关、单位所有并经营的经济。其次，在贸易政策上，应该鼓励私人贸易的发展，一切妨碍私人贸易的障碍物，如不必要的关卡、税收、摊派、检查、没收，以及强占商店商场等，必须坚决废除；“一切伪满时代的‘军用品’，除枪支武器外，均得自由出卖，不得任意检查与没收”[②]。第三，在物价政策上，大公家的贸易机关必须善于掌握，使之有利于工业品的输入与农产品的输出，还应善于吸收或抛出物资以调节物价。政府方面必须及时使用政权力量同投机操纵、囤积居奇者作斗争。第四，在工业政策上，大公家的公营工业（军事工业除外）一律采取经济核算制，不得借特权的保护，吞并或排斥私营工业。“真正公私合营的企业，须根据公司法或习惯法，实行民主的管理。公家人不能利用其公家的地位，把持一切，使私资代表处于旁观或无权的地位。相反的，我们应充分利用他们的经验，以改造生产事业。”[③]小公家的小手工业生产，在上级机关允许的条件下可以发展。第五，在工资政策上，酌量提高工资以改善工人生活，但不能不顾一切地提高工资。“分红制对劳资双方有利，既可发扬工人的劳动热忱，又可提高资本家的生产积极性，是对发展工商业有利的好办法。”[④]第六，在税收政策上，取消各种不合理的苛捐杂税，以及县与县间的过境税。除少数出厂税、面粉税、酒税外，只收营业税。公营工商业机关除特许者外，同私营工商业机关同样纳税。

虽有上述政策的反复说明，但到 1948 年初，在合江省的土改工作中，仍有数县违反城市工商业的政策。为此，1948 年 1 月张闻天又为合江省委起

① 《发展工商业的若干政策问题》，《张闻天文集》第 3 卷，中共党史出版社 1994 年版，第 329 页。

② 《发展工商业的若干政策问题》，《张闻天文集》第 3 卷，中共党史出版社 1994 年版，第 330 页。

③ 《发展工商业的若干政策问题》，《张闻天文集》第 3 卷，中共党史出版社 1994 年版，第 331 页。

④ 《发展工商业的若干政策问题》，《张闻天文集》第 3 卷，中共党史出版社 1994 年版，第 332 页。

草《在平分土地运动中保护城市工商业》的指示。在指示中，指出了数县违反城市工商业政策的一些表现，分析了产生这些现象的原因。最后又规定了有关政策，主要有：对地主兼工商业者，除没收其封建剥削部分及废除其高利贷外，其他一律不动；凡在土地改革以前（1946 年 7 月前）的纯工商业者，不论过去出身是否地主或富农，一律保护；除没收罪大恶极的大汉奸、大特务、大恶霸、大地主及伪装的工商业及其财产外，对其他过去有过错误与缺点，而现在服从政府法令、安分守己的工商业者，除使其政治上坦白外，不能没收其工商业及其财产或任意进行罚款。此外，还规定了 5 条今后清算与没收工商业者的办法。

《在平分土地运动中保护城市工商业》的“基本思想与同一天任弼时在西北野战军前委扩大会议上发表的《土地改革中的几个问题》讲演的思想完全一致”。前者报中共中央东北局转中共中央后，中共中央批示：“合江省这一指示，经修改后，适用于东北各地。”①

四、新民主主义经济论

1948 年 8 月，中共中央东北局在哈尔滨召开第一次东北城市工作会议，张闻天受东北局委托在会上作了总结报告。报告中的部分内容后来又经张闻天补充修改，于 9 月写成《关于东北经济构成及经济建设基本方针的提纲》（以下简称《提纲》）。《提纲》经中共中央东北局讨论通过后上报中央，受到中央的高度重视，经修改后转发全党，“作为各解放区经济建设的方针”，“《提纲》的基本思想不久为党的七届二中全会所吸收”②。

在《提纲》中，张闻天指出东北经济基本上由六种经济成分构成：国营经济，合作社经济，国家资本主义经济，私人资本主义经济，小商品经济，秋林式社会主义经济（苏联国家企业）。中央将经济成分改为五种，无秋林式社会主义经济，并在五种经济成分前加“在彻底消灭封建主义、官僚资本主义及取消帝国主义在东北的经济特权以后”③等文字。

（一）国营经济

国营经济在东北有很大比重，在城市工商业中已经占了领导地位。张

① 《在平分土地运动中保护城市工商业》选编说明，《张闻天文集》第 3 卷，中共党史出版社 1994 年版，第 387 页。

② 《关于东北经济构成及经济建设基本方针的提纲》选编说明，《张闻天文集》第 4 卷，中共党史出版社 1995 年版，第 46 页。

③ 《关于东北经济构成及经济建设基本方针的提纲》，《张闻天文集》第 4 卷，中共党史出版社 1995 年版，第 29 页。

闻天指出:“这些国营经济……是新民主主义政治的主要的经济基础,是新民主主义经济的支柱,是无产阶级在经济战线上进行阶级斗争的最有力武器。这是国家最可宝贵的财产……要把它放在国民经济建设的第一位……我们必须节衣缩食,用一切方法挤出资金来,以恢复与发展国营经济。”①(其中“是无产阶级在经济战线上进行阶级斗争的最有力武器”,中央修改为“是无产阶级在经济战线上反对投机操纵,和资本主义进行经济竞争的最有力的武器”②。)

关于发展国营工厂,张闻天于1943年曾在《关于公营工厂的几个问题》中作过专门论述。他指出:“公营工厂的任务有三,即供给公家的任务,发展边区经济的任务,培养管理工厂干部的任务。”③为了完成这三大任务,公营工厂必须建立经济核算制和实行一元化的管理方式。他说:“要办好一个工厂,必须很好的计算成本与利润……这就是工厂的经济核算制。没有这种经济核算制,工厂是决然办不好的。”④只有实行了经济核算制,才能在工厂之间进行生产合理化的竞赛,才能推动各工厂创造出各种各样提高生产力的办法。为了贯彻经济核算制,政府必须及时供给工厂原材料、粮食及货款、资金等,同时尊重工厂在经济上的相对独立性。

对于一元化管理,张闻天分析说:“工厂是一个统一的生产单位,有一定的生产任务,只有由政府、由厂长集中管理时,才能办好。”⑤一元化管理包括政府与工厂关系的一元化以及工厂内部的一元化两个方面。前者指工厂应该只同政府的一个管理工厂部门发生关系,不同许多部门发展关系。后者指在工厂内部,由厂长集中管理工厂内部的一切。凡有关生产上的一切问题,他均有最后的决定权。在强调一元化管理的同时,张闻天又明确指出两点:一是集中管理并不取消工厂内部的民主;二是工厂管理的一元化决不能同官僚主义、家长制混为一谈。

(二)合作社经济

张闻天指出:东北的合作社经济,在生产和供销(消费)方面正在开始发展,现在的合作社主要是农业生产中的劳动互助组织,但问题很多,还很不

---

① 《关于东北经济构成及经济建设基本方针的提纲》,《张闻天文集》第4卷,中共党史出版社1995年版,第17、18页。

② 《关于东北经济构成及经济建设基本方针的提纲》,《张闻天文集》第4卷,中共党史出版社1995年版,第30页。

③ 《关于公营工厂的几个问题》,《张闻天文集》第3卷,中共党史出版社1994年版,第211页

④ 《关于公营工厂的几个问题》,《张闻天文集》第3卷,中共党史出版社1994年版,第213页。

⑤ 《关于公营工厂的几个问题》,《张闻天文集》第3卷,中共党史出版社1994年版,第215页。

巩固。城市中的供销(或消费)合作社大都等于合股小商店,未真正起合作社的作用。“今后必须严格根据自愿两利的原则,使之巩固,并在这一基础上加以发展。这种合作社可以提高生产力,增加生产品,增加小生产者的财富,养成小生产者劳动互助的习惯,给将来农民的集体化准备有利的条件。”①小生产者的消费合作社是小生产者与国家之间的一座经济桥梁,一根经济纽带。国营经济生产的日用必需品可以经过消费合作社合理分配给小生产者;农民、小手工业者的各种生产品,国家又可以经过消费合作社有计划地收买。故目前必须十分重视发展消费合作社。“国营经济没有合作社做基础,它在经济战线上就会孤立无援。国营经济只有同合作社经济结合起来,才能有可靠的经济上的同盟者,去同各种投机倒把,同无政府无组织的经济破坏活动做斗争,使新民主主义的计划经济取得优势。而合作社经济,也只有与国营经济结合起来,才能使组织在合作社中的小生产者免除商人资本家的中间剥削,而大家富裕起来……才能使他们不走旧资本主义的道路,而经过新民主主义道路走向社会主义。”②

1948 年 12 月,张闻天为中共中央东北局主持起草《关于发展农村供销合作社问题》的决议。其中指出:“在无产阶级领导的新民主主义的国家制度下的合作社经济,是国营经济和千千万万农民小生产者经济联系的桥梁和纽带,是国营经济领导小商品经济最可靠的有力助手,是国营经济在经济战线上同一切投机操纵与经济破坏进行斗争的最可靠的同盟军。”③新民主主义国营经济领导下的合作社经济和资本主义经济的关系是团结和斗争的关系:凡属有利于国计民生的私人资本,合作社应贯彻国营经济对它们团结的政策,使它们都有利可图,因而都能生存和发展;凡属无利或有害于国计民生的私人资本,合作社则应当协助国营经济对它们实行斗争的政策,迫使其转业。“同时,即使是正当的私人资本主义经济,合作社也应协助国营经济容许与鼓励它向着有利于国计民生的方向发展,防止与反对这种商品的资本主义经济所固有的投机性和破坏性。”④但是,这种斗争主要是经济上的

① 《关于东北经济构成及经济建设基本方针的提纲》,《张闻天文集》第 4 卷,中共党史出版社 1995 年版,第 19 页。

② 《关于东北经济构成及经济建设基本方针的提纲》,《张闻天文集》第 4 卷,中共党史出版社 1995 年版,第 20 页。

③ 《关于发展农村供销合作社问题》,《张闻天文集》第 4 卷,中共党史出版社 1995 年版,第 65、66 页。

④ 《关于发展农村供销合作社问题》,《张闻天文集》第 4 卷,中共党史出版社 1995 年版,第 67 页。

和平竞争，不能采用不适当的行政办法来进行这种斗争。

（三）国家资本主义经济

当时东北已经出现的国家资本主义经济形式有出租制、加工制、订货制、代卖制等。张闻天认为，国家资本主义“经济形式是私人资本主义中最有利于新民主主义经济发展的形式”，应“有意识的加以提倡、组织与扶助”；“在新民主主义经济中，它应该成为私人资本主义发展的最有利的方向”[①]。有些干部对于发展国家资本主义往往采取关门主义的态度，他们宁愿把天然富源荒弃，也不愿给资本家开发，怕国家受损失、赔本。他们还不了解，利用私人资本，虽然给资本家交纳了一定的利润，仍然是对国计民生绝对有利的。在国家无力经营的地方，如果采取排斥私资的态度，是错误的。

（四）私人资本主义经济

张闻天指出：东北私人资本主义经济以中小资本家，尤其是小资本家为多。“凡国营经济及合作社经济力量所不及的地方，私人资本的发展在生产与交换上都有其建设的与积极的意义，决不可轻视。同时，由于国家的政治力量与经济力量的强大，私人资本主义的发展也不是可怕的。我们对于私人资本主义的方针，就是把必需要发展的私人资本，引导到有利于国计民生的方向。除把一部分私人资本引导到国家资本主义的轨道上去以外，其他私人资本都应使之为战争与民用服务。”[②]（中央修改为：“凡国营经济及合作社经济力量所不及的地方，私人资本主义经济的相当的发展，在生产与交换上都有其一定的建设与积极意义，决不可轻视，决不可以过早地采取限制现时还有益于国计民生的私人资本主义经济的办法。同时，由于无产阶级在国家机构中政治与经济力量的强大，私人资本主义经济的发展，也不是可怕的。我们目前对于私人资本主义经济的方针，就是把必然要发展的私人资本主义经济，引导到有利于国计民生的方向，并限制在有利于国计民生范围以内，除把一部分私人资本引导到国家资本主义的轨道上去以外，其他私人资本都应使之为战争与人民服务。我们的各种经济政策，应该做到这样的程度，即是：凡属有利于国计民生的私人资本都有利可图，因而都能生存与发展；凡属无利或有害于国计民生的私人资本，都使之无利可图，因而被迫转业，特别是逼使商业投机资本向工业方面转移极为重要。”接着又另加上

① 《关于东北经济构成及经济建设基本方针的提纲》，《张闻天文集》第4卷，中共党史出版社1995年版，第21页。

② 《关于东北经济构成及经济建设基本方针的提纲》，《张闻天文集》第4卷，中共党史出版社1995年版，第22页。

以下文字："在国民党统治的旧中国，对国计民生十分有害的商业投机资本，是有极大的膨胀的，几乎全部的银行资本都成为商业投机资本。在城市中的商业资本，常常占到总资本的百分之八十至九十。我们对于社会上这样强大的商业投机资本，不能不采取坚决的办法，迫其转入工农业生产方面。其办法除由国家宣布法律禁止一切操纵国民生计的经营外，必须发展国家商业与合作社商业，在广大的范围内去代替私人商业资本的地位，使商业资本无高额利润可图，才能迫使其向生产方面转移。"①）这是对于私人资本鼓励与限制的标准，也是联合与斗争的标准。资本主义必然包含投机和操纵的本质。"所以同私人资本主义经济的投机操纵、同它的破坏性的经济活动作斗争，是今后经济战线上的经常任务……减少它的破坏性，增加它的建设性。"②（中央修改文件还加上以下文字："但是这种斗争是一种长期的经常的斗争，而且主要地是在经济上的和平竞争，而不应该不适当地采取行政上的办法去进行这种斗争。"③）

（五）小商品经济

在谈到小商品经济时，张闻天首先引了斯大林的一段相关论述，主要内容是："小商品经济……是站在资本主义和社会主义间的十字路口的经济。"据此张闻天认为，小商品经济在无产阶级领导下的新民主主义的国家里是会发展到社会主义方面去的。但由于国营经济与私人资本主义经济同时并存，小商品经济最后向着社会主义方面发展，还要经过比较长期的斗争过程。他主张在自愿和两利的原则下，把小生产者组织在各种合作社里，"不但不应动摇他们的财产私有权，不但不违反他们的发财致富的要求，而且正是为了使他们更能迅速改善他们的生活，使他们发财致富"④（中央将"发财致富"修改为"发家致富"⑤）。为做到这一点，张闻天又强调了三点：第一，小生产者的这种合作，以个体私有经济为基础，以落后的手工业技术为基础。"因而决不是、也不能是农村的集体化。以为经过这样的合作，我们立即可

① 《关于东北经济构成及经济建设基本方针的提纲》，《张闻天文集》第 4 卷，中共党史出版社 1995 年版，第 39、40 页。

② 《关于东北经济构成及经济建设基本方针的提纲》，《张闻天文集》第 4 卷，中共党史出版社 1995 年版，第 23 页。

③ 《关于东北经济构成及经济建设基本方针的提纲》，《张闻天文集》第 4 卷，中共党史出版社 1995 年版，第 40 页。

④ 《关于东北经济构成及经济建设基本方针的提纲》，《张闻天文集》第 4 卷，中共党史出版社 1995 年版，第 24 页。

⑤ 《关于东北经济构成及经济建设基本方针的提纲》，《张闻天文集》第 4 卷，中共党史出版社 1995 年版，第 42 页。

以走向社会主义的集体化的观点是完全错误的。”[①]（中央修改为：“要使中国的农业走向社会主义，当然必须实行集体农场制度。但是，这在中国的条件下，在一个相当长的时期内还是做不到的。”[②]）第二，小生产者的这种合作根据“等价交换”、“按劳得值”的两利原则，因而在合作的小生产者内部，是必然会由于勤劳程度的不同而出现穷富不齐的现象。第三，这种合作社根据自愿原则，小生产者有完全的权利加入或退出合作社，因而除已组织起来的小生产者外，独立的无组织的小生产者的存在也是必然的，而且甚至会很多。

农民小生产中会出现某种程度的分化，张闻天指出这是社会生产力向上发展的必然结果，用不着害怕。“只要我们坚持新民主主义的经济政策，我们可以并且能够经过发展合作社的道路，使大多数农民小生产者都上升为富裕的农民，为富裕的手工业者，而不再重抄旧资本主义时代少数人上升为富农资本家而大多数人陷于穷困与破产的悲惨境地的老路。”[③]他强调，无产阶级领导的新民主主义的政治与经济，将用一切方法，把农民小生产者组织在合作社内，使之与国营经济结成巩固的联盟，以利于他们走向社会主义。对小生产者的各种弱点要进行斗争，这是同资产阶级进行斗争的不可分离的部分。要采取毛主席所指示的“耐心说服，典型示范”[④]的办法，才能收效。

满足小生产者“发财致富”的要求，这不是张闻天第一次提出。1948 年 2 月，他在中共合江省委召开的全省群众工作会议上所作的总结报告中指出：“土地改革后，农民有了土地、牲口、农具、粮食和衣服，有了必需的生产手段。如何使这些生产手段同劳动结合起来，进行生产，这是今天农民的基本要求，也就是我们的基本任务。”[⑤]“过去斗争的目的……是为了要消灭封建的剥削制度，使农民取得发展生产、勤劳致富的生产条件。现在这个目的达到了。所以，我们就应当将斗争转入生产，在生产中发财致富。不管什么

① 《关于东北经济构成及经济建设基本方针的提纲》，《张闻天文集》第 4 卷，中共党史出版社 1995 年版，第 24、25 页。

② 《关于东北经济构成及经济建设基本方针的提纲》，《张闻天文集》第 4 卷，中共党史出版社 1995 年版，第 42 页。

③ 《关于东北经济构成及经济建设基本方针的提纲》，《张闻天文集》第 4 卷，中共党史出版社 1995 年版，第 25 页。

④ 毛泽东：《必须学会做经济工作》，《毛泽东选集》第 3 卷，人民出版社 1991 年版，第 1017 页。

⑤ 《合江农村的新形势与新任务》，《张闻天文集》第 3 卷，中共党史出版社 1994 年版，第 392、393 页。

人，凡是靠劳动生产出来的财富，都归他个人所有，任何人都不得侵犯……越穷越光荣，‘永远斗争’、‘循环斗争’的思想是不对的，必须打消。”[①]提出土改后的农民要发展生产、勤劳致富、发家致富，反映了张闻天对中国共产党在取得政权后要及时将工作重点转到以经济建设为中心的轨道上来，提倡在生产中勤劳致富，有十分明确的认识。

以上张闻天关于中国新民主主义经济结构的观点，是他在长期的革命斗争实践中，运用马克思主义原理和方法研究中国革命所获得的极有价值的成果，反映了他的理论勇气和实事求是的精神。

第四节　蒋介石的经济思想

一、实行独裁统治的蒋介石

蒋介石(1887～1975)，原名瑞元，学名志清，后改名中正，字介石，浙江奉化人。光绪三十三年(1907 年)就读于保定陆军速成学堂。次年入日本振武学校，参加中国同盟会。辛亥革命后回国，依附沪军都督陈其美，任团长。后曾为证券物品交易所经纪人。1922 年陈炯明叛乱时，到永丰舰上随侍孙中山，被任命为大元帅府大本营参谋长。1923 年赴苏联考察。1924 年任黄埔军校校长。1925 年任广州国民政府军事委员会委员、国民革命军第一军军长、东征军总指挥。1926 年制造中山舰事件和整理党务案，排斥共产党人。同年任国民革命军总司令、国民党中央常务委员会主席等职，率军北伐。1927 年在上海发动“四一二”政变，屠杀共产党人和革命群众。南京国民政府成立后，历任军事委员会主席、国民党中央政治会议主席、国民政府主席、海陆空军总司令和军事委员会委员长等职。1931 年日本侵占中国东北，实行不抵抗主义。从 1931 到 1934 年，先后发动对革命根据地的五次“围剿”。西安事变后，与中国共产党实行了第二次合作，一致抗日，但又不断挑起反共摩擦。1938 年任国民党总裁。次年兼国防最高委员会委员长、三民主义青年团团长、四行联合办事总处主席、行政院长等职。1943 年兼国民政府主席。抗战胜利后，撕毁和中共签订的《双十协定》，挑起全面内战。1947 年兼全国经济委员会委员长。1948 年 3 月，单方面召开行宪国民大会。4

① 《合江农村的新形势与新任务》，《张闻天文集》第 3 卷，中共党史出版社 1994 年版，第 396 页。

月，被选为总统。因内战失败，1949 年率残部退守中国台湾，1950 年再任台湾政府的"总统"。1975 年病逝。台湾地区编有他的全集、思想言论总集等。

1922 年，蒋介石到广东后，以非常革命的言论取得了孙中山和革命党人的信任。在北伐战争取得巨大胜利的关键时刻，他公开树起了反共旗帜，在血腥的屠杀中建立起了代表中国大地主、大资产阶级的政权。他在 1931 年的国民党中央执行委员会临时全体会议和国民会议上，曾公开赞扬法西斯主义，说法西斯为"统治最有效能者"，"领导素无政治经验之民族，是非经过较有效能的统治权之行施不可"①。他建立特务组织，用法西斯主义的手段维护自己的独裁统治。

蒋介石以继承孙中山的遗志自居，尊孙中山为"国父"，在讲话或文章中宣传三民主义及孙中山的其他主张。但他抛弃了孙中山的革命精神，特别是否定了联俄、联共、扶助农工的三大政策。对于孙中山的平均地权的主张，他只是重复地主自报土地和地价的办法，而不再提"耕者有其田"的口号。孙中山的节制资本主张包括"发达国家资本"，这里的"国家"是指民主共和国。蒋介石对"发达国家资本"可以说是身体力行，他所发达的国家资本是官僚垄断资本。

在蒋介石的统治下，国民政府发展成为极端腐败的政府。这个政府实行了中国空前的恶性通货膨胀政策，在抗战开始以后的十余年间，物价上涨至少达 6 万亿余倍，已见上述。在国民党政府最后崩溃前，制造了发行金圆券的大骗局，强制收兑民间的金、银、外币。不到 3 个月，就收兑了金、银、外币总值达 1.9 亿美元②。在蒋介石逃离大陆前，这些金、银、外币大部分被运往了台湾。

二、经济建设论

1935 年，蒋介石发起国民经济建设运动，陆续成立国民经济建设运动委员会总、分会。次年 9 月，由"中国国民党中央执行委员会宣传部"收集有关论文编印《国民经济建设运动之理论与实际》一书，书中为首的两文是以"蒋中正"署名的《国民经济建设运动之意义及其实施》和《国民自救救国之要道》。以下仅述其前一文的观点。蒋介石提出，国民经济建设运动的总目标为"尽人力，辟地利，均供求，畅流通，以谋国民经济之健全发展"。这目标具

---

① 李勇、张仲田：《蒋介石年谱》，中共党史出版社 1995 年版，第 191 页。

② 《收兑美钞港币，将向国外购粮》，《申报》，1948 年 11 月 9 日。

体分为积极方面和消极方面，各有四条。积极方面为：增加生产总量，解决生活需要；增加工作机会，解决失业问题；增加输出产品，借谋贸易平衡；保障投资安全，鼓励生产活动。消极方面为：解除阻碍生产发展之外在原因（如捐税、产业、法规、劳资关系等）；解除阻碍经济发展之内在原因（如缺乏经营方法与人才等）；解除阻滞货物流通之障碍（如交通、金融、运销制度等）；解除妨碍生产建设之心理因素（如愚昧、迷信、保守、缺乏劳动习惯及漠视经济等）。

国民经济建设运动的实施要项有：

(1)振兴农业。增加农业生产，凡制肥、选种、改良农作方法、活泼农业金融、流畅农产运销，悉以合作社为基础，指导并改进之，以达到粮食自给自足为初步目标。一方面增加农业原料之生产量，同时提倡农产之就地加工制造。

(2)鼓励农垦。鼓吹大规模之移民垦荒与经营畜牧，实施军区屯垦制，利用集团劳力开发农利，恢复并增进牛羊马匹与农村各种副产物（如猪鱼鸡鸭之类）之生产；同时提倡各省所有荒废土地之开垦与耕作，以地无旷土为目标。

(3)开发矿产。调查矿产状况及摧残束缚矿产业发展之原因，建议政府改善矿业法规，鼓励矿产投资，扶助矿商独立经营与自由发展，以辟天然之富源，而容纳众多劳力。

(4)提倡征工。赞助政府实施征工制度，鼓励民众参加义务劳动。尤以开发交通道路、修治水利、培植森林、开辟垦地等为征工之基本工作。同时实施兵工政策，与征工制并行，以军队辅助各地征工工务之不足，并为建设地方公共工程之倡导。

(5)促进工业。对农村简易工业及农产品加工制造之简单工业，提倡就农村或其附近按合作系统经营之。对于一般工业，由政府分别保护并奖励之。设立劳资调节机关，遇有劳资纠纷，予以公平调处，并须赋予该机关以最后强制执行之权，借以保障企业之安全与劳动之工作。

(6)调节消费。统计各地尤其农村之消费品种类与数量，力谋供求之调剂。必须消费者尽量自己生产。不能生产者，尽量节约其消费。此项工作须由当地职业团体及合作社协力进行，并须取得进口同业公会之赞助。

(7)流畅货运。一方面尽量发展各县各省区之道路交通，改进水陆货运，力谋货物畅流之便利；另一方面设立各重要地区之主要农产品如棉、麦、米、丝、茶等之公共仓库与运销机关。

(8)调整金融。鼓励民间储蓄,活泼资金之融通,由政府执行健全之货币政策与汇兑政策,而人民自衷诚拥护之。

实现经济建设计划需要大量人才,蒋介石提出要设立专门人才调查登记机关,分别其事务上或技术上之专长,遇有国内产业机关需要专门人才时,总机关应设法介绍供给,如国内无适当专家时,则介绍国外专家担任之。

1937年即爆发抗日战争,所谓经济建设运动自然不可能继续进行。1943年,蒋介石发表《中国之命运》,其中提出心理、伦理、社会、政治、经济五项建设,而以经济建设"为各项建设之重点,而且为一切建设之先务"。经济建设要以工业化为目标。他说:"不平等条约的撤废,更能使中国以独立自由的地位,迈进于经济独立'自力更生'的大道。而中国之'自力更生',尤以'工业化'为当务之急。故今后国民的经济建设,更应以发达工业经济为基础。"今后的中国,必须以"最速的进步,与最大的努力,始可与先进诸国高度的技术与集中的经营,并驾齐驱"。经济建设"要以计画经济和社会立法,使每个国民的生活与生存,都有保障,务必做到'资本国家化,享受大众化'之目的","实现民生主义之和平的普遍的革命"。[①] 在官僚资本主义的统治下,"享受大众化"只能是以之骗人的谎话,而"资本国家化"则反映了蒋介石要发展官僚资本主义的心声。

对于建设计划的制订,蒋介石说:"建国规模与计画,及树立规模和执行计画的志节与本能,当从中国五千年的历史教训,与一千几百万方公里的地理环境,参之以世界形势的进化,而体会研求。至于实行,更须由小而大,由近及远。而实行之程序,又必须有重心,有基点。"[②]他规划了10年内所需要的人才和物资。各类人才共需约246万(1936至1941年实际培养数为47万多)。物资包括土木、机械、电机、空运、水利、建筑、衣服、卫生、矿冶等方面。

蒋介石认为,他所提出的经济建设计划的完成,要积30至50年之久。所列计划中的数字或不免认为太大,以为不易成功,但比之于中国的人口和土地,实在太少,决不为多。他说只要人们深切领会孙中山的"行易"学说,彻底体认他的"力行"的道理,"将来实际的成绩,或可超过预定之数一倍以上,实至为平常之事"[③]。

《中国之命运》提出了如此庞大的经济建设计划。它的前提是,在抗战

① 本段引文均见蒋介石:《中国之命运》,(台湾)正中书局1986年版,第132、134页。
② 蒋介石:《中国之命运》,(台湾)正中书局1986年版,第138页。
③ 蒋介石:《中国之命运》,(台湾)正中书局1986年版,第147页。

结束后必须有一个和平建设的环境。但蒋介石要维持一党专政的局面，维持大地主大资产阶级的统治，不惜发动内战，则战后的经济建设计划完全成了空话。1945 年，在中国共产党第七次代表大会的开幕词中，毛泽东提出了“两个中国之命运”的观点，指出战后中国有两个前途：“我们应当用全力去争取光明的前途和光明的命运，反对另外一种黑暗的前途和黑暗的命运。”①蒋介石经济建设计划的必然失败，也是命运所注定了的。

三、中国经济学说论

1943 年，蒋介石又发表了名为“中国经济学说”的著作，2 万余字（相传此书和《中国之命运》都是陶希圣所写）。全书包括《中国经济学的定义与范围》、《中西经济学说的分别》、《中国古来的经济规模》、《民生主义的经济的道理》和《将来的经济理想》五大部分。以下分别评述其要点。

（一）中国经济学说的定义与范围

蒋介石说，近百年来西洋经济学的流入，以正统派经济学说和马克思经济学说为最盛，中国自己的经济的原理反而没有人讲求。他对中国经济学下定义说：“从人与物的关系来说，中国称经济学为‘经世济物之学’。从个体与全体的关系来说，中国称经济学为‘国计民生之学’。我们可以说，经济的原理，就是经世济物的道理。亦就是国计民生的学理。简言之，经济学即致国家于富强之学，亦就是建设国家臻于富强康乐的境域。简言之，即‘建国’之学。”②根据这一定义，他认为中国经济学的范围比西洋的要广得多。实际上，中国原来并无“经世济物”之说，而只有“经世济民”之说，但“经世济民”并不是专属于经济学的概念；“国计民生”虽是成语，也无人称经济学为“国计民生之学”（梁启超曾译为“生计学”），这里说的不过是蒋介石个人的观点。

蒋介石认为：“中国的经济学说，无论是儒家是法家，都讨论人与物的关系，而其讨论都以人类的理性与人类的欲望的关系为中心，儒家求理性之扩充，法家主欲望之制约。”扩充理性和制约欲望都是为了理性。“所以中国的经济学说以理性为本源，不以欲望为本源。”③中国古代的经济思想确有重视理性的特点，但认为它们都以理性为本源则是不正确的，事实上有许多思想家肯定了人们的思想要受经济条件的影响，经济是第一性的，而思想是第二

① 《两个中国之命运》，《毛泽东选集》第 3 卷，人民出版社 1991 年版，第 1026 页。

② 蒋介石：《中国经济学说》，连锁书店 1944 年版，第 4 页。

③ 蒋介石：《中国经济学说》，连锁书店 1944 年版，第 5 页。

性的。他又说："中国的经济学不以一个人或一个物为本位，乃是以人类和社会的全体为本位，与西洋各派经济学说截然不同。"①所谓"全体本位"，实暗含西方"全体主义"的观点。

蒋介石高度评价了中国在经济学上的成就。他说中国成为一个伟大的民族和建立一个统一的国家，要归功于前贤和先民"经世济物"和"国计民生"学问的高深。"其中最基本的学问和规划，是求国计与民生的合一。"他将"国计"解释为"国防"，因此说："在中国的经济学说上，国家的任务，一方面是养民，一方面是保民。就养民而论，国计就是民生；就保民而论，民生就是国计，简单的说，就是国防。"②他批评西洋的经济学不过是一种私人企业学或市场交易之学，而中国的经济学则是"民生与国防的统一体"。

（二）中西经济学说的分别

蒋介石分别介绍了中国和外国的经济学说。中国从周公谈到张居正，而以管子、王安石、张居正为重点。他的结论是："这些大经济家……都不以人类的欲望为出发点，尤其不以个人一己的私欲为出发点。他们的学说都本于人性，他们的目的都是国计民生，都是为国计民生而致力于经济的规划与统制。""他们的政策都以土地问题为中心。他们解决土地问题的方案又都从农工关系和农商关系上着想。"③虽然中国古代的经济思想以土地问题为重点，但并不限于土地，《管子》轻重理论就不以解决土地问题为中心。蒋介石只是作了简单化的表述。

对于西洋的经济学说，蒋介石简略地介绍了各派经济学家，包括马克思在内。他认为，西洋经济学的最新趋势已超越了人类欲望、个人小己、价值学说、利润追求等方面，断言"西洋经济学必将废弃个人自利主义与唯物论，而以人性为本源，以民生为目的，和我中国固有的经济学说将殊途同归"④。

（三）中国古来的经济规模

所谓"经济规模"，实际上讲的是经济思想和政策。蒋介石从养民和保民两方面论述了中国古代的有关思想和政策。养民又分为养育人民的欲求和节制人民的欲求两方面。前者的经济计划和经济政策主要有田制、水利、仓储、交通、气象与土壤。后者的学者讨论和政府政令主要有均产、均赋、均输、专卖、农贷。其结论为："国家的经济的本务，有两个意义：一是养民之

① 蒋介石：《中国经济学说》，连锁书店 1944 年版，第 6 页。
② 蒋介石：《中国经济学说》，连锁书店 1944 年版，第 10 页。
③ 蒋介石：《中国经济学说》，连锁书店 1944 年版，第 21 页。
④ 蒋介石：《中国经济学说》，连锁书店 1944 年版，第 28 页。

欲，二是制民之欲……前者可以说是'仁'，后者可以说是'义'。我们从这里可以看得出古来的仁义之说，决不是空谈。仁义的道理应用到社会、政治、经济的各方面，可以构成各种恰当的制度和政策。"①在保民政策中则提出要发展集体农场，实行兵农合一制度。

（四）民生主义的经济的道理

蒋介石将民生主义的基本原则定为三条："经济以养民为本位"，"经济以计划为必要"，"民生与国防之合一"②。他批评了三种不适合时代和中国国情的经济学说。

第一种是自由主义经济学。蒋介石指出，自由竞争是西欧第一次工业革命以后的经济现象，后来德国、美国先后发展为大工业区，竞争愈趋激烈。于是保护贸易政策勃兴。用托拉斯、卡特尔的方法，联合管理同业工厂，甚至采取国家经营的办法。"这种趋势，可以叫做第二次工业革命。到了此时，自由主义的经济学便失去了客观的基础。"③中国工业落后，故在国际贸易方面必须采取保护政策，在工业建设方面必须采取计划经济制度。

第二种是马克思主义经济学。蒋介石引用孙中山关于阶级斗争是社会进化时发生的一种病症的观点，否认中国存在着阶级斗争，宣称"中国的工业化虽必达于完成的境域，而共产主义所谓阶级斗争仍永无发生的可能"④。

第三种是用暴力来解决土地问题。蒋介石宣称："民生主义的另一要义是平均地权……依照历史的教训，土地问题不能够用暴力来解决，凡以暴力或强制方法来解决者，必立即归于失败。"⑤这是针对中国共产党的土地革命主张的。他说地权分配不均不是古代封建制度的遗留，而是受了工商经济的影响。如果不从农工的关系与农商的关系上着想，单是用暴力平均分配土地，即使土地可以平均分配，很短时间内便会再起不均的现象。他说中国古代是自足自给的经济，除盐、铁等特产之外，农家无须购买外来的商品，所以盐、铁专卖的问题，成了古代的重要经济问题。到了近代，农业和工业渐渐的分化，农家为了买进外来的商品，必须变卖自家的农作物，商业经济的力量就渐渐的控制农村了。"所以商业越是繁荣，土地也越是集中，商业资本不流到工业方面去，却不断的流向地价方面去。在城市里，我们看见商业

---

① 蒋介石：《中国经济学说》，连锁书店 1944 年版，第 39、40 页。
② 蒋介石：《中国经济学说》，连锁书店 1944 年版，第 44、45 页。
③ 蒋介石：《中国经济学说》，连锁书店 1944 年版，第 47 页。
④ 蒋介石：《中国经济学说》，连锁书店 1944 年版，第 53 页。
⑤ 蒋介石：《中国经济学说》，连锁书店 1944 年版，第 53 页。

囤积,在乡村里我们就看见土地兼并。"①因此,他认为民生主义的土地政策,就是要从平地价着手,不许商业资本流向土地,使土地买卖不复成为投资的对象。

孙中山所说的地权不平均是指资本主义的发展将使城市地价上涨,造成地权的不平均,并没有涉及中国古代的土地问题。蒋介石则明确说中国古代不存在土地问题,这是对中国历史的歪曲。西汉晁错就说过"此商人所以兼并农人,农人所以流亡"②的话了,以后关于农民丧失土地的言论不绝于史。蒋介石将土地买卖仅仅看作是近代的商业资本投资土地使地价上涨的问题。他把民生主义土地政策只限于平地价,违背了孙中山平均地权的原意,特别是否定了孙中山晚年提出的"耕者有其田"的主张。

蒋介石还分析了孙中山实业计划的精义,将其归纳为五条:最根本的意义是以大陆为基点,以繁荣的海港为出口,民生与国防合一;以交通与农矿为最根本的事业,交通与农矿都能发达,工业既有销场,又有原料,经济自然可以发达;注重人口之平均分配,尤其要充实西北和西南的人口,以为抗战建国的基地;所建设的工业散在农业、矿业中间,即分散在各地区,不复有近百年来海上都市生活与西北、西南的农村生活相差一两世纪的偏枯景象;要中国海、陆平均发展,各地平均发展。

(五)将来的经济理想

蒋介石称中国所要达到的最后理想是实现《礼记·礼运》中所说的"大同"社会。他说:大同世界的人性发展至于圆满的极限;大同世界的民生顺遂至于圆满的极限;大同世界的经济完全依照最圆满的计划进行;大同世界的经济为完全的民生本位经济。"由《礼运》所讲的看来,民生本位与计划经济的原则,是达到大同世界的唯一正确的道路,除此以外,更没有别的道路可以实现我们的经济理想。"③以民生本位和计划经济作为达到大同世界的唯一正确道路,在逻辑上根本不能成立。此说不过是想骗取人们对国民党政府的信任而已。

本节至此结束,但还需要指出《中国经济学说》中重复出现的一个错误。该书连锁书店版第37页(其他版本页数不同)说:"孟子……一面主张'养民',一面主张'经制',并且说'仁政必自经制始'。"第40页又说:"孟子说'经

① 蒋介石:《中国经济学说》,连锁书店1944年版,第55页。
② 《汉书》卷二四上《食货志上》。
③ 蒋介石:《中国经济学说》,连锁书店1944年版,第63、64页。

制'而不说兵制,正是因为田制就是兵制。"到第 41 页再说:"他的计划是'仁政必自经制始',而经制即是兵制的基础,经制一定,则全民皆兵,即可以'执梃以挞秦楚之兵'。"孟子的原话是"夫仁政,必自经界始"(《孟子·滕文公上》)。宋儒朱熹对"经界"的解释是:"经界,谓治地分田,经画其沟涂封植之界也。"即确定对土地的所有权或使用权。而"经制"是后起的概念,孟子怎么会想得到呢?此错重复出现,可见作者对写此书的漫不经心、信口开河!

第五节　孔祥熙的经济思想

一、掌握国民政府财经大权的孔祥熙

孔祥熙(1880～1967),字庸之,号子渊,山西太谷人。年轻时曾在基督教会办的华美公学和通州的潞河学院学习。光绪二十七年(1901 年)赴美,在欧柏林大学学习。三十一年获学士学位后,入耶鲁大学攻读硕士,曾拜见孙中山。三十三年获硕士学位后回国,在太谷创办铭贤学校,自任校长。辛亥革命时,先后组织太谷营务处和山西中路军政分府,任司令。1912 年在太谷组织宗教色彩浓厚的资产阶级团体中美同盟会,创办祥记公司。1913 年应孙中山邀请,赴沪参加二次革命。失败后随孙中山赴日,任中华留日基督教青年会总干事。1914 年中华革命党成立,协助孙中山整理党务,并与宋霭龄结婚。1915 年回太谷,被阎锡山任为山西督军署参议。1922 年应王正廷之邀,任鲁案善后督办公署实业处长等职。1925 年又应王之邀到北京任中俄会议督办公署坐办(督办助理)。孙中山在北京病逝,他参与了遗嘱签署和丧葬活动。1926 年春赴美考察,欧柏林大学赠予法学博士学位,回国后任广州国民政府广东省财政厅长。1927 年任武汉国民政府实业部长。1928 年任南京国民政府工商部长。1929 年当选为国民党候补中央执行委员,并任国货银行董事长。1930 年 12 月,工商、农矿二部合并为实业部,任实业部长至 1931 年 12 月。1933 年任中央银行总裁、财政部长及行政院副院长。1935 年曾代理行政院长,又任中央信托局理事长、中国农民银行董事长、国民党中央常务委员等职。1936 年兼整理内债委员会委员长、振济委员会委员长。1938 年 1 月任行政院长,次年 11 月仍任副院长。1939 年任四行联合办事总处副主席。1944 年任中国银行董事长。抗战后期,物价飞涨,其贪污行为被揭露,加上国民党的派系斗争,于 1944 年 11 月被免去财政部长一职。次年又辞去行政院副院长、中央银行总裁、四联总处副主席、中国农民银行

董事长等职。1947年去美国。1948年辞中国银行董事长职。1962年返中国台湾,1966年去美国治病,次年病逝。其主要言论由刘振东编为《孔庸之先生演讲集》。

孔祥熙自称在美国留学时即抱定了"提倡教育,发展实业"的"救国志愿"[①]。回国后即在家乡创办铭贤学校。从政后对教育仍比较关心,常作关于教育的演讲。他说办教育的目的在于"作育人才,以期达到救国的目的"[②]。在对学生的培养方面,他主张德、智、体三育并进。德育是最重要的,如果"光有学问,而没有品格,就是小人"[③]。对于智育,他主张学生既要在书本中求知识,又要到实际社会中探讨学问。他说:"学校中固可获得高深的学问,然大自然亦为一所最大的学校,故学问未必皆可在书本上求取,在社会中随时随地有很多的材料,可作我们活的课本。"[④]职业学校"除灌输学理外,更应注重实习,务使学校与事业打成一片,理论与实际互相联贯"[⑤]。他曾多次在教育会议上指出学校必须提倡体育。铭贤学校曾在山西和华北地区的运动会上连连夺冠。1939年,孔祥熙还被推荐为国际奥林匹克委员会第二任中国委员。

"发展实业"属于经济思想。南京国民政府建立后,孔祥熙先后任工商部长和实业部长,实践了他的"发展实业"的志愿。他是蒋介石的亲戚,又极度拥蒋。当1933年蒋介石和宋子文发生矛盾时,蒋就让他取代宋子文任中央银行总裁和财政部长,由他掌握财政经济大权达11余年之久。任职期间,他发表了许多有关经济的言论。有些言论从观点上看是正确的,甚至还比较深刻,但由于客观条件不具备或不符合统治者的利益,可能只是说说而已;有些则纯属对政策或现状的辩护之词。他采取一切手段加强对人民的搜刮,从财政上支持蒋介石的独裁统治;他不断加强对民族资本的控制,发展和壮大官僚资本。不仅如此,他还利用亦官亦商的地位进行巧取豪夺,为自己聚敛财富。他和下属的营私舞弊及家人的利用特权,在抗战时期常受

---

① 《对四川中学校校长讲词》,《孔庸之先生演讲集》(下册),(台湾)文海出版社1972年版,第555页。

② 《对铭贤学生举行献旗典礼时的训词》,《孔庸之先生演讲集》(下册),(台湾)文海出版社1972年版,第615页。

③ 《对歌乐山保育院儿童训词》,《孔庸之先生演讲集》(下册),(台湾)文海出版社1972年版,第572页。

④ 《在燕大旅渝同学会复校纪念会训词》,《孔庸之先生演讲集》(下册),(台湾)文海出版社1972年版,第623页。

⑤ 《全国生产会议闭幕词》,《孔庸之先生演讲集》(下册),(台湾)文海出版社1972年版,第477页。

到舆论的猛烈抨击。对于孔祥熙，我们不仅要看他发表了什么言论，更重要的是还要看他实际上做了什么。只有这样，才能对他有完整的认识。

二、发展实业论

1928年4月，工商部长孔祥熙发表了《工商行政宣言》[①]。提出了16条纲要，主要内容为：(1)谨遵总理民生主义及建国实业计划，开发国家富源，改善人民生计；(2)修订工商法规，革新税制，切实保障工商界；(3)重用专门人才，使得尽其所长，奖励及保障发明；(4)会同主管机关，协筹保商政策及修正商约；(5)审定劳工法规，积极促进劳工福利事业；(6)奖励工业改良，改善工商管理，应用科学方法改进固有手工业及家庭工业，推广国货销路；(7)推广工商教育，注重职业指导，为妇女谋职业均等机会，保护及教育童工女工；(8)创办工业试验所，工商访问所，编制工商统计及其他工商事业调查研究报告；(9)酌设驻外商务人员，于必要时特派专员至各国调查工商事业，供本国工商借镜；(10)保护工商侨民，予回国协谋工商建设者以各种便利；(11)筹办国营大工业，各种民营工商事业之已著成效者，国家即不再行举办，以免与民争利；(12)提倡中外亲善通商，在互惠平等及尊重我国主权、法律范围内利用外资，振兴大规模之工商业；(13)厉行出口检查，力杜掺伪，筹设对外金融机关，增进运输便利，充分发展输出贸易；(14)规定相当标准，随时检查进口货物，取缔劣等货及妨害物输入；(15)制定度量衡标准，设所制造，分期推行；(16)征集中外特产，创设中华国产馆、商业博物馆，筹备大规模之建国博览会。

16条纲要可以说是面面俱到。1930年12月孔祥熙任实业部长后，又发表《实业行政宣言》，提出施政纲目33条。纲目中提到的实业范围为"工商农林渔牧矿垦各业"。总的目标是："政府首当实施林垦政策，开发东北西北西南各省荒地，移民殖边，以裕民生而固国防，俾人口得平均分配，地力得广泛利用。更应奖励农林渔牧，开发矿藏，使地无弃货，人尽其力，以增加生产，恢宏工业，庶使百业兴盛，产品日增，出口贸易，得以充分增进，国民经济，得以充分发展，劳资协调，民生乐利，总理实业建设之方略，即可早日实现。"[②]

在《工商行政宣言》中，对国营工业的调子还比较低，第11条提到"各种民营工商事业之已著成效者，国家即不再行举办，以免与民争利"。而在《实

① 《工商行政宣言》，《孔庸之先生演讲集》(下册)，(台湾)文海出版社1972年版，第418、419页。

② 《实业行政宣言》，《孔庸之先生演讲集》(下册)，(台湾)文海出版社1972年版，第430页。

业行政宣言》第19条说:"筹办国营工业,举凡具有基本性质如酸碱煤膏棉毛及铜铁冶炼等重要金属之工业,与夫机器造纸制糖人造丝,暨制造各种动力机关等大规模之工业,非私人能力一时所能兴办者,均拟斟酌缓急,分别进行,以资倡导。"①可见准备兴办的国营工业相当广泛。民营工业也列了一条。第23条说:"保护各种民营工业,并扶助其发展,俾便在国内市场,得有充分之能力,与舶来品竞争,以为经济自立自给之准备。"②

1931年11月12日是孙中山诞辰纪念日,孔祥熙在中国经济学社作题为"如何实现中山先生之民生主义"的演讲,提出了六条发展实业的政策:关税自主,开发交通,活动金融,严定法规,发展科学,劳资合作。其中劳资合作的要点有三:规定各种实业股份的最少金额单位,使工人有力投资,随时可成为实业股东;各种实业经营利润应提若干成给工人,并举办各种改善工人生活福利事业,如居住、教养、娱乐、医院、保险等,使工人对工作场所休戚相关;经营实业者举办工人储蓄,优给利息,使工人零星小款逐渐变成股本,不作无谓消耗。最后,孔祥熙将他的实业政策归结为48个字:"努力开发富源,实行政府保奖,提倡劳资合作,利用散碎藏金,改良旧有工业,重用专门人材,采取保商税则,扩充水陆运输。"③孔祥熙的六条实业政策,对发展实业无疑都是重要的,但实行起来并不容易。如"劳资合作"一条,在阶级矛盾极其尖锐、国共两党处于武力对抗的状况下,根本没有实现的可能。

农村破产,农业凋敝,孔祥熙对此深有所感,发表过不少相关言论。1934年他说:"中国是农国,所以国的根本就在农村。现在各地土匪蜂起,盗贼如毛,就是由于农村破产的缘故。"④"我国以农立国,农民占人口百分之八十,农业不振,则整个经济因而衰败。"⑤他强调要救济农民,提到的办法有增加农业生产、发展农村工业、废除苛捐杂税、改良农村金融制度(提倡农村金融合作社,设立农工银行)等。对于农民的土地问题,孔祥熙于1938年曾表示:"农村土地问题之根本解决,当依照本党平均地权政策,使耕者有田,劳者得食,在此抗战时期,固不宜操之过急,亦须积极施行,稳健推进。"他所说的"耕者有田",是要由农民出钱向地主买田,叫做"赎土归佃"。"地主逐渐

---

① 《实业行政宣言》,《孔庸之先生演讲集》(下册),(台湾)文海出版社1972年版,第432页。

② 《实业行政宣言》,《孔庸之先生演讲集》(下册),(台湾)文海出版社1972年版,第432页。

③ 《如何实现中山先生之民生主义》,《孔庸之先生演讲集》(下册),(台湾)文海出版社1972年版,第442页。

④ 《救济中国经济危机》,《中央日报》1934年1月10日。

⑤ 《财政会议与救济农村》,《孔庸之先生演讲集》(下册),(台湾)文海出版社1972年版,第445页。

收回其地价，以投资于生产事业。”①他提出先在陕北各县试行，同时江西亦试行分配农田。试行地区放在陕北和江西，陕北靠近共产党中央的所在地，江西是原来的中央苏区所在地，选择这两个地区是有深意的。但即使是采取“赎土归佃”的办法，抗战期间也根本不可能试行。

1936 年，孔祥熙作题为“自力更生与经济复兴”的报告。他说：“我们要复兴经济，自力更生政策，是最可靠的。我们实行这种政策，并非有拒绝外人投资的意思，正是因为目前外人没有投资的力量，我们不能坐以自困，而且专靠外人是不行的，不能不采取自救的方法。”②自力更生并不否定利用外资，但外人的投资有限，必须充分发挥自身的力量。

1939 年抗战两周年纪念，孔祥熙发表《长期抗战与生产建设》，对战时经济建设发表了意见。因为沿海地区沦陷，他提出要以西南、西北地区为“建国复兴的根据地”。他说：“西南西北关山阻隔，形势优越，敌人倾百万之师，穷两年之力，不能深入。由此证明西南西北的建设，不仅可以应付目前的战争，亦且可为国家久远建设之理想地带。”③对于工业建设，他指出过去“多就一时一地之需要，为局部的经营，故发达每呈畸形”；机器制造业“仅着眼于军事上之需要，对民生日用品之制造，未加注意，此为性质上之畸形”；工商业的创设“多因机器交通上之便利，集中于沿海口岸，未能注意于内地之开发，此为地域上之畸形”。他提出今后要进行“有计划之建设，凡重工业之有关国防者，以国营为原则，应依据资源分布，及国防需要，分区建设。轻工业之关系民生者，则以政府协助民营为原则，并应尽量设法使其农村化，一以避免产业集中都市之病，一以吸收农村广大剩余劳力，使从事于生产事业，并加强农业与工业之连锁关系，期能相互为用，分途并进”④。还要发展矿藏和交通，他说：“交通与国防军事以及国民经济之关系，最为密切。今日世界上任何国家，欲致富强，必先发展交通，而其国家的文明程度，几完全与交通发达情形成正比例。”⑤关于矿产的重要性，1942 年他又说：“欲求工业之发

---

① 《非常时期经济政策之商榷》，《孔庸之先生演讲集》(下册)，(台湾)文海出版社 1972 年版，第 461 页。

② 《自力更生与经济复兴》，《孔庸之先生演讲集》(下册)，(台湾)文海出版社 1972 年版，第 453 页。

③ 《长期抗战与生产建设》，《孔庸之先生演讲集》(下册)，(台湾)文海出版社 1972 年版，第 479 页。

④ 《长期抗战与生产建设》，《孔庸之先生演讲集》(下册)，(台湾)文海出版社 1972 年版，第 480 页。

⑤ 《长期抗战与生产建设》，《孔庸之先生演讲集》(下册)，(台湾)文海出版社 1972 年版，第 481 页。

达，固必先致力于矿产之开发也。近世战事，以工矿为建军之本，成败之数，大半决于工矿。”①

关于对外贸易，孔祥熙原来主张保护贸易，但在1943年他又提出了互惠贸易的主张。他认为：“过去世界上关于贸易问题，尚有自由贸易与保护关税两派，这两种贸易政策皆有偏弊，非促进人类幸福的办法，现在都已渐渐落伍，成为历史陈迹。”②他说，1937年他到美国时，曾会见现任国务卿赫尔，赫尔“主张互惠贸易，此实贤明进步的见解，我个人表示十分同意”。实际上，保护贸易并未过时，对发展中国家来说尤其需要。

以上孔祥熙关于发展实业的论述，以任工商部长和实业部长时最为系统。当时他对发展民族资本还有一定的热情，发表的言论比较符合时代的要求。其中有些主张在一定的程度内得到了实现，如1929年2月1日实现关税自主等。但是，作为官僚资产阶级的代表人物之一，孔祥熙终究要成为所代表的阶级利益的维护者，所以他的发展实业的主张大多只能是一种口头的标榜。

三、金融和银行论

孔祥熙很重视金融。他于1931年提出六条发展实业的政策，第三条就是“活动金融”。他说：“中国币制紊乱，又无强健有力之金融机构，是以经济事业，不易发展。”中国的现金并不缺乏，“其病在不能集合，不能流通”。应建立健全的金融机构，“能得到人民信任，吸收存留于人民手中及埋藏地窖内之金银，以存于银行”，再推广储蓄及简易保险等业，收集零散资金，积少成多，用来兴办国家实业，供给农工商民需要。“使金融活动，犹如人身之血脉流通。如此则各种实业，自易顺利发展，十年廿年后，便可迎头赶上西洋，实现民生主义之经济建设。”③

关于金融和财政的关系，1939年3月孔祥熙指出：“金融与财政之关系，最为密切，有健全之金融，而后始有健全之财政，诚以金融与国家经济，社会

---

① 《中国工程师学会年会讲词》，《孔庸之先生演讲集》（下册），（台湾）文海出版社1972年版，第525页。

② 《国际经济协会成立会致词》，《孔庸之先生演讲集》（下册），（台湾）文海出版社1972年版，第536页。

③ 本段引文均见《如何实现中山先生之民生主义》，《孔庸之先生演讲集》（下册），（台湾）文海出版社1972年版，第439、440页。

民生，息息相关，如金融不健全，一切事业无从进行。”①同年 10 月又说：“金融似流水，应使之融会贯通，亦犹如人之血脉，遍行全身，血脉不流通，人必致死亡，金融乃国家之血脉，其与财政，表里为用，关系綦切。”② 1941 年 7 月，他更进而论述金融、财政、经济三者的关系：“抗战以来，我国金融措施，一向抱定下列方针。即以财政之力量，控制金融，方可导入正轨；以金融之力量，扶助经济，方可促其发展；更以经济发展之力量，充裕财政，方可巩固其基础。盖财政金融经济三者，必须呵成一气，方可收相互为用之功。”③金融和财政紧密结合在一起，反映了近代中国的一个特点。

发展金融需要有健全的金融机构。孔祥熙又说：“金融之机构如血液之脉络，血液运转必赖脉络，金融流通必赖机构，无健全之金融机构，以司主管运筹之枢纽，仍不能视为完善之金融制度。”④最主要的金融机构是银行，可见孔祥熙对发展银行的重视。

1933 年 11 月，孔祥熙出任财政部长。次年 8 月，美国开始向海外高价收购白银，导致中国白银大量外流，引发了中国 1934 至 1935 年的严重金融危机。孔祥熙利用当时金融界的困难处境，发行金融公债，对中国、交通银行以及中国通商、中国实业、四明等商业银行实行增资，控制了这些银行。1938 年 7 月他自称，就任财政部长后，就决定由政府添加银行股本，以充实其力量。“并将银行业务，重行划分，除中央银行规定为银行之银行外，中国银行为国外汇兑银行，办理对外贸易及汇兑，交通银行为实业银行，办理工商业放款，以促进工商业的发展，扩充农民银行，成立农本局，组织合作社，实行农村低利放款。”⑤

作为解决金融危机的重要对策是在 1935 年 11 月 4 日实行法币政策。在宣布实行法币政策时，孔祥熙发表了一篇简短的《宣言》。《宣言》对今后的中央银行制度作出了如下承诺：“现为国有之中央银行，将来应行改组为中央准备银行，其主要资本，应由各银行及公众供给，俾成为超然机关，而克以全力保持全国货币之稳定。中央准备银行，应保管各银行之准备金，经理

---

① 《对党政训练班讲词》，《孔庸之先生演讲集》（上册），（台湾）文海出版社 1972 年版，第 227 页。

② 《战时财政与金融》，《孔庸之先生演讲》（上册），（台湾）文海出版社 1972 年版，第 253 页。

③ 《抗战四年来之财政与金融》，《孔庸之先生演讲集》（上册），（台湾）文海出版社 1972 年版，第 320 页。

④ 《战时财政与金融》，《孔庸之先生演讲集》（上册），（台湾）文海出版社 1972 年版，第 257 页。

⑤ 《敌我财政现状之比较》，《孔庸之先生演讲集》（上册），（台湾）文海出版社 1972 年版，第 183 页。

国库，并收存一切公共资金，且供给各银行以再贴现之便利。中央准备银行并不经营普通商业银行之业务，惟于二年后，享有发行专权。”[①] 1936年5月他又说，要将中央银行的商股总数扩充至资本总额的60%，“以示与民共有而便使中央银行处于超然地位，尽银行之银行的职务”[②]。“中央准备银行”后定名为“中央储备银行”，曾拟订《中央储备银行法草案》，并经立法院通过。《宣言》还谈到要健全中国的商业银行制度，“设法增加其活动能力，俾其资金充裕后，得以供应正当工商企业之需要”；同时还要专设办理地产抵押业务的机关，“一面修改现行法律之规定，务使抵押质权更为稳固”[③]。因抗战发生以及金融垄断的需要，这些都未成为事实。

四、货币论

孔祥熙任财政部长时，废两改元已在前任财政部长宋子文主持下实现。1935年的财政部长仍是孔祥熙。据钱昌照回忆，为了严守同英国商量支持中国币制改革的秘密，蒋介石将筹备工作交给宋子文全权处理，对孔祥熙亦封锁消息。参加制订方案的有宋子文、钱昌照、徐新六、顾翊群和英国代表李滋罗斯（F. W. Leith-Ross）及其助手罗杰士（C. Rogers）、霍尔拍契（E. D. Hall-Patch）七人。方案设计了三个多月，确定后，则以财政部或孔祥熙的名义宣布。10月20日左右，宋美龄得到消息，到上海以蒋介石的名义要到了方案。“听说就在方案发表以前的十多天内，孔祥熙、宋蔼龄、宋美龄借此大肆投机，捞了很大的一笔钱。”[④]

实行法币政策意味着放弃银本位，但孔祥熙不敢承认。在《财政部新货币制度说明书》中有一小节为“新货币制度绝非放弃银本位”，理由是中央造币厂仍按照《银本位币铸造条例》铸造银币，“法币之准备，仍以现银为基础，保持以前之准备办法，有多少准备方可发行多少法币，法币与现银间并未脱离关系……所以新货币制度，不是放弃银本位，而是增加银本位之健全，亦不是纸币政策，而是企图法币流通之充实”[⑤]。这些理由是不能成立的。白银已收归国有，是否继续铸造银币并无实际意义。即使是实行同以前一样

① 中国人民银行总行参事室：《中华民国货币史资料》第2辑，上海人民出版社1991年版，第179页。

② 《实施法币政策》，《孔庸之先生演讲集》（上册），（台湾）文海出版社1972年版，第167页。

③ 中国人民银行总行参事室：《中华民国货币史资料》第2辑，上海人民出版社1991年版，第180页。

④ 《钱昌照回忆录》，中国文史出版社1998年版，第91页。

⑤ 《财政部新货币制度说明书》，《银行周报》第19卷第46期（1935年）。

的准备制度，纸币不能兑现，就已经成为不兑现纸币流通制度，而不再是银本位制，“绝非放弃银本位”完全是掩耳盗铃式的申辩。孔祥熙自己又提出“管理通货”的概念，11 月 4 日他答访者语说：“本部布告，外间尚多未真切认识与了解，或曰‘停止兑现’，或曰‘放弃银本位’。殊不知以三行钞票为法币，系集中现金，准备停止行使硬币，即由政府管理通货，以防止其外流，在通货本位实并未变更。”[①]关于新币制的性质，《说明书》说仍是银本位，孔祥熙既说“通货本位实并未变更”，又以“管理通货”来搪塞，自相矛盾。提出这样一些理由，反映了孔祥熙在法币发行初期对放弃银本位的遮遮掩掩的态度。

《说明书》还有一小节是“新货币制度绝非通货膨胀”，理由是：“新货币制度对于法币发行之准备，并未变更以前之规定，发行法币需要全额准备，既未变更，而准备中六成现金及四成保证准备之比例，亦未变动，自与通货膨胀有别。”[②]孔祥熙在《宣言》中则说：“政府对于通货膨胀，决意避免。关于财政整理之措施，业已准备就绪，再历十八阅月，国家预算即可收支适合。”[③]当时根本不具备财政收支平衡的条件，事实上法币的发行就具有弥补财政赤字的作用，“再历十八阅月”即可收支平衡的保证是没有根据的。至于说准备制度不变就不会通货膨胀，更是欺人之谈。用法币收兑银元，用这些银元作为准备金，而现金准备只占法币发行量的 60%，这样就能大大增加法币的发行。

抗战时期，法币贬值日益加剧。但孔祥熙一直不承认纸币发行过多，多次发表否定通货膨胀的言论。1939 年 10 月他说：“我国法币，现金准备始终维持六成以上，视欧美各国仅有二三成现金准备，我胜于彼远甚”。他承认单靠现金准备不可能保持纸币币值的稳定，还必须控制发行数量，“苟准备充实，而发行无度，仍不能维持其价值”。还举第一次世界大战时德国和俄国“滥发无度，物价飞涨，纸币等于废纸”的例子作为殷鉴。并说：“政府有见于此，对于法币发行，始终抱谨慎态度，抗战二年，发行额与战前比较，虽有

---

① 《孔祥熙解释管理通货性质》，《申报》，1935 年 11 月 6 日。“通货管理”的概念与凯恩斯的货币理论有渊源关系。凯恩斯在 1930 年出版的《货币论》中，将货币的种类分为商品货币、管理货币、不兑换纸币和银行货币四种，并说四种货币中只有管理货币“与另外三种全有关系”（何瑞英译：《货币论》（上卷），商务印书馆 1986 年版，第 17 页）。这正反映了管理货币概念的模糊性。中国学者引进这一概念，一度成为流行语。

② 《财政部新货币制度说明书》，《银行周报》第 19 卷第 46 期（1935 年）。

③ 中国人民银行总行参事室：《中华民国货币史资料》第 2 辑，上海人民出版社 1991 年版，第 180 页。

增加，然以后方各省向系缺乏货币流通，及当前开发生产需要之故，为数实不为多，绝未发生恶性通货膨胀之弊害”。[①] 1940 年 1 月，孔祥熙又说：“发行数额是否逾量，不在乎数目字之多少，而全以是否适合于社会之需要及已否超过饱和点而定。若秉此观点以衡量我国之发行数量，不但未超过饱和点，并且反在饱和点以下。”[②]这是孔祥熙为通货膨胀政策辩护的理论。在恶性通货膨胀时期，纸币发行数量虽然增加，而其所代表的价值总量反而降低，因此不能满足流通的需要。这是必然的现象。这就是法币“不但未超过饱和点，并且反在饱和点以下”的真意。不管纸币贬值到何种程度，它永远也超过不了“饱和点”，孔祥熙的这一理论是一直可以用下去的。

1941 年 5 月，孔祥熙又提出否定通货膨胀的一个理由说：“如果通货膨胀，法币过多了，那末物价上涨，应该是很普遍的。但是现在中国的物价，各地之间，相差很远，例如四川比较高，难道四川的法币太多，通货膨胀了，其他物价较低的地方，通货便没有膨胀吗？”他还举几天之间的米价波动说：“难道说前几天通货膨胀了，这几天通货又紧缩了吗？”他要以此证明，“我们现在可以说根本上还没有通货膨胀，自然不能说物价上涨，是通货的关系了”。他又以重庆借款利率高达 3 分，内地高达 4 分、5 分为例，说明筹码（法币）的不足。并得出结论说：“总之，这种不合理的现象，完全是心理作用所造成，当然只有严格管理，方可稳定物价。”[③]这种理论完全是强辩。各地物价上涨率不同，并不足以证明不是通货膨胀。利率的高低则决定于借贷资本的供求关系，而且通货膨胀会促使利率的提高，因为贷放者要以提高利率来弥补货币贬值所造成的损失。至于心理作用，本来就存在于经济活动中，看涨心理的形成只能从通货膨胀的客观存在中得到解释。这年 7 月，孔祥熙再一次重复法币“不但未超过饱和点，且反在饱和点以下”[④]的论点。

1942 年 7 月，孔祥熙又说：“我们发行的准备，规定要有六成现金准备，四成保证准备，其所发纸币，自然不落空的。且按之实际，通货又何尝膨胀呢？到本年四月止，法币的总额，不过是一百七十万万元，较之战前国内流通筹码达二十二万万者，至今已仅仅增加了八倍半左右，如果说物价高涨是

① 本段以上引文均见《战时财政与金融》，《孔庸之先生演讲集》（上册），（台湾）文海出版社 1972 年版，第 259 页。

② 《今后财政之展望》，《孔庸之先生演讲集》（上册），（台湾）文海出版社 1972 年版，第 282 页。

③ 本段以上引文均见《八中全会后的财经设施》，《孔庸之先生演讲集》（上册），（台湾）文海出版社 1972 年版，第 305、306 页。

④ 《抗战四年来之财政与金融》，《孔庸之先生演讲集》（上册），（台湾）文海出版社 1972 年版，第 314 页。

因为通货膨胀的话,为什么物价不也涨八倍半左右呢?可见物价之涨,物资缺乏的原因,大于通货的原因。"[①]他所说的数字除1942年4月的法币发行数字不错外,其余都不可靠,既夸大了战前的法币发行量(1937年6月的法币发行量为14.1亿元),又大大缩小了讲话时的物价上涨率。如以1937年6月的法币发行数和物价为1,据统计,1942年4月的法币发行指数为13.12,重庆基要商品批发物价指数为41.18[②],物价的上涨速度早已大大超过了法币的增长速度。至于物资缺乏,反过来说就是通货过多,用"物资缺乏"来否定通货膨胀,也根本不能成立。

直到1943年,孔祥熙还在否定通货膨胀。他说:"一般不明实情的人,归罪于通货之膨胀,他们不知货币学上之所谓膨胀,是指超过需要而言。现在我国各地方多感通货之不敷,筹码之不足,周转不灵,这种情形,能称为通货膨胀吗?"他仍用实物供应不足和人们的心理作用来解释:"通货价值之高低,不在黄金白银之多寡,而是在实物供应之是否丰富。所谓[通]货者,即代表实物的筹码,如仅有筹码而无实物,则此项空洞的通货,便无价值,现在物价的波动,其原因就在供求的有无问题。"孔祥熙过去强调法币的准备金充分,这时已承认准备金并不是关键问题了。这倒是理论上的进步。关于心理作用,他说:"心理上的作用也很大,大家对于物价看涨,出卖者加价出售,收购者囤积收藏,情势因之更坏。"他还大言不惭地讥讽说:"这种浅近的道理,许多人却不明白,天天乱嚷通货膨胀,岂非可笑?"[③]他的所谓两条理由,前面已作过分析,这里就不重复了。

战争时期,通货膨胀是难以避免的。政府应该尽量降低通货膨胀率,而不是想出种种理由掩盖已经存在的通货膨胀现象。孔祥熙既不能有效地降低通货膨胀率,又不能坦率地承认通货膨胀的事实,只是想出种种歪理来否认通货膨胀,充分反映了对人民进行欺骗的实质。

五、财政论

关于财政的作用,孔祥熙曾表示不能仅限于征税聚财。1936年他指出:"理财者之使命,不仅须有征税聚财之消极功能,更须斟酌时代环境,力谋财

① 《从物资局任务之重大说到机关办事的原则》,《孔庸之先生演讲集》(下册),(台湾)文海出版社1972年版,第520、521页。

② 指数据吴冈:《旧中国通货膨胀史料》,上海人民出版社1958年版,第94、168页。

③ 本段引文均见《对蓉市所属各机关职员训话》,《孔庸之先生演讲集》(下册),(台湾)文海出版社1972年版,第406、407页。

政建设,直接间接,为社会经济求发展,为国家民族求富强……而其要旨,则必以国计民生为依归。"他解释"国计"说:"所谓国计,非仅充府库,足国用而已,必也于足用之外,谋所以利用之方。"又解释"民生"说:"所谓民生,非仅薄赋敛,不扰民而已,必也于与民休息之余,更力谋人民富力之增进,凡有关平均人民负担,发展人民生产,改进人民生活诸端,均应作积极之建设。"①这是说理财的目标应比充府库、足国用、薄赋敛、不扰民的要求更高,要力求促进经济的发展,接近于中国古代的广义理财思想。

从理论上说,孔祥熙很懂得增加财政收入要从培养税源入手。1933 年他指出:税收的"重要根源,尤在振兴社会的繁荣,运用金融的灵活,使商货流通日益便利,市场销流日益畅旺,则不待税率之增加,而收入自能充裕……就财政计划言之,则不因征敛而伤民力。举办税项,当注重普遍而轻征,使得生息孳乳,培养税源"②。1938 年他告诫财务人员说:"理财要顾全民力,不可竭泽而渔:要想国家的财政充裕,必须要税收畅旺,要税收畅旺,必须要培养税源,所以善于理财的人,不专以搜刮为能事,而要以扶植民力为先务。要知道办理财政,不是掠夺性质,而是先有耕耘,然后才能有收获的。"③所谓"扶植民力",就是要发展经济。

孔祥熙理财的根本方针是"开源节流"。1939 年他说,"本人就任时,本先圣之指示,以开源节流为理财之方针"④。对开源节流的解释,不同时期和不同场合往往不同。如 1933 年说:"关于将来财政的方针,不外是开源节流。不过要开新的税源,应从培养旧的税源方面入手……在节流方面说,不外确守预算,抱同甘共苦之决心,节省无益的靡费,以增加行政的效能为主。"⑤1938 年说:"财政上所谓开源者,简单的说来,就是增加税收。"⑥1939 年说:"对于开源,则着重于培养民力,增加生产,谋金融之充分流动;对于节流,则着重于合理支配,调剂缓急,撙节不切要之开支,用以促进建设事业,充实国防设备。"⑦1940 年又说:"在开源方面,注重发明与创造,在节流方面,要废止

① 《国家之财政建设》,《孔庸之先生演讲集》(上册),(台湾)文海出版社 1972 年版,第 177 页。

② 《孔祥熙昨在中央报告将来财政的方针》,《中央日报》,1933 年 11 月 7 日。

③ 《对财政部财务人员训练所两次训词》,《孔庸之先生演讲集》(上册),(台湾)文海出版社 1972 年版,第 206 页。

④ 《对党政训练班讲词》,《孔庸之先生演讲集》(上册),(台湾)文海出版社 1972 年版,第 221 页。

⑤ 《孔祥熙昨在中央报告将来财政的方针》,《中央日报》,1933 年 11 月 7 日。

⑥ 《敌我财政现状之比较》,《孔庸之先生演讲集》(上册),(台湾)文海出版社 1972 年版,第 184 页。

⑦ 《战时财政与金融》,《孔庸之先生演讲集》(上册),(台湾)文海出版社 1972 年版,第 240 页。

使用舶来品，抑制消费，以余款贡献国家。”[①]

1939年10月，孔祥熙又提出“财政为庶政之母”的观点，将财政工作提到了政府各项工作的首位。他说：“财政为庶政之母，所有国家政治、经济、军事、外交，各种设施，皆赖有健全之财政政策为之策动，国家整个政策之能否推行，全恃财政情形以为转移，故财政之良窳，可以卜国家之盛衰。”[②]经费充裕确是推动政府各部门有效工作的根本保证，但“财政为庶政之母”，财政“可以卜国家之盛衰”之论过分突出了财政，并将经济从属于财政，这同一年前所说的“要以扶植民力为先务”已有了差异。片面突出财政的作用，反映了抗战时期国民政府财政越来越困难的处境。唯财政论的指导思想势必走上竭泽而渔的道路。事实上，当时孔祥熙提出的战时财政政策就具有这种倾向，他说：“故为树立健全之战时财政政策，应以公债为主干，以增税为后盾，以极谨慎之发钞流通产业金融为临时之补充，实为理论上与经验上不易之论。”[③]发钞实在谈不上“谨慎”，也不是“临时之补充”，而是弥补财政赤字的主要手段。

农村经济凋敝，孔祥熙认为是由于苛捐杂税所致，他企图通过整理田赋附加、废除苛捐杂税、确定地方预算等办法来解决。1934年5月举行的第二次全国财政会议即以此为主要议题。此前，孔祥熙作了题为“救济中国经济危机”的报告，谈到农民负担太重的情况时说：“中国现在的农民负担实在也太重了……裁厘之后，没有适当的替代税，地方当局遂增加田赋附加，以为弥补。现在合计此种附加，有至卅余种。厘金征收取诸全民，田赋增加则全部责诸农民担负。以至农民负担日益加重，不但凶岁不免于死亡，即丰收之年，也因税捐重重，不克安身。”[④]因为他把农民负担重的主要原因归于地方附加税太多，所以又提出要整理地方财政，“以量入为出为主，不得量出为入”，而且要“从确定地方预算入手”[⑤]。编制地方预算的审核办法是：“县预算由省核定，余款解呈省库，如有不敷，由省库补助。省预算由中央核定，余款呈中央核准积存，为建设之用，如有不敷，再由中央补助。”[⑥]孔祥熙的观点反映了国民政府统治区中央和地方的矛盾，因此在财政会议开会词中，他又

---

① 《二十九年元旦对财政部同人训话》，《孔庸之先生演讲集》(上册)，(台湾)文海出版社1972年版，第278页。

② 《战时财政与金融》，《孔庸之先生演讲集》(上册)，(台湾)文海出版社1972年版，第239页。

③ 《战时财政与金融》，《孔庸之先生演讲集》(上册)，(台湾)文海出版社1972年版，第244页。

④ 《救济经济危机》，《中央日报》，1934年1月10日。

⑤ 《应先确定地方预算》，《中央日报》，1934年4月28日。

⑥ 《孔祥熙抵汉》，《申报》，1934年5月11日。

特地谈道:“财政为国家命脉,正如血液之于人身,必须全部流通,始有健全之体力。倘一段一节,各自为谋,势必偏枯而至僵仆。”“中央与地方原属一体,休戚相关,原无畛域可分。当此危急之秋,尤赖于精诚团结,以渡难关。”[①]财政会议通过了100余条议决案,为推行他的主张造了一些声势。1938年他说已废除苛捐杂税5 000余种,废除税额6 000万元,“但人民因而减少的负担,决不止此数”[②]。

抗战时期孔祥熙实行了许多增税办法,都作了一些理论性的说明。这里仅举专卖为例。专卖于1941年由国民党五届八中全会通过,1942年开始实行。专卖的商品有盐、糖、烟类、火柴四种。1944年7月首先废除糖专卖,随着孔的下台,次年2月其余三种专卖亦被废除。专卖收入所占全部税收的比重,1942年为48.5%,1943年为25.8%,1944年为11.4%[③]。专卖本来只是为了取得财政收入,但孔祥熙将它提高到实行民生主义的高度,称之“为实现民生主义之一环”,其目的有三:创造国家资本,节制私人资本;消灭居间剥削阶级,调节社会供需关系;不仅以财政收入为目的,同时更注意经济之调剂,及民生之需要[④]。除三条目的(又称“三种原则”)外,还有四种特色:提高专卖物品的品质,以保护人民健康的生活;提高专卖物品产制的标准,以为发展国际贸易之基础;于寓税于价之中,更采寓禁于征之精神;暂取统制管理的方式,充分与工商合作,而不急遽地将物品之产制运销,悉由政府独占[⑤]。中国历史上有些通过官营工商业以获取商业利润的主张,要加上调节贫富、抑制兼并、平衡物价等帽子,《管子·轻重》为其典型。孔祥熙的专卖理论也具有这样的特点。

盐是中国历史上长期实行专卖的一种商品。1942年孔祥熙在题为“盐专卖制度之实施与干部训练”的报告中联系历史来作分析。他承认历史上的盐专卖“完备之时少,破坏之时多”。认为“此皆由过去政府对于专卖缺少缜密之计划,管理之法既未甚善,而人事配备亦未合理”,需要“惩前毖后,加意改进”。他针对性地提出了三条:(1)缜密计划。他说:“计划为一切事业设施之母。”“明初盐法于生产方面规定甚详,然以开支之数过多,不能与生

① 《第二次全国财政会议汇编》第一编,第94、96页。

② 《敌我财政现状之比较》,《孔庸之先生演讲集》(上册),(台湾)文海出版社1972年版,第182页。

③ 杨荫溥:《民国财政史》,中国财政经济出版社1985年版,第127页。

④ 《民生主义下之国家专卖政策》,《专卖政策及其条例要旨》,中国财政学会1942年版,第6、7页。

⑤ 《各种专卖条例要旨讲述》,《专卖政策及其条例要旨》,中国财政学会1942年版,第16页。

产数量配合，明代盐法终于破坏。反之，如刘晏之就场专卖，范祥之改行钞法，事前均有预定方针，详密计划，故终晏终祥执政之时，有利无弊，则事前计划之缜密与否，实为事业成就之主要因素，昭然明甚。”(2)科学管理。专卖政策“能否成功，管理之是否合理，为其关键之一”。“过去专卖失败的原因，即由主持者未能运用商业上之管理方针”。他主张“运用工商业管理之原则，以增加盐业生产及经营之效用”。(3)健全人事。他说：“立法需人，行法亦需人，故人事问题，为任何行政机关首须解决之一环。人事健全，则全部难题即已解决其大半，所谓人事健全者，不仅谓能选贤与能，而尤须注意机构组织之合理，工作分配之协调，并建立完备之人事制度。”①

孔祥熙提出的专卖管理的三条原则，应该说不仅对于专卖，对一般经济管理也是适用的。但是，历史上专卖政策的失败，由封建政府经营是一个根本性的原因，所谓缺少缜密计划、管理之法未善、人事配备未合理，其根源都在于此。国民政府的专卖是在统治者极度腐败、物价不断上涨的情况下采取的一种救急措施，根本不可能实行孔祥熙所说的三条原则。专卖商品原来都是民族资本家经营的，实行专卖加剧了统治集团与民族资本家的矛盾。专卖商品要限制销售价格，只能压低进货的收购价格，又加剧了政府与生产者的矛盾。负责专卖的官员掌握专卖物资，营私舞弊，囤积居奇，则加剧了统治集团内部的矛盾。在矛盾重重的情况下，专卖制度只存在三年时间就宣告彻底失败。

---

①　本段引文均见《盐专卖制度之实施与干部训练》，《孔庸之先生演讲集》(下册)，(台湾)文海出版社1972年版，第375～377页。

第六章　马克思主义学者的经济思想

第一节　李达的经济思想

一、中国共产党创始人之一的李达

李达（1890～1966），字永锡，号鹤鸣，湖南零陵（今永州）人。宣统元年（1909年）考入京师优级师范（北京师范大学前身）学习。1913年考取留日公费生，到东京第一高等师范学习理科。1918年5月，段祺瑞政府同日本秘密签订反苏的《中日陆军共同防敌军事协定》，中国留日学生组织留日学生救国团，在李达带领下回国请愿，参加了北京的游行示威。回日本后，放弃了理科学习，改而钻研马克思列宁主义。同年回国，与陈独秀等发起成立上海共产党早期组织，主编《共产党》月刊。1921年7月，在中国共产党第一次全国代表大会上被选为党中央宣传主任。会后创办了人民出版社，出版马克思主义的理论书籍。1922年，在党的第二次全国代表大会上当选为中央候补委员。随后应毛泽东的邀请任湖南自修大学学长。1923年与毛泽东一起创办《新时代》月刊，任主编。因同陈独秀意见分歧而脱离共产党。同年湖南自修大学被军阀赵恒惕封闭后，李达任湖南法政专门学校（后改湖南大学法科）学监兼教授。1927年任国民革命军总政治部编审委员会主席、中央军事政治学校武汉分校政治教官和代理政治总教官。3月回长沙筹办国民党湖南省党校，任教育长。9月任中山大学文学院教授。1930年任上海法政学院教授。1931年任暨南大学教授兼社会系主任。“九一八”事变后，在一次演讲中被特务毒打致伤，住院治疗达七个星期。1932年曾受党组织安排，到泰山为冯玉祥将军讲学。同年到北平，任北平大学法商学院教授兼经济系主任，并在中国大学、朝阳大学兼课。1938年任广西大学教授兼经济系主任，1940年应聘中山大学，都被当局强令解聘。1947年任湖南大学教授。1949年5月经香港到达北京，任中央政法干校副校长，12月重新入党。1950年任湖南大学校长。1953年任武汉大学校长。为第一届全国政协代表，第二届全国政协委员，第一、二、三届全国人大代表，第三届全国人大常委，中共第八次全国代表大会代表，并为中国科学院哲学社会科学部学部委员。“文化大革命”中受迫害去世，1980年平反昭雪。他翻译出版的马克思主义著作有《社会问题总览》、《唯物史观解说》、《劳农俄国研究》(译述)、《中国关税制度论》、《法理学大纲》、《社会科学概论》(合译)、《现代世界观》、《农业问题之理论》、《经济学入门》、《理论与实践的社会科学根本问题》、《马克思主义经济学基础理论》(合译)、《政治经济学教程》(合译)、《土地经济论》(合译)、《辩证法唯物论教程》(合译)等①；著作有《现代社会学》、《中国产业革命概观》、《社会之基础知识》、《民族问题》、《社会学大纲》、《经济学大纲》、《先资本主义的社会经济形态论》、《货币学概论》等；编有《李达文集》。

李达早年曾有实业救国思想，故到日本学习理科。1918年请愿活动失败后，他“深切地觉悟到：要想救国，单靠游行请愿是没有用的；在反动统治下‘实业救国’的道路也是一种行不通的幻想。只有由人民起来推翻反动政府，像俄国那样走革命的道路。而要走这条道路，就要加紧学习马克思列宁主义的理论，学习俄国人的革命经验”②。从此他走上了革命的道路，成为中国共产党的创建者之一。他终身坚持研究和宣传马克思主义，对传播马克思主义作出了杰出的贡献。

---

① 《李达文集》第1卷《李达同志生平事略》说李达还翻译和出版过《马克思经济学说》，“一九二〇年三月李大钊同志发起马克思研究会，就把李达译的《马克思经济学说》列为阅读文献之一”。查1920年商务印书馆出版的《马克思经济学说》为陈溥贤所译。在《凡例》中提到：“这本书我于一九一九年五月起译载在《北京晨报》，连续登到是年十一月才完。现在又把他刊行出来做《马克思研究丛书》中之一种。这是共学社和商务印书馆的好意，我对于他们不能不感谢的。”《凡例》的署名为“渊泉”，当是陈溥贤的字。据此，则李达译《马克思经济学说》之说应否定。《事略》又说李达曾翻译出版马克思的《政治经济学批判》，亦误。这里所列李达的译书都以原译书或当时的出书广告为据。

② 《沿着革命的道路前进》，《李达文集》第4卷，人民出版社1988年版，第733、734页。

李达研究马克思主义的范围很广，包括经济学、哲学、社会学、法学、经济史学等。他的经济思想既有对马克思主义经济学的直接继承，也有对中国社会所作出的经济分析和所提出的经济主张。为节省篇幅，以下凡属表述马克思主义基本原理的文字，都不予征引。

二、建党前后的经济思想

中国共产党成立前后，李达除著文正面宣传马克思主义和社会主义外，还对各种反马克思主义、反社会主义思潮进行了批判。1921 年，《改造》杂志第 3 卷第 6 号辟一"社会主义研究"专栏，发表梁启超、蓝公武、蒋百里、彭一湖、费觉天、蓝公彦、张东荪等论社会主义的文章。李达读后，认为这些文章"也有误解社会主义的，也有同情于社会主义的，也有积极赞成资本主义的，也有恐怖伪劳农主义的"；梁启超的《复张东荪书论社会主义运动》一文"立论似多近理，评论又复周到，凡是对于社会主义无甚研究的人，看了……就不免被其感动"，是社会主义"最有力的论敌"①。他以此文为批评对象，作《讨论社会主义并质梁任公》，发表于同年 5 月出版的《新青年》第 9 卷第 1 号。

李达将梁文的旨趣归纳为五个方面：

(1)误解社会主义。引其主要论点为："吾以为中国今日之社会主义运动，有与欧美最不相同之一点焉。欧美目前最迫切之问题，在如何而能使多数之劳动者地位得以改善。中国目前最迫切之问题，在如何而能使多数之人民得以变为劳动者……故吾以为在今日之中国而言社会主义运动，有一公例当严守焉。曰，在奖励生产的范围内，为分配平均之运动。若专注分配而忘却生产，则其运动可谓毫无意义。"②

(2)提倡资本主义，反对社会主义。引其主要论点为："然欲行此法，必先以国内有许多现成之生产机关为前提。若如今日之中国，生产事业，一无所有，虽欲交劳动者管理，试问将何物交去？"③(这里的"此法"指将原有的生产机关由厂内的工人共同管理。)

(3)高唱爱国主义，排斥外国资本家。引其主要论点为："我国人之职

---

① 《讨论社会主义并质梁任公》，《李达文集》第 1 卷，人民出版社 1980 年版，第 57、58 页。

② 梁启超：《复张东荪书论社会主义运动》，《饮冰室合集·文集》，中华书局 1989 年版，(36)第 1、3 页。

③ 梁启超：《复张东荪书论社会主义运动》，《饮冰室合集·文集》，中华书局 1989 年版，(36)第 4 页。

业，直接为外国劳动阶级之所蚕食；而我国衣食之资，间接为外国资产阶级之所掠夺”[①]。“中国之生产事业……若有一线之转机，则主其事者，什九仍属于‘将本求利’者流。吾辈若祝祷彼辈之失败耶，则无异自咒诅本国之生产事业，以助外国资本家张目。”[②]资本家“若果能完其‘为本国增加生产力’之一大职务，能使多数游民得有职业，吾辈愿承认其在社会上有一部分功德，虽取偿较优，亦可容许”[③]。

(4)提倡温情主义，主张社会政策。引其主要论点为：“惟当设法使彼辈(资本家)有深切著明之觉悟，知剩余利益断不容全部掠夺，掠夺太过，必生反动，殊非彼辈之福。对于劳力者生计之培养，体力之爱惜，智识之给与，皆须十分注意。质言之，则务取劳资协调主义，使两阶级之距离不至太甚也。”[④]

(5)误会社会主义运动。李达指出梁启超误解社会主义运动是为改善劳动者地位、为均产、为专争分配、为利用游民等。

指出以上五点后，李达对社会主义运动作了解释。他简述欧洲社会主义运动的由来，指出社会主义运动的目的是：“根本改造经济组织谋社会中最大多数的最大幸福，实行将一切生产机关归为公有，共同生产共同消费。”[⑤]采取的手段则有急进和缓进的分别。就现时最新的倾向而言，一方面联合一切工人组织工会，作为宣传社会主义的学校，学习管理生产的机关，待有相当组织和训练后，即实行社会革命，建设劳动者的国家。中国现在的社会与欧美不同的地方，只有产业发达的先后和发达的程度不同，而社会主义的根本原则无不同。“所以在今日的中国而讲社会主义运动，在如何设法得以造出公有的生产机关，如何方能避去欧美资本主义生产制度所生的弊害，而不专在于争生产品的分配。”[⑥]

李达批驳了认为社会主义必然破坏生产的观点，指出：“世间不懂社会主义的人，把社会主义看作洪水猛兽一般……他们以为一旦实行社会主义，

---

① 梁启超：《复张东荪书论社会主义运动》，《饮冰室合集·文集》，中华书局1989年版，(36)第2页。

② 梁启超：《复张东荪书论社会主义运动》，《饮冰室合集·文集》，中华书局1989年版，(36)第5页。

③ 梁启超：《复张东荪书论社会主义运动》，《饮冰室合集·文集》，中华书局1989年版，(36)第9页。

④ 梁启超：《复张东荪书论社会主义运动》，《饮冰室合集·文集》，中华书局1989年版，(36)第9页。

⑤ 《讨论社会主义并质梁任公》，《李达文集》第1卷，人民出版社1980年版，第61、62页。

⑥ 《讨论社会主义并质梁任公》，《李达文集》第1卷，人民出版社1980年版，第63页。

就破坏生产机关，或者将生产机关分散，生产事业就要永远停止，人民就得不着生活资料了。梁任公误解社会主义为均产主义的说法，也就是因为忘记了社会主义更有很好的生产方法的缘故。”①梁启超认为中国应该先发展资本主义，李达指出这是一条走不通的路。他说：“中国是万国的商场，是各资本国经济竞争的焦点，是万国大战争的战场。各资本国在中国培植的经济势力，早已根深蒂固，牢不可破。当着产业万分幼稚的时代又伏在各国政治的经济的重重势力之下的中国，要想发展资本主义和各资本国为经济战争，恐怕要糟到极点了。梁任公认此是唯一可行之道，我看这唯一可行之道，反不免是空想罢。”②

李达还指出，在今日的中国，资本主义并不是拯救失业贫民的方策。中国劳动者的失业就是因为产业革命招致而来的，所以在产业革命正在开始的中国，若更奖励资本制度的生产，不过是将外国人的资本家变成中国人的资本家罢了。“要等中国的资本主义发达到一面可以和外资抗衡，一面可以尽数吸收国内的劳动者，其中要经过如何长的时日。恐怕那个时期未到，‘而我中国的四万万同胞，且相索于枯鱼之肆’了！”③

对于“提倡温情主义”，李达指出自由竞争和私有财产这两大原则是“现社会中万恶的根源”。施行几项温情政策，略略缓和社会问题，并不能根本解决社会问题。自由竞争和私有财产还是依然存在，资本家仍可以积极发展自由竞争，无限制地扩张私有财产。“无产阶级呻吟于资本家掠夺支配之下，绝对得不到丝毫的幸福。”④

李达对梁启超的批评，正确说明了梁启超的主张不是解决中国问题的方向，社会主义者并不是不求生产而只关心分配问题。另一方面也说明，当时李达还不了解中国革命要分两步走，没有认识到资本主义在中国还有一定的积极作用。他还认为社会主义社会“商品生产可以全废”，“人与人的生存竞争完全消灭”⑤，也反映了理论上的不成熟。

1923 年，李达在《马克思学说与中国》一文中讨论了中国无产阶级掌握政权后的政策。他根据列宁对俄国经济要素的分析，认为中国当时是三种经济要素混合存在：一是家长的，即程度最幼稚的农民生产；二是小规模的

① 《讨论社会主义并质梁任公》，《李达文集》第 1 卷，人民出版社 1980 年版，第 64 页。
② 《讨论社会主义并质梁任公》，《李达文集》第 1 卷，人民出版社 1980 年版，第 66 页。
③ 《讨论社会主义并质梁任公》，《李达文集》第 1 卷，人民出版社 1980 年版，第 68 页。
④ 《讨论社会主义并质梁任公》，《李达文集》第 1 卷，人民出版社 1980 年版，第 68 页。
⑤ 《讨论社会主义并质梁任公》，《李达文集》第 1 卷，人民出版社 1980 年版，第 64 页。

商品生产；三是私的资本主义。无产阶级掌握政权后可以利用政治权力把私的资本主义促进到国家资本主义去。他还拟定了 12 条政策大纲，其中关于经济的八条为：(1)不作工者不得吃饭；(2)平均地权，开辟荒地；(3)银行国有；(4)交通及运输机关国有；(5)对外贸易国有；(6)大产业国有；(7)废除一切税厘，征收严重累进率的所得税；(8)有条件的输入外资。

三、中国产业革命论

1929 年 1 月，李达出版《中国产业革命概观》，系统地考察了中国的产业革命问题。全书分《绪论》、《农业和农业崩溃的过程》、《手工业和手工业凋落的过程》、《近代企业发达的过程》、《近代企业的现状》、《中国境内资本主义之发展》、《怎样发展中国产业》七章。

李达首先阐述了产业革命的意义。他说："产业革命是促成现代社会的发生和成长的东西。社会随着产业革命的进行，渐渐脱去旧时封建制度的衣裳，显出现在这样资本主义制度的各种特征来，使得物质的生产和分配，政治的生活和经济的生活，都发生了非常的变革。现代社会中的社会问题，就是和这个大变革同时发生的。"①社会的变革和产业革命具有密切的联系。因此，要获得中国社会改造的理论，唯有在中国的产业革命过程中去探求。这是他写《中国产业革命概观》的动机。

李达指出，中国自从国际帝国主义入侵以后，就开始踏入产业革命的过程，逐渐脱去封建的外衣，而向着近代社会方面运动了。中国发生产业革命的原因与欧洲不同，"在大体上说，欧洲的产业革命是自力的，是因自力的充实由国内而逐渐展开以及于世界，中国的产业革命是外力的，是因外力的压迫由世界而渗入于国内"②。国际帝国主义为了销运商品、投出资本、采集原料的目的，而使殖民地或半殖民地资本主义化。它们向中国投资的方式，首先是发展中国的交通，以便获取路矿权。"于是一般官僚便从中渔利，自肥私囊，形成官僚资本，如是便产生官僚资本家阶级。"③半殖民地虽然走到初期资本主义的阶段，而结果还是半殖民地。"所以现代中国的资本主义，一面是在国际帝国主义的卵翼之下得到了相当的发展，同时又受国际帝国主义巨大的政治力经济力所笼罩所支配，绝没有在它们的掌握中翻过筋斗的

① 《中国产业革命概观》，《李达文集》第 1 卷，人民出版社 1980 年版，第 390 页。
② 《中国产业革命概观》，《李达文集》第 1 卷，人民出版社 1980 年版，第 392 页。
③ 《中国产业革命概观》，《李达文集》第 1 卷，人民出版社 1980 年版，第 393 页。

可能。”[1]中国幼稚的工业资本够不上做国际金融资本的竞争者，至多只能分润一小部分唾余。李达将中国的经济状况归纳为以下几个倾向：第一，新式的工业有了相当的发展，但还只是刚到粗工业的阶段，而且已经现出了停滞的征象；第二，农业呈现破产的倾向，原料和食粮大受限制；第三，手工业逐渐破产；第四，国际帝国主义和国内封建势力压迫加重，生产力已受束缚殊难顺利发展；第五，贫困程度增加，劳动问题和农民问题日形严重。

李达用统计数字说明中国农民由大农降为中农、中农降为小农、自耕农减少、佃农增加的趋势，以及荒地面积增加、农业人口减少、进口粮食增加的显著事实。指出其原因在于：(1)帝国主义的侵略。包括赔款及外债的负担，经济掠夺的负担，帝国主义商品的掠夺，农民副业的衰退，农村生活费用的提高，农村金融的困难等。(2)封建政治的剥削。包括苛捐杂税，预征钱粮，勒种鸦片及征鸦片税，银行票币倒账，战时的牺牲等。(3)土豪地主的剥削，包括加重佃租和重利盘剥。另外还有农村文化落后，耕种方法不良，交通阻碍等。

在分析了中国手工业衰落、近代企业发展过程和现状后，李达讨论了中国境内资本主义的发展，包括国际资本的侵入，国内资本的集积过程和中国产业的前途。他将国内资本分为官僚资本、商业资本、银行资本和工业资本。这里的“官僚资本”是指盛宣怀、梁士诒、王克敏、张作霖等旧官僚、军阀的资本。他指出：“官僚资本的特征，和外国资本是不可分离的。”[2]商业资本的集积比工业资本容易得多，因此有了畸形的发展。商业资本中还有侨商资本，多愿意回到中国从事工业投资。银行资本有了显著的发展，国内经济界的中心势力逐渐转向中国的银行，但实力还是贫弱之至。工业资本也有了一定程度的集积，首先是纺织工业，其次是火柴工业，此外还有面粉、纸烟、皮革、毛布、针织品、肥皂、蜡烛、化妆品等也使输入减少，输出增加。

对于中国经济的现状，李达归纳了以下几点：“一、农村经济破产，特种农产原料虽稍有发展，而食粮的生产大受限制。二、旧式手工业衰落，新式手工工场工业虽略见发展，却是不易发达。三、新式工业虽然渐渐发达，而显出资本集中的趋势，但生产力已大受限制。四、大商业发展颇快，但要依赖于外国资本。五、银行事业富于投机性质。六、商业偏畸的发达，工业进步之速度较缓。七、失业的人民增加，形成了广大的产业预备军。八、生产事业困难，不生

---

① 《中国产业革命概观》，《李达文集》第 1 卷，人民出版社 1980 年版，第 393、394 页。

② 《中国产业革命概观》，《李达文集》第 1 卷，人民出版社 1980 年版，第 466 页。

产事业却过度发展，显出有资本而无生产的现象。九、基于六、七、八三种现象，更造出了多余资本作政治投机，失业者变为兵匪的现象。”①

最后，李达指出：“打倒帝国主义的侵略，廓清封建势力和封建制度，是中国革命的唯一对象，同时又是发展产业的唯一前提。”②帝国主义侵略对中国产业发展最显著的障碍有领土权、关税权、工业经营权、领海及内河航行权的侵夺和国际投资。封建势力和封建制度对中国产业发展最显著的障碍有国内战争和苛捐杂税的影响。扫除这两大障碍以后，还要考虑中国社会问题的特殊性。中国的社会问题大概可以分为五种：(1)产业劳动者问题。外国资本家在中国经营工业，完全使用宰制殖民地的法律和行动，来压迫他们工厂中的中国工人，中国工人的地位和境遇非常悲惨。中国资本家对工人的待遇也非常残酷。这样，中国的劳动问题也就显出了半殖民地半封建的特殊性，它既是经济的，又是政治的。“欲谋中国产业的发展，就必须解决这产业劳动者问题，然欲谋解决这产业劳动者的问题，就必须针对中国劳动问题和劳动运动的特殊性，打倒帝国主义和封建势力，发展民众的国家资本主义。”③(2)农民问题。农民问题的中心是土地问题。(3)手工工人问题。就近代产业的发展的趋势说，手工业终于要被淘汰的，要解决这个问题，只有由国家的力量发展国家资本，把手工工人改编到国家产业的部门中去工作。(4)商店店伙问题。在商业资本畸形发展的中国，商业店伙畸形增加，他们也发生了生活上困难的问题。要解决这个问题，只有迅速发展国家资本，打破目前畸形的商业资本的发展。(5)失业者问题。要解决这个问题，也只有发展国家资本。李达所说的“国家资本”即国营企业，他当时认为在取得反帝反封建的胜利以后，主要用发展国营企业来解决各种社会经济问题。

四、中国经济史论

1935年，李达发表《中国现代经济史之序幕》和《中国现代经济史概观》。这是他准备编写的《中国现代经济史》(未完成)的一部分。他所说的“现代”即现在所说的近代，因此这是一部未完成的中国近代经济史之作。所谓“中国现代经济史之序幕”，是指鸦片战争前的中国经济，是中国进入“现代”以前的基本经济情况。

在《中国现代经济史之序幕》中，李达指出：“中国经济，在西周到春秋的

---

① 《中国产业革命概观》，《李达文集》第1卷，人民出版社1980年版，第475、476页。
② 《中国产业革命概观》，《李达文集》第1卷，人民出版社1980年版，第488页。
③ 《中国产业革命概观》，《李达文集》第1卷，人民出版社1980年版，第493页。

时代，主要的是农奴制的经济，那时的地租形态是劳役地租与实物地租杂然并存（即所谓粟米布帛力役之征），但劳役地租在这时期占居主要的地位。”① 到了春秋时代，地租的主要形态，开始从劳役地租转变到实物地租了。秦汉以后仍是封建的经济形态，即与封建的生产方法相联系的实物地租的形态。这种实物地租分裂为两个部分：一部分是缴纳于封建政府的贡物，另一部分是缴纳于土地所有者的地租。而以前的劳役地租，仍留有它的遗迹。“总之，中国自秦汉以来，与封建的生产方法相适应的实物地租，是地租的主要形态……即是说，封建的生产关系，并不曾有本质上的变化。”②他批评否认秦汉以后的社会是封建社会的观点说：“许多研究者拘泥于‘秦废封建置郡县’的一件史实，去证明中国在秦代以前是封建社会，在秦代以后不是封建社会而是商业资本支配的社会。这是从封建社会的上层建筑或封建经济的现象形态去研究中国社会的方法。”③

李达论述了商业资本在中国封建社会中的作用。他说：“商业资本这东西，自秦汉以来，确实也有过优势的发达，这是不可否认的事实。”④但这种发达是与一定的生产方法及生产关系不相干的。并且它不曾有过独立的发达，从来没有脱掉它的隶属性和限制性。“它必然和它的双生兄弟高利贷资本一同站在生产过程之外去尽力发挥其剥削的机能而摧残封建的经济。这便是商业资本在中国封建经济史上所演的作用。”⑤

李达又指出，从清初到鸦片战争时期，中国经济的发展比以前快得多了，手工业和商业都非常发达，但这时的商业资本仍然是依存于封建经济的。他的结论是：“中国经济的趋势，截至十九世纪三四十年代为止，仍属于封建经济的范畴。但是在经济发展的阶段上说来，当时……它却已进到了封建时代的末期而走进于资本主义的时代了。可惜当它刚刚进到这个地步时，它又不能不踏入半殖民地化的过程。”⑥

在《中国现代经济史概观》中，李达将中国半殖民地的资本主义化划分为三个时期：

第一期自 1842 至 1880 年，包括了三个过程：国际帝国主义在中国奠定了侵略的根据的过程，封建势力反抗侵入的资本主义的过程，民族资本产业

① 《中国现代经济史之序幕》，《李达文集》第 1 卷，人民出版社 1980 年版，第 612 页。
② 《中国现代经济史之序幕》，《李达文集》第 1 卷，人民出版社 1980 年版，第 613 页。
③ 《中国现代经济史之序幕》，《李达文集》第 1 卷，人民出版社 1980 年版，第 611 页。
④ 《中国现代经济史之序幕》，《李达文集》第 1 卷，人民出版社 1980 年版，第 615 页。
⑤ 《中国现代经济史之序幕》，《李达文集》第 1 卷，人民出版社 1980 年版，第 617 页。
⑥ 《中国现代经济史之序幕》，《李达文集》第 1 卷，人民出版社 1980 年版，第 624 页。

发生的过程。在分析了三个过程后，李达指出："这时期的中国，商品市场扩大了，资本和劳动力也有了。民族资本主义的前提条件已经具备，并且连新式的技术也陆续输入了。所以在这种意义上，我们可以把这个时期，称为民族资本工业的发生期。"①

第二期自 1881 至 1914 年，也包括了三个过程：国际帝国主义对华输入资本并加紧其侵略的过程，封建势力投降于资本主义的过程，民族的商业资本转变为产业资本的过程。关于第三个过程，李达指出，中国商业资本转变为产业资本发端于前一时期，但在本时期则成为普遍现象。他对这一时期的中国产业界作出了四点概观：(1)国际资本主义进到了帝国主义阶段，它们除了对半殖民地的中国加速抛出商品、采集原料外，又大量输出资本，在中国各自树立自己资本的势力。(2)民族产业各部门资本的发生和成立，不但与各该部门商品输入的增加和手工业破坏有关，并且多是跟着外国人在中国所投下的该部门的产业资本的后面走。(3)中国旧式农业手工业生产因外国商品输入和封建剥削，受到了莫大的损害，逐渐倾向于原料的一方面，旧式的经济更不能不仰赖于国际市场。(4)封建关系受到了相当的破坏，然而封建残余仍然蜷伏于帝国主义之下，努力挣扎，以期拥护其封建剥削关系。

第三期是 1915 年以后(现存文章到此为止)。

五、经济学绪论

李达于 1935 年编成《经济学大纲》，北平大学法商学院将其作为教材铅印成书。他曾寄一本给毛泽东，毛泽东曾向延安理论界推荐此书。全书在《绪论》后分两部。第一部为《原始社会古代社会及封建社会的经济形态》，三种形态分为 3 章；第二部为《资本主义的经济形态》，分为商品、货币、货币的资本化、剩余价值的生产和工资、资本的再生产与积蓄、资本的循环与回转、剩余价值的利润化、商业资本与商业利润、放款资本与信用、恐慌、地租、帝国主义、资本主义的总危机与特种萧条等 13 章。这是一部马克思列宁主义政治经济学的著作，基本上按照《资本论》的体系编写，再加上列宁的帝国主义理论和斯大林的"资本主义总危机"理论。其中的第一部曾于 1948 年由生活书店出版，定书名为"先资本主义的社会经济形态论"，编辑部并附有以下的简短说明："本书为著者《经济学大纲》的第一分册，但因全书并未完稿，

① 《中国现代经济史概观》，《李达文集》第 1 卷，人民出版社 1980 年版，第 652、653 页。

一时恐也不可能完稿，先将这一分册单独出版。”李达原来计划《经济学大纲》共分四部[①]，已完成的只有两部，故生活书店编辑部有“一时恐也不可能完稿”之说。1984年人民出版社出版的《李达文集》第3卷中的《经济学大纲》，仍只能按北平大学法商学院的教材排印。1985年武汉大学出版社出版《经济学大纲》，也是用的这个版本。

《经济学大纲》的主要内容不可能在本书中作系统的介绍，以下只选择该书《绪论》中的论述为代表，它反映了李达关于经济学研究方法论的基本观点。

《绪论》分为经济学的对象和经济学的范围两目。关于对象，李达说：“经济学的对象，是社会构成过程中的生产关系的总体，即社会的经济构造。”[②]生产诸关系包括生产、分配、交换、消费四种关系。“生产关系，是在社会的生产总过程中发生的人们相互间的关系，即在生产、分配、交换及消费的过程中发生的人们相互间的关系。”[③]他又指出：“生产关系，是适应于生产力的发展而发展而改变的”，而“生产力与生产关系的统一，即适应于生产力的各种发展阶段的生产关系之总体，就是社会的经济构造”[④]。由此可见，李达在肯定生产关系由生产力决定的前提下，把经济学的对象限于研究生产关系。但是他又说：“因为经济构造是生产关系与生产力的统一，所以以经济构造为对象的经济学，不但研究生产关系，并且研究生产力发展的社会形式，它指出生产力与生产关系的矛盾，暴露特定经济构造由于这个矛盾而发生发展，以及由一种形态转变到别种高级形态的法则。”[⑤]这样，生产力也成为经济学的研究对象了。经济构造既指“生产关系的总体”，又指“生产关系与生产力的统一”，这里显然存在着矛盾。

关于范围，李达指出，人类历史上出现了五种生产关系的体系，即五种经济构造的形态：原始社会的经济形态，古代社会的经济形态，封建社会的经济形态，资本主义的经济形态，社会主义的经济形态。五种经济形态各有其特殊的发展法则。“只有个人主义的经济学，为了讴歌资本主义，才去抹杀各种经济形态的特殊性，把资本主义的法则说成一切经济形态永久不变的法则。”[⑥]他又指出不同的经济形态中确是存在共通的一般的法则，如生产

---

① 《李达文集》第3卷，人民出版社1984年版，《编者的话》。
② 《经济学大纲》，《李达文集》第3卷，人民出版社1984年版，第4页。
③ 《经济学大纲》，《李达文集》第3卷，人民出版社1984年版，第8页。
④ 《经济学大纲》，《李达文集》第3卷，人民出版社1984年版，第9、10页。
⑤ 《经济学大纲》，《李达文集》第3卷，人民出版社1984年版，第11页。
⑥ 《经济学大纲》，《李达文集》第3卷，人民出版社1984年版，第14页。

力和生产关系的矛盾，就是社会生产力的发展的最一般的法则，这是从各种形态的特殊法则中抽象得来的。“我们想要全面的理解一个形态的真相，必须具体的研究这个形态，把捉其特殊的丰富的内容，树立一般与特殊的正确关系，才能发见这一形态的特殊发展法则，才能把捉住具体的真理。”①

因此，科学经济学的范围就有广义经济学与狭义经济学之分。李达区别两者说：“广义经济学，研究历史上各种经济构造的发生、发展与没落及其互相转变的法则；狭义经济学，单只研究商品＝资本主义经济的发生、发展及没落的法则。”研究广义经济学不仅具有纯理论的意义，并且具有实践的意义。“因为广义经济学，并不仅是为了求得经济学的知识才去研究一切经济构造，而实在是为了求得社会的实践的指导原理才去研究它们。”②

在肯定了研究资本主义经济形态和社会主义经济形态的必要性后，李达还强调了研究中国现代经济的必要性。中国的现代经济不属于五种经济形态中的任何一种，它“还停滞在由封建经济到资本主义经济的过渡状态中，但是深深的烙上国际帝国主义殖民地的火印”③。中国的经济存在着三个互相交错的过程，即“帝国主义侵略的过程、民族资本萎缩的过程和封建农业崩溃的过程。这三个过程中，第一过程占据统制的地位……第二过程已是第一过程的附属物，第三过程虽然被第一第二过程所统制着，却仍然表现顽强抵抗的力量，仍在困苦状态中挣扎着”④。中国要求生存，求解放，必须有正确的客观的理论作为实践的指导。“但要获得那种客观的正确的指导的理论，就必须把捉住一般根本路程上的经济的进化之客观的法则，同时具体的考察中国经济的特殊的发展法则，以期建立普遍与特殊之统一的理论。”⑤他批评了不研究中国经济的“中国经济学”。

最后，李达总结说：“把经济构造作为对象的经济学，要研究那种与生产力的特定发展阶段相适应的特定生产关系的运动法则，即暴露历史上各种经济形态的发生、发展及其转变到次一形态的特殊法则，并阐明现代中国经济的特殊性。”⑥

1937 年，李达出版《社会学大纲》。其中第三篇为《社会的经济构造》，论述了生产力与生产关系、经济构造的历史形态等问题。在社会主义的经济

① 《经济学大纲》，《李达文集》第 3 卷，人民出版社 1984 年版，第 14 页。
② 《经济学大纲》，《李达文集》第 3 卷，人民出版社 1984 年版，第 15 页。
③ 《经济学大纲》，《李达文集》第 3 卷，人民出版社 1984 年版，第 22 页。
④ 《经济学大纲》，《李达文集》第 3 卷，人民出版社 1984 年版，第 23、24 页。
⑤ 《经济学大纲》，《李达文集》第 3 卷，人民出版社 1984 年版，第 24 页。
⑥ 《经济学大纲》，《李达文集》第 3 卷，人民出版社 1984 年版，第 25 页。

体系中分析了过渡期经济。他说:“过渡期经济,既不是资本主义,也不是完全的社会主义。在这种经济中,存在着许多不同的形态的生产关系(由旧社会经济构成中遗留下来的及在新政治机构下从新发生的),即在这种经济中,存在着资本主义与社会主义的‘诸要素、小部分、小片’。”①“过渡期经济的最大特征,是社会主义要素对于资本主义要素的克服。”②对于过渡期的商品和货币,李达指出,苏联的商品和货币同资本主义的商品和货币作用完全不同。“苏联的商业和货币的根本特征在于:它们不是体现商品——资本主义经济运动之盲目的法则——价值法则,不是统治人们的力量,而是新政治机构之下的社会主义建设的工具。”③

六、货币论

20 世纪 30 年代,李达还写有一部《货币学概论》,但直到 1949 年 7 月才由三联书店作为《新中国大学丛书》出版④。

《货币学概论》分为九章:《货币的本质》、《货币的机能》、《各派货币学说》、《信用与信用货币》、《资本主义的货币体制》、《金融恐慌与货币流通》、《世界货币的运动与汇价》、《通货膨胀》、《金本位制的崩溃》。以下有重点地介绍其中的几章。

《货币的本质》和《货币的机能》基本上按照《政治经济学批判》和《资本论》第一卷第一篇的体系论述。在《货币的机能》一章中提出了“货币的阶级性”命题,分别论述了古代、封建时代和现代社会货币的阶级性。古代和封建时代货币阶级性的表现是高利贷资本和商业资本,现代社会“占世界人口最大多数的勤劳大众,都被资本家手中所有的货币征服着”;“在资本主义的最后阶段上,货币这东西,是帝国主义者宰割世界弱少民族、征服世界勤劳大众的工具”⑤。其实,这是货币转化为资本的表现,是资本的阶级性,而非货币的阶级性。说货币有阶级性,实际上是等同了货币和资本。

《各派货币学说》批判了货币金属论、货币名目论和货币数量论。对于

---

① 《社会学大纲》,《李达文集》第 2 卷,人民出版社 1981 年版,第 443 页。

② 《社会学大纲》,《李达文集》第 2 卷,人民出版社 1981 年版,第 445 页。

③ 《社会学大纲》,《李达文集》第 2 卷,人民出版社 1981 年版,第 450 页。

④ 《货币学概论》中提到的最晚年份为凯恩斯的卒年 1946 年(见《李达文集》第 3 卷,人民出版社 1984 年版,第 638 页),这显然是后加的。书中所引用的材料最晚为 1936 年,而且引用马克思的话都未明说。可见该书成于 20 世纪 30 年代后期,1949 年出版时除了补上凯恩斯的卒年外,书的内容未作改动。

⑤ 《货币学概论》,《李达文集》第 3 卷,人民出版社 1984 年版,第 613、614 页。

前两论，李达说："大体上说来，金属学说与名目学说，都是蜷服于货币的物神性之前，拘泥于货币的现象，不知道从商品生产关系的分析去理解货币的本质，只知道把货币的某一种或两种的机能抬高到绝对的地位，而忽视货币的其他的各种机能，创造出片面性的货币理论。金属主义者只注视于货币价值尺度的机能与储藏手段的机能，而否认其他的机能；名目主义者只注视于货币的支付手段的机能与流通手段的机能，而否认其他的机能。换句话说，前者只注重货币之物质的存在，后者只注重于货币之观念的存在；前者只看到货币之物理的性质，后者只看到货币之精神的性质。"[①]李达谈金属主义时，说它起源于16、17世纪的资产阶级经济学者；而谈名目主义时，则说这种学说起源甚早，希腊时代的亚里士多德、中世纪时代有些法学家等都有这种观点。既然古代已有名目主义，则同样也应有金属主义。中国的古代历史已证明了这一结论。

李达主要批判资产阶级的现代名目主义。他说："现代的名目主义，不从国王的布告去说明货币，而是从货币之观念的存在形态去说明货币，并且它是在资本主义商品经济的最后阶段发生的。在这一点就存有它的进步性。"[②]他列举现代名目主义的代表者有克纳普(G. F. Knapp)、埃而斯德(L. Elster)、本迪克逊(F. Bendixen)、里富曼(R. Liefmann)、齐美尔(G. Simmel)等。他提到齐美尔的比例测定法(一定商品和全部商品的价值之比等于该商品和全部商品的价格之比)、本迪克逊的公分母说(货币是全价值的公分母)、克纳普的货币国定说(货币是法制的产物)。他指出："名目主义肯定通货膨胀政策，并利用货币制度作为剥削劳苦群众的补助手段。"[③]

对于货币数量学说，李达除批判了李嘉图以前的数量学说外，还批判了费雪、卡塞尔、凯恩斯的现代货币数量学说，而以费雪的交易方程式为代表。他指出："数量论者颠倒因果关系，把货币的数量看做原因，把货币购买力的低落及价格水准的昂腾看做结果。这一点是数量学说的基本的谬误。"[④]他对货币数量论的批判，运用了马克思《政治经济学批判》中的分析方法。马克思的批判仅是对金属货币而言，不包括纸币，李达也作了区别[⑤]。

《金融恐慌与货币流通》分析了资本主义社会的金融危机问题。李达将

---

① 《货币学概论》,《李达文集》第3卷，人民出版社1984年版，第619页。

② 《货币学概论》,《李达文集》第3卷，人民出版社1984年版，第625、626页。

③ 《货币学概论》,《李达文集》第3卷，人民出版社1984年版，第633页。

④ 《货币学概论》,《李达文集》第3卷，人民出版社1984年版，第641页。

⑤ 马克思指出纸币的价值决定于它所代表的金量，李达也这样分析。该理论适用于金属货币流通的条件下。在黄金非货币化以后，对纸币所代表的价值应另作解释。

金融恐慌分为一般的金融恐慌和特殊的金融恐慌两类。一般的金融恐慌指由于过剩生产而发生的产业恐慌表现在流通方面的金融恐慌，是产业恐慌的必然的现象形态。“特殊的金融恐慌，是以货币资本为运动中心，以银行、交易所及财政等方面为活动范围的恐慌。”①即因政策不当而引起的货币恐慌、银行恐慌与交易所恐慌等，并不是产业恐慌的必然的现象形态。

李达主要讨论了前一种金融恐慌，称其为“金融＝信用恐慌，大概可以分为信用恐慌、银行恐慌、货币恐慌、交易所恐慌、货币本位恐慌等几种”②。这种恐慌首先表现为信用恐慌，信用恐慌的发展引起银行恐慌，导致许多银行倒闭。在发生信用恐慌时，银行券的发行不能满足支付的需要，就会产生货币恐慌。发生货币恐慌时，人们狂热追求金子，银行停止兑现，禁金出口，就产生了货币本位恐慌。另外，在信用紧迫时，股票的价格一落千丈，就形成了交易所的恐慌。这几种现象不一定都出现，也可能都出现。

《世界货币的运动与汇价》详细介绍了有关汇价的问题。其中批判了卡塞尔的购买力平价说。李达说：“购买力平价说的要点，就是认定汇票由甲乙两国间的一般的物价水准之差所决定，因而汇票的价格仅由两国的物价水准所决定，与金融市场的供求关系无关，与国际借贷的贸易差额及支付差额无关。”③决定汇价的原因很多，购买力平价说只讲一个原因，而又用货币数量来解释物价水准，“这显然是汇价之庸俗的说明”④。

《通货膨胀》将资本主义国家的通货膨胀分为纸币的通货膨胀、汇兑的通货膨胀和信用的通货膨胀三种形态。李达指出，纸币通货膨胀是国家基于财政上的目的而滥发纸币的结果。纸币通货膨胀的发展过程可以分为三个阶段：第一阶段是通货膨胀发生的阶段，或称“潜伏的通货膨胀”阶段。这时物价开始腾贵，但人们对纸币的信用还未丧失，作为储藏手段的纸币反而异常地增加。第二阶段是通货膨胀发展的阶段，或称通货膨胀的假繁荣阶段。这时通货的安定完全丧失，物价继续上涨。“人们都实行‘纸币的实物化’的运动，都出现为购买者，形成为通货膨胀的虚伪的繁荣。”⑤投机特别流行，生产有增大倾向。一方面产生了许多通货膨胀富翁，另一方面大众的生活水准逐渐降低。第三阶段是通货膨胀的破裂阶段。纸币等于废纸，不能

① 《货币学概论》，《李达文集》第 3 卷，人民出版社 1984 年版，第 721 页。
② 《货币学概论》，《李达文集》第 3 卷，人民出版社 1984 年版，第 722 页。
③ 《货币学概论》，《李达文集》第 3 卷，人民出版社 1984 年版，第 768、769 页。
④ 《货币学概论》，《李达文集》第 3 卷，人民出版社 1984 年版，第 770 页。
⑤ 《货币学概论》，《李达文集》第 3 卷，人民出版社 1984 年版，第 790、791 页。

发挥流通手段的机能。生产者大众宁肯回到物物交换的状态。社会生产和资本家占有的矛盾必然发展为阶级对抗，引起经济和政治的总危机。

汇兑通货膨胀指一国对外收支逆差引起的对外汇价贬值，导致禁金出口和停止银行券兑现，国内物价上涨。汇兑通货膨胀和纸币通货膨胀可以互相转化。银行券丧失信用转变为纸币，就成为纸币通货膨胀；反之，纸币通货膨胀也会引起汇价的低落，而转变为汇兑通货膨胀。

信用通货膨胀指信用膨胀漫无限制地扩大，发行过多的银行券而引起的物价腾贵现象。它可能发生在产业繁荣时期、经济恐慌时期和战争时期。

关于通货膨胀的定义，李达强调一定要说明阶级实质，因此将其定义为："通货膨胀，是支配的资产阶级为着自己阶级的利益，利用通货的发行以贬低劳动者的实质工资并从新分配国民的收入，以至于使资本主义经济的生产机构和商品流通解体的货币现象。"①该定义只适用于资本主义国家的恶性通货膨胀。实际上还存在着不至于造成生产机构和商品流通解体的缓和的通货膨胀，对此他的定义就不适用了。

最后一章《金本位制的崩溃》介绍了德、法、英、美、日、奥等国第一次世界大战以来的货币流通情况和金本位制的崩溃过程。法国于 1936 年 9 月 25 日宣布放弃金本位，"意味着全资本主义世界金本位制之普遍的完全的崩溃（荷兰和瑞士追随了法国的后尘），从此再也没有采行金本位的国家了"②。

《货币学概论》是一部以马克思主义经济学原理为指导写成的货币学著作，在运用马克思主义说明货币问题方面已经达到了很高的水平。30 年代正是世界货币制度和货币理论发生重大变化的时期，由于马克思主义者对此持批判的态度，对如何发展马克思主义货币学以适应新的情况很少考虑。本书写于 30 年代，自然更难对未来的发展作出预计。另外，本书对中国的货币问题很少涉及，废两改元和法币政策都没有谈到，这是明显的不足。

第二节　王学文的经济思想

一、新思潮派的主要代表王学文

王学文（1895～1985），原名守椿，号首春，江苏徐州人。宣统二年（1910

① 《货币学概论》，《李达文集》第 3 卷，人民出版社 1984 年版，第 822、823 页。
② 《货币学概论》，《李达文集》第 3 卷，人民出版社 1984 年版，第 896 页。

年)赴日本求学。次年因辛亥革命回国。1913 年再去日本。1921 年入京都帝国大学经济学部学习,攻读马克思主义经济学。1925 年获学士学位,留校当研究生,指导教师为马克思主义经济学家河上肇。1927 年加入中国共产主义青年团,同年回国后转为中国共产党党员。1928 年参加创造社。先后在上海一些大学讲课并撰写文章,宣传马克思主义经济学。1930 年参与发起组织中国自由大同盟、左翼作家联盟、中国社会科学家联盟(简称"社联")、中国社会科学研究会等进步团体。1931 年任中共中央文委书记。1932 年调江苏省委工作。1937 年到延安,先后任中共中央党校教务主任、马列学院副院长、八路军总政治部敌工部部长等职。1947 年任华北财办(1948 年改中共中央财政部)研究室主任。1948 年任华北财经学院院长。1949 年到北京,任中央马列学院教授、政治经济学教研室主任。因主张生产力三要素(劳动者、生产工具和劳动对象)说,与苏联专家的生产力两要素(劳动者和生产工具)说不同,受到陈伯达的压制而被批判,1953 年调入中宣部为编外人员。为第一届全国政协代表,第二至五届全国政协委员,第四、五届政协常委,第一、四届全国人大代表,并为中国科学院哲学社会科学部委员。1980 年参与发起成立资本论研究会,被推为名誉会长。著作有《社会问题概论》、《近世欧洲经济思想史》、《政治经济学教程绪论》、《政治经济学方法论的几个问题》、《马克思主义政治经济学的特点》、《经济运动与经济运动规律》、《王学文〈资本论〉研究文集》、《王学文经济学文选(1925－1949)》等。

1929 年创造社在上海创办《新思潮》刊物,王学文任编委。社联成立后,《新思潮》成为社联的机关刊物。1930 年 4 月,《新思潮》第 5 期作为《中国经济研究专号》,发表了潘东舟、吴黎平、向省吾、王学文、李一氓等人的文章,批判托派和新生命派(以陶希圣为代表,因创办《新生命》杂志而得名)的观点。同年 7 月,托派严灵峰、任曙等创办《动力》杂志,同《新思潮》对抗。《新思潮》以后还继续出版两期(第 7 期为《新思想》),遭国民政府封禁。但新思潮派和动力派的中国社会性质论战继续在其他刊物或著作中进行。王学文在《新思潮》上发表了多篇文章,是新思潮派的主要代表之一,在论战中作出了重要的贡献。

王学文长期从事马克思主义政治经济学的宣传和经济理论的研究工作,对各种反马克思主义的观点进行了批评。如 1925 年出版的《马寅初演讲集》第 2 集中有批评劳动价值论的文字,1926 年王学文发表《答劳动价值说批评》作了反批评;1927 年郭任远出版《反科学的马克思主义》,1930 年王学文发表《反科学的马克思主义，还是反马克思主义的"科学"》予以驳斥。同年他出版原为法政学院学生而编辑的讲义《近世欧洲经济思想史》。此书共三章，分别为重农学派、正统学派（古典学派）和社会主义学派。对于社会主义学派，他指出："我们在这里特别要述说的，是这一派里的伟大代表者同时为科学的经济学之最高发展者的马克思的经济思想。"[①]"马克思在《资本论》中阐明了资本的运动法则，他不惟说明资本家的生产方式的发生成立和发展，同时更阐明其没落和向高级形态的推移，就是他在资本家的社会全部过程中，分析了其生成变化的法则。"[②]他的批评文章以及正面论述经济理论的文章，都促进了马克思主义政治经济学在中国的传播。

在抗战期间，王学文从事马克思主义政治经济学的教学工作，为中国革命培养了大批经济人才。1942 至 1943 年，他和何思敬为日本工农学校的日本学员讲课，对听课的学员产生了深刻的影响。1980 年 5 月，原日本工农学校学员香川孝志在给王学文的信中说，当日的"讲稿现在还是作为对日本人民的有觉悟的青年们（日本工人党的青年部等）的学习材料有效地运用着"[③]，并托人将稿子送给王学文。此稿经何思敬的夫人及女儿译成中文，题为"社会科学基础知识"，1983 年由求实出版社出版。

二、中国经济组织论

1925 至 1927 年，王学文在日本时写了一些文章，上面提到的《答劳动价值说批评》即是其一。1925 年，他发表《中国经济现状概观》、《中国经济现状之一面观》等文，分析了中国的经济现状和前途。他指出了解中国现状的重要性说：今日中国的经济组织属于何种经济阶段，学者的说法纷纷不一。"或以为今日中国之经济状况与西洋都市经济（Stadtwirtschaft）或地方经济（Lokalwirtschaft）相当；或以为在国民经济（Volkswirtschaft）第一期，或资本主义的经济（Kapitalistische Wirtschaft）第一期，盖以国民经济之发生成长与资本主义的经济之发生成长同时，曰国民经济，曰资本主义的经济，其名称虽殊，其实体则一云。"[④]他不同意这种观点。

---

① 王学文：《近世欧洲经济思想史》，《王学文经济学文选》，经济科学出版社 1986 年版，第 237 页。

② 王学文：《近世欧洲经济思想史》，《王学文经济学文选》，经济科学出版社 1986 年版，第 244 页。

③ 王义侠、王义为：《孜孜不倦的马克思主义经济学家王学文》，《中国当代著名经济学家》第 2 集，四川人民出版社 1987 年版，第 102 页。

④ 《中国经济现状概观》，《王学文经济学文选》，经济科学出版社 1986 年版，第 1 页。

王学文指出，社会经济组织的变迁，非一朝一夕所能成。产业革命使经济状况变化发展之速，为历史所未有。但完成产业革命，短的需数十年，长的非百年不能成。而且经济的发展变化有一定的顺序，不能超越。“旧经济组织与新经济组织之间，有密切之关联，旧组织内之一切生产力尚有发展余地时其组织决不崩坏，同时新组织之物质的存在条件，非已在旧组织内完全成胎时，其新组织不能实现也。”①他引德国历史学派毕赫(K. Bücher)的观点说，人类的经济生活，初为家族经济，次则变为都市经济，再则进为国民经济。又引马克思的说法，自古以来大略有亚细亚的、古代的、封建的、近代有产者的生产方法，与各种生产方法相适应的各有其经济组织。简略言之，手纺织造出有封建诸侯之社会，蒸器纺织造出有产业资本家之社会。他解释马克思所说的古代经济为古希腊、罗马时代，由自由民与奴隶、贵族与平民结成一定的经济关系，相当于毕赫所说的家族经济；马克思所说的封建经济，是中古领主与农奴、师傅与工匠各结成一定的经济关系，相当于毕赫所说的都市经济；马克思所说的近代有产者的经济，产业资本家与雇佣劳动者结成一定的经济关系。“此种经济就其自体而言，与毕赫所谓国民经济者同一。”②

王学文认为，上述都市经济和国民经济，或封建的经济与近代有产者的经济，都不能用来说明中国今日的经济。中国的经济组织极其复杂。西北有穴居野处、游牧之民，而在通商贸易诸埠，则已有机械工场工业和资本家的商品流通。学者称中国经济为地方经济、都市经济或封建经济，其中以封建经济最能代表中国的主要经济特征。但也有学者称中国经济为国民经济或资本主义经济的第一期。王学文分析其原因说：“中国之经济组织，在今日言之，已经过数千年间之史的发展；旧经济组织之各种遗迹，与新经济组织之种种萌芽杂然并存，其形态复杂，即在同一时代，同一地域，亦不能以一种主要经济形态包括一切，不过为研究便利计，举各种经济组织中之主要者，以之为代表形态耳……尤以当经济之过渡转换，旧组织渐趋崩坏，新组织渐次发生成长之阶，此种经济状况应如何区分？以新经济阶段之名称名之乎？抑以旧经济阶段之名称名之乎？当然因人而异其观察，而其置重之点亦不相同。”③故一部分学者用旧经济组织的名称，称之为都市经济或封建的经济；另一部分学者用新经济组织的初步发展，而名之为国民经济或资本

---

① 《中国经济现状概观》，《王学文经济学文选》，经济科学出版社1986年版，第2页。

② 《中国经济现状概观》，《王学文经济学文选》，经济科学出版社1986年版，第3页。

③ 《中国经济现状概观》，《王学文经济学文选》，经济科学出版社1986年版，第4、5页。

主义经济的第一期。

对于新旧经济组织的关系，王学文进一步分析说："新组织之发生，非凭空而至者，其萌芽必藏于旧组织之中待至其充分成长，始克显然发现是为经济史所垂示者。今观中国之经济，旧经济组织与新经济组织二者并立而存。详言之，新经济组织，已不似昔日全然寄生于旧经济组织之中，而仅保持其存在者，今也，已有相当程度之发达，渐欲脱离其旧时组织之外被而维持其固有之生命矣……今日中国经济有二种不同之代表形态，旧时低级之封建经济与新兴高级之资本主义的经济交错并在。"①有的学者专举其旧形态，有的学者看重其新形态，故同为一国经济，或给以旧组织的名称，或给以新组织的名称，这种情况不足为怪。

王学文还指出，中国历史悠久，在幼稚低级的原始经济和最发达高级的资本主义经济之间，还有种种不同的形态。不过这不是他要讨论的问题，而只考虑"今日中国经济之动的性质"，即"经济变化发展之道路倾向"："就旧经济言之，其衰微崩坏之迹，就新经济言之，其成长发展之趋势，旧经济之崩坏与新经济之发展，合而为一国经济之动的倾向。此种变动的倾向包含旧经济与新经济组织二者，不能以一种经济阶段之名表显之也……仅以一种经济阶段名中国现有之经济，不能表示其过渡的转换的性质，旧经济组织与新经济组织间之代谢关系也。"②

中国正处于从旧经济向新经济阶段推移的过渡时代。王学文指出中国的这种过渡是很困难的，因为中国的多数产业，"均被政治的武力的优越势力抑压，不惟不得扩张发展，甚至且欲维持其旧有之状态而不可得"。经济状况如此不安，社会状态也是如此。"支配阶级与被支配阶级，压迫阶级与被压迫阶级相对并立，被支配者、被压迫者常处于权势抑压之下，疲敝劳碌，而不得安息。"加上外国势力的侵略不已，内忧外患并凑。若中国人不能解决中国的问题，唯有招致民族的衰亡与政治、经济的亡国，中国的经济岂能发展！他指出："欲图挽救，必以认识中国实际现状为前提，认识现实之状况，然后政策始有可施。"③

在写作时间相近的另一文中，王学文分析了中国经济发展的两大障碍："今日中国内受军阀官僚之剥夺，外受外国资本家之侵略，以致一国经济，及

① 《中国经济现状概观》，《王学文经济学文选》，经济科学出版社 1986 年版，第 5 页。

② 《中国经济现状概观》，《王学文经济学文选》，经济科学出版社 1986 年版，第 6、7 页。

③ 本段引文均见《中国经济现状概观》，《王学文经济学文选》，经济科学出版社 1986 年版，第 8 页。

从事于经济的活动之人，多不得发展扩张，甚至有不能维持其生活现状者。故国内军阀官僚及外国资本家，对于中国经济发展，实为两大障碍。”①

（1）军阀官僚。王学文指出，军阀官僚的最大目的，就经济而言是致富发财，采取的手段是剥夺公款和搜刮民财。剥夺公款的重要方法不外是吞用租税和擅举公债。剥夺公款使中央和地方财政困难达到了极点，这样就使政府“对于经济上之调查，产业上之保护与奖励，以及其他种种助长产业发达之设施往往不得积极举行”②。搜刮民财的方法，王学文举了收受贿赂、征收重税、滥铸货币（包括滥铸银角、铜元和滥发纸币）三点。对此，他在同年又写了《军阀官僚之剥夺》，作了进一步的分析。

（2）外国资本家。王学文指出，外国资本家对中国的经济侵略途径有二：一是对华贸易。外国资本家利用特权排除外国商品在中国流通的障碍。“外国商品既流通于中国而一无阻碍矣，于是国内各地手工业品之销路，日益窄狭，而中国旧有之小工业逐渐为西方大工业所排斥，而日趋于衰败。此中国经济状况所以愈趋愈下之原因也。”③二是银行借款。这种借款或以政治上的权利为交换条件，或以财政上的收入为抵押品，故借款一经成立，外国资本家即可以在中国建造铁道，采掘矿山，管理海关，甚至进而监督中国的财政。外国资本家通过这两大侵略手段，以达到控制中国经济局势的目的。

另一方面，王学文又指出军阀官僚和外国资本家最近发生了变化的新倾向。因为中国国民经济日濒破产，军阀官僚为了另求财源，就自己创办或与外人合办公司。此外还有与各省绅商协力创办金融机关，改良道路、水道，以助长生产及便利商品流通者。“盖就今日而论，负有经济发展之任务者已非资本家式的军阀官僚莫属矣。”④这对资本主义产业的发达是有利的。外国资本家在欧战以后，因国际财团宣言在中国中止内争前不能借款给中国，政府借款不能单独行动，也不得不别开生面，一面使其商品源源流入中国，一面则移其生产资本于中国，经营各种工场。他预计，至列强社会之生产力恢复之时，中国必为世界经济竞争之一大战场。但他强调中国的出路并不在此：“苟不设法去其政治上之压力，脱其经济下之束缚，起而为民族解放，经济解放之运动，则国内企业，纵借外国资本家与本国军阀官僚之力，而

① 《中国经济现状之一面观》，《王学文经济学文选》，经济科学出版社1986年版，第12、13页。

② 《中国经济现状之一面观》，《王学文经济学文选》，经济科学出版社1986年版，第13页。

③ 《中国经济现状之一面观》，《王学文经济学文选》，经济科学出版社1986年版，第16页。

④ 《中国经济现状之一面观》，《王学文经济学文选》，经济科学出版社1986年版，第17页。

日趋发展，推其结果，民生依然蹙迫，国力依然衰弱，欲进国家于富强之域，恐仍不能见诸事实。”[①]中国经济地位的增进非有全体人民的努力不可。

王学文关于两种经济形态并存的论述，可以说是一种二元经济结构论。它比美国发展经济学家刘易斯（W. A. Lewis）于 1954 年提出的二元经济结构论早了近 20 年。王学文的这一论述可以说是发展中国家二元经济结构论的先驱。但是，王学文的二元经济结构论与西方发展经济学家的二元经济结构论在思想体系上是根本不同的。王学文是按照马克思主义的量变到质变的观点分析了中国经济结构尚趋于量变的过程中。刘易斯则从资产阶级发展经济学的角度讨论处于两种经济结构下的发展中国家的经济发展过程问题。王学文的二元经济结构论进一步发展，就会得出中国是半殖民地半封建社会的结论。半殖民地和半封建就是一种二元经济的结合。

三、中国经济性质论

关于中国的社会性质，蔡和森在 1928 年 1 月发表了《中国革命的性质及其前途》，认为中国是半殖民地半封建社会。同年 11 月，王学文发表《中国经济学界概观》。此文的后半篇“论述中国经济的半殖民地半封建性质，校样排出后，因刊物被封而未能发表”[②]。

1930 年，王学文在《新思潮》第 5 期发表《中国资本主义在中国经济中的地位其发展及其前途》，延续《中国经济学界概观》后半篇的观点，论述了中国的社会性质。文章发表后受到严灵峰、任曙的攻击。1931 年王学文再发表《中国经济的性质是什么》进行反驳。

王学文批评了三种对中国经济的错误认识。第一种是认为中国现在已是国民经济的初级阶段，或资本主义经济的第一期，把资本主义和国民经济当作同一的范畴。王学文指出，国民经济以一国为范围，而资本主义则以世界为经营领域，故单就其认识方式来说，就已经不妥当了。第二种是认为中国经济是封建的经济与资本主义经济二者的杂然错综。这是一种折中论或错综论。“错综论者只知道中国经济有资本主义经济和封建的经济两种形态虽然并存，只能粗杂地孤立地认识这两种经济，不能在其关联上相互关系上来认识，不能在其运动变化过程上来认识，这种俗学式的观察和认识，当

① 《中国经济现状之一面观》，《王学文经济学文选》，经济科学出版社 1986 年版，第 19 页。
② 《中国经济学界概观》题注，《王学文经济学文选》，经济科学出版社 1986 年版，第 64 页。

然只能看见中国经济之一面的表面的现象，不能看到中国经济的本质。”①第三种是列举说。持这种观点的人认为中国各种经济问题的总和就是中国的经济，而且“只知静止地拉杂地拾起几个问题，毫不知道、毫不意识到中国经济的变动推移，不能在中国经济变动过程上来观察中国经济”②。

然后，王学文对中国的经济性质作出了自己的解释。他指出，中国的新疆、青海、西藏等处还在经营着原始的幼稚的经济生活，以自给自足为原则。交换经济也存在，但不占主要的支配的地位。至于所谓18行省或21行省地方，多数乡村大体仍是以自给自足为原则，也有许多地方的农村生产已经商品生产化，都市之间（或较大集镇之间）的商品生产早有相当程度的发展。但无论农村或都市，都只是单纯商品的生产，前资本主义生产方式的生产，尤其是封建的半封建的生产方式的生产。“我们在这种商品生产里，只能看见旧的前资本主义的经营形式。这种商品生产和商业资本与高利贷资本有紧密的关联。”③商业资本和高利贷资本在都市和农村扮演着剥削的主要角色，正是中国社会生产力发展程度的一个表现。

在生产关系方面，王学文指出：“广大面积的中国，维持着种种的经济形态，边界地方广大区域的原始的幼稚的经济，因为其为自给自足经济并且因为孤立地隔离地经营的关系，在中国经济中并不占重要的地位。在中国经济中占重要地位、在中国经济生活上演着重要角色的，实在是封建的半封建的经济。”④除此以外，中国还有资本主义经济的存在，主要是沿海大都市和少数地方，其发展程度还只限于资本主义工业初期的轻工业。“这种资本主义经济在广大的中国经济区域中，就是在广大的中国封建的半封建的经济区域中，只不过发展初期的萌芽形态，并不能占得主要的地位。”⑤

中国已经有了资本主义经济，但处于停顿的状态中。王学文指出是因为受了国内封建势力和国外帝国主义二重势力的压迫。“在这种状态之下，中国经济尤其中国资本主义经济，遇着发展的极大障碍。因为军阀混战的

① 《中国资本主义在中国经济中的地位其发展及其前途》，《王学文经济学文选》，经济科学出版社1986年版，第181页。

② 《中国资本主义在中国经济中的地位其发展及其前途》，《王学文经济学文选》，经济科学出版社1986年版，第183页。

③ 《中国资本主义在中国经济中的地位其发展及其前途》，《王学文经济学文选》，经济科学出版社1986年版，第185页。

④ 《中国资本主义在中国经济中的地位其发展及其前途》，《王学文经济学文选》，经济科学出版社1986年版，第187页。

⑤ 《中国资本主义在中国经济中的地位其发展及其前途》，《王学文经济学文选》，经济科学出版社1986年版，第188页。

继续发生，群众的购买力减少，同时又有帝国主义的竞争和其侵略，自然不得不在停顿状态之下。照这说来，中国经济实在是帝国主义侵略下的一个半殖民地的封建的经济。”①市场中虽然有大量资本家的商品流通，但大多不是中国资本家的生产方式下的产物，不是中国民族工业所生产的商品，而大多是帝国主义的产业所生产的商品。后者在中国经济上占着优越的势力。

最后，王学文指出，完成打破封建势力和帝国主义二重势力束缚的历史使命，幼稚的中国民族资产阶级负担不起，只能“搁在中国无产阶级的双肩之上。惟独中国无产阶级能领导革命，能打倒封建的势力和帝国主义，转变社会的经济，走向非资本主义的前途来解放旧社会经济关系下被压迫的一切劳苦群众”②。

在《中国经济的性质是什么》中，王学文进一步分析了中国的生产力和生产关系以及中国的经济性质，指名批驳了严灵峰和任曙的观点。他分析中国内部有五种主要的经济要素：原始家长制的自给自足经济，小规模的单纯商品经济，私人资本主义经济，国家资本主义经济，新兴经济的萌芽（指苏区的新民主主义经济）。资本主义经济要素并没有占优势的地位。而严灵峰仅列举中国经济的四种要素（没有新兴经济），在第三种要素中则包括了外国的资本主义。对此王学文批评说：“他在中国经济第三种要素中包括了中国和外国的资本主义，混同了支配的生产方式与被支配的生产方式、支配的生产关系与被支配的生产关系之区别，表示他对于经济理解之幼稚。”③任曙以中国的对外贸易为中国经济的中心问题。对此王学文批评说：“他以中国对外贸易是中国经济问题的中心问题为中心，表示他根本地不理解经济，不知道根本地要从生产方式和生产关系来观察，而却在交换上着眼。”④王学文还批评任曙的另一与严灵峰相同的错误：“不理解支配的生产关系与被支配的生产关系的区别，将中外资本主义认为是无差别的统一物，他只知道中外资本主义的共通性，而忽视了其间的差别性，他只单纯地知道物的统一，而不知统一中的对立和差别。”⑤他们的错误还在于“以为资本主义经济支配了中国经济，而封建关系成为残余或残余底残余已无支配中国经济的力量，

① 《中国资本主义在中国经济中的地位其发展及其前途》，《王学文经济学文选》，经济科学出版社 1986 年版，第 191 页。

② 《中国资本主义在中国经济中的地位其发展及其前途》，《王学文经济学文选》，经济科学出版社 1986 年版，第 194 页。

③ 《中国经济的性质是什么》，《王学文经济学文选》，经济科学出版社 1986 年版，第 254 页。

④ 《中国经济的性质是什么》，《王学文经济学文选》，经济科学出版社 1986 年版，第 255 页。

⑤ 《中国经济的性质是什么》，《王学文经济学文选》，经济科学出版社 1986 年版，第 255 页。

他们的主要论证就在于用商品经济的发展来证明封建关系的无力"[①]。他们把商品经济等同于资本主义经济，因此王学文挖苦地说："严、任二位先生以为商品经济就是资本主义经济，表示了他们不理解经济学ABC。"[②]

王学文继续指出，中国经济的封建性不过是中国经济重要的一面，此外还有重要的一面，就是中国经济在国际资本主义支配下的一面。在国际资本主义发展到最高阶段，形成金融资本支配经济、帝国主义支配经济的现在，被其支配部分的中国经济当然是其支配剥削的对象，带有半殖民地性的特征。国际资本主义对中国资本输出的结果，不仅主要的交通机关、金融机关和主要的工业、商业、矿业等归其掌握，并且其支配了主要的种植场、大农庄等。"在这种形势之下，中国经济的特征不得不形成半殖民地的经济，中国经济的前途不得不走向半殖民地化的道路。"[③]

王学文强调中国经济的半封建性和半殖民地性两个重要的特征，我们观察中国经济，想认识其特性，对于这两面、两个重要特征非认识不可。国际间和中国内部各种要素相互作用的结果，促成了中国经济的变动。"在这变动过程中，我们可以看见国际资本主义对于中国经济的侵略日益加紧，中国经济的旧半封建的要素日益崩坏，新的资本主义要素成长困难而日益走向半殖民地的道路。"[④]

四、解放区经济论

王学文进入延安后，除从事经济理论的研究外，还研究了边区（解放区）的经济财政问题，并参与了边区政府某些经济政策的制定工作。他对解放区的经济政策论述比较多，有理论性的说明，也有具体的规定。以下介绍其中的一些主要观点。

（一）发展资本主义经济

王学文将边区的经济形态分为国营（或称"公营"）经济、合作经济和私营经济三种。私营经济包括小生产者经济和资本主义经济。他主张解放区的资本主义经济要有较大的发展。1946年1月他根据中共中央宣传部长陆定一的布置写了《由解放区土地改革来看中国资本主义经济发展的前途》，其中指出："无可疑义，解放区土地政策的实行与农业商品生产的不断发展，

---

① 《中国经济的性质是什么》，《王学文经济学文选》，经济科学出版社1986年版，第256页。
② 《中国经济的性质是什么》，《王学文经济学文选》，经济科学出版社1986年版，第257页。
③ 《中国经济的性质是什么》，《王学文经济学文选》，经济科学出版社1986年版，第258页。
④ 《中国经济的性质是什么》，《王学文经济学文选》，经济科学出版社1986年版，第259页。

成为中国经济发展的一大推动力，也成中国资本主义经济发展的一种主要基础和条件。”“各解放区农业生产的发展，为中国资本主义经济（新的有进步意义与进步作用的资本主义经济）的发展开辟了道路，造成了有利的条件……而民主主义的国营经济与合作经济的存在，根据解放区多年的经验，则也不惟不妨碍私人资本主义经济的发展，并且与之携手，又促进其发展。”[①]“解放区有资本主义经济发展的前途，而国民党统治区域资本主义经济没有发展的前途。”[②]同年，王学文又根据陆定一的布置撰写了《解放区工业建设》，于9月1日印行。其中也指出：“在解放区各种工业之中，私营资本主义工业将更要得到发展，因为，私营资本主义工业除去各种工业所具有的条件以外，在经营解放区所需要的工业时，可以得到优待与奖励。并且有许多公营工业转为私营与公私合营的工业……这对于私营资本主义工业的发展，更有推动促进的作用。”[③]因为是由宣传部长指定撰写的，可见是代表了党中央的意见。

另一方面，王学文指出要对资本主义有一定的限制和斗争。1946年6月他说：“新民主主义革命，要反对封建经济，允许资本主义经济发展，当然允许资本主义剥削，但新民主主义政权，一面发展资本主义经济，同时对资本主义剥削予以一定的限制，以保护工人的利益，是在兼顾劳资双方的方针之下，发展资本主义经济，不容许资本主义国家那样对工人的剥削。”[④]1948年10月他更指出：“私人资本主义经济我们现在允许其存在，允许其发展，但这种经济的主体是资产阶级，虽然是我们现阶段政治上经济上统一战线的一部分，而在政治上我们要团结之中有斗争，在经济上我们也要并存之中有竞争……新民主主义经济主要依靠国营与合作经营，而不是主要依靠私人资本主义经营。”[⑤]

以上两方面结合起来看，王学文对新民主主义社会中的资本主义经济论述比较全面。但是，如果分别不同时期来看他对解放区资本主义经济的看法，则在1946年他对资本主义经济主要是强调了发展，而到1948年则更强调与其作斗争的一面。这既反映了他自己经济思想上的演变，也反映了

① 《由解放区土地改革来看中国资本主义经济发展的前途》，《王学文经济学文选》，经济科学出版社1986年版，第405、406页。

② 《由解放区土地改革来看中国资本主义经济发展的前途》，《王学文经济学文选》，经济科学出版社1986年版，第407页。

③ 《解放区工业建设》，《王学文经济学文选》，经济科学出版社1986年版，第430页。

④ 《封建剥削与资本主义剥削》，《王学文经济学文选》，经济科学出版社1986年版，第414页。

⑤ 《国营生产与合作生产》，《王学文经济学文选》，经济科学出版社1986年版，第479页。

党在即将解放全中国时对私人资本主义经济在指导思想上的某些变化。

(二)工业政策

以上提到的1946年9月印行的《解放区工业建设》是一篇长文,原名《解放区工业政策》,文中既讲工业政策,也讲解放区工业建设的实践,将工业政策联系各解放区的大量实例进行系统的论述。文章的结构包括解放区工业建设的目的与方针、工业政策与方法、解放区工业前途三方面,又加上工矿业简况作为附录。以下主要述其工业政策方面的内容。

关于工业建设的目的与方针,王学文提出根据需要与可能,按一定步骤建立和发展各种工业,并恢复被战争破坏的工业。设法提高工业生产力,减低生产费,增加产量并提高质量。建立工业间的联系和以工业为中心与其他事业间的联系,供给工业内部、农业、交通运输业、商业及输出国内外以换取解放区经济建设必需的物资等,防止外来同类工业品的输入,供给资金流通的物质基础,供给各业各界消费者日用工业品等。凭借工业的发展,增加各种工业的利润与工人的工资收入,以及与工业有联系的各种事业的收入。扩大工业的再生产,提高工业资本的有机构成,在劳资两利的原则下改善工人生活。加强城乡间的商品流通及其他经济联系,推动农业的工业化。"由此提高工业与工人在解放区经济建设中的重要性与作用,使工业生产以至工业经济次第成为中国生产近代化、中国经济近代化的一个重要基础……成为独立自主的新民主主义经济的一个重要组成部分,成为财政收入的一个重要泉源,并成为民主政权的一个有力的经济基础。"①

关于工业政策与办法,王学文指出,解放区的工业有公营、私营和合作经营三种形式。抗战胜利后,解放区不仅有中小工业经营,也有了较大的工业经营,已有可能改变若干公营工厂为私营或公私合营。如晋冀鲁豫解放区,将峰峰、焦作两大煤矿由公营改为公私合营。"各解放区还实行公私两利、劳资合作,即在公私营工厂中,工人以身份入股与厂方资本进行合作经营的方式(如察省、太行、晋绥、山东等区域,均有实行者)。"②对于公营工厂改为私营或公私合营的政策,王学文评论说:"这和中国法西斯封建独裁政权及官僚买办资本家束缚、压迫民族工业,是完全对立的。"③

王学文详细列举了有关工业的各项政策。工业经营的中心问题在于提高生产力,降低生产费,获得一定的利润。1946年8月陕甘宁边区召开工业

---

① 《解放区工业建设》,《王学文经济学文选》,经济科学出版社1986年版,第416、417页。

② 《解放区工业建设》,《王学文经济学文选》,经济科学出版社1986年版,第418页。

③ 《解放区工业建设》,《王学文经济学文选》,经济科学出版社1986年版,第419页。

会议，以工业生产费为中心议题，规定今后的工业方针与方法，有工厂组织要精简，管理制度要严密周到，劳动组织有适当的分工合作，采用新式的生产技术。原材料要量大、价廉而物美，注意有效地使用机器工具，节省原材料。交通运输要价廉、迅速、安全。商品按生产费计算，要能获得一定的利润。商品推销要快，采用订货制等办法有利于生产资本的迅速周转。对外贸易部门要帮助解放区某些工业品的外销，输入工业原材料与工具机器等；不输入奢侈品与迷信品之类，不输出解放区需要的原材料等。对低利工业贷款及减免税收。“实行上述种种政策与办法，才能提高工业生产力，减低生产费，才能有力量对外作经济竞争。”①

解放区的工业政策涉及许多方面。工时与工资的规定恰当与否，不单影响工业品的生产费与工业利润，同时影响工人的工作情绪与工人生活。工业的工资与工时，在解放区的施政纲领中，多有原则上的规定。工资按工人的技术高低、劳动轻重、责任大小、产量高低、工作年限长短等条件来规定。苏皖边区《保护工厂劳动暂行条例》规定工人每天做工 8 至 10 小时，每周最高工作时间不得超过 60 小时。冀中《劳动保护暂行办法》规定，一般技术工人除自己生活所需外，所得工资最低要维持一个到一个半人的生活。

工业放款的利息高低、期限长短等，不仅影响工业品的生产费与工业利润，也影响工业的生产以及工业资本的周转，工业方面与金融方面必须协同适当处理。各解放区的放款办法，各有不同的规定。陕甘宁边区经济建设放款 1941 至 1945 年为 71 907 万元，工业与生产合作放款 1945 年 10 月以后为月息 2 厘至 5 厘。1946 年月息 7.5 厘，这比国民党区域上海月息每元 2 角要低得多。1946 年各解放区发放了巨额贷款，至 2 月底止，晋察冀、晋绥、晋冀鲁豫、山东共计合法币 193.8 亿元。

工业税收也是影响工业品生产费、工业利润与工业发展的因素。如果财政机关分得多，工业的所得就少。解放区从抗战时期开始已废除旧时的苛捐杂税，工业的租税负担甚为轻微。税的种类多数地区只有一种。“由此可见，解放区对工业税收的减免，使工业负担免除或减轻，对外并施行保护税，这是大大有助于工业的发展的。”②

解放区内的各种工业欢迎解放区以外的资本。“不只欢迎解放区以外的民族资本与华侨资本，如果外国资本家愿在解放区经营工业的，解放区也

---

① 《解放区工业建设》，《王学文经济学文选》，经济科学出版社 1986 年版，第 421 页。

② 《解放区工业建设》，《王学文经济学文选》，经济科学出版社 1986 年版，第 428 页。

愿意与之合作，订立合同，并在工厂基地、劳动力、原料、商品推销、外汇等等方面与以帮助。”①

1947年，王学文又有《经济政策》一文，其中也有关于工业政策的内容，字数不多，但有新的发展。主要有：“保护乡村与城镇有利于人民与战争的一切工业。组织与发展手工业生产，组织工业生产合作社。”②尽可能地做到生产计划性，有重点地建立新式工业，改善管理方法，改进劳动组织，做到公营工业企业化，实行经济核算制，在公私兼顾、劳资两利原则下规定工资，奖励劳动模范、劳动英雄和技术发明等。

同年王学文又写有《生产与生产政策》，分析了关于生产的一些概念，最后谈提高工业生产力的政策。后者主要有：公营工厂以提高工业生产力为中心任务，以提高生产力为测量工作好坏的标准；采用优良机器、工具；原材料要价廉物美，运费低廉；采用协力与分工的方式生产；计件工资制、等级工资制能有效地增加劳动积极性，规定工资的原则看劳动技能、劳动熟练、劳动轻重、责任大小、工龄长短、工作时间；在管理上要有会计制、检货制、成本核算制、登记制等；节约机器、工具、动力、原料、辅助材料、劳动力；实行订货制有利于保障销路，预收部分货款；合作工业与私人工业也要在公营企业领导下有计划地提高生产，减低成本，扩大销路。

文中最后将工业政策归结为“兴利除弊”：“凡有利于工业生产力提高，减低生产费(生产成本)的、扩大销路的均需要提倡。其中效能特别显著，即对于军事、对于生产有特别重大贡献的，如军工技术的改良与创造，对军工生产有突出成绩的，对工业生产技术有新的改进与发明的等等，均需要予以奖励(精神的与物质的)。”③反之，凡不利于工业生产力提高、生产费减低以及销路扩大的，均需要予以废除。

(三)其他经济政策

在1947年的《经济政策》中，除工业政策外，还有农业政策、交通政策、商业政策、金融政策、财政政策等。

(1)农业政策。通过群众路线发展农业生产，具体政策有：对土地、耕畜、耕具、其他农具、肥料、种子等实行适当的分配调剂和补充，实行必要和可能的改良。对生产者有重点地借贷、供给资金。组织对劳动力的保护和补充。及时耕种，不违农时，改善、提高耕作方法。防水，防旱，防虫，防灾，

---

① 《解放区工业建设》，《王学文经济学文选》，经济科学出版社1986年版，第428、429页。

② 《经济政策》，《王学文经济学文选》，经济科学出版社1986年版，第438页。

③ 《生产与生产政策》，《王学文经济学文选》，经济科学出版社1986年版，第448页。

治水，救灾，抗旱，除虫，开荒，植林，牧畜。奖励劳动模范、劳动英雄。保护、奖励特种作物(工业原料和输出商品)，生产与经营各种副业。建立与发展生产合作社。扩大再生产，促进农产品流通。奖励节约。调剂负担，做到公平合理。

(2)交通政策。建立连贯各解放区的水陆交通运输路线，组织统一交通运输机关，改善管理方法和制度。发展交通运输工具和机器，提高交通运输力量和速度，降低运费。公营交通运输业企业化。在公私两利、劳资两利原则下适当地规定工资，改善工人生活。发展扩大交通运输事业，增加收入。

(3)商业政策。在对内商业方面，要保护、发展集镇与城市商业，贷款给农民、手工业者、运输业者、小商贩、消费合作社，扶植其发展。管理市场，改造牙行经纪、庙会。建立群众性商会。统一度量衡。调节商品的地区、季节价格，相对地稳定物价。废除不利于商品流通的一切障碍。取缔囤积居奇。适当地规定店员、商业劳动者的工资。按劳资两利原则适当、合理地规定税收，反对漏税。适当地改善店员、商业劳动者的生活。在对外贸易方面，建立统一的对敌贸易机关，统一管理对外贸易。输出过剩和其他物资，换取所必需的物品。出入口密切结合，适当地规定出入口商品价格和贸易利润，发动小商贩采购。实现对外采购事业的企业化。防止必需品资敌，防止非必需品和奢侈品的输入与倾销，加强缉私工作和对敌斗争。

(4)金融政策。有计划、有步骤地统一解放区货币。建立城市金融网和农村信用合作。适当地控制货币发行数量，调节金融与物价。对贫农、城市贫民和小商业者贷款，扶助其生产合作互助。对民族工业贷款，吸收私资、游资，收集金银，管理银钱业。按具体经济情况规定外汇比价。在经济基础较好地区，使用本币和以本币为计算单位的外汇，加强对敌金融斗争。

(5)财政政策。公平合理地规定公粮税收与战时勤务。增加公有财产，增加公营企业、行政、敌产等收入，集中小公家积蓄。调节人民负担，节约开支，反对贪污浪费。严密审核预算开支，增加生产建设费用与投资。培养财源，争取财政收支平衡，增加国库存贮。解放区相互调剂，富区补助贫区。

(6)物价政策。1948 年 3 月王学文还写有《物价与物价政策》，论述了物价和工农业生产、交通、金融、财政等的关系以及解放区的物价政策。其中指出：①物价高涨促进了农工业品的生产，而物价跌落则结果相反；农产品与工业品交换比率的变化影响生产，物价涨落与农民、工人的生活有密切关系。②一地区的物价上涨会促进此地区和其他地区的商品流通，促进交通运输的发展，交通运输的发展又起了调剂物资、平稳物价的作用。而交通运输不发达,则使物资缺乏地方的物价上涨,物资丰富地方的物价下跌。③商品流通增加,需要更多的货币流通。货币流通增加,促进商品流通和物价增高。战争时期通货膨胀,货币流通速度加快,商品流通数量减少,物价高涨,游资增加。如果金融紧缩,货币流通数量减少,商品价格降低,影响生产,小生产者就要缩小生产以至于倒闭。④物价高涨要求财政上更多的货币支出,而财政支出不断增加,更助长物价上涨。物价上涨,实际收入并不按比例地增加,每一单位的购买力反而减少。⑤对物价采取相对稳定的政策。解放区需要的商品以高价购买,不甚需要的以低价购买,以增加或减少商品的生产和流通。输出商品对方需要的以高价售卖,不甚需要的以低价售出。

以上这些政策主张只是提纲式的说明,其内涵非常丰富。总的要求是争取解放区经济的协调发展。相对来说,解放区的经济结构还比较单纯,王学文讨论现实的经济问题,也只能从当时的实际出发,故并没有提出更复杂的经济理论。

第三节　陈翰笙的经济思想

一、主持农村经济调查的陈翰笙

陈翰笙(1897～2004),江苏无锡人。1915 年赴美留学。1921 年获芝加哥大学硕士学位。1922 年赴德留学。1924 年获柏林大学历史学博士学位,同年回国,应蔡元培之邀任北京大学教授。1925 年经李大钊介绍加入中国共产党。1926 年加入第三共产国际。1927 年至莫斯科第三国际农民运动研究所工作。一年后回国,在商务印书馆工作。1929 年任国立中央研究院社会科学研究所副所长,主持农村经济调查。1933 年发起成立中国农村经济研究会,任理事长,又创办《中国农村》月刊。1934 年任南京中山文化教育馆调查团主任。1935 年任莫斯科东方劳动大学特约研究员,办了由第三国际转到中国共产党的手续。1936 年到美国任太平洋关系学会国际部副研究员,《太平洋事务》季刊副主编。1939 年到香港协助宋庆龄创办“工合”运动,任香港工业合作国际合作委员会秘书长,英文半月刊《远东通讯》主编。同时参与发起工业合作生产救济基金国际委员会。1940 年在云南西双版纳进行农村调查。1942 年到桂林,任桂林师范学院西文系主任。1944 年为逃避国民党军事委员会的秘密逮捕,出走印度,在印度德里大学和英国远东情报局工作。1946 年应邀任美国华盛顿州立大学等校特约教授和纽约亚洲研究所特约研究员等。1951 年回国，任外交部顾问、外交学会副会长；筹办英文版《中国建设》月刊，任编委会副主任。1953 年任中印友好协会副会长。1954 年当选为对外文化关系协会常委。1956 年任中国亚洲团结委员会副秘书长。1958 年任外交部国际关系研究所副所长。1977 年任中国社会科学院顾问，北京大学国际政治系兼职教授。1985 年任《中国大百科全书》总编委会副主任兼外国历史编委会主任。为第一、二、三届全国人大代表，第二、五届全国政协委员，并为中国科学院哲学社会科学部委员。著作有《人类的历史》、《人类的故事》、《国际新局面》、《黑龙江流域的农民与地主》(合著)、《东北的难民与土地问题》、《亩的差异》(合著)、《广东农村生产关系与生产力》(主编，1934 年中山文化教育馆出版时封面题作"广东的农村生产关系与农村生产力")、《华南农村土地问题》(英文)、《中国的地主和农民》(英文)、《工业资本与中国农民》(英文)、《工合：中国合作社史话》(英文)、《美国垄断资本》、《印度和巴基斯坦经济区域》、《南亚经济区域》(英文)、《解放前西双版纳土地制度》等，编有《陈翰笙文集》(两种中文版，一种英文版)和《陈翰笙集》。

陈翰笙很重视社会调查。1930 年他在《中国农村经济研究之发轫》中指出："中国社会调查与统计尚在极幼稚时代。研究社会学者苦无可靠可用之材料；除参考关于欧洲前资本主义社会已有之出版品……外，目前急须从事中国社会经济之调查与统计。"[①]他在任国立中央研究院社会科学研究所副所长期间，主持了多次社会调查。1928 年夏调查了杭嘉湖属 20 县内 85 个村。1929 年 7 至 9 月，组成 45 人的调查团在江苏无锡农村挨户调查了 22 个村的 1 207 户农家，又选择附近 33 个村及各村经济中心的 8 个镇作了概况调查。1929 年 11 月至 1930 年 5 月主持中山文化教育馆和岭南大学合作举行的广东农村经济调查，考察了梅县、潮安等 16 个县的概况，挨户调查了番禺等 10 个代表村的 1 209 户农家，同时进行了 50 个县 335 个村的通信调查。1930 年 5 月与北平社会调查所合作，组成 68 人的河北保定农村经济调查团，调查了 6 个农村市场、78 个村和 11 个村中的 1 773 个农户。1934 至 1935 年又主持调查了美种烟草产区三省 127 个村，对其中 6 个典型村 429 户作深入的家庭调查。通过农村调查，为搞清中国的社会性质和发展趋势提供了丰富的第一手资料。此外，1929 年 9 月至 1930 年 2 月还组织都市调查，有 42 人参加调查了上海杨树浦的工人生活状况。

---

① 《中国农村经济研究之发轫》，《陈翰笙文集》，复旦大学出版社 1985 年版，第 31、32 页。

在陈翰笙主持农村调查以前或同时进行农村调查的还有别的机构，如北洋政府农商部的农村经济调查、金陵大学美国教授卜凯(J.L.Buck)主持的农村调查、华洋义赈救灾总会对河北农村的调查、哈尔滨东省铁路经济调查局对北满农业的调查等。但陈翰笙主持的调查与别的机构的调查的指导思想不同：前者侧重于生产关系，后者侧重于生产力。对于这一区别，陈翰笙在1931年指出："一切生产关系的总和，造成社会的基础结构，这是真正社会学的研究的出发点；而在中国，大部分的生产关系是属于农村的……直到现在，中国的农村调查不是为了慈善救济起见，便是为了改良农业，要不然也不过是供给些社会改良的讨论题目。它们都自封于社会现象的一种表列，不曾企图去了解社会结构的本身。大多数的调查侧重于生产而忽视了生产关系。"①调查组成员钱俊瑞在解放后说得更明白："我们是用马克思主义作指导，用阶级分析方法，着重点放在农村生产关系方面，用以揭露阶级矛盾、阶级剥削。他们很多是用资产阶级的庸俗社会学方法，调查对象放在生产力方面，用以掩盖阶级矛盾，为封建剥削关系辩护。例如在农户分类上，我们用的是富农、中农、贫农、雇农以所处经济地位来划分。他们却是用自耕农、半自耕农、佃农等，以经济形式来划分。这两种不同的分类方法，决定了揭露还是掩盖经济矛盾的根本问题。"②

二、中国农村经济论

通过农村调查，以陈翰笙为代表的马克思主义学者们对中国农村经济问题、土地问题、农村生产关系以及中国的社会性质等各方面作出了自己的回答。1931年，陈翰笙指出："一切生产关系的总和，造成社会的基础结构，这是真正社会学的研究的出发点；而在中国，大部分的生产关系是属于农村的。因此中央研究院社会科学研究所社会学组就拿中国的农村研究作为它的第一步工作。农村诸问题的中心在那里呢？它们是集中在土地之占有与利用，以及其他的农业生产的手段上；从这些问题，产生了各种不同的农村生产关系，因而产生了各种不同的社会组织和社会意识。"③这说明了研究中国农村经济问题的重要意义。解放后钱俊瑞更进一步指出，通过"深入农村，实地调查，用生动的、具体的材料，揭露农村中严重的封建剥削关系的存

---

① 《中国的农村研究》，《陈翰笙文集》，复旦大学出版社1985年版，第43、44页。

② 钱俊瑞：《中国农村经济研究会成立前后》，《〈中国农村〉论文选》(上)，人民出版社1983年版，第7页。

③ 《中国的农村研究》，《陈翰笙文集》，复旦大学出版社1985年版，第43页。

在，用以反驳地主阶级的所谓‘江南无封建’、托派的所谓‘中国已是资本主义社会’等等谬论”[①]。

1933年，陈翰笙根据调查所得及其他材料，写成《现今中国的土地问题》(The Present Agrarian Problem in China)[②]。文中介绍了河北定县(今定州)、保定，浙江平湖、临安，江苏无锡，河南南阳，以及广东、吉林、黑龙江的土地分配情形。如据1930年保定10个村的调查统计，占农家总数65.2%的贫农、雇农只有25.9%的地亩，而占农家总数11.7%的地主、富农却占有41.3%的地亩；据1929年无锡20个村的调查统计，占农家总数68.9%的贫农、雇农只有14.2%的地亩，而占农家总数11.3%的地主、富农却占有65%的地亩[③]。除土地分配不均外，还有耕地分散的问题。大农田很少见。穷苦农家大块地段日益减少，小块地段日益加多。每段耕地的平均面积也在减少。陈翰笙指出：“农田分散的趋势，虽与农田面积无关，却是农业生产的障碍，并且使合理化的管理及土壤改良，均无从实现”；“小农田天然排斥大量生产的发展，大量劳力的使用，资本的集中，多数牲畜的饲养与科学的应用”[④]。

另一方面，土地向地主和富农集中的趋势在加剧。许多农民无地可耕，有的变为佃农，有的受雇于富农及经营地主。连年的天灾人患，使地主收租困难，而又为繁重的田赋所苦。赋税繁重使孱弱无力的旧地主灭亡，新地主得以产生。“许多有势力的地主，从不纳税，把这种负担都加重在贫农的身上。”[⑤]中国的地主大多兼商人、高利贷者和军政官吏。“中国的农村行政，为地主的广大的势力所渗透，税收、警务、司法、教育，统统建筑在地主权力之上。贫穷遇有租税不能交纳时，辄受监禁及严刑拷打。”[⑥]大地主及富农利用

---

① 钱俊瑞：《中国农村经济研究会成立前后》，《〈中国农村〉论文选》(上)，人民出版社1983年版，第7页。

② 《现今中国的土地问题》由黄汝骧译为中文，在《中国经济》第1卷第4、5期合刊(1933年)发表。钱俊瑞在《中国农村》第1卷第5期(1935年)发表《评陈翰笙先生著〈现今中国的土地问题〉》，其中说这是陈翰笙“在国立中央研究院领导了许多人集体劳动的结晶，而评者本人当时也曾参与其事”。还在正文及注中指出译文有误译之处，如将Means of production(生产手段)译为“生产方法”，Managing landlord(经营地主)译为“管业地主”等。以上据《〈中国农村〉论文选》(下)，人民出版社1983年版，第877、878页。《钱俊瑞文集》，人民出版社1983年版亦收此文，但删去了原注(Managing landlord的误译是注中的例子)。又，《陈翰笙文集》复旦大学出版社版中此文标题作《现代中国的土地问题》。

③ 《现代中国的土地问题》，《陈翰笙文集》，复旦大学出版社1985年版，第48、50页。

④ 《现代中国的土地问题》，《陈翰笙文集》，复旦大学出版社1985年版，第55页。

⑤ 《现代中国的土地问题》，《陈翰笙文集》，复旦大学出版社1985年版，第60页。

⑥ 《现代中国的土地问题》，《陈翰笙文集》，复旦大学出版社1985年版，第61页。

小农的贫困,放高利贷和经营商业,鱼肉贫民,增置地产。当铺完全是商业性质的重利盘剥机关,是高利贷、商业、地主事业三位一体的组织。在这种情况下,农民丧失土地,耕地、耕畜、农具、肥料都在缩减,农产因而衰落。农产品价格低落,商业极度不安,赋税繁重,高利贷压迫,造成了土地价格的跌落。“因此,不仅中农、贫农及雇农,出卖他的土地,即许多富农与地主,亦无不希望卖出土地,以取得现金而减轻负担。”①而新的有势力的大地主则利用土地价格的暴落而集中土地。中国农村的上述种种表现,其根源都在于土地的占有和使用问题,因此陈翰笙得出结论说:“土地所有与土地使用间的矛盾,正是现代中国土地问题的核心。”②

在1933年写的另一篇文章中,陈翰笙分析了中国的经济状况。他用三个短语来归纳中国当时的经济:“手工业衰退、农业萧条和现代工业戕折。”并指出:“只要新式工业没有迅速的发展,手工业的衰退就意味着中国农民的日益穷困,以及随之而来的中国农业的萧条。”③他说中国只有很少的地方农业比较繁荣活跃。“田赋、地租和高利贷的沉重压迫迫使贫苦农民为满足现实需求而不是为了利润出售产品。因而他们完全受商人资本的支配。”④世界大战期间及战后,工业国家增加了对中国原料的需求,加速了农产品的商品化。这些商品的波动经常掌握着农民的生死。身负沉重外债的政府通过征税寻求出路。仅仅兵差一重税,就足以加速农村破产。中国没有一个省能免除兵差,兵差负担通常超过正税十倍、百倍,有时是数百倍。四川已提前征收了好几年的田赋。增税造成的影响首先使地租增加。过去10年中,在没有受灾和战乱的省份中,佃农交的地租增长了50%到100%。在其他地方,特别是兵差摊派严重的地方,佃农不得不直接负担一部分田赋。货币地租正在城市周围和铁路沿线发展,因此引起了预租的产生。由于农民购买力的削弱,地主和富农们采用了一种新的高利贷方式:把钱存在钱庄和银行里,由后者提供贷款给农民。这种借贷方式,使月息在全中国的范围内增长了2%到5%。农民经常预售他们的农作物,以便购买生产资料或生活必需品。“一旦农民落入高利贷者或高利贷者兼商人的掌心,他们就永远无法解脱。高利贷者使生产资料减少,而高利贷者兼商人更甚……总有一天

---

① 《现代中国的土地问题》,《陈翰笙文集》,复旦大学出版社1985年版,第71页。

② 《现代中国的土地问题》,《陈翰笙文集》,复旦大学出版社1985年版,第72页。

③ 《中国经济的分解》,《陈翰笙文集》,商务印书馆1999年版,第178页。

④ 《中国经济的分解》,《陈翰笙文集》,商务印书馆1999年版,第181页。

他会从农民手中夺走他们的田地、耕畜和农具，迫使他们缩小生产规模。”①大片耕地最近变成了荒地。陕西省南部现在有10%到18%的耕地没有耕作。中国农村确实处于萧条状态。赋税、租金、商业和高利贷资本都把货币财富集中到城市中，然后又从城市流向国外。最后陈翰笙总结说：“外国扩张，尤其是在世界经济危机开始之后，打破了中国旧的经济平衡，使中国很快落入殖民地状态……手工业的消亡，农业的萧条和中国现代工业的衰退。这些都是理解当前中国社会政治状况的基本要素。”②

1935年8月，太原绥靖公署主任阎锡山宣布了他的耕地村公有政策：所有耕地归村民公有。由村公所发行无息债券，向土地所有者购买土地。为了赎回这些债券，要向农民征收10%的所得税。对于这一欺骗山西人民的政策，1936年陈翰笙用英文发表了《中国“模范省”的乐土》(The Good Earth of China Model Province)进行批判，揭露这一方案完全符合土地所有者的利益。

陈翰笙指出，山西的土地集中情况，比任何一个欧洲国家都严重。到18世纪末期，山西的商业资本达到了它的顶峰。19世纪中叶以后，一连串的商业灾难使山西商人遭受了沉重的打击。到世界大战后，山西商业活动的范围只剩下长江中游地区，而这一地区也被1925至1927年的革命所破坏。在承受惨重损失以后，山西商业和高利贷资本的残余，自然而然地把它的控制力量转向山西本省。因此，土地投资愈来愈多，土地所有权愈来愈集中，地价愈涨愈高。从1919至1929年，山西的地价上涨了150%到500%，这是其他省份所没有的。

1931年，阎锡山被蒋介石打败以后，阎锡山在山西的对内政策发生了转折。他的钱花完了，产业搞垮了，尽快赚钱成了他的新政策。1931年设立了买卖鸦片的新局，田赋也迅速增加，附加税的总额往往是主税的两倍甚至三倍。山西的土地所有者捐税负担日益沉重，而谷物价格甚至所有农产品的价格大幅下跌。这又造成了地价的迅速下跌。“阎锡山显然想用他的新农业政策来帮助土地所有者摆脱他们的土地。”③山西的地主希望避免价格进一步下跌的风险，宁愿收回他们对农业的全部投资；如果必要的话，他们愿意放弃自己拥有的土地，把它们变为货币。1935年8月底，阎锡山第一次宣

---

① 《中国经济的分解》，《陈翰笙文集》，商务印书馆1999年版，第184页。
② 《中国经济的分解》，《陈翰笙文集》，商务印书馆1999年版，第186页。
③ 《中国“模范省”的乐土》，《陈翰笙文集》，复旦大学出版社1985年版，第105页。

布他的新农业政策:全省耕地将归“村民公有”,并发行无息债券,以便向地主购买土地。为了赎回这些债券,每个农民还要缴10%的所得税。由村公所负责发行债券、转让土地产权及最后赎回债券。“这个方案将在农民身上压上更重的赋税,同时又让土地所有者以可靠的地价摆脱其土地,这实际上已是不言而喻的了。”①

陈翰笙对阎锡山土地村公有方案的来由、实质作了透彻的分析。同时作为比较,他还指出:“在江西省,中华苏维埃政府重新分配了土地;在浙江省,国民党政府进行了减租。”②前者是革命的方式,后者是改良主义的方式。而阎锡山的方案名为“改良”,实为“准备从改良转变为反动”③。实际上土地村公有政策只是阎锡山的主观愿望,不可能有实行的条件。

以美种(种子)烟草产区调查为基础,陈翰笙用英文写成《工业资本与中国农民》,1939年由纽约国际太平洋学会出版。1941年在日本出版日译本。1983年由陈绛译成中文,题为“帝国主义工业资本与中国农民”,由复旦大学出版社出版。此书用英美烟公司在中国推行种植美种烟草和控制卷烟市场的实例来分析帝国主义资本侵入中国所造成的经济后果,说明半殖民地半封建国家不可能实现工业化。其主要结论为:

第一,种植美种烟草的费用高,山东生产美种烟草的费用为生产小麦的3倍、高粱的5倍、大豆的26倍。种植美种烟草的农民迫切需要现金,英美烟公司的中国买办,当地士绅、富户以及一些银行都直接或通过烟草合作社向烟农贷款。“在这一方面可以说,中国的银行资本只是作为高利贷资本和买办资本混合物的体现,它对于促进民族工业的发展,没有起过什么作用。即使中国银行这个被人们认为在鼓励工业企业方面最有见识的机构,在它的全部投资中,工业贷款也没有超过十分之一。”④

第二,中国的买办、官僚和地方士绅成为帝国主义对中国经济缓慢渗透的良好媒介。“只有通过这一媒介,外国货币资本才能够达到中国腹地,在那里设立工厂,并且受到政治和军事上的保护。”⑤华商卷烟工业和其他任何民族工业一样,在原料收购和产品销售方面不得不承受外国资本的压迫。在外国竞争和政府捐税的双重夹攻下,前途绝无光明可言。1935年上海华

① 《中国“模范省”的乐土》,《陈翰笙文集》,复旦大学出版社1985年版,第107页。
② 《中国“模范省”的乐土》,《陈翰笙文集》,复旦大学出版社1985年版,第99页。
③ 《中国“模范省”的乐土》,《陈翰笙文集》,复旦大学出版社1985年版,第109页。
④ 《帝国主义工业资本与中国农民》,《陈翰笙文集》,复旦大学出版社1985年版,第14、15页。
⑤ 《帝国主义工业资本与中国农民》,《陈翰笙文集》,复旦大学出版社1985年版,第28页。

商卷烟厂已从1927年的186家减为67家。多数华商卷烟工厂规模极小，资本总额只及英美烟公司的4%。即使资本庞大的华商烟草企业，也无力在美种烟草产区建立起正规的收购机构。“自从1927年以来，虽然中国美种烟草的生产逐年增长，中国现代卷烟工业却相反地迅速走上了下坡路。十分明显，半殖民地的原料增长，无助于促进民族工业的发展，它实际上只是扩展了外国工业资本的势力。”①

第三，几十年以前，农村的过剩劳动力大多数吸收到家庭手工业中去。然而这些家庭手工业已被中国和外国资本设立的现代工厂排除迨尽，种植烟草便被看作唯一的出路。种植烟草需要土地、资本、劳动三方面的高投入，加上利率和地租的上涨，使烟农的生活水平并没有得到提高，种植烟草只是为了糊口。“种植烟草的人受到的损失，常常比他们可能获得的更大。这一新作物的引进，已经毫无疑问使中国产烟区农民的生活水平每况愈下。”②因此，陈翰笙得出结论说：“在半殖民地半封建的中国，工业化以及随之而来的工业原料作物的发展，一般总是导致农民生活水平下降，对于中等农民和贫穷农民说来，尤其是这样。”③

《工业资本与中国农民》通过解剖一只“麻雀”——英美烟公司控制中国烟草生产和卷烟市场的情况及其后果，雄辩地说明资本主义的侵入并不是中国之福，只有推翻帝国主义和封建势力的统治，才能走上富强之路。陈翰笙在《序》中表示：“只有一个独立民主的中国，工业化才能够带来它所期望的社会福利，使占人类近四分之一的人们的生活水平得到提高。”也就是说，中国必须完成新民主主义革命，才能实现符合人民利益的工业化。

三、中国合作运动论

陈翰笙在新中国成立前发表的关于中国合作社的论文有4篇：1937年的《合作社是治中国病的万应灵药吗?》，1940年的《合作运动与农村机构》，1943年的《目前工合的困难问题》，1947年的《工业：中国合作社史话》。以下分三个方面来分述陈翰笙关于本题的论点。

（一）抗战前的中国农业合作运动

1937年，陈翰笙指出：“面临世界性的对合作运动的兴趣，中国合作社数

① 《帝国主义工业资本与中国农民》，《陈翰笙文集》，复旦大学出版社1985年版，第41页。
② 《帝国主义工业资本与中国农民》，《陈翰笙文集》，复旦大学出版社1985年版，第82页。
③ 《帝国主义工业资本与中国农民·作者原序》，《陈翰笙文集》，复旦大学出版社1985年版。

量的不寻常增长甚至使这一运动最乐观的追随者都感到吃惊。”[①]他说1923年中国仅有19个合作社，都不是现代形式的合作社。1928年国民政府成立时，全国已有722个合作社。到1934年，合作社数已膨胀了近18倍。1935年几乎又翻了一番，这年年底中国合作社总数为26 224个，成员总数超过100万。很多国家把合作社看作经济救助的唯一途径，中国政府尤其把它视为国家重建的一剂灵药。然而，不能把合作社看作经济体系中的一个独立形态，它们一直是资本主义或社会主义发展的一种工具。它们的真正职能是把不同经济单位联合起来，使生产或出售更为便利。陈翰笙将抗战前中国合作社的发展分为三个阶段：1927年以前主要是出于慈善的目的；1927年以后介入了政治动机；1934年开始，中国各银行越来越多地把资金注入了合作社。

陈翰笙认为，中国最早的合作运动与1919年的爱国学生运动紧密相关。当时北京的大学生和知识分子们组织了一次大规模示威，政府随即进行了镇压，示威者的幻想因而破灭。中国的改良主义者逐渐意识到经济和政治不可分。“对他们中的很多人来说，合作运动是把社会底层组织起来以影响上层的最可靠也最基本的方法。这就解释了很多中国知识分子对合作社的普遍热情，以及他们对华洋义赈会1923年为建立第一批合作社提供必要的启动基金时所给予的支持。”[②]华洋义赈会的资金主要来自美国的捐助，它在采用预防措施以减轻灾荒的重复发生方面起了重大作用。由于资金有限，华洋义赈会的合作运动在1932年以前主要限于河北省。1925年中国有116个合作社，有100个在河北。到1928年，河北有合作社772个，其他省份共604个。华洋义赈会“前总干事的名声使他最近理所当然成为实业部新设立的合作事业管理局的局长”[③]。

1928年底以前，一些国民党领导人组织了一个研究会，专门研究合作社的历史和方法。江苏省政府创办了几个合作社，资金由江苏农民银行提供。1928年，浙江省为支持合作社而建立了一个农业银行。江浙两省大部分合作社的组织者是国民党员。1931至1932年长江发生巨大洪水，华洋义赈会全体成员受到邀请，同政府的水灾救济组织一起工作。组织合作社被视为主要的改良工作之一。“华洋义赈会活动向长江流域的扩展，使安徽、江西、

---

① 《合作社是治中国病的万应灵药吗?》,《陈翰笙文集》,商务印书馆1999年版,第213页。

② 《合作社是治中国病的万应灵药吗?》,《陈翰笙文集》,商务印书馆1999年版,第214页。

③ 《合作社是治中国病的万应灵药吗?》,《陈翰笙文集》,商务印书馆1999年版,第215页。“前总干事”是指章元善,他于1936年1月试署实业部合作司司长,1937年1月任实业部合作司司长。

湖南和湖北建立起新的合作社。”[①]隶属于国民政府战地司令部的政工人员也在长江中游建立合作社，资金主要来自1933年创立的豫鄂皖赣四省农民银行。1935年，在汉口的最高统帅部命令各省为合作社建立一个单独的合作金库。

银行为了自身资金的出路，对投资合作社日益感兴趣。江苏银行控制了2 000余家合作社，这些合作社从这家银行得到了2 400万余元贷款。豫鄂皖赣四省农民银行改组的中国农民银行以450万元投入了合作社。上海商业储蓄银行、中国银行、交通银行都增加了农业投资。1934年下半年中国银行的合作社投资超过200万元。交通银行在陕西直接控制的合作社超过500个。1934年冬，有几家银行组织了中国农村合作社信贷联合会。先是有上海商业储蓄银行、交通银行、中国通商银行、金城银行和豫鄂皖赣四省农民银行5家银行参加，后又增加大陆银行、中南银行、四行储蓄会、中华银行、新华信托银行(四省农民银行改组为中国农民银行后不再参加)。而有些已参加或未参加联合会的银行仍有另外的农村投资活动。1935年中国合作社的全部银行投资达1 000万元。“银行对合作社的巨大影响只是更增加了合作社组织中已经存在的混乱。”[②]

对抗战前的合作社，陈翰笙有以下一些评论:(1)缺乏民众管理。本意是从社会底部进行民主运动的合作社，已经迅速转化成一种必须受上层指导的体系。在所有通过合作社经营贷款的机构中，40%在政府机构主持下建立，26%可以算作半政府机构，其余分属银行和华洋义赈会，银行所占份额稍多。(2)信贷合作社占合作社中的主导地位。最突出的是安徽和河北，前者占92.2%，后者占77.4%。合作社的利率月息高于1%，低于通行利率2%。(3)职员滥用职权。合作社的组织者和职员通常是地主、富农和商人，他们掌握了地方上的政治和经济权力。他们以合作社的名义从银行或政府机构获得资金贷款给农民，贷款利率常要加倍。有些职员用伪造的申请书把合作社的资金贷给非社员，有时他们同意社员把贷款再贷给社外人，最坏的是，他们有时把合作社当作收取欠租欠税的工具。(4)高利贷利率。即使合作社所负担利率是月息1%～1.5%，肯定也属于高利贷，因为年利率达到10%，而农业投资普遍的收益率不足总收入的5%或6%。合作社贷款中只有很少部分用于生产。多数情况下，从合作社得到的贷款用于交纳田赋、赎

① 《合作社是治中国病的万应灵药吗?》，《陈翰笙文集》，商务印书馆1999年版，第216页。
② 《合作社是治中国病的万应灵药吗?》，《陈翰笙文集》，商务印书馆1999年版，第220页。

回当物和偿付另一笔贷款。华洋义赈会指导下的合作社在所有合作社中组织得最好、监督最严密,但这些合作社的贷款中不少于 14.3%的部分用于偿付其他债务。(5)吞没缴纳款。直到 1935 年底,一个合作社的平均规模还只有 38 人,大部分社员每人缴费不到 2 元(生产和消费合作社每人缴费不到 11 元,利用合作社人均缴费达到 30 元)。对浙江省 1 000 多个合作社的调查表明,合作社中有 31%人均缴费 0.5 元或更少,近 60%完全没有缴费。"难怪很多地方合作社的外号叫作'收债会',在中国这意味着它实际上只是一个合伙高利贷机构。"①合作社成员得到的每笔贷款平均不超过 20 元,还款期限又短,社员无法把贷款用在任何永久性的农业改良上。即使这样小笔的贷款,贫农也得不到,因为银行发放的所有贷款都要求担保,较常见的是用田地。因此,合作社的贷款,在农民中占最大多数的贫农被排除在外。

最后,陈翰笙对当时的中国合作社运动作出了评价,其要点为:在中国城市中几乎无法对合作社数量有任何感受。"农村中由银行和合作社发放的贷款勉强达到 5%。因而即使是从量的角度看,合作社看来也不大可能拯救中国。"②尽管信贷合作社的绝对数一直在增加,而在全部合作社中所占的百分比却在下降,从 1931 年的 87.5%下降到 1935 年的 58.8%。生产合作社的比重增长很少,销售合作社则逐渐增加。由于资金问题,合作社只能在商品化农业已经存在的富裕县发展,所以目前中国大部分合作社位于沿海和长江流域的几个省份。合作社有助于中国日益进入世界市场,并受到随之而来的各种影响。"中国合作社运动最初主要是由知识分子和那些真诚希望千百万中国人民能够过得更好的领导人发起,但在发展和扩大的过程中,它变成了中国经济制度所固有的各种社会病症的牺牲品。今天,这一运动在很大程度上成了银行的投资领域。集体的高利贷代替了个人的高利贷。"③

(二)抗战和解放战争时期的中国农业合作运动

1940 年 11 月陈翰笙指出:据国民政府的统计,川、康、滇、黔、陕、甘、豫、鄂、湘、桂、粤、赣、闽、浙、皖 15 省,一年来合作社数由 53 000 余个增加到约 82 000 个,社员总数约 420 万人。另有 26 000 余个非正式合作社未曾计人。苏、鲁、晋、冀、察、绥等游击区 13 000 余个农业合作社及中国工业合作协会散在各省的 2 000 余个合作社亦未计入。目前估计全国合作社数当在 12 万

---

① 《合作社是治中国病的万应灵药吗?》,《陈翰笙文集》,商务印书馆 1999 年版,第 224 页。
② 《合作社是治中国病的万应灵药吗?》,《陈翰笙文集》,商务印书馆 1999 年版,第 225 页。
③ 《合作社是治中国病的万应灵药吗?》,《陈翰笙文集》,商务印书馆 1999 年版,第 226 页。

个左右，社员总数约500万人。信用合作仍占最主要的地位。过去七年中，赈灾会、建设厅、农本局、中央及各省府经济委员会、南北各大银行，一齐努力于农贷。农贷的方式，主要是通过信用合作。“按全国合作事业管理局的分析，本年5月15日以前所登记的各种合作社有8万余。可是，全数中88%都属信用合作。生产合作社不到2%。其余如消费公用购买等合作社仅占1%的光景。于此可知我国所谓合作运动，大部分实为农贷运动的别名。”①

因此陈翰笙说：“目前农贷的制度，虽然拥有合作社的美名，实际确是集团的高利贷。表面上农贷的利率并不高，但通过土豪劣绅和原有高利贷者之手，实际利率，不能算低。”20年前高利贷者只能用自己的资本来剥削农民，现在则利用农贷制度假公济私赤手来剥削农民。过去出借款项有时收回不易，现在则凭借官厅保障，对欠债的农民使用更大的压力。最近十余年来因农民更加贫穷化，到收获时高利贷者压迫农民用农产抵债。“这样变本加厉的高利贷，是混合商业资本和高利贷资本在一起，而加重的多方面的剥削农民。所以农村中的生产关系一天一天地恶化，而生产方法无论如何不会有切实的进步。”②陈翰笙通过这些分析表明，国民政府统治下的农村合作社既不能解除农民的痛苦，也不能促进社会的进步。

抗日根据地和解放区的合作社则是另一种情况。陈翰笙多次向国外介绍了解放区的农业合作社。1947年他指出：从延安经绥远、察哈尔、河北、山西、河南、山东到江苏北部，除了许多工业合作社以外，还有许多农业合作社。1944年仅延安边区就有96 935人参加了各种农业合作社，占当地人口的28%。1943年每一合作社社员开垦的荒地亩数，平均超过个体农户的两倍，集体劳动的收获量增加了30%～80%。“这种新的农业合作体制改进了土地，增加了收获，节省了劳动力，解放了许多家庭的成员使之参加到各种形式的副业和工业的工作。因之参加合作社的农民家庭的收入有了显著增加……当农业合作社发展到全国时，将构成中国生产制度的革命……这个地区减租，减税和减息的政策相当削弱了传统的农业制度。而合作社的形成才真正为人民走向于为自己谋福利，提供了一个新的社会组织形式以代替旧者。”③他还指出，在当时的技术条件下，中国不可能实行苏联式的集体

① 《合作运动与农村机构》，《陈翰笙文集》，复旦大学出版社1985年版，第168页。陈翰笙在1941年1月发表的《三十年来的中国农村》一文中，合作社的比例数字不尽相同：“全数中88%均属信用合作社。生产合作社只占8%。运输合作社不到2%。其余有如消费、公用、购买等合作社，只占1%的光景”（同书第129页）。

② 《三十年来的中国农村》，《陈翰笙文集》，复旦大学出版社1985年版，第129页。

③ 《工合：中国合作社史话》，《陈翰笙文集》，复旦大学出版社1985年版，第209、210页。

农庄制，但就个体所有的小农来说，能够增加10%、30%或80%的生产力是很了不起的。

（三）中国工业合作运动

中国的工业合作运动（简称“工合运动”），由任上海工部局工业科科长的新西兰人艾黎（R. Alley）倡议发起。1938年4月在上海成立工合运动委员会进行筹备，主任为曾任浙江兴业银行常务董事兼总经理的徐新六。徐新六去香港向宋子文洽谈贷款事，在乘飞机从香港去汉口时被日本人截击遇害。后来经英国驻华大使卡尔爵士（Sir A. Clark-Kerr）向宋美龄呼吁，孔祥熙批准了法币500万元。8月5日在汉口成立中国工业合作协会，孔祥熙任理事长。工业合作社首先在宝鸡的难民中建立，很快在各地推广。据工业合作生产救济基金国际委员会的统计，1941年6月工业合作社总数已达1 867个，社员29 284人；其后又呈下降趋势，1942年6月降至1 590个，社员22 680人[①]。

陈翰笙充分肯定工业合作社的积极作用。1943年他指出：“在全面抗战和持久抗战的国策下，中国工业合作协会所推进的工合运动，确是动员我们伟大的人力，利用我们无尽的富源的一个最有效的工具。”他还将工业合作社和信用合作社作了比较：“生产合作社和信用合作社，性质不同。前者以增加生产及改善生产者的生活为唯一宗旨。后者以投放资金及稳取利贷为主要意念。”[②]他还说：“工合运动乃我们抗战大业中一大关键。”[③]

同年，陈翰笙对工合存在的问题作了分析。他将问题分为社务和业务两方面，前者属对内问题，后者属对外问题。社务困难有以下几方面：社员背景复杂，不乏因争理事会主席而引起的纠纷；少数社员过于流动，往往见异思迁而离去；穷乡僻壤的工合社社员意识陈腐，自己不能辨别是非，一味崇拜权威；有些社员程度幼稚，往往不能了解共同的利害关系，以致未能处处节省而增加了成本，还有缺乏经营能力和技术训练的问题；有些工合社虚造账本以图欺瞒事务所或指导站，甚至以私账报公账；年终盈余分配尚无一定标准，因而引起社员间的纷争。业务困难最主要的是资金不够应用，无法使用机器，无法应付季节性的业务；其次是贷款期限短，一年或一年半期的贷款已是长期贷款，而且手续纷繁，即使是小额短期贷款亦须排万难方能成立；此外，还有粮价骤涨使成本提高，运输条件差使推销受打击及税捐和兵

① 《工合：中国合作社史话》，《陈翰笙文集》，复旦大学出版社1985年版，第197页。
② 《合作运动与农村机构》，《陈翰笙文集》，复旦大学出版社1985年版，第168页。
③ 《目前工合的困难问题》，《陈翰笙文集》，复旦大学出版社1985年版，第171页。

役的麻烦等。

1941年后工业合作社数下降，陈翰笙列举了四个原因。一是通货膨胀，制成品价格的增长总是赶不上工业原料价格的增长速度，许多合作社因而走向破产。二是政府垄断，政府对棉花的限价使纺织合作社难以得到原棉和棉纱，政府垄断棉布的运销也使纺织合作社减少正常生产，西北地区的毛毯制造则受到政府工厂的排挤。三是重庆工合管理处热衷于追逐利润，在各地设立代营处，经营与合作社业务毫不相干的商品。四是1941年后国民政府政治上的反动，对工业合作社产生不利的影响。

“自1942年(工合)联社的出现，标志着合作社一个新的发展时期的开始。”①联社以建立在西北的最好。抗战胜利以后，国民政府统治区通货膨胀，市场混乱，中国工业深受其害，合作社的数目减少。但北方解放区的合作社却在快速发展。“到1946年9月，在北部前方老区工业合作社的数目增加到590个，使全中国合作社的总数增至900～1 000个，合作社工人总数，据估计超过25万人。”②(附注称其中有和消费合作社社员重复计算的。)

陈翰笙对工业合作社充满了希望。他指出，中国将来小工业将日趋重要，用合作社的形式发展小工业是最有效的途径。“小生产通过合作社运动，可以紧密配合工业化的步骤，以补助大工厂的不足并防止剥削。”③他还指出，中国工业合作化的前景并不局限在经济和商业的范围内，在政治上和社会上也有重大意义。中国古老城市的大部分居民一向缺乏充分的经济和政治的自由，合作社制度如能成为附属中国生产的一部分扩展遍全国，则可培养作为合作社基础的个人责任心。“当人民在相互合作的习惯中培养起个人的责任感时，自然就会在生活上发展一种民主的观点。大家知道，民主是反对独裁的。”④

四、官僚独占经济论

抗战胜利后，批判国民党官僚资本的思潮兴起。陈翰笙是国人以外文进行批判的批判者。

1946年10月16日，香港*Far Eastern Survey*(《远东概览》，或译作《远东调查》、《远东观察》)发表了时在美国华盛顿大学任教授的陈翰笙的

① 《工合：中国合作社史话》，《陈翰笙文集》，复旦大学出版社1985年版，第202页。
② 《工合：中国合作社史话》，《陈翰笙文集》，复旦大学出版社1985年版，第209页。
③ 《工合：中国合作社史话》，《陈翰笙文集》，复旦大学出版社1985年版，第211页。
④ 《工合：中国合作社史话》，《陈翰笙文集》，复旦大学出版社1985年版，第212页。

Monopoly and Civil War in China 一文。此文经多人各自翻译为中文后分别在几种内地报刊上发表：笔名“小鱼”的译者以“中国五大独占集团”为题，刊文于《文萃》第 2 卷第 11 期(1946 年 12 月 19 日出版)；任新韦译者以“中国的独占事业与内战”为题，刊文于 1947 年 1 月 1 日的延安《解放日报》；颜寂绂译者以“独占集团与中国内战”为题，刊文于《经济周报》第 4 卷第 1 期(1947 年 1 月 2 日出版，本目引文均引自此篇)；李宛译者以“经济独占与中国内战”为题，刊文于《民潮》第 5 期(1947 年 2 月出版)。一文多译接连在四家报刊发表，可见当时的影响之大。文中未用“官僚资本”的名称，实际上是批评官僚资本的。

陈翰笙在文中提出国民政府中有 5 个派系，它们是：(1)以陈立夫、陈果夫为首的国民党领袖们组成的集团，即 CC 系。它控制中国农民银行，在信用合作社方面占有大部分股份。还控制中国工矿银行、中国蚕丝公司。后者经营 10 个缫丝和丝织工厂，控制着赣、浙、皖三省的丝工业，控制着 25 家与公司往来的私营集团。(2)政学系。它控制金城银行、《大公报》，分占接收自日本的中华水产公司和台糖公司。中华水产公司拥有渔艇 100 艘，轮船 10 艘，冷藏厂 7 家，织网厂、制罐厂、鱼油厂各 1 家，1 座小的干船坞和修船工场。台糖公司有糖厂 42 所。台湾行政长官陈仪为政学系的重要分子。(3)孔祥熙金融集团。据说该派系曾参与公债、黄金投机、外汇舞弊和走私。据说其子孔令侃正在筹组一个经办中美商业往来的贸易公司。(4)宋子文集团。有发展新企业的强烈倾向，控制着南洋烟草公司、金山贸易公司、利泰公司、中国纺织建设公司。中纺公司经营着 52 个接收自日本的纺织厂，纺锭 176 万个，约占全国纺锭的五分之二，公司的月净利约 400 万美元。(5)蒋介石集团。控制交通部、招商局轮船公司、全国资源委员会。交通部名义上经办着全国铁路。招商局有 100 艘论船，有内河小轮、沿海航轮与美国的自由轮，总计 80 万净吨。资源委员会抗战期间曾管辖 116 家工厂、37 个矿场、34 个电力厂。它现在生产着全国 50%的钢铁、全部石油与非含铁的金属矿，在化学工业方面也将占领导地位。[①]

陈翰笙将独占政策延伸到中国古代。他说在纪元前 10 至 6 世纪，城市中的贵族已对某些手工业器皿实行一种独占，这一类器皿完全由官家分配，供官家使用。纪元前 2 世纪以后，历代帝王相承，盐铁由官方专卖，收入供国

① 1946 年 10 月，陈伯达出版《中国四大家族》，四大家族即蒋介石、宋子文、孔祥熙、陈立夫陈果夫四家。此书多次重印，影响更大，“四大家族”成了家喻户晓的流行语。

库需要[1]。“直至十六世纪中叶，迄本世纪开始，在国外贸易与近代货币经济制度日益增强的影响之下，中国政府之经济独占，日渐成为一种私人利益的途径，这就是所谓官僚统制的开始。”明清两代在杭州、南京、苏州设立织造局，所织丝锦专供内府宫廷需要，织造局的监理成为肥缺。“中国近代机器工业亦由官办发轫……其资本皆由国家支出，而由官方经营之，主要官僚能担任此项‘肥缺’任务者，莫不腰缠累累。”

陈翰笙论述的重点是1938年以后的情况。他说：自1938年以后，政府独占经济政策，已有了基本的转变。它既不像1870至1910年视为发展近代工业政策的工具，亦不如1927至1937年间用之于帮助政府的财政收入。当时鸦片专卖和政府银行控制的信用合作，为反共内战的主要经济来源。以下择要介绍陈翰笙列举的1938年以后的政府独占事例。

1936年2月，全国经济委员会提议茶叶由国家经营。4月，成立皖赣联合茶业贸易委员会。因茶庄坚决反对，最后约定绿茶集销仍由茶庄办理，主要出口货之红茶由政府专管。1935年成立的资源委员会，独占全国矿产及主要工业。1943年起，棉花、米麦全部由政府专卖。对棉纱的配售，官价远低于生产成本。1945年5月，产棉区陕西，棉花官价每包33 000元，黑市竟达10万元。因此，陕西及豫北区棉产大量减少，很多地方减产一半左右。政府规定棉花只能卖给官方，隐瞒不报者查出即予没收，棉花产量更加大减。1944年所谓自由区棉花年产只有150万包，只是1936年产量的9%。1942至1945年，三年半中，重庆政府空运输入大量美棉和印棉，造成棉纱过剩，冀、豫、陕、赣、粤五省464 000锭的纱厂被迫停工。政府只专心于纱布的输入、贸易和分配，对生产及棉纱工厂毫无兴趣。

政府的独占窒息着自由经济的发展，在纺织业方面有充分的例证。1936年，中国有棉纺织厂143家，拥有纺锭564.7万个，其中304.7万个为中国人所有，190万个为日本人所有，70万个为其他外国人所有。1936年中国的棉花基本上可自给自足，进口棉花仅80万担。按1937年底估计，中国纺锤总数可达680万个，中、外各占一半。即使是抗战时期的1939年，中国内地的新式纺织厂尚有纺锭170万个。但当时重庆花纱布的统制独占，既未鼓励纺织生产，也未推进棉花生产，以致造成了棉荒，并使许多纺织厂关门。而集敌营纺织厂成立的国营中纺公司，它的唯一目的是在财政上补助政府，

① 汉武帝时(公元前2世纪)开始实行盐铁官营。东汉和帝时(公元1世纪)取消盐铁官营。后来恢复的只是盐的官营。

使有关的官僚经理人员大发其财，经营毫无效率。每天生产20支纱700包，只抵全部纺锤生产量的18%强，而产品的质量极劣。民营厂多半只能生产20支纱和16支纱，中纺公司有条件生产40支纱，而只生产20支纱和16支纱，造成了对民营工厂不利的竞争。中纺公司的业务经营完全由官僚们包办。公司所属52厂，所有大权全部集中于公司总经理之手。任用私人、贪污舞弊、严重迟延都成了司空见惯的事。上海一个厂内，过去日本人用32个技术人员5个管理人员，管理5万个纱锭和800架织机。现在同一工厂要用44个管理人员，而技术人员只有20个。公司利润极大，足以支付高工资与薪水。

"在政府统制名义之下，不少有权势之官僚团体，从中谋利，其实情骇人听闻，令人难以置信者极多。他们多凭借军事与政治势力为之保障，以发展其个人利益，采取独断方法，违反民主程序，对卖买较创办实业更感兴趣。"官营独占事业不仅剥削着工人，也剥削着民营制造商与消费者。民营企业如不与有权势的军政官僚勾搭，在高税率下，运输与销售全有困难，极易崩溃。政府的大举囤积和投机，不仅中小商人会破产，消费者也难免支付过高的代价。

陈翰笙还指出，中国全部官办独占事业都带有买办的性质。他将中国的独占经济同西方的国家资本主义经济作了如下的比较："西方的国家资本主义表示资本主义经济发展的高峰，中国政府对国营事业的统制，只是将资本集中在少数高级官僚之手而已，依然是一种前资本主义的形态。在中国政府统制下所得的一切剩余价值皆非来自正当的商品循环，相反的，一切额外利润，只是借政治势力的榨取。"

最后，陈翰笙总结说："政府独占、一党专政与仰赖外国军事与财政援助已成了目前南京政府的三个主义。这三个主义恰好与中山先生的三民主义'民生、民权、民族'背道而驰。目前中国的内战在根本上就是两集团分别保卫两套主义的斗争。"

第四节　王亚南的经济思想

一、毕生研究和传播马克思主义经济学的王亚南

王亚南(1901～1969)，原名际主，字渔邨，湖北黄冈人。1922年考入武昌中华大学教育系，1927年毕业。同年参加北伐军，任政治教员。大革命失败后，开始研究马克思主义政治经济学。1928年初到上海，寄居杭州大佛

寺，与寄居在寺内的郭大力认识，成为至交。同年秋留学日本。1931 年 1 月，郭大力、王亚南合译的李嘉图(D. Ricardo)的《经济学及赋税之原理》和亚当·斯密的《国富论》都由上海神州国光社出版。同年王亚南回国。1933 年执教于上海暨南大学。11 月，福建成立反蒋的“中华共和国人民革命政府”，王亚南参加，任文化委员兼《人民日报》主编。失败后游学英国、德国。1935 年冬回到上海，开始与郭大力合译《资本论》，于 1938 年由上海读书出版社出版。1938 年曾在武汉任国民政府军事委员会政治部设计委员会委员。10 月赴重庆。1940 年到迁在粤北坪石镇的中山大学任经济系教授兼系主任，创办《社会科学》杂志和经济科学出版社。1944 年至永安任福建省研究院社会科学研究所所长。1945 年春，到在长汀的厦门大学经济系任教，9 月任厦门大学法学院院长兼经济系主任。1949 年 1 月去香港，在中共地下组织所办的达德学院任教。5 月经党组织安排去北平，在清华大学任教。1950 年夏，任厦门大学校长。1957 年加入中国共产党。为第一、二、三届全国人大代表，福建省政协副主席，并为中国科学院哲学社会科学部委员、常委。1969 年 11 月在上海病逝。著作有《经济学史》、《经济政策》、《现代世界经济概况》、《中国社会经济史纲》、《中国战时财政政策与金融政策》、《战时经济问题与经济政策》、《经济科学论丛》、《中国经济论丛》、《社会科学论纲》(再版改名《社会科学新论》)、《中国经济原论》、《中国社会经济改造问题研究》、《政治经济学史大纲》、《中国社会经济改造思想研究》、《中国地主经济封建制度论纲》、《马克思主义的人口理论与中国人口问题》、《论当前两种社会制度下的两种不同经济现象和市场问题》等，译著还有《地租思想史》、《经济学绪论》、《欧洲经济史》等，编有《王亚南经济思想史论文集》、《王亚南文集》、《王亚南文选》等。

王亚南毕生致力于研究和传播马克思主义经济学。他和郭大力合译的《资本论》是中国最早的《资本论》全译本，一直通行到解放后中共中央马克思恩格斯列宁斯大林著作编译局译本出版以前。他精通西方经济学说史，著文对西方资产阶级经济学进行了批判，并运用马克思主义经济学研究中国的实际经济问题。对西方资产阶级经济学的批判，对“庸俗经济学”持完全否定的态度。

在 1949 年以前，王亚南的经济思想主要反映在《经济科学论丛》和《中国经济原论》两书中。《经济科学论丛》是王亚南经济学论文的结集，1943 年由江西赣县中华正气出版社出版。《中国经济原论》是对中国半封建半殖民地各经济形态的系统分析，原是王亚南在中山大学开设高级经济学的讲稿，曾分篇发表于各刊物。1944年初，桂林文化供应社准备出版此书，为此王亚南写了一篇3万字的《绪论》。因桂林沦陷，未能出版，《绪论》亦丢失。后经济科学出版社决定出版此书，王亚南重写了《总论》，于1946年出版。这是《中国经济原论》的初版，其中收有附论5篇：《中国商业资本论》、《中国商业资本与工业资本间的流通问题》、《中国公经济研究》、《政治经济学在中国》、《中国经济学界的奥大利[①]学派经济学》。最后2篇源自《经济科学论丛》。《中国经济原论》1947年经修正补充，10月由生活书店出版，列入"新中国大学丛书"。新版附论加至7篇，增加的为《中国官僚资本之理论的分析》和《中国官僚资本与国家资本》2篇。1948年3月生活书店再版此书，仍用1947年的原版。因此，新中国成立前《中国经济原论》虽出了3版，王亚南自称只出了2版。他在1955年写的《增订版序言》中称："本书……于1946年1月初版，由中国经济科学出版社在福建发行。新版于1947年7月改由生活书店印行。解放后，由三联书店发行第三版，作为解放后的第一版。"其中没有提到1948年版。"增订版"即《中国半封建半殖民地经济形态研究》，1957年由人民出版社出版。《中国经济原论》1955年出版日译本，书名为《半殖民地经济论》。《中国半封建半殖民地经济形态研究》1958年出版俄译本。

二、经济科学论

《经济科学论》是王亚南《经济科学论丛》中的一篇论文。《经济科学论丛》共收10篇论文，分别为：《经济科学论》、《政治经济学上的人》、《政治经济学上的法则》、《经济学与哲学》、《政治经济学及其应用》、《政治经济学之历史发展的迹象》、《政治经济学对于现代战争的说明》、《政治经济学在中国》、《中国经济学界的奥地利学派经济学》。《经济科学论丛·序言》写于坪石，说明是王亚南在中山大学时所作，但书中将写序的日期印作"一九三四年六月二十三日"，"一九三四年"显然是"一九四三年"的误排。

以下分五方面对王亚南的经济科学论作简要综述。

(一)经济学的实践性

王亚南从三方面分析了经济学的实践性。

第一，经济学是实践的科学。王亚南指出："经济学是适应资本主义经

① 王亚南新中国成立前的论著中，"奥地利"都写作"奥大利"。为统一国名，后面本书引用到时，都将其改为"奥地利"。

济要求，照应资本主义经济现实，而产生的一门科学。”[①]就其产生而言，其实践性非常明白。但是到了资本主义经济转到向下发展阶段，经济学需要掩饰现实、脱离现实，就成为经济之玄学的研究了。19世纪初，古典学派的经济学由英国的李嘉图、法国的西斯蒙第(Sismondi)宣告结束。古典经济学结束以后，经济学愈来愈被戴上“理论的王冠”而逐渐抹杀其实践性。西尼尔(N. W. Senior)将经济学放置在几个基本命题的基础上，将它改造成为“演绎的抽象的科学”[②]。经济学的实践性愈大，需要把经济学纯理论化的要求也愈大。英国杰文斯(W. S. Jevons)发端的经济纯理研究，由奥地利学派发扬光大，使经济学完全脱离了实践。

第二，经济学在实践过程中形成。资本主义的各个发展阶段有不同的经济现实，受着不同经济法则的支配。“把各别经济发展阶段的经济法则发现出来，就是经济学的任务。”[③]亚当·斯密的经济理论表现为初期资本主义向封建残余及重商体制争取自由大量生产的思想武器；李嘉图、马尔萨斯的经济理论表现为盛期资本主义对无产阶级及其卫护者，同时又是资产阶级内部互讧的思想斗争的实话；奥地利学派经济学和马克思主义经济学则分别表现为后期资本主义中资产阶级和无产阶级的思想斗争的实话。从不同实践要求所体现的经济理论，“就表现为‘由实践的到理论的’外观，使那些需要从反面来把握经济学之实践性的经济学者，特别是奥地利派经济学者，振振有词的把经济理论，当作与经济现实变动无关的‘纯理’来处理来研究了”[④]。

第三，经济学要在实践的意义与要求上去正确理解。研究经济学要把握其现实的社会性质。马寅初说中国人“太自由主义”了，因此“中国不需要自由主义”，王亚南批评这是玩弄“概念的魔术”，根本不理解斯密时代的经济实践要求。李权时把王莽的“六管五均”政策“解释为晚近资本主义社会实行的统制主义经济的滥觞，是同样‘望文生义’的胡说”[⑤]。王亚南指出，作为中国学者研究经济学，必须搞清楚中国社会是在哪个经济发展阶段，对全世界而言处在怎样的地位，哪些经济理论妨碍我们经济地位的改善，哪些则

① 王亚南：《经济科学论》，《经济科学论丛》，中华正气出版社1943年版，第2页。“经济现实”原作“经费现实”，据《王亚南经济思想史论文集》校改。

② 王亚南：《经济科学论》，《经济科学论丛》，中华正气出版社1943年版，第2页。

③ 王亚南：《经济科学论》，《经济科学论丛》，中华正气出版社1943年版，第4页。

④ 王亚南：《经济科学论》，《经济科学论丛》，中华正气出版社1943年版，第4页。

⑤ 王亚南：《经济科学论》，《经济科学论丛》，中华正气出版社1943年版，第5页。

对我们解放和改造经济束缚有帮助。最后，他提出研究经济学所应特别关心的四点意见：(1)正确认识现代资本主义经济的产生、发展及衰落的原因，是由哪些基本运动法则起的作用。(2)认明资本主义对中国经济的影响，资本主义在各发展阶段对各殖民地乃至次殖民地的不同的侵略政策，有利于中国经济解放斗争战略的确立与实行。(3)扫除一切有碍中国经济改造的观念上的社会科学乃至自然科学方面的尘雾，把握正确经济理论的核心。(4)明确知道中国社会经济改造发展所必需和最可能遵行的途径，认知现阶段要彻底实行民生主义经济政策的原因。

(二)政治经济学的"经济人"理论

王亚南指出，亚当·斯密的整个经济学说把经济学上个人的自私自利作为研究的出发点，而这种个人主义哲学则是一部"旷古未有的坏书"中一段话的翻版，这段话出自孟迪维尔(B. Mandeville)《蜜蜂的寓言》序文："如果把艺术教育放在一边，来考察人类的本性，我们便知道：使人类成为社会动物的，不是友情，不是善性，不是恻隐心，也不是装模作样的殷勤厚意，却是他的最卑贱，最可恶的品性，这品性，就是他适应最繁荣最幸福社会的必要条件。"①

王亚南指出，由经济发展逐渐实现的"最繁荣的社会"，愈到后来，就愈只有看见所谓"最可恶的品性"或"自利本性"。而作为其研究对象的经济学，就愈要把艺术、教育、道德及其他社会意识放在一边。"经济人"的概念在李嘉图的著述(特别是《政治经济学及赋税原理》)中显出了最鲜明的轮廓。就因此故，在李嘉图的著作中就不易找到"精神文化"的 字样；"也就因此之故，他就被一般关心世道的人，玷称为不道德的唯物论者了"②。对此王亚南评论说：为了科学研究的需要，在经济学上舍象去了在经济生活以外的一切社会的精神的性质，丝毫用不着稀罕。"但经济学者亦'堕落'到连这点科学常识都辨认不清楚，那就非常值得纳罕了。"③他是赞成李嘉图的研究方法的。

"经济人"的假定被德国新旧历史学派所否定。在他们看来，经济学是一种"天人之际" 的学问，是心理的科学，同时又是伦理的科学。对此王亚南批评说：研究经济学采取这样的思维方法，"一切的科学，都得彼此相关的彼

① 王亚南：《政治经济学上的人》，《经济科学论丛》，中华正气出版社 1943 年版，第 9 页。

② 王亚南：《政治经济学上的人》，《经济科学论丛》，中华正气出版社 1943 年版，第 10 页。

③ 王亚南：《政治经济学上的人》，《经济科学论丛》，中华正气出版社 1943 年版，第 11 页。

此相含的混杂起来，而没有独立的科学可以成立”[①]。

被历史学派抛弃的“经济人”，又被奥地利学派召了回来。奥地利学派创始人门格尔(K. Menger)认为，经济生活诚然是全体人类生活的一部分，但这并不能阻止或否定经济学把经济生活抽象出来，孤立起来，以便发现其法则的研究方法的合理性。王亚南指出，奥地利学派所描述的“经济人”，是李嘉图“经济人”的再版。他在肯定的同时又指出：“‘经济人’这个抽象，却像是超历史的存在着，而不曾被理解为特定社会，或现代资本主义社会的产物。这一来，‘经济人’就不但舍象去了经济生活以外的一切社会生活，同时还像把他的一定经济生活的内容也舍象去了。结局，最抽象最简单的‘经济人’，就变成了失去了社会基础的‘幽灵’。”[②]他认为，“经济人”是以资本主义为其社会基础的人。资本社会最典型的人物是资本家和工资劳动者。资本主义的生产方法使他们两者不表现为人与人的关系，却表现为物与物的关系。他认为：“一旦人与人的关系，由物与物关系被解脱出来，经济学也就终止了它的历史任务。”[③]

(三)政治经济学的法则

王亚南将法则定义为：“法则这个用语，普通是用来表示诸事象在特定情形下所显现出的相互因果关联。”[④]法则有三种属性：规律性，系统性，实在性。对经济法则来说，还应加上由社会的本质而导致的历史性。“经济法则大体上包括两个范畴，一是关于经济的法则，一是关于经济发展或经济史的法则。”[⑤]它的被研究被发现的历程大体上表现出两大迹象：由现象到本质；由不完全到完全。

关于由现象到本质，王亚南根据《资本论》的说法，肯定经济学作为一种真正的科学是在制造业时代最初出现的，大体是在16世纪中叶至18世纪末叶。起初只是从表面的因果现象出发，产生了重商主义。而真正的现代的经济科学，则是从流通过程转移到生产过程的理论考察才开始的。到了亚当·斯密手里，经济学上的诸基本法则已经系统地被发现，但仍混杂了一些极其表面的现象。再过40年后的李嘉图时代，资本主义的经济事象日益复

① 王亚南：《政治经济学上的人》，《经济科学论丛》，中华正气出版社1943年版，第12页。

② 王亚南：《政治经济学上的人》，《经济科学论丛》，中华正气出版社1943年版，第13页。引文中的“最抽象最简单”原作“最具象最简单”，据《王亚南经济思想史论文集》校改。

③ 王亚南：《政治经济学上的人》，《经济科学论丛》，中华正气出版社1943年版，第21页。

④ 王亚南：《政治经济学上的法则》，《经济科学论丛》，中华正气出版社1943年版，第37页。

⑤ 王亚南：《政治经济学上的法则》，《经济科学论丛》，中华正气出版社1943年版，第42页。

杂化、纯粹化、高度化、成熟化，李嘉图才能发挥其抽象研究方法，把各种经济形态，很彻底地追究到底。因此之故，价值、工资、利润、地租诸法则，在他的手中前进了一大步。

关于由不完全到完全，王亚南指出，李嘉图的劳动价值法则理论虽然达到了过去一切经济学者所望尘莫及的地步，“但因为他未理解到劳动与劳动力的区别，未明确把握住不变资本对固定资本，可变资本对流通资本的区别，以致始终不易使利润的本质的来源寻觅出来：结局，他对他自己的价值法则，就不能不提出近似根本推翻的两大修正”①。利润、地租、工资诸法则亦受到莫大影响。在李嘉图以后，无论是他正统的后继者，还是他的社会主义派的后继者，反而把他的研究成果俗化了。以“新经济学家”自命的约翰·穆勒(J. S. Mill)在基本的价值法则上只补缀了一些似是而非的见解。德国历史学派始终未触到经济法则本身。奥地利学派从主观价值学说出发所订立的利息、利润诸法则，完全未触到社会的本质。“在资本主义感到生存威胁，须得采取防卫的保守的立场的限内，经济学必然会带上辩护的性质……未经完成的古典经济诸法则，是到了批判经济学才予以完成的。”②所谓“批判经济学”，就是马克思主义经济学。

王亚南还分析了经济法则妥当性的界限及其绝对性、一般性和永恒性问题。关于妥当性的界限，他指出资本主义社会经济法则的妥当性只能限于资本主义社会；纯粹的资本主义社会客观上并不存在，现代经济学上的诸法则至少可以在大体上标识着资本主义的现代经济；同一资本主义社会，社会有机构成不尽相同，一般经济法则体现的经济现实也有区别。经济法则的绝对性是就它所体现的特定社会的经济现实而言的，离开了那种社会，绝对性就变成了相对性。一般性同绝对性有密切关系。“当它对同一历史阶段诸特定社会保持适用的妥当性的限内，它是一般的；当它对不同历史阶段的任一社会显出不适用的特异性的限内，它又是特殊的。”③关于永恒性，王亚南指出，正统学派、奥地利学派、数理学派等，差不多都一致认定他们所研究的法则是有永恒价值的。他予以否定说：资本主义社会的诸特定经济法则决没有永恒性。

(四)经济学和哲学的关系

王亚南指出，经济学和哲学具有共通性和关联性。共通性在于，同是特

---

① 王亚南：《政治经济学上的法则》，《经济科学论丛》，中华正气出版社 1943 年版，第 47 页。
② 王亚南：《政治经济学上的法则》，《经济科学论丛》，中华正气出版社 1943 年版，第 47、48 页。
③ 王亚南：《政治经济学上的法则》，《经济科学论丛》，中华正气出版社 1943 年版，第 51 页。

定社会的意识形态，同是实践之学、历史之学。关联性在于，哲学的法则是经济学的方法论，经济学的法则又是哲学法则的一特殊侧面的具体化。“科学的经济学建立的时候，正是科学的哲学体系在经济学这一范畴的完成和树立的时候。”[①]

王亚南解释了狭义经济学和广义经济学的范畴：前者仅以现代经济法则为研究对象，后者以整个社会各历史阶段的经济发展法则为研究对象。广义经济学指示我们，各个社会都有其各别的法则，不能运用法令或政策使其急躁地突跃过一定的自然发展阶段，至多只能依照经济学所暗示的途径，以缩短其转移的期间与痛苦。王亚南认为，经济学是社会科学中最基本的科学，其他社会科学必然以经济学的成果而逐渐完成其体系，诸社会科学体系的完成，同时也就完成了统一的完整的科学的哲学世界观。

（五）政治经济学的应用

经济学离不开应用。王亚南解释了“应用”的含义。首先，应该在“应验”或“测验”的意义上理解。“经济学上的正确的理论法则，在实践上，应当具有‘以铁的必然性发生澈(彻)底作用的趋势’。”[②]其次，应在批判的意义上理解。再正确的理论，亦不允许套用现成的公式，百分之百地去迁就标准化的格式或理论是不行的。要剖析现实对理论的“偏差”，推断某种理论是否有“补充”的必要。又其次，应在选择的意义上理解。某种经济理论体系尽管有其妥当性，但为了实现特定社会的特定要求，仍当在整个理论体系中知所抉择。最后，应在运用的意义上理解。要正确运用经济理论，误用经济理论不但先自解除了攻略乃至防卫的理论武装，甚至授人以柄，引颈就戮。即使是真理，把它拘执到需要的限度以上，也同样得不到预期的效果，甚至只有相反的结果。

从实践、应用的观点上来考察经济学，王亚南提出了经济学的两个历史使命：作为民族生存斗争的理论武器，作为社会生存斗争的理论武器。在民族生存斗争上的应用采取两个形态，一是侵略的意识形态，另一是求解放的意识形态。“大体上，当一个国家或一个民族，对外处于劣势的时候，求解放的经济理论便被强调着。反之，当它处于优势的时候，又必然要采用另一套理论。”[③] 19 世纪初期，英国的自由主义经济思想与德国李斯特(F. List)的保护主义经济思想的斗争就是经济学作为国家或民族之间斗争的理论武器的

---

① 王亚南：《经济学与哲学》，《经济科学论丛》，中华正气出版社 1943 年版，第 60 页。
② 王亚南：《政治经济学及其应用》，《经济科学论丛》，中华正气出版社 1943 年版，第 71 页。
③ 王亚南：《政治经济学及其应用》，《经济科学论丛》，中华正气出版社 1943 年版，第 83 页。

例子。“李斯特及其后继者的保护主义学说，在科学评价上，尽管远不如自由主义经济思想之系统而深入，但在作为战斗武器的实践意义上，却显然是自由主义思想之致命的死对头。”①

另外，现代社会中存在着利益相互对立的社会集团，反映各社会阶层利害关系的经济思想必然表现出不同的分野，所以说经济学又是社会生存斗争的理论武器。英国古典派经济学和马克思主义的经济学体系，“同样的或更显然的是当作特定社会阶级的生存斗争武器而表现出来”②。

王亚南在阐述上述理论时随时结合西方经济学史予以说明。他的理论严格遵循马克思主义经济学原理，对资产阶级经济学采取批判的态度，对中国如何正确应用经济学提出了很好的意见。许多理论在今天看来仍然是深刻的，如关于经济法则的理论就很明显。对古典经济学以外的西方经济学的彻底否定，反映了当时的马克思主义经济学者的立场，可以说是历史的必然。也有些论断则属个人的失误，如上面提到的“一旦人与人的关系，由物与物关系被解脱出来，经济学也就终止了它的历史任务”，就是一例。

三、研究中国经济的方法论

王亚南很重视研究中国经济的方法论问题。

关于研究中国经济的历史，王亚南说：“正式把中国经济研究的问题提出来，正式以中国经济为研究对象，直到现在为止，还没有二十年的历史。”③所谓“还没有二十年的历史”，据他接下来的解释，是从 1927 年算起，至抗战开始后的七八年间，即 1945 年前后。这实际上是指马克思主义经济学传入中国后，中国发生社会性质讨论以来至抗战胜利前后的研究中国经济的历史。

王亚南将不到 20 年的中国经济研究的历史分为三个阶段。第一阶段是 1927 至 1932 年，主要表现为以王学文、潘东舟等为一方，严灵峰、任曙等为另一方的中国社会性质的争论。第二阶段是 1933 至 1937 年，研究的重点在中国农村经济方面，研究成果主要发表在壁垒分明的两个刊物上——邓飞黄主编的《中国经济》和中国农村经济研究会发行的《中国农村》。第三阶段是“七七抗战”开始以后的七八年间。

关于第三阶段，王亚南指出：这一阶段战前许多关于中国经济研究有相

---

① 王亚南：《政治经济学及其应用》，《经济科学论丛》，中华正气出版社 1943 年版，第 84 页。
② 王亚南：《政治经济学及其应用》，《经济科学论丛》，中华正气出版社 1943 年版，第 87 页。
③ 王亚南：《中国经济原论》，生活书店 1948 年版，第 1 页。

当历史的刊物相继停刊，但新的经济研究刊物，如银行、财政、合作、税务、专卖、工矿、水利、农林、商业等都有了代表刊物。这些刊物除极少数外，都有一个显而易见的共同特征，即一律把中国经济和现代其他先进国经济一视同仁，这种研究作风根本未触到中国经济的本质。“在无形中，在他们的潜在意识中，已经在把中国经济看作资本主义的商品经济。”[①]存在这种情况的两个关键原因：一是“他们所据以研究讨论中国经济的经济学，百分之九十是渊源于全无历史观念，对各种社会的经济形态都一律看待的奥地利学派的经济学”[②]；另一是前两个研究阶段对于中国经济性质的争论各方，都不大注意以中国经济学社为中心的那些英美派学者的议论。“一部分虽是由于那些学者除了谈谈货币金融一类问题而外，根本就不明白提到中国经济究有如何的性质（如马寅初先生题名为《中国经济改造》的那部大著，就是一个标本），另一部分则是由于那些谈论中国经济性质的人，又仿佛对于所谓英美派经济学者所据以立论的经济，多少有些隔膜，于是几次中国经济性质问题的论争，都没有关涉到他们。”[③]王亚南对无人指明这一存在已久的事实感到稀罕。他提出了现阶段中国经济研究的两大任务：“在消极方面，需要对障碍着中国经济认识的诸般理论，特别是在目前同商业资本一样猖獗的那些商人意识，加以无情的批判。在积极方面，需要依据正确的经济理论，就中国经济过渡的转型的性质，采用发展的，全面的及比较的方法，以发现出中国经济的若干基本运动的倾向与规则。”[④]

《中国经济学界的奥地利学派经济学》是王亚南针对奥地利学派经济学在中国流行而作的论文。文中评述了奥地利学派经济学的方法论和基本理论观点，在世界各国的传播情况，传入中国的原委，对中国经济学界的深刻影响，由理论到实践背离民生主义经济。最后提出经济学者的责任，归纳为四点，主要内容为：(1)对于任何一个学派的经济学说都要研究，奥地利学派经济学至少与古典学派、历史学派、马克思主义学派的经济学同样值得我们研究和注意。(2)至少要明了奥地利学派经济学是适应资本主义衰落期的现实要求而产生的，它不过是现代经济思潮里的一个支流，不能把它当作经济学全体。(3)我们经济学界对于奥地利经济学派与其说是自觉、自动地去了解和研究，毋宁说是被动、人云亦云的，因此，他现在来批判中国经济界的

---

① 王亚南：《中国经济原论》，生活书店 1948 年版，第 6 页。

② 王亚南：《中国经济原论》，生活书店 1948 年版，第 6 页。

③ 王亚南：《中国经济原论》，生活书店 1948 年版，第 6、7 页。

④ 王亚南：《中国经济原论》，生活书店 1948 年版，第 7 页。

奥地利学派实在是哀悯的心情多，而指责的意思少。(4)只要我们的经济学者肯从奥地利学派经济学的“象牙之塔”中开脱出来，中国经济学界定然会面目一新。“这至少是我们经济学者应当担负的自觉的责任。”①

关于研究中国经济所依据的科学，王亚南提出了三种。一是经济学，包括古典经济学和批判性经济学。他称“庸俗经济学”为“流俗经济学”。庸俗经济学的集大成者是奥地利经济学派，中国已深中这种消费经济理论的毒。但在批判性的经济学的启迪下，中国也在不断扫除这个学派施放的烟雾。二是经济史学。王亚南指出，严格地说，经济史学是由批判经济学所引出或导来的。经济史学对研究中国经济的作用有三：第一，使我们认知中国经济处在何种历史发展过程中，具有哪些根性；第二，使我们认知处在这种发展状态或过程中的经济受哪些法则支配，向怎样的必然途径开展；第三，向我们提供在同一经济基础、同一社会发达阶段上呈现的无限参差不同的经验事象的确证，我们的主观努力只能缩减历史必然发展阶段的时期和苦痛，却不允许超越。有了这些提示，才不致把中国经济看成完全可以由自己的意向去矫造、化装的东西。三是中国经济史。对它的研究还在幼稚期，但近一二十年国内外学者的努力结果，已使我们对中国经济的认识得到了不少便利。“以往中国经济本身所显示的一些叫人不易捉摸把握的幻象，都逐渐呈现出了本来面目。”②

关于采用的方法，王亚南提出了比较的研究法、全面的研究法和发展的研究法。(1)研究现实经济一般要利用已有的经济原理或基本观念，中国还没有确立基本法则，只好用借喻或比照的方法来确立法则。苏联自身的原理法则还在发现与阐明的过程中，需要借助于资本主义经济原理法则来作比较的考察。中国也有必要把资本主义经济当作比较的考察对象。(2)全面的研究法就是不要平面地考察事物，而是要深入整个交互关系里面，去发现其各别发生差别影响的具体事象。比如，世界资本主义经济影响着中国经济，只有对它有了明确的认识，才能理解它如何对中国整个国民经济发生作用。就中国经济本身来说，各部门各经济领域所受国际资本的影响是不一样的。只有用全面的研究法才能把关键指明出来。(3)对于发展的研究法，王亚南说明了两点：第一，研究现代中国经济，往往要涉及传统的封建经济因素，而且它的历史特质还在争辩中，所以经济学必然要与经济史学结合

---

① 王亚南：《中国经济学界的奥地利学派经济学》，《经济科学论丛》，中华正气出版社 1943 年版，第 197 页。

② 王亚南：《中国经济原论》，生活书店 1948 年版，第 18 页。

起来研究。第二，中国经济是旧的传统的经济成分逐渐为资本制的经济成分所侵蚀，同时前者又一直在限制、抗拒或适应后者。“我们必须在它们这种相互制约相互适应的过程中，去看出它的特质和动态。”①

王亚南指出政治经济学是舶来品，“直到现在，我们对于政治经济学还不曾脱却‘述而不作’的阶段”②。他批评了日本经济学家泷本诚一在《重农学派之根本思想的探源》一文中说重农学派源于中国“四书”“五经”的话，认为太牵强附会。他也批评了当时中国的经济学读物多采取四分（生产、分配、交换、消费）主义和三位（土地—地租、资本—利润、劳动—工资）一体说。他强调要以中国人的资格研究政治经济学。为此要有三个前提认识：传统的政治经济学说不利于中国的社会经济改造；这种政治经济学还在当作一种文化侵略或文化麻醉的武器，以期防止我们的社会经济有所改革；政治经济学已是遍体疮痍，如果不从批判的观点去研究，无论是在实践还是在理论上都不能给我们以帮助。他提出研究政治经济学要有三大鹄的：第一，确定对于一切社会科学的基础知识和作为从事社会活动的实际指导。第二，彻底了解近代资本主义经济运动的法则，确定资本主义的必然归趋，并对它所表露的破绽、矛盾、冲突以及拼命挣扎的诸现象加以合理的解释或说明。第三，扫除有碍于中国社会经济改造的一切观念上的尘雾，包括一切社会科学乃至自然科学方面。他主张建立一种专为中国人攻读的政治经济学，即“创立一种特别具有改造中国社会经济，解除中国思想束缚的性质与内容的政治经济学”③，以满足中国社会的需要。他的《中国经济原论》即为以此为目的而写的政治经济学。

在《中国经济学界的奥地利派经济学》一文中，王亚南还提出了“中国经济学”的概念，并作了解释。他说：在理论上，“中国经济学”这个名称是不大妥切的，而且很容易引起误解。“当作一门科学的经济学，是不允许我们用这个名称来伤害它的一般妥当性和系统性的，经济学只有一个。”④这是针对经济学的基本原理而言的。因此王亚南又说：“在理论上，经济学在各国尽管只有一个，而在应用上，经济学对于任何国家，却都不是一样。我是在这

① 王亚南：《中国经济原论》，生活书店 1948 年版，第 21 页。
② 王亚南：《政治经济学在中国》，《经济科学论丛》，中华正气出版社 1943 年版，第 146 页。
③ 王亚南：《政治经济学在中国》，《经济科学论丛》，中华正气出版社 1943 年版，第 173 页。
④ 王亚南：《中国经济学界的奥地利学派经济学》，《经济科学论丛》，中华正气出版社 1943 年版，第 175 页。

个前提认识下，提出‘中国经济学’这个名称的。”①其实，世界上经济学从理论上而言也并不是只有一个。王亚南只承认马克思主义经济学和古典学派经济学的科学性，说明他实际上也并不认为世界上只有一种经济学理论。再加上经济学在各国应用的必然不同，则各国都应该有自己的经济学就更不成问题了。（“中国经济学”是一个有争议的名称，后来许涤新就在《广义政治经济学·导论》中对它提出了批评。）王亚南强调要研究“中国经济学”，在当时具有要以马克思主义经济学为指导研究中国经济问题并抵制风靡于中国经济学界的奥地利学派经济学的良苦用心。

王亚南对中国政治经济学研究现状的批评总的来说是符合当时的实际情况的，对如何研究中国的经济提出了精辟的意见。但对有些批评还可以作进一步的分析。如指出当时中国的政治经济学研究还没有脱离“述而不作”的阶段，这应该仅限于政治经济学体系的创立和基本原理的提出方面，不能对它作普遍性的理解。事实上，20世纪三四十年代的中国经济研究有了突出的成就，无论是马克思主义经济学家还是非马克思主义经济学家都作出了贡献。当时中国的经济思想还是很丰富的，需要后人去发掘、去研究。如果将“述而不作”的适用范围扩大化，就贬低了当时中国经济思想的发展了。还有批评重农学派源于中国的观点，从这个学派产生的历史背景来说自然是正确的，但不能否定这个学派的形成过程中确曾受到中国传统思想的影响，近代学者对此已进行了有说服力的研究②。

四、中国经济形态论

《中国经济原论》是王亚南运用《资本论》的体系、规律、范畴分析中国经济形态的成果。书中除开首的《研究中国经济总论》外，分别论述了中国商品与商品价值形态、货币形态、资本形态、利息与利润形态、工资形态、地租形态、经济恐慌形态等。他以资本主义社会的经济形态为对照，以论证中国社会的非资本主义性。对每一种经济形态，都先用一定篇幅介绍相关的理论和历史，然后进入对中国实际情况的分析。以下概述其最主要的基本观点。

（一）中国的商品和商品价值形态

中国社会的商品有工业品、农产品、劳动力和土地四种。

---

① 王亚南：《中国经济学界的奥地利学派经济学》，《经济科学论丛》，中华正气出版社1943年版，第177页。

② 谈敏：《法国重农学派学说的中国渊源》，上海人民出版社1992年版。

中国的工业品有独立手工业、家内工业、制造业(后在《中国半封建半殖民地经济形态研究》中改为"工场手工业")和工厂工业四个产源,其中制造业产品在工业品中占了相当大的比例。这种工业既具有非常浓厚的资本主义的性质,又具有非常浓厚的前资本主义的性质。在大工业已经占支配地位的社会,制造业可能更具有资本主义的性质;但在经济落后大工业不发达的社会,制造业却更可能具有非资本主义的性质。

中国的农产品仅有50%以下被农民留供自用。有些地区农民既购买食粮,又卖出食粮。在许多农业部门,农民生产的一切都要投到市场,又向市场购买需要的一切。但即使如此,仍不易发现它有资本主义商品生产的迹象。因为"表识一个社会性质的生产,并不仅要问谁生产出来,还要问谁在什么条件下生产出来,谁用什么东西生产出来。旧式的雇佣条件,旧式的生产工具,理应只是前资本主义生产方法所据以存在的根基……很难得有附上资本主义笺标的可能"①。

中国的土地可以当作商品买卖由来已久,而劳动力可以当作商品买卖则要晚得多。鸦片战争后,对土地自由买卖的传统拘束和法定规制已大大减轻,劳动力也以商品的姿态而出现。所有这些商品化还不够保证中国的资本主义商品生产的性质,因为"资本主义的商品,是在资本关系下生产出来的商品。所谓资本关系,即生产手段所有者为一阶级,使用生产手段者为另一阶级的关系"②。考察商品生产是否够得上资本主义的条件,要看它对于价值法则的运用到何种程度,可以从三方面来测验:

(1)中国商品价值的增殖过程。中国即使在新式大工业集中的地区,亦尚未形成劳动力自由竞争的市场。一些落后的劳动制度,如包身工制等还被采行着。特别是那些由外国人经营的大工业中,经济外的榨取、勒索、敲诈无微不至。农业上雇佣劳动者的劳动条件更落后。除了极少场合,他们大多不是依托于农业资本或投用在土地上的资本,而是依托于土地本身。这种雇佣劳动的不曾现代化、劳动力价格关系的不确定,使雇佣者能把工资压低在必要工资限度以下,造出更多量的剩余价值。

(2)中国商品增殖价值的实现过程。中国的商品流通有三个一般特征:一是商业使生产物成为商品,而不是商品运动形成商业;二是全商品流通过程为不等价的交换关系所支配;三是超额的较多量的剩余价值的实现,是在

① 王亚南:《中国经济原论》,生活书店1948年版,第30页。在以后的版本中,"笺标"改为"签标"。

② 王亚南:《中国经济原论》,生活书店1948年版,第33页。

非价值法则下进行的。

(3)中国商品剩余价值的分割过程。中国因为掺杂着落后的、特权的半殖民地的干涉作用,不易确定生产价格,使生产物的剩余价值具有极大的任意的伸缩性,剩余价值的占有或分割不仅会在交换过程中进行,甚至也会在生产过程中进行。商业利润不是由产业利润分出,产业利润却是由商业利润分出。在农业方面,利润不过是由地租分割出来的一个可怜的份额。

中国商品价值关系的促成,主要是由商人居间活动的结果。商品价值的大小不是以所费的劳动量为依据,而是以商人的意志或慷慨为依据。剩余价值根本不能转化为统一的利润形态,商业利润、利息及其他所得形态不是由总产业利润分派出来的。而商业、高利贷业、落后地权及其他经济外榨取所得,都直接、迂回地通过不平等的对外贸易、对外债务、对外存款等方式变成了国外资本的特殊利益。"在这种意义上,中国社会的剩余生产物或剩余价值的最大的或最后的收夺者,就宁是国际资本家,而我们的各种各色的商业者(官,地主,高利贷业者,在某种意义上,都是商业者的化身)倒反而是按照其对于国际资本的服务程度,而分取那种剩余价值的余额。"①

(二)中国的货币形态

在主要资本主义国家采用金本位制后,中国还采行银本位制,表示了中国的商品货币经济还停留在不十分发达的阶段。以下是中国货币执行其各种机能的情况:

(1)价值尺度和价格标准。中国的货币多种多样,价格标准极不划一,首先妨碍了商品生产者的成本计算。特殊地方或特殊势力的货币权的控制者还随时变更价格标准,甚至有意地或有计划地把他们的货币贬到一文不值。中国的银元和银两曾在较大的市场、较大的范围和较大的交易规模上尽着价值尺度或价格标准的功用,但近 50 年来世界银价的变动异常之大,影响银币对铜币的比价,使它不易有效执行价格标准和价值尺度的职能。

(2)流通手段。直至 1932 年前后,中国流通界的全部货币额,只有十数亿纸币和数额相差甚多的铸币,加起来不过 20 余亿而已。币制不统一和货币数量不足,助成整个农村的金融枯竭,助成正常交易的歪曲化。"如像'预买''预卖'的交换方式,如像以物还物的贷借方式,一方面正苦于货币的供给不够,同时又排斥货币,或大大减少买卖转手所需的货币额"②。这样,货

① 王亚南:《中国经济原论》,生活书店 1948 年版,第 44 页。

② 王亚南:《中国经济原论》,生活书店 1948 年版,第 56、57 页。

币反过来使许多商品化成分逆转为自然经济成分。

(3)贮藏手段。在传统自给的生产方法还占支配地位的落后地方，一般人从事素朴的贮藏，窖藏习惯直到最近还被保存下来。在流通比较发达的地方，硬币窖藏的习惯比较冲淡，钱庄、银行成了都市居民贮蓄货币的大蓄水池。至于一般特殊有钱的人，他们贮蓄的最后目的是能达到外国银行存款要求的最低限额。外国银行的存款有时没有利息，反而要缴纳一定的保险费。此外，还有以种种金银装饰品来保存货币的素朴贮藏方式。总之，中国的货币贮藏还逗留在第一阶段(前资本主义社会的货币贮藏)和第二阶段(现代初期的货币贮藏)，第三阶段(现代初期以后的货币贮藏)不过略具一些萌芽而已。

(4)支付手段。中国的货币支付职能因货币本身的不确定性而受到阻碍。在商品生产的初期阶段(这里所指的是近代初期)，中国的买办商业金融资本扮演着支配的角色，商人把高利贷业和商业结合起来，通过“前定”或“预买”等方式控制生产者，使买卖关系颠倒地表现为债权者和债务者的关系。货币的支付表现为商品让渡前的支付，购买者成了债权者。在工资支付上，以物支付，以劳动偿付，以劳动换畜力，以赊卖方式事先支付，“种种色色的工资支付方式，都在排斥货币在工资支付上发挥其支付机能”[①]。在地租支付上，中国农业上的资本主义生产还处于幼稚阶段，还不可能发展为货币地租。

(5)世界货币。货币对外价值的变动，是否有助于一国经济的繁荣，要看那种变动是出于主动或被动。在被动状态下，涨固不利，跌亦不利。中国货币制度本身的缺陷，特别是中国经济对外的依存关系，货币不但不能进攻，且不够用以防卫，甚至太阿倒持地被外人利用为破坏本国经济的手段。中国货币的对外支付，除了经常的大量入超外，更重要的是为了政治性的赔款和债务。中国在对外关系上，不但不能执行有利于本国经济发展的货币政策，反而要执行一些对本国经济发展不利的货币政策。

对于法币政策，王亚南指出：“一九三五年所成立的新币制，在中国货币史上，总算开了一个新纪元……纸币发行权，铸币铸造权，已大体被统一于中央政府，于是我们的货币，至少已取得了现代型的外观。”[②]在另一处，他还提到：“在民国二十四年的货币改革以前，中国一直是采行银本位制。即在

① 王亚南：《中国经济原论》，生活书店 1948 年版，第 60 页。
② 王亚南：《中国经济原论》，生活书店 1948 年版，第 63、64 页。

这次改革以后,虽然我们在形式上,对外采行了汇兑管理制,或准虚金本位制,但在国内,还是把银元作为一般流通与支付的价值尺度和价格单位。"①这两段话,观点不甚一致,后一段话有些语病。中国于 1933 年废两改元,才开始实行银本位制,故"一直是采行银本位制"之说不准确。而因经济危机,实行金本位制的国家都相继取消了金本位制,中国才被动地于 1935 年取消银本位制,改行法币,同英镑固定比价。对于这个新币制,当时虽曾有过几种说法,但没有理由称之为"准虚金本位制"。流通法币后,国民政府严格禁止银元流通,所以也不能说"还是把银元作为一般流通与支付的价值尺度和价格单位"。

(三)中国的资本形态

资本形态包括商业资本、生息资本和产业资本形态,中国资本三种形态的特质为:

(1)商业资本。中国传统的商业资本与西欧各国的商业资本具有不同的社会经济基础。后者大体是把领主经济作为存在前提,而前者大体是把地主经济作为存在前提。在领主经济下,土地不能自由买卖,商人和领主处于对立的地位。在地主经济下,土地可以自由转移,商人同地主成了"通家"。建立在地主经济基础上的专制王朝,对国外贸易给予了过于严格的限制。在中国现代化的过程中,买办性的商业是中国商业资本新附有的最明朗的性格。它阻碍中国产业的成长。

(2)生息资本。生息资本有非现代的高利贷资本和现代的银行资本两个类型。高利贷资本以封建制的社会经济为基础,银行资本以资本制的社会经济为基础。中国的高利贷资本还保留着广大的活动地盘,但在大都市,在商品货币经济较发达的地带,旧式金融的支配地位已逐渐为银行资本所代替。而中国的银行资本存在着高利贷性、财政性、商业性(同商业联系密切)三个特质。

(3)产业资本。中国产业资本的特质,一是来源有先天不足的毛病,商业资本不易转化为产业资本。中国商业资本和地权以及政治的联系,限制了它的积累过程,银行的投资条件限制了产业的扩大再生产。二是资本的组织形态落后。股份公司对独资、合资的比例甚少,官办及官督商办的形式始终占有重要地位。三是资本的有机构成低下。民营轻工业以小规模的居多,不难测知其资本构成的低下。机械由外人供给,又加上了一层限制。而

① 王亚南:《中国经济原论》,生活书店 1948 年版,第 49 页。

为了适应动荡不定的环境，也最好采用游击式的工场手工业形态。

资本有积累、集中和分散的运动，中国三种资本的运动过程为：

(1)中国资本的积累过程。中国的资本积累主要还是原始积累，积累的规模间接地表现于买办的商业资本、新型的高利贷资本及与其相适应的财政资本的规模。这种原始式的积累要测度一般生产规模在扩大还是缩小颇为不易，以致不能引起一般人甚至一般经济学者的注意。除产业资本外，其他各种资本形态都难以从统计数字来说明确实的积累程度。在财政政策所支配的公债、赋税及通货上更使人摸不着头脑。“商业和高利贷业或银行业在赋税与公债上所贡献给财政上的助力愈大，而它们就更好把赋税，把公债乃至把通货作为加倍转嫁或向独立小生产者索取较高代价的口实或工具。”①借原始积累来促进现代型的积累是现代初期各资本主义国家共同经过的道路，只是中国踯躅在这路上的时间太长了！

(2)中国资本的集中过程。在原始积累形态上的资本集中，完全把它的集中运移到产业或生产领域以外了。早在开始现代化程序以前，中国的商业资本就以同当时的产业极不相称的规模集中起来。而中国现代商业资本的集中则包含了它对帝国主义的商业和金融的关系。不等价的交换，诱使中国商品货币经济与国际商品金融发生有隶属性的联系。“结果，在中国对外的商品往复运动与货币往复运动中，就形成一种很异样的资本集中运动。”②中国社会资金由农村流向都市，流向本国金融机关，流向外国银行，其中一部分再向外流。中国现代商业金融资本的集中形态，正是那种大集中运动所由形成的基础。

(3)中国资本的分散过程。在商业金融上集中的资本，一味向标金、外汇、公债市场以及各种方式的交易所讨生活。此外，都市的地产经营也是逐利者的非常中意的投机目标。直到抗战爆发前的若干年，都市的大量游资，逼着民族资本家把注意转向农村方面，“农贷”成了资本分散运动的一个新的节目。这种农贷一开始就是短期的，不能是生产的，而是青苗钱式的。

由战时到战后的十余年间，中国的资本活动有了许多特异的表现，存在着由产业资本向商业资本、由国民资本向官僚资本、由民族资本向国际资本转化的倾向，在本质上依旧是已有资本运动的继续和强化。

(四)中国的利息和利润形态

中国与现代资本主义接触后，在广泛破产与社会资金被吸收到都市的

---

① 王亚南:《中国经济原论》,生活书店 1948 年版,第 88 页。

② 王亚南:《中国经济原论》,生活书店 1948 年版,第 90 页。

场面下，广大农村的高利贷业益形猖獗。

中国大体有三个利息基准在起作用。第一是外人在华银行的利息基准，一般在4%至8%之间，外人银行利率各和其本国一般利率、金融状况及对华资本政策保有密切联系。英国银行较低，日本银行较高。它们对华人和外国人的存款实行差别利率，特别在战乱时，华人存款不仅没有利息，往往还须交付保险费。第二是中国银行和钱业的利息基准，一般在9%至20%之间。银行利率一般低于钱庄利率。有的银行还保留着浓厚的高利贷性质。第三是旧式高利贷业的利息基准，一般在24%至300%之间。接近城市的地区低于远离城市的地区。如果利率低到24%以下，则不如购买土地，故24%就成为高利贷利率的下限。

中国的产业利润始终没有摆脱利息的桎梏。它受到“代表极落后社会关系的高利贷的高利息率，和代表极发达社会关系的外国银行资本的低利息率……双重的打击与破坏”①。前者就贷款而言，后者就存款而言。

中国的产业利润还受到商业利润的支配劫持。中国的新式产业没有取得压倒社会的优势，不可能形成平均利润。许多近代国家的初期产业，有的能获得较高的利润，大部分要归因于经济以外的力量的支持。而中国不但不曾受到那种力量的支持，反而受到了那种力量的阻害。“中国近代商业的买办性，其本质就是排斥产业的。它在国际资本的作用下……不需要也不能更为中国产业服务。”②新式产业不能发达，旧式的落后产业却在国内外新式产业的影响下面临了破灭的绝境。产业变成了商业的服务者，它的利润只能从商业利润中分派出来。

在产业利润难有把握的前提下，生息资本和高利贷资本的交往更为密切，社会资本主要是把商业利润和生息资本利息作为流通的关键。生息资本利息率成了商业利润的要求指标。抗战以后情况有变化，“商业利用战时种种有利条件，利市百倍，生息资本利息，已显得黯然无光了”③。这样，商业利润率反过来或隐或显地成了生息资本利息的指标。但不论怎样变化，最后都是把国内大大小小的生产事业作为牺牲。

(五)中国的工资形态

与现代资本主义接触以后，中国独立生产者发生的变化有以下一些特点：首先，农村的家内工业和独立手工业加速破产，适合次殖民地要求的工

---

① 王亚南：《中国经济原论》，生活书店1948年版，第115页。

② 王亚南：《中国经济原论》，生活书店1948年版，第118页。

③ 王亚南：《中国经济原论》，生活书店1948年版，第123页。

场手工业突破了原来的官业方式，变成了私人老板们的经营。“全国大大小小的都市，都是以所谓商会作为对外的政治性的代表。由都市到农村的大大小小的产业单位，差不多都是在商业资本作用下活动着。”①在这种劳动形态下作业的人，或多或少地变为“商业的血汗劳动者”或“商奴”。其次，新发展起来的各种工厂工业或大工业，在技术、资力、组织及经营方面有极大的脆弱性。“一个突然起家的暴发户工业家，或商业的工业家，或政治性的工业家，对于他所支配的劳动力的管理及其劳动力的利用，比较起那些由独立手工业者变成老板，再进而变为工业资本家的人，他们不但是不肯怜惜，不肯保护，且也是不知道怜惜保护的。”②而一切由官办或官督办的现代型企业，则很容易变为一个“衙门”、一个“肥缺”，劳动者则成为“官奴”。最后，大批的农民离开农村，成为店伙、工资劳动者、苦力。留在农村的或作年工、月工，或作自耕农、佃农。由于产业不能顺利发展，游离出来的劳动者无法在都市找到工作，成为游民。“以前由隶农提供最大可能限度的剩余劳动生产物，现在由土地经营者给予最小可能限度的必要劳动生产物，而此必要劳动生产物部分，还大体货币化为工钱。”③

在中国的外人产业一般能获得超额利润，生息资本与商业资本有使人难以置信的利息与利润率，地租率高得使人难以想象。原因有许多方面，而最基本、最本质的原因在于工资形态。“现代资本主义的果实，差不多有许多是用妇女儿童劳动的血汗灌溉成功的。”④女工、童工的工资比成年男工低许多，使用妇女、儿童还可以压低成年男工工资，更进而压低妇女、儿童的工资，是一个杀人不见血的好手段。

在使用各种原始手工业工具的各种行业中，除同样使用女工、童工外，还实行以下一些劳动制：一是学徒制，劳动时间长，只换到一点粗恶的饭食，而不给工资。二是家长制，一切照老板的意志行事，由老板决定报酬。三是血汗制，把工作领回家中的最有剥削性的计件劳动形态，报酬低到几乎使人难以相信的程度。四是包工制，由包工头从厂商那里承包下来，再由一些分包者配给劳动者工作，发挥层层剥削之能事。这些劳动制最适合工场手工业及各种形态的作业坊实行，商业资本家则把老板变为自己的经纪人，作为其资本增殖的温床。

---

① 王亚南：《中国经济原论》，生活书店1948年版，第137页。
② 王亚南：《中国经济原论》，生活书店1948年版，第138页。
③ 王亚南：《中国经济原论》，生活书店1948年版，第139、140页。
④ 王亚南：《中国经济原论》，生活书店1948年版，第143页。

农村有1 500万名左右的雇农。除了极少数的富农外,雇佣劳动的人差不多是一些连简单农具都不齐备的中小农及佃农。“他们并不是因为备有较好农具,备有得力牲口,才雇佣劳动,反之,却往往是因为备置不起这些劳动条件,才以劳动力来补充代替的。”①这说明劳动力价格平均要在畜力、农具备置费以下。各种落后的离奇的雇佣劳动关系就因此产生出来。

(六)中国的地租形态

地租是中国存在的最广泛的经济现象。在全国的耕地中,租耕地约占60%左右。土地出租一般采取契约的方式。货币地租所占的比重极少。租额一般占土地生产物50%以上,有的高达百分之七八十。

“资本制的绝对地租与相对地租的产生,都只有在平均利润法则已经在贯澈(彻)其作用的情形下才有可能,由平均利润以上的超额利润转化成的地租,乃是资本制地租不同于前资本地租的本质区别。”②平均利润法则的作用要以商品货币经济的发展作为前提条件,因此判别中国社会的地租是否具有资本主义的性质,要分别考察几个问题:(1)中国农产品是否大部分被当作商品生产出来;(2)作为商品流通手段的货币是否大体具有统一的本位货币的机能;(3)土地是否已能被当作不受传统关系拘束的商品而自由转移。在这三方面,中国的条件都还不具备。

中国的全部耕地中,自耕地约占40%,其中大部分属于小土地所有。这些土地多半是较劣等地,小土地所有者在极不利的条件下从事生产。他们为社会提供的剩余生产物并不算少,这是被更低地压在普通生活水准以下的结果。大土地所有制原是资本主义经营所要求的,但中国的大土地所有仅是地权的集中,而非地段地块的集中。中国地主阶层购买或混夺土地,其目的不是为了准备从事大经营。他们宁愿保有多数的中小型田庄,“而中国传统的诸子平分遗产制,更加强了这一倾向”③。地权集中与经营分散,大土地所有与小经营,是中国近代土地所有形态的一个特征。

在中国,机械这个因素,差不多稀罕到要从农业资本中除去的程度。其他包括在生产成本项下的劳动条件,如农具、畜力、种子、肥料、灌溉沟垄等,也许只有经营地主、富农及一部分境况较好的中农乃至极少数贫农能够维持。我们可以由农业资本构成,以及由这种资本构成下的劳动条件,看出中国地租的落后特质。各种落后的离奇的雇佣关系就因此产生出来。“土地

① 王亚南:《中国经济原论》,生活书店1948年版,第148页。
② 王亚南:《中国经济原论》,生活书店1948年版,第156页。
③ 王亚南:《中国经济原论》,生活书店1948年版,第165页。

还是农村一切社会生产关系结成的枢纽；土地还不是把它拿来利用资本，而是把它拿来利用劳力；土地还是农业上累积资本的最主要手段……资本不过在极其有限的场合，表演着帮手的任务罢了。"①

在落后的社会，农业剩余劳动生产物是财富的基础。在土地被独占的情况下，农业剩余生产物一定会通过地租方式提供于土地所有者，这种社会的财富积累等于是地租的积累。"通体说来，地租上的累积，差不多是我们农村的累积一般。"②而商业资本及高利贷资本始终作为它的保驾大臣，护卫着它向前进发。与现代资本主义接触后，驱使地租转移到都市方面去。流到都市的资金除了胡乱消费外，只有地皮市场、金融市场、公债市场是最简便的出路，愈来愈远离其发源地。留在农村的积累，还是用来购买土地或贷放。在晚近，一部分地主兼营碾米、制糖、酿酒、榨油、织布一类农村制造业，更多的是兼营农村市集的商店。"不过，用在这些方面的地租蓄积，一定很快就会以更大得多的数量，回流到土地上来。"③

（七）中国的经济恐慌形态

中国历史上每个王朝的兴废，无一不是依照其经济循环变动关系而产生，与任何其他封建社会发生的经济危机相比，具有较大的全面性、社会性和必然性。但对照现代型的经济恐慌，就会发现出它那地方的、局部的、自然的、偶发的诸性格。封建经济的全结构建立在土地上，封建社会经济恐慌的表象总是以土地生产物不够消费，直接生产者不能得到最不可少的生活资料的事实体现出来。

与现代资本主义接触后，中国传统的经济恐慌形态改变了原有的内容和姿态，而资本主义恐慌的必然性、规律性及其一般性仍不可能从中国经济组织内部呈现出来。中国现代经济恐慌的现象为：(1)在整个现代化的过程中，表现为天灾、战乱、农民大批离村以及失业、破坏、饥饿等事态的经济恐慌，似乎就不曾离开过我们。(2)愈到晚近，经济恐慌愈表现出一种二重性：一方面一直为自己内在的灾难所困厄，另一方面又愈把它的恐慌当作国际市场或资本主义世界的经济大恐慌中的一部分而发生成长起来。(3)因为有上述二重性起着交互作用，中国的经济恐慌就格外显得是参差的、多面的、颇不明确的。

中国是小商品生产成为一般商品生产的社会。在这种社会中，商业支

① 王亚南：《中国经济原论》，生活书店1948年版，第173页。
② 王亚南：《中国经济原论》，生活书店1948年版，第174页。
③ 王亚南：《中国经济原论》，生活书店1948年版，第176页。

配产业，商业利润规制产业或农业利润，利润又被利息所规制。在对外贸易日益扩展的过程中，生产物不但变为国内市场的商品，而且变为国际市场的商品。不等价交换成了永续入超的一个重大原因。这样，作为中国逐年积累基础的剩余劳动农产品就有可观的部分被集中到国外去了，或者作为国际资本被投到中国沿海大都市的各种偏于商业性的企业上了。商业、高利贷及赋税乃至地租等，把农村可能挤出的资财吸进都市，再注到国际资本的大蓄水池中。“因此，我们的农业的、生产不足的、慢性的经常化的经济恐慌，便是在上述这一列经济运动——小商品生产，商业使生产物变为商品，商业支配产业，商业利润高过产业利润，利润受规制于利息、各种不等价交换，资本向都市向外国集中，农村各种原始资本形态的相互作用为资本在它们之间的流转，劳动驱逐机具，甚至驱逐畜力——所联同体现出的诸种法则作用下产生的。”①

五、中国商业资本论

《中国经济原论》附有王亚南的附论若干篇。初版的附论共 5 篇：《中国商业资本论》，《中国商业资本与工业资本间的流通问题》，《中国公经济研究》，《政治经济学在中国》，《中国经济学界的奥地利学派经济学》。最后一篇原属《经济科学论丛》，以上已有论及。本节再述其《中国商业资本论》的基本观点。

《中国商业资本论》发表于《广东省银行季刊》第 2 卷第 4 期，1942 年 12 月出版。从《中国经济原论》的初版开始，都作为附录之一。这是王亚南对中国商业资本的历史和现状作出的经济学的分析。他指出商业资本在中国经济中的特殊地位说：“我们即使把今日中国整个经济问题的症结，单从商业资本这个视野来求得说明，纵会不是最本质的，最根本的，但却无疑要涉及最本质的最根本的问题上去。”②这说明中国的商业资本问题是一个有关经济的全局性的问题。

王亚南说：“商业资本是原始社会以后的一切社会都存在着的经济形态。它的全部历史，充分显出了它的活动所依据的全部法则。”③中国历史上每个王朝的兴废，差不多都伴随着商业资本的兴废。“商业资本借着每个王

① 王亚南：《中国经济原论》，生活书店 1948 年版，第 196 页。后来的版本将“为资本在它们之间的流转”改为“及其对生产的破坏性影响”。

② 王亚南：《中国商业资本论》，《中国经济原论》，生活书店 1948 年版，第 201 页。

③ 王亚南：《中国商业资本论》，《中国经济原论》，生活书店 1948 年版，第 202 页。

朝的兴起，而得到再生的机会，等到它扩大起来了，随即就对它借以再生的王朝，无情的侵蚀其存在的物质基础。”①中国历史上每个重要的王朝，在建立之始必然会尽一切可能的方法促使社会生产力的恢复和再生，以便农利农为要政，讲求水利，改造农业生产技术，薄税敛，设置劝农力田官吏等。对于商业，封建统治者在理论上是敌视的，在实际上也不绝采行敌视、钳制的步骤，以限制其分润农业剩余生产物。“所以封建社会的整个经济政策，总是把重农抑商作为它的骨干。”②

但每一个新王朝的统一局面和休养生息政策，却大大促成了商业的繁昌。商业发达到一定限度，把原来可以助成农业的作用转化为破坏农业了。封建社会商业的交换对象差不多都是农产物。商业愈发展，被消费的对象愈多，封建上层社会的消费欲望愈加会受到刺激，而农民用地租、赋税名义提供给他们的农业剩余生产部分越增大其比重。“租税不论是侵蚀到了农民的生活费，抑是侵蚀到了他们的生产费，再生产规模是会相应受到拘束或缩减的，一旦再生产不能维持，租税所自出的经济基础，就定会发生动摇。”③结果是土地向商人豪民手上集中，农民相率离开生产过程。

商人势力的发展，封建社会传统的抑商政策便被暂时搁置起来，而采取一种向商贾豪民妥协的方案了。封建主义到了使自己商业化的阶段，必然会把一切对农业生产有利的措施放在一边，同时更由浪费与不生产支出的增大和租税收入的减少，而对勉强留在农村挣扎的农民采行更无情的剥削。天灾人祸及瘟疫流行，迫使农民到处流亡，而选择铤而走险的道路。由是到处发生战乱，社会生产力遭受根本破坏，实物地租及商品货币关系的基础连带丧失无余，不仅是贵族领主，就连豪商猾吏也成为这一代封建体制的殉葬品。

对以上论述，王亚南归纳说：“上述中国历代商业资本兴衰存亡的演变关键，只有从中国封建社会的发展法则的作用才能得到说明，而这一法则，却还是挽（晚）近广义经济学研究的成果。”④

接着，王亚南分析了鸦片战争以后的中国商业资本。他说：“对外贸易关系之拓展，确实为中国商业资本开辟了一个新的纪元，或者说，已在它原

① 王亚南：《中国商业资本论》，《中国经济原论》，生活书店 1948 年版，第 203 页。

② 王亚南：《中国商业资本论》，《中国经济原论》，生活书店 1948 年版，第 204 页。

③ 王亚南：《中国商业资本论》，《中国经济原论》，生活书店 1948 年版，第 204 页。

④ 王亚南：《中国商业资本论》，《中国经济原论》，生活书店 1948 年版，第 206 页。

来的新陈代谢的细胞中注入了新的血液。”①中国商业活动的对象增多、增大了；商业活动的范围大大扩展了；商业活动的性质有了重大的改变，被卷入了国际资本的漩涡，愈来愈成为后者的尾巴。先进的资本主义国家不能容许中国商业资本向产业资本转化，而要使它成为买办型的商业资本。

中国商业资本与高利贷资本、土地资本三位一体的传统，在外资侵入以后，逐渐发生变化。商业资本活动范围逐渐扩大，活动对象不绝增加，它的注意力被众多的诱惑物所分散了。都市的兴起，吸收了大量的游资。农村土地集中的现象虽然不曾中止，但因大量游资集中到大都市而有所缓和。但抗战以后，特别是 1941 年 12 月英美对日宣战以后，中国的对外通商口岸相继被敌人占领，商业资本活动的对象和范围大为缩减，于是又逐渐向土地方面集中。土地投资有三种利益吸引着商业资本：一是土地价格随着物价的高涨而迅速增高；二是土地的生产物亦在不断上涨；三是地租额借租率抬高而增大。

王亚南分析了中国商业资本在当前所造成的危害。他认为物价暴涨、操纵、囤积虽同商业资本的非法活动有关，但商业资本的本质破坏作用还不在此。“商业资本在流通过程所表现的罪戾，正是它在生产过程所已经造成的罪戾作为前提。”②战争期间，商业资本对产业资本的控制扩展到了空前未有的程度，简直把新式、旧式各种形态的工业生产生机窒息打杀无余了。“生产比之流通是本质得多，根本得多的，商业资本如其不是在生产过程窒息着阻抑着生产活动，它在流通过程的猖狂妄行，就会大大受到限制。”③王亚南特别重视商业资本的本质危害，以致在其他问题上都表现了宽容。如国民政府实行通货膨胀政策与商业资本活动的关系，他肯定通货膨胀会大大助长商业资本的势焰，但又强调不能倒果为因，“说商业资本的猖獗，原本就是由于通货膨胀”④。对于抗战时期政府实行的专卖和新税制政策，王亚南指出目的诚在抑商，结果却使商人抬高物价有了更充分的理由。

对于抗战时期国民政府对待商业资本的政策，王亚南总结了两个基本观点：第一，中国的商业资本与先进资本主义国家的商业资本的本质不同、作用不同，从而对它的管制方策亦不能一样。第二，任何管制办法是否有

① 王亚南：《中国商业资本论》，《中国经济原论》，生活书店 1948 年版，第 207 页。

② 王亚南：《中国商业资本论》，《中国经济原论》，生活书店 1948 年版，第 217 页。

③ 王亚南：《中国商业资本论》，《中国经济原论》，生活书店 1948 年版，第 218 页。

④ 王亚南：《中国商业资本论》，《中国经济原论》，生活书店 1948 年版，第 219 页。“的猖獗”三字系据后来的版本补入。

效，要看实行的诸前提条件是否充备，还要看相并施行的其他办法给予何种程度的奥援。专卖制度，交通、金融管制等都是钳制商业资本的有力武器，但这种武器的发挥威力，是不能单凭挥舞者一时的兴趣的。

最后，王亚南指出，“在最近的阶段，商业资本已像表现了强弩之末的趋势”①。这是当前从交通、专卖、金融管制等方面限制商业资本产生的结果。王亚南认为，这也是社会本身的不幸。在中国历史上，商业资本不止一次地对中国整个经济的发展起着破坏的作用，但近世欧美各国的商业资本，却大有助于其产业资本的育成，可见不能笼统地视商业资本为大逆不道的事。应当依据现代经济科学指示的途径，因势利导，使其转向有利于一般经济发展的范围，而其前提条件是消除它向着土地方面、高利贷方面转化的可能性。“无论如何，总是应当做到非生产者不得购买土地，不得拥有一定限量以上的土地；生产者不得丧失土地，不得保有一定限量以下的土地”②。然后再从交通、金融、专卖、赋税诸方面对商业资本所加的一切管制，不致在基本的生产事业上发生间接的破坏作用，促使商业资本的蓄积转向对社会有利的用途上去。在这种情形下，商业资本就不是可诅咒的资本，商人就不是可诅咒的人；产业资本渐渐支配了商业资本，商业资本不再是产业或生产事业的破坏者，而是它的成全者了。

要实现这种转化，一个最基本、最有决定性的条件就是土地所有关系与使用关系的改革。对此王亚南指出：“孙中山先生在民生主义经济中，特别把土地问题和资本问题提出来作为金融经济国策的骨干，他是充分理解到了中国在现代化过程中的一切经济问题，是不能不顾及中国社会的本质，和中国各种经济形态所分别具有的特殊运动法则的。”③

六、中国官僚资本论

《中国经济原论》1947 年版又增加了王亚南的两篇新作《中国官僚资本之理论的分析》和《中国官僚资本与国家资本》为附论，使《中国经济原论》附论增至 7 篇。《中国官僚资本之理论的分析》全文发表于 1947 年 3 月 25 日的《文汇报》，《中国经济原论》的附论仅选其“最扼要的两节”④，两节的标题为“我们应当怎样理解官僚资本”和“官僚资本的作用及其后果”。1988 年出

① 王亚南：《中国商业资本论》，《中国经济原论》，生活书店 1948 年版，第 222 页。
② 王亚南：《中国商业资本论》，《中国经济原论》，生活书店 1948 年版，第 223、224 页。
③ 王亚南：《中国商业资本论》，《中国经济原论》，生活书店 1948 年版，第 225 页。
④ 王亚南：《中国经济原论》，生活书店 1948 年版，《新版序言》第 4 页。

版的《王亚南文集》第3卷中亦收《中国官僚资本之理论的分析》，虽仍注明“节选”，但共分4节，内容已比较完整。

王亚南指出，抗战结束后，“官僚资本”已变成一个流行语，已“取得了讨论官僚资本的某种限度的‘自由’了”[①]。但一般人对于官僚资本的认识还感到漠然。他提出官僚资本有三个具体形态：“一是官僚所有资本形态，一是官僚使用资本形态，一是官僚支配资本形态。”[②]这三者具有相互的依存性和融通性，离开了其中之一就不能完整地了解官僚资本。在分别论述官僚资本的三个形态后，王亚南对官僚资本下了一个总的定义：“所谓官僚资本，应是在特殊社会条件下，为官僚所拥有所运用所控制的诸种资本之有机结合的总称。”[③]官僚资本有三个基本特征：第一，官僚资本的三个形态都是以官为其发生联系作用的枢纽；第二，官僚资本的产生与发展，应从特定社会政治关系中加以理解，同时也是特定社会政治关系的产物；第三，官僚资本以第一形态为基本形态，但第二、第三两种形态不但同样重要，甚或更加重要，没有这两种形态，第一形态也许根本就不易产生，即使产生，也恐怕难以形成官僚资本。

王亚南分析了官僚资本形成的历史。他指出，西汉时的官僚兼作商业和高利贷业的活动，并进而为国家从事有关盐、铁、酒等的生产企业及市场独立经营。他们的活动范围过于狭窄，其所得并不是用作扩大再生产的积累资本，而主要用于消费，也可能用来兼并土地，故不易形成官僚资本。到了19世纪中期至20世纪初期，中国已有现代型的资本活动，官僚资本亦随之萌芽。“李鸿章、盛宣怀、张季直辈的大财富与经营，为我们提供了当时官僚资本萌发的榜样。”[④]因为当时官僚资本的第二(运用)形态和第三(支配)形态还没有广泛形成，其第一(所有)形态的存在与发展也不能不受到限制。

王亚南认为，由于中国产业资本的发展受到限制，使抗战以前中国的官僚资本只能表现为银行资本。国民政府在1935年利用当时的金融危机实现了金融垄断，在这个限度内，可以说抗战前的官僚资本表现为银行资本。但王亚南所说的银行资本却是指国民政府实现金融垄断前的所谓“江浙金融资本”，而并未特别点出直接由国民政府控制的金融垄断资本的形成。这既

---

① 王亚南：《中国官僚资本之理论的分析》，《中国经济原论》，生活书店1948年版，第251页。

② 王亚南：《中国官僚资本之理论的分析》，《中国经济原论》，生活书店1948年版，第252页。

③ 王亚南：《中国官僚资本之理论的分析》，《中国经济原论》，生活书店1948年版，第254页。

④ 王亚南：《中国官僚资本之理论的分析》，《王亚南文集》第3卷，福建教育出版社1988年版，第343页。

没有击中要害,而又将当时中国的官僚资本扩大化了。王亚南对中国新兴的银行业一直持批判态度①,将它们等同于中国的官僚资本也是这种态度的表现。

抗战时期是中国官僚资本的大发展时期。王亚南指出,抗战发生以后,"所谓国家经济统制经济的范围尽量扩大起来了:由生产到配给,由交通到金融,凡属经济所在的地方,就是政治所在的地方,同时也是官僚魔手所触及的地方"②。各级军事政治部门,差不多都在讲各部门经济的"自给自足"。资源委员会是首屈一指的国营工业机关,在1943年已有78个所属单位。军政部、交通部、粮食部、财政部、农林部、教育部、社会部、赈济委员会、国家银行、省政府、县政府以及社会公团都有自己的工厂。还有许多私营企业遭受官方或官僚的管制,由官僚支配资本形态变为官僚所有资本形态。到抗战胜利前夕,几乎全部由官僚摆布的公私企业都陷于破产危机中。胜利后敌伪遗留资产使官僚资本绝处逢生。"今日在全国各大城市,不论是依国营名义,依私人名义,抑是依半公半私名义所活动着的各种企业,恐怕有最大部分是由于敌伪资产的'润泽'。"③

关于官僚资本的作用,王亚南指出,官僚资本在实际的活动和运用上,都同借贷资本有密切的关系。"高利贷或借贷资本,是官僚们之政治势力在经济上的扩大与延长。"④大大小小的官僚都把金融事业作为其开展经济事业的出发点。金融业的大利益,并非在金融活动本身,而是在于借此以接近或参与一切有利可图的公私企业部门,参与的方式五花八门。结果就使官僚金融活动变成整个官僚资本活动的重心。

关于官僚资本作用的后果,王亚南指出了以下三种显著的倾向:(1)独占资本化。凡独占经营所获得的利益,都来自未享有同等优待的同类事业的损失。独占利益本身又往往会成为未享有此种利益的同类事业特殊化或官僚化的诱因。未享受独占利益的民间企业为了避免自己的没落,只得让那些握有政治经济权势的人参加进来。(2)政治资本化。独占利益非靠官

---

① 在《中国经济原论》中,王亚南分析了中国银行业的三个特质:高利贷性、财政性、商业性(第75、76页)。在《中国官僚资本之理论的分析》也说:"中国的银行资本,具有三种特殊性格,一是财政的,一是高利贷的,一是商业的"(《王亚南文集》第3卷,第344页)。他没有对中国新兴的银行业作过肯定的评价。

② 《中国官僚资本之理论的分析》,《王亚南文集》第3卷,福建教育出版社1988年版,第345页。

③ 《中国官僚资本之理论的分析》,《王亚南文集》第3卷,福建教育出版社1988年版,第350页。

④ 王亚南:《中国官僚资本之理论的分析》,《中国经济原论》,生活书店1948年版,第255页。

靠政治势力不可。独占利益的大小同官的大小、政治权势的大小有直接关系。另一方面,官要保持或扩大自己的政治权势往往得看他们是否运用、控制大量的官僚资本,官僚资本又变成了政治权势取得的前提条件。所以除极少场合外,政治派系之间的倾轧或斗争实无异于官僚资本独占权的分配斗争。(3)买办资本化。官僚资本一开始活动就和买办资本结了不解之缘,最初就以孪生兄弟的姿态出现。国际资本在落后地带发生支配作用,在未完全殖民地化的国家,必须通过这种国家的政治支配者,给支配者以某种利得才行得通。官僚资本的政治资本化完成以后,则会进一步加强买办资本化的倾向。一是因为参入了有力的外国资本的力量,就能取得国外的有力支持;二是因为官僚资本越来越使全国产业变成全身瘫痪的状态,只能全面对外依赖,也就是全面的买办资本化。

王亚南将社会上惩治官僚资本的主张归纳为三点,并作了分析:(1)禁止官僚从事商业活动。他指出,抗战时期不时见到这类条文,但没有一个聪明的官吏,肯自己出面做生意的。个别官吏或下级职员以小买卖补助生活所需,犯法的恐怕就是他们。“而那些把整个国家资本‘国营’事业控制在自己手中,作着种种不法行动(如利用职权作着黄金外汇投机并强制兼并私人企业之类)的大官们,一点也不会抵触法令。”[①](2)厉行自由经济政策,缩小管制经济范围。王亚南肯定实行这一条比前一条要有效得多,但问题在于,所谓自由经济政策由谁来定,又由谁去执行?“其所以敢于‘定下’,勇于‘通过’,就是因为他们分明知道,对于任何政策及详细明确的规定,他们都有摆在一边不去过问的‘自由’。”[②](3)登记官僚财产。王亚南指出,说起来,这办法是最彻底不过的,但也无法实行。如立法院若干委员问前行政院长宋子文在美国有多少存款时,美国就以“事关私人经济活动,未便加以干涉”作答。

这些办法都行不通,王亚南分析其原因为:“我们社会的半封建与半殖民地性,一直都潜存着我们那种官僚资本形态形成的诸般条件,只要一有诱发的因素作用着,那种资本活动就猖獗起来了。”[③]只有扬弃了封建生产关系,建立起新兴产业资本家要求的社会、法律秩序以及法治精神,才能限制

---

① 《中国官僚资本之理论的分析》,《王亚南文集》第 3 卷,福建教育出版社 1988 年版,第 359 页。

② 《中国官僚资本之理论的分析》,《王亚南文集》第 3 卷,福建教育出版社 1988 年版,第 360 页。

③ 《中国官僚资本之理论的分析》,《王亚南文集》第 3 卷,福建教育出版社 1988 年版,第 361 页。

官僚资本的活动，而所谓公营事业或私营事业也不会转变为官僚资本。

第五节　薛暮桥的经济思想

一、参与农村社会性质论战的薛暮桥

薛暮桥(1904～2005)，江苏无锡人。1927年参加中国共产党，从事铁路工人运动。1932年参加陈翰笙领导的中国农村调查工作。1933年任广西师范专科学校教师，讲授农村经济。1934年参加中国农村经济研究会，同年10月至1938年7月任《中国农村》主编。随后加入新四军，任新四军军部教导总队训练处副处长。1941年任抗大五分校训练部长。1943年春任山东战时工作委员会(省政府)委员兼中共中央山东分局政策研究室主任，10月主持新成立的山东省工商管理局工作，1945年8月任山东省政府秘书长兼实业厅长。1947年10月任中共中央华北财经办事处副主任兼秘书长。1948年5月任中央财经部秘书长。新中国成立后，历任政务院财经委员会秘书长兼私营企业局局长、国家统计局局长、国家计委副主任、国家经委副主任、全国物价委员会主任、中国科学院哲学社会科学学部委员、博士生导师、国家计委顾问兼经济研究所所长、国务院经济体制改革办公室顾问、国务院经济研究中心总干事、国家经济体制改革委员会顾问、国务院经济技术社会发展研究中心名誉主任、第六届全国人大常委等职。2005年获首届中国经济学杰出贡献奖。著作有《中国农村问题》、《封建、半封建和资本主义》、《战时乡村工作》、《经济学》、《论新民主主义经济》、《工商管理工作的方针和政策》、《中国革命问题》、《中国农村经济常识》、《政治经济学》、《抗日战争时期和解放战争时期山东解放区的经济工作》、《计划经济与价值规律》、《中国社会主义经济问题研究》、《八十年代的中国经济》、《中国国民经济的社会主义改造》、《社会主义经济理论问题》、《论中国经济体制改革》等，编有《薛暮桥学术精华录》、《薛暮桥学术论著自选集》、《薛暮桥晚年文稿》等。

《中国农村》是中国农村经济研究会编辑出版的刊物，1934年10月10日创刊，1943年6月被国民政府查禁停刊。共出版8卷，除第4、5卷为半月刊外，其余均是月刊。《中国农村》创刊之初，即进行了中国农村社会性质的论战。“当时关于农村社会性质的论战主要是集中在两个定期刊物上进行。一是由邓飞黄主编的《中国经济》，一是由‘农研会’发行的《中国农村》。集中在前一刊物上发表文章的主要是王宜昌、张志澄、王毓铨等人，此外，他们

还在天津《益世报》的副刊‘农村周刊’上发表文章。他们与任曙、严灵峰采取同一个立场。集中在后一个刊物上发表文章的有孙冶方、钱俊瑞、薛暮桥、陶直夫(即钱俊瑞)等。这两个刊物代表了论战双方两种根本对立的观点。”①

《中国农村》还展开了对乡村建设派的批评。乡村建设派主要是倡导乡村建设理论的梁漱溟和平民教育促进会的晏阳初领导的两个派别。1935 年中国共产党提出建立抗日民族统一战线主张后,该刊响应党的号召,对两派采取联合、团结的态度,取得了一定的效果,争取了其中的许多青年乡村工作者。

薛暮桥在中国民主革命时期的经济思想反映在两个不同的阶段。前一阶段有大量文章在《中国农村》发表,其经济思想以研究农村经济方法论和中国农村社会性质论为代表。后一阶段在负责山东解放区经济工作期间,有关于各项经济工作的论述,总结实际工作经验,提出了很多从实际出发的经济理论和经济政策主张。

二、研究农村经济的方法论

1934 年,薛暮桥发表《怎样研究中国农村经济》,讨论研究农村经济的方法论问题。他指出:“在中国,农村问题底有系统的研究,大概只是十年以内的事情。”②农村经济科学在这时期的迅速发展,主要原因约有三点:一是近几年来中国农村的到处破产,二是农民每每成为中国近年来伟大事变的中心,三是农村经济研究对于中国社会性质的认识占有重要地位。

研究农村经济,需要明确研究对象。薛暮桥批评了几种有代表性的观点:

1. 以自然条件为主要研究对象

古楳提出中国农村破产的原因是“人口过剩”和“耕地不足”两项。薛暮桥批评说:“一般醉心马尔萨斯《人口论》的学者,于是一唱百和,认为这是中国农村破产底根本原因。果真如此,那末中国农民除掉大批死亡之外便无其他出路。”③他指出,“人口过剩”和“耕地不足”是由于受现存生产关系的阻

---

① 《薛暮桥回忆 30 年代中国农村社会性质论战有关情况》,周子东等:《三十年代中国社会性质论战》,知识出版社 1987 年版,第 124 页。

② 薛暮桥:《怎样研究中国农村经济》,《〈中国农村〉论文选》(上),人民出版社 1983 年版,第 33 页。

③ 薛暮桥:《怎样研究中国农村经济》,《〈中国农村〉论文选》(上),人民出版社 1983 年版,第 34 页。

碍，使大批劳力不能获得必要的土地，又使大批土地不能获得必要的劳力。生产技术愈进步，自然条件对于人类生产的影响愈小。同样的土地和自然条件，有时会产生资本主义的农业公司，有时会产生封建制的小农经营，有时又会产生社会主义的集体农场，这只能研究人与人的社会关系，才能给以圆满的说明。

2. 以生产技术为主要研究对象

以卜凯主持的农村调查为其代表。薛暮桥批评“他们仅仅看到人类同自然之间的技术关系，根本忽视了人同人之间的社会关系”，不懂得技术的进步只有在社会关系容许的限度内才有可能，“除非根本改革社会关系，生产技术决难继续前进”①。中国不能利用机器，决不是“科学不发达”、“教育不普及”所能解释的，主要原因是现存的农业生产关系作祟。他从农民和地主两方面分析了农村不能使用机器的原因。

3. 以封建剥削为主要研究对象

乔元良认为“高度地租”、“卖买不公”和“高利借贷”，即地主、商人和高利贷者三位一体的剥削，是促成中国农民贫困的三个主要动因。薛暮桥肯定这说法比以上两种有进步，但仍未全面把握。他指出，封建剥削已“变成帝国主义经济侵略底工具之一”，“假使我们离开了帝国主义底经济侵略专讲封建剥削，忽视整个经济结构，枝枝节节地来谈农村问题，结果必然陷入改良主义底泥潭之中”②。

4. 以农产商品化程度为主要研究对象

薛暮桥指出，持这种主张的人认为资本主义的生产方式已在中国农业中占有支配地位，现阶段的中国农村破产同资本主义国家的农业恐慌一般无二，忽视农村内部的封建残余。“离开了生产过程来谈交换（商品生产），和离开了生产过程来谈分配（封建剥削）同是要不得的研究方法。”③

在批评了以上四种研究对象以后，薛暮桥再提出自己的主张。他认为，中国农村经济的研究对象应是中国农村的复杂的经济结构，以及直接或间接支配着中国农民的整个经济体系。也就是说，要研究中国农村的生产关系。生产关系并不是固定不变的东西，要认识其发展的阶段和动向，才能在

① 薛暮桥：《怎样研究中国农村经济》，《〈中国农村〉论文选》（上），人民出版社 1983 年版，第 36 页。

② 薛暮桥：《怎样研究中国农村经济》，《〈中国农村〉论文选》（上），人民出版社 1983 年版，第 37 页。

③ 薛暮桥：《怎样研究中国农村经济》，《〈中国农村〉论文选》（上），人民出版社 1983 年版，第 38 页。

混杂的局面中找到一条正确的出路。他还指出，目前的农村研究有两派主张，一派重视具体事实，一派重视抽象理论。“我们研究中国农村经济，当把这两者结合起来：一方面用正确的理论来分析具体事实，另一方面由于事实底分析，理论底内容也就跟着充实起来。”①

1935年在与王宜昌等人争论时，薛暮桥进一步论述了为什么要以生产关系为主要研究对象。他认为生产关系和生产力是质和量的关系：“技术或生产工具底分配，只能表示各类经营之间的规模或‘量底差异’；只有在社会生产关系之中所处地位底不同，才能表示他们之间的方式或‘质底差异’。所以在规定农业经营底社会性质的时候，我们应当以后者（社会因素）为主要的尺度，而以前者（物质因素）为次要的尺度。”②但薛暮桥并没有否定研究生产技术的必要，他引钱俊瑞的话作为“科学派”（马克思主义派）对技术问题的态度：“我们在研究农村生产关系的时候，并不会就排斥对于‘技术’的研究；相反的，我们对于技术也是十分重视。所不同的，我们对于农业技术的研究，第一并不是将那种研究看作最后的目的，而是作为阐明社会关系的必要步骤；第二，我们所要研究的技术，乃是在某种社会经济关系之中活动着的人对自然的抗争形式，而不是孤立的关于自然因素的分析。”③实际上，这些论点的适用范围不仅仅限于研究农村经济，推而广之，也可以用来说明政治经济学的研究对象。它代表了早期的中国马克思主义者对于政治经济学研究对象的正确理解。

三、中国农村社会性质论

明确了研究对象，也就明确了确定中国社会性质的依据。薛暮桥更多地论述了近代中国农业的生产关系和社会性质。1935年，他指出，在对中国农业生产关系的认识上，一部分人认为封建势力仍占优势，一部分人认为已被资本主义生产方式所支配。还有一部分人则认为土地关系是资本主义的，租佃关系是封建的；或政治关系是封建的，经济关系是资本主义的。他以农村调查的材料证明中国农村生产关系的半殖民地半封建性质。

---

① 薛暮桥：《怎样研究中国农村经济》，《〈中国农村〉论文选》（上），人民出版社1983年版，第42页。

② 薛暮桥：《研究中国农村经济的方法问题》，《〈中国农村〉论文选》（上），人民出版社1983年版，第79页。

③ 薛暮桥：《研究中国农村经济的方法问题》，《〈中国农村〉论文选》（上），人民出版社1983年版，第80页。钱俊瑞文为《现阶段中国农村经济研究的任务》，此引文见同书第98页。引文和原文在字序上有两处差异，但不影响文句的意思。

中国农村土地所有权集中，借地经营的佃农和半佃农占多数。薛暮桥对中国近代的地主经济和佃农经济的特点分别作了分析：中国的多数地主出租土地成为收租地主。中国的纯粹佃农绝大多数是贫农，“他们纵然可以成为资本主义农场上的雇佣工人，但是他们自己底经营则仍逗留于前资本主义阶段，这是无可否认的事实”[①]。“中国底土地关系（包括租佃关系）之中无疑地显示着十足的过渡性质：一方面有资本主义的萌芽存在，另一方面封建残余还占相当的优势。在这半封建的土地关系底支配之下，多数农民仍受土地束缚，不能自由自在地向资本主义的道路发展。”[②]

帝国主义对于中国农村经济的影响，薛暮桥将其分为积极和消极两方面。积极方面有二：“第一，它们摧毁中国农村中的自然经济体系，促成农业和手工业的分离，更进一步发展农业本身中的商品生产。第二，它们使中国的农业生产直接间接从属于世界市场，这样它们就能通过了复杂的市场体系而来控制中国的农业生产。”[③]消极方面有三：“第一，由于整个国民经济的发展受了障碍，因而一般地削弱了资本主义农业经营发展中的必要条件——例如能够获得丰富利润的市场价格，资本和进步技术的供给等等。第二，帝国主义对于农村劳动大众的政治上和经济上的榨取，阻碍了农业资本的蓄积；这使农业的再生产一般不能扩大，甚至于连原有规模上的单纯再生产都很难持续。第三，帝国主义者的勾结残余封建势力，利用它来榨取中国农村劳动大众，会使资本主义农业经营的发展更为困难。”[④]

薛暮桥指出，中国的小农经营大多极度缺乏“资本”，没有能力使用雇佣劳动，“它们不是繁荣的标帜，而是贫困的渊薮”。这些小农经营已经发生质的转变，不过因为这种转变受到了阻碍，没有能够彻底完成。中国农村封建性的生产形态虽还多少存在，资本主义的生产形态虽已相当发展，可是占优势的却是过渡性的生产形态，即半封建的农村生产关系。近几年来，旧的“封建剥削”在迅速没落，代之而起的不是资本主义的剥削，而是新的“封建剥削”。“这种新的‘封建剥削’一面帮助帝国主义和银行资本来统制农业生

---

① 余霖（薛暮桥）：《中国农业生产关系底检讨》，《〈中国农村〉论文选》（上），人民出版社 1983 年版，第 158 页。

② 余霖：《中国农业生产关系底检讨》，《〈中国农村〉论文选》（上），人民出版社 1983 年版，第 159、160 页。

③ 余霖：《中国农村社会性质问答》，《〈中国农村〉论文选》（上），人民出版社 1983 年版，第 171 页。

④ 余霖：《中国农村社会性质问答》，《〈中国农村〉论文选》（上），人民出版社 1983 年版，第 171、172 页。

产，一面又维持着半封建的农业生产方式；它是中国现存农村社会机构上的特殊的产物。"①

中国农村还存在富农这一阶层。薛暮桥指出，富农经营在农村经营总数中所占的比重虽然很少，但使用农田的面积却相当可观，估计要占全国农田总数的五分之一。中国的所谓富农并不全是农村的资产阶级，地主化的富农在富农阶层中占有不很小的比重。在工商业不发展的地方，富农经营往往比较发展，而且带有更强的封建性。在指出上述一些情况的同时，薛暮桥也提出不能忽视中国富农在封建外衣中所包含着的资本主义的特质，他们的经营大多主要依靠雇佣劳动。近几年来，由于农业恐慌的袭击，富农经济有衰落趋势。

对于中国农村的高利贷资本和商业资本，有许多农村经济学者将它作为封建社会的范畴，并以此证明中国农村社会的半封建性。薛暮桥提出了不同意见。他说："高利贷和商业资本从来没有建立过自己底特殊的社会形态，它底社会性质是要取决于它所依附着的生产方式。假使我们承认中国农村中的高利贷和商业资本已经成为都市资本乃至国际帝国主义资本深入农村，控制农业生产，榨取农民的触手，那末不管它底来源如何悠久，不管它底榨取如何苛重，它已成为整个资本主义体系底最后的一环"②。这是指都市资本和国际资本深入农村后的情况，在尚未实现这一深入的中国其他农村地区，高利贷资本和商业资本自然仍具有传统的封建性。

最后，薛暮桥将中国农村的现实情况表述为：资本主义生产方式和封建性的生产方式错综地并存；在农业恐慌和灾荒的夹击之中，资本主义经营异常脆弱，封建残余仍普遍存在，并占有相对的优势。

1937年，薛暮桥写成了《封建、半封建和资本主义》一书，讨论了封建社会、资本主义社会、帝国主义与殖民地社会等社会形态。针对有人将技术或生产工具，或是商品生产作为区别社会性质的标志，他指出："我们研究社会性质所要特别重视之点，不是技术或者生产工具，而是社会生产关系；不是商品生产的发展程度，而是生产方式本身是否已经发生变化。（当然，技术，尤其是商品生产也要研究，不过比较次要而已。）"③从社会生产关系来分析

① 余霖：《中国农村社会性质问答》，《〈中国农村〉论文选》（上），人民出版社1983年版，第179页。

② 余霖：《介绍并批评王宜昌先生关于中国农村经济底论著》，《〈中国农村〉论文选》（上），人民出版社1983年版，第183页。

③ 薛暮桥：《封建、半封建和资本主义》，黑白丛书社1937年版，第6页。

社会性质，首先要研究生产资料（土地和资本）所有者如何利用它来剥削劳动者。“最主要的究竟是地主和农民的对立，还是资本家和工资劳动者的对立？假使两种对立同时存在，那末那里一种对立占着主要地位？这是我们区别社会性质的最重要的标志。”①另外，“在殖民地和半殖民地国家，帝国主义同社会各阶层的关系，也是我们研究社会性质问题时候不能忽视之点”②。

薛暮桥论述了“半封建社会”。他说半封建社会的产生必须具备两个条件：“第一，封建制度已被破坏；虽然封建制的残渣还是广泛地存在着。第二，资本主义的生产方式受着束缚，不能自由发展。”③他提出半封建社会的特征有三条：第一，工业不很发达，农业在整个国民经济中占极重要的地位。帝国主义者不但要使殖民地和半殖民地永远成为一个农业国家，而且要使它们成为专门种植他们所需要的某种农产品的国家。第二，所有新式工业仅限于采矿和若干轻工业部门，以及适应宗主国需要的农产加工工业，而在这些部门，帝国主义资本也常占优势，甚至占垄断地位。大部分民族资本变成代替帝国主义剥削本国劳动大众的买办资本。第三，殖民地侵略者和土著地主占有大部分肥沃土地，用半封建的工偿制和分益制来剥削贫苦农民。虽然商品生产在农业中已相当发展，农民的分化日益显著，但半封建的地主经营尤其是农民经营仍占绝大优势。农村中的最主要的社会关系还是地主（他们上面还有帝国主义）和农民的对立。这些特征正是“殖民地和半殖民地的反封建运动，必然要同反帝国主义运动结合起来的最根本的原因”④。

四、货币论

山东抗日根据地于1938年8月成立北海银行，发行北海银行币，薛暮桥称其为“本位币”、“本币”或“抗币”。开始时山东流通的货币有本币、法币和敌伪货币，三种货币按一定比价流通，比价随着形势的变化而经常变动。根据地政府的重要经济工作之一就是尽量维持本币价值的稳定，同法币、伪币进行货币斗争，采取的基本方针是“停法禁伪”。到1945年春，停法禁伪已大获成功，基本上形成了本币流通的统一局面。

薛暮桥很重视货币斗争在对敌斗争中的作用，他说：“敌我货币斗争的胜负，从根本上说是决定于敌我军事上、政治上的斗争的胜负……但是，货

① 薛暮桥：《封建、半封建和资本主义》，黑白丛书社1937年版，第7页。
② 薛暮桥：《封建、半封建和资本主义》，黑白丛书社1937年版，第7页。
③ 薛暮桥：《封建、半封建和资本主义》，黑白丛书社1937年版，第72、73页。
④ 薛暮桥：《封建、半封建和资本主义》，黑白丛书社1937年版，第76页。

币斗争有它自己的特殊规律，有在总路线、总政策指导下的特殊政策。货币斗争的胜负，对军事、政治斗争的胜负也起一定的反作用。”①

山东根据地的货币工作，主要任务是巩固独立自主的本币市场，稳定物价，促进生产，安定人民生活和保证对外货币斗争的胜利。1947 年薛暮桥指出，战争期间，物价不可能完全稳定，但要“保持物价的平稳上升，希望每年上涨不要超过一倍，而且逐渐上升，避免波动”②。对法币的斗争可以分为两个时期：在 1941 年 12 月太平洋战争爆发以前，法币在解放区可以自由流通，斗争还不尖锐；太平洋战争爆发以后，法币的贬值加剧，斗争趋于激化。对外货币斗争需要政治力量和经济力量的结合，但主要还是依靠经济力量，按市场规律办事。“今天法币的流通是全国性的，法币的币值在全国范围内是相当一致的，一个地区的单独压价，并不能起多大影响，亦不可能长久支持……所以我们如不根据市场的自然规律，而主观主义的来压低法币，对我是没有什么好处的。”③

薛暮桥把本币有效地驱逐法币称为“良币驱逐劣币”。他说：“资产阶级经济学家曾经发明‘劣币驱逐良币’规则。在市场上使用金属货币，劣币（含金量不足的货币）与良币等价流通时候，良币会自动退出市场，被人贮藏起来。如果市场上流通的是不兑现的纸币，各种纸币按照不同的比价流通，那么情况就会相反，不是‘劣币驱逐良币’，而是‘良币驱逐劣币’（不断贬值的纸币）……所以抗日战争时期抗币驱逐法币伪币，没有什么奇怪，是完全合于客观规律的。”④金属货币的“劣币驱逐良币”是由于人们在使用时不愿支付良币，而纸币的“良币驱逐劣币”则由于人们在使用时不愿收受劣币。

如何稳定物价？1947 年薛暮桥提出要注意三点：第一，要调节货币的发行数量，使之能适应市场流通需要，而关键“是要作到财政上的收支平衡”⑤；第二，要掌握重要物资来作发行的准备，如粮食、布棉、生油、食盐等；第三，

① 薛暮桥：《山东抗日根据地的对敌货币斗争》（原注：本文是作者于 1979 年根据 1943 年和 1946 年在山东发表的两篇文章合并改写而成），《抗日战争时期和解放战争时期山东解放区的经济工作》，山东人民出版社 1984 年版，第 169 页。

② 薛暮桥：《山东解放区的财政经济工作》，《抗日战争时期和解放战争时期山东解放区的经济工作》，山东人民出版社 1984 年版，第 17 页。

③ 薛暮桥：《山东解放区的财政经济工作》，《抗日战争时期和解放战争时期山东解放区的经济工作》，山东人民出版社 1984 年版，第 20 页。

④ 薛暮桥：《山东抗日根据地的对敌货币斗争》，《抗日战争时期和解放战争时期山东解放区的经济工作》，山东人民出版社 1984 年版，第 179 页。

⑤ 薛暮桥：《山东解放区的财政经济工作》，《抗日战争时期和解放战争时期山东解放区的经济工作》，山东人民出版社 1984 年版，第 17 页。

统一领导，统一银行的发行。

关于纸币发行的准备，1945年薛暮桥还作过更详细的说明："货币的最基本的保证是物资，谁掌握了物资，谁就掌握了货币斗争中的主要武器（过去专用金银来作货币的准备基金，今天我们不能采用这种办法，金银只能作为准备基金之一，且非最主要的准备基金）。所以我们的货币政策应当是：货币发行一部分用于发展生产，增殖物资，充实货币基础，另一部（分）用于掌握重要物资，来作本币的准备基金，此项准备基金一般应占发行量的半数。所谓重要物资，应当包括粮食、棉花、布匹、生油、食盐、金银等（各地情形稍有不同）。"①

薛暮桥解释这种币制说："有人询问我们采用的是什么货币制度，什么本位制度。我们可以这样答复，我们采用'管理通货制'，'物价本位制'。我们的本币既不是同金银保持一定联系（今天金银已经失却交换作用，成为投机对象，它的价格极不稳定，不能用作货币本位），更不是同法币伪钞保持一定联系，我们的本币是与物价联系，是把物价指数（不是某一种商品的指数，而是若干种重要商品的总指数）作为我们决定币值高低的标准。"②

在另文中，薛暮桥又提到：解放战争时，有一位美国新闻记者到山东解放区访问，他看到抗币没有法定含金量，没有金银储备，也得不到美元、英镑的支持，认为这是无法理解的奇迹。他问薛暮桥抗币定为什么本位，薛暮桥回答："我们采取的是'物资本位'。抗日民主政府控制货币发行数量，勿使超过市场流通需要。我们每发行一万元货币，至少有五千元用来购存粮食、棉花、棉布、花生等重要物资。如果物价上升，我们就出售这些物资来回笼货币，平抑物价。反之，如果物价下降，我们就增发货币，收购物资。我们用这些生活必需品来作货币的发行准备，比饥不能食，寒不能衣的金银优越得多。根据地人民是欢迎我们这种货币制度的，他们不要黄金，更不要美元和英镑。"③

以上一共提到三种币制名称："管理通货制"、"物价本位制"和"物资本位"。"管理通货制"是一般流行语，"物价本位制"是说明用物价指数来显示币值并作为货币决策的参考，"物资本位"的名称与北京政府时期廖仲恺所

① 薛暮桥：《工商管理工作的方针和政策》，晋察冀边区贸易公司1946年8月印，第22页。《工商管理工作的方针和政策》即《抗日战争时期和解放战争时期山东解放区的经济工作》一书中的《山东工商管理工作的方针和政策》。因前者为更原始的资料，故优先引用。

② 薛暮桥：《工商管理工作的方针和政策》，晋察冀边区贸易公司1946年8月印，第19页。

③ 薛暮桥：《山东抗日根据地的对敌货币斗争》，《抗日战争时期和解放战争时期山东解放区的经济工作》，山东人民出版社1984年版，第175页。

说的“货物本位”最为接近。廖仲恺主张政府掌握多少物资就发行多少纸币，而且出售货物所得的纸币除盈余外都要销毁，薛暮桥则主张纸币发行数量视市场需要而定，而且收回的纸币可以继续投放市场。廖仲恺的主张只是一种事先的主观设计，薛暮桥的主张则是以实践为基础，不同的主张反映了两者所处的不同历史条件和由此产生的认识上的差异。薛暮桥的纸币管理实践取得了很大的成功，但“物资本位”仍不是一个准确的概念，它没有分清“本位”和“准备”的区别。重要物资是发行抗币的“准备”，而不是抗币的“本位”。“本位”是指以某种物资作为商品的价值尺度，“准备”则是指为了维持币值而储备的各种物资；“本位”商品是排他的，“准备”商品则是兼容的。他说：“过去有人认为发行货币必须要有金银来作保证，根据我们几年来的经验，在今天战时的农村的情况下，金银对货币并不能起多大的作用，而真正起作用的是几种重要物资。”①

薛暮桥还批评了货币准备的唯金银论：“当时根据地的许多经济工作干部受资产阶级‘拜金主义’思想影响，认为金银是纸币不可缺少的保证。如果没有金银，就必须用‘金本位’的美元、英镑等外汇来作保证。既无金银又无外汇，我们的抗币就是空中楼阁，没有基础，无法保持稳定。几年来敌后根据地货币斗争的经验告诉我们，我们所掌握的粮食、棉布等日用必需品是抗币的最可靠的保证，不需要依靠黄金。持有抗币的人民所关心的不是抗币能够换回多少金银，更不是能够换回多少美元或英镑，他们关心的是能够换回多少粮食、棉布等日用必需品。马克思说货币是各种商品的一般等价物。货币不一定同金银联系，也可以同其他商品联系。只要我们适当控制抗币的发行数量，并掌握着充分的物资，能够在必要时用来回笼货币，平抑物价，就完全可以使抗币为人民所信任。”②

以上关于“拜金主义”的一段引文引自薛暮桥 1979 年据两篇旧文合并改写而成的文章(前已有注)，合并改写时虽然不会凭空而言，但也有受到改写时的学术观点影响的可能。如引文开头说“当时根据地的许多经济工作干部”，显然是后来追记的语气。引文中对金银准备的非必需性有强烈的反映。薛暮桥一直主张人民币不代表黄金，1978 年 1 月还写了一篇《关于人民币是否必须代表黄金的商榷》，收入 1979 年出版的《社会主义经济理论问题》

① 薛暮桥：《山东解放区的财政经济工作》，《抗日战争时期和解放战争时期山东解放区的经济工作》，山东人民出版社 1984 年版，第 18 页。

② 薛暮桥：《山东抗日根据地的对敌货币斗争》，《抗日战争时期和解放战争时期山东解放区的经济工作》，山东人民出版社 1984 年版，第 174、175 页。

中，这同修改两篇旧文的时间很接近。他在修改时也有可能掺和进了自己一贯坚持的主张，使观点更加明确。

薛暮桥作为一位马克思主义经济学家，说“货币不一定同金银联系”，即纸币不一定代表金银，是很不容易的。因为根据马克思的货币理论，纸币只能是金属货币的代表，该结论在苏联以及中国解放后的相当时期内都未能予以突破，而薛暮桥在20世纪40年代就进行了理论上的创新，而且一直坚持下去，这归功于他的宝贵的实践经验和实事求是地观察经济问题的态度。不过他所说的“货币不一定同金银联系，也可以同其他商品联系”，却存在着概念上的缺陷。“同金银联系”是指以金银为本位，“同其他商品联系”则是指以其他商品保证纸币的“购买力”。两种“联系”，含义不同，薛暮桥没有从理论上作出区别。

五、贸易论

山东革命根据地的贸易工作开始于1940年。当时的任务是采购物资，克服由敌军经济封锁所造成的困难。1941年成立贸易局，后改为税贸局。各机关、部队亦纷纷成立贸易机构，以解决经费困难。当时敌人除进行军事分割封锁外，还进行经济封锁，并用法币向根据地购买各种重要物资，使山东根据地的物资供给发生严重困难。因此，根据地政府在贸易上采取以货易货的政策。“它一方面能限制法币的输入和物资的输出，防止敌人掠夺物资倾销法币，另一方面又能刺激军需品和必需品的输入，破坏敌人的经济封锁。”①这一政策属于消极防御，而没有积极地组织物资输出。不但增加了敌人的困难，也部分地增加了自己的困难，如妨碍了剩余土产的输出，妨碍了本地的供求调剂，部队和机关商店垄断市场、与民争利等。

1943年10月，山东根据地成立工商局，由薛暮桥主持工作后，贸易政策有了很大的转变。1944年5月，薛暮桥发表《我们的贸易政策》，分析了山东根据地贸易政策的演变情况。其主要内容为：

（一）贸易工作的客观条件

（1）山东根据地是落后乡村，商品经济尚未充分发展，自然经济尚占优势，人民购买力很低。（2）敌人的分割封锁，城乡贸易困难。根据地不得不把早已抛弃的纺车、织机又抬出来，发展小手工业，以求经济上的自给自足。封锁政策也加重了敌人自身的困难。双方都仍需要保持一定限度的商业来

---

① 薛暮桥：《工商管理工作的方针和政策》，晋察冀边区贸易公司1946年8月印，第33页。

往。(3)因封锁造成了各地商品供求和物价的严重不平衡,敌占区与根据地之间,根据地与根据地之间,敌占区与敌占区之间,经常存在着物价以至货币的巨大差额。(4)中心市场的沦陷和敌人的频繁扫荡,造成根据地商业的极端分散性。根据地的大商号已很少,多数商人是流动小贩。这既使根据地在敌人的扫荡中不致造成重大损失,又使政府对商业的组织领导非常困难。

(二)过去贸易政策检讨

敌人贸易政策的基本方针是向根据地掠夺粮食和各种工业原料,限制某些工业必需品的输出,并用大量无用的法币来抵偿贸易差额。为了摧毁根据地手工业的生产建设,在根据地纺织手工业尚未发展时,他们封锁棉纱棉布;而在根据地纺织手工业建设已见成效时,便会取消棉纱棉布封锁,甚至对根据地廉价倾销。针对敌人这一贸易政策,根据地贸易工作的基本方针是"以货易货",以防止敌人掠夺物资,倾销纸币。许多地区正确执行这一政策取得了成功。也有一些地区机械地执行"以货易货"政策,反而加重了自己的困难。"因为各地输出输入常是不平衡的;往往某一方面输入多于输出,某一方面输出多于输入。如果何处输出一定要从何处输入,何人输出一定要由何人输入,这样就会造成输出入的严重困难。以致贸易停滞,政府税收减少,人民生活困难。"①防止敌人掠夺物资并不需要限制一切物资输出,有些土产的输出需要奖励,而对必需品的输入也不是无条件地奖励。在停用法币以后,法币、伪钞的流入由政府掌握,通过规定适当的汇兑价格予以调节。"这时我们更不应当株守'以货易货'政策,应当利用食盐等类重要物资的输出,来展开全面对敌经济斗争。利用输出物资吸收法币伪钞,用来打击法币伪钞,抑低法币伪钞的比值,提高我们本币的比值。"②除机械执行政策外,过去贸易工作的最大弱点是贸易机关的软弱无能,许多地区的贸易局仅成为一个军需物品的采办机关。许多部队和政府机关经营的商店,在解决财政困难和改善战士、干部的物质生活上有重大贡献。但单纯营利观点严重,不能配合政府的经济斗争,有时甚至破坏政策,违反法令。不改造贸易工作的领导机关,就不能担负这一重大的斗争任务。

---

① 薛暮桥:《我们的贸易政策》,《抗日战争时期和解放战争时期山东解放区的经济工作》,山东人民出版社1984年版,第161页。

② 薛暮桥:《我们的贸易政策》,《抗日战争时期和解放战争时期山东解放区的经济工作》,山东人民出版社1984年版,第162页。

（三）今后的工作方针

（1）应向自给自足方向发展，减轻对于敌占城市的依赖。严格统制粮食、食盐等重要输出物资，以增加敌占城市的困难。对于敌人必需的重要资料统制愈严，我们的斗争力量就愈强大。（2）自给自足并非断绝对外经济联系，更非限制根据地内贸易发展。某些土产输出和某些必需品输入，是发展生产、保证军民生活所必需。所以应使对外贸易向有利于我们的方向发展，而限制不利于我们的对外贸易。同时尽可能地提高输出商品的价格，抑低输入商品的价格。（3）统制贸易与自由贸易应适当配合，对外贸易偏重统制，内地贸易偏重自由。“所谓统制，是利用行政力量来限制输出输入，使敌我区间物资有计划地来往（例如专买专卖、输出输入各种限制，以及增减税率调节输出输入等等）；借以保证生产，保证军民生活需要，这种统制决不是为垄断市场，与民争利。这与大资产阶级专门用以掠夺人民的所谓‘统制’，‘平价’等类政策有着本质上的区别。”[①]（4）统制与自由互相依存，要以对外贸易的统制来保护内地贸易的自由。所谓自由贸易，也不等于绝对放任。仍需注意物价变化，调剂供求，提高或抑低商品价格。但不假借行政力量，可以通过公营商店完成任务。（5）公营商店是为加强对敌斗争，防止投机垄断，而非与民争利。要调剂供求，平衡物价，不应垄断市场。扶助、保护私人资本的发展，但也不容许它们垄断市场，操纵物价，阻碍生产发展和损害广大人民的利益。（6）奖励扶持合作社。政府贷款首先以合作社为对象，其次是小商贩。过去某些地区把巨款贷给少数大商人，甚至给以重要物资的专买专卖权利，这是完全要不得的。由合作社（多数是机关、部队经营的商号）来垄断市场，排挤私人贸易，一般也是要不得的。（7）商人唯利是图，违法行为应受法律制裁。加强对分散、流动的小商人的组织和政治领导，利用其分散性、流动性来进行对敌斗争。对于大商人也要争取团结，帮助我们调剂供求，进行对敌斗争。（8）开展与敌占区贸易上的联系。利用对外贸易来争取敌占区的商人，必要时与他们合作在敌占区建立各种灰色商业机关。“我们应当帮助他们来破坏敌人的配给制度和封锁政策，把我们的经济力量伸展到敌占区去。”[②]

---

① 薛暮桥：《我们的贸易政策》，《抗日战争时期和解放战争时期山东解放区的经济工作》，山东人民出版社 1984 年版，第 163 页。

② 薛暮桥：《我们的贸易政策》，《抗日战争时期和解放战争时期山东解放区的经济工作》，山东人民出版社 1984 年版，第 165 页。

(四)贸易统制与供求调剂

(1)贸易统制大概采用以下方式:规定由公营商店专买专卖,禁止私人的输出或输入,输出专卖有粮食、棉花、食盐、生油等。限制输出输入,如登记外汇(法币、伪钞),交换指定物资(如输出生油换回棉花),按规定价输出输入等。用提高或抑低税率的办法调节输出入的数量。(2)供求调剂主要是为稳定物价。"我们调剂供求,平衡物价的办法,不是什么'配给','平价',而是利用市场自然规律,贱处买,贵处卖,贱时买,贵时卖。"①但生产者与消费者的利益往往是矛盾的,遇到双方利益矛盾时,按时按地具体解决。如秋收后勿使粮价过分跌落,春荒时勿使粮价过分高涨。输出的土产采取高价政策,输入的洋货采取低价政策。在生产中,应照顾到原料和成品价格能否保证生产者的应得利益;在币值上涨、物价下跌时,更应予以注意。在运销中,应照顾到购入和出售的价格能否保证运输者的应得利益;在运输者是贫民小贩时,更应予以注意。在保护了生产者和运输者的利益外,还应保护消费者的利益,特别是一般人民的日用必需品,价格不应太高。

最后,薛暮桥指出,应反对贸易上的左、右两种错误倾向:"左的倾向如无原则的扩大统制范围,机械执行以货易货政策,而使对外贸易停滞。又如公营商店及合作社的垄断市场,排挤商人,违反市场规律强定物价,以及无原则地限制根据地内物资流通。结果必然会造成市场萧条,妨害生产发展,影响人民生活。右的倾向如贸易上的放任主义,反对任何统制,毫无组织,毫无计划,坐视敌人掠夺,投机商人操纵居奇。结果则使市场混乱,生产和人民生活同样受到严重损害。"②

从《我们的贸易政策》一文中可见,在1944年5月,山东根据地以打破封锁、发展根据地经济为目标的贸易政策已渐趋成熟。在各种贸易政策中,既有硬性的规定,又注意通过利益杠杆来影响各类社会成员能比较自觉地遵守与己有关的政策。这些贸易政策中有中国传统经济思想的影子,而又符合建设新民主主义国家的发展方向。

一年以后的1945年5月,薛暮桥又作山东工商管理工作的方针和政策的报告,其中有"贸易政策"的部分。他先介绍了工商管理局成立以来贸易政策的转变:对外贸易取消以货易货政策,改为掌握重要输出物资,组织输

① 薛暮桥:《我们的贸易政策》,《抗日战争时期和解放战争时期山东解放区的经济工作》,山东人民出版社1984年版,第167页。

② 薛暮桥:《我们的贸易政策》,《抗日战争时期和解放战争时期山东解放区的经济工作》,山东人民出版社1984年版,第168页。

出，吸收外汇，或换回需要的各种物资；明确规定对外贸易管理、内地贸易自由的原则，取消内地粮食统制，反对封锁剩余土产等旧办法，改为调剂物资、平衡物价、吸收剩余物资争取高价输出等新办法；统一领导贸易斗争，重要进出口市集设公营商店，掌握重要物资争取贸易上的主动地位，统一采购工作，利用输出物资换回军需品和必需品。实行新方针取得了以下成绩：货币斗争取得了空前的胜利；掌握了重要物资，免被敌人廉价掠夺；利用输出物资争取军需品和必需品的输入；调剂物资，稳定物价，扶助生产，已开始注意保证人民的生活需要；增加了财政收入，减轻了人民负担；增加了人民收入，救济了许多难民和失业工人。

报告中薛暮桥又提出了贸易工作的基本方针："一方面是管理输出输入，展开对敌经济斗争，争取有利交换。一方面是调剂物资，稳定物价，扶助生产，保证供给。"①实现上述方针的主要政策有六条：

(1)"对外贸易要严密管理，内地贸易要尽量自由。因为对外贸易要与敌人斗争，所以必须统制。内地贸易是为供给人民需要，可以尽量自由。"②统制就是用行政的力量限制输出和输入，实行专买专卖，使敌我之间的物资有计划地来往。这种统制绝不是为了垄断市场，与民争利；也不是要统制所有输出入物资，仅统制几种重要物资，一般货物仍然可以自由贸易。需要统制的是能够大量输出，同时又为敌人或敌区人民所必需的物资。对于自由贸易，薛暮桥强调它并不等于任其自流，仍须随时注意各种物资的供求状况，注意物价变化，并作有计划的调剂，保持物价稳定。这种调剂绝不假借行政的力量，而是通过自由买卖来完成。

(2)"管理对外贸易目的是在争夺物资，保护生产，争取有利交换，争取贸易上的主动地位。"③对敌的贸易斗争不一定完全采用统制的办法，有时也可采用自由贸易办法。大概我方能掌握的重要物资输出，可以统制；非我方所能掌握的重要物资输入，应当自由，不自由就不能大量吸收。我方在贸易上处优势时可以多自由，处劣势时多统制。

(3)"调剂内地物资必需掌握产销供求规律，且与对敌贸易斗争不能分离。"④农业生产具有季节性，各种物产的供求既有地域上的差异，又有季节上的差异。在某种农产品供过于求时，价格跌落，必须大量吸收，提高价格，

---

① 薛暮桥：《工商管理工作的方针和政策》，晋察冀边区贸易公司 1946 年 8 月印，第 36 页。
② 薛暮桥：《工商管理工作的方针和政策》，晋察冀边区贸易公司 1946 年 8 月印，第 36 页。
③ 薛暮桥：《工商管理工作的方针和政策》，晋察冀边区贸易公司 1946 年 8 月印，第 38 页。
④ 薛暮桥：《工商管理工作的方针和政策》，晋察冀边区贸易公司 1946 年 8 月印，第 39 页。

保证生产者的应得收益。到供不应求时,则以所存农产品供给市场,防止价格过分上涨。如果不采取调剂态度,涨价时争买、跌价时争卖,助长物价的波动,就会弄得公私交困。

(4)“掌握物价,扶助群众生产,保证军民生活需要,调整生产者与消费者的利益。”[①]贸易工作必须保证生产者和运输者的利益,不应无原则地提价或压价。调剂日用品的价格,使生产者和消费者的利益均能得到适当照顾。如粮价,在秋冬时勿使过于跌落,春荒时勿使过于高涨;布价,在夏季勿使过于跌落,秋冬之交勿使过于高涨。

(5)“公私兼顾,照顾群众利益,同时照顾政府财政收入。”[②]应防止各种偏向。一种是单纯为着完成财政任务,与民争利。如公营商店垄断一切有利事业,妨碍人民营业和营利的自由,使生产者和消费者均受损失。有些公营商店还在赚政府、军队的钱。另一种是抱亏本主义,以为不亏本就不能照顾群众的利益,不懂得从对敌斗争中去赚钱,使群众得到利益。如食盐、花生油的高价输出,既是财政收入的重要来源,而且对根据地的人民有益而无害。

(6)“边沿区的贸易斗争一方面要严密封锁敌区,增加敌区物资困难。另一方面又要适当照顾敌区人民,调剂必要生活资料。”[③]这两个任务表面上互相矛盾,但在对敌方针下可以统一起来。调剂敌区人民也是为着对敌斗争,而非单纯救济。部分解决敌区人民的困难,团结他们共同对敌,我们的对敌斗争便更有力量。在不同地区和不同时期,封锁与调剂应有轻重之别。在被敌包围封锁的地区,应强调如何团结敌区人民,共同粉碎敌人的封锁。在敌被我包围封锁的地区,则应采取经济攻势,不但严密封锁敌区,且突击大量吸收敌区重要物资,以加重其困难。如果经济封锁对敌我均不利,则不能滥用封锁。现在情况开始变化,应把严密封锁与主动进攻争夺物资密切结合起来,争取更大的胜利。

这六条政策,是对上一年提出的贸易政策的进一步完善,并增强了理论性。第一条讲自由贸易和统制贸易,第二条讲对外贸易的目标和方法,第三条讲掌握供求规律,第四条讲调节供需双方的利益,第五条讲兼顾人民和国家的利益,第六条讲适当照顾沿边敌区人民的利益,形成了一个比较完整的贸易政策体系。

---

① 薛暮桥:《工商管理工作的方针和政策》,晋察冀边区贸易公司 1946 年 8 月印,第 39 页。
② 薛暮桥:《工商管理工作的方针和政策》,晋察冀边区贸易公司 1946 年 8 月印,第 40 页。
③ 薛暮桥:《工商管理工作的方针和政策》,晋察冀边区贸易公司 1946 年 8 月印,第 40 页。

六、合作社论

山东抗日根据地的合作事业从1940年8月山东全省行政机构战时工作推行委员会成立后开始，至1942年全省已有1 000多个合作社。由于大多数合作社是用摊派股金、干部包办的方式组织起来的，一经敌伪“扫荡”，便纷纷垮台。1943年停止大量发展，采取稳扎稳打的方法，重新推广合作社。到1944年全省又有2 000多个合作社，但真正健全的仍只占少数。以后随着抗日战争的胜利和合作社方针的更加明确，合作社发展很快，到1945年底全省已有4 790个合作社，社员100万人，合作社资金5 600万元。1946年初，山东解放区政府“要求今后合作社再大量发展，除掉纺织以外，再要扶助其它各种农村副业，发展运销业务，试办信用业务，组织区联合社，并建立生产推进社或合作指导所，来解决各合作社业务上的困难”①。至6月底统计，全省已有合作社8 394个、社员270万人、合作社资金2亿元，但仍有半数以上不健全，甚至有名无实。在解放战争中，山东解放区边沿地区的合作社曾遭受严重摧残。1947年1月，据山东解放区58个县的统计，共有7 353个合作社，社员190万人，合作社资金4.25亿元，有些县建立了区联合社。

关于创办合作社的指导思想和方针政策，薛暮桥出版于1946年的《论新民主主义经济》中收有一篇《怎样办合作社》，作了比较系统的论述。

薛暮桥指出，不同社会制度下的合作社起着不同的作用。资本主义先进国家，金融集团往往通过合作社来控制小生产者。社会主义国家苏联，合作社组织千万小农经济使其成为社会主义农业。中国过去的合作社成为帝国主义和地主高利贷者的俘虏，而新民主主义的各解放区的合作社则成为一种新的经济形式。

薛暮桥提出，新民主主义的合作社主要有三个特征：

(1)“合作社是为群众服务的经济组织，这是合作社的最主要的特点。”②合作社与资本主义工厂、商店的区别在于，前者以“为群众服务”为最主要的目的，而后者的唯一目的是要赚钱。薛暮桥不否定解放区的合作社也需要赚钱，但认为主观上不能以赚钱为主要目的。如主要以赚钱为目的，就会完全脱离群众的需要，去经营投机买卖，甚至剥削群众，结果必然造成与群众的对立，没有发展前途；反之，则能受到群众的拥护而得到发展。

---

① 薛暮桥：《山东合作事业的回顾与瞻望》，《抗日战争时期和解放战争时期山东解放区的经济工作》，山东人民出版社1984年版，第152页。

② 薛暮桥：《怎样办合作社》，《论新民主主义经济》，山东新华书店1946年版，第42页。

(2)“合作社是从个体经济发展到集体经济的桥梁,它使分散和落后的小生产逐渐的集体化。”①改造小农业和小手工业有两条道路:一条是旧民主主义的道路,就是建立资本家大经济来摧毁小农业和小手工业;另一条是新民主主义的道路,就是用合作社来组织小农业和小手工业,使它逐渐向集体经济发展。过去有些合作社虽然知道帮助群众生产,但没有把群众生产组织起来,使它提高一步。有的纺织合作社仅仅成为向政府和公营商店贷款的经手机关,并未组织生产,仍由群众分散经营。也有部分同志办大商店、大工厂,或一开始就建立合作工厂,与现阶段的一般情况不相适应。“今天我们可能普遍提倡的,还不是十足的集体经济;而是个体经济的初步的集体化。”②

(3)“合作社是资金与劳力的结合,资金所有者与生产劳动者均为合作社的主人,均有分红权利。”③合作社既不同于资本主义经济的按入股资金分红,又不同于社会主义经济的资金已归公有,它还是建筑在私有财产上的经济组织,资金和劳动都要按股分红;在合作农场中则按土地和劳动分红。过去有些合作社只按资金分红,这不符合合作社的基本精神。过去有些合作社规定资金只给利息,这会增加集股困难,妨碍合作社的发展。所以开始时资金还应多分一点红利,到合作社相当发展后,再逐渐减少资金分红比例。

除以上三点外,薛暮桥还指出,合作社是群众性的经济组织,并非官办机关。“合作社……应当用民主的方式由群众自己来管理。政府和群众团体对于合作社应指导、扶助;但不能用命令来干涉合作社的业务,或委派合作社的职员,更不应用强迫摊派方式来集股组织合作社。”④过去曾采用这些方式来组织合作社,不但招致严重失败,而且使今天的合作社发展增加了很多困难。这是必须牢牢记住的。

合作社一般应以生产合作社为中心,生产合作组织包括生产小组、生产合作社、合作工厂三种方式。其次则为运输、信用等类合作社。近来有的合作社已扩展到群众生活的其他部门,如医药、教育以至社会公益等。这些合作社成为解决农村人民生产上和生活上各种困难的总的服务机关。薛暮桥主张:“由于中国农村中的分业分工尚未充分发展,因此我们的合作社一般也应当是综合性的;不论什么业务,只要群众有此需要,我们便应举办。”⑤又

① 薛暮桥:《怎样办合作社》,《论新民主主义经济》,山东新华书店 1946 年版,第 43 页。
② 薛暮桥:《怎样办合作社》,《论新民主主义经济》,山东新华书店 1946 年版,第 43 页。
③ 薛暮桥:《怎样办合作社》,《论新民主主义经济》,山东新华书店 1946 年版,第 44 页。
④ 薛暮桥:《怎样办合作社》,《论新民主主义经济》,山东新华书店 1946 年版,第 44 页。
⑤ 薛暮桥:《怎样办合作社》,《论新民主主义经济》,山东新华书店 1946 年版,第 45 页。

指出:“当然并不是把一切业务一下子就举办起来,而是从简单到复杂,根据群众需要一一举办。只要群众生产上和生活上有困难,合作社就应当想法替他们去解决。至于解决办法,可由群众自己商量。”①

关于合作社的集股问题,薛暮桥介绍了延安南区合作社和山东各地合作社的集股情况。他说除货币集股外,还有实物入股、劳力集股和分红集股。实物入股如用棉花参加纺织合作社,用花生米参加打油合作社,为了奖励实物入股,有时稍稍提高其价格。劳力入股如为合作社纺线、织布、打油、运盐,以劳动所得工资为股金,工资有时也酌量提高。分红入股即以所得红利入股。此外还可以动员分得反贪污斗争果实者自愿以此项收入入股。合作社要保证入股和退股自由,这样更能鼓励群众把他们的闲散资金送到合作社来。他还指出:政府给合作社的贷款数额应有限制,一般不超过合作社的股金。贷款期限一般是半年或一年。合作社不应把贷款分贷给各社员,使合作社仅成为贷款的经手机关。

关于合作社的分红问题,薛暮桥分述了五种情况:

(1)生产分红。生产合作社的分红,资金和劳动分红的比例不能机械规定,应视各种生产性质和工资高低而有区别。如以纺织生产合作为例,一种是工资较高、合作社盈利较少的,资金分红比例应多于劳动分红;另一种是工资较低、合作社盈利较多的,资金分红比例应与劳动分红约略相等。

(2)消费分红。消费合作社的分红,一部分按资金分红,一部分按购买数量分红。如果合作社的东西按市价出售,盈利多,消费分红应多分一点;如果合作社的东西廉价出售,盈利少,资金分红应多分一点。有些消费合作社将货物廉价或折扣售于社员,盈利很少,不再按消费分红。

(3)运销分红。运销合作社的分红,一部分按资金分红,一部分按社员出售产品多少平均分配。有些运销合作社在购买社员产品时已提高价格,分红时可以大部分按资金分红,小部分按运销分红。

(4)职员分红。当时多数合作社从盈利中分出10%至20%作为职员奖金。为节省合作社的开支,职员最好分两种:一种是脱离生产或半脱离生产的,人数愈少愈好;一种是不脱离生产的。两种职员都有分红的权利,分红多少按其服务多少决定,最好由职员自己检讨各人的工作情况,在检讨会中民主决定各人的分红数。

(5)公积金和公益金。在合作社初办时,可以不抽公积金和公益金,免

---

① 薛暮桥:《怎样办合作社》,《论新民主主义经济》,山东新华书店1946年版,第47页。

得妨碍合作社的发展。如合作社盈利很多,资金分红已在月利10%以上,就应从盈利中抽出10%的公积金,可能时再抽出10%的公益金。公积金用作贴补合作社的亏本,公益金用作社员教育、卫生、救济等公共事业以至于各种社会公益事业。在合作社办有成绩后,应教育社员逐渐减少资金分红,多抽公益金举办社员公共事业及社会公益事业。

最后,薛暮桥对分红作了如下的总结:"总之我们在分红办法中应贯彻着公私两利,奖励生产劳动和为群众服务的精神,资金分红应居次要地位,特别强调合作社为群众服务并为群众解决困难。我们必需在工作进展中时时教育社员,使他们自觉的推动着合作社向这个方向发展。"①

关于合作社的组织领导,薛暮桥提出,合作社一般应以村为单位,以村合作社为合作社的基本组织。社员可按照生产的便利划分社员小组。在村合作社普遍建立后,应考虑在自愿的基础上建立联合的组织。在联合社建立以前,可由政府公营商店暂代联合社的工作。"合作社的组织原则是'民办公助'。所谓民办是为群众服务,并由群众自己经营。所谓公助,是由政府给以方针上和业务上的指导帮助,使其掌握正确方针,助其解决业务上的各种困难。"②既要反对包办代替,也要反对只有民办而无公助,任其自生自灭,或听任投机分子操纵以达其自私的目的。

1949年,薛暮桥结合以往的经验,写成了《新民主主义的合作社》一文。他指出:新民主主义的合作社,是新民主主义国家扶助农民,手工业者以及广大消费者,并进而改造小农业和小手工业的主要工具。中国是一个农业国家,农民和手工业者占全国人口的百分之八九十。"因此合作社经济的发展,在新民主主义的经济建设中占有极重要的地位。"③

在此文中,薛暮桥论述了国营经济与合作社经济的关系。他强调两者必须密切结合,国营经济通过合作社领导广大的小生产者,把他们团结在自己的周围,以巩固自己在国民经济中的领导地位。合作社经济也必须获得新民主主义国家国营经济的领导,才有可能顺利发展,并朝着社会主义的方向前进。

对于过去解放区的合作社,薛暮桥认为政府对它的扶植不够重视,也没有明确的方针和政策,一般来讲成绩是不大的,偏向很多。他提出了以后应

---

① 薛暮桥:《怎样办合作社》,《论新民主主义经济》,山东新华书店1946年版,第51页。
② 薛暮桥:《怎样办合作社》,《论新民主主义经济》,山东新华书店1946年版,第53页。
③ 《新民主主义的合作社》,《薛暮桥学术论著自选集》,北京师范学院出版社1992年版,第160页。

特别重视的四件工作：第一，明确掌握新民主主义合作社的方针，把新民主主义合作经济和资本主义经济明确区别开来。资本主义经济以营利为目的，新民主主义的合作社不是单纯以营利为目的，不应当追逐赚钱分红。第二，建立健全、完整的组织，使合作社经济与国营经济相结合，并加强群众生产的组织性、规划性。第三，新民主主义的国家和国营经济应当给合作社经济以更大的帮助，如供给干部和资金，给以免税或减税权利，银行给以贷款，国营商店帮助组织供销，国营工厂与其订立订货合同等。第四，培养干部，创造经验。

第六节　许涤新的经济思想

一、《广义政治经济学》的作者许涤新

许涤新(1906～1988)，原名声闻，广东揭阳人。1925 年任汕头普宁旅汕小学教师，先后加入国民党和中国共产主义青年团。次年考入广州中山大学文科预科班。1927 年国共分裂后，因躲避国民党的逮捕而离校。1928 年秋，入厦门大学经济系为旁听生。1929 年考入上海国立劳动大学经济系。1930 年参加中国社会科学家联盟(社联)。1932 年，曾参与创办《社会现象》刊物。同年夏，劳动大学停办，转入上海商学院，一年后毕业。1933 年加入中国共产党，曾任社联党团书记。1934 年起，在上海任中共中央局文化工作委员会委员，中国左翼文化总同盟组织部长。1935 年 2 月被捕，1937 年卢沟桥事变后被释放。抗日战争期间，先后在武汉、重庆历任《群众》周刊编辑，《新华日报》编辑、社论委员会委员和党总支委员、书记，中共南方局宣传部秘书、经济组组长等。1946 年 7 月开始任中共上海工作委员会委员，负责工商统战和经济调查研究工作。原经济组扩大为经济委员会，总会设在上海。同年 11 月至香港，参加中共香港工作委员会，任财政经济委员会书记，曾兼任统战委员会负责人，并为《群众》周刊的撰稿人。新中国成立初期，历任中共上海市委委员、商委统战部部长、上海市人民政府秘书长、华东财委和上海市财委副主任、上海市工商局局长、复旦大学经济研究所所长等职。1952 年，任中共中央统战部副部长、国务院第八办公室副主任、中央工商行政管理局党组书记和局长。后历任全国工商联副主任委员、中国社会科学院副院长兼经济研究所所长、汕头大学校长、民主建国会中央委员会副主席、中国人口学会会长、中国生态经济学会理事长、《资本论》研究会会长等。历任

第一、三、五、六届全国人大代表，第五、六届全国人大常委。著作有《抗战与民生》、《三民主义读本》、《胜利前后的市情》、《现代中国经济教程》、《中国经济的道路》、《经济论衡》、《官僚资本论》、《新民主主义与中国经济》、《新民主主义经济论》、《广义政治经济学》(三卷本)、《工商业家的出路》、《经济思想小史》、《中国过渡时期国民经济的分析》、《论社会主义的生产流通与分配》、《许涤新经济文选》、《中国社会主义经济发展中的问题》、《中国国民经济的变革》、《生态经济学探索》、《许涤新选集》、《当代中国的人口》、《风狂霜峭录》、《许涤新集》等；并主编有《政治经济学辞典》(三卷本)、《中国资本主义发展史》(三卷本)、《中国大百科全书・经济学卷》(三卷本)等。

许涤新在汉口、重庆《新华日报》任编辑期间，常有读者来信，询问关于学习政治经济学的问题，主要是感到读了一些政治经济学书籍以后，没法解决他们所接触的实际问题。使他产生写一本把马列主义的普遍真理与中国具体经济情况相结合的政治经济学读本的心愿。后来读了毛泽东主席的《中国共产党在民族战争中的地位》及苏联经济学家根据苏共中央的指示发表的《关于讲授政治经济学的几个问题》，才下定决心在工作之余写出一本中国化的政治经济学书籍来。经过了两年的工夫，积成了 50 万字，先作为《广义政治经济学》第一、二卷出版。第一卷分导论、原始共产社会、奴隶制度、封建经济、商品与货币 5 章，于 1949 年出版；第二卷是资本主义与殖民地经济，于 1950 年出版。第三卷完成于 1953 年，内容是新民主主义经济，1954 年出版。《广义政治经济学》在 20 世纪 80 年代重新修改出版，第一、二卷为修订版；第三卷改为社会主义经济，完全重写。

1944 年冬，许涤新着手撰写《中国经济的道路》一书，于 1946 年出版。书中分析了中国近百年经济的变化、中国经济的结构、中国经济的道路以及应实行的财政经济政策等问题。此书至 1949 年共出 5 版，再版和第 5 版都有修改，而第 5 版修改更多，故称为“修订版”。以下评述许涤新的经济思想以此书为重点；以初版为基础，以修订版为补充。1948 年许涤新在香港出版《新民主主义经济论》。原书稿为 8 章，其中第 7 章为“新民主主义经济诸范畴”，未发表。1949 年将此书改名为《新民主主义的经济》，在上海出版，加入了原第 7 章①，恢复 8 章。

《经济论衡》是许涤新集结他在抗战时期撰写的 5 篇批判错误经济理论

① 当时统一的中国新民主主义国家尚未建立，论述新民主主义的经济范畴尚非其时。许涤新所论主要从逻辑推理而得，如认为新民主主义国家“盲目性的价值法则就越来越加削弱以至消灭了”等，难免不符合实际。笔者对此章提出的诸范畴未作专题述评。

的论文而成的，1947 年出版。5 篇论文是：《刷净俗流学派的灰尘》（代序），《是“社会价值”还是劳动价值？》，《关于购买力平价说》，《所谓人性论》，《全体主义是什么东西？》。1949 年出第 4 版时，改书名为“最近经济思想的批判”。在《四版序言》中，许涤新明确指出，第 2 篇是批判谌小岑的，第 4、5 篇是批判陶希圣的。关于后者，他说：陶希圣替蒋介石写了《中国之命运》之后，又替他写了《中国经济学说》。“在他这一本臭气四溢的《中国经济学说》之中，除了抄袭中国的儒家学说之外，又从西洋抄袭了二种反动的经济思想：一种是美国卫勃伦（T.B.Veblen）的人性论，一种是法西斯蒂的全体主义。陶希圣出书；蒋介石出名，他们到处发表这种极其反动而又矛盾百出的烂经济学说，借以巩固他的独裁统治。”①

二、政治经济学中国化论

《广义政治经济学》第一卷《导论》中，有一节为《关于政治经济学的中国化》，反映了许涤新政治经济学中国化的主张。

许涤新开宗明义地指出：“这里所谓中国化系指马列主义的政治经济学而言，反之，资产阶级的俗流学派的经济思想，根本是谈不到中国化的。”②中国资产阶级的经济思想，就像舶来商品一样，是原封不动地被中国御用经济学者吞进肚子去的。奥国学派的边际效用说和时差利息说在中国出尽了风头，奥国学派的中国信徒，“他们最大的本事就只在某些不相干的地方，塞入一些有关中国的统计材料而已……庸俗派的反历史观点，根本就截断它们的经济思想中国化的去路”③。因此，许涤新所主张的政治经济学的中国化是马列主义政治经济学的中国化。他说马克思的《资本论》论及的不仅仅是资本主义制度，还考察资本主义以前的形式，可是介绍《资本论》的一些作者，把那些前资本主义经济舍弃掉了，这就和现实的半殖民地半封建的中国经济脱了节。“如果根据这些书本去措理中国现存的地租、人口、利息等问题，自然会使人感到格格不入……在这种情形之下，马列主义政治经济学的编译，就不能满足客观的要求了。客观所要求的是马列主义政治经济学的中国化。”④

政治经济学如何中国化？一种观点认为只要依据马克思《资本论》的体

① 《最近经济思想的批判·四版序言》，耕耘出版社 1949 年版。
② 许涤新：《广义政治经济学》第 1 卷，三联书店 1950 年版，第 35 页
③ 许涤新：《广义政治经济学》第 1 卷，三联书店 1950 年版，第 36 页。
④ 许涤新：《广义政治经济学》第 1 卷，三联书店 1950 年版，第 37 页。

系，把中国的材料装进去就行。另一种观点主张依据正确的经济理论，就中国经济过渡、转型的性质，采用发展的、全面的、比较的方法，以发现中国经济的若干基本运动的倾向与规则，称之为“中国经济学”(应指王亚南的观点)。许涤新不同意这两种观点，分别提出了不同意见。

对于前一种观点，许涤新同意政治经济学的中国化必须以中国的经济史实作为分析的根据，以中国社会的经济结构为探讨的目标，但不同意依据《资本论》的体系，从中国的商品形态分析开始。他指出，《资本论》是以资本主义社会为研究对象的，适应资本主义经济结构的体系，并不能用来分析或叙述半封建半殖民地的中国经济。“用那种适应资本主义社会的《资本论》的体系去叙述我们这个包含半封建半殖民地和新民主主义的中国经济，不但在对《资本论》开玩笑，而且是违背马列主义政治经济学的历史原则的。”①

对于后一种观点，许涤新指出它的优点是强调中国经济的特点，但是“中国经济学”的提出，会使人感到太特别，使那些提倡中国有特殊国情以反对马克思主义的统治阶级取得他们所需要的论据了，这不是很危险的事情吗？中国经济有它的特点，但并不是与世界其他各国的社会经济发展的普遍真理绝缘的，只有和世界各国社会经济各个阶段的普遍真理联系并比较，才能显出它的特点来。“政治经济学中国化的任务是在于将中国经济发展的特殊法则和世界各国社会经济发展的一般法则相结合，反之，‘中国经济学’之提出则着重在中国经济之特殊性。提倡‘中国经济学’的朋友是说明这种经济学是依据正确的经济理论的，既然如此，可见它是不能与一般社会经济发展的法则脱离的了。既然不能与一般社会经济发展的法则脱离，为什么又要标出‘中国经济学’来表示这一门‘科学’的‘独特性’呢？其实，把国籍标出来，并不一定能呈现它的特点，反而是会损害了政治经济学的科学性的。”②由此可见，许涤新将经济学中国化和“中国经济学”作为两个完全对立的概念。

中国的经济所包含的生产关系，不但有资本主义的，而且有封建的，还有新民主主义的，中国的资本主义经济又带有殖民地、半殖民地性，因此许涤新认为解决政治经济学中国化的问题，只有着手于发展以原始公社制、奴隶制、封建制、资本主义制和社会主义制的基本生产关系为研究对象的广义政治经济学。他又说，广义经济学并不一定就等于“中国化”，因为如果根据

① 许涤新:《广义政治经济学》第1卷，三联书店1950年版，第39页。
② 许涤新:《广义政治经济学》第1卷，三联书店1950年版，第40、41页。

摩根《古代社会》中的材料研究原始公社，以希腊、罗马的材料研究奴隶社会的经济关系，以中世纪欧洲各国的材料研究封建社会的经济关系，只以英、美、德、法等国的材料研究资本主义经济，虽然研究的是广义经济学，当然谈不上“中国化”。因此他提出：“要尽量吸取中国经济的史实，要从中国经济的史实中找出它的规律性，要把中国经济的特点去和其他各国的一般状况，进行比较，互相阐发。在这种情形之下，政治经济学才有中国化之可言。”①

许涤新进一步指出，单单这样还是不够的。如果只是根据历史上的原始公社制、奴隶制、封建制、资本主义制和社会主义制这五种生产关系去研究广义政治经济学，那么中国、东欧的新民主主义就会遗漏了，因此我们必须把这个过渡关系添加进去。“同时，在研究资本主义经济的时候，还要尽量以中国经济的材料以中国经济的规律性去充实、去扩展殖民地半殖民地经济性质的研究，去暴露帝国主义国家是如何残酷地在剥削落后民族的人民……”②

三、中国经济结构论

关于中国经济的结构，许涤新提出了中国当时存在着六种经济关系：帝国主义列强在华的势力，各种私人资本，封建的生产关系，小有产者的经济，合作经济，公营经济。其论述的要点为：

(一)帝国主义列强在华的势力

帝国主义者在破坏中国自然经济时，虽然推动了商品生产的发展，开辟了一些交通运输线，在一定程度内刺激了土著资本的实业投资，但这种推动作用抵不上它阻碍中国民族资本发展的作用，且使中国成为帝国主义经济上的附庸。中国人已打败了日本的侵略，一定也能打败美帝的侵略。中华民族的解放运动一定要成功，殖民地半殖民地的经济状态，必定被中国人送进历史博物馆去。

(二)各种私人资本

(1)买办资本。帝国主义列强需要各种各样的买办，有商业买办、工矿业买办、金融买办、财政买办。“这些买办在形式上虽然不同，但它们的共同的总任务，乃在于为外国资本推广其在中国政治经济上的势力，乃在于牺牲同胞的血肉以壮大帝国主义者的利益。”③在“原型”的买办之外，还有买办性

---

① 许涤新：《广义政治经济学》第1卷，三联书店1950年版，第42页。
② 许涤新：《广义政治经济学》第1卷，三联书店1950年版，第43页。
③ 许涤新：《中国经济的道路》，生活书店1946年版，第66页。

的中国的银行和商业。“中国的银行,除了在金融活动上,为帝国主义列强的经济侵略服务之外,更在其附属经营的商业中,为外国商品及在华的外国工厂所出产的商品之推销而努力,故中国的银行所获的‘利息’……是包含着买办性的手续费在里边的。”①

(2)官僚资本。官僚资本包括买办资本和银行资本,又具有封建性。官僚资本即是大地主大银行家大买办的资本。许涤新所说的大银行,不仅指四行两局,还包括北四行(金城、大陆、中南、盐业),南三行(上海、浙江兴业、浙江实业),以及四川的川盐、美丰、和成、川康平民银行,云南的兴文、云南矿业、劝业、益善银行等。他说:中国到底是一个半殖民地的国家,独占的银行资本,较诸美国的摩根(J.P.Morgan)及洛克菲勒(J.D.Rockefeller),“当然是小巫见大巫,但是,我们却不能因为这样,就不承认中国的银行资本有集中倾向”②。

(3)民族资本。中国的民族工业具有脆弱性、依赖性、投机性的特点。中国的民族资产阶级主要是中等资产阶级,大多参加生产过程的管理,对帝国主义和封建残余以及官僚资本都有矛盾。“在战前,他们是没有得到帮助的;在战时,财政政策与经济政策的矛盾,经济政策之澈(彻)头澈(彻)尾的统制独占,更给与他们以极大打击。这几年来,后方产业界之要求经济民主,就是对于现行政策的抗争。”③“抗战结束后,他们依然受到大地主大资产阶级(官僚资本)的压迫,因此,他们大体上是可以参加新民主主义革命的。”④

(4)华侨资本。中国的华侨约 1 000 万人,绝大多数在当苦力、做小贩,有的甚至做“猪仔”,能够创立企业的是少数。华侨汇款是闽、粤两省收入的大宗,对中国的国民经济极有贡献。在国外的华侨资本虽带有买办性,带着前资本主义的商人资本的气味,但民族意识比较浓厚。经敌寇的蹂躏,南洋的绝大部分华侨产业荡尽,家破人亡。不过华侨资本的前途并不会绝望,他们将来必定有更多的贡献。

(三)封建的生产关系

主要指地主经济。中国土地的所有权不断集中,使用权则不断分散。中国有些地方存在着资本主义性质的租佃企业,如广东的果园经济,无锡、

---

① 许涤新:《中国经济的道路》,生活书店 1946 年版,第 67 页。
② 许涤新:《中国经济的道路》,生活书店 1946 年版,第 69 页。
③ 许涤新:《中国经济的道路》,生活书店 1946 年版,第 77 页。
④ 许涤新:《中国经济的道路》(修订版),新中国书局 1949 年版,第 128 页。

嘉兴与上海附近的蔬菜、果树、稻作的较大规模经营，以及绥远（在今内蒙古自治区）一带垦殖区域的集资经营等。而就全国农村而言，农业经营的内容是地主将土地租给贫农，细小的经营成为农业生产的重要形式。就是富农也具有半封建的上层分子的姿态，有不少富农渐渐变为地主。中国农村的经济命脉掌握在地主手里，地主经济的基础建筑在无数贫农的细小经营之上。收租者、商人、高利贷者及行政官吏成为四位一体的人物。封建剥削使农民日益贫困，使他们失去提高生产的能力与兴趣，农田的生产额不断降低，灾荒没法避免。

（四）小有产者的经济

小有产者包括知识分子、城市贫民、职员、小商人、自由职业者、手工业者和广大农民阶级，这里所谈的只是手工业者与农民阶级。一般来说，他们的经济是小规模的商品生产。农民占全国人口的80%，他们由许多阶层构成，包括富农（农村的资产阶级），约占农村人口的5%；中农，约占20%；贫农（农村的半无产阶级），加上雇农，约占70%。农民除了受地主和富农的宰割外，还要受商业资本和高利贷资本的剥削。独立生产的手工业者也要受种种的剥削。

（五）合作经济

中国的合作事业始于1924年华洋义赈总会在河北香河县创办的信用合作社。以后信用合作渐受人注意。信用合作外，还有消费合作，而生产合作则微乎其微。抗战时期，中国工业合作协会成立，开展工合运动。合作社本身并不是一种社会体制，它的作用是由主持或控制的阶层，由当时所处的环境条件决定的。中国20余年来的合作运动并非完全没有成就，而对人民生活起深切影响的应推陕甘宁边区的合作运动。“从个体经济转变为集体经济，合作社是一条大路。合作经济在中国的将来，是有光明的前途的。”[①]

（六）公营经济

“现在中国境内，存在着两种公营经济：一种是南京政府控制下的国家资本；一种是解放区民主政府的国家经济。这两种公营经济在性质上，是完全不相同的。”[②]初版本说公营经济主要是指公有资本经营之工矿及交通事业，按行政单位的不同，可分为国营、省营及市县营三种。“论资本，论规模，公营资本的工矿，是凌驾民营资本之上的，但在成绩上，在生产动率上，在对

---

① 许涤新：《中国经济的道路》，生活书店1946年版，第97页。

② 许涤新：《中国经济的道路》（修订版），新中国书局1949年版，第152页。初版本未提到解放区的国营经济。

于市场的供应上,公营资本往往不及民营工厂。”[1]原因约可分为三点:第一,国营工业失败的主要原因是在官僚政治下,企业变成了腐化的衙门。任职的人,从上到下,只在于肥己营私,没有好的计划,没有良善的管理。第二,民国成立以来,年年在内战,生产难以正常进行。抗战以后,许多国营事业遭受战争的损失。第三,官僚主义作祟,实行殖民地的买办路线。在美国对华实施租借法案后,认为自己生产物资,不如依靠美国的供给。欲使生产效率提高,就必须拔除官僚主义的根源,唯一的办法就是实行民主政治。修订版强调南京政府控制下的公营经济就是国家垄断资本,而新民主主义下的国家经济则属于人民,为人民的利益服务,与私人企业和谐并存,领导中小资产阶级的私人资本一齐前进。

在分析了六种经济结构后,许涤新又归纳了中国经济结构的几个特点。第一是发展不平衡性。在抗战前,金融、商业之发达远远地超过了民族产业;外国资本压倒了本国资本,民族资本只能在纺织、火柴及面粉等轻工业上稍有作为;上海的工商业在数量、资金、对外贸易上占了全国总数的一大半。抗战以后,国家资本与官僚资本急速发展,越来越成为操纵国民经济的独占资本。第二是中小生产占着优势。第三是经济关系间的矛盾性,有列强在华的殖民地经济与中国国民经济的矛盾,买办资本、官僚资本与整个国民经济的矛盾,财政政策与经济政策的矛盾等。修订版则归纳为四个矛盾:帝国主义与中国国民经济的矛盾,官僚资本与广大人民和民族资本的矛盾,地主阶级与广大农民间的矛盾,资本家与劳工间的矛盾。

以上是许涤新的中国经济结构论的最基本的观点,这是中国马克思主义者对中国经济结构的一种详细分析,以此论证中国社会的半殖民地半封建的性质及其特点,理论上具有创新性。但在各种私人资本的划分中存在着一个矛盾:既将买办资本作为一种独立的资本,又说官僚资本包括买办资本;照此划分,则买办资本家必须有官僚的身份,而解释买办资本时,却又将买办资本中的买办视为原型买办。其实,买办资本中的“买办”和外商企业中的“买办”只是词源上的关系,两者不完全是一回事。外商企业中的买办是一种职业,原指外商企业聘用的中国经理。抗战时期,外商企业中的买办制度已经消亡,而买办资本的概念却更加流行,说明买办资本是另有所指,即是指由官僚经营而专为外商利益服务的那种资本。这种买办资本不仅是经济概念,而且还是一种政治性的概念。

---

① 许涤新:《中国经济的道路》,生活书店 1946 年版,第 103 页。

四、新民主主义经济论

许涤新指出，战后中国可能走的道路有四条：一是鸦片战争以来所走的半封建半殖民地的老路，二是欧美旧民主主义的道路，三是新民主主义的道路，四是最新式的社会主义的道路。老路不能走，欧美资本主义的旧道路不能重演，社会主义道路条件尚未具备，只能走新民主主义道路。他说："新民主主义的经济，就是孙中山先生的民生主义的经济。"①他解释新民主主义经济的特点包括：

第一，完全和彻底肃清封建和半封建的土地制度。真正实行耕者有其田，把农民从封建桎梏下解放出来。土地改革以后，农民都得到土地，他们以自己的劳动，享受自己的成果。"许多独立生产的农民，由小农而中农，由中农而富农的发展起来，新的富农经济，是不断地在农村中产生的。"②

第二，不否认生产手段私有制的存在。不但容许生产手段私有制的存在，而且容许剥削剩余价值的私人资本企业的存在。"新民主主义社会与社会主义社会不同之点，就是在新民主主义社会里，代表中小资产阶级的私人资本主义，在生产中，还是不可缺少的构成部分。"③

第三，国家经济在新民主主义经济中是领导成分。四大家族的巨大的国家垄断资本归新民主主义国家所有，新的国家经济就有了巨大的物质基础。"新民主主义的国民经济，将以它为领导的成分；新民主主义国家的人民，将因为它的发展而得普遍地改善其生活。"④

第四，土地改革后的农民将发展起来。在一个相当长的时期内，农民基本上仍是分散的个体，但可以逐步引向合作社的方向发展。

以上特点说明，新民主主义经济既不同于资本主义，又不同于社会主义。

在《中国经济的道路》初版中，许涤新曾作出如下结论："在基本上，新民主主义经济是资产阶级性的，但又加上若干的修正。这些修正，扬弃了旧式资本主义的垄断独占排斥中小生产的缺点；使这个国度中的劳动人民有机会得到发展，得到提高其生产兴趣与能力；使这种经济成为推进到社会主义

① 许涤新：《中国经济的道路》，生活书店1946年版，第135页。修订版中此句已删。

② 许涤新：《中国经济的道路》（修订版），新中国书局1949年版，第190页。

③ 许涤新：《中国经济的道路》（修订版），新中国书局1949年版，第191页。

④ 许涤新：《中国经济的道路》（修订版），新中国书局1949年版，第192页。

去的过渡阶段。”[①]在 1947 年毛泽东的《论目前形势和我们的任务》发表后，许涤新认识到这一结论有不妥之处。他在 1948 年出版的《新民主主义经济论·序言》中说：在《中国经济的道路》一书中，“因为强调了发展私人资本而忽略了国家经济在整个国民经济中的领导作用，故把新民主主义经济看作是‘资产阶级性的，但又加上若干修正’。这种看法是错误的”。

而在《中国经济的道路》修订版中，许涤新将这段结论改为：“这种新民主主义的生产关系，是从半封建半殖民地过渡到社会主义的一种过渡关系，但因为它不是资本主义的，亦不完全是社会主义的；它既不能看作是一种属于资本主义的范畴，亦不能看作是一种完整的社会主义的范畴，故称它是一种过渡关系并不否认它是一种独立的社会制度。这种制度发展下去，必然走进到社会主义的领域。故说新民主主义经济是走进社会主义经济的跳板，在原则上，是不会错的。”[②]

五、财政经济政策论

（一）土地和农业政策论

在《中国经济的道路》的初版中，许涤新指出，对于土地政策，各方面都以孙中山的“平均地权”学说为依据。他列举了孙中山有关平均地权和耕者有其田的各次讲话，然后指出：“孙中山先生的平均地权的学说之发展，是明明白白的，但不幸得很，有一些人，却在其某种企图之下，故意曲解中山先生的学说，把平均地权作为抽象的，固定的主张。”[③]许涤新把曲解平均地权学说的观点归纳为四点：“第一是‘耕者有其田不过为平均地权政策中特殊办法之一’，而平均地权之目标更为远大；第二是土地公有无需借手于先行农有；第三是耕者纵多不能以括‘全民’；第四是‘平均地权若不能实行，耕者有其田更是一句空话’。”[④]他逐一进行了反驳，如对于第一种观点，反驳理由之一是：“耕者有其田，是中山先生的最后的主张；是积四十年的经验，并且参考十月革命所得出的结论。故从历史的发展而言，这一‘后来居上’的主张，是不能与早年的主张一样看待的。”[⑤]

另外，当时还出现了一种称为“限田与渐进的国有政策”的主张。其内

① 许涤新：《中国经济的道路》，生活书店 1946 年版，第 140 页。
② 许涤新：《中国经济的道路》（修订版），新中国书局 1949 年版，第 195 页。
③ 许涤新：《中国经济的道路》，生活书店 1946 年版，第 153 页。
④ 许涤新：《中国经济的道路》，生活书店 1946 年版，第 155 页。
⑤ 许涤新：《中国经济的道路》，生活书店 1946 年版，第 156 页。

容为：国有土地不得出卖；无主土地收为国有；由法律规定过渡时期每户土地的最高面积，超过部分由国家以土地债券征收；国家为实现国防经济政策，得征收民有土地，市区土地尽先征收，不在地主土地全部征收，农民自耕土地不征收；私人出卖土地时，国家有先买特权；国有及国家征收或收买的土地，得分给自行耕种的退伍士兵或阵亡战士遗族及农民，但仅给与使用权。他们的理由有二：一是世界农业生产已逐渐机械化工业化，以大规模农场为其基本条件；二是目前推行“征实”与“征购”，以大地主较多之省份为较易。

许涤新批评这是开倒车，反对耕者有其田。他针锋相对地指出：(1)耕者有其田的初期，不免是小农场制。但通过农业合作社等方法，可以逐步将个体农民经济集合为集体的生产，到那时机械化、工业化是不成问题的。(2)现在地主的地权虽集中，但使用权却零碎分散，欲使其集中起来并不容易。而小自耕农在说服与实际利益的推动下，集合成为集体经济，则对于公有制来说是迈进了一步。(3)多年来事实证明，因大地主的存在，反而使“征实征购”遇到更多的困难。大地主多是有钱有势的人，以不纳粮为光荣。在实行了土地改革的地方，耕者有其田之后，政府所收的救国公粮，不但没有那种欺骗、逃粮等现象，反而有踊跃输将的热烈纳粮浪潮。“说大地主制便利于征实征购……解放区的事实，完全把这种见解粉碎了。”①

对于“渐进的国有政策”，许涤新还进一步指出：第一，这种主张离开了中国的社会实况，无视中国广大农民的要求。欲使广大农民来参加民族解放和民主改革运动，就必须实行耕者有其田。反之，在这个阶段实行土地国有，就会降低农民的积极性。他引孙中山的话说：“农民是我们中国人民之中的最大多数，如果农民不来参加革命，就是我们革命没有基础。”②这样，土地国有将从何处实现？第二，土地国有还要问这个“国”是怎样一个国家。“如果这个国家的政权是属于少数大地主与大资产阶级的，则这种‘国有政策’，不外是使大地主的地产更加扩大，使土地更加集中在他们的手里罢了。”③

在抗战时期，还不能实行耕者有其田的政策。许涤新介绍了解放区初步土地改革的经验，主要是减租减息。此外，还实施调剂劳动力、增加农贷、增开荒地、不违农时及提高农业技术等政策。

---

① 许涤新：《中国经济的道路》，生活书店 1946 年版，第 160 页。
② 《耕者有其田》，《孙中山选集》下卷，人民出版社 1956 年版，第 865 页。
③ 许涤新：《中国经济的道路》，生活书店 1946 年版，第 161 页。

随着形势的变化，在修订版中许涤新完全改写了上述土地政策的内容，转而详述解放区的土地改革政策，内容大为扩充。他指出：1924 年孙中山正式提出耕者有其田的主张。“当时最能理解这一正确的主张最能为这一主张奋斗的只有中共的同志；当时在广州主持农民运动讲习所，培养大批农运人材掀起各省农民运动的，正是二十余年来领导中国革命走向胜利的毛泽东。”[①]1927 至 1937 年的 10 年间，中国苏维埃运动的主要内容就是土地改革。在抗战时期，则改为减租减息的政策，推动了国民党参加抗日，又使解放区的地主与农民联合起来反对日本侵略者。日本投降以后，需要实现孙中山的耕者有其田的政策。1946 年 5 月 4 日中共中央关于土地问题的指示，就是及时改变土地政策的表现。这时的耕者有其田的办法，依然以承认地主的土地所有权为前提，地主依然保持着比农民更多的土地。1948 年 10 月 10 日，中共中央公布《中国土地法大纲》，实行平分土地的政策。“这一个土地法大纲，宣布了中国封建制度的死刑，号召全国三万万数千万农民起来为真正翻身而斗争！”[②]《中国土地法大纲》的基本精神是彻底打垮地主阶级，彻底消灭封建制度。

土地改革的目的是为了发展农业生产。许涤新根据毛泽东 1948 年《在晋绥干部会议上的讲话》，将发展农业的政策分为七条：(1)必须用种种方法保存一切可用的生产资料与生活资料，防止被破坏或被浪费掉，以发展生产。(2)分散孤立的个体劳动，不能提高农业的生产力，必须致力于劳动互助的组织，逐渐走上集体化。(3)从现实的条件出发，逐步提高农业技术和种子，逐步走上农业机械化、科学化的境地。(4)兴办水利，致力于修沟渠、浚河道、植林木，并在将来大规模地建筑现代化的大水电工程。(5)在自愿的原则下将东南的人口移至西北，移至荒地较多的地区。在都市找不到工作的人民，设法使其移至乡间劳作。(6)改造游手好闲的“二流子”，动员其参加生产。(7)增加农贷，贷款必须直接入于农民之手，规定具体用途。

(二)工业和劳动政策论

许涤新指出，新民主主义的经济包括国家资本经济、个体经济、私人资本主义经济和合作社经济四个组成部分，国家要根据客观需要，加以适当的必需的扶助，使各种经济能够尽量发展，这就是民主。他又指出，经济上的所谓民主，并非绝对的自由放任，国家还要发挥其领导与扶持的作用，还要

---

① 许涤新：《中国经济的道路》(修订版)，新中国书局 1949 年版，第 206 页。
② 许涤新：《中国经济的道路》(修订版)，新中国书局 1949 年版，第 216 页。

执行集中的原则。“但所谓集中,并不是国家资本之独占垄断,而是在于‘使私有资本制度,不能操纵国民之生计’。”[①]此外,还要合理解决劳资之间的问题,使劳资双方共同为发展工业生产而努力。

关于国家资本经营的范围,许涤新提出:如果把国防事业包括在内,则政府所独营的经济事业,当有银行、铁道、航空、邮政电讯、兵工厂、飞机制造厂及大规模水力发电厂;还有为民力所不胜任或政府认为须特别重视的,如大规模石油、钢铁厂及航运事业等,亦可由政府经营或与私人资本合办。合办以客观需要为前提,应采用公司制度。“在这个公司中,对于业务及人事之管理,绝不能超出股东地位之外,绝不能带入一点衙门的作风。”[②]

许涤新还强调国营企业和民营企业的待遇应相同。他说:“事实的经验,很早的告诉我们,国营企业的特殊待遇,并未能使国营企业有特异的发展,反而使那些掌握国营企业之人,有恃无恐,不去致力于经营的改善,甚且利用这种机会,上下其手,从中作弊,这么一来,就更加腐烂了。而在另一方面,国库的收入,则因此而大大减低;民间企业的负担,则因此而大大增加。”[③]他主张国家经营与民间经营在同一条件下竞赛。

在数量上,劳动人民的个体经济占绝对优势。许涤新指出,旧民主主义所走的道路,是以资产阶级所有制的大工厂去代替他们;而新民主主义所走的道路,则是使他们避免被大工厂吞没的命运,其前途是合作社经济。“在新民主主义的国家中,一定把扶助他们,减轻其困难,并组织他们走上合作社的大道作为经济政策的极其重要的环节。”[④]

发展工业需要大批资本,许涤新提出了三个办法。第一是中国自己的积累,包括:(1)在土地改革之后,农民从封建剥削下解放出来,有更大的兴趣与能力提高生产,农产物出口亦可因而增加,可以把所得的外汇作为工业建设之用。(2)在战前,地主每年剥削农民的地租约1亿元,只要使买地收地租的利益比不上投资于工业的利益,切实从“二五减租”做到耕者有其田,便可堵住地主购买土地;只要在工业方面施行一种奖励民间投资的措施,便可使地主的资金大量流入工业中去。(3)抗战以来都市游资规模更加庞大,“我国富裕阶级在抗战过程中所积聚的资本至少将有三十亿至四十亿美元,

---

① 许涤新:《中国经济的道路》,生活书店1946年版,第175页。
② 许涤新:《中国经济的道路》,生活书店1946年版,第178页。
③ 许涤新:《中国经济的道路》,生活书店1946年版,第178页。
④ 许涤新:《中国经济的道路》,生活书店1946年版,第182页。

其中至少有十亿系外币资本”(引伍启元语)[1],这些特种人物的巨大财富亦可算是工业资本的原始积累。(4)工业自己的资本积累。(5)东北回到祖国的怀抱,可以在短期内积聚巨额资本。(6)在战争中,国家亦聚集了不少资本。第二是利用外资。除向美国和其他友邦借款外,还可向国际银行借得15亿至30亿美元,外国私人资本也会向中国直接投资或间接投资。第三是日本的赔款,据某先生的大略估计,至少要达50余亿美元。

“要发展中国的工业,不但要解决国营和民营之间的问题,不但要解决中小生产与大生产之间的问题,不但要解决资本、税制以及技术……的问题,而且亦要调节劳资之间的关系。”[2]在工作时间方面,现在各地大多在10小时以上,大后方的工厂甚至有做到14至16小时的。在生产落后的地方,还不能统一规定为8小时,只能提出8小时到10小时的工作制度。在工资方面,在币值下跌的情况下,最好实行半实物工资制,即用货币、粮食各半偿付工资。除工人自己由雇主供给伙食外,工资最低限度应能维持两个人的生活。此外,还有失业救济、社会保险、工人有组织工会的权利等。“实行这些劳动政策,并没有动摇资本主义的私有权……这种调节,不但不会损害资方的利益,反而在生产上将给与极大的推进。”[3]

修订版对工业政策的修改,将发展工业的资本来源归纳为五条:(1)四大家族的国家垄断资本的“遗产”。在他们当权的20年中,已经集中了价值100亿至200亿美元的资本,有一部分还作为器材留在国内。新民主主义国家必然没收这一笔巨大的资本,作为国营企业资本的基本来源。(2)在土地改革以后,广大农民的生产情绪和生产能力大大提高。农村经济的发展,农民收入的增加,促使国民储蓄运动的开展。银行可以把这些零碎的资金集中起来投于工业。农产品出口收入的外汇,可以购置各种需要的器材,作为工业建设之用。(3)中国的各种游资大约在10亿美元左右,在新民主主义国家中,可能使它们投资于国内生产事业。(4)战前汇回国内的侨汇,每年约1.5亿美元。如果我们能进行有计划的推动与鼓励,则可能达到每年5亿美元的汇款。(5)工业自己的资本积累。

对于利用外资,许涤新指出,美国只有改变其反动的外交政策,才能谈到利用,这必须以美国的民主力量在国内取得政权为前提。欢迎那些尊重

---

① 许涤新:《中国经济的道路》,生活书店1946年版,第184页。
② 许涤新:《中国经济的道路》,生活书店1946年版,第187页。
③ 许涤新:《中国经济的道路》,生活书店1946年版,第189页。

中国主权的国家来中国投资，包括直接投资和间接投资，以间接投资（购买中国债券、贷款）对中国更为有利。对于前面提到的日本巨额赔款，许涤新说："可恨的是：美帝国主义摧毁波茨坦决议，减轻日寇应负的赔款，恢复日寇的工业与军备，而卖国政府则……一切唯美国是从，这么一来，日本赔款便谈不到作为中国经济建设的资金了。"①

（三）贸易和运输政策论

贸易政策包括对外贸易和国内贸易两方面，许涤新提出了"对内自由，对外管理"，"公私兼顾，互助合作"②，以扩展国内外贸易为任务的贸易政策。

许涤新指出："中国是一个工业落后的国家，如果采用自由贸易政策，只有助长外国商品对本国工农业之煎迫而已。"③但也不能实行抗战时期的统购统销政策，因为还要发展私人资本。他主张实行一种具有保护关税作用的有计划的贸易政策。这种有计划仅是对国营经济的对外贸易而言，民营进出口商则经营国营贸易机关不经营的商品。关于保护性的关税政策，许涤新提出的原则是："政府对于重工业器材，应规定免税输入；对于奢侈品，应以极高税率限制其输入；对于其他物品应按照国内需要程度、国内各项产业所需之保护程度，规定其进口税率之高低。至于丝、茶、桐油、猪鬃等农产品及钨、锑、锡、汞等矿产品，在原则上，应奖励其出口。"④

对内贸易应以扩大国内市场为任务。要达到这个目的，只有依靠国营企业、国营银行，特别是国营贸易公司的正确政策。国营商业不能与民争利，应时时照顾人民生产和消费的需要而加以适当的调整。消费合作社可以保证社员的需要，减除中间人的剥削；最好与运销合作联办，既解决了需要问题，也解决了供应问题。对私人商业组织不能完全否定，但必须防止大商业组织的操纵垄断。

中国的国际运输交通完全握在外国商人的手中，即使是沿海以至内河航行，外商轮航亦呈喧宾夺主的状态。许涤新提出了交通建设的两条原则：第一，"要有远大的眼光，要着眼于整个国民经济的前途及未来国际形势的展望，要借交通运输之发展去推动整个国民经济并补救矿产资源的偏在及经济发展上的不平衡等缺点"；第二，"不仅要着眼于经济的需要，而且要着

---

① 许涤新：《中国经济的道路》（修订版），新中国书局1949年版，第245页。
② 许涤新：《中国经济的道路》，生活书店1946年版，第191、192页。
③ 许涤新：《中国经济的道路》，生活书店1946年版，第194页。
④ 许涤新：《中国经济的道路》，生活书店1946年版，第197页。

眼于国防及外交的需要”①。交通大体以国营为主，亦不完全排斥私人之营业。铁路国营，渡海航业以国营为主，内河航业与公路运输可准许私人经营，航空应鼓励、协助人民经营。

（四）金融政策论

许涤新对中国原有的金融机构倾向于否定。他说票号早已衰落，上海的钱庄是从《南京条约》五口通商以后生长起来的（此说有误），新式的银行则是在外国商品更加扩大与深入的局势下应运而生的。钱庄是高利贷资本的供给者，又为外商推销商品和采购原料服务，新式银行亦以便利外人的银行、商行为前提。“抗战以前，上海的银行疯狂地进行着地皮与公债的投机；抗战期间，聚集在重庆、昆明等地的银行，则疯狂地进行其囤积居奇的商囤活动、放高利贷和黄金外汇的投机。这一切，没有一点是对产业资本有利的，不但没有‘一点有利’，而且给与民族工业以莫大的损害。”②许涤新提出，要使中国的金融业能发挥其推动工农业的作用，就必须改变过去的方针，使金融政策以发展工业生产事业为任务。

银行存在这些问题，责任首先在于国民政府的腐败和恶性通货膨胀政策。抗战结束以后，第一件事就是治理通货膨胀问题。许涤新指出，根据各国的经验，将来中国的通货，只有发行新币代替旧币。他反对将中国货币直接钉住美国的货币，这样美国的金融一旦发生动摇，中国也就要卷入旋涡。1944 年 7 月，联合国 44 个会员国在美国布雷顿森林讨论战后币制问题，决定成立国际货币基金组织，各国货币以黄金或美元表示其平价。许涤新认为，“根据国际货币会议的决定，世界货币基金已确定黄金本位”，各国的货币的联系“是经过黄金而实现的，并不是把某一国的货币直接钉住于另一国的货币。中国为国际货币基金会员国之一，实行金本位制的条件是具备的。在金本位制之下，通货随时可以兑现，它的发行额就不会无限制的增发，它的币值就会稳定起来了！”③这反映了当时他对战后可能恢复世界金本位制过分乐观，没有估计到金本位制实际上已经是“黄鹤一去不复返”了。

对于外汇政策，许涤新指出应该矫正过去的通病，以独立自主的精神去措理我国新货币的汇率。“这就是说，我国的汇率之规定，应把国际出入口贸易，发展国内工农生产事业与增加侨胞汇款几个条件，作一个全面的联系

① 许涤新：《中国经济的道路》，生活书店 1946 年版，第 202 页。
② 许涤新：《中国经济的道路》，生活书店 1946 年版，第 205 页。
③ 许涤新：《中国经济的道路》，生活书店 1946 年版，第 209 页。

的措理。”[1]而且必须使新货币的对内价值和对外价值都经常保持稳定。

关于银行，如果外国银行都失去过去的特权，服从中国的法律，业务只限于供给汇票及经营外汇（不是支配汇率和操纵外汇），仍允许设立。中国大银行收归国家经营，小规模的、带有地方性的银行仍可继续经营，但要进行管理。国民政府的国家银行问题很多，叠床架屋。因此，有人主张将中央、中国、交通、中国农民四行合并，建立一个健全的中央银行。也有人主张中国和交通合并，或将中国银行的国内部分加入交通银行；中国农民银行彻底改组，只办农贷业务；信托局只办信托。许涤新赞成第一种办法，但认为不能一下子合并。另外，他指出还要肃清一切舞弊、浪费及“以行为家”的积弊。

要使农贷流入农民之手，就必须以农民为主体组织合作社。过去大后方农村的合作社，都握在土豪劣绅之手，贫苦农民无法获得“农贷”的利益。“农民是否自己组织合作社，农民自己是否能掌握合作社，乃是农贷是否能为勤劳而贫苦的农民服务的前提。”[2]还有旧时遗传下来的一种互助组织——“组会”，是小生产者避免高利贷的很好的方法，可以普遍提倡，把它提高成为固定的组织。

最后，许涤新指出：“总而言之，新民主主义的金融政策是为人民与生产服务的，要为人民与生产服务，就必须澈（彻）底消灭中国金融的那种买办性和封建性。这就是金融政策的总方向。”[3]

在修订版中，主要是增加了中国货币制度的新发展。法币已完全崩溃，金圆券代替了法币。许涤新评论金圆券流通说：“这是一个明目张胆的大劫夺；这是一个伤天害理的大膨胀。——在六个月之内不但把它所规定的最高额二十亿元金圆券，完全发完；而且突破了五千亿的限界，使‘金圆券’比‘法币’还来得更臭。”[4]解放区的货币则走向统一，由人民银行发行中国人民银行货币，逐步收回解放区旧币。对于新中国的币制，许涤新指出：金本位、银本位、汇兑制本位都不可能实行，而“有计划的管理通货制度，是比较适合的……有计划的管理货币制度并不是没有‘保证’的货币制度，正相反，这一种货币是有保证的。不过，它的保证不是金银而是日用必需品”[5]。

---

① 许涤新：《中国经济的道路》，生活书店 1946 年版，第 212 页。
② 许涤新：《中国经济的道路》，生活书店 1946 年版，第 217 页。
③ 许涤新：《中国经济的道路》，生活书店 1946 年版，第 218 页。
④ 许涤新：《中国经济的道路》（修订版），生活书店 1946 年版，第 268 页。
⑤ 许涤新：《中国经济的道路》（修订版），新中国书局 1949 年版，第 271 页。

（五）财政政策论

许涤新分析新民主主义的财政有三个特点：第一，必须以新民主主义的经济为基础，其中引毛泽东在《抗日时期的经济问题和财政问题》中所论经济和财政的关系为论据。第二，以广大人民为主体，以繁荣国民经济为前提，只有在用了90%的努力去为人民解决经济困难之后，才用10%的力量去向人民要收入。第三，财政应该公开，财务费必须力求节约，财务行政应做到没有贪污存在。概括起来，新民主主义财政的三个基本特点就是，"以人民为前提，以经济为前提，以廉洁为前提"①。

许涤新批评了国民政府税制的严重缺陷。在抗战前，一是多为对物税，越是富人负担越轻；二是多为间接税，占税收总额94%以上；三是租税系统不明，重征复出，叠床架屋，民不堪命；四是田赋、盐税附加苛重，而营业税、所得税则无附加，一方失之繁重，一方失其公平；五是田赋预征，有的地方几乎每月一次，地主将负担转嫁给佃户，中小自耕农则卖妻鬻子，剜肉补疮。抗战以后税制形式上虽有改变，但间接税仍占优势，税务机关依然庞杂、重复，附加税依然增加。征实之外，还有征借；征借之外，还有带征。流通税系统的租税依然重复苛杂，依然妨害交通运输。火柴、食盐、卷烟、食糖等物曾举行专卖，民制官收，官运商销，生产者亏折，消费者购买力更降低。专卖品的生产和消费都减少，财政收入也只能减少。

新民主主义的税制则是取之有道、公平合理，能够推动国民经济发展的税制。许涤新提出了五条具体主张：第一，建立统一累进税制度。所得税、财产税都是直接税，是最合理的税收制度。统一累进税实行后，除出入口税和田地、房屋税契外，其他捐税，包括田赋、盐税等，一律废除。第二，各省各县区的财政都由中央政府统筹统支，不得再征地方款或任何附加。第三，烟酒仍依法重征，以维国民康健而省物力。第四，通货政策视为国家财政政策之一部，不能视为国家收入之一法。第五，内外债只能用于经济建设，不得视为平衡收支的经常工具。对于新民主主义的财政支出，许涤新提出要用之得当，岁出原则为：第一，建设巩固的国防。第二，应以人民之福利事业为依归。第三，应使每一元钱之支用都不悖于民主与进步。

许涤新还专门论述了统一累进税，主要观点为：累进税以个人为计算单位，以户或经营为单位合计缴纳，可以避免因缴纳合理负担而分家或假分家现象的发生。累进税以货币的形式缴纳，因农民经常缺乏货币，亦可以实物

---

① 许涤新：《中国经济的道路》，生活书店1946年版，第221页。

缴纳。农业累进税以土地为计算单位，各种土地以平均可能的收获为标准。如将一切地亩都折成每亩收 2 市石的标准亩，自耕农以 1 标准亩算 1 亩，地主的出租地以 1.5 标准亩算 1 亩，佃农的佃耕地以 2 标准亩算 1 亩。工商业累进税将资金和收入分算，各折成纳税分数后按同一累进率计算。工人、职员、教师、编辑、作家以至公务人员的薪给报酬所得，都应缴纳累进所得税。为了使贫困者免去负担，须规定免征点。为了鼓励工业生产及合作事业，凡投资于工业、合作社、水利等方面的资本，可以免纳累进税。累进税累进的进度不宜太快，并且必须规定累进的最高率，以免纳税人变卖财产来纳税。由于各地富庶程度和各阶级富力的分布情况不同，免税点在各地须有升降的余地。纳税人和全人口之间须规定一定的比率，以达到 80% 为宜。他还指出，统一累进税是直接税，是一种最合理的制度。中国向来的税制都以间接税和摊派为主要途径，推行统一累进税是很困难的。解放区的新民主政权已经建立了这一制度，战后的中国必须把这个成果扩大。

统一累进税是一种理想的税制，实行起来困难很大。在修订版中，许涤新只提到在城市中实行统一累进税（所得税、直接税），而原来关于统一累进税的论述已被全部删除。

六、官僚资本论

许涤新的《官僚资本论》一书，1947 年首先由香港南洋书店出版。1949 年再由上海海燕书店作为初版出版。在该书 1947 年写的《后记》中，许涤新提到一年来对于官僚资本研究的收获，第一要推陈伯达的《中国四大家族》，第二要推陈翰笙的 *Monopoly and Civil Wan in China*（《独占集团与中国内战》），第三要推王亚南的《中国官僚资本之理论的分析》，给予他很多的启示和勇气。对于王亚南的《中国官僚资本之理论的分析》，他表示“是偏重于学术性的，这是一篇平心静气的分析性的文章，但我觉得似乎太一般了”①。

《官僚资本论》1947 年版原来据陈翰笙的观点，将国民党官僚资本的代表人物或派系蒋介石、宋子文、孔祥熙、陈果夫陈立夫、政学系称为五大财团，在 1949 年新版中则据陈伯达的书，将前四家改为“四大家族”，有关政学系的内容则仍旧保留。

根据毛泽东在《论联合政府》中“官僚资本亦即大地主大银行家大买办的资本”的定义，许涤新分析说：“大官僚是地主阶级在政治上的代表，而大银行

---

① 许涤新：《官僚资本论》，海燕书店 1949 年版，第 147 页。

家和大买办必然是官僚化的，所以这三种资本要成为官僚资本，总离不开官僚这个形态，亦就是说，官僚制度是在半殖民地半封建社会中构成官僚资本的契机。从官僚发展到买办这一条道路，是构成官僚资本的主要道路。"①

通过对中国官僚资本的发展的论述，许涤新归纳说：中国的官僚资本发展到国民党的四大家族已经登峰造极。他们独占了全国的金融，独占了进出口贸易，控制了国家资本的全部工矿，掌握了极大部分的私人工厂，握有巨大的地皮、田地和房产，通过地租和高利吸尽农民的血液，独占了全国的报纸、广播和出版事业。"因此，四大家族官僚资本不但是中国近代史上空前的大独占集团，而且亦是绝后的大独占集团！"②

许涤新总结出中国官僚资本的七种结合形态。第一种是固有意义的官僚资本，即完全属于官僚、军阀本身的资本。他们利用政治特权获得并运用这些资本，或独资，或与其他官僚资本合资，开设银行、商行或工厂。这是官僚资本的基本组织。第二种是被四大家族把持操纵的国家银行或工矿贸易公司，国家资本实际上是四大家族的私人资本。第三种是与国家资本结合的官僚资本，即以国家资本为主体而加入官僚资本的"商股"。第四种是与民间资本结合的官僚资本。第五种是与国家资本及民间资本结合的官僚资本。第六种是与外国资本结合的官僚资本。第七种是依附四大家族的地方官僚资本。各省的地方官僚资本可以归纳为三种形式：第一是控制省营企业；第二是地方官僚资本彼此合伙；第三是利用民间资本的招牌。

官僚资本的活动如蜘蛛网一样网罗了一切。"从财政金融，一直延伸到穷乡僻壤的农田和高利贷，都是官僚资本的活动场所或对象……初期的官僚资本，当然没有囊括各部门的规模，要做到这一点，只有国民党的四大家族。"③在财政金融方面，四大家族的掠夺方法是发行纸币，募内债，借外债，利用金融统制，利用黄金政策及利用国家银行。在商业方面，贸易统制是四大家族扼死民营企业的武器和发财的工具。在产业方面，四大家族以办工业的名义侵夺民间资本，掠夺人民的血汗以完成其原始积累，用工业的名义使用国家资金，用办工业的招牌进行投机操纵的勾当。在农业方面，国民党官僚资本用地租、田赋和高利贷剥削农民，还明目张胆地进行大规模的军事性的掠夺和兼并。

许涤新将四大家族的活动方式归纳为六个特点，以劫、混、骗、偷、捞、洗

① 许涤新：《官僚资本论》，海燕书店 1949 年版，第 18 页。
② 许涤新：《官僚资本论》，海燕书店 1949 年版，第 50 页。
③ 许涤新：《官僚资本论》，海燕书店 1949 年版，第 69、70 页。

六个字为代表：一是以公为私，这是“劫”；二是天下为私，这是“混”；三是假公济私，这是“骗”；四是化公为私，这是“偷”；五是制造谣言，兴波作浪，投机操纵，这是“捞”；六是刮光地皮，吸尽血液，这是“洗”。这些特点是封建性的剥削，另外还有买办性的一面。借外债是四大家族把中国经济献给帝国主义的一条锁链。经营军火买卖是蒋家朝廷重要的大宗国际贸易。黄金政策把中国金融变成美国的尾闾。国际贸易无法无天地把美国货摇进中国市场来。工业方面，四大家族抗战前与法西斯德国合作，抗战时期逐渐与美国合作，抗战末期将工业的指挥权交给美国，1946 年 11 月《中美商约》订立后，把中国变成了美国的工业边界。农业以机械化为名，要实现农业中国工业美国的毒计。

许涤新又分析了以四大家族为代表的中国式的独占资本及其特点。他说：“所谓独占资本，就是独占的银行与独占的产业资本的结合。”[①]在金融上，中央、中国、交通、中国农民银行和中央信托局、中国邮政储金汇业局、中央合作金库是七个金融独占机关。在产业方面，资源委员会所管辖的厂矿，由战前的 16 个单位增加到 105 个单位，涉及工、矿、电三大类，资本额几乎 2 倍于大后方民营工矿业的总和；军政部兵工署直辖 40 余个兵工厂；航空委员会直辖若干与飞机有关的工厂；军政部军需署直辖 20 余个单位；交通部公路总局附属 40 余个单位。如果把中国纺织建设公司、中国蚕丝公司、中国石油公司及台湾糖公司计算进去，国民党政府所控制的工业就更加厉害了。中国式独占资本的特点是：第一，在发展过程上，中国的独占资本是政治特权直接推动的产物，而不是长期的资本积集和集中的结果；第二，中国的独占资本是四大家族利用掌握的银行的力量侵入产业资本而形成的，而不是由产业资本侵入银行资本而产生的；第三，因中国工业落后，中国的独占资本与其说是银行资本与工业资本的结合，毋宁说是银行资本与商业资本的结合；第四，在组织形式上，中国的独占资本采用组织性最差的康采恩（Konzern）的形式，而不是欧美最流行的托拉斯的形式；第五，中国的独占资本是从政治走到经济，而不是如欧美的独占资本是从经济走到政治的。

许涤新还分析了官僚资本的种种矛盾。首先，从经济上看，官僚资本给与中国人民以无限的灾难，给与中国经济以严重的摧毁。“在官僚资本的侵蚀之下，一方面是财富的积累……另一方面则为穷困的积累，它以更快更大的速度来吞吃绝大多数的人民。经济崩溃的阵痛，一阵阵的袭来，官僚资本

① 许涤新：《官僚资本论》，海燕书店 1949 年版，第 105 页。

与人民间的矛盾，越来就越深刻了。”①其次，官僚资本与工人、民族工业家、出入口商人、中小商人、一般消费者、广大农民、中小地主都处于对立的地位。第三，四大家族与地方资本的矛盾。四大家族的独占管理政策，使一些经营工商业的地方资本感到手足无措；中央四行对地方银行资金十分苛刻，有时给与很多的困难；四大家族处心积虑，总想一口吞下各省的企业，这些矛盾在政治上反映为某些地方与中央的矛盾。第四，四大家族及其附庸彼此间也存在着矛盾，其中谈到孔、宋的矛盾，CC(二陈)和孔、宋的矛盾，CC和政学系的矛盾，指出“这些矛盾暴露他们的勾心斗角与无耻”②。

最后，许涤新说，中国近代官僚资本的发展是以黑暗政治作为它的温床和暖室的，而黑暗专制政治又以官僚资本为其社会经济基础。中国的官僚资本并不是独立的，离开帝国主义它就没法存在，更谈不上发展。他的结论是：“官僚资本是民族独立的障碍，是和平民主的障碍，是建立新中国的大敌！不打倒官僚资本就没法谈到中国的独立民主；不根绝官僚资本就没法谈到中国的经济建设！”③

① 许涤新：《官僚资本论》，海燕书店1949年版，第125页。
② 许涤新：《官僚资本论》，海燕书店1949年版，第139页。
③ 许涤新：《官僚资本论》，海燕书店1949年版，第143页。

第七章　非马克思主义学者的经济思想

第一节　马寅初的经济思想

一、中国经济学社的主要领导人马寅初

马寅初(1882～1982)，浙江嵊县(今绍兴嵊州)人。光绪三十年(1904年)考入天津北洋大学，学习矿冶专业。三十三年，官费保送美国耶鲁大学。宣统二年(1910年)获耶鲁大学文学学士学位，考入哥伦比亚大学研究生院，攻读政治学(部门经济学)。1914年获哥伦比亚大学哲学博士学位。1915年回国，先后在北洋政府财政部、交通部工作。1916年任北京大学法科教授。1917年12月任北大法科经济门研究所主任。1918年3月当选法科经济商业门主任。1919年4月当选北大教务长，11月任北大审计委员会委员长。1920年2月任北大经济系主任，3月兼任浙江兴业银行总办事处顾问，10月受聘为上海吴淞公学教授。1921年11月任北京大学组织委员会委员长。1922年6月任上海商科大学教务主任，7月任中国银行发行部长。1930年2月任中央大学经济系主任。1931年9月任上海交通大学经济研究所主任。1939年5月任重庆大学商学院院长。在从政方面，1927年7月至1928年11月任浙江省政府委员，1928年11月至1947年6月任国民政府立法委

员。1940年因批评孔祥熙、宋子文大发国难财，同年12月被蒋介石关押。1942年8月获释。1945年3月，返重庆大学商学院任教。1946年8月受聘于上海私立中华工商专科学校任教。1948年4月当选为中央研究院人文组经济学院士。1949年，秘密经香港去解放区，8月任浙江大学校长。1951年任北京大学校长。曾任中央人民政府委员、政务院财经委员会副主任、华东军政委员会副主席。为第一届全国政协代表，第二至五届全国政协委员，第一、二、四、五届政协常委，第一、二届全国人大代表、常委，并为中国科学院哲学社会科学部委员。1957年提出"新人口论"，提出控制人口的主张，1958年被批判。1960年辞北京大学校长职务。1979年平反，任北京大学名誉校长。1979年增选为第五届全国人大代表，1980年增选为常委。1981年被推为中国人口学会名誉会长。著作有《纽约市的财政》(英文)、《马寅初演讲集》(4集)、《中国国外汇兑》、《中华银行论》、《中国关税问题》、《马寅初经济论文集》(有两种)、《中国经济改造》、《中国之新金融政策》、《经济学概论》、《通货新论》、《马寅初战时经济论文集》、《财政学与中国财政——理论与现实》、《新人口论》、《我的经济理论哲学思想和政治立场》等，编有《马寅初经济论文选集》、《马寅初抨官僚资本》、《马寅初选集》、《马寅初全集》和《马寅初全集补编》等。

民国时期，学习西方经济学的学者人数日趋增加，于是建立经济学学术团体的呼声也日益高涨。1923年11月，由清华留美归国的经济学者刘大钧、陈长蘅、陈达与燕京大学英籍教授戴乐仁(J. B. Taylor)等共12人在北京创立中国经济学社，以刘大钧、戴乐仁为正副社长。1924年马寅初加入经济学社，次年取代戴乐仁为副社长。1927年11月，马寅初当选为中国经济学社社长，从此他长期任学社社长。在马寅初、刘大钧的主持下，中国经济学社以留美归国经济学者为主，集合了全国政、学、商各界上层分子，逐渐成为汇聚政、学、商界精英的经济学学术团体。参加学社的经济学界人士有何廉、唐庆增、董时进、顾季高、潘序伦、王建祖、贾士毅、孙拯、徐永祚、谢霖、刘秉麟、杨端六、陈翰笙、方显廷、陈岱荪、赵迺抟、张素民、尹文敬、章乃器、谷春帆、武堉幹等；政界人士有宋子文、孔祥熙、孙科、邵元冲、吴鼎昌、甘乃光、彭学沛、叶恭绰、徐青甫等；工商界人士有张公权、李馥荪、冯少山、林康侯、钱永铭、吴鼎昌、周作民、刘鸿生、徐新六、史量才、秦润卿、穆藕初、王晓籁、都锦生、卢作孚等；文化界名人有胡适、王云五、潘光旦、吴景超、周诒春、吴经熊、钱天鹤、吴觉农、曾昭抡、茅以升、吴定良、陶希圣等。

抗战开始后，中国经济学社随国民政府内迁重庆。1940年4月28日，中国经济学社第十五届年会在重庆大学举行。就在此次年会上，马寅初痛责了孔祥熙、宋子文等执政者私自购买外汇，大发国难财，破坏国家的法币政策的行径。其后，马寅初又公开提出了对发国难财者征收财产税的主张，矛头直指孔、宋家族。马寅初被蒋介石监禁后，逐渐疏远了国民党政府，并同中国共产党建立了密切联系，正如马寅初自己所说：自1939年后，他“无时无刻不与共产党在一起”[①]。马寅初被捕后，中国经济学社失去了领导重心，加上社员政治立场的分化，以及学社基金在通货膨胀中严重贬值，渐渐走向衰落。1953年彻底结束。

中国经济学社延续时间长达30年，社员最多时达800余人，是民国时期著名的学术团体之一，产生过重要的影响。首先，对西方经济学在中国的传播起了重要作用。中国经济学社是中国传播和研究现代西方经济学的中心组织，它的社员是中国经济学教育、科研、出版界的主体，中国经济学社仿照美国经济学会而成立，对中国经济学发展的影响也堪比美国经济学会对美国经济学发展的影响。其次，影响了国民政府经济政策的制定。中国经济学社社员大量进入经济立法和决策机关担任要职，并多次参加全国财经会议，社员的经济思想和政策建议对国民政府经济政策产生了重要的影响。如卫挺生建议的主计制度，马寅初等建议的废两改元，顾翊群、姚庆三、张素民、赵兰坪等建议的改革币制主张等，都被国民政府采纳实施。第三，对工商界产生了重要的影响。学社社员三分之一为工商界上层人士。工商人士为学社发展提供经费，学社的专家为工商界的利益向政府呼吁。在讨论经济政策和制定各种经济法时，学社的专家往往偏向资产阶级，并在社会上为资本主义制度辩护，宣传劳资合作。经济学社的专家还从学理上、知识上为工商界服务。穆藕初、杨杏佛、杨端六等人都宣传了科学管理思想，潘序伦、李鸿寿等人提倡新式会计，徐永祚提倡改良中式簿记，这些新理论和新知识的输入或改进，有利于提高工商界的管理水平。

二、研究中国经济的方法论

（一）中国实情与西洋学理相配合

经济学研究有理论研究和应用研究之分，也有国际化和本土化之别。马寅初选择的是本土化的应用研究。他强调中国经济学者应将西洋的经济学理论与中国的实际相结合，研究中国的事实，解决中国的问题。

---

① 《重申我的请求》，《马寅初全集》第15卷，浙江人民出版社1999年版，第322页。

1923 年 6 月 1 日,《晨报》发表马寅初的讲演录《吾国公债票之买卖》,在此文"附记"中,马寅初批评了中国经济学界的西化现象。他说:"各学校所用之课本与参考书,都系西洋书籍,各著名杂志(除北京《银行月刊》与经济讨论处所编辑之《经济周刊》)所讨论之问题,亦多近于西洋学理。其结果吾国学子,对于西洋学理,固稍知其皮毛,而对于本国经济状况,则懵无所知,毕业之后,出世问事,则须从新学过。鄙人自己即有此感触,光阴荏苒,人寿几何,以此方法,而造就人才,不免太不经济。须知中国有中国的问题,决不能以西洋学理,为解决之秘诀,必须从研究中国的事实入手,不知病源,虽有名医,亦无所用也。自此以后,深望吾国经济学者,从事于研究中国的事实,解决中国的问题,幸无高谈哲理,专以西洋学理相炫耀。"①马寅初提出中国经济学者应研究中国事实以解决中国问题的思路,就是要进行本土化的应用研究。

在 1935 年出版的《中国经济改造》的结论部分,马寅初指出:"可知解决中国问题,非熟读几本外国教科书所能从事。中国自有其特殊情形,吾人只有从实际上去找解决办法,外国学术只能作为参考,不能奉为天经地义也。"②

1937 年,刘絜敖出版《经济学方法论》,此书"附录一"为《现代各家经济学说之方法论的分析》,其中提到:"可惜目下国内的学者,太不注重方法论之研究,大家相袭成风,好像我们对于经济学,只要求得一点片断的实际常识就够了! 那里说得上是在作学问呢!"③马寅初看到这本书,对此批评指出:"他的话固然不是没有道理,但是现在中国所急需的,是使国民明了国内经济的情形与当前经济问题的解决,而不是高深的理论。我们如果只研究理论,试问对于今日的中国,实际上有什么好处呢?"④

马寅初并非不重视研究经济理论,他将经济理论分为纯粹理论与经验理论两种,认为中国学者应重视经验理论研究。1948 年他说:"我们从泰西搬来的理论,既不以中国的现实为对象,可以视同纯粹理论,是一种训练思想的宝贵工具。它不仅训练了我们的思想,且教会了我们研究的方法,可以说纯粹理论包括了经济哲学与经济学方法论两部分;读了这两部分,我们所

---

① 《中国经济学者应研究中国问题》,《马寅初全集补编》,上海三联书店 2007 年版,第 531 页。

② 《中国经济改造》,《马寅初全集》第 8 卷,浙江人民出版社 1999 年版,第 573 页。

③ 刘絜敖:《经济学方法论》,商务印书馆 1937 年版,第 266 页。

④ 《我国预算法币与工业之连锁关系》,《马寅初全集》第 9 卷,浙江人民出版社 1999 年版,第 423 页。

得的益处确实不少。至于经验理论，就是经验的经济理论，是中国的经济学者，就一定范围，以一定的立场，把内容复杂、包罗万象的国内经济事实搜集起来提炼净化之结果。在提炼之时，就要用从西洋学来的方法，那么影响我们的经验理论的主要因素，不外乎客观的经济事实与主观的研究方法。"①因此，他主张"把中国的实情与西洋的学理配合起来"，将"纯粹理论与现实合冶一炉，得出一种经验理论，使读者容易明了"②。也就是说，纯粹经济理论由欧美经济学家研究，中国经济学家只是搬运和引进；经验理论则由中国经济学者运用西洋学理来研究中国的实际经济问题，并进行必要的理论升华而形成。这种主张说明马寅初认识到经济学既有全球性，也有国别性，西洋学理应与中国国情结合。然而，这种主张也限制了中国经济学者探索更抽象更具普遍性的理论的努力。

马寅初本人的实践就是以研究经济实务为特色的，当时的经济学家对此也有评论。朱通九指出："关于经济理论方面，马氏以忠实介绍外国经济学说者居多，不过马氏提出解决各项经济问题之建议，均颇切实而甚易付诸实施。此为马氏之最大优点。"③夏炎德也认为："马氏于中国经济实况非常娴熟，每于谈理论后牵至实务，且有时题名理论，内容仍论实务，此殆其整个之思维方式如斯。故余谓马寅初先生之贡献在经济实务而不在经济理论也。"④

（二）经济社会的连锁与循环

马寅初认为："经济领域内之各部皆相互依靠，没有一部是独立的。推而至于宇宙，亦莫不如此。"⑤由此，他认识到经济有静态和动态均衡，也有局部与一般均衡，所有经济运行相互连锁，一环接着一环，且首尾衔接一起形成经济循环。他强调整体研究，通过演绎推理环环相扣，并进行抽象和模型化，以更好地理解经济社会。

1. 社会经济各部门的连锁与循环

马寅初将经济社会看成一个统一的人体，将货物、资金的流通看成人体的血液循环。他在1935年出版的《中国经济改造》中说："经济之与社会，犹血脉之与人身。人身之血脉循环往复，新陈代谢，则生机不绝。经济动力之

---

① 《财政学与中国财政》，《马寅初全集》第13卷，浙江人民出版社1999年版，第2页。
② 《财政学与中国财政》，《马寅初全集》第13卷，浙江人民出版社1999年版，第2、3页。
③ 朱通九：《近代我国经济学进展之趋势》，《财政评论》第5卷第3期(1941年)。
④ 夏炎德：《中国近百年经济思想》，商务印书馆1948年版，第177页。
⑤ 《经济学概论》，《马寅初全集》第11卷，浙江人民出版社1999年版，第294页。

流通舒畅，周转不息，则社会繁荣。倘血脉之流通发生障碍，或竟至停止，则人身不死亦病矣。经济之周转不灵，则社会发生恐慌矣。”①他以浙江杭州地区为例拟了一个经济循环流通图：

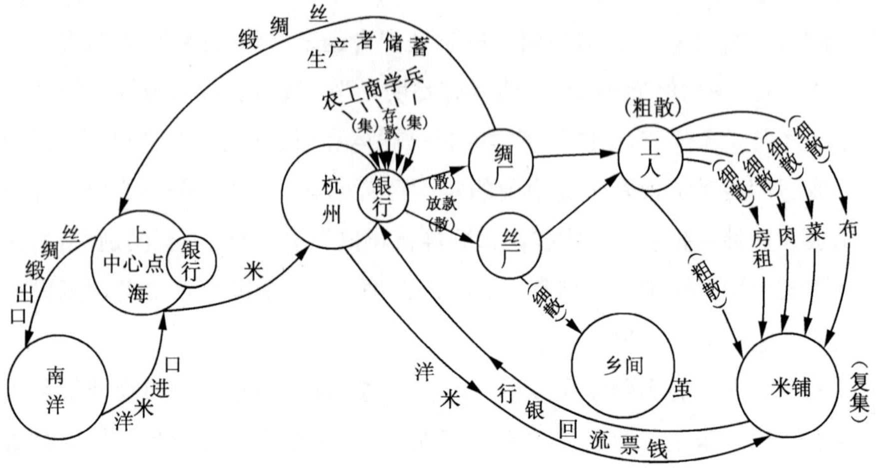

图 7—1　吾国经济动力之流通与经济生产之关系

图 7—1 将农村与城市、中小城市与大城市、中国与外国等不同空间联系起来；也将农业、工业、商业、金融业、运输业等不同产业联系起来；还将农工商学兵各个阶层联系起来，最后将消费者、生产者，资金聚集分散、货物周转流通等联系起来，由此形成一个经济社会大循环。

马寅初特别指出：流动循环的核心是资金和货物的反向运动。“钞票向一个方向进行（自左至右），而丝绸向反对方向进行（自右至左），粮米与丝绸相连，同一方向进行。如是，钞票与丝、米共同造成一种经济动力。犹如投石于水，压力由上而下，而水则由下而上，两者方向虽不同，却合成一种流通动力。”②

1935 年，马寅初提供了如图 7—2 所示的一个简明的经济循环③。

如将图 7—2 中的工厂改为厂商，工人改为家庭，买布改为买货，就变成一个简明的现代宏观经济循环模型。可见马寅初的模型已具有现代宏观经济循环图的雏形。此模型的缺点在于抽象不够，比如支出买布、收入布价，将“布”字改为“货”字，其抽象程度就会高得多。

① 《中国经济改造》，《马寅初全集》第 8 卷，浙江人民出版社 1999 年版，第 51 页。

② 《中国经济改造》，《马寅初全集》第 8 卷，浙江人民出版社 1999 年版，第 53 页。

③ 《世界经济恐慌如何影响及于中国与中国之对策》，《马寅初全集》第 7 卷，浙江人民出版社 1999 年版，第 459 页。

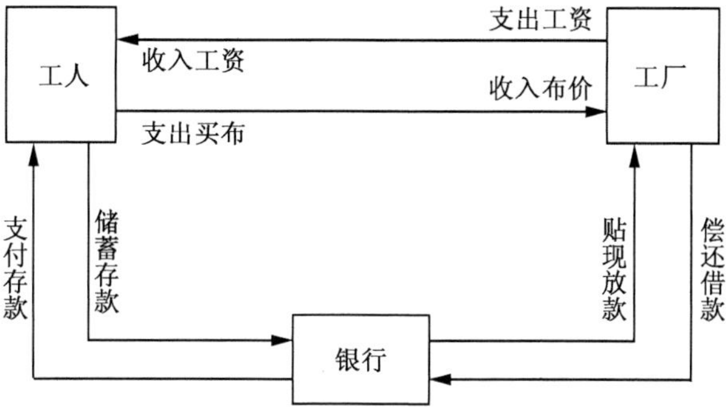

图 7—2

2. 经济政策与经济形势的循环

同年，马寅初又构建了一个不同经济政策都不能解决问题的循环图（见图 7—3）①。这是他将经济政策与经济形势联系起来形成的一个特殊的经济循环。

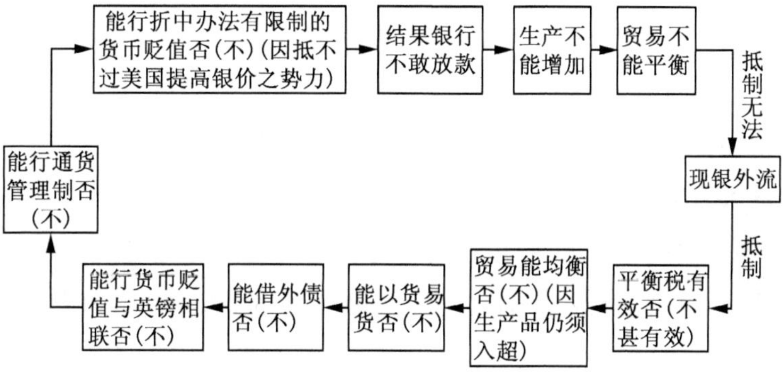

图 7—3

3. 政治、经济、社会、文化相互影响的循环

1932 年，马寅初提出中国家庭观念发达是中国经济落后的最初原因。由此，他构建了一个包括政治、经济、社会、文化相互影响的循环图（见图 7—4）②。图示的观点不一定正确，但马寅初的思想却异常清楚地由该模型呈现出来。

---

① 《我国银本位应放弃乎抑应维持乎——向美考察团进一忠告》，《马寅初全集》第 7 卷，浙江人民出版社 1999 年版，第 433 页。

② 《农村经济与家庭观念之关系》，《马寅初全集》第 5 卷，浙江人民出版社 1999 年版，第 460 页。

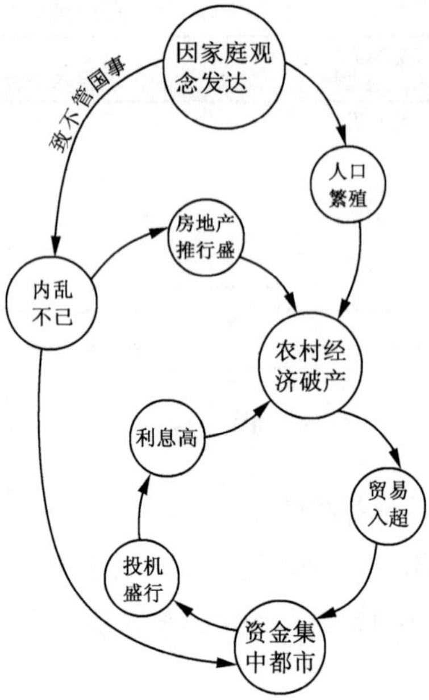

图 7—4

（三）动态与前瞻研究

马寅初赞同美国经济学家克拉克(J. B. Clark)的动态经济观。他认为，经济生活本质上是一个动态生活，原因有五种：一是人口繁殖，二是资本增加，三是新发明或新发现，四是管理的进步，五是欲望的变迁[①]。均衡与动态相反相成。“虽现实的经济社会，变动不居，无所谓均衡，但事物趋平之势力，永远存在。犹如大洋海面，掀风作浪，无时或平，但浪之凸处另有一种势力使之降落，而浪之凹处，必使之上升，务使高者低，低者高以至与平。”[②]

马寅初根据经济是动态演变的观点，特别强调现在与未来演变相结合的前瞻式研究，建议的政策是现在与未来兼顾最优，有动态优化的思想。即提前或事前的未雨绸缪式研究，非临渴掘井的应急对策。他将过去、现在、未来联系起来，结合前面他的经济连锁与循环法，他的研究既是瞻前顾后，又是左顾右盼。

1931 年“九一八”事变至全面抗战开始前，马寅初思考的是战争全面爆发后怎么办，《中国经济改造》即为准备战争和克服危机之作。到 1936 年，他发表《非常时期之物价问题和纸币政策》等前瞻性的文章。他将非常时期分

① 《通货新论》,《马寅初全集》第 12 卷，浙江人民出版社 1999 年版，第 93～121 页。

② 《经济学概论》,《马寅初全集》第 11 卷，浙江人民出版社 1999 年版，第 287 页。

为准备时期、战争时期和整理时期，指出："现在虽未到战争时期，但已到准备时期，故现在已蹈入非常时期之阶段。"[①]他提出，非常时期应实行统制经济，但欧美各国的统制方法不适用于中国。凡生活上以及军用上所必需之品，于战时如有必要，应采定量分配法。"粮食、煤、盐、钢铁等物，亦须加以统制，如此当可防止物价之飞涨。但统制物价而不统制纸币仍无结果，故财政方面万不能采纸币政策，以助长物价之飞涨，应另筹新税，以资挹注，但不能再加重农民之负担。所得税与遗产税为富人负担之直接税，最适合于公平原则，应即筹办。"[②]后来的事实证明，国民政府的统制政策恰恰与马寅初的主张背道而驰。

三、中外经济思想论

民国时期的经济思想百家争鸣，古今混合，中外杂陈，马寅初对中外经济思想有其自己的选择和批评，他的独特评论体现了他自己的经济思想。

（一）评论中国传统经济思想

1. 痛责家庭观念

1932年，马寅初对中国国民的家庭观念进行了猛烈的批判，认为这是当时农村经济破产、中国经济落后的根本原因。他说："中国国民袭封建遗风，宗族思想，牢不可破，事事以家庭为单位，甚至以家庭为本位。五世同居，九世同堂，传为美谈，民族思想，甚形薄弱。故军阀割据称雄，拥兵自卫，官僚假公济私，贪污靡费，其头脑中何尝有国家民族？国联调查团报告书，申述中国缺乏团结力之原因，实由大多数之国民只知有家族乡土，而不知有国"[③]。"近年党、政、商、学各界注意力均转移于农业，群谋农村经济之救济，诚属良好现象。惟农民家庭观念不加改造，一面不管国事，使内乱不已；一面使人口繁殖，影响于农民生活，终难使社会长治久安。救济效果，恐甚有限。"[④]"中国农村破产的根本原因，实在是中国人的家庭观念太厚，民族思想

---

① 《非常时期之物价问题和纸币政策》，《马寅初全集》第9卷，浙江人民出版社1999年版，第292页。

② 《非常时期之物价问题和纸币政策》，《马寅初全集》第9卷，浙江人民出版社1999年版，第310页。

③ 《农村经济与家庭观念之关系》，《马寅初全集》第5卷，浙江人民出版社1999年版，第457页。

④ 《农村经济与家庭观念之关系》，《马寅初全集》第5卷，浙江人民出版社1999年版，第459页。

太薄。”[①]“中国人固守‘不孝有三,无后为大’之古训,常以多子多孙传为美谈,生育漫无节制,人口因以大增,且过于常度,结果人口过多。人口过多,则田地分散,往往数代以后,每人仅可得极细微之数。”[②]马寅初认为,中国人口问题的发生,实由于中国家庭思想而有以致之。

马寅初认为宗法家族观念是中国经济落后的最初和根本原因,说明他对传统文化的负面影响看得较重。这一论断,当即招到学界的批评,批评者认为:帝国主义、军阀与土豪劣绅这三害才是农村破产的根本原因,而不是什么家庭观念[③]。

2. 称赞农本主义

在1935年出版的《中国经济改造》中,有一章题为“中国历史上之全体主义”,内容是谈中国儒家的农本主义。马寅初说:“儒家之崇本抑末,不失为当时安定社会之良策。今虽已不能引用其法,但仍可师其一贯之精神也。”[④]“中国历代经济政策,素取干涉主义,禁抑自由竞争,重农轻商,处处为农民着想……其施政方针,有一贯之系统,足为吾人师法……土地政策,所以防土地之兼并也;实行积谷,所以备荒歉之发现也;平均物价,所以防商人之垄断也;农业金融机关之设置,所以调剂农村之金融也。除此以外,更有多少事业,为国家所直接经营者,如采矿及盐、铁、茶、酒等之专卖是也。”[⑤]他称中国历代的经济政策均以整个国家之利益为前提,都是全体主义之表现。后来夏炎德曾批评马寅初说:“且谓中国历史上亦有全体主义。此种附会之谈,实属牵强万分。”[⑥]

3. 主张以“均富”思想替代“安贫”思想

在1944年出版的《通货新论》中,马寅初认为中国儒、道两派都主张求“安”。“中国社会组织是儒家兼爱的学说,根据历史上‘安’字的精神所创造的。”[⑦]中国有共财、分财、通财等制度。兄弟分财以“平均”为原则。“中国所以无大资本家,财产之均分,实为其最大原因之一。”[⑧]他指出,就近代经济学

---

① 《中国家族观念影响于农村经济有根本救济之计划否》,《马寅初全集》第5卷,浙江人民出版社1999年版,第480页。

② 《中国家庭思想与经济关系》,《马寅初全集》第6卷,浙江人民出版社1999年版,第296页。

③ 任哲明:《中国农村经济的根本问题——对于马寅初先生的〈中国农村救济之根本问题〉的商榷》,《新中华杂志》第1卷第14期(1933年)。

④ 《中国经济改造》,《马寅初全集》第8卷,浙江人民出版社1999年版,第43页。

⑤ 《中国经济改造》,《马寅初全集》第8卷,浙江人民出版社1999年版,第50页。

⑥ 夏炎德:《中国近百年经济思想》,商务印书馆1948年版,第177页。

⑦ 《通货新论》,《马寅初全集》第12卷,浙江人民出版社1999年版,第231页。

⑧ 《通货新论》,《马寅初全集》第12卷,浙江人民出版社1999年版,第235页。

说而论，中国以前的思想，已有大半不对。“以前所论皆从分配方面着想，不知生产之更重要于分配。此其一。第二，以前主张安贫乐道，不注重生活之向上。此两点适与西洋之经济思想相反。”①其实，说中国传统思想不知道生产重于分配，是不准确的。《大学》就有过“生财有大道”的名言，上述马寅初自己也引用过“重农轻商”的话，“重农”就是重视农业生产。他不过是想用来说明如下的观点：“欲了解中国之经济组织，尤不能不研究中国传统的经济思想。惟中国传统的思想，已不能适应世界潮流，非加以改造不可。在旧的经济基础之上创造新的经济组织。吾人嗣后不能再谈‘安贫’，应讲均富之法，以期达到‘自安’、‘相安’与‘治安’之大道，则国富民强，可以图自存矣。”②

4. 批评“安贫乐道”

在1947年增订出版的《经济学概论》中，马寅初批评了中国人的“安贫乐道”思想。他说：“‘君子食无求饱，居无求安’，此在若干学养较充之士，或不难作‘达人知命，君子安贫’之想，然在大多数之恒人，未免悬格太高。”③“恒人”即常人。他以梁漱溟为例，指出梁提倡乡村教育运动，认为中国的文化在乡村，中国有5 000年历史，其所以能持续至今，乃在于能以精神上的快乐，克制生产上的困苦。中国的老百姓对任何困难都有力量担当。他抱这种理想，在山东邹平实验，通过政治开展乡村教育，在政府的协助下购买大量棉花，举办生产合作社。总不免形成由上而下的局面，未曾建立起稳固的基础。马寅初说中国从前的思想有大半是不对的。精神上“安贫知命”的境界是从分配方面着想，所以有“不患寡而患不均”的说法。“殊不知处今之世，分配问题之在富国如美国者固属重要，而在中国反不如生产问题之急迫。前人所以主张安贫乐道，因不注重生活之向上。今者情势大变，中国的经济，已与世界经济贯串一起，不能脱离世界经济而独立。先进国家皆从事于大量生产，而中国则尚停留在家庭工业的阶段。所以中国人之生活，是人类最低之生活，若仍以安贫为可贵，是自愿断绝生路而不自救。故中国二千多年来之传统思想，已不能适应世界潮流，非加以改造不可。”④

(二)质疑马克思主义

五四运动以后，马克思经济思想在中国广泛传播。同时，中国也出现了

---

① 《通货新论》，《马寅初全集》第12卷，浙江人民出版社1999年版，第237页。
② 《通货新论》，《马寅初全集》第12卷，浙江人民出版社1999年版，第238页。
③ 《经济学概论》，《马寅初全集》第11卷，浙江人民出版社1999年版，第524页。
④ 《经济学概论》，《马寅初全集》第11卷，浙江人民出版社1999年版，第525页。

批评马克思主义的声音。李权时认为:“近年来我国的经济思想界,几乎为社会主义所垄断。然而英美留学生,因留学时代所处环境的不同(英美为资本主义征服之国,德法两国社会主义盛行),对于各种社会主义,究竟不敢妄从,我们可以引马寅初氏之言论,来代表英美留学生的经济思想。”[①] 马寅初这方面的文章有:《中国的经济问题——评“资本万恶,劳动神圣”说》(1921年),《评今日我国之讲社会主义者》(1922年),《马克思学说与李士特学说二者孰宜于中国》(1922年),《价值》(1924年),《中国今日之劳资问题》(1927年),《马克思主义在中国有实行之可能性否》(1927年),《中国之劳农与经济》(1927年),《马克思价值论之批评》(1927年),《中国历代的经济政策,尚共产乎,抑尚均富乎?》(1927年),《马克思主义与中国之劳农》(1927年)等[②]。

马寅初在这些文章中批评了马克思主义的劳动价值论、剩余价值论和阶级斗争学说。以劳动价值论为例,马寅初提出13个问题质疑马克思理论,具体如下:

(1)劳力是指手工劳力或是精神劳动?还是指二者?

(2)同一手工有熟练与不熟练的区别,两者中又各有许多区分,一美术家两天工作比一听差两月工作犹大,是何缘故?已成之货往往不能出售,如时令不合,失去大部分价值,而劳力丝毫不差,是何缘故?

(3)所谓劳力是现在的劳力,还是以前为生产此物总共所费的劳力?如开金矿,先费许多劳力,牺牲许多生命,毫无所得,最后才掘得矿苗,此矿的价值如何确定?

(4)同一汽车,对于富人有价值,对于贫人则无价值,价值不同是何缘故?绍兴酒愈陈愈有价值,劳力并无变化。公园的大柏树,锯去则价值小,不锯则价值大,虽费劳力,为何价值反小?

(5)近来俄国取消货币,实行物物交换,以劳动小时计算物品价值。行之未久,引起无穷纠纷,归于失败。其失败的理由,在于工作容量不易计算,欲与他物交换,无从计算其交换比率。

(6)整体价值大,拆零价值小。一部自行车价值100元,拆而卖之,卖价大减。因为它们的价值在一个“连”字里面,不在它们的本身内。

(7)双轮马车的两匹马要一样高大,一样毛色。如果是一匹白马,一匹

---

① 李权时:《二十年来中国的经济思想》,《东方杂志》第21卷第1号(1924年)。

② 10篇文章分别见于《马寅初全集》第1、2、4卷和《马寅初演讲集》第1、4集。

黑马，那马车就大不值钱了。为配一匹大小、毛色一样的黑马，车主情愿以更高的价格买进。

(8)某转运公司资本仅20万元，几年间赚了50万元，这公司就不是只值20万元了。如果把公司的马车、箱帐分售，又不值钱了。所以，转运公司的价值不在劳力，乃在组织与经营。

(9)商务印书馆的资本500万元，如有人想用500万元去买它，该馆股东一定不允。因为它每年还要赚钱，价值断不止500万元。如果同样的书局年年亏本，我们就不会出同样的钱去买它了。

(10)俄国卢布与英国金镑交换，如俄人因办英货心切，求金镑甚急，故金镑涨价。而英人又因卢布信用低，不愿用金镑交易，卢布就非大跌其价不可。可见所谓价值，并不在卢布本身，而在英人和俄人的脑中，他们用脑子来定卢布的价值。故卢布与英金之比价，系一种心理作用，并非劳力的表现。

(11)假如全世界都实行共产以后，汉口的自来水厂办得很好，政府要把它没收，先要估价。但自来水厂的价值不在于机器里面，也不在于水管本身，而在于机器与水管连接的一个"连"字。何以必须以公司的机器与用户自办的水管连接，而后才有价值呢？

(12)广东没有下令废除奴婢制度以前，奴婢都很值钱，都有其价值。现在广东下令废除奴婢制了，自此奴婢一钱不值。前清鸦片很值钱，至民国下禁烟令，鸦片价值大跌。现在禁令不行，价值又大。由此可以断定价值不在奴婢、鸦片本身，而在法律里面。

(13)鸦片烟枪，愈旧价值愈大。绍兴酒愈陈愈好，价值也愈高。这都与劳力无关。[①]

马寅初质疑劳动价值论的13个问题，在经济学界引起了很大反响。1926年王学文用马克思的价值论对马寅初《价值》一文中的观点进行了回应和反批评，他指出马寅初和马克思的价值概念不一致："马克思的价值论，把价值的种类分的清清楚楚，单称价值是一定的社会关系，使用价值即效用是物之自然的性质，交换价值是价值的形态，价值的表现，当然也是一定的社会关系。"[②]马寅初说的价值主要是指使用价值和价格，他是用新古典经济学

---

① 前5条见《价值》，《马寅初全集》第2卷，浙江人民出版社1999年版，第243、244页；后8条见《马克思价值论之批评》，《马寅初全集》第4卷，浙江人民出版社1999年版，第111～116页。

② 王学文：《答劳动价值说批评》，《王学文经济学文选》，经济科学出版社1986年版，第34、35页。

的主观效用价值论来批评马克思经济学的劳动价值论①。

关于马寅初对马克思主义的批评，夏炎德总结道："马寅初先生初期之经济议论，已集刊于其《演讲集》中……其中对马克思学说抨击甚力，引据种种实例，否定'劳动价值论'，谓价值之生非尽由于劳力，乃由多方面因素配合而成。于共产制度下之生产力是否在资本制度之上，颇示怀疑。彼认为马克思主义以资本主义发达为对象，中国生产力尚未发达，资本尚未集中，劳资阶级未分，且工人散漫无团结，故断其为不可行。农村方面大地主不多，行共产制之可能更小。中国之患不在资本主义，而在资本不足，故甚至作'中国经济问题就是资本不足问题'之论。以马克思与李士特两家学说言，马氏认为中国宜取后者，以中国企业家之需要保护正与当日之德国相同也。"②

（三）赞扬全体主义

在《中国经济改造》中，马寅初指出本书重全体主义。他说："与个人主义处于对立观念之地位者，是为全体主义。全体主义者，以为在个人之间，有一种智力的或精神的结合。此种结合，乃存在于社会中独立之实体，超越乎个人之上。个人不过为其附属，不能离社会而独存。苟社会而无维系个人之法律，个人之生命财产即无保障。既无所谓自由，亦无所谓人权。彼此可以互相掠夺，互相残杀。故无社会，即不能有个人。个人实赖社会以生存，故吾人只有从全体主义之观点，以研究人类精神上之关系，始能真正了解个人之意义。"③他认为重商主义主张实行干涉政策和统制贸易是全体主义的实现，因此表示："若从全体主义之立场观之，则重商主义确有'实获我心'者。"④

马寅初提倡全体主义，其目的是以此作为在中国实施统制经济政策的理论基础。他认为英美的资本主义与苏联的社会主义均不适合于中国，中国只能实行德国史盘(O. Spann)等主张的全体主义。他还说，中国历史上的农本主义，"其思想，其政策，无一不有全体主义之色彩"⑤。可见，马寅初以欧洲的全体主义、重商主义和中国的农本主义相融合，作为中国实施经济干

---

① 李权时认为马寅初是效用价值论的代表。参见李权时：《现代中国经济思想》，中华书局1934年版，第73页。

② 夏炎德：《中国近百年经济思想》，商务印书馆1948年版，第176页。

③ 《中国经济改造》，《马寅初全集》第8卷，浙江人民出版社1999年版，第22页。

④ 《中国经济改造》，《马寅初全集》第8卷，浙江人民出版社1999年版，第30页。

⑤ 《中国经济改造》，《马寅初全集》第8卷，浙江人民出版社1999年版，第37页。

涉政策的理论基础。李权时当时就评论说:“马博士以为在目前中国的情势之下,应放弃自由的个人主义(即资本主义)与残酷的阶级斗争(即共产主义),而采行统制的全体主义(即孙中山的民生主义),此种根本主张,非常中肯,盖舍此中庸的经济思想而外,恐无其他的经济思想可以救目前垂危的中国也。”①许涤新则指出:“早些年,《经济学季刊》上虽尝发表过替这个主义(全体主义)吹嘘的论文;中国经济学社中虽有少数人士写过推崇这个主义的著作;而其影响仍是可怜得很。”②

值得注意的是,马寅初除在《中国经济改造》中大力提倡全体主义外,他在以后的著作中却很少再提及此论。他的思想是随着时代的变化而变化的。

(四)传播与应用新古典经济学

马寅初代表作《经济学概论》③,基本上是按照英美主流经济学——新古典经济学——编著而成的,新古典经济学是马寅初经济思想的源泉和基础。其中除第一篇为概论、第七篇为结论外,中间5篇依次为价值论、消费论、生产论、交换论和分配论。论述面很广,以下只能作极简要的介绍。

1. 价值论

马寅初指出,价值论主要有三说:牺牲或成本说、效用说和边际效用说。效用说和边际效用说也可以进一步归纳为效用说。他认为三说或二说均有不足,边际效用说偏于价值由将来的消费中得来,边际成本说偏于价值由过去的生产中得来。因此进而提出二说的调和:“效用与牺牲必同时发生则必相遇于一点。此接触点曰平衡点……平衡点云者即效用等于牺牲也。以效用测定需要之大小,以牺牲测定供给之多少。效用与牺牲等,是即供求平衡。”④他明确表示,边际效用说与边际成本说均属错误,主观说(边际效用说)与客观说(边际成本说)均应并重,不能偏于一说。这说明马寅初认同的价值论是马歇尔等人的均衡价值论。

2. 消费论

马寅初指出,经济学上的消费问题,向来乏人注意。1914年欧战开始

---

① 李权时:《评马著中国经济改造》,《经济学季刊》第5卷第4期(1935年)。

② 许涤新:《全体主义是什么东西?》《经济论衡》,耕耘出版社1947年版,第56页。

③ 《经济学概论》由商务印书馆初版于1943年,至1946年共出了7版。1947年9月出增订版,增加了无差异曲线、边际效用替代率、投资与储蓄、消费倾向与乘数等大量反映西方最新经济理论的内容,代表了马寅初经济思想比较成熟时期的观点。《马寅初全集》收录的《经济学概论》就是增订版。

④ 《经济学概论》,《马寅初全集》第11卷,浙江人民出版社1999年版,第251页。

后，美国生产发达，需要讲究消费问题，消费论随之兴起。人类的消费欲望，随人类文化进步而增多。人类有模仿的本性，物品的消费范围常逐渐提高。消费有消费繁复率，它的作用可以削弱报酬递减律与效用递减律的作用。人类消费由物质欲望的满足进而至于精神欲望的满足，机器不能生产富有个性的物品，这对消费不利。要改善单调的消费，须利用艺术，使货物各有品质。因此机器生产决不能消灭手工生产，反而使手工生产愈见重要。马寅初还认为："消费为人类经济生活的目标，所以消费问题当为人类生计问题中最要部分，故研究经济学应自消费论始。"①

3. 生产论

马寅初认为，重农学派与李嘉图的立论趋重于自然而忽略于人，以为人类受制于自然。"此两派根本错误，乃在其误用自然科学之原则，以研究经济学。"②重农学派认为农业以外别无财富，是其重自然轻人事的明证。马尔萨斯受自然束缚最深，提出了一种自动制限法的人口论。亚当·斯密跳出自然的束缚，故创自利说，言分工之利，认定商业有生产能力。"今日之经济学虽不离自然而独立，然其注重在人的方面则显而易见……自然界虽苛刻寡恩，吾人亦不致完全受其支配也。"③

马寅初赞成马歇尔的生产四要素论，即劳力、资本、土地、企业，四者配合才能生产，缺一不可。他说，劳力不仅是工人的肉体活动，也包括银行经理的精神活动；资本不仅包括机器、肥料、工具、工厂、建筑物，还包括存货、铁道、船舶、设备等，"总之，包括一切用来获取货币收入的财富"④。他赞同克拉克的边际生产力论，认为生产的四要素均有生产力，都呈递减趋势。"生产递减律或称报酬递减律，系一种普遍的原则……生产方面之有边际生产，尤消费方面之有边际效用。"⑤

中国的生产成本主要部分为劳动。在农忙时期，劳力缺乏实为减少农产与贻误农事的主要原因。因此，马寅初感慨地提出："中国现在的问题，是如何从上古、中古的世界一跃而入原子能的世界。"⑥又说，一个新世纪，还需要一套新的人与人的关系，需要一个新的思想系统来配合。他希望人类会用它的理性来克服一切仇恨，倡导人类的共荣。

---

① 《经济学概论》，《马寅初全集》第11卷，浙江人民出版社1999年版，第316页。
② 《经济学概论》，《马寅初全集》第11卷，浙江人民出版社1999年版，第340页。
③ 《经济学概论》，《马寅初全集》第11卷，浙江人民出版社1999年版，第346页。
④ 《经济学概论》，《马寅初全集》第11卷，浙江人民出版社1999年版，第352页。
⑤ 《经济学概论》，《马寅初全集》第11卷，浙江人民出版社1999年版，第380、381页。
⑥ 《经济学概论》，《马寅初全集》第11卷，浙江人民出版社1999年版，第424页。

4. 交换论

在交换论中，马寅初深刻地阐明了市场经济和价格制度的巨大作用。他指出："在今日，一切物品皆须经过市场，而后达于私人之手。何以必须如此？因各人生产之结果，均归个人所有，而其生产完全以有利与否为标准。各人以其所生产之结果，送入市场，依定价的手续，与人交换，故又曰交换经济。何以需要交换？即由于分工之故。至于分工之理由，则为求生产力之增加。因人各有所长，苟能各展所长，分工生产，以生产结果互相交换，较之于一人而身兼百工，其生产效能，何啻百倍？"①他在此已认识到产权、分工、交换、市场的紧密联系，并提出只有在进入大同世界以后，市场经济或者可以取消的论断，反映了他对市场经济制度的深刻认识。

马寅初认识到价格制度是市场经济的核心，他说："在价格主宰之下，生产工具必能用于最适当之处。生产者必择有销路之物品而生产之，有销路之物品，即因其消费者多，有人购买，故此种物品必系能满足社会之需要者。彼将生产工具用于此种物品之生产，自属适当……故决定生产之方向，为价格制度最大之任务。"②价格又是满足需要的决定者，物品的分配定于价格。"资本主义的经济，受了价格制度的指导，才能圆滑地进行。"③

5. 分配论

马寅初指出，分配的原则，为各人所得不得超过各人所出之力。社会财富由资本家、劳力、地主、企业家四阶段所分得。"资本家所得者为利息，劳力所得者为工资，地主所得者为地租，企业家所得者为利润。此种阶级的分配，为社会的分配。各阶级以其所得再分配与一阶级内之各个，为个人的分配，即阶级内的分配。阶级的分配与个人的分配，原则不同。前者之原则，有供求之关系。如劳方供过于求，则生产力递减，而工资少；如资本求过于供，则生产力大而利息高。后者之原则，是效率的关系。做事效率高，则所得厚；效率低，则所得薄。"④阶级的分配与个人的分配原则不同，前者为按要素的供求关系分配，后者为按工作效率分配。他提出的分配原则，实际上就是克拉克的边际生产力分配论，即各阶级各阶层的分配均由它们的边际生产力决定。

---

① 《经济学概论》，《马寅初全集》第 11 卷，浙江人民出版社 1999 年版，第 464 页。
② 《经济学概论》，《马寅初全集》第 11 卷，浙江人民出版社 1999 年版，第 466 页。
③ 《经济学概论》，《马寅初全集》第 11 卷，浙江人民出版社 1999 年版，第 471 页。
④ 《经济学概论》，《马寅初全集》第 11 卷，浙江人民出版社 1999 年版，第 477 页。

四、中国资本不足和利用外资论

马寅初经济思想有一条贯穿始终的主线，就是他对中国资本不足的深刻认识。他意识到在劳动、土地、资本、企业四大生产要素中，中国资本不足是经济发展的主要障碍。

1921 年，马寅初批评了资本万恶论，主张资本神圣。他说："我们中国的所谓资本家，不过是几十万几百万元，要与美国资本家比拟，正是有天壤之别呢。美国资本家总要在几亿元以上，所以我说资本不足，或竟可说中国没有资本。资本既然不足，哪有不思增加之理，为什么呢？因人工与资本是相辅而行，是不相背而驰的，所以我说，'劳动果是神圣，资本也是神圣'。"[①]"无论什么事业，一定要有资本去辅助它的，假使讲了'资本万恶'，中国再也不要想有富足的一日。"[②]次年又说："但在我国，工人贫困之状况，乃因人口增加，而同时资本不能增加，坐是事业无发展之望，人民有饥寒之苦，故我国分配之不均，乃生产不足之表现，决非资本过剩之结果。与其谓资本万恶，毋宁谓资本神圣。"[③]

马寅初以资本神圣论来针对劳动神圣论，其理论依据是克拉克的边际生产力论。他在《经济学概论》增订本中据巫宝三的估计，一个中国工人要花 19 天才能生产出一个美国工人一天所能生产的产品，而一个中国工厂工人的产品又高出中国手工业工人的 2.6 倍，得出结论说："中国手工业工人要花费五十天的工夫才能抵得上一个美国工人一天所生产的。中国工人的生产力如此低微，部分地归因于劳工的低效率，但主要地要归因于资本投资的稀少。"[④]他认为，中国的问题是劳力过剩，资本不足，劳力的边际生产力处于下降阶段，资本的边际生产力处于上升阶段。美国资本多，故其资本边际生产力递减；中国资本少，故资本边际生产力处在递增阶段；中国劳工多，故中国劳动边际生产力递减。生产是资本和劳动结合的产物，中国资本少，劳工多，人均拥有的资本太少，因此，中国发展生产力最需要的是资本。

马寅初认为，发展生产要靠资本家，中国资本家发展事业的处境艰难，

---

① 《中国的经济问题——评"资本万恶，劳动神圣"说》，《马寅初全集》第 1 卷，浙江人民出版社 1999 年版，第 502、503 页。

② 《中国的经济问题——评"资本万恶，劳动神圣"说》，《马寅初全集》第 1 卷，浙江人民出版社 1999 年版，第 504 页。

③ 《读晏君才杰著〈公债论〉抒所见》，《马寅初全集》第 2 卷，浙江人民出版社 1999 年版，第 15 页。

④ 《经济学概论》，《马寅初全集》第 11 卷，浙江人民出版社 1999 年版，第 386 页。

需要政府予以扶持。1927年他说:“吾人亟须研究改善工人待遇之方法,但工人之待遇既改善矣,而资本家之困难亦需设法消除,方得谓平……乃今日之革命家只注力于劳工之改善,而忘却资本方面之为难情形,殊属偏而不当。”[①]中国的资本家所创办的工厂,如丝厂等,近年来都不十分兴旺,有的甚至于完全失败,这足以证明中国的资本家已日暮途穷。加上关税的不自主,洋货源源而来,国货不能与之竞争,万恶的厘金又不能立刻裁去。国货在国内不能畅销,金融界常常发生恐慌,无法降低利息。而巨额的关、盐税款又存放于外国银行,使国内金融更加干燥。而且连年战争,民不聊生,人民购买力降低,出品没有销路。再加上逃兵抢掠,军阀勒索,官厅派捐,以及分担地方义务,更加使资本家束手待毙。“说者谓劳工所受之痛苦,系完全受资本家之剥削。实则今日中国之所谓资本家者,其命运与劳工亦相差无几,有时且反受劳工之剥削。”[②]如北京电车公司,其所以不能获利,即以冗员太多,因大多为强有力者所推荐,不能不用。马寅初描绘了一幅中国资本家的痛苦图,表明其命运与劳工相差无几。因此,既然劳工需要保护,资本家自然也需要保护。

马寅初很担心中国缺乏资本。1926年他说:“吾国现在之大患,不在产业之不共,乃在资本之缺乏。吾国无真正资本家,现在所得移(称)为资本家者,寥寥无几。以之经营实业,每多患微薄。倘并此而均平之,则俄国前车之鉴不远。言念及此,不寒而栗。”[③]1927年,针对国民党和共产党都反对发展大资本的政策,他提出:“我个人意思,以为资本主义之毛病,不在资本之大小,而在选举被少数大股东把持,狼狈为奸。故公司之资本不必加以限制,只要使股权分散,使士、农、工、商各界人士都有购买股票的机会,庶几不会被少数人把持了……不但中央(银行)的资本不必加以限制,即各公司的资本,亦不必有限制。所以‘节制资本’当作‘节制大资本把持一切’解。”[④]他将中国的新经济政策归纳为三种:节制资本,保护小量生产,如500万元资本的公司;大量生产,由政府承办,但既没有赔款,复没有经验,似乎是靠不住的;一面保护关税,一面大量生产,仍由私人办理,不使大股东操纵。他认为:“第一种小量生产,不能与外国竞争,且不经济;第二种现在各省市政府

---

① 《中国今日之劳资问题》,《马寅初全集》第4卷,浙江人民出版社1999年版,第43页。
② 《中国之劳农与经济》,《马寅初全集》第4卷,浙江人民出版社1999年版,第106页。
③ 《共产主义与中国资本》,《马寅初全集》第3卷,浙江人民出版社1999年版,第385页。
④ 《新经济政策下之金融问题》,《马寅初全集》第4卷,浙江人民出版社1999年版,第61页。

亦无力主办;还是第三种私人办理,比较适宜一点。”[①]马寅初主张英国式的自由竞争资本主义,鼓励大资本发展,以便同国际大资本竞争。

关于劳资关系,1931年马寅初说:劳资问题为经济上之分配问题。因分配不匀,工会中人以为非先推倒资本制度,打倒资本家不可,否则恐难奏效。他提出了以下的反对理由:“须知我国目下资本缺乏,何来资本家。资本制度的基础未固,何来资本主义的罪恶。须知我国的劳资的纠纷,不在分配,而在生产。如生产能依一定的计划而增多,劳资两方,各能多得,种种纠纷自能减少。”[②]

在《中国经济改造》中,马寅初还提出:“今日欧美之劳资问题,与吾国不同,彼所患者,分配不均耳。劳资争议,无妨害整个社会、国家之公共利益,故政府只能因势利导,以助其自行解决,不宜[过]于干涉,致蒙剥夺双方法益之嫌。反之中国所患者,非分配不均,乃生产不足耳。欲求生产之足,必设法使劳资合作,以免一方攻击,一方防御之无谓牺牲。”[③]因此,马寅初建议政府采用强制仲裁,协调劳资双方,避免工潮影响资方,以吸引内外资本投资。

在同书中,马寅初论述了利用外资问题。关于利用外资的迫切性,他指出:“我国资本既感缺乏,技术人才,尤觉寥落。今后欲与诸先进国[家]并驾齐驱,仅赖本身之积蓄与经验,其事功必在百数十年之后。欲求速效,非借助外国资本与技术不可……孙中山先生实业计划亦以利用外资与技术为急务。故吾人今日所讨论者,非外国资本与技术可否利用之问题,乃应如何利用之问题也。”[④]

国民党中央政治会议第222次会议曾通过一个外人投资方式的决议,共有三种方式:一是借款给中国政府,外人仅居债主地位;二是外人与中国政府合办各项事业,可居股东地位;三是特许或租让,外人在中国法律范围内,可自由使用其资本与技术,期满后产权须无偿交还中国。1931年12月举行的“国民党中央第四届中央执行委员会第一次全体会议议决利用外资原则,并参照中央政治会议第二百二十二次会议议决投资方式及范围订定之”[⑤]。

---

① 《实行新经济政策之障碍》,《马寅初全集》第4卷,浙江人民出版社1999年版,第69页。

② 朱通九:《劳动经济学》,马寅初序,上海黎明书局1931年版。

③ 《中国经济改造》,《马寅初全集》第8卷,浙江人民出版社1999年版,第251页。“过”字据《中国经济改造》商务印书馆1935年版补。

④ 《中国经济改造》,《马寅初全集》第8卷,浙江人民出版社1999年版,第297页。“家”字据《中国经济改造》商务印书馆1935年版补。

⑤ 《中国经济改造》,《马寅初全集》第8卷,浙江人民出版社1999年版,第298页。

根据中央政治会议第222次会议决议的借款、合资、特许三种方式，马寅初提出了三项原则：第一式，可由中国政府向外国银行团或私人厂商借款，兴办实业；第二式，外商必须以能为中国设计及供给机器设备为条件；第三式，系针对特种实业需要特种技术而言，凡享受特许权人，必须对特许事业有长期的经验，并能供给丰富的资本。

在三条总的原则外，马寅初又细分三式的各别原则，以防止中国在利用外资中吃亏。如对于第三式的“特许”，他讨论了10条原则：第一，要不妨碍国防军事及国民经济的发展，无垄断性质；第二，中国政府要有监督之权；第三，特许要有一定的年限；第四，特许期满后，所有设备应无条件归中国政府收回；第五，特许事业未经中国政府许可，不得中途停止、出让、抵押和改组；第六，未满期的特许事业经过一定年数后，中国政府可以收回自营；第七，在与外人分享的范围内，对如何使中国政府得最大可能的利益应严为规定；第八，需用最新式的机器设备和管理方法；第九，尽先雇用中国技术人员及工人；第十，可参考俄国的特许制度。

关于预防外资的流弊，马寅初指出：政府一面提倡利用外资，一面又严厉限制利用外国资金，“在表面视之，似多矛盾之处，但有理由存焉”①。并举例说明。如电气应用极广，一受外力操纵，弊害极大。又指出1931年11月16日国民政府命令：“凡国内森林、矿产、荒地、渔场、铁道及各项企业，无论公有私有，未经中央主管部核准而私与外人订立租售或类似之契约者，一概无效。”这也有其缘故。因此，他的结论是：“综观上述，由党的立场言，非利用外资，决不能达迅速建设之目的。就行政之经验言，利用外资亦有流弊，不可不防。国是前途，因此踌躇不决，当局者衷心之苦闷可知也。”②

实际上，国家不独立，不仅不能主动地利用外资，反而要被外资所利用。被外资利用的事例很多，如外商主办的万国储蓄会的有奖储蓄，马寅初指出它“贻害国民经济者至深且巨，实有彻底肃清之必要”③。万国储蓄会的存储办法，每月存款12元，15年到期，储户得洋2 000元，提供奖金约1 200元。马寅初分析，按零存整取储蓄存款方法，照月息8厘复利计算，满15年，可得本利4 831元。零存整取比有奖储蓄多得1 600余元，此笔多余的收入完全由储蓄会中人中饱，有奖储蓄实为骗局。他将此提到能否利用外资的高度，责问说：“孙中山先生对于建设新中国期望至殷，利用外资实为迅速达到建

---

① 《中国经济改造》，《马寅初全集》第8卷，浙江人民出版社1999年版，第317页。

② 《中国经济改造》，《马寅初全集》第8卷，浙江人民出版社1999年版，第320页。

③ 《禁止有奖储蓄理由书》，《马寅初全集》第7卷，浙江人民出版社1999年版，第144页。

设目的之途径……今日吾人不但不能利用外资，固有国民之资金反供外人之利用，中国人利用外资，一变而为外国人利用内资。倘不严加取缔，将何以对总理在天之灵。”①

五、中国经济制度论

李权时曾在其所著《现代中国经济思想》中说：“主张资本主义的代表，我们似可推马寅初氏。”②马寅初对资本主义经济制度的认识大致可分为三个阶段。

在 20 世纪 20 年代，马寅初提出资本神圣，倾向于英美式的自由资本主义。当时他批评马克思主义，反对社会主义，要求保护资本家，并提出不能简单地讲节制资本，应发展大资本。这些主张说明他赞同英美式的自由资本主义制度。

在 20 世纪 30 年代，马寅初对自由竞争的资本主义认识开始转变。1929 年资本主义世界出现了经济大危机，1931 年夏中国发生罕见的大水灾，这年 9 月日本又占领中国东北，世界和中国都处于大动荡之中。在这种背景下，马寅初开始批评自由竞争的资本主义。1931 年 9 月他曾作《资本主义欤共产主义欤》。《东方杂志》发表时还加按语说：“马寅初教授向倾向于资本主义，近因鉴于世界经济之衰落，各国失业恐慌之危机，对于资本主义深致怀疑，且主张中国今后宜采仿俄国有计划的生产，以促国民经济之进步。”③1933 年 10 月后，统制经济在中国形成思潮，马寅初极力赞成统制经济，并进行了潜心研究，1935 年初出版《中国经济改造》就是其研究统制经济的成果。他在该书中提出：“中国欲以自由竞争政策发展其实业，势已不能。然则中国经济之出路，只有统制经济之一途，显然可见。”④他主张的统制经济不是苏联式的社会主义计划经济，而是欧美式的国家资本主义。他说：“要知俄制过于极端，欧美制未尝不可效法也。”“我国尚以私有财产制为基础，非维持个人之创造力，不足以辅助民族资本之发展。”⑤

1938 年，马寅初在《中国今后经济建设之趋势》一文中，提出中国应学习俄、德、英美三种经济模式的长处，再参以己意，而成为一新的机构。他说：

① 《禁止有奖储蓄理由书》，《马寅初全集》第 7 卷，浙江人民出版社 1999 年版，第 145 页。
② 李权时：《现代中国经济思想》，中华书局 1934 年版，第 109 页。
③ 《东方杂志》第 28 卷第 24 期(1931 年)。转引自《马寅初全集》第 5 卷，浙江人民出版社 1999 年版，第 375 页。
④ 《中国经济改造》，《马寅初全集》第 8 卷，浙江人民出版社 1999 年版，第 177 页。
⑤ 《中国经济改造》，《马寅初全集》第 8 卷，浙江人民出版社 1999 年版，第 180 页。

“重工业国营，轻工业私营，系仿效苏俄国营之一半；中、中、交、农四行由政府操纵，施行法币政策，加强地方金融机构，有类乎德国之纸币政策。将来工业无论为国营或民营，皆将利用外国之资本与技术，英、法、美苦于有钱无处用，有技术无所施，我则钱才两缺，非借重外资与外人不可。孙总理实业计划已详为论列，是则抄袭英美发展经济之成规。此三种方式，若比较其程度，则采取苏俄式之成分较多，采取德国式之成分最少，英、美资本亦将加以相当利用，故结果成为折衷方案，最适合于中国目前需要，将来必能勇往迈进，大同世界不难达到。”[①]马寅初此时提出的经济制度是偏重统制经济的混合经济制度。

在20世纪40年代，马寅初主张吸收德、苏、美各家之长形成混合经济制度，在混合经济中，倾向自由资本主义。在1947年4月发表的《中国经济之路》一文中，马寅初再次论述了中国应如何学习采纳俄、德、英美三种经济模式的问题。同上述1938年的文章一样，都主张要选取三种模式的精华而成混合经济，对三种模式特点的叙述也几乎一致。但关于中国选择何种模式，马寅初的观点却有了变化。他不再主张学习苏联的国营方法，也不主张在混合经济中苏联的成分较多。他说：“我们不完全采用英美资本主义自由竞争的制度，亦不完全采用苏联社会主义一切国营的制度，乃提出一种混合经济的制度，国营企业与民营企业同时并进。完全用英美式的建设，是不合时代的需要的；完全用苏俄式的建设，是非中国所能办到的；故不得已采用混合制，但不是漫无计划的。”[②]显然，这时马寅初主张的混合经济已经没有了偏重。

在1947年7月的《经济学概论》“增订版自序”中，马寅初则明确地指出中国应欢迎自由资本主义。他说：“近来颇有主张改变经济学教本者，他们以为今日各大学所用的经济学课本，多是自欧美课本转移过来的，鼓吹资本主义，不遗余力，亟应设法改革，灌输社会主义的思想以纠正之。此种说法，骤视之，似乎言之成理，但仔细研究，殊属不妥。吾人应该明白，自由资本主义时代在中国并没有过时，不但没有过时，且还没有真正开始。吾人现在在经济上所遭遇到的种种困难和危机，并不是由于自由资本主义发展得太快而来，乃是由于自由资本主义发展得太慢和太迟而来。在自由资本主义已经没落，独占资本主义已经抬头的英、美，否定自由资本主义的批判，是应时

① 《中国今后经济建设之趋势》，《马寅初全集》第11卷，浙江人民出版社1999年版，第72、73页。

② 《中国经济之路》，《马寅初全集》第12卷，浙江人民出版社1999年版，第460页。

而来的，但以这种批判盲目地移用之于中国，真是牛头不对马嘴，为害不可胜言。在一党专政之下，论坛上不检讨如何发展自由资本主义，反俨乎其然地批判自由资本主义，殊不知中国并不是走在资本主义的前面，乃是落在它的后面。欧西的资本主义，是从打倒封建势力的斗争中产生出来的，中国不能视为例外。”①

在国民党政府即将被推翻的形势下，马寅初却强调“自由资本主义时代在中国并没有过时，不但没有过时，且还没有真正开始”，这究竟是什么原因呢？一方面自然可以说明他对资本主义经济的向往，但另一方面也说明他对国民党政府的官僚资本的垄断强烈不满。关于马寅初的反官僚资本思想，后面另有专论。这里先引用王亚南的一段话作为参考。1948 年，王亚南著文指出：“如马寅初先生在战时以至战后，均以痛烈反对豪门资本见称，其实他在《中国经济改造》中所强调的重商主义，全体主义，统制主义，正好是在中国社会经济条件下造出豪门资本的有力武器……他原本就没有想到全体主义，统制主义，就在资本主义社会，也是独占资本所用以剥削愚弄人民的统治工具。中国因为没有发达的产业的基础，所以，在战争过程中，一经模仿的运用那种统制的法宝，就靠着特殊商业金融的支援，而把那种特别奇形丑相的豪门资本造成了。”②

六、中国工业化道路论

马寅初的中国工业化道路思想可以归纳为三点：一是发展轻小工业，二是农工业并重，三是重点发展优势与基础工业。

（一）发展轻小工业

马寅初一直主张发展中国的轻小工业。在 1935 年 1 月出版的《中国经济改造》中，他提出了发展轻小工业的 17 条优点。这时他还没有将此同中国工业化的目标联系起来考虑。到 1938 年，他又发表专文，则是明确将维持小工业作为中国工业化的必要组成部分了。理由也是 17 条，仍以原来的 17 条为基础，只是略作修改（其中有一条完全更换）。以下是新的 17 条的要点：(1)利用水电力发动机器，电力输送能达数千里外，无使工厂集中的必要，且能免去因集中而产生的弊病。(2)利用内地乡村女工，任其在内地工作，既有收益，又能兼理家事。(3)工人易于招募，农民在农闲或农荒时出外找工，

① 《经济学概论》，《马寅初全集》第 11 卷，浙江人民出版社 1999 年版，第 208 页。

② 王亚南：《中国经济研究之路》，《经济评论》第 2 卷第 17 期(1948 年)。

乡村剩余劳力众多，行乡村工业制大可利用。(4)工资廉贱，上海每天起码五六角，乡间二三角颇能使人满意。(5)资本额减少，筹集较易，小工业容易独立经营，便于直接管理，投资者自多。(6)环境卫生，大都市空气混浊不堪，最害健康，乡村此弊可免。(7)钱庄普遍，融通资金较便，内地小工业颇适合。(8)内地地价甚廉，设小规模厂甚易。(9)法币可以畅流，提倡内地轻小工业，法币用途骤增，可以免通货膨胀之弊，国内通货可使统一。(10)小工业资本极小，范围不大，偶有一二厂失败，影响极微，决不致引起经济恐慌。(11)劳工地位提高，在轻小工业内工人所居地位的比例增大，所作之事一目了然，工作兴趣较为浓厚。(12)在小工厂内手工业仍有保留必要，中国手工业如雕刻、绣花、瓷器、漆作物等固有艺术可以保存。(13)都市资金可以源源流入内地，不致如今日资金集中于都市与租界。(14)小工业兴起之内地，则人才可以不集中于都市，人才回乡后可以安居乐业。(15)小工业不必事事使用机器，可以解决更多人口就业。(16)劳资合作，纠纷不易发生，劳资共同操作于一室，感情自然和洽。(17)适合目前中国国情，内地设立小工厂，适合人民的家族乡土观念。①

最后，马寅初总结说："战后中国生产工业化，是已成的国策，但欲推进工业化，当然以大规模的工厂、工业为骨干，则原有小工业应如何经过组织的改变，使与大工业配合，继续生存，实是一个重要的问题……中国的手工业，在整个生活过程中，占了极重要的部分，亟应设法调整，庶不致毁灭这一部分的生产力。"②

发展小工业论并不是马寅初最早提出的。1931 年 5 月，戴乐仁发表《发展中国小规模工业的一个建议》③。戴乐仁认为中国农民闲暇较多、乡土观念浓厚以及资本缺乏等国情适合举办小工业，还提出西方国家如德国、意大利等国鼓励发展手工业，美国福特公司也在各乡镇设立小厂吸收农人做工等。这些观点为马寅初所吸收。但戴乐仁的出发点是合作和教育，其意义在改造社会方面，与马寅初从中国工业化的角度发展农村工业的目的根本不同。

马寅初提出发展小工业论后，1935 年 12 月，齐植璐发表《现阶段中国经

---

① 《大工业之外同时维持小工业》，《马寅初全集》第 11 卷，浙江人民出版社 1999 年版，第 22～25 页。

② 《大工业之外同时维持小工业》，《马寅初全集》第 11 卷，浙江人民出版社 1999 年版，第 26 页。

③ 戴乐仁著，叶祖鸿译：《发展中国小规模工业的一个建议》，《东方杂志》第 28 卷第 9 号(1931 年)。

济建设论战的批判》[1]。他主张中国经济建设的重心应为乡村工业，认为乡村工业是农业与工业之间的连锁和桥梁，以乡村工业作为中国经济建设的中心，调和了重农派、重工派、工农并重派的争论。齐植璐把马寅初发展轻小工业的主张提高到整个国民经济建设的中心的高度。

发展小工业，实际上就是发展轻工业，因为钢铁、机械等重工业必须由大工厂举办。在大工业与小工业的比较中，马寅初主张发展农村小工业；在轻工业与重工业的比较中，马寅初主张发展轻工业。1935 年他认为，中国工业化首先应提倡轻工业。"因为各种重工业需要资本很大，并须有很精良的专门技术，如果是样样都要举办，以中国的力量，实一时不易办到。所以我主张，除了关于国防需要的重工业必须举办外，要从轻工业先行办起。"[2]他提出发展轻工业的原则有：必须与农村有密切关系，如棉纺织业；提倡中国固有技术的轻工业，如江西瓷器；用资本少、人工多的先行举办；产品须普遍适用，而且为农民购买力所能担负，如纸伞、袜子、毛巾以及中上阶级需要的电灯泡、妇女用的脂粉等。

马寅初发展小工业、轻工业的主张，与翁文灏主张发展大工业、重工业的工业化道路可谓针锋相对：一个针对人口多资本少的国情，目的是逐步改善民生；一个针对巩固国防的迫切需要，目的在于尽快赶超。这两种主张都各有其现实的理由。

（二）农工业并重

20 世纪 20～40 年代，中国农村破产，工业化进展缓慢，国民经济停滞不前。在这种情况下，针对中国经济建设的重心到底是农业还是工业，中国经济学界进行了长达 20 余年的论战，出现了刘大钧、吴景超等重工派，董时进等重农派，以及以马寅初为代表的工农并重派。马寅初认为，农业国进行工业化，农工业必须均衡发展，相互促进；不然，工业化很难成功。

马寅初的理论与经济现实联系紧密。1932 年前后，中国经济出现全面萧条，为了对付危机，马寅初指出："如要中国的工商业发达，须先增加农民购买力。要增加农民购买力，必须使农民富庶。"[3]"中国不但工业不发达，即农业亦反就衰微，故中国不但须发展工业，尤须振兴农业。"[4]

1936 年前后，一方面中国经济还没有走出低谷，另一方面日本侵略步步

---

① 齐植璐：《现阶段中国经济建设论战的批判》，《东方杂志》第 32 卷第 24 号（1935 年）。
② 《中国要早日实行工业化》，《马寅初全集》第 9 卷，浙江人民出版社 1999 年版，第 1 页。
③ 《复兴农村的途径》，《马寅初全集》第 6 卷，浙江人民出版社 1999 年版，第 468 页。
④ 《发展农工与集中力量》，《马寅初全集》第 7 卷，浙江人民出版社 1999 年版，第 281 页。

紧逼。对此，马寅初指出："年来内地资金枯竭，农村破产，全国大半人民之购买力薄弱，影响及于工商，欲谋经济复兴，非农工并重不可。吾国最大之病症，在乎片面的或局部的发展，以农村比都市（如上海），不啻有百数年之差别，在平时固不足以谋整个的经济上之企图，在战时尤不易抵抗外力之侵入。必全国交通发展，东西南北，打成一片，开发内地富源，增进农民生活，使农、工、商、矿各业，一致平均发展，无畸轻畸重之分，然后方可言富强，方可言平等。"①马寅初认识到农工并重，城乡均衡发展对克服经济危机的作用，同时也认识到，只有如此，才有利于抵抗日本侵略，巩固国防。

抗日战争结束前后，战后工业化和农村土地改革成为全国共识，马寅初再次论述了工业化与农业的关系。1946 年 1 月，马寅初提出农工业相互依赖的三条理由：第一，工业原料一部分取给于农业，农业产量不旺，工业的前进必受阻碍；第二，我国农民占全国人口 70%以上，倘能提高其购买能力，可以扩大工业品销路；第三，重工业中的机械工业难以在海外觅市场，而国内的工矿、交通、运输的销路有限，唯一最大的出路在农业方面。他说："机械工业与农业是相辅相成的。机械工业若不能在农业方面谋出路，其发展的前途也是有限的。"②

1944 年 6 月 20 日至 24 日，美国副总统华莱士访华。马寅初曾两次引述华莱士关于中国工业化的言论。一次在 12 月 22 日重庆聚餐会上发表演讲；另一次在 1946 年元旦的《新民报》上发表文章，即上文所说"马寅初提出农工业相互依赖的三条理由"的那一篇。其中说："美国前任副总统华莱士在来华访问以后曾讲：'余发现中国人民极盼中国成为工业化国家，但任何工业化，必以农业建设与土地改革为基础，盖中国主要乃一农人的国家。余于访问期间观察所及，彼等乃良善之农民，但彼等需要一更生之机，即新政是也。'华莱士所谓'新政'，即指土地改革而言。"③

从以上可见，马寅初认为中国工业化必须与农村土地改革同时推进，农业不振兴，工业必然不能发展。1947 年 6 月，马寅初又指出："工与农有如唇齿之相依，不能缺一以行……倘一二十年以前工业界早将农工配合起来，一切原料可以自给，决不致陷于冬眠状态了。"④所谓"农工配合"是指，中国内

---

① 《在中国经济学社第十三届年会上的闭幕词》，《马寅初全集》第 9 卷，浙江人民出版社 1999 年版，第 281 页。

② 《工业革命与土地政策》，《马寅初全集》第 12 卷，浙江人民出版社 1999 年版，第 292 页。

③ 《土地革命与土地政策》，《马寅初全集》第 12 卷，浙江人民出版社 1999 年版，第 292 页。

④ 《农工配合与力量集中》，《马寅初全集》第 12 卷，浙江人民出版社 1999 年版，第 474、475 页。

地农业生产的工业原料和沿海工厂使用者应相互配合，农工两业相互促进共同发展，以避免像战前那样，沿海企业购买外国原料，一方面依赖外国，另一方面对中国内地农村也没有带动作用。

马寅初的农工并重论中还有侧重，即更重视工业，认为农业受土地边际效益递减规律影响，不能富国，工业却有规模效益，可以富国。他指出："凡欲富国者，不能单独固守农业，同时亦必须发展工业。中国如永为农业国，即中国永无致富希望。"①

均衡和连锁法是马寅初方法论的特点，他就是从工农业相互影响相互联系的角度论述农工并重的。

（三）重点发展优势与基础工业

在世界上已经有不少工业化发达国家的情况下，农业国的工业化实质就是实施某种程度的进口替代。民国时期，中国工业品、农产品都是入超，马寅初主张发展中国经济首先必须做到"吃自己的米，穿自己的布"②，以减少直至消灭入超。然而中国人才资本十分缺乏，不能采取完全自给自足的政策，只有集中力量举办重要事业。为此，马寅初提出了重点发展优势与基础工业，实施部分进口替代，反对完全的进口替代。

关于如何选择工业化建设的重点，马寅初指出："孙总理实业计划有四大原则：第一，择其需要之最切者；第二，择其阻碍力之最小者；第三，择其地位之最适宜者；第四，择其事业之有近利，可以招引外资者。"③马寅初根据这四大原则和他自己的农工联合说，提出实业建设的七大分类，即：(1)凡与中国自然资源有密切关系者可以兴办，如蚕桑、缫丝。(2)中国本有特别技能的事业不能放弃，如瓷器。(3)中国原有市场的物品应力求自给，如面粉。(4)本国自有原料的工业不能放弃，如桐油。(5)基本工业非自办不可，如电气工业。(6)建筑铁道。(7)农村工业，使农人有业余工作可做。这七类重点可以再归纳为两类产业，即本国具有资源、技术、劳动力的比较优势的产业和工业化的基础产业（能源、交通）。

除上述重点发展比较优势与基础工业外，马寅初主张其他产品均可以进口，特别是在工业化的初期，不是取消入超的贸易平衡问题，而是如何利用外资，增加进口生产资料，减少进口消费资料的"入超改性"问题，即由消费品的入超改为生产品的入超。他说："多造铁路，多开工厂，纳入国际贸易

① 《世界经济大势与中国前途》，《马寅初全集》第9卷，浙江人民出版社1999年版，第331页。
② 《发展农工与集中力量》，《马寅初全集》第7卷，浙江人民出版社1999年版，第281页。
③ 《发展农工与集中力量》，《马寅初全集》第7卷，浙江人民出版社1999年版，第283页。

发展之正轨，则入超数额虽大，何足畏哉？不但不足畏，且惟恐其不能多矣！”[①]马寅初还指出，一切事业均由自办的政策会带来三大恶果，即生活费增加、国际通商关系断绝、资本分散[②]。

综上所述，马寅初的工业化理论的核心是：农轻重均衡发展，集中力量重点发展优势与基础工业。马寅初曾对这一工业化道路进行了生动的叙述：利用美国 14 亿美元资本，建造三峡水电站；利用水电站水利灌溉 3.6 亿亩田地，以其电力制造肥料，土地生产力增加，农民收入增加；农民购买力提高后，衣食住行各种轻工业产品畅销，轻工业兴起；轻工业兴起后需要各种机器工具，重工业也继之兴起；轻重工业兴起后，战时就可以转为国防，国防工业自然就有基础[③]。其逻辑是：利用外资——建立基本工业——农业发达——轻工业兴起——重工业兴起——国防工业巩固。这一道路与民国时期翁文灏和新中国初期推行的重工业为中心的赶超战略非常不同，而与改革开放后中国的工业化道路有很大的相似性。

七、货币论

早在 1920 年，马寅初就发表了《“格莱辛法则”之研究》、《吾国恶币之影响》两篇货币论文。“格莱辛法则”即劣币驱逐良币规律。在《吾国恶币之影响》中，他提出整理币制的办法，包括收回各省的滥发纸币，统一各种银元行市，废除上海的汇划银子，开办上海造币厂多铸银元，废除规元，全国改用银元，统一币制后“遂把银本位改用金本位”，并加注说：“于此一端，鄙意与梁任公先生之意见相同。”[④]

1925 年，马寅初指出：“我国欲改行金本位，必须巩固银本位；巩固银本位，当先统一银本位；统一银本位，当先推翻银两；银两推翻矣，尚未谓银本位已巩固也；必也统一各色之银圆，使尽为国币……银本位基础既固，而后可渐进于改用金本位问题。”[⑤]因此，他将当时的中国币制问题归结为如何推翻银两制度的问题。

国民政府成立后，1928 年春，在浙江省政府委员会第 89 次会议上，时任

---

① 《欲解决入超非利用外资不可》，《马寅初全集》第 9 卷，浙江人民出版社 1999 年版，第 57 页。

② 《发展农工与集中力量》，《马寅初全集》第 7 卷，浙江人民出版社 1999 年版，第 282 页。

③ 《中国工业化与民主是不可分割的》，《马寅初全集》第 12 卷，浙江人民出版社 1999 年版，第 266～267 页。

④ 《吾国恶币之影响》，《马寅初全集》第 1 卷，浙江人民出版社 1999 年版，第 383 页。

⑤ 《改革吾国币制之第一步》，《马寅初全集》第 2 卷，浙江人民出版社 1999 年版，第 333 页。

省政府委员的马寅初提出“统一国币应先实行废两用元案”。3月21日，浙江省政府将此案上呈国民政府。国民政府令财政部签复，财政部又令所属金融监理局研究施行①。马寅初的提案对国民政府1933年4月实施废两改元起了推动的作用。

马寅初的币制改革目标是实行金本位制，但反对实行金汇兑本位制。只是在1930年，为挽救银价下跌的困境，才改变了反对的态度，声称：“故救济之策，不在乎对银征税以提高银价，而在乎速采虚金本位以安定币值，此学者所应深切认清者也。”②

在1935年出版的《中国经济改造》中，马寅初提出了15条理由否定纸币以货物为准备的主张。他所说的准备是兑现的意思，否定以货物为纸币兑现物资的可行性，是有它的道理的。如第1条理由是“兑现不便”：“此种钞票苟能流通，散之四方，荒年时乡人必持票远至城市兑取物品，取得后又必负载而归，其不便何如。假定有不同之物票，须分别向各种储仓分别兑领，不便尤甚，与银行钞票随时随地可向烟兑店兑换者，迥乎不同。”③这显然是对的。但是能否不以兑现的名义，用货物来保证不兑现纸币的购买力呢？当时马寅初还没有考虑到这问题。他强调纸币必须以现金为准备，这又牵涉到孙中山的钱币革命论的问题。因此，他特作解释说：“或谓总理钱币革命，非提倡不兑现之纸币乎？故刘徐诸人，皆引为立说之根据。”④“刘徐”是指刘冕执和徐青甫，前者提出“能力本位制”，后者提出“虚粮本位制”⑤。马寅初进而解释钱币革命说：总理此说是有感而发。当时革命初成，俄人乘机攫我外蒙，而政府财政困难，故创新说，企图以此救燃眉之急。后来在《建国方略》心理建设中论行易知难，以用钱为证，虽大谈用契券之利，但并不绝对排斥金钱。这表明直到1935年，马寅初还是不赞成实行纸币流通制度的。

1934～1935年发生了白银外流、通货紧缩的金融危机，有些学者如顾翊群、姚庆三、赵兰坪等已提出放弃银本位的币制改革主张，而马寅初则成为这一主张的反对者。马寅初认为，中国经济问题的症结在国际贸易的入超。“为今之计，欲保国内现银，惟有使国际贸易得其平衡，解决入超。盖入超为

---

① 中国第二历史档案馆：《中华民国史档案资料汇编·财政经济(四)》，江苏古籍出版社1994年版，第226～230页。

② 《救济银慌非亟采虚金本位不可》，《马寅初全集》第5卷，浙江人民出版社1999年版，第209页。

③ 《中国经济改造》，《马寅初全集》第8卷，浙江人民出版社1999年版，第361页。

④ 《中国经济改造》，《马寅初全集》第8卷，浙江人民出版社1999年版，第366页。

⑤ 参见叶世昌等：《中国货币理论史》第19章第5、7节，厦门大学出版社2003年版。

现银外流之根本原因，阻止现银外流，当对此根本原因设法，此已成为举国一致之意见。故言及中国之银问题，结论必由银问题转入于国外贸易问题。”[①]他不断向取消银本位派提出各种各样的问题，迫使论战对手将问题考虑得越来越深入。顾翊群、赵兰坪、姚庆三等人正是在回应马寅初的问难中，不断地完善他们有关实行法币政策的主张的。

1935年11月实行法币政策后，马寅初转而支持和肯定法币政策。1937年，他出版了《中国之新金融政策》，分上、下篇，下篇为“新金融政策施行后所讨论的问题”。马寅初肯定法币制度“实开中国货币制度之新纪元”[②]。他称法币为“汇兑本位”，而不是“纸本位”。他对“纸本位”所下的定义是：“纸本位者，即将纸币与现金之兑换性完全取消，而以政府之权威为背景，故又曰命令货币。”[③]实际上“纸本位”的名称并不恰当，因为纸币并不是以纸为本位，即并不是按照纸币材料本身的实际价值流通的。马寅初还肯定中国已被拉入英镑集团。

马寅初说：“货币之功用有四：一曰交换媒介；二曰贮藏价值；三曰价值尺度；四曰延期支付。”[④]他又说：“纸币之币材，并无价值，但纸币本身则有价值。纸币之价值，乃从其交换之媒介而来。盖一切买卖支付，非货币不行，故人人对于货币，有一般的需要；因其对于货币有需要，故货币有价值。”[⑤]这是说货币的价值产生于货币的职能，而不问货币材料本身是否有实际价值。至于价值量的决定，马寅初用供求关系来解释。他又指出，纸币也有贮藏价值，但纸币的贮藏价值的功用不如金属货币，因此纸币的贮藏需要也不如金属货币。

马寅初担心法币流通后，政府容易采取通货膨胀政策。他指出新货币制度本身已经包含有通货膨胀的可能性：(1)集中民间储藏现银，足以膨胀通货。储藏银币平日深藏不露，换成纸币以后即成流通货币；(2)发行准备加多，足以膨胀通货。若吸收民间现银10亿元，按6成准备计算，可发行16.66亿余元法币；(3)法币充作存款准备，足以膨胀通货。“假定浙江兴业银行与中南银行各以营业准备金三十万银圆，持向中央、中国、交通三银行易取法币，充作营业准备金……三行可以此六十万银圆为准备，发行百万元

① 《我国银本位应放弃乎抑应维持乎》，《马寅初全集》第7卷，浙江人民出版社1999年版，第420页。

② 《中国之新金融政策》，《马寅初全集》第10卷，浙江人民出版社1999年版，第200页。

③ 《中国之新金融政策》，《马寅初全集》第10卷，浙江人民出版社1999年版，第277页。

④ 《中国之新金融政策》，《马寅初全集》第10卷，浙江人民出版社1999年版，第280页。

⑤ 《中国之新金融政策》，《马寅初全集》第10卷，浙江人民出版社1999年版，第277页。

之法币。”[①]而在1936年，马寅初还表示：“余极端反对通货膨胀，一则恐物价腾贵，贫民无以为生，不免铤而走险；二则物价飞涨，造成暴富，阶级仇恨愈深，内部容易发生变乱；三则通货一经膨胀，无法制止，卒至愈发愈多，一若德之马克、俄之卢布，结果钞票一钱不值，人民储蓄如数冲销，战后欲图复兴，活动资本已不可得。”[②]深刻说明了通货膨胀对政治、经济、社会的巨大危害。而另一方面，直到1939年，马寅初还对法币政策作出了很高的评价。他说：“法币……历年虽浅，而成功甚大。苟无法币，恐今不能抗战。”“当时敌讥我无成，即我国人亦不敢必其有成。敌忌我或成，故从中阻挠，敌银行不肯将银交出。幸赖英、美协助，卒有今日之成功。此种不流血之革命，收效之宏，实甚于秦之统一六国。”[③]

1940年初，法币已进入恶性通货膨胀时期。马寅初认为，要稳定物价，关键是稳定法币的价值，减少法币的发行。而收回或少增发甚至不增发法币，就需要钱，但吸收上海游资与利用外资均有困难，只有从对内公债、征税想法。于是，他“坚决主张，非要发国难财的人拿出钱来收回纸币不可”，指出“这是我国战时金融财政惟一的出路”[④]。马寅初的主张因触动特权阶级利益而根本无法实行，他反而因此被蒋介石监禁。

1944年，马寅初出版《通货新论》。这是一部研究世界“纸本位”时期的国际货币关系和政策取向的专著。原稿25章，出版前曾请重庆大学商学院院长刘大钧评阅，刘建议他删去“第一次大战后马克何以崩溃”一章，故出版的为24章。马寅初在《自序》中说：“本书之用意，在将第一次大战后所发明之各种新学说，凡可为中国将来整理通货之理论的根据，与大战后各国调整通货之种种方法与步骤，凡可为中国整理通货之经验的根据者，著成专书，对于当前的大时代，作一涓埃的贡献。”[⑤]可见马寅初著此书的目的在于为战后中国治理已经恶性膨胀的币制和实行正确的货币政策提供参考。书中论及的西方货币理论有卡塞尔的购买力平价说，费雪、马歇尔、凯恩斯、庇古(A. C. Pigou)等人的货币数量说，哈耶克的中性货币论，维克塞尔(K. Wicksell)的自然利率论等。对于凯恩斯的货币论，马寅初主要是运用其《货币改

① 《中国之新金融政策》，《马寅初全集》第10卷，浙江人民出版社1999年版，第217页。

② 《非常时期的管理经济》，《马寅初全集》第9卷，浙江人民出版社1999年版，第223页。

③ 《日本支那通提出破坏法币之种种方案及其后果》，《马寅初全集》第11卷，浙江人民出版社1999年版，第110页。

④ 《我们要发国难财的人拿出钱来收回膨胀的纸币》，《马寅初全集》第11卷，浙江人民出版社1999年版，第203页。

⑤ 《通货新论》，《马寅初全集》第12卷，浙江人民出版社1999年版，第2页。

革论》和《货币论》中的观点。1936 年凯恩斯的《就业、利息和货币通论》出版，马寅初在 1937 年的文章中曾经提到，将其译为《就业、利息与货币之一般理论》[①]。1948 年，他曾说将“凯恩斯的大著以及凯恩斯学派的学识移植于我国，实有格格不入之弊”[②]。

在《通货新论》的第 9 章，马寅初曾将此前各章作一“总括结论”，照引如下（其中的“内价”指货币在国内的购买力，“外价”指货币的外汇价格）：“一国货币之内价，随国内农工商各业之情形而变动。其外价则易受国际情形变迁之影响。故内价与外价最好拆开。拆开之法，莫善于设立外汇平准基金。凡国际间短期资金之流动（如资金逃走、投机、买卖等类），以及黄金、白银之出入，凡其所引起外汇涨落之风险，皆由外汇平准基金负之，使中央银行之准备金不受丝毫影响，则其贴现率亦不致有忽上忽下之变动。国内农、工、商各业可以安然渡过。不但内价可以稳定，即外价亦不致大有上落，因内价与外价相辅而行也。如是，中央银行之集中准备金与外汇平准基金同时存在，同时活动。前者任维持内价之责任，使一国通货无膨胀与紧缩之危险。后者任维持外价之责，使投机家与逃资者之活动与他国之金融政策，不致加害于本国之经济，真可谓货币二元制，诚今日金融界最有价值之新发明。不过外汇平准基金只能用以抵抗小风波，若一国之进出口贸易常居于入超（平时如此，战时入超更巨），又无无形之出超以相抵消，则平准基金之力量决不足以当之。此英国外汇平准基金所以能行之而生效，而中国之外汇平准基金不崇朝而消灭之理由也。”[③]

关于通货膨胀的治理，马寅初比较了各国治理通货膨胀的方法，将它分为膨胀法（德国实行，发行新钞取代膨胀的钞票）、提高法（即紧缩法，英国实行，提高币值使物价跌落）和钉住法（法、意两国实行，本币钉住主要外币）。最初他认为中国应实行紧缩法，后来中国通货膨胀的情况越来越严重，紧缩法已不适用。针对这种情况，马寅初指出：“静观今日的趋势，恐最后非出于德俄膨胀法之一途不可。到整理之一日，另发一种新币，定一兑换比率，把旧币收回，而后再以新币与国际货币联系。不过如是办理，一切损失完全放在全体国民身上，而发国难财者可以逍遥法外，安然渡过矣。”[④] 1948 年国民

---

① 《中国经济之复兴与减低利息之必要》，《马寅初全集》第 6 卷，浙江人民出版社 1999 年版，第 419 页。

② 《财政学与中国财政——理论与实践》，《马寅初全集》第 13 卷，浙江人民出版社 1999 年版，第 19 页。

③ 《通货新论》，《马寅初全集》第 12 卷，浙江人民出版社 1999 年版，第 91 页。

④ 《通货新论》，《马寅初全集》第 12 卷，浙江人民出版社 1999 年版，第 254 页。

党政府的金圆券发行,实际上就是马寅初所论的膨胀法,但当时并无实行此法的条件,虽采取此法,也只能是一败涂地!

八、战时财政论

(一)所得税为战时税收中心

1936年4月2日,马寅初在《中央日报》谈非常时期的财政政策。他主张:"非常时期的国家财政,应以开征所得税为主要收入,必要时再作有限制之通货膨胀,并发少数公债以补助之。"①这一主张发表后,引起国内经济学者的注意,都认为马寅初鉴于德国战时纸币政策的惨痛教训,不主张我国亦采行纸币政策,确是复员时期保存国家经济基础的要图。但对于开征所得税,则多数人表示怀疑。有人主张整理财政以充实非常时期的财政收入,有人主张征发民财以纾国难,有人主张开办土地增值税,加征娱乐捐、奢侈税、印花税、邮资以及劝募捐款。针对经济学界的不同意见,《中央日报》记者再次采访马寅初,请其续谈"非常时期财政",马寅初再次强调了第一次谈话的观点②。

马寅初的主要观点为:"(1)从速开征所得税,为战时税收之中心;(2)有限制的膨胀通货,既可补助财政,亦有利于国外贸易;(3)发行少数公债。"③他之所以主张征收所得税,第一,即为避免纸币政策,第一次世界大战时的德国为前车之鉴。"第二,则因关、盐、统三税皆为货物税,战事一起,海口被封,关税断绝。产盐区域多在沿海各省,万一失守,不但盐税无着,即食盐亦成问题。中国工厂均在沿海口岸,倘被敌人占领,则统税亦去。此三税者实为中央政府之生命线,而今不绝如缕,安可不另筹新税以谋抵补?第三,新税之筹划,固不仅限于所得税一项,其他如遗产税、地价税,无不可办,但余则以为所得税尤须先办,俾人民养成纳税之习惯,至战时始可提高税率,以资挹注。"④"如征收所得税及遗产税,则直接为富人所负担,不能转嫁,亦不影响于物价。所得税之基础既立,则于战时可以征收暴利所得税,以服一般人之心。如此办理,穷人出力,富人出钱,负担公平,策之上也。"⑤

---

① 《马寅初谈非常时期财政政策》,《中央日报》1936年4月3日。

② 《马寅初续谈非常时期财政》,《中央日报》1936年4月11日。

③ 《非常时期之财政问题》,《马寅初全集》第9卷,浙江人民出版社1999年版,第173、174页。

④ 《非常时期之物价问题与纸币政策》,《马寅初全集》第9卷,浙江人民出版社1999年版,第309页。

⑤ 《非常时期之物价问题与纸币政策》,《马寅初全集》第9卷,浙江人民出版社1999年版,第310页。

1936年马寅初主张的“所得税为战时税收中心”论，引起了经济界的热烈讨论，是国民政府在1937年1月正式开征所得税的一个重要舆论因素。

1936年4月15日，何廉发表谈话支持马寅初的主张，对“经济学界论战方殷之非常时期的财政问题”，主张举办所得税和遗产税为中心的直接税，既可供应非常时期的财政需要，更能符合现代税制精神[①]。4月21日，《是非公论》发表吴斡的文章，批评马寅初的主张有点莫测高深，误把中国与大英帝国相提并论，他主张加征“普通产业税”，以解决非常时期的财政需要[②]。

随着情况的演变，马寅初的战时财政论也有所变化，但他反对纸币政策、战费负担要公平这两个核心论点一直未变。

1937年暑期，马寅初在参加蒋介石、汪精卫召集的庐山谈话会后认为：在关、盐、统税减少后，最有希望的新税为战时盈利税，即是应向在战时暴富的资本家征税。其理由是：“此时多数国民，均将为国牺牲，少数资本家岂尚忍乘时趋利而不贡献其额外之利得以供国家之支配乎?”[③]他建议对急急购买外汇图利、可能破坏整个法币政策的有钱人予以相当惩罚：“政府可援用欧战时各国先例，停付外债，倘外人要求照付，即以不爱国国民逃往外国之资金备充抵付。”[④]这主张的核心，就是叫富人出钱，特别是发国难财者更应多出战费。

1938年初，马寅初认为加税希望极少，关、盐、统税大减，所得税无从加起，只有依靠转口税和战时盈利税。内债不易筹集，外债应有办法。无限增发纸币政策有害，只能实行有限增发，办法是将发行的六成现金准备改为四成[⑤]。其基本精神仍是反对纸币政策，只是筹集战费的具体办法有所改变而已。

(二)征收发国难财者的财产税作为抗战的主要经费

抗战爆发后，国民政府并没有采纳马寅初以征收所得税为战时税收中心的主张，却采取了他所反对的依靠通货与公债互相为用的纸币政策。到1940年初，已造成物价飞涨、贪污盛行。因此，马寅初提出了“征收发国难财者的财产税”的主张，将政治上的反贪污和经济上的反通货膨胀结合起来，

---

① 《何廉主张举办的直接税》，《中央日报》1936年4月15日。

② 吴斡：《马寅初、非常时期所得税》，《是非公论》第3期(1936年)。

③ 《二十六年暑期庐山谈话会讨论战时财政问题》，《马寅初全集》第10卷，浙江人民出版社1999年版，第480页。

④ 《二十六年暑期庐山谈话会讨论战时财政问题》，《马寅初全集》第10卷，浙江人民出版社1999年版，第485页。

⑤ 马寅初：《战费应如何筹措》，《时事月报》第18卷第1期(1938年)。

以解决抗战经费,并为国家保存战后的建设资本。

1940年6月1日,《新华日报》发表了《马寅初讲怎样稳定法币》一文,该文首次公开披露了马寅初提出的“征收发国难财者的财产税”的重要主张。马寅初分析的逻辑是:要物价稳定,关键是稳定法币,使法币能发能收。而收回或少增发甚至不增发法币,就需要钱,但吸收上海游资与利用外资均有困难,只有从对内公债、征税想法。一个办法是强迫发国难财者购买公债,但有弊端,因此“他坚决主张政府征收财产税,先由发横财的大官征发,渐次及于奸商(说至此全场热烈鼓掌)。这是最革命的财政政策,这样可以彻底使法币稳定,金融市面活泼,而物价也就自然平定下来(大鼓掌)”。记者写道:“这种切中时弊的宏论,给中国经济抗战的阵容上指示了新的希望与光明,一扫当前窒人呼吸的生活艰苦的闷气,他强烈的激动了每个听众的心,全场热烈的掌声,像暴风雨似的从每一个角落里爆发出来。”该报道所描述的热烈场面,反映了马寅初的主张确实得到了大家发自内心的拥护。大有登高一呼,应者云集之势。

1940年7月,马寅初著文在《时事内编特刊》第54期发表。他说:“吾故主张无论在战时与战后,不能再增发法币,以免通货恶性的膨胀,必须要求政府停止增发,一面征收临时财产税以补救之。在抗战期中政府以法币作工具,交换所需的物资与劳力,是法币不啻一种租税。一方面因通货膨胀,物价上腾,无异于对吾人之货币财产课税。故在抗战期中负担战费者为消费者与领固定薪资之公务人员与知识阶级,而奸商贪官反乘吾人之危,骤致巨富。不公不平,莫过于此。吾之主张,抗战期中首三年之战费,吾人固已负担,惟第四年之战费与夫战事结束后之整理与建设经费则应取之于发国难财者,稍予吾人以喘息之机会。如是租税之负担,不集中于一个阶级而分摊于有负担租税之能力者,庶几抗战可以继续进行而建国工作可以推行顺利。”①

对此文章,《时事内编特刊》编者梅汝璈后来称:该文“名言谠论,颇为读者所重视,重庆《大公报》当时并曾特撰新闻一则,广事介绍,以唤起社会人士之注意”②。8月24日,冯玉祥的日记记载:“尹心田和周先生来了,说了些当代的经济问题。马寅初先生在《时事内编》上发表的文章和原稿,未准发

---

① 《提议对发国难财者开办临时财产税以充战后之复兴经费》,《马寅初全集》第11卷,浙江人民出版社1999年版,第184页。

② 梅汝璈:《响应马寅初氏的提议》,《时事内编特刊》第57期(1940年)。

表的文章都交他拿去了。”[①]此处的周先生就是周恩来。说明马寅初的文章已受到冯玉祥等人的研读，并引起了周恩来的重视。

1940年10月20日，马寅初又在该刊第57期发表《对发国难财者征收临时财产税为我国财政与金融唯一的出路》，进一步强调征收财产税为反通货膨胀的唯一办法，并提出了征收的具体方案：“不妨分期征收，如十八亿元为九个月征收，抗战经费如每月为二亿元，则第一个月征收第一与第二之两亿元之资本税，以应付需要。以第三与第四之两亿元应付第二个月之经费。第三个月之经费，以第五第六之两亿元收入应付之。第四个月之经费，以第七第八之两亿元收入应付之。如是政府可以加多九个月之抗战经费，不必增发法币或另行罗掘。法币之收回，每次不过一二亿元，且收回之后，即行用出，既不感觉收缩，使物价骤然大跌，有害生产；亦不至于膨胀，使物价愈益上涨，有害平民生活，则物价可以稳定，今日不安定之流弊，一扫而空矣。”[②]

同刊同期，还有立法委员梅汝璈的响应文章。梅汝璈认为：“这篇文章问世后，马先生的提议必然会得着本刊读者和一般国人更普遍更严重的注意与同情。马先生历任财政立法要职及中国经济学社社长多年，是我国经济学界的最高权威。他底提议之必有其理论根据，自无疑义。”梅文最后呼吁：“望国人一致提倡拥护，并督促政府从速实施。”[③]

1940年12月4日，《中央日报》发表《开征临时财产税的商榷》，对“马氏提案”进行商榷。该文表示：关于开征临时财产税，“自从经济学前辈马寅初先生最近在《时事内编》连续发表两篇文章后，更惹起社会人士注意。原则上，我们十二分同情马先生主张”。但对实施的方法和时间提出了不同意见，认为在战时应实施强制公债，以配合战后开征临时财产税。

据郑正一回忆，马寅初在讲课中，“号召全体同学把这一主张（开征财产税）向亲友广泛传布，以便在全国范围内造成一致的舆论和声势，迫使蒋介石采纳实行。这种与虎谋皮的改良主义方法，绝不会为蒋介石所接受”[④]。1940年12月6日，马寅初因坚决主张征收发国难财者的财产税而被捕。

1942年，中央银行经济研究处举办关于资本捐（“临时财产税”的另一名

---

① 中国第二历史档案馆：《冯玉祥日记》（第5册），江苏古籍出版社1992年版，第902页。

② 《对发国难财者征收临时财产税为我国财政与金融唯一的出路》，《马寅初全集》第11卷，浙江人民出版社1999年版，第196页。

③ 梅汝璈：《响应马寅初氏的提议》，《时事内编特刊》第57期（1940年）。

④ 郑正一：《铁骨铮铮见丹心》，《文史通讯》（全国政协）第3期（1981年）。

词)的座谈会。座谈会的结论是:中国应征资本捐,不过应等到战争结束后举办[①]。到抗战结束后,国民党财政部当局表示准备开办“临时财产税”。[②]1948年1月,马寅初还在要求国民党赶快实施开征财产税,在文末指出:“总之,根据以上事实与理论来讲,资本及财产税之开征,政府是毫无理由再加以拖延的。”[③]

介绍征收“临时财产税”为筹集战费的方法之一,并不是从马寅初开始的。1935年尹文敬在其《财政学》著作中,就已经有“临时财产税之历史与概念”、“欧洲各国之临时财产税制度”等内容[④]。但坚决主张在中国征收临时财产税,马寅初应是第一人。

九、官僚资本论

早在1927年4月,马寅初即批评了官吏资本主义。他认为,中国政府经办企业“非特无钱,并且办也办不好,设使中国实行国家资本主义,必致钱入官吏的腰包,而成官吏资本主义(official capitalism)”[⑤]。这比李达论官僚资本还早一年多,但内涵不及后者充实和深刻。

1938年12月,马寅初发现,财政部长孔祥熙、中国银行董事长宋子文两大家族大发国难财,已经形成了中国的三井、三菱家族。他希望:“全国一致拥护的最高领袖,一俟时机成熟,用其迅雷不及掩耳之手段,将此三井、三菱扑灭。国家存亡,实深利赖。”[⑥]1940年7月,马寅初进一步指出:“有几位大官,乘国家之危急,挟政治上之势力,勾结一家或几家大银行,大做其生意,或大买其外汇。其做生意之时,以统制贸易为名,以大发其财为实,故所谓统制者,是一种公私不分之统制。”[⑦]“中国的‘大贪污’,其误国之罪,远在奸商、汉奸之上。吾人以千数百万同胞之死伤,数百亿财产之损失,希冀获得胜利以求民族之快快复兴,决不愿以如是巨大之牺牲来交换几个大财神,一个握财政之枢纽,一个执金融之牛耳,将吾人经济命脉操在手中,此岂抗战

---

① 《关于资本捐之意见》,《经济汇报》第6卷9期(1942年)。

② 马寅初等:《论一次“财产税”(座谈)》,《经济周报》第5卷第1期(1947年)。

③ 《我为什么赞成开征财产税和资本税》,《马寅初全集》第14卷,浙江人民出版社1999年版,第9页。

④ 尹文敬:《财政学》,商务印书馆1935年版,第677～686页。

⑤ 《马克斯主义与中国之劳农》,《马寅初演讲集》第4集,商务印书馆1928年版,第143页。

⑥ 《中国今后经济建设之趋势》,《马寅初全集》第11卷,浙江人民出版社1999年版,第72页。

⑦ 《提议对发国难者开办临时财产税以充战后之复兴经费》,《马寅初全集》第11卷,浙江人民出版社1999年版,第182页。

之用意乎?”① 在此,马寅初从国家存亡的高度,公开反对孔、宋两大官僚家族的误国害民之罪。此时马寅初寄希望于蒋介石大义灭亲,结果他自己反而被蒋介石逮捕。

抗战胜利后,国民党官员趁机大发“接收财”。1945 年 12 月,马寅初在中国经济事业协进会招待政治协商会议代表茶会上的演讲中,公开提出了“打倒官僚资本”的口号。他说:“今天尚有另一种战争,虽隐而不见,而危害极大,这即是经济战争。此种战争如不结束,则民族资本没法发展。而官僚资本抬头,霸占一切,害国害民,难以言说。”②上海现由美国输入棉花 100 万包,共 450 万担,中国是农业国,反依靠工业国美国运进棉花,这是大笑话。又向美国买进 50 万枚锭子,锭子国内可以自己做,这种荒唐的做法,实在不可理解。他痛心地指出:“利用外资,应当为我们的计划所支配。如果以外资来支配我们的计划,不但三民主义无法实现,一切亦都完了。而今天的所谓国营,就是在这样掩藏中来发展官僚资本的……今天要快快打倒官僚资本,发展民族事业。如果太迟了……一切亦就完了。”③

1946 年初,国民政府立法院通过新《公司法》,其中第八章外国公司的第七条原文为:“所称外国公司,以营利为目的,依照外国法律或经外国政府特许组织登记营业,并经中国政府认许,在中国境内营业之公司。”第二九二条原文为:“外国公司非在其本国设立登记营业者,不得申请认许。非经认许给予认许证者,不得在中国境内营业或设立分公司。”但受到国防委员会某专门委员会主任委员徐堪的坚决反对,主张取消这两条中外国公司需在其本国营业的“营业”两字。取消这两字就使许多仅挂一外国招牌的所谓外国公司能在中国营业。2 月 4 日,马寅初在中央大学学生自治会演讲,就揭露了这个奥秘,并指出:“尤其中国官僚资本家,战前即已挂洋旗,骗了不少国家与国民的膏血,战时发了国难财,战后又发胜利财。如果尚不知足,妄想挂羊头,卖狗肉,重温旧梦,可谓狼心狗肺,将为国人所唾弃。”④

3 月 13 日,马寅初在中国中小工厂联合会等三团体演讲,批评了行政院院长宋子文的外汇政策,其中提到:“中国历史自秦汉以来到现在盈虚消长,有盛有衰,有祸有福,可是总而言之是一个官僚主义的历史。现在变本加

① 《提议对发国难者开办临时财产税以充战后之复兴经费》,《马寅初全集》第 11 卷,浙江人民出版社 1999 年版,第 183 页。

② 《论官僚资本》,《马寅初全集》第 12 卷,浙江人民出版社 1999 年版,第 289 页。

③ 《论官僚资本》,《马寅初全集》第 12 卷,浙江人民出版社 1999 年版,第 290 页。

④ 《新〈公司法〉和官僚资本》,《马寅初全集》第 12 卷,浙江人民出版社 1999 年版,第 303 页。

厉,更加上了官僚资本。”①

3月29日,马寅初在重庆求精商业专科学校演讲②。他指出:“今天中国的情况非常复杂,环境如此恶劣,老百姓是这样的穷苦,人那么多,地那么大,决不是在朝的几个人所能弄好的……何况今天这些在朝的人,到处有公馆,到处有太太。他们的原则是‘财者本也,德者末也’。二千年来中国都是官僚主义,升官就必然发财,这两个在他们是分不开的。到现在呢?官僚资本控制了一切。”③他指出,讲经济第一要民主,经济政策和计划应绝对公开,绝对不应什么都官办。民营只要不违背计划都可以存在。中国“是贪官遍地,国营就成了官办,办来办去把财富都办进私人的荷包,而且经济又全在美国人的控制之下”,因此他主张“自由民营,国营统制,政府和老百姓彻底合作”④。马寅初又说现在的情况非常危险。“官僚资本和买办资本联合起来了,在新《公司法》里加入一项‘外国公司’,那就是说即使是中国人办的公司,如果依照外国法律登记的组织,还是算‘外国公司’,外国人按中国法律登记组织的公司,要算‘中国公司’。”⑤这样就可以使这些公司获得更大的收益。关键是要加上“营业”两个字(已见上述)。“可是中国的官僚,却和美国人联合起来取消‘营业’两字,并且说这是领袖的意思。”⑥他又提出:“今天《公司法》虽已决定,还不顶要紧,因为将来在民主的政府里还可以提出修正。目前最紧急的是正在商谈的《中美商约》,我们应当起来监督政府签订商约的事情,要它顾到人民的利益。”⑦

4月9日,马寅初在中国学术工作者协会演讲时指出:“中国目前的经济危机情形是工厂关门,工人失业,物价高涨,灾荒遍地,这种情形造成,虽然原因很多,但是官僚资本的作祟,却是主要,所以官僚资本必须打倒。”⑧同日他又在中国中小工厂联合会等三团体演讲,其中指出:“现在的问题,不是劳资的问题,而是官僚资本和老百姓相对立的问题。中国的经济单靠几个官

---

① 《论外汇政策》,《马寅初全集》第12卷,浙江人民出版社1999年版,第307页。

② 演讲词一般题为“中国战后经济建设问题”,在同年综合出版社出版的《论官僚资本》中则题为“官僚资本操纵下的中国经济建设”,文字有删节。

③ 《中国战后经济建设问题》,《马寅初全集》第12卷,浙江人民出版社1999年版,第311页。

④ 《中国战后经济建设问题》,《马寅初全集》第12卷,浙江人民出版社1999年版,第312页。

⑤ 《中国战后经济建设问题》,《马寅初全集》第12卷,浙江人民出版社1999年版,第314页。

⑥ 《中国战后经济建设问题》,《马寅初全集》第12卷,浙江人民出版社1999年版,第314、315页。

⑦ 《中国战后经济建设问题》,《马寅初全集》第12卷,浙江人民出版社1999年版,第315页。

⑧ 《要挽救中国经济危机非打倒官僚资本不可》,《论官僚资本》,综合出版社1946年版,第4页。

来办，是不行的，过去他们把哪样办好了？”[①]他还认为，在经济建设中，划分国营、民营都不必要：“所谓民营、国营，严格说来是难以划分的，应该说民营、国营合作。过去说重工业国营，轻工业民营，其实也不对。我的意思是，如果说我们需要一百吨钢，那么国家作六十吨，人民作四十吨，这有什么不好？轻重工业，国家可办，人民也可办，民营、国营根本就用不着分。”[②]

4月22日，马寅初在杭州浙江大学演讲，强调除政治民主外，还要经济上民主。他说：“孔宋之办法，兄弟颇感反对。所谓国营，实即官办……目下按大体言之‘无官不贪’。”[③]他提出了三条补救办法：国营应非官办；国营、民营并重；国外归国营，国内归民营。

6月13日，马寅初发表文章说：“我们必须避免走上官僚资本的路。倘使我们走上了真正资本主义的路，那还有一点希望。但倘使我们走上了官僚资本主义的路，那么我们就一点希望也没有了！”[④]他指出，官僚资本主义与真正资本主义有两点区别：(1)真正资本主义的资本家，像美国钢铁大王卡纳基、煤油大王洛克菲勒等，他们的财产能积也能散，大部分财产用之于社会；而官僚资本家将财富留给子孙吃光用光。(2)真正资本家的资本来源是他们自己的储蓄；而官僚资本家的资本来源于无中生有，是从大众的袋里拿出来的。前一个区别可能并非必然，这可能只是中西文化的不同，中国并非只有官僚资本家才想到将财富传给子孙。

到1947年3月，马寅初也开始用“四大家族”的名称了。他指出：“中国人民的财富，通过各式各样的剥夺方法逐渐集中在四大家族手中，这是铁一般的事实。例证甚多，不胜枚举……若吾人不急起而遏止官僚资本的猖獗，民族工业何从谈起。”[⑤]

从以上可知，马寅初对官僚资本的批评时间早，次数多，具有一贯性。但他指名批评的主要是孔祥熙和宋子文，不再扩大。但他又肯定“无官不贪”，把所有的官员都包括在内了。他同共产党人对官僚资本的批评也有区别，因为他是自由资本主义者，并不主张发展大工业以国营为主，希望国营

① 《欲挽救经济危机，非打倒官僚资本不可》，《马寅初全集》第12卷，浙江人民出版社1999年版，第321页。

② 《欲挽救经济危机，非打倒官僚资本不可》，《马寅初全集》第12卷，浙江人民出版社1999年版，第323页。

③ 《中国目前经济之危机》，《马寅初全集》第12卷，浙江人民出版社1999年版，第332页。

④ 《中国经济的出路》，《马寅初全集》第12卷，浙江人民出版社1999年版，第381页。

⑤ 《此后吾国经济学者工作的对象》，《马寅初全集》第12卷，浙江人民出版社1999年版，第443页。

和民营平分秋色。

第二节　刘大钧的经济思想

一、中国现代经济学的开拓者刘大钧

刘大钧(1891～1962),字季陶,号君谟,江苏丹徒人。其叔父为《老残游记》作者刘鹗。1911年8月自费留学美国密歇根大学,至第三年申请到清华学校的津贴。师从亚丹斯(H. C. Adams)及戴勒(F. M. Taylor),攻读经济学与统计学,被选为美国大学高才生学会会员。1915年获学士学位,又在该校研究院研究半年后回国。1916年任清华学校经济学教员。1920任北京政府经济讨论处调查主任,历时八年。曾兼任北京大学讲师、北京高等师范学校教授。1928年11月至1930年任国民政府立法院统计处处长。1931年3月任主计官兼主计处统计局长,1932年10月辞职(至1933年9月正式免职),在上海执会计师业务。1933年初创立中国经济统计研究所,任所长。同年夏,担任由中国经济学社、中国统计学社、中国社会学社合组的中国社会科学委员会委员长。1934年兼任国防设计委员会委员、中山文化教育馆研究部副主任、金城银行总经理处顾问。1935年8月,奉蒋介石命与蒋私人顾问端纳(W. H. Donald)创办军事委员会国民经济研究所。刘长期任所长,主编了多种国民经济研究所丛书。1935年又被聘为中央银行经济研究处专门委员。年底停止会计师业务。1939年夏被教育部聘为经济学名词审查委员。1941年1月被教育部聘为统计学名词审查委员,同年任重庆大学商学院院长,至1945年辞去。1946年5月,作为中国政府代表团成员赴美参加联合国会议,12月任联合国经济社会理事会统计委员。1947年2月任经济部驻美商务参事。11月赴古巴哈瓦那出席联合国贸易会议,任《关税与贸易总协定》起草委员。1948年1月,作为中国政府副代表参加在美国举行的国际小麦会议,8月作为中国政府代表之一赴日内瓦参加联合国贸易与就业签字国会议。1953年退休,移居美国纽约。著作有《我国佃农经济状况》、《外人在华投资统计》、《中国工业调查报告》、《吴兴农村经济》、《经济动员与统制经济》、《非常时期货币问题》、《上海工业化研究》、《工业化与中国工业建设》等,另有英文著作《中国之工业与金融》、《外人在华投资》、《中国的棉纺织业》、《中国之统计事业》、《1912年中国人口统计》、《上海工业化的初步报告》、《上海缫丝业》、《上海的发展与工业化》、《中国的丝织工业》、《中国经济

的稳定与重建》等。

刘大钧于1923年和1930年先后发起成立中国经济学社和中国统计学社，并担任两社的首任社长。1927至1931年任太平洋国际学会中国研究干事。1929年和1931年参加国际统计学会日本会议和西班牙会议。创办和主编《中国评论周报》(*The China Critic*)(1928～1946)、《经济统计月志》(1934～1941)、《国民经济月刊》(1937)、《经济动员》(1938～1940)等。

对于刘大钧在中国经济学界的地位，1937年刘秉麟指出："关于经济学之研究，在中国可分为两段落：自严译《原富》以后，虽后起者间有，但中间似停顿若干时……自中国经济学社成立以后，以马寅初、刘大钧先生等之努力，中国经济问题之研究，与调查方面之进行，更引起一般人士之注意。而中国人应注重研究中国事实一点，似于研究上，另开一新纪元。"① 1941年，朱通九在总结中国近代经济学发展史时指出：传统中国本无"经济学"，20世纪初，严复是最早在中国输入经济学者。民国初年，经济学在中国广泛传播，但仅为装饰品。1923年，刘大钧、陈长蘅等组织经济学社后，中国经济学的发展出现了重要变化，即"至是我国经济学由装饰品时代进入仿效与研究时代"②。夏炎德在《中国近三十年来经济学之进步》一文中，总结了民国成立以来中国经济学的发展历程，在指出民国初年孙中山、胡汉民、朱执信等国民党人以及"五四"前后陈独秀、李大钊等共产党人对中国经济思想的贡献后，他指出："以上各家俱非专门之经济学者，对于经济问题大多仅偶尔涉及，非有系统之研究也。然民国以来，往国外修习经济者日众，尢以留学美国者为多，乃发起组织中国经济学社，于民国十二年夏正式成立……依余观之，中国经济学社之组织与美国经济学会(American Economic Association)颇相类似，美国经济学会多为留德之美国经济学者所组织，中国经济学社则为留美之中国经济学者所组织，其发起之时或即有仿行之意，亦未可知。而发起兼主持人刘大钧与马寅初两先生，犹如华而克与邓白尔(Charles F. Dunbar)之为美国经济学会会长也。"③美国的华而克与邓白尔，今翻译为沃克与邓巴。1885年美国经济学会的成立被认为是美国现代经济思想史开始的标志性事件④。沃克与邓巴是美国经济学会的第一任和第二任会长⑤。

① 刘絜敖：《经济学方法论》，刘秉麟序，商务印书馆1937年版。

② 朱通九：《近代我国经济学进展之趋势》，《财政评论》第5卷第3期(1941年)。

③ 夏炎德：《中国近百年经济思想》，商务印书馆1948年版，第174页。

④ 赵迺抟：《欧美经济学史》，正中书局1948年版，第254页。

⑤ 《新帕尔格雷夫经济学大辞典》，经济科学出版社1996年版，第1册第1019页，第4册第918页。

他们被熊彼特(J.A.Schumpeter)认为是为美国经济学"奠定基础的人们"[①]。夏炎德实际上将刘大钧与马寅初定为中国现代经济学的奠基者。

二、经济调查的成果

刘大钧很重视经济调查,取得了重要的成果。

1920年,北京政府"为发达出口贸易、增进国际信用及普及经济知识起见",特聘请澳洲人端讷(后为蒋介石顾问)为主办人,刘大钧为会办人,创立"经济讨论处"[②]。刘大钧主持实际工作,并兼调查主任[③]。经济讨论处最初主要进行经济方面的国际宣传,随后对全国经济进行了切实而有系统的调查。具体工作有:(1)经济调查。调查人员遍布全国各重要城市,在上海等大城市还设有经济讨论处分处,调查内容涉及工业、农业、商业、财政、金融、货币、零售物价、工资、生活状况等。(2)统计。包括户口统计、农工商统计、财政金融统计、零售物价统计、交通统计等。(3)咨询。1920至1927年北京总处答复中外政、学、商各界咨询179起。(4)出版。《中外经济周刊》创刊于1923年,载述每周经济变迁及本处调查;*Chinese Economic Bulletin*(《中国经济周刊》)创刊于1922年,向外国人介绍中国经济情况;*Chinese Economic Journal*(《中国经济月刊》)1927年1月创刊,以长篇研究文字为主;单行册籍刊行了"法人白兰所著之《中国外债》、约翰大学教员包德斐所著之《竹之研究》等"[④]。经济讨论处受到中外学界的好评,日、美、英、德等国的多家公私经济统计出版品都与经济讨论处建立了交换关系。1946年,方显廷称中国经济研究的先锋是1921年刘大钧在北平创立的经济讨论处[⑤]。

1931年,刘大钧主持的中国经济学社研究工业委员会在得到太平洋国际学会捐款后,联合国民政府统计局、实业部、财政部国定税则委员会、上海市社会局、国立交通大学研究所,共同举行上海工业调查。此次调查标准以应用原动力,或使用工人10人以上的工厂为限,共调查工厂1 600余家。调查完成后,刘大钧将调查结果用英文写成上海工业调查初步报告。1933年,刘大钧主持的中国经济统计研究所接受国防设计委员会委托调查全国工

① [美]熊彼特:《经济分析史》(第3卷),商务印书馆1994年版,第173页。

② 卫挺生:《自述小传》,1947年6月,无出版地,第4页,国家图书馆藏。又见卫挺生:《从讲堂到银行(一)》,台湾《中外杂志》第17卷第6期(1975年)。

③ 刘绍唐:《民国人物小传》第2册,台湾传记文学出版社1977年版,第275页。

④ 《经济讨论处之职务》,《中外经济周刊》特刊号(1927年)。

⑤ 方显廷:《二十年来之中国经济研究》,《财政评论》第16卷第1期(1947年)。

业。此次调查标准以应用原动力及雇佣工人 30 人以上的工厂为限，1931 年调查的材料多不适用。于是刘大钧在中山文化教育馆等单位支持下又组织了第二次上海工业调查，调查上海及格工厂 1 200 家左右[①]。两次上海工业调查后，刘大钧将调查数据整理，先后出版了《上海工业化研究》(*The Growth and Industrialization of Shanghai*)英文版和中文版。该书受到各界的广泛关注，美国商务参赞安诺德(J. H. Arnold)以及《大陆报》、《大美晚报》、《中国经济月刊》、《民众论坛》、《中国评论周报》、《时事新报》、《国民经济月刊》都对该书作了很高的评价[②]。

朱通九认为："刘大钧氏新著《上海工业化研究》一书，与一般普通书籍不同，适合'精心结构，事实与理论并重，采用原始材料编著'之条件，在我国著作界中，放一异彩。"[③]他归纳该书有四个特点：除叙述过去史实外，大部分为派员分赴各工厂实地调查所得材料编著而成，材料极为新颖，准确性程度极高，非他书所可比拟；立论均以数字为根据；说明事实，除根据某一时期的统计数字互相作静态比较与分析外，又用历年统计数字作动态比较；不但可以弥补我国无统计的缺憾，而且可以供给外人研究我国情况的统计资料，以及发以后著作界根据统计立论的先声。

1932 年底，国防设计委员会决定由该会出资，委托刘大钧主持的中国经济统计研究所对全国进行工业普查。此次工业调查，从 1933 年 4 月开始，到 1935 年 5 月结束，前后费时两年零两个月(包括整理时间)。调查遍及 17 省 146 市县，未到省份只有甘肃、新疆、云南、贵州、宁夏、青海与东北 4 省(西部 6 省因新式工业太少，东北 4 省因被日本侵占)。调查合于工厂法(有原动力且使用工人 30 人以上)的工厂 2 435 家，其中上海市 1 229 家，其他各省市 1 206家。行业除兵工厂、电灯厂、造币厂、影片制造厂外，其余全部涉及。每厂调查的项目达 171 项，调查员每填一厂约需要四五个小时。每厂均由受过训练的调查员亲自查填，然后交研究所审核，如不满意，还需进行复查。调查表交所后，整理工作在刘大钧直接指导下进行，经过审查、复查、核算、编制统计表、撰写文字说明等工作，所需时间两倍于具体调查。最后形成了全国第一次工业普查的具体成果《中国工业调查报告》3 册。

《中国工业调查报告》上册为《概说》，第一编为《报告纲要》，叙述调查和整理的经过；第二编为《工业分业略说》，说明钢铁、水泥、棉纺、造纸、橡胶等

---

① 刘大钧：《上海工业化研究》，商务印书馆 1940 年版，第 47、48 页。

② 刘大钧：《本书英文本之书评》，《上海工业化研究》，商务印书馆 1940 年版。

③ 朱通九：《书评：上海工业化研究》，《国民经济月刊》第 1 卷第 2 期(1937 年)。

24种行业的具体情况；第三编为《工业分地略说》，说明南京、上海、北平、汉口、重庆、厦门、广州等14城市的位置及交通、市面概况、劳工状况、金融情形、燃料与动力等内容。中册为《合于工厂法工厂的分业统计表》，有厂地、资本、动力、职工、产品等14种表。下册为《地方工业概况统计表》，涉及上海市、北平市等146县市，每县市又分资本与工人、产品总值及销场、主要产品数量、主要原料数量、主要作业机5表。刘大钧对此次全国工业普查及其报告的自我评价为："其普遍性及精密性皆远过以前所有之工业统计，即较诸英美工业普查之项目，亦有过之无不及也。"[①]

《中国工业调查报告》出版后，即成为20世纪30年代中国工业统计原始的权威数据来源，不断受到各代学者的引用。20世纪40年代巫宝三主持的《中国国民所得》研究，在工业方面即以此报告为依据，只是对报告遗漏的三方面(外资厂、东北和西部10省的工厂、发电厂等)进行了修正[②]。《中国资本主义发展史》第三卷认为："刘大钧主持的1933年工业调查是旧中国惟一的一次工业普查。"[③]日本关于亚洲长期经济统计研究计划"中国班"的久保亨、牧野文夫、关权认为："《中国工业调查报告》、1942年华北工厂及章长基所作的工业生产指数等具有相当的可信赖性。"[④]日本学者久保亨更认为："刘大钧对几乎所有符合工厂法的中国资本的工厂都进行了调查，被调查工厂数共2 435家。在当时像这样调查范围之广泛、结果之准确，是其他工业普查所无法比拟的。所以，后来关于民国时期工业总产值的两个著名研究，巫宝三等人的《中国国民所得》和Liu & Yeh(刘大中・叶孔嘉)的 *The Economy of the Chinese Mainland: National Income and Economic development, 1933—1959* (Princeton University Press, 1965)也都是依据《调查报告》来进行。"[⑤]刘大钧主持下完成的中国第一次也是民国时期唯一的一次工业普查，为当时的国防建设和以后的学术研究提供了较为完整和准确的统计数据，为中国经济学的发展作出了重要的贡献。

刘大钧调查经济数据的目的是为了研究，他的论著将现代经济理论和中国的经济数据结合起来，成为被学界和社会公认的研究中国经济问题的权威学者。

---

① 刘大钧:《中国工业调查报告》第一编《报告纲要》，军事委员会资源委员会参考资料第20号，1937年版，第2、3页。

② 巫宝三主编:《中国国民所得》(1933年)，中华书局1947年版，第59、60页。

③ 许涤新、吴承明主编:《中国资本主义发展史》第3卷，人民出版社2003年版，第803页。

④ 江海:《中国近代经济统计研究的新进展》，《中国经济史研究》第1期(2001年)。

⑤ [日]久保亨:《关于民国时期工业生产总值的几个问题》，《历史研究》第5期(2001年)。

1929 年，刘大钧发表《中国农田统计》[1]，对中国历代农田统计进行了详细的辨析，特别是对民国时期农商部统计进行了逐一审定，最后得出中国农田合计 16.873 亿亩，每人平均 3.4 亩。这一数字成为研究中国耕地面积的重要一说[2]，他也成为最早研究中国耕地面积的学者之一。

1932 年，刘大钧出版《外人在华投资统计》，这是中国学者首次全面研究此问题，后来美国人雷麦(C. F. Remer)著《外人在华投资》(*Foreign Investments in China*)主要参考了刘大钧的研究。

抗日战争时期，刘大钧主持的国民经济研究所开始系统研究中国的国民所得(即 GNP)，1943 年 9 月前完成，作为油印本分发有关机关和专家参考[3]。抗战胜利后刊载于中国经济统计研究所周报。该种统计运用“收入法”研究中国 GNP，得出全国人民总所得 185.81 亿元，人均 40 元左右的结论。刘大钧与刘大中、巫宝三等人是中国最早研究本国 GNP 的一批学者。

1949 年 7 月，《计量经济学》发表了刘大钧在“国民财富的衡量”华盛顿会议的讨论发言[4]。在同一篇文章里刊登发言的专家还有英国的科林·克拉克(Colin Clark)和理查德·斯通(J. R. N. Stone)、法国的佩鲁(F. Perroux)和迪维西亚(F. Divisia)、荷兰的丁伯根(Tinbergen)、美国的库兹涅兹(Kuznets)等。这些专家为当时世界各国在“国民收入核算体系”方面的代表人物，其中斯通、丁伯根、库兹涅兹三人后来均获诺贝尔经济学奖。这是一次国际学术界的顶级会议，刘大钧与这些专家同台发言讨论宏观经济学理论发展的核心问题“国民财富的衡量”(宏观经济的度量衡)，并一同刊登于权威杂志《计量经济学》，说明刘大钧得到了国际学术界的重视，成为中国在计量经济学方面的代表人物。

三、中国工业化论

1916 年，刘大钧在北京出版的英文杂志《中国政治学报》季刊(*The Chinese Social and Political Science Review*)第 4 期发表《中国实业变革论》(The Industrial Transformation of China)。该文研究了中国工业发展的原

---

① 中国经济学社编：《中国经济问题》，商务印书馆 1929 年版，第 51 页。

② 如翁文灏在《中国人口分布与土地利用》(《独立评论》第 3、4 号，1932 年)引用了刘大钧的结论，章有义在《近代中国人口和耕地的再估计》(《中国经济史研究》1991 年第 1 期) 也专门讨论了刘大钧的估计。

③ 刘大钧：《工业化与中国工业》，商务印书馆 1944 年版，第 35 页。

④ D. K. Lieu, “The Measurement of National Wealth: Discussion”, *Econometrica*, Vol. 17, Supplement: Report of the Washington Meeting(Jul., 1949), p.264, p.265.

因、现状及其改进办法，是刘大钧研究中国工业化的第一篇论文(但当时他还没有使用“工业化”一词)。刘大钧在1943年为《国民经济研究所丙种丛书》(即工业化丛书)所写的《序》中说:“二十五年以前，笔者即主张我国必须工业化，并作文加以鼓吹;嗣后对此问题之研究与讨论，未尝或懈，在初国人多未加注意，然自抗战军兴，工业化之需要乃深入人心，而政府且定为国策焉。”所谓“作文加以鼓吹”，应指1916年的《中国实业变革论》。以此而论，刘大钧是中国主张和研究工业化的先驱。以下分五方面论述刘大钧的工业化思想。

(一)中国必须工业化

在上述1916年的论文中，刘大钧指出:工业直接关系到人民物质和精神生活水准的提高，衣食足而知礼仪。在中国这样的古老国家，农业经过长期的发展，达到了精耕细作的极限，出现了边际效用递减，资本、土地、劳动力的回报越来越低，要靠农业提高人民的生活水平是不可能的。人民生活的提高和社会治安的稳定都只能靠工业的发展。另一方面，工业还关系到在国际激烈的经济斗争中国家的生存和独立。一个民族不可能因工业不发展长期依赖贸易逆差，外资流入，甚至政府还靠外国资本运作而求独立和生存。大家只注意到表面的外债问题，而没有注意到工业不发展导致的“贸易的债务”这一根本问题。刘大钧还根据德国经济学家罗雪尔(W. Roscher)和李斯特(F.List)的国民经济理论，认为中国历史发展也将会与西欧一样，从家庭经济到城市经济再到国民经济，在国民经济阶段，就是工厂制度和公司制度为主的工业社会，这是人类经济发展的必然。

1932年前后，中国出现了经济危机，农业情况最为严重，于是“复兴农村”、“乡村建设”、“以农立国”等议论成为时髦，重农派的观点一时成为论坛的主流。1935年蒋介石发起国民经济建设运动以后，中国经济学社曾以此为题悬赏征文，刘大钧是评判员之一。他认为看了许多文字以后，感到一般论者对于经济建设的一个紧要关键，还未能予以深切的注意和透辟的论断。1937年1月，刘大钧发表《国民经济建设的一个紧要关键》，文中声明:“我的议论……可说是我二十年来一贯的主张，并且是根据个人一向研究的所得，而非先有主张，然后牵强事实，去作佐证。”他的主要观点是:“所有一切实业，除工业外，皆是原始事业，如农，矿，林，渔，畜牧等等。原始事业的产品必须经过工业制造的手续，才能消费，故工业是振兴一切实业的关键。”我国一般人民的穷困，与最近几年农村的破产，最大的病根是从事农业者太多。“农田耕种太久，收入递减，而农民的人口仍旧增加，每人所得自必日少。”从市场价格分析，“农产品畅销国外既不可能，而国内从事他业的人民又少，购买力更属有限。我国大多数农民所出售的皆是自己消费的剩余额，它的价值全赖非农民的购买力去制定。非农民的购买力小，农产增值自无希望”。开垦荒地，改良农产，也不能解决中国的农业问题。唯有发展其他实业，容纳过剩人口，才能减轻农村人口对土地的压迫，充裕国民经济。“各种实业既全靠工业发展，方能兴盛，故工业发展自然是整个国民经济的关键。”①

刘大钧主张中国必须工业化，他说：“工业化为近代必不可避免之事实，吾人决不能因其流弊而反对工业化之本身。其在我国，虽发展较迟较缓，而亦有不可避免不应避免之情势。”②“吾人参考吾国之基本需要，及他国以往之经验，以为工业化，如有适当的了解及贤明的指导，实为我国唯一之出路。”③

（二）工业化的含义、目标及重工业与轻工业的关系

刘大钧认为，关于工业化的含义、目标与原则等基本理论是研究工业化的关键问题。

他在着手主编国民经济研究所工业化丛书之前，同该所学者以及特约撰述者反复研讨，并将所得结论送请所外专家多人指正，这些基本理论是专家多人的共同主张。“吾人不敢谓此项主张绝对无误，然其曾经多人长时期之慎重考虑，则为事实也。”④因此，关于工业化的含义、目标与原则等基本理论是了解刘大钧工业化思想的重点，实际上也成为他主编的整套工业化丛书的导言。

关于工业化的含义。刘大钧认为，工业化不仅仅是指工业的发展，其含义为：“各种生产事业机械化及科学化，而其组织与管理亦科学化及合理化。”⑤具体内容或特点包括：(1)工业本身机械化与科学化；(2)矿产之大量开发；(3)运输事业机械化与动力化；(4)各种生产事业以工业为中心而发展，工业化之影响遍及各种生产事业；(5)动力之普遍利用；(6)大规模生产；(7)产品标准化；(8)事业组织及管理科学化及合理化；(9)各种生产事业资本化；(10)工业都市之形成。除此之外还包括社会观念的重大变化。

关于工业化的目标。在抗战时期谈工业化建设的目标，人们往往首先

---

① 本段引文均见刘大钧：《国民经济建设的一个紧要关键》，《经世半月刊》第1卷第1期(1937年)。

② 刘大钧：《上海工业化研究》，商务印书馆1940年版，第2页。

③ 刘大钧：《工业化与中国工业建设》，商务印书馆1944年版，第3页。

④ 刘大钧：《工业化与中国工业建设》，商务印书馆1944年版，第97页。

⑤ 刘大钧：《工业化与中国工业建设》，商务印书馆1944年版，第3页。

提到的就是国防，如吴景超指出：经济建设“应当先图强而后言致富，我们应当把国防工业，看得比民生工业更为重要”①。刘大钧与此观点不同，他指出：“国防与民生虽二者并重，而其重要性不能以同一标准，加以测定。简单言之，可谓民生为积极的与主动的目标，而国防则为消极的与被动的，吾人既不赞同侵略战事，故巩固国防之用意，仅在防他国之侵略，故在被动之列。”②“反之，改进民生则为积极的与主动的目标。无论在何种情形之下，民生必须予以改进，唯改进之程度则视国家经济力量以为断。”③这就强调了工业化的目标首先是致富，是提高人民的生活程度。他还进一步指出，经济发展还应重视财富分配，工业化的“最后目的实为大多数人民幸福之增加”④。

关于工业建设中重工业与轻工业的关系。刘大钧认为，后进国家发展轻工业轻而易举，原料与市场都不成问题，首先应发展轻工业；为巩固国防，也应发展相当的重工业，但这是防御性的，重点应放在改善民生的轻工业上。

（三）工业化的几个基本问题

(1)计划与放任。刘大钧既反对苏联的极端的统制与一元化，也反对正统经济学派的自由放任政策，而主张介于二者之间的一种“计划经济”，即政府应对整个工业化进行有意识的与有组织的指导，一部分事业由政府直接举办，一部分事业由人民举办但受政府统制，一部分事业由人民自由兴办。刘大钧所说的三种方式实际上就是国营、官督商办和民营。这三种企业经营方式，中国从洋务运动以来在理论和实践上都不新鲜。刘大钧论断的特别之处在于，他认为国家应对整个工业化进行有意识的与有组织的指导与安排，使国营、官督商办和民营经济符合国家计划。他还对三种经营方式的具体划分提出了详细的原则(详后)。

(2)国家经济与区域经济。刘大钧反对建立若干从国防出发的自成体系自给自足的工业区域，认为这样经济上不符合效率原则，政治上不利于国家统一。他主张以国家为单位，各区域分工合作，建立全国平衡发展的国家经济。

(3)革命的与演进的发展。刘大钧反对渐进缓慢地实施工业化，主张快速急进，时间越短越好。“如欲速成，则或者十年可期；如欲缓进，则百年必

① 吴景超：《中国经济建设之路》，商务印书馆1944年版，第140页。
② 刘大钧：《工业化与中国工业建设》，商务印书馆1944年版，第8页
③ 刘大钧：《工业化与中国工业建设》，商务印书馆1944年版，第9页。
④ 刘大钧：《工业化与中国工业建设》，商务印书馆1944年版，第16页。

世,始克完成。”[1]刘大钧主张的工业化包括整个社会的巨大变迁,其如此着急,说明他对中国工业化的困难想得过于简单,同时也说明在战争年代这一代人普遍的急躁冒进情绪,刘大钧这样的学者也难以避免。

(四)促进和阻碍工业化的因素

刘大钧认为,促进中国工业化的因素为国际贸易、交通、动力,而国际贸易为最重要的因素。

国际贸易对中国工业的贡献包括两个方面:一为造成国内消费新式工业品的巨大市场,外国产品如纸烟、火柴、罐头食品、水泥、皮革橡胶制品等大量输入后,中国人消费洋货的越来越多,成为习惯,于是中国的企业家开始仿制洋货,促进了工业的发展;另一方面,国际贸易使中国的丝、茶、桐油等产品远销世界,促进了相关产品使用机械。

与国际贸易有关的还有多种因素,如 1929 年后政府实施的国定关税,民间多次的抵制外货运动,1929～1931 年中国因银价跌落带来的汇率贬值,这些因素都增强了中国产品的竞争力。与当时的舆论不同,刘大钧还认为外国直接投资也有利于中国工业的发展。外国人最初开始在中国办厂以及经营新的产业都对中国企业有示范效应,中国人可以在外厂学习技术和经验。“外人在华设厂,如无不公平之竞争,并无反对之理由。”[2]

1943 年,朱伯康在一个书评中指出:“在经济史上,我们发现一个促成工业化的有力因素那就是国际贸易。美人雷穆教授及我国刘大钧博士,对于过去中国产业发展的因素,亦曾指出系受国际贸易的影响。这似乎已经成为定论,无需讨论。”[3]

交通为发展工业的第二大因素[4]。中国工业中心及稍有工业的城市均在铁路和航路线上,如沿海和沿江各地,而内地就基本上没有工业。

动力为中国工业发展的第三因素。刘大钧曾将 1933 年全国工厂的厂数、资金、工人数与发电厂的发电能力计算“等级相关”,发现二者关系十分密切。“凡电力厂发电量较大之处,其工业亦远较他处为多,反之则较少,或竟无有。”[5]因此,电力化为工业化的条件。

关于阻碍工业化的因素,刘大钧指出:“凡能促进工业之因素,其反面亦

---

① 刘大钧:《工业化与中国工业建设》,商务印书馆 1944 年版,第 14 页。
② 刘大钧:《工业化与中国工业建设》,商务印书馆 1944 年版,第 51 页。
③ 朱伯康:《章有江著〈战后的国际贸易〉书评》,《新经济》第 11 期(1943 年)。
④ 刘大钧在《上海工业化研究》一书中把铁路作为中国工业发展的第一因素。
⑤ 刘大钧:《工业化与中国工业建设》,商务印书馆 1944 年版,第 53 页。

即为阻挠之因素。”①譬如缺乏交通与电力，以及不适宜的关税与币制等都是。还有他种阻挠因素，如厘金、杂税，内战，法律保障不充足，政府方针与计划不确定，金融机构不健全，投机盛行，企业家与技术人才缺乏，科学方法未能采用，推销方法与组织不善等等。

刘大钧特别提到中国法律对投资者和债务人保障不足，影响企业发展。他指出，我国法庭因受社会习惯影响，工业所受法律的保障不充足，往往不能严格保障人民的财产权。大规模的工业宜有公司式的组织，但股东对于公司业务多无从过问，而大权操之于董监事之手。虽有时召开股东大会，而营业报告是否表现事实，账目有无虚报，股东无从知悉。监事与董事皆为常任，往往沆瀣一气，以蒙蔽一般股东。且董监事的职权有时更为少数人所操纵，而法律对于尸位素餐者并不加责罚。董监事多为社会上稍有地位之人，即或有违法举动，经人检举，除非案情重大，证据确凿，亦多以和解了事。且和解办法，往往因人而异。如原告股东为有权势之人，则所损失之资金可望十足偿还，而其他股东则不能享受同一待遇。“因此一般人对于工业投资，殊多顾虑。其独资或合资营业者，情形虽稍不同，然如经理舞弊，法庭亦往往遵‘不为已甚’之古训，不强迫舞弊之人，十足赔偿损失。此种态度对于一般债务关系，亦多一律适用。债务人太穷，而借贷契约太不公平，法庭自应考虑人情，变通办理，特我国法庭变通之处太多，致财产权太少保障耳。至于执法之官吏剥削商民，则又半关法律，半关吏治矣。”②

（五）工业化与农业

1934年，刘大钧曾指出工业化会导致农村的破产：“以我国农村小单位自给的经济受工业化的影响，直接是因新工业与手工业竞争的关系，致手工业受淘汰，而农民收入减少，间接是工业打破我国旧经济组织，而新经济组织尚未成立，以致农村在这过渡时期，难以维持。这是我们认为农村破产的病根。”③

在10年以后的新著中，刘大钧对工业化和农业的关系作了更深刻的分析。他首先提出自己的观点说：“本书虽主张促进工业化，然对农业本身并不忽视。农业与其他各种产业，在工业化过程中，因不免有相当变化，以适合工业之需要……但吾人并无将各种产业，一概夷为工业附庸之意。在推

① 刘大钧：《工业化与中国工业建设》，商务印书馆1944年版，第53、54页。
② 刘大钧：《工业化与中国工业建设》，商务印书馆1944年版，第55、56页。
③ 刘大钧：《研究我国工业化的原因与经过》，《中山文化教育馆季刊》创刊号（1934年）。

进工业化之时，各种产业——尤其农业——本身之利害必须顾及。农工两业本应相辅相成。然如经济政策不健全，则二者之利害有时不免冲突。”①相辅相成是他的愿望，但他也知道发生利害冲突的可能性是很大的，接着就进入了可能性的分析。

首先，刘大钧提出了工业品和农产品的“剪刀差”问题。他说：“世界各国之普遍趋势，凡物价上涨时，工业产品市价之上升往往较农产品为速。学者研究一九二九年世界经济衰败之原因，多归咎于此种现象。苏俄在推进工业化之时，亦发生此种情形，致有所谓‘剪刀恐慌’(The scissor crisis)者。盖在物价指数图中，农产品市价指数由高而低，工业品市价指数则由低而高，形如剪刀故也。在此种情形之下，农人收入因农产品价跌而减少，其支出则因工业产品价涨而增加，两面夹攻，其经济状况极感困难。”②他说自己以前曾用统计方法，研究 1926 年至 1933 年 8 年中上海物价，亦发现相似现象。近年我国农村衰败半由于此，如政府无适宜的物价政策加以调节，则工业加速发展可以引起农村破产，这是在制定工业方针时应当注意的。

其次，刘大钧又指出，仅就简单的供需理论而言，如不详加分析，则工业发展应能增加工业品的供给，同时农村人口迁入都市从事工业，对于农产品的需要亦必增加。况工业以农产品为原料者甚多，前者发展自应增加后者的需要。但详加分析，则结果往往并不如此简单。他举出了三条理由：一是在工业化初期，产量增加并不很快，而且增产的不一定是人生日用品或农民需要品，在政府偏重重工业时尤难避免。二是现代工业对资金需要甚巨，而工业增产的所得大半入资本家的私囊，劳工仅能分得余润，一时间工资并不很高，故人数虽增加，而对农产品的购买力增加不多；资本家的购买力仍多用于工业产品，对农产品的需求影响不大。三是工业单位少而产量大，易于联合以提高产品市价，而农民则不能；工业产品多能储存，资本家又不急于求售，市场可以操纵，农民则多无余资囤积产品，而且一年中收获不过一两次，全年供给量固定，产品不易得高价。由于以上各种原因，“故在工业发展的过程中，农民利益常被牺牲，而有待于政府为之救济也”③。

其三，工业发展必使各地城市人口逐渐增加，而农村人口减少。在农村人口过剩时，对双方都有利益。但工业及其有关产业加速进展，农村人民趋之若鹜，则农村劳动力的供给可能缺乏。工业劳动的需要比较固定，而农业

① 刘大钧：《工业化与中国工业建设》，商务印书馆 1944 年版，第 87、88 页。
② 刘大钧：《工业化与中国工业建设》，商务印书馆 1944 年版，第 88 页。
③ 刘大钧：《工业化与中国工业建设》，商务印书馆 1944 年版，第 89 页。

则受季节性影响,在农忙时劳力缺乏,影响甚大。“补救之道在使农业多用动力及其他新式机械;唯农民资力有限,难于购备,故亦须政府或金融界予以协助也。”①

其四,在资金方面,工业与农业也处于竞争的地位。工业发展,对资金的需要骤然增加;创设工业者多为资本家,对于诱致资金,或借贷现款,比较容易。农民则无此种便利,故所需资金更难获得。“近年各地设立农村信用合作社,各银行亦多从事农贷,对于农民,殊多裨益。将来工业发展之时,必力加调剂,勿使资金尽为工业所吸收,致农贷工作因而中辍,此亦于工业化方针有关也。”②

总之,刘大钧认为,为了保持农工两业的平衡发展,政府应该进行调节,只要调节得当,农工两业的矛盾与冲突就可以得到解决。他对农工两业的矛盾和冲突的分析是深刻的,但将这种冲突归之于政府经济政策不健全,与他论述的农业实际上无法与工业竞争的观点是矛盾的。他指出了在工业化过程中农业的相对衰落的不可避免性,对政府怎样调节和防止农工两业的矛盾和冲突则并没有实质性的论述。

四、统制经济论

1932 年 9 月,刘大钧在《世界经济潮流与我国国难》一文中说:“各国经济政策皆日趋于国家化,且对于资本主义之自由竞争及自由发展,皆多少加以取缔,即生产事业之社会化也。”“我国处于今日世界潮流之中,一面受世界经济衰败之影响,一面又当国难临头,其经济政策应行国家化,固无疑义。”③刘大钧提出的经济政策国家化、生产事业社会化,其实质是主张国家干预经济的政策。只是还没有使用统制经济这一名词。在其后不久兴起的统制经济思潮中,刘大钧对统制经济的范围进行了十分具体的设计。

1935 年,刘大钧提出:“统制经济以与经济命脉有关之金融,贸易及交通事业为限。公用事业则由地方政府统制。其他农、工、林、矿、渔、牧等业,以政府从事指挥,补助奖励人民经营为原则,而以国营或统制为例外。”具体的统制政策有:“一、国营:主要之交通、金融与公用事业,与国防有关之工业、矿业,以及人民不能举办之实业应由政府经营。二、局部统制:事业虽由人民自营,而政府对于其产品之产量、定价、销售、运输以及营业方法等,加以

① 刘大钧:《工业化与中国工业建设》,商务印书馆 1944 年版,第 90 页。
② 刘大钧:《工业化与中国工业建设》,商务印书馆 1944 年版,第 90 页。
③ 刘大钧:《世界经济潮流与我国国难》,《经济学季刊》第 3 卷第 4 期(1932 年),第 33、60 页。

统制。三、监督：私营事业由政府特别监督，如有妨害国家及一般国民利益之处，则加以制裁。不适于国营之事业，而在上述原则中，应由政府加以统制者，可斟酌需要，采用二三两种方式。”①

1936年，刘大钧提出：“欲施行经济政策，实现有计划、有系统的经济建设，非统制经济不为功。除国营事业外，如统制私人之经济活动，其对象不外数量、品质、价格与活动方向四者。规定统制范围有五种标准：(1)事业与国防有直接关系者；(2)事业本身无大利可图，而影响于国民经济甚大者；(3)天然资源供给有限，如任私人竭泽而渔，恐碍国民经济将来之发展者；(4)事业之有独占性质者；(5)与一般人民有接触之事业，亦即为国家之经济命脉者。”②

在同年的《中国今后应采之经济统制政策》中，刘大钧又指出，中国实施统制经济的主要原因是经济有三大症状，即1931年以来的经济衰败，经济畸形的发展，经济脉络的不流通；以经济脉络不流通为最关键。因此，必须统制贸易、交通和金融。金融方面与货币有密切关系，新货币政策既已实行，对于金融已有相当的统制。此后自当更进一步，使我国金融组织，在政府统制之下，日臻健全。交通方面，主要铁路、航业、航空以及公路，大部分由国家经营，邮电完全是政府事业，统制也毫无困难。只有贸易，因国际贸易大部分操于洋商之手，故统制国内贸易尤属必需。为了说明统制的必要性，刘大钧在文中加入了“管子的统制经济”和“平准、均输、市易的前例”两节，借以古为今用。

统制国内外贸易是刘大钧统制经济论的重点，他说：“这个主张尚非一般经济学者所曾加讨论的。我以为国内贸易的重要万万不可忽视。而其影响于我国经济发展，以及一般人民的生活亦复甚大。况我国重农轻商本为传统观念；如政府经营商业，统制国内贸易，限制商人的赢利，亦适合于我国的国情。在他国所不能举办的，我国或反可创行。”国营商业主要经营几种重要物产，办有成效以后，再慢慢扩充到他种贸易。而所谓政府经营，仅指经营趸售业，零售方面仍由人民自办。他又说：“贸易、交通与金融是全国经济脉络，所以我主张统制。此外各种事业以不统制为原则，而在有特殊原因之时，由政府经营或统制，作为例外。因为政府统制此三种事业，间接可统

① 刘大钧：《确立经济政策以发展国民经济提案》，上海市社会科学院经济研究所企业史资料中心，中国经济统计研究所档案，01—006，1935年，封面与第4页。

② 刘大钧：《经济政策意见书提要》，上海市社会科学院经济研究所企业史资料中心，中国经济统计研究所档案，01—002，1936年，第7、8页。

制全国其他各种经济活动。"刘大钧又声明反对社会主义者的生产工具公有的主张，并说："我以为私有资产，在相当限度以内，可使人民安居乐业，为安定社会的基础。唯限制私有资产增加相差太远，及大资本家压迫贫民起见，则须政府能统制金融，交通，与运销，目的即可达到。"①

在1944年出版的《工业化与中国工业建设》中，第六章是论述抗日战争后发展工业的方针。他将政府与企业的关系分为四种：一是国营。"国营虽系指中央政府经营，其中亦有可由省市经营者。"②这是政府对于企业统制最严密的一种。二是官专卖。其事业虽由民营，产品则完全由国家收买，禁止私人售买。此法适用于小规模的矿业，其产品在矿业法中列于国营事业项下。此法也可视为一种统制方式。三是统制。"如政府指定某某工厂制造某种产品，或规定产品之市价，或用许可证方法，限制某种物品之购买与消费，或用同一方法，管制物品之输出及输入，或规定物品运输先后之次序，或限制劳工之供给与转移，凡此种种，皆为统制之方式。"③四是监督或管制。即以法律方式监督与管制企业，此种方式政府对企业干涉最少。监督、管制与统制的分别在于：前者以法律方式，对同一种类的事业给以同等的待遇；后者则可分别各个事业施以差别待遇，或虽是同一待遇，而随时可以行政机关的命令予以变更。

上述四种方式中，第二种官专卖近似于统制，第四种监督或管制为国营与统制外的所有方式。因此，只要明了国营和统制的范围，其他两种方式也就基本清楚了。

刘大钧提出国营事业的标准和范围：(1)与国防有直接关系的事业，如兵工业。(2)事业重要而生产不易获利者，如保安森林、大规模水利事业、公路、新开辟的垦区等。(3)资源有限或性质重要者，如石油、铁、铜、锡、钨、锑、锰、焦煤等矿产资源的开采。(4)有自然专利的性质而其事业又能影响一般国民经济者，如铁路。电车、电话等因影响范围较小，则既可国营又可统制。(5)须统一经营者，如邮政、电政、有发行权的银行等。(6)事业重要，需要资金太多，私人一时无力举办者，政府对此应有具体计划，自行经营。至人民力能举办时，不妨让私人经营。(7)可作为政府财源者，如火柴、纸烟、樟脑等，中国现在已有数种专卖事业，将来或有改为国营之需要。(8)国

① 以上两段引文均见刘大钧：《中国今后应采之经济统制政策》，《经济学季刊》第7卷第1期(1936年)。

② 刘大钧：《工业化与中国工业建设》，商务印书馆1944年版，第81页。

③ 刘大钧：《工业化与中国工业建设》，商务印书馆1944年版，第84、85页。

民经济命脉足以影响一般经济活动者，原则上应国营。航路及公路运输仍以私营为原则，除非路线重要，私营一时无利可图，或资金不足，才须国营。金融事业亦不必全归国营，但须严加统制及监督，发钞及集中全国准备的银行应国营。为平衡国际收支及统制特种贸易起见，一部分国际贸易宜由国营。重要物产如米、盐，亦可由国家经营，或加以统制。航空事业应国营，现在须依赖外资及外国飞行员，将来中外合办的航空公司应完全归政府经营。

刘大钧提出的统制事业的标准和范围：(1)与国防有间接关系，而其关系颇为重要者，如重工业及基本化学工业。(2)与民生有特别关系，而须政府加以调整者，如电力厂，米、盐等民生必需品，一般交通及金融事业，不由国营的公用事业等。电力厂若统制尚嫌不足，政府可自行经营。(3)人为的专利事业，如托拉斯等。(4)与公共福利有关，而私人经营效率甚低者，如自来水、电话、电车等。(5)产品须标准化者，如度量衡必须一致，而制造此项之事业亦必使产品标准化。又各种输出物品，如生丝、桐油之类，亦须统制，使其合于国际标准。(6)各种事业之法团，如商会、各业公会等，必须用统制手段使其能有健全的组织。(7)公开竞争，易生经济上之浪费者。如私人企业竞争太激烈，不符合经济原则，政府应加以统制。又如海岸渔业，为避免竭泽而渔，也应统制。最后，刘大钧还总结说："此外凡合于国营之原则，而事实上可以统制达到目的者，皆可以统制代之。相同的，凡应统制之事业，而可以监督或管制方式代替者，亦可不加统制。"①

上述15条国营和统制原则，比刘大钧于1935年提出的三条统制政策的范围已经大大缩小。将国营限制在交通运输业中的铁路，金融业中的发钞银行，国内外贸易中的米、盐等项目之内。其他皆为统制或法律监管。对他创行的统制国内外贸易论也基本予以放弃。

刘大钧基本上将国家干涉事业限制在市场失灵之处，如国防、铁路、有发行权的银行、邮电等公共产品，以及因资源和专利造成的垄断等行业。总体来看，刘大钧论述的统制经济的范围在逐渐缩小，说明他已发现政府统制的不足，遗憾的是，他对市场失灵分析多，却很少论及政府的失灵。特别是国民政府的腐败，直到1944年的著作还没有任何反映。

有意思的是：刘大钧1944年的政策设计与新时期国有企业改革的精神基本相符。1999年9月《中共中央关于国有企业改革和发展若干重大问题的决定》指出：国有经济需要控制的行业和领域主要包括：涉及国家安全的

① 刘大钧：《工业化与中国工业建设》，商务印书馆1944年版，第87页。

行业，自然垄断的行业，提供重要公共产品和服务的行业，以及支柱产业和高新技术产业中的重要骨干企业[①]。除了最后一项外，前四项与刘大钧的设计基本一样。虽然如此，由于历史条件的不同，两者的实际作用是不一样的。20 世纪 40 年代是国民党官僚资本大发展的时期，刘大钧关于统制经济的设计，虽然出于好心，客观上却为官僚们提供了发财的机会。

夏炎德曾对刘大钧有一个总体评价："刘先生为前辈留美经济学者，初执教于清华学校，现主持国民经济研究所，频年研究中国工业建设，颇多灼见，所言多合科学，收集统计资料尤多；而于经济学理，甚少表现。"[②]指出了刘大钧主要贡献在工业化研究和统计资料搜集整理，而对经济学理论贡献较少。此评价很有见地，刘大钧确实是以研究经济政策见长者。

五、货币政策论

刘大钧还写过一些关于货币政策的论文。1939 年，他选取自己的一些货币论文，编成了一部名为"非常时期货币问题"的书，次年作为《中国经济统计研究所丛书》之三出版。他在《自序》中说："近十年中，我国货币屡经严重之变端。民国十八年冬银价暴跌，我国汇价随之跌落，金融市场顿形紊乱……二十三年四月以后，因美国提高银价，我国货币又受甚大之影响；现银大量流出，币制发生动摇……幸政府毅然决然放弃白银本位，推行法币制度，此项严重问题始获解决。抗战以来，法币信用虽甚巩固，而资金逃避与外汇黑市之产生则在所不免。故十年之中，我国货币曾经过三次非常时期。"这是对书名中冠以"非常时期"所作的解释。他归纳他在三个时期的不同币制主张说：在第一时期主张采用金块或金汇兑本位。在第二时期"不得已而思其次"，认为"唯有加入英镑集团之一法，而其目的仍在维持对我贸易关系重要之国家在币制上的联系，与前此之主张实殊途而同归"；"建议政府，采用管理货币，原稿因种种关系，未便发表"，而政府采用法币制度，"不啻实现吾人此项主张"。第三时期"建议先行货币紧缩与统制贸易、统制汇兑等事，亦适与政府所实施者大体符合"。

《非常时期货币问题》全书分为四编，前三编谈中国货币的三个非常时期，第四编为《货币与物价概论》。概论分二部分。一是《近八年我国物价的研究》，以"金城银行总经理处调查部"署名。文中的统计数字自 1926 至

① 国家发展改革委经济体制综合改革司等编：《改革开放三十年：从历史走向未来》，人民出版社 2008 年版，第 39 页。

② 夏炎德：《中国近百年经济思想》，商务印书馆 1948 年版，第 175 页。

1934年，1926年的数字作为基数，故所谓“近八年”，是指1927至1934年。二是《国民经济建设与货币政策》，该文最初发表于1937年7月出版的《国民经济建设月刊》第1卷第3期。以下只述其第二部分《国民经济建设与货币政策》中的主要观点。

（一）币价与经济发展的关系

1935年11月，国民政府实行了降低币值的法币改革，1936年国民经济出现恢复发展的良好势头。此时，又恰逢蒋介石提倡国民经济建设运动，刘大钧写《国民经济建设与货币政策》一文，其目的在说明法币改革降低币值的政策为什么促进了经济发展，今后又如何利用对货币数量的控制去影响国民经济建设。

关于币价与经济发展的关系，刘大钧认为：币价的适当贬值，物价的缓慢上涨，有利于经济的发展和国际收支的平衡，但币价的过度贬值，则会造成经济的波动，不利于经济发展。

刘大钧指出：“现在实行的新货币政策本是国民经济建设的一部分，而在此项政策中，安定币价是一个最要的关键。”①币价跌落则国内物价上涨，而且上涨的程度和次序不一致，所以产生经济动荡。如果管理合宜则利多弊少，工商业的成本支出在先，收入在后，就使利润增加。农业因地租、工资上涨较缓，自耕农又无雇工，也都能从物价上涨中得利。因此，农工商各业都能获利，一般经济自然蒸蒸日上。以上说的是各国的一般情况。

刘大钧指出，中国人口73%是农民，雇农并不很多；工厂工人以上海最多，大约不过35万人；所有领受固定工资的不过几百万人。“所以在我国物价上涨的不良影响较他国为少。如更能用科学方法增加农田的收获，改进运输，使农产流通便利，则农民收入增加，而食粮价值不必上涨，于一般人民更为有利。即使此层办不到，然全国人民百分之八十既是农民，而且大多数种植食粮，粮价虽涨，也是利多弊少。”②

同时刘大钧又指出，物价上涨要有相当限制，如尽量上涨，或上涨太速，也要引起骚乱。而且物价初涨时各种事业欣欣向荣，如狂涨不已，不免引起工人罢工等，如果上涨太激烈，且可引起恐慌。为避免此种情况出现，刘大钧仍主张用统制来解决。安定汇价即可安定一般物价。他说孙恭度、姚庆三和他本人都曾研究中国物价的变动，所得结论都是物价随汇价而转移。

① 刘大钧：《非常时期货币问题》，独立出版社1940年版，第198页。
② 刘大钧：《非常时期货币问题》，独立出版社1940年版，第202页。

对于货币贬值与国际收支的关系，刘大钧指出货币贬值时，按汇价计算，国外物价的上涨慢于国内物价的上涨。甚至物价在国内大涨，在国际市场上反而跌落。因此，货币贬值可以增加输出，而输入则可以减少。“但输入品因涨价而需要减少，自必稍稍跌落，故两方面渐趋一致。然在两方面尚未一致之时，国内生产者自获厚利，与增加关税的功效相同。”①

但如币价继续跌落，则对输出、输入的影响又可能与上述相反。外国输入商因该输出国货物在世界上继续跌价，对购买心存观望，使该国的输出反而不易增加。而该国的输入商因输入品继续上涨，争先恐后多进洋货，一时卖不完，存积亦可生利。国际贸易还与国际资金流通有极大关系。如该国的币价继续跌落，投资及汇款之人亦生观望之心，甚至已汇入的资金仍复流出，使该国的币值更加跌落。在有短期国际资金市场的国家，影响更为迅速。

最后，刘大钧对本题作总结说：“综上所述，无论在国际贸易方面，国际资金流通方面，或国内物价方面，皆不可使币价继续跌落。政府为复兴经济，贬低币值，必须立时加以安定，则可坐收种种贬值之益。如不能安定，则不惟无益，反受大害。我国新货币政策的成功，与法国法郎贬值未达原来的期望，其关键皆在于此。”②

(二)货币数量对于经济发展的影响

刘大钧指出，现代各国政府安定币值的一个通行方法是设立平准汇价基金，如汇价稍低，政府运用基金去收买本国货币，汇价稍高则卖出本国货币。但这尚是治标的办法，根本问题还在限制货币。又说，现代政府管理通货的伸缩，多以物价指数为根据，指数高时略将通货收缩，低则相反。但近人研究此项政策，认为其成功系属偶然。如在经济繁荣时，通货虽偶尔紧缩，不会使物价下跌。“反之，在经济十分衰败之后，如前三四年，虽欲膨胀通货，有时亦有所不能；否则数量虽或增加，而物价亦不必即涨，此中关键在流通率方面；如数量增加，而流通率减少，结果仍是一样。”③这是说即使货币数量增加，但货币流通速度降低，会抵消货币数量增加刺激物价上涨的作用。不过他用前三四年为例，则不很恰当。前三四年是中国实行银本位时期，白银外流，造成通货紧缩。贵金属货币和不兑现纸币有不同的流通规律，前者不可能任意增加货币数量和货币流通速度，不能拿它同不兑现纸币

① 刘大钧：《非常时期货币问题》，独立出版社 1940 年版，第 205 页。
② 刘大钧：《非常时期货币问题》，独立出版社 1940 年版，第 206 页。
③ 刘大钧：《非常时期货币问题》，独立出版社 1940 年版，第 207 页。

流通时期相比。这说明刘大钧对金属货币和纸币的不同流通规律还缺乏明确的认识。

刘大钧强调计算货币数量必须包含短期信用数量。他说伦敦经济学院教授哈耶克对此讨论尤为精密。哈耶克认为，在商业循环中，经济繁荣的时期完全是由信用膨胀造成的，也就是货币数量增加的结果。刘大钧还介绍了银行信用膨胀的例子：张某在甲银行存款 1 万元，开一支票户头。银行得到 1 万元现款，假定法定存款准备率为 20%，则有现款 8 000 元可以转借给他人。李某借得此 8 000 元，开出支票购物，而售货者将款存于乙银行。乙银行只需维持 1 600 元的准备，又可将 6 400 元转借他人。如此辗转不已，各银行放款的总额可达 8 万元之多。

关于货币数量和物价的关系，刘大钧区分了两种情况：货币数量增多促进物价增长和不影响物价上涨。他说："假如货物的供给增多，其市价自必稍稍跌落，销路亦即随而发展，交易额自必较前为大。如市价跌落的程度低，交易额增加的程度高，则二者相乘之积自必比较以前为大。同时货币的流通数量或其流通率亦必加大，但该项货物的市价反比以前为低。反过来说，如货币的流通额或流通率增加在先……供给不足，物价自然上涨，而交易额增加的程度不及货币流通额乘流通率增加的多。"[①]也就是说，在前一种情况下，货币流通量的增加是正常的；而后一种情况，则属于通货膨胀的性质，应该予以避免。同一性质的变动，因发动因素不同，得出了不同的结果。

刘大钧又指出，欧美许多经济学者，有的以为货币数量变动是因，物价变动是果；有的则相反。"我们以为不独货币的数量与物价可以互为因果，即货物交易额及货币流通率也可变动在先，而引起他种波动。"[②]他不同意哈耶克所说商业循环中经济繁荣的阶段完全是由信用膨胀而造成的，即物价的继长增高是受货币数量所代表的需要增加的影响。而认为在经济繁荣的时期中，物价并非是直线式的上涨而永不回跌，还有其他因素在发挥效能，物价上涨可使货币数量加多，或流通率加速。

因此，刘大钧对通货膨胀下定义："若经济发展在先，物价渐渐上涨，交易额也随而增多，则通货数量虽亦增加，我们不能认为膨胀……如因财政收支不敷，通货大量增加，而物价上涨，则自是膨胀现象。"[③]他认为前者是常态，后者是变态。并进而指出："如采用我们上文的界说，则凡是膨胀，都有

---

① 刘大钧：《非常时期货币问题》，独立出版社 1940 年版，第 208、209 页。

② 刘大钧：《非常时期货币问题》，独立出版社 1940 年版，第 210 页。

③ 刘大钧：《非常时期货币问题》，独立出版社 1940 年版，第 211 页。

害于社会，在政府及社会(特别是金融界及一般企业家)方面都应该避免。而因经济建设，有限度的增加通货数量，并能避免最后经济恐慌的一个阶段，则是有益无害。”①

(三)经济建设经费与货币政策的关系

刘大钧指出，货币政策不单是国民经济建设的一个重要部分，而且在进行经济建设时，也必须随时考虑到经济建设对于货币的影响。政府进行经济建设，要增加预算，无论是添发货币或公债，总要直接或间接增加通货与信用的数量，如不善调剂，就不免有通货膨胀之害。

在建设中，每经过一次支付，必有一大部分款项用于发放工资、薪金、利息和盈利。此款以后如何支付，支付多少，则非举办经济建设的机关所能决定。用于这些项目的货币成为对于消费品的有效需求，如果对消费品的需要超过消费品的供给，消费品的市价就要上涨。建设事业经费直接购买的是生产品和劳力，在开始的时候，可能移用原来利用的生产品和人力，如供给未能照加，生产品市价和工资也要上涨。

工资和薪金都有“黏着性”(不易增加)，所以物价上涨是先抬高原料的市价及企业家的盈利。“但经济建设雇用劳工必多，所付工资总额自比企业家因此所获的盈利总额为大。故经济建设增加一般人民购买力颇多，而经济学者亦多赞成用公共建设事业去救济经济衰败。”②

再从地域方面看，假如政府开发边疆，移兵屯垦。所屯之兵至少在第一二年仍须按月发饷，如供给一时未能照加，当地物价自必暴涨。又如开矿，政府或私家公司在他处招募工人，矿山邻近的物价必受很大影响。最好仿军队给养的方法，直接采运重要必需品，而减少现款支付，骤然大增当地的货币数量，为害必然甚烈。

分析了经济建设中时间和地域的货币问题以后，刘大钧指出：“可见在从事建设，促进经济繁荣之时，货币数量必须递增，几与计算复利相似。”③他说，我们并不是偏重货币数量方面，而是担心建设事业同时进行太多，对生产品的需要骤增，而供给一时不能相应增加。同时雇用工人太多，对于消费品的需要增加不少。这样会造成生产品和消费品市价的暴涨，以后如不能为继，造成通货的紧缩和一般经济方面的衰落。因此在事业方面更须有一定的计划，使各业平均发展。才可避免物价构造变动太大。他指出：“一般

① 刘大钧：《非常时期货币问题》，独立出版社1940年版，第212页。
② 刘大钧：《非常时期货币问题》，独立出版社1940年版，第214页。
③ 刘大钧：《非常时期货币问题》，独立出版社1940年版，第215页。

物价水平上涨或下落，虽可使各种阶级的利害发生冲突，然水平虽无变动，而物价构造大变，亦可使各业中人受相似之害。”①刘大钧还建议用信用方式向外国购买建设用的机械、物料，可减少对国内生产品市价的影响，同时这种外国投资还可维持国际收支平衡，使我国币价安定。

最后，刘大钧总结说：“总之，经济建设如有良好的计划，虽因此增加货币数量，亦不致发生膨胀的影响。物价和缓的、平衡的上涨本是经济发展应有的情态，尤不足为虑。所可虑的是物价的暴涨暴跌与物价构造的激烈而无计划的变动，但这是可以预防或随时矫正的。在货币方面，最重要的是须避免币价继续跌落与数量骤增，超过正常的需要。如能避免上说的流弊，则货币流通率也不致有甚大的变化，而影响于币价和物价。”②

刘大钧《国民经济建设与货币政策》写于抗战前，所论都是和平建设时期的货币和物价问题及政府应采取的政策。该文分析了货币政策与宏观经济的关系，它涉及现代货币理论的内容，运用西方的信用创造论来说明货币数量的增加可能因信用膨胀而使物价继长增高。这对中国货币理论界来说还是一种创新的观点。

第三节　何廉的经济思想

一、南开大学经济研究所的创始人何廉

何廉（1895～1975），字淬廉，湖南宝庆（今邵阳）人。1918 年毕业于长沙雅礼书院。1919 年留学美国，1926 年获耶鲁大学博士学位（导师为欧文·费雪）。同年回国担任南开大学经济学教授，1927 年创办南开大学经济研究所。1936 年 10 月从政，先后担任国民政府行政院政务处长、经济部常务次长、农本局总经理、中央设计局副秘书长等职。1948 年任南开大学代理校长。1949 年移居美国。著作有《中国工业化之程度及其影响》（与方显廷合著）、《中国六十年进出口物量指数、物价指数及物物交换指数（1867—1927）》、《财政学》（与李锐合著）等。还在《大公报》、《独立评论》、《政治经济学报》等报刊上发表了大量有影响的论文。

何廉因创立和主持南开经济研究所而成为中国经济学界领袖之一。

---

① 刘大钧：《非常时期货币问题》，独立出版社 1940 年版，第 216 页。

② 刘大钧：《非常时期货币问题》，独立出版社 1940 年版，第 216、217 页。

1935年以唯一一名经济学家身份当选中央研究院评议员，1941年主持完成经济学名词统一工作，1948年为经济学院士候选人。

何廉希望建立一所以伦敦经济学院为模式的中国自己的经济研究所。1927年秋，何廉创立了南开大学社会经济研究委员会，该会即经济研究所前身。“旨在为我国社会经济各问题，作实际解决之准备，兼以谋我国社会科学之发展。”①1931年秋，南开大学将商学院、文学院经济系和社会经济研究委员会合并，成立南开经济学院，承担教学科研的双重任务，何廉任院长。1934年春，国民政府教育部以“经济学院”名称不见于大学组织法，令其改组。南开大学经济学院于是改为商科研究所经济部，简称经济研究所，以继续原有研究工作。在商学院添设经济系，以继续经济学院原有本科教学工作。经济研究所在1935年秋季开始招收研究生，进行高层次人才培养。南开大学决定：“对外则称经济学院和经济研究所，对教育部行文仍称商学院和商学研究部。关于教学和研究人员，基本上是一套人员两套工作，既从事教学，又从事研究。”②抗日战争爆发后，南开经济研究所几经迁徙，于1939年在重庆南开中学继续科学研究和培养研究生工作。1946年该所与南开大学一起迁回天津。

何廉从政后仍然一直担任南开经济研究所所长，且利用从政后的各种资源为研究所发展创造条件。他在十年仕途中结识了不少达官显贵和金融、实业界的首脑人物，为南开经济研究所及有关学术事业，如农村建设协进会、中国经济研究所等创造了便利条件。有些国家机要资料，往往南开经济研究所人员有较多利用的机会。“例如，何廉在中央设计局任职时，曾聘请研究所方显廷为设计委员，兼任中央设计局调查研究处主任。于是不少南开研究人员也参加了这项工作，分别担任专门委员和专员，从而接触到全国范围的经济资料，用以研究战后有关交通运输、能源、水利、矿冶、轻重工业、农林畜牧等各方面的问题和规划设计。这对一个学术机关来说，是一个难得的机会。”③

1946年，何廉为了扩大南开经济研究所的影响，决定在上海成立中国经济研究所，以重庆南开经济研究所人员为主，何廉任所长，方显廷任执行所

① 方露茜译：《方显廷回忆录》，商务印书馆2006年版，第80页。

② 黄肇兴、王文钧：《何廉与南开大学经济研究所》，全国政协《文史资料选辑》第35卷第102辑，第88页。

③ 黄肇兴、王文钧：《何廉与南开大学经济研究所》，全国政协《文史资料选辑》第35卷第102辑，第100页。

长，仿照《独立评论》在南京发行《世纪评论》，仿照伦敦《经济学家》在上海发行《经济评论》。《世纪评论》和《经济评论》在1940年代末期均对思想学术界产生了重要影响。

南开经济研究所能够发展壮大，得力于何廉杰出的筹募社会资金能力，该所先后得到中华文化教育基金会、太平洋国际协会、洛克菲勒基金会、金城银行的大力支持，特别是洛克菲勒基金会超过10万美元的资助起到了关键作用。

南开经济研究所取得了众多高质量的科研成果，公开发行的出版物有期刊、专刊、教科书三类。定期刊物有：《经济周刊》(《大公报》的专栏副刊)，《南开社会经济季刊》(英文版)，《政治经济学报》，《南开指数年刊》。经济专刊分统计、工业、农业、地方财政、经济史、政治及社会研究六大类，1941年时达58种。教科书在1941年以前正式出版有6种。

何廉除主持南开经济研究所外，他本人也有多方面的学术贡献，如物价、外汇、外贸指数的编制，农业经济、财政学、工业化等方面的研究，他的突出贡献是华北物价指数的编制。1936年从政后，很难有时间专心从事经济研究工作，他常感叹在政府工作几年是白白浪费。1941年，他为了将自己主持农本局发展农业金融工作经验总结出来，收集了300件原始资料，可惜资料和初稿被日军炸弹毁于一旦。

二、经济学中国化论

20世纪初，现代经济学开始由欧美日本传播到中国。外来的经济学理论如何解释本国实际，中国经济学如何由移植、模仿到学术独立，这是中国经济学家面对的重大问题。

(一)经济学教学的中国化

1926年，何廉考察了北大、燕京、清华、金陵、复旦、沪江、圣约翰等十余所大学的经济学教育。他发现，经济学教师主要是欧美留学生，教本、讲义为英美流行课本的照搬，课程设置也与欧美接轨。如开设了"经济循环"、"证券分析"等与当时中国经济关系不大的课程，却没有一门关于中国经济发展和组织状况或有关中国农村经济的课程。何廉针对中国经济学教育的过度欧美化，主张经济学教学应中国化。即在教学中，"中国的经济学教师应当能够并且胜任讨论中国的经济问题，掌握住与他们的教学有关的中国材料”①。

何廉针对经济学教学使用外文原版教材讲授外国事实的现状，主张课堂教学的中国化。“将中国的材料与学科内容融合在一起并且利用中国的素材来解释所学的原理，这样来使我的教学‘中国化’。如果一位教师在教课中不能探讨他执教的本国当前的经济问题，我觉得他最多不过是在‘空谈’。”②何廉强调中国的经济学教师应该使用中国材料，并能利用经济学原理解释中国经济问题。

何廉又指出：“社会科学之教本，欲期详明，贵能撮述理论之概要，而以实际事实印证之。第(但)实际事实，各国不同，故教本之编著，亦贵能相体裁衣，具有国别。近十余年来，吾国社会科学，渐已发达，然国内各大学中，所采用之教科书，仍多为西籍，即有用中文本者，亦大都取材外国事实。夫采用外籍，固不足病，第以之为讲授之教本，则承学之士，所学与所见迥殊，结果思想易限于分歧，而所学易感觉隔膜……习用外籍，因循不变，终难使吾国学术，脱附庸而进于独立。”③表明他主张社会科学教本应该有国别，中国经济学学术要逐渐独立，不能全部照搬使用外国教科书，必须改写外国教本，加入中国事实。

何廉与李锐合著的《财政学》即为中国化教科书的典范。该书将原理和实际问题有机融合，原理部分主要是现代西方财政学原理，事实部分主要是中国财政政策与问题，参考书也是中文外文并列，叙述西方国家的财政问题时只是为了借鉴和比较，完全可以将《财政学》命名为《中国财政问题》。在何廉的指导和帮助下，巫宝三、杜俊东编译《经济学概论》，于1937年出版，该书是另一本重要的经济学中国化教本。此书采用美国当时流行教科书(耶鲁大学教授费尔柴尔德、弗内斯、巴克合著)为蓝本。“关于理论部分，则移译之，关于过详之美国情形部分，则删削之，关于可以加入中国事实部分，则增编之。”④

何廉还强调应培养研究生将外国理论与中国实际相结合的能力。南开经济研究所研究生在两年的时间内有长达9个月的考察、实习，将理论与社会实践在时间上交叉融合。抗战前培养方向有：地方行政与财政、土地问题、乡村合作、经济史四组，抗战后改为经济理论、经济史、统计、国际经济、

① 朱佑慈等译：《何廉回忆录》，中国文史出版社1988年版，第53页。
② 朱佑慈等译：《何廉回忆录》，中国文史出版社1988年版，第55、56页。
③ 何廉、李锐：《财政学》，何廉《引言》，国立编译馆1935年版。
④ 巫宝三、杜俊东编译：《经济学概论·序》，商务印书馆1937年版。

货币银行、农业经济、工业经济七组。这些研究方向特别是战前的四组主要研究中国的实际经济问题。

何廉认为，中国工商业人才十分缺乏，必须大量培养、训练此种人才。“尤宜注意于中国化，所谓中国化者，不仅在知经济学上之原则与理论，并须稔悉中国之经济情形，工商实况，始能措施得宜。夫国情不同，工商业之状况自异。若仅承舶来之学，而昧于实地之事实，特胶柱鼓瑟耳，又何足以言改善。”①

（二）经济学研究的中国化

教学的中国化需要对中国经济问题的深入研究，在研究中，何廉提倡实地调查原始数据，用现代统计方法编制统计图表，进而研究中国经济的运行规律。

何廉最初研究项目为天津物价，编制以天津市场为代表的华北物价指数，其目的就是要获得中国经济的实际知识。他不但主张利用原始数据，还强调研究者亲自收集处理原始数据。何廉回忆说：“在 1930 年冬天我向京津地区的一些学者宣读了一篇论文，论集体研究和个人研究。其中我强调的是，通过研究对于人类知识做出的基本贡献，很少是集体的成果。这些都需要想象力、综合力，常常要超出常人见解的洞察力，以及以新的意味深长的方式重新组织实验数据的能力。简言之，研究首先依赖于个人的头脑。当一个人独自收集情报时，他可以在反复阅读这些情报的过程中有新的发现。如果把调研资料的工作当成机械的监视而委托他人代办，就很有可能把有刺激性的或者会导致新想法新发现之类的情报漏掉。当然谁都可以把机械性的和专门性的任务委托他人，谁都可以有助手，然而如果由助手来执行主要任务，助手必须受过良好的教育并且完全了解他所从事的工作。”②

在何廉主持下，南开经济研究所在抗战前编制了华北批发物价指数、天津工人生活费指数、天津外汇指数、中国进出口贸易指数、上海外汇指数等五大指数。

何廉在编制中国对外贸易价格与数量指数时指出：“此项统计之编制，不过为中国国际贸易研究之基础工作，而非中国国际贸易之研究。唯基础既具，则此后研究进行，始能有所规范。编者现正拟以各种指数为标准，从进出口货物之性质种类及来源，国内外市场之供求，及工商业发达之损益，

---

① 何廉：《中国今日之经济根本问题》，方显廷编《中国经济研究》（上），商务印书馆 1938 年版，第 28 页。

② 《何廉回忆录》，中国文史出版社 1988 年版，第 75、76 页。

与其政治上之各种影响等，逐一分析，以求得上列三类指数变动之原因，而为一有系统之说明。他日如能告成，则即研究中国近世纪国际贸易史之本也。”①由此可知，他是将统计指数编制作为进一步研究中国经济问题的基础，研究中国经济运行的规律才是他的目的。

（三）经济学名词的统一

现代经济学主要是由外国传播而来，因传播时间、国别、人物的不同，中文经济学名词异常混乱。为了将外来学术规范本土化，何廉主张经济学名词术语应全国规范统一。在20世纪30年代初，何廉首先在南开大学经济学院内进行经济学名词的统一工作。1939年夏，教育部聘请了何廉为主任委员的32位经济学名词审查委员，负责审查国立编译馆送审的经济学名词译名。经济学名词送请32位委员审查后，又于1941年3月“由教育部召开审查会议于重庆，逐字校勘，详加讨论，又经整理，始成定稿，凡得名词三千六百二十五则，于同年十一月由部公布”②。主持审查经济学名词的何廉为中文经济学术语的标准化作出了重要贡献。

何廉提倡的经济学中国化是西方经济学理论与中国经验事实相结合的中国化，中国经济事实的真实化，真实材料的统计化。其方法类似于德国新历史学派的历史统计方法。何廉主持的经济学中国化是海归博士主导的本土化，是国际化背景下的中国化，是面向世界、服务中国，既与李权时主张的经济理论的“国货化”不同，也与王亚南主张创立有别于资产阶级经济学的“中国经济学”不同。

三、中国经济特征论

（一）生产不足

在《中国今日之经济根本问题》③中，何廉指出：“中国今日之穷困，其患不在财富之不均，而在财富之不足。换言之，即今日之根本经济问题，不在分配而在生产。”从中国的土地、资本、劳工、管理等生产要素分析，可见：“沃野未辟，宝藏未启，地有弃利也。内外资本，不能利用，国有遗财也。劳工效率，远低他国，宜图增进也。管理不良，实业衰落，可以改善也。”即中国的生产要素未能充分利用。“苟能促而进之，其所产不难立增倍蓰。故欲救今日

① 何廉：《中国六十年进出口物量指数物价指数及物物交易率指数1867—1928》(1930)，孔敏主编《南开经济指数资料汇编》，中国社会科学出版社1988年版，第568页。

② 国立编译馆编订：《经济学名词》，正中书局1946年版。

③ 方显廷编：《中国经济研究》(上)，商务印书馆1938年版，第27、28页。

之民生凋敝，谋实业之振兴，当前急务，即增加生产，舍无其他道也。”何廉对生产要素的主张与其他经济学家明显不同，马寅初认为中国是资本稀缺，翁文灏、陈长蘅认为中国人地失衡，董时进认为中国农民素质太低，何廉却不承认中国生产要素有缺陷。

为何生产不足呢？何廉认为首先是生产障碍重重。“譬如内战不息，军费甚重，一也。交通梗阻，消费无力，二也。萑苻（盗贼）不靖，产地日减，三也。苛征繁重，负担逾量，四也。国信不立，外资不能利用，五也。商业不振，投资者寡，金融紧急，接济无方，六也。”其次是“中国年来工潮之澎湃，几于无月无之”，严重影响生产效率。第三是中国工商业人才缺乏。可见，何廉是以政治、社会等非经济因素为中国生产落后的主要原因。

（二）中古式地方化经济

在《中古式之中国经济》①中，何廉认为，如果将人类经济分为上古家庭经济、中古城市经济、现世国家经济与世界经济四个阶段，那么，中国经济就处于中古城市经济阶段，其特色为地方化。(1)生产与消费地方化，一地丰收，谷贱伤农，他处则饥民遍野；西北皮毛价格与上海天津相差巨大；金华火腿、景德镇瓷器的产销仅限于一地。(2)各地度量衡相差悬殊，汉口尺有6种，斗有5种，北平尺有70余种。“上海一担重百五十斤，而云南一担重千二百斤，黑龙江米一担重三百斤，麦一担重六百斤。”(3)农业为自给自足农业，耕地狭小，资本不足，散碎农地类似欧洲条田制，永佃制度类似欧洲农奴制。(4)工业以手工业生产为主，行帮势力强大。(5)国际贸易额十分微小，国民经济停留在地方自给阶段。(6)交通落后，北方多利用畜力人力，南方依赖于帆船与轿子。(7)财政金融混乱。中央和地方财政互不统属，各自为政；在金融货币方面，旧式钱庄势力强大，货币五花八门。总之，中国经济与欧洲中世纪经济相似，地方化、习俗化特点明显，还没有进入国民经济阶段。

（三）畸形经济

在《我国经济之矛盾与出路》②中，何廉指出：中国经济组织为一种局部的现代化经济组织，即此局部的现代化，亦仅虚有其表，而实际上未能脱离中古经济的特点。我国目前产业现代化的区域，大多集中在江苏、辽宁、河北、广东、山东、湖北六省。这六省仅占全国面积的十分之一，而产品和贸易占全国的比例，矿产为55%，棉纺锤为93%，缫丝业为92%，运用电力为

---

① 《独立评论》第93号(1934年)。
② 《大公报》，1935年3月3日。

88%,对外直接贸易为93%,内地通过贸易为91%。“国家有健全之经济组织,则国内各区域之产业,始有均衡之发展,庶无偏枯之景象。我国产业发展,集中沿海各埠,不啻如人身血液,集中一处,不使周流全体,酿成脑充血的险症。此为局部的产业现代化之必有结果。于是社会环境一如欧洲中古时代,城市与乡村之互不相容,生活智慧各成一体。”中国局部的产业现代化形成的根本原因,“即我国之产业现代化为被动的,而非因内心所好出于自动的,为模仿式的,而非以国情之真相为基础,有全盘计划的。惟其如是,故其现代化之设施,限于外人接触的各局部,而其成功,亦虚有其表。迄今整个经济环境,依然中古时代之城市经济环境也”。

在《中国经济现象之解剖》①中,何廉指出:中国经济问题的症结是畸形发展。“我国经济重心,殆莫一而非偏于沿海数省:言农产则主要粮食衣料如小麦稻米棉花,沿海区得全国总产额之半数左右或半数以上;言矿产则占四成左右;以言工业,则棉纺织面粉等重要工业什九均在沿海区;以言交通,则沿海区得铁路里程十分之四强,得公路里程十分之三,水道之交通,更非内地所能几及;新式金融机关如银行,沿海六省得其百分之八十;以国家财政论,则中央税收之征于沿海省区者为百分之八十强,即地方税收,沿海省区亦占百分之五五。此种畸形发展之现象,正如人身血液集中一处,其危险殆莫甚于此。此后欲谋经济发展之均衡,自当从占全国面积百分之九十之内地着手。”

四、农业建设论

(一)振兴农业以谋中国经济均衡发展

在《我国经济之矛盾与出路》②中,何廉认为:中国的产业现代化计划,不能只讲效率,还应使现代化的成果能为最多数人民造最大的福利。“我国产业现代化,应以增进全国人口百分之八十的农民经济能力为主体,须从建设全国面积百分之九十的内地农村社会去努力。”建设农村是现代化建设达到公平的最重要环节。政府应先从“消极方面恢复农村治安,减轻农民负担,使其生机稍苏,得有接受现代化文化之能力。积极方面,改善交通,盖交通为农业进步之条件,工业发展之要素。交通限度(改善),不仅农产品可得到新而有利的市场,且能增进乡村治安,使资本流入内地。内地工业滋长,即

① 《大公报》,1936年1月12日。

② 《大公报》,1935年3月3日。

可促进农业繁荣，农业繁荣，更可扩充工业产品之需要”。何廉把振兴内地农业作为振兴中国经济的基础。

在《中国经济现象之解剖》中，何廉还指出，中国经济问题的两大症结：一是发展畸形，中国经济重心偏于沿海数省；二是中国现有工业十分弱小，将来也难以实现大规模工业化。“在此种经济现状之下，经济建设，自应从占全国总面积十分之九之内地农村着手，集中力量，振兴农业，以谋经济之均衡合理的发展。”“农业现代化为中国目前最需要最切实之经济建设。”

（二）发展商品农业

何廉认为，农民增收是农村经济的根本问题，要使农民收入增加，光靠粮食是不行的，只有集中精力发展棉花等商品农产。他在《棉产在河北农村经济上之地位》[①]一文中指出：复兴农村经济，“首在提高农民之经济能力，使农民除谋足衣足食之外，能增益每年之收入，以换取他类之货物，增益生活之享受，或能得较多之现金，以提高其购买能力。迨购买力提高，生活之享受增加，则生活程度自高，生活程度高，则生产能力亦可以增进矣。然欲增益农民之收入，计唯在粮食生产之外，增加商品农产而已。商品农产除棉花外，尚有花生，及畜产皮毛等”。“今之谈乡村运动农村复兴者，恒欲百端俱举，纲目咸张，以为可偕行不背，相辅而行，殊不知处今日公私人力财力两绌之际，欲求事业之速效，端在先务其急，择要而行。农民经济能力之薄弱既为今日农村问题之症结，救济之道，自应从此入手。”增加农产商品既是增高农民经济能力的途径，棉花又是今日河北唯一的农产商品，所以改良棉花的产销是最经济有效的办法。

在《世界棉战与中国》[②]中，何廉以发展棉花商品化为例，指出发展商品农业应特别注意两大问题：(1)发展本国棉纺织业等工业，吸纳农村棉花等原料商品。“我国原棉之商品化，其国外市场将恐成为独占。若不设法发展国内市场，则棉之需要与否，听人自由。设遇需棉国之棉纺织业衰落，需棉数量骤减，则原棉必见滞销，价格必至惨落，农村损失，将不堪言，而整个农村经济即不免有动摇之虞。故必同时发展本国棉纺织业，使一部分国产原棉，供给自己之用。以其余者对外贸易，则原棉市场，得有稳定可能，不至仰人鼻息，随国外棉纺织业之变动而有兴衰。”(2)确定整个农业政策，发展商品农产与促进粮食增产同时进行。“促进原棉商品化，则拓展棉田，固为必

---

① 方显廷编：《中国经济研究》（上），商务印书馆1938年版，第193、194页。

② 《大公报》，1935年8月18日。

然之事。棉田扩充,粮田自必减少。设使原棉输出,稻麦必有待于输入,则一遇灾荒,民食有虞。即一旦棉价跌落,农民售棉所得之贱值,亦不足以偿外来稻麦之昂价。是宜有整个之农业政策,务使发展原棉,改进稻麦,双管齐下。庶乎棉田扩充,虽粮地因而减少,而稻麦杂粮之产量,不致减少。”何廉认为,商品农产若要有稳定的销路不能依赖外国,一定要发展本国棉纺织业。他同时还看到发展商品农业与粮食安全的矛盾。他的解决方案是谨慎的二者兼顾,与董时进主张不怕进口粮食以发展商品农产不同。

(三)农业建设的特殊困难

抗日战争初期,何廉担任农本局总经理,主管全国农业贷款、农产运销等农业建设事宜。他通过亲身体验认为:在许多建设事业中,农业建设是最费力同时又最难见效的一种工作。在《抗战两年来农本局业务的进展及其今后》①中,他提出农业建设有三大特殊困难。

首先,农业建设受时间空间限制,见效既慢且难,不确定性大。“因为土地是农业生产最主要的元素,而土地不能集中,所以农业建设在空间上受了限制。又因天时是农业生产最主要的条件,一种植物自播种而至收获,需时相当的久,而天时又变化无常,且不易控制,所以农业建设在时间上又受了限制。我们拿农业建设与工业建设来比较,空间上的限制,农甚于工,时间上的限制,工几乎可以克服。所以工业建设只要有正确的计划,逐步推进,就可于一定期间内,收得预期的效果。且可避免可能的意外变化。至于农业建设,那就情形适得其反。”

其次,农业建设关系特别复杂,推行难度大。它牵连到农业技术、农业金融、农民组织等方面。“只有优良的技术而无充裕的资金,则技术固然不易推进。反之,只有充裕的资金,而无优良的技术,则资金极易流于浪费。再纵有优良的技术与充裕的资金,如果农民没有健全的组织,则仍不能推行盈利,实惠及民。这在工业建设,固然也有同样的情形,但此三者决不如在农业之自成系统,缺少联系。何况吾国农民组织之散漫无力,允为周知的事实。”

最后,农业建设难以吸引留住人才。“我国近代的农业建设,事属初创,并无成规可循,农业建设主持的人,非有相当充分的智识不易应付复杂的问题,更非富有创造性,不易在墨守成法的农业环境中,开辟新路。然而一切创造的基础,多需建筑于智识之上,但因农业建设的工作单位规模都很小,

---

① 《新经济》第2卷第11期(1939年)。

农村的生活又都很苦，所以服务农村的同志，纵然本人艰苦卓绝，而不易得到始终相处的朋友来共事。往往见异思迁，半途而废，使农业建设的人事基础，不易牢固。”

五、混合经济论

1933年前后，中国兴起了统制经济思潮，1933年12月18日，何廉在中央大学演讲“计划经济”①，反映了他对计划经济的看法。

何廉说：计划经济，英文原文是planned economy，在日本叫作统制经济。他认为“计划经济”的名称比“统制经济”更为妥当，因为“计划”两字已含有“统制”的意思，而“统制”两字并没有计划的意思，况且统制经济还很容易使人联想到专制经济。他解释计划经济的特点说：“计划经济就是一种特殊的经济组织，在这种经济组织之中，凡个人和农工商及其他各种企业都成为一个整个有关的系统，利用这个系统，使所有各种富源都得到最当的利用，所有人民的欲望都得到最大的满足。这个系统的最重要的特点，就是把所有各种生产机关都变成为这个系统的相关单位，听主持这个系统的人的指挥和支配，由这个系统设法使生产和消费平衡。同时必定要设立一个中心机关，做种种经济设计的工作，并联络各种分散的单位，使他们在整个系统之下，得到最合适的利用。”

何廉将计划经济分为四种：(1)绝对社会主义式的计划经济：中央计划机关完全决定人民的生产、消费等一切经济活动。(2)部分的国家社会主义式的计划经济：中央计划机关决定全国生产，消费仍是私人的。(3)自动企业式的计划经济：企业家决定经济活动。(4)社会进步式的计划经济：企业家和中央机关共同决定经济活动。

何廉认为上述四种体制，第一种很难实现，第二种为苏联体制，第三种为美国体制，他倾向于第四种社会进步式的计划经济。他解释主张这种体制的人的观点说：“主张这种计划经济的人既不赞成苏俄的一部分的国家社会主义式的计划经济，又不同意美国的自动企业式的计划经济。这派人也以美国人为多。他们觉得苏俄式的计划经济破坏现社会太甚，需要革命的程序，于个人社会牺牲都太大。至于自由企业式的计划呢，他们又觉得太缓和了，难得完成预期的目的。他们想企业家毕竟是企业家，他们总以利润为目标的。如果让他们作经济计划，握经济领导之权，于全体社会和国家不见

① 《大公报》(经济周刊)，1933年12月27日。

得都有益处。现在世界经济恐慌,群众购买力的低落,生产和消费的失去平衡,不都是企业阶级握了经济领导权的结果么?""他们同意保存私产制,但是他们主张企业家不要太顾私利,应当放大眼界,采取国家的观点,为全国人民谋利益,同时应该要有一个中央领导机关,领导他们向这个方向走,如用指导资本的出路,监督企业通融金融的方法等等,使一切工业生产以满足国民的真正需要为目标。他们认为这种经济领导权绝不能让企业阶级独专,应该让企业管理和劳工——包括专家和科学家等,双方合作,决定计划,并有权实行其计划。换言之,这种计划机关应当是国家的,具有政府权力的。因此他们主张由政府设立各种局和委员会来从事设计,来节制生产,指导投资,以得适应需要的最大量的生产。从此可见这种计划经济,是不激不随,实行起来,可能性是最大的。"

从上述言论可以看出,何廉主张既保留私有制,企业家有生产自由,又有中央机关对经济进行干涉,经济有一定计划。这种经济体制实际上就是国家资本主义式的混合经济体制。

1944 年,何廉主持中央设计局的经济设计工作。他主管拟定经济事业原则的委员会,该委员会包括国民政府经济事业负责人翁文灏、张嘉璈、卢作孚、蒋廷黼、孔祥熙、徐堪等人。后来何廉回忆说:"那时在中国,国民党人赞成一概搞国营企业,而私营企业则赞成百分之百的企业私营,我感到哪一种主张在中国都行不通。"[①]国营企业难以克服贪污腐化,而完全私营,对于国家非常重要的西北开发就永远不能实现(因私人资本无利可图)。何廉的目标是"在混合经济中的有计划的发展"。据此他主持设计了《我国第一期经济建设原则》。经反复协商,1944 年 12 月得到了国民政府国防最高委员会的通过。

《我国第一期经济建设原则》得到了部分经济学家的支持。1947 年 4 月,马寅初发表《中国经济之路》,认为应将苏联式、英美式、德国式三种经济建设方针中和,"拟取三式之精而舍其渣,与国防最高委员会通过之第一期经济建设原则,颇为接近"[②]。马寅初认为:"从这里,可以看出我们不完全采用英美资本主义自由竞争的制度,亦不完全采用苏联社会主义一切国营的制度,乃提出一种混合经济的制度,国营企业与民营企业同时并进。完全用英美式的建设,是不合时代的需要;完全用苏俄式的建设,是非中国所能办

① 《何廉回忆录》,中国文史出版社 1988 年版,第 244 页。

② 《中国经济之路》,《马寅初全集》第 12 卷,浙江人民出版社 1999 年版,第 455 页。

到的；故不得已采用混合制，但不是漫无计划的。”①

附：　　我国第一期经济建设原则②

我国经济建设事业之经营必须遵照总理遗教，为有计划的实施，以有计划的自由经济发展，逐渐达到三民主义经济制度之完成。对于经营方式，应在不违背节制资本之原则下，尽量鼓励民营企业；对于外资利用，则依照平等互惠国际经济合作之精神，在不妨碍主权及计划实施之前提下，以各种方式加以吸收，总期以企业自由刺激经济事业之发展，完成建设计划之实施，兹拟具其重要原则如次：

一、中国实业之开发，应分两路进行：（一）民营企业，（二）国家经营。

二、在经济建设总计划下，为便利分工合作起见，对于经济事业应作下列规定：（甲）应由政府独营之经济事业，其种类不宜过多，此类事业包括：（一）邮政电讯，（二）兵工厂，（三）铸币厂，（四）主要铁路，（五）大规模水力发电厂等。（乙）未经指定政府独营之事业，均可由人民独营。（丙）凡民力有所不胜，或政府认为须特别重视之事业，如大规模石油矿，钢铁厂及航空事业等，政府仍得单独经营，或与民资外资合办。（丁）政府与民资外资合办之事业，应采公司制度，政府除依法行使行政监督权外，对于公司业务财务及人事之管理权，应依股东地位行使之。（戊）政府所经营之事业，除（甲）项独营者外，无论单独经营，或与民资外资合办，其具有商业性质者，均与同类民营事业之权利义务同一待遇。

三、民营重要事业之创设，须依法经政府按照建设总计划予以审核（注重设厂地点，生产能力，数量，种类，股票债券发行等项），民营工业合乎工业建设计划之规定者，政府应特别奖掖资助之，并予以技术上及运输上之便利，使之依照计划，如期发展。

四、中外合资事业，其外人投资数额之比例，应不加固定拘束，公司组织除董事长外，其总经理人选，亦不限定为本国人。

五、经政府按照建设总计划审核后，国营事业得由主管机关洽向国外借款或洽由国外投资，民营事业亦得自行洽商，呈请主管机关核

① 《中国经济之路》，《马寅初全集》第12卷，浙江人民出版社1999年版，第460页。

② 引自《经济周报》第1卷第3期（1945年）。

准备案。

六、外国人在中国直接投资单独经营之事业，应依照中国法令办理，其特种事业须特许方得经营者，应先呈经我国政府审核后特许之。

七、政府人员不得参加经营其主管或监督范围以内之事业，我国现行有关法令，与上列原则互相抵触之处，事所难免，似应交由立法院整理修订，以求适应。

第四节　谷春帆的经济思想

一、官员业余自修而成的著名经济学家谷春帆

谷春帆(1901～1979)，又名春藩，江苏吴县(今属苏州)人。苏州桃坞小学毕业，后到上海圣芳济书院学习进修。18岁时考入邮局当练习生，一生主要在邮政部门工作。抗战时期升至邮政储金汇业局局长，1944年作为中国政府代表之一赴美国参加联合国布雷顿森林国际货币会议，1946年任上海市财政局局长。新中国成立后，历任华东邮政总局储汇处长、邮电部邮政总局副局长、邮电部副部长等职。曾被选为第三届全国人民代表大会代表，中国国民党革命委员会中央委员。1957年春，与陈振汉、徐毓枬、罗志如、巫宝三、宁嘉风联名提出《我们对于当前经济科学工作的一些意见》[①]，由此受到批判。著作有《银之发炎——动态的研究》、《银问题》、《世界经济衰沉的解剖》、《银价变迁与中国》、《中国工业化计划论》、《旅美观感》、《中国工业化通论》。新中国成立后，谷春帆还发表了《从中国农业合作化运动来研究生产关系一定要适合生产力性质这一规律的某些内容》，以及遗著《井田释疑》、《中国古代经济史中几个问题的考释》等，《银价变迁与中国》、《中国工业化计划论》、《中国工业化通论》为其代表作。清华大学教授赵守愚认为，《银价变迁与中国》在当时众多的金融著作中，“事实分析有条理，意见先后能贯通，要以此书为唯一之杰作”[②]。

谷春帆既没有接受过专门的经济学教育，又没有在专门的经济学教育和学术机构任过职，作为仅有小学学历且长期任职于邮政部门的官员，通过业余自修居然成为著名经济学家，在官本位且重文凭的中国被视为例外中

① 《经济研究》第5期(1957年)。

② 赵守愚：《Silver at Work 书评》，《社会科学》(清华大学)第1卷第1期(1935年)。Silver at Work 即《银价变迁与中国》的英文版。

之例外,正如朱通九所说:"'学而优则仕'之传统思想,不知摧残了多少青年学子,不亦大可哀哉!至于服务久于邮政而由自修成为著名学者之谷春帆辈,实可视为例外中之例外,不可以普通眼光视之也。"①

谷春帆热爱经济研究,对问题研究深透,见解独到,往往独树一帜,其研究方法有如下特点:

(1)系统研究。将中国经济问题放在中国整个问题的大系统下,从中国政治、经济、社会、文化综合研究中国问题,然后清理出中国经济问题②。抗战时期,中国兴起了"战国策派"思潮,该学派主要是从政治历史文化角度研究中国问题,谷春帆作为该学派一员③,主要研究了政治、历史、文化同经济的关系。他崇尚"力",特别强调"生产力"。《中国工业化通论》就是在这种思想背景下写成的。

(2)运用统计法研究宏观经济问题。谷春帆自学高等数学,勤于收集统计数据,关注经济的宏观问题,如经济的周期波动(经济危机)、经济增长(工业化)、通货膨胀(收缩论)等。

(3)综合运用哈耶克、凯恩斯、马克思的理论。他没有接受过科班教育,因而没有门派之见。谷春帆对英语能说能读能写,长期研读西方经典原著,吸收当时世界最新理论。

(4)对策切实。谷春帆长期在邮政部门担任领导工作,具有行政官员的务实作风,议论切中时弊,计划对策步骤清晰,理论实用,学理与事实融会贯通。

二、经济危机论

谷春帆认为,经济危机的主要症状为经济平衡被破坏,出现大量剩余劳动(即失业),主要原因为资本主义价格制度缺乏灵活性,市场经济没有强大的自我矫正机制。

(一)资本主义世界经济危机

谷春帆在1932年研读瑞典经济学家贝蒂·俄林(B. Ohlin)为国际联盟准备的一份世界经济危机的报告后,认为该报告材料丰富,而其解释危机的观点不能令人满意。于是著《世界经济衰沉的解剖》一书,利用俄林报告的材料,对正在进行中的全球经济危机进行了新的解释。该书是中国经济学

---

① 朱通九:《近代我国经济学进展之趋势》,《财政评论》第5卷第3期(1941年)。

② 谷春帆:《如何研究中国经济问题》,《新路》周刊第2卷(1948年)。

③ 参见江沛:《战国策派思潮研究》,天津人民出版社2001年版,第13页。

家对“大萧条”少有的较全面的分析。

谷春帆认为经济平衡被破坏大致有以下几方面原因：

(1)过度繁荣会破坏经济的平衡。谷春帆认为，1929年经济危机爆发以前的过度繁荣，破坏了经济的平衡关系，埋下了危机种子。他说：“在这个时期，生产力与生产量的增加，均超过了战前的水平。然同时一部分产品，比之他一部分产品，却相对地过剩。一部分人底购买力，比之他一部分人的购买力，却相对地减少。增加的速率与程度，彼此参差。所以一方面固然表示着经济界的隆盛与发达，他方面也铸造了种种错误与‘失谐’，埋伏了后来恐慌衰沈的伏线。”“经济衰沉与经济隆盛，成为一个经济循环。在若干年度之内，周而复始。”“错误与失谐，不是偶然的，到是必然的，是现在这种生产制度下无可避免的罪恶，也是现在这种社会下无时无地不存在的罪恶，是资本主义命中注定的遭际。”①谷春帆过度繁荣导致经济危机的论断与奥地利学派经济周期论相似，而经济危机的必然爆发论又与马克思经济危机论相同。

(2)市场经济的不确定性和价格制度的盲目性会导致经济不平衡。谷春帆认为：资本主义的生产是商品生产，是为着明日的市场而生产。明日的市场差不多比明日的天气还要难捉摸。商品生产，总是着眼在将来的市场，预备在将来市场上出售的。然而，对于控制将来市场的供需两种势力，均是无从预料的。每个生产者，既不能明确地知道市场上对于某一定商品的需要量，也很不能明白它的供给量，更不能明白将来的市场供需两方要起什么变化。他的唯一导师，就是价格的变化。当某种商品价格有利的时候，这种有利的价格，是每个注意到的生产者统统眼红的。生产的努力便统统向着这方面进行。从最初着手的生产者起，到最后着手的生产者止，他们自身中间，彼此各不相谋。他们的产品，陆续送入市场。市场供给，逐渐加多。然而，需要的数量是比较固定的。这样，先进行生产的生产品，或者还在社会需要量以内，或者还可以出售，而收回相当的利益。最后生产者的生产品可能已经不在社会需要量以内。这一部分商品，就会在市场上摈逐出去，而造成生产过剩的情况。谷春帆认识到资本主义市场经济的唯一导师就是价格，然而这位导师，他本身即是个盲人，至少是常常会导人走入歧路的。资本主义又是长时段的生产(迂回生产)，将产生不可避免的时际不协调。

(3)相对价格的不同变化，扰乱了经济平衡。谷春帆认为，资本主义生产部门众多，在物价的涨跌过程中，各部门不可能达到变化的平衡。因为各

① 谷春帆：《世界经济衰沉的解剖》，上海开明书店1933年版，第39、40页。

个物价不能以相同的方向增加，即使增减的方向相同，也不能以相等的步骤增减。一部分物价相对地高于他部分物价，生产相对高物价的资本家，便收获了相对增加的购买力。生产相对低物价的资本家，便收获了相对减少的购买力。这样，假如原出发点是经济界比较平衡的一点，则经过这种价格变迁而后，社会购买力的分配，一定不再是从前的比例了。谷春帆还看出，经济危机前原料品价格增加较小，而制成品价格增加较多。经过加工手续越多的，价格增加越多。这就导致原料业及农业资本家的收益和购买力相对减少，工业资本家的收益及购买力则相对增加，经济的平衡因此被打破。

(4)供给方面的技术冲击、需求方面的消费者嗜好改变等偶然的原因，都可能打破生产与消费的平衡。谷春帆认为，技术发展，增加生产率，本来是极好的事情。然而资本主义生产制度，因为是无秩序无计划的缘故，所以这种可偶然而不可预料的新发展突然出现，往往反成为威胁平衡关系的祸种。新技术下的生产者增加生产，而旧技术下的生产者不知或是不甘减少生产，结果遂致生产过剩，使许多劳动辛苦创造的产品失去其交换的价值。另一方面，虽然一种生产事业本身并没有技术的改良，并且照常状态说来生产也没有过剩，然而这种商品仅可以因为代用品的生产增加，或是因为消费的用途改变，嗜好或时尚转易，而相对成为过剩。或是一种商品本是另一种商品的副产，因为主要产品需求大，产量多，而牵连副产品的产量发生过剩。这次衰沉期中，小麦等粮食生产便受到嗜好改变的影响，煤是受到煤油及水力代用的影响，银的生产则一半因为它是铜的副产品，而一半又因为世界各国销毁银币，减低银币成色，及安南等国废止银本位而过剩。谷春帆此种论断类似于“真实周期学派”的主张。

(5)财富分配的不公，也带来了经济平衡的破裂。谷春帆认为，资本家收获的剩余价值越来越多，他们只有两种用途：一种是投资，扩大再生产；第二种是消费，享乐。假如资本家总是愿意再投资去作扩大再生产的，结果生产是增加了，但是需要和购买力呢？劳动者的工资正在相对减少。资本家的资本已经投进生产进程中，化作原料机器，而代表购买力的货币形态的资本，则集中在原料机器的生产者手中去了。这个阶级，要担负消费这些扩大再生产下所生产的消费品，就是说要他们采取第二种用途，用货币去购买这些商品来消费。如其完全不能，或是不能完全，则生产便会过剩，物价便得跌落，存货便得增加。假如握有剩余购买力的大部分资本家，要出而消费他的过剩购买力，则结果如何呢？所有在假想中比较经济平衡时候种种物质的需要，这些资本家差不多已经相当满足了。在量的方面，能增加的很少。

于是质的方面，便只愿倾向于较高贵的享乐。否则只有创造新需要。而创造新需要这种变更的趋势，需要在生产者明快敏捷而又非常恰当不过不及的适应，这是难以办到的，于是经济平衡，还是只好逐渐归于破裂。

上述五条原因，谷春帆分析的核心是物价。他认为，物价是资本主义经济制度的枢纽，一方面，物价的变动缺乏高度灵活，有刚性，不能适应生产和消费的变化，“生产过多，物价便应跌落，而物价有时不能正确地适应着”。另一方面，生产和消费反应迟钝，不能适应物价的变化。“物价已跌，生产应当减缩，而生产有时又不能正确地适应着。”①资本主义缺乏强大的自我矫正机制，需要人为的办法去调整它。

谷春帆还分析了独占（垄断）对自由市场价格的破坏、劳动力转业的困难等市场失灵情况。

针对资本主义的经济危机的必然性，谷春帆提出的对策是：“资本主义生产制度，成为生产继续发展的障碍物。唯有从这种贸利制度下解放出来，用明确的经济意识和明确的经济计划指导着，确立新的经济关系和新的社会关系，永久的和平和永久的发展，才能从这上面出发。”②实际上提出了用计划经济取代自由资本主义的思想。此结论与马克思主义相同，似无新意可言。谷春帆世界经济危机论的特点在于，他使用的是新古典经济学的均衡分析方法，材料完全来自由俄林向国际联盟报告的当时最新的材料，在经济分析过程中达到了很高的水平。

（二）中国经济危机

在1929～1933年世界资本主义经济大萧条期间，中国并没有立即卷入全球经济危机，在1930～1931年还出现了经济繁荣。但好景不长，1932～1935年中国也同样出现了大萧条。

对中国经济危机爆发的原因及治理的对策，经济学界出现了两派，即贸易平衡论者马寅初与谷春帆等人，币制改革论者顾翊群、姚庆三、张素民、赵兰坪等人。谷春帆作为一派的代表，其论述有非常明显的特点。

1. 经济危机的原因

谷春帆认为，1932～1935年中国经济危机爆发有根本原因、促成原因及其他原因。

危机爆发的根本原因在于1930～1931年经济的虚假繁荣，造成生产与

① 谷春帆：《世界经济衰沉的解剖》，上海开明书店1933年版，第50、51页。

② 谷春帆：《世界经济衰沉的解剖》，上海开明书店1933年版，第132页。

消费的失衡。“在银价剧跌期内，消费工业品之发展，超过当时社会之购买力，世界农产价格之暴落，济之以国内之丰收，使国内农产品之价格跌落，工业品之生产，因国内之发展而致相对过剩，农产品之生产，因世界市场过剩而致过剩，即令银购买力不上涨，中国之物价，亦难免下降。此为经济衰沉之远因，亦为其根本原因。”

银价上涨虽然不是经济危机的根本原因，却是促成原因。“银汇购买力于两年以内剧烈下降而复于两年以内剧烈恢复，则实为中国经济衰沉所以如此促迫，所以于短时期内即达高点之近因，亦为其促成原因。”

经济危机的其他原因有：“国外农产品之过剩及国内之丰收，亦为助成物价下落之原因。国际收支不平衡，现银流出以致金融紧涩，虽为经济衰沉之果，同时亦为其因。”①

总之，“银汇之落，及其连带而起之虚华，为今日恐慌衰沉之远因。银汇之涨，及其连带而起之调整，为今日恐慌衰沉之近因。由此之故，发生种种困难之现象，在国内则物价平准既已下落，而彼此关系，复欠平衡，昔日缔结之债务债权，因物价变迁而失谐；在国外则国际收支，又属逆调，因之而现银外流，迄不能止，汇价涨落，多少仍受银价之支配”②。

谷春帆的中国经济危机论有鲜明的特点。首先，他将1930～1931年经济的繁荣和1932～1935年经济的衰退看成中国经济周期的两个阶段，认为从前者到后者是经济发展的必然。他运用了哈耶克1934年出版的《物价与生产》中的经济周期理论③，指出了中国经济在两个阶段的时际不协调，货币增多会带来经济的泡沫。“一九三〇年生产界之繁荣，实有赖于金融界之融通。并非生产界本身有蓄积资本之力量。自始以来，金融界之放款，非以供商业上之周转，而以供生产上之投资。战后欧洲之恢复，多赖短期资金之周转。卒为今日欧美经济界崩溃之原因。一九三〇年中国经济之繁荣，不幸蹈此覆辙。”④其次，谷春帆使用的主要分析工具是新古典经济均衡论，分析了生产与消费的均衡、进出口的均衡、货币经济与实体经济的均衡。指出危机的根本原因在于生产与消费失去平衡，而不是单纯的货币问题。最后，谷春帆以统计数字作为立论根据，在《银价变迁与中国》一书中有统计表26种。特别是首创以票据交换额为代表说明1930～1931两年内趸售市场生产界及

① 谷春帆：《物价与恐慌》，《社会经济月报》第2卷第9期（1935年）。
② 谷春帆：《银价变迁与中国》，商务印书馆1935年版，第156页。
③ 谷春帆：《物价与恐慌》，《社会经济月报》第2卷第9期（1935年）。
④ 谷春帆：《银价变迁与中国》，商务印书馆1935年版，第154、155页。

金融界的相对活跃，与以钞票流通额为代表说明零售市场消费者购买力的相对减退，证明有生产而无消费必然陷于经济衰沉①。在当时没有GDP核算方法时，此种方法为研究宏观经济的重要替代。

2. 经济危机的对策

谷春帆认为："经济界如一有机体，对于外界之变迁，假以时日，不加干涉，则其趋势自必倾向于调整之途（仅言之倾向，非谓其一定成功）。如以适宜之政策补助之，则能增加其恢复之力量。"②他认识到，经济会自动调节，干涉可以帮助经济恢复。危机的原因在于经济失去平衡，救济危机最重要在两点，"在国内自须平衡物价之差度，在国外自须平衡收支之逆调（国内物价与国际物价当然亦须保持相当平衡）"③。谷春帆进而提出"关税与统制贸易"政策，以区别于货币派主张的通过货币贬值提高国内物价的政策。

1935年5月，谷春帆认为："中国现银外流的危险，在于国际收支之不利……而最后结论，还不能不归根到统制经济、统制贸易上去。统制经济统制贸易不能立刻实行，所以我又觉得暂时只有借径于关税政策。银价汇价物价的上落，全不是我人自由意志可以决定的事，脱离金属本位在中国又太危险，而不脱离金属本位，又脱不了银价汇价涨落的痛苦。适当的关税政策，则可以用来抵消银价汇价等等涨落的扰乱。"④

1935年6月，谷春帆指出：关于救济办法，"大概说来，可以分做两种。一种主张货币贬值，一种主张统制贸易。从我说来这两种主张，不是根本上不相容纳，或者可以说仅是施行先后的问题。因为两种办法，统是有利有弊的。不过那一种利轻害重，则见仁见智各人不同。我觉得贸易统制其害较轻，其效较确，所以我赞成从统制贸易上入手。到得统制贸易此路不通，然后实逼处此，再来将货币贬值"⑤。

1935年9月，谷春帆又指出："实业部委员会以为关税政策及贸易统制政策，不能提高一般物价，仅能提高被保护的物价。如我人之目的，不在于普遍提高物价，而在于改正物价之差度，则进口贸易之统制与出口贸易之津贴，所能尽力于物价差度之改正者，或比货币政策之力量为有效，而又有恢复国际收支平衡之利。我意今日之中国，经济供需之调整，乃属最根本之要

① 即《银价变迁与中国》一书中第24、25、26表。
② 谷春帆：《物价与恐慌》，《社会经济月报》第2卷第9期（1935年）。
③ 谷春帆：《银价变迁与中国》，商务印书馆1935年版，第156页。
④ 谷春帆：《金融恐慌与伸缩税率》，《社会经济月报》第2卷第5期（1935年）。
⑤ 谷春帆：《金融恐慌的原因与接济办法提要》，《社会经济月报》第2卷第6期（1935年）。

图，内则济之以低利政策，以助生产之发展。外则辅之以贸易统制政策，以维持国际收支之平衡。三者并行，庶乎有豸（解救）。然而三者并行，则其去经济统制也亦几希。"①

从谷春帆的上述论断可知，他属于典型的贸易平衡论者，由主张关税政策到统制贸易再到统制整个经济。同时，谷春帆也认为任何主张都有弊端，因而他又主张，如果统制贸易此路不通，就可以实行货币派的货币贬值政策。

综上所述，谷春帆对20世纪30年代中外经济危机的论述有明显特点，在经济分析方面以物价的均衡（平衡）作为中心，在经济政策方面主张统制经济。

三、工业化通论

谷春帆从1935年起就开始关注和研究中国工业化问题，发表了《中国工业化计划论》和《中国工业化通论》两本专著及大量文章，工业化思想是谷春帆经济思想的主要组成部分。"中国工业化通论"又是谷春帆工业化思想的前提和总纲。

"工业化通论"是"工业化化通之论"。"化"为动词，"通"为社会一切。"工业化的化，即是教化风化同化变化的化。所谓工业化，是要以工业来化育来同化其他一切社会政治经济制度。"②即工业化为中国一切问题核心，实际上提出了以工业化建设为中心的治国战略。谷春帆认为他的《中国工业化通论》的目的就是要说明一句话："中国一切现状由于农业化，一切改革要待工业化。"③

谷春帆又说，工业化不等于办工厂、筑路、开矿、使用机器、大量生产等工业建设，它们只是工业化的重要工作之一，但不就是工业化。他所说的工业化注重在"化"字。"化是王化教化风化同化的化。工业化是以工业建设为中心，创立一种企业进取组织管理的精神与习惯，成为社会人群生活活动的标准。而使一切文物制度思想，依着这个中心标准精神而同化的意思。所谓文物制度思想，包括一切。大而国家民族的根本大计，小而乡下老太婆豆棚对话的生活观念，尽在这范围以内。"④

---

① 谷春帆：《物价与恐慌》，《社会经济月报》第2卷第9期（1935年）。

② 谷春帆：《工业化精神》，《大公报》，1943年6月6日。

③ 谷春帆：《中国工业化通论》，商务印书馆1947年版，第199页。

④ 谷春帆：《中国工业化通论》，商务印书馆1947年版，第9、10页。

谷春帆又说，工业化是中国政治经济文化社会道德教育所有问题的核心。“中华民族的生存发展要赖工业化。中国文化政治社会道德教育的型态与含义，也会得随着工业化的步伐方向而进展。虽然不便说工业化是因其余是果。但很可以说，如没有工业化做背景，则对于将来政治社会道德教育的型态，便不易有具体概念。工业化是问题的核心，他表示中国文明转变的方向。中国在将来要采取什么政治制度，什么道德标准，要走上军国主义，或民治主义，或社会主义，不是现在所能立刻解决，至少不能于现在完全解决。他只能随着工业化而解决。中国应当工业化，工业化便是我们努力的方向。”他认为，中国维新以后 80 年的纷乱，是认错了问题妄做主张所起，即没有抓住工业化这个中心，而在政治文化社会道德教育方面乱作主张。

抓住工业化建设这个中心，即抓住了中国问题的总纲，其他问题就用不着纠结争论。建国问题，千头万绪。4 000 年传统文化的转变，包含千千万万问题。各人可以有各种不同的见解。长期的理想的解决方案，与眼前的现实的问题，本质不同，答案也不同。“但天下事很多正面扭结不解，而在旁边可以轻松解开的。若有人对于明天天气的阴晴扭结争论，便教天文学家也很难判断。但是不需躁急，到明天自然解决。工业化既是问题的核心，是建国必要过程，我们只当努力于工业化。一切政治问题，道德问题，思想问题等等，虽非不值得考虑讨论，却不值得扭结争执。得到工业化发展时，这些问题，自然有个适当的解决。”①

社会政治道德等均与经济相连。社会政治等的改进也可以促进工业化。为什么要以工业建设为中心？以工业建设来“化”政治社会道德思想？为什么不以社会政治道德等的建设来“化”工业？谷春帆指出，这首先是经济史观、唯物史观的看法，同时尚有另外两层原因。(1)工业建设有明确的方向和步调。国家建设，要诸多方面步伐协调，不能太快太慢。一切制度思想尽是人为的，而工业建设则含有实物的限制较多。所以，政治思想道德等如进步得慢，其限制是人的限制。“但工业建设则不独是人的限制，而有物的限制。没有铁矿不能用人力来造一个。没有资本不能用魔术变出来。创办工业要相当日子。机器生产数量与速度均是可计算的确数。所以工业建设的时间要受实物环境的限制。其速度，其动向，比较确定。因此，可以以工业建设的速度与动向作为其他社会进步的领导中心。”②(2)工业建设有方

① 以上两段引文均见谷春帆：《中国工业化通论・序》，商务印书馆 1947 年版。

② 谷春帆：《中国工业化通论》，商务印书馆 1947 年版，第 14 页。

便着手的枢机。中国要现代化,社会政治等旧的文物制度思想,一切的一切,像一把乱丝。而工业建设是个可以切实把握的枢纽,政府抓住了这个中心,即抓住了农业社会的根本。这两点实际上可概括为一点,即工业化是实实在在、看得见摸得着的建设。

谷春帆根据世界潮流,认为眼前中国最重要的三件工作是:(1)提高生产力与公平分配;(2)担当全体战争与民族独立自决;(3)提高民智。而这三件工作全可以从工业化来发动而谋解决。"工业化以工业建设为中心。提高生产力是第一直接结果,无待再说,一切生产事业充分应用新技术新机械新方法。财富增加,人民享用提高,分配自趋丰富,因而更易公平。工业的训练,提高人民智识水准,改变人民生活观念,使人生哲学道德价值完全改变。生产力的提高,物质财富之增加,使人民更有余闲的时间,创造文明的生活,提高理智。亦使人民更有余闲时间,创造国防的武力。现代立体式的世界战争,与要求公平分配的政治经济斗争。均需要人民的组织及理智,而参加和平统一民族自决的世界,尤非有高度组织高度理性不可。这些全是工业化的事。"①

谷春帆提出全国应有工业化共信,反对分裂和内战。"中国人对工业化有共信,能确实将工业化当作第一件事情来办。一切政治纠纷,思想异见,权位争执,不要使它妨碍工业建设。工业建设要以和平为前提,所以决不可打内战。工业建设要有相当计画,所以决不能四分五裂而要相当统一。工业建设要群策群力,所以至少大家要能容忍讲理性。否则战乱一起,兵连祸结。工业建设固无从谈起。外国资本也无法输入。中国只好打回头,重走历史上停顿进退之路,甚至像五胡乱华时代一样,重走历史上黑暗之路。"②谷春帆是希望用工业化的目标来调和国共两党的政治斗争。

谷春帆认为,应用工业化的精神来进行工业建设,反对提倡旧道德。现代工业生产有一套精神,彻头彻尾,贯穿到社会各部分。西方的工业文明,与我们的传统文明,绝不相侔。西方人勇猛精进、求高求大的进取精神,正与我们知足不辱、退让谦逊的停滞文明相反。"我们要工业化,我们得改革整个社会,整个文化。在道德思想方面,我们要采取西方人勇猛精进,事事认真,讲权利、讲公德,这种态度。我们不可坚执传统以来的明哲保身,模棱两可,得过且过,马马虎虎的态度。效率一概念,本为机械生产比较标准高

① 谷春帆:《中国工业化通论》,商务印书馆1947年版,第16页。
② 谷春帆:《中国工业化通论》,商务印书馆1947年版,第198页。

低的概念。现在西方国家社会政治经济各方面,正在普遍采用。这是以机械的概念,来同化社会政治经济。而相反的,我们的固有哲学,固有道德,正是农业社会的哲学与道德。其中诚有很多可取之处,值得保存,也会得保存。但以农业社会农业生产的精神,来办理工业化的计画生产,诚如傅斯年先生所云,拖着四千年的垃圾桶迎头赶上,决无可能。"[①]谷春帆的结论是:"新生活与旧道德不能并存。"[②]这与蒋介石在新生活运动中主张发扬旧道德、建设新社会的口号相悖。

谷春帆工业化通论,正如他自己所说,来源于马克思主义的经济史观,即"生产技术,生产关系,是一个社会的根本基础。其他文物制度思想是建在这种基础上的楼阁。基础改动以后,上层的文物制度思想,自然随之改变。"[③]在唯物史观的指导下,谷春帆得出了"工业化是中国革新运动最提纲挈领的办法"的论断。

另一方面,谷春帆工业化通论还与抗战时期在大后方兴起的战国策派思潮有关。该派思想家从政治文化道德民族性等方面阐述时代精神,强调当今的战国时代应崇尚"力"。谷春帆作为战国策派一员,从政治文化道德民族性等方面论述工业化,也崇尚"力",特别强调"生产力"。1942 年 4 月 1 日,谷春帆在《大公报》发表《广"战国"议》,该文编者认为,战国的意义,林同济、雷海宗分作了历史形态学的说明,谷春帆的文章为另备一说。谷春帆指出:当今战国时代的趋势是:一为生产力,二为全能战争,三为理智的发展。"从中国说来,问题亦很清楚,我们应该提高生产力,提高民智,全能战争早已卷进了,我们更无法避免,过去的传统文化与民族性能不能及要不要保存,亦当用这种新的标准来衡量。我们是否在战国中消灭掉,抑担得起东西联盟的领导责任,要看我们自己的努力,亦要看国际局势的机会。"这种战国策派的论调,与前述"眼前中国三件工作:(一)提高生产力与公平分配;(二)担当全体战争与民族独立自决;(三)提高民智。全可以从工业化来发动而谋解决"的论断一脉相承。

有意思的是,战国策派主将林同济批评了迷信工业化者,"在这些人眼里,民族性问题,民族特有的性格风格问题,只不过是工业化问题的另一方面。在他们看去,中西的人生观以及生活风度的不同,只是农业经济与工业经济的不同,好像只须多筑几条铁道,多建若干处工厂,中国不欲变为西方

---

① 谷春帆:《中国工业化计划论》,商务印书馆 1945 年版,第 116 页。
② 谷春帆:《新工业与旧文明》,《经济动员》第 4 卷第 9 期(1940 年)。
③ 谷春帆:《中国工业化通论》,商务印书馆 1947 年版,第 15 页。

人，也非变为西方人不可者”①！这种批评，完全适合批评谷春帆的工业化通论。

谷春帆的工业化通论还受到吴大琨的批评。吴大琨认为谷春帆是开明的经济学者，也赞同谷春帆对工业化的定义以及中国必须工业化的理由。但他认为谷春帆说得不够，即他没有说明中国过去是一个封建、半封建的农业社会，而未来应是一个新型的资本主义工业社会的性质。吴大琨还特别批评谷春帆提出工业化迟缓的三大原因，即“一、资本蓄积特别困难；二、帝国主义不平等条约的束缚；三、中国广大的农业社会与一统的国家政教对中国工业化特有的阻碍”。吴大琨认为这三个方面都没有说到问题的根本，他认为根本原因是：“中国过去的封建农业社会，是一种所谓地主经济的封建农业社会，在这社会内商业资本，高利贷资本，曾与土地资本同趋发展而又互相勾结成为真正的‘三位一体’。”②鸦片战争后，商业资本、高利贷资本与帝国主义勾结成为买办资本，它们是中国过去没有工业化的根本原因。吴大琨还批评谷春帆不提在何种政治经济制度、何种社会理想下推行工业化。

四、农工两业互相牵掣的恶性循环论

近代中国的经济发展主题就是农业国的工业化，如何看待农业与工业的关系，如何在以农业为主的国家实现工业化，这是谷春帆关注的重要问题。

1935 年，谷春帆在《银价变迁与中国》中提出了近代工业品输入导致农村手工业破产的恶性循环，指出了现代工业对农村的冲击。他指出：中国近代被迫通商后，“机制品之输入，使手工生产，无法图存。而大批手工业者，不得不群告失业。农村家庭之间以地力不足而借手工为副业者，因副业之无法维持，而愈增困苦。人口之孳生不已，地力之不足愈甚。同时民族工业之发展，又受帝国主义之束缚，不能吸收乡村之游离劳动力。壮丁无所得食，散为流寇。寇盗侵寻，人不能安居乐业，散而之四方。于是向之为争攘地力而揭竿为盗者，今则反以揭竿为盗之故，而使地力荒废不治。土地荒芜，生产愈不足，寇盗愈多，地土愈荒。循环因果，无有已时。”③上文的传导机制可简化为：机制品输入→手工业者破产（因工业落后无法吸收）→流寇

---

① 林同济：《中西人风格的比较——爸爸与情哥》，《战国策》第 5 期（1940 年）。
② 吴大琨：《与谷春帆先生论工业化》，《经济周报》第 3 卷第 7 期（1946 年）。
③ 谷春帆：《银价变迁与中国》，商务印书馆 1935 年版，第 11、12 页。

→土地荒芜→生产力下降→工业品大量输入。形成了首尾一致愈陷愈深的恶性循环。

为了打破上述恶性循环,谷春帆指出,中国工业化问题必须与中国农业问题同时解决。"若广大之农村市场,日就崩溃,不能以之作为工业产品之尾闾。若多数之农业劳动,日就失业不能消纳之于工业生产,及工业原料之生产。使之转辗沟壑,或使之散为寇盗,或驱之于都市使之压迫现役工人。阻碍其生活程度之提高,及工业机械之进步。则中国之农业问题,故属日趋严重,中国之工业问题,亦是此路不通。"①

20世纪30年代中期后,谷春帆即开始研究中国如何实现工业化的问题。1937年,他在《国民经济建设的前提》中指出,中国工业化的第一步,不是工业化,而是农业改良,"只有使农业工业连环了走,使增进的农业生产力作为工业品的市场,使增进的工业生产力来吸收过剩的农村劳动力"②。这就指出了工业化过程中,农业与工业相互牵掣,应当均衡发展、共同进步、互相促进,否则单方面都难以前进。

1938年,谷春帆发表《中国工业化之前提》,该文详细阐述了农工两业的紧密联系。他指出,中国工业化与中国农业改革是一个问题,"中国人口百分之八十业农,其生产物之价值,恐怕亦是百分之八十以上是农产品及其副产品,所以中国工业化,要劳力,得问农村要;要资本,也得问农村要;要市场,也得问农村要;要原料,也得问农村要。中国工业化问题与中国农业改革是一个问题,脱离农村,即无复工业化可言,中国工业化不是平白地建立工业,是要将根深蒂固的农业尽可能尽无摩擦地改变为工业"③。

谷春帆从农工两业的紧密关系中提出了农工两业互相牵掣的恶性循环论,并认为只有利用外资才能打破这种恶性循环。他指出:农业改良,农业生产力逐步增加,即逐步有剩余劳动力赋闲出来。如何转移农村剩余劳动力呢?农业改良一种工作,其本身即需要新的劳动,故一部分剩余农村劳动,可姑认为即在农业改良的本身中吸收下去。然而,多数农村剩余劳动力,不能不赖工业及其连带的运输金融等制度来吸收,因之农业改良之速度,非但在技术上,即在社会观点上,亦不能不受新工业化速度之限制。而工业化建设,第一要资本,而中国民族资本之蓄积,又不得不有赖于农业之改良。因而工业化之速度,不得不受农业之限制,两者互为恶性循环。如其

① 谷春帆:《银价变迁与中国》,商务印书馆1935年版,第14、15页。
② 谷春帆:《国民经济建设的前提》,《社会经济月报》第4卷第8期(1937年)。
③ 谷春帆:《中国工业化之前提》,《经济动员》第2卷第2期(1938年)。

农业改良太快，剩余劳动力不能被工业吸收，或工业生产太快，产品不能为农村吸收，则剩余的劳力，与剩余的产品，均有溃决之可能。这就出现了农工业互相牵掣的恶性循环，中国若要急速工业化，只有利用外国资本，才能打破这一恶性循环[①]。

根据谷春帆上述叙述，可以得出农业改良和工业化的多重牵制，如图：两个水池（工业、农业）四根管道相互连接、互相牵掣。农业改良需要工业化提供新技术，同时需要工业化消纳农村剩余劳动力，因此受制于工业化水平。工业化需要农业改良提供新资本，同时需要农村消纳工业产品，因此受制于农业改良。

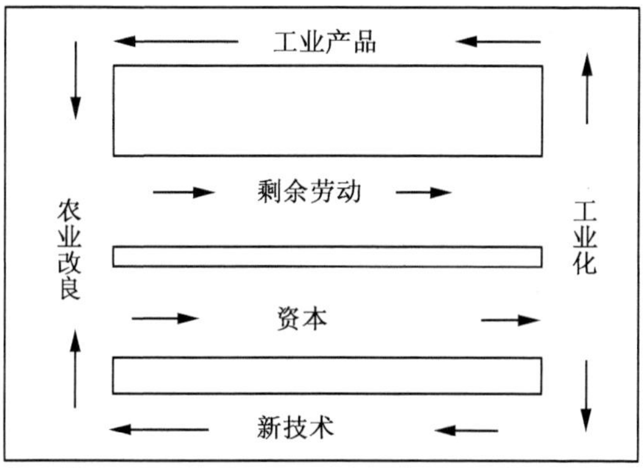

图 7—5　农业改良与工业化相互牵掣的循环

由谷春帆的论述，可以得出两个推论：(1)因农工两业互相牵掣的恶性循环，贫穷的农业国工业化起步阶段非常艰难，即低水平均衡陷阱，如要迅速工业化，必须依靠外力；(2)工业化过程中，农工两业很难均衡发展，需要政府调节，不然就会出现失衡，由于它们多重牵掣，失衡会带来恶性循环，均衡发展才会带来良性循环。

杨叔进在《中国工业化与资本来源问题》[②]中大段引用谷春帆上述理论，并归纳为："谷先生的看法，是中国在旧有的农业技术下，农业的剩余生产有限，资本的积聚便也不会很快很大，只有在农业改良后，农业生产才有大量增加的希望，剩余的生产才有被积聚成大量资本的可能。可是农业改良的本身，却又仰赖于工业的发达，而工业的发达，又以大量资本为前提。因此

① 谷春帆：《中国工业化之前提》，《经济动员》第 2 卷第 2 期(1938 年)。

② 杨叔进：《中国工业化与资本来源问题》，方显廷编《中国战后经济问题》，商务印书馆 1945 年版，第 118、119 页。

中国工业化的两足，便被裹住而不能自由地迅速地前进。这就是谷先生所说的农工两业互相牵掣的恶循环。”杨叔进仅从资本积聚角度总结，只看到图示的水池下方的管道循环，没有看到水池上方的管道循环。

1945年，谷春帆进一步论述了中国农业改良与工业化建设的关系，他指出：“工业之建设，应当与农业改良随同而来。使农业方面增加之购买力，成为工业化之资本。农业省出之劳动力，成为工业劳动。移出种植粮食之土地，种植工业原料，或出口农业产品。而稍后俟工业产品成熟之时，则又以农业上增加之购买力，维持工业生产之市场。”①谷春帆强调了农业改良和工业化建设应均衡发展，比图示中增加了农业向工业提供原料的管道。这段论述也基本提出了农业对经济发展有四大贡献：产品贡献（食品、原料），市场贡献，要素贡献（资本、劳力），外汇贡献。

五、资本蓄积和利用外资论

谷春帆指出，“资本是工业建设的第一前提”。中国工业化迟缓有三大原因：(1)资本蓄积特别困难；(2)帝国主义不平等条约的束缚；(3)中国广大的农业社会与一统的国家政教对中国工业化特有的阻碍。“但中国生产力之仅够或甚至不够生活，以致资本不能蓄积，却是中国工业化不能迅速发展的主要原因。”②

谷春帆认识到资本为工业化的原动力。他说：“现代工业之主要现象，即为大量资本之使用。任何生产组织，均为一部分资本与其他生产要素如土地、劳工等等之配合。故使用大量资本之工业化生产，不免使土地劳工之分配改动。但工业化之意义实不止此。资本为生产之原动力，故扩大资本以后，各方面均随之而有影响。”“因为资本之使用扩充，而生产要素之组织配合变更，因生产要素之组织配合变更，而后一切社会政治组织变更。”③

谷春帆统计出中国资本积累的几个重要数据：(1)中国新式工业资本战前总计38.08亿元(抗战前币值)，其中本国资本9.87亿元，外国资本28.21亿元；中国4亿人每人平均拥有本国资本2.47元。(2)本国资本中，能够扩大再生产的机械工业资本微乎其微，1933年仅0.44亿元，平均每个中国人每年能增值资本0.1元。(3)1912至1938年的27年中，每人每年能增加本国资本投资(以进口机件代替)1.2/450磅。中国工业资本的存量和流量如

① 谷春帆：《中国工业化计划论》，商务印书馆1945年版，第83页。
② 谷春帆：《中国工业化通论》，商务印书馆1947年版，第153、154页。
③ 谷春帆：《中国工业化之国内资本问题》，《经济动员》第4卷第10、11、12期合刊(1940年)。

此低微，要实现工业化，必须加速积累新资本。

谷春帆发现，中国资本积累面临供给和需求两方面的困境。他说："中国之资本甚微，但中国资本亦仍有不能充分利用之处。消费之需要，少于资本生产之货物，则资本不能充分利用。中国人之生活程度如此甚低，其对于消费品之需要，宁有满足。但虽有需要，而无购买力，则其需要不生效力。因为市场之狭小，故生产特种商品之人，往往觉得生产易于过剩，许多新兴小工业，制造胶鞋热水瓶等者，均有此感觉。即制造工业原料如火酒者，当景气于一九三二及一九三三年转为衰落时，亦有同感。故建设中国产业资本，似陷于矛盾中，吾们既不能节约，又不能消费，既不能供给资本，又不能供给市场。""资本之增值，与生产率之改进，互为因果。生产率低则资本不易增值。资本不增加，则生产率不易改良。"①

他又指出："市场狭小，购买力缺乏，新的工业品，只有排挤旧的手工产品；但旧的产业破坏，即系一部分生产力与购买力之减少……农业社会的种种条件均与工业化对立。农业社会要待工业化方能改变，但农业社会本身是工业化的阻力。"②

谷春帆以上论述指出了农业社会资本积累的多重困境和恶性循环，这与纳克斯(R.Nurkse)的贫困恶性循环论表述虽略有不同，但精神实质却非常相似。

如何打破中国资本积累的困境，谷春帆认为，首先是必须利用外资。他说："必须待初期之建设成功。工矿产品可以应市，铁路公路可以通车，水利已有成效，然后人民之生产力提高，可以增加资本之蓄积，可以使以后之工业建设，在国内多筹资本。最初一步发动工业建设之资本，必须大部分由外国投资。"③谷春帆已经认识到穷国启动工业化最初需要一大笔资金，即西方发展经济学里所说的"投资临界点"，而穷国最初是没有办法自筹的，只有依靠外资，工业化初期成功后，就可以逐步靠自身积累资本。

利用外资是谷春帆的一贯主张。正确地利用外资没有错，但他较多考虑利用外资的积极作用，较少考虑其可能造成的消极后果，甚至把"民族资本"、"自力更生"等说都作为了讥讽的对象。如他说："提倡民族资本，已成为普通口号。但资本而云民族，实在有些牵强。实业之组织，可有种种方式。中国人之资本，可与外国之劳力及原料结合，外国之资本亦可与中国之

---

① 谷春帆：《中国工业化之国内资本问题》，《经济动员》第4卷第10、11、12期合刊(1940年)。

② 谷春帆：《中国工业化通论》，商务印书馆1947年版，第153、154页。

③ 谷春帆：《中国工业化通论》，商务印书馆1947年版，第167页。

劳力与原料结合。在证券市场发达之国家，资本之转移极便。一个实业之股权，究竟在外国人或本国人手中，往往不易究诘。照普通观念，只要本国人出资，尽不妨用外国劳力与原料，均认为民族资本，其产品即认为国货。而对于外国资本利用本国劳工与原料的组织，均不认为民族资本。未免太重视资本的形式。一个外国工厂在中国雇用中国劳力及原料生产，对于中国整个经济之利益，恐怕要大于一个中国工厂而使用外国原料之民族资本的生产。"①又说："故中国工业化，只有在充分国际合作之场面下进行……自力更生自然是一好名词，但得自己审察自己之力量。"②因此有人曾批评谷春帆说："谷先生所主张的工业化似乎太接近于帝国主义资本在中国的工业化了。"③

除利用外资外，谷春帆还提出政府应利用一切财政与金融政策积累国内资本。方法有："第一是征税。其次是募债。其次是利用金融机构吸收零星储蓄。其四，万不得已，在若干明晰严格的条件下，亦可用通货膨胀信用膨胀之手段。而征税最为基本。"④其他筹集资本方式还有发展和控制资本市场等。

谷春帆拟了一个《中国工业化第一个五年计画估计可筹资金表》⑤，列出了从国内外筹集资金的 12 条途径。其中，国币有 7 条，归纳为三方面：(1)从预算拨支，(2)从租课借贷征集，(3)从土地政策征集，此外还有其他大资产的超额收益。外币有 5 条：战时所借外债未动用者，政府保有的外汇，外逃冻结的私人资金，政府指定担保的美金公债储券英金，华侨汇款。

上述各条中，最有特色的是土地政策这一条，具体方法为："假定政府征课百亩以上大地主之超额收益，全国一万万七千万亩，每亩收租六元。"计总数为 10.2 亿元。这里说的是"征课"，也就是征税。但是，在同书的第 68 页却将这一条内容写成了"征购"，而且对政策的说明更具体："以二十四年中央土地委员会调查为根据而推算全国百亩以上的地主，至多当不过八十万户，有地二万万五千万亩。如每户留给百亩，其余由国家征购，仍交原佃户租耕，则每年国库当可收租米一万万七千万市石。如以战前米价每石八元计，可得十万万二千万元。" 结果一样，但"征购"和"征课"的含义不同。而对

① 谷春帆：《中国工业化之前提》，《社会经济动员》第 2 卷第 2 期(1937 年)。

② 谷春帆：《中国工业化计划论》，商务印书馆 1945 年版，第 114、115 页。

③ 周则民：《中国经济建设之路》，周宪文编《新农本主义批判》，民国出版社 1945 年版，第 99 页。

④ 谷春帆：《中国工业化计划论》，商务印书馆 1945 年版，第 74 页。

⑤ 谷春帆：《中国工业化计划论》，商务印书馆 1945 年版，第 90～92 页。

国民政府来说，不可能实行这种政策则仍是一样的。

六、人口和民族性论

民国时期，专门研究人口问题的经济学家是陈长蘅等人，谷春帆主要是研究宏观经济和工业化问题，他在研究工业化问题时涉及了中国人口问题，由于角度不同，他的人口论也另有特点，他还进而提出了关于中国人的民族性的观点。

谷春帆认为："经济建设最重要的前提无过于人口问题。我国的人口太多，超过了土地资源在现时生产技术下所能供养的限度，这是中华民族近百年来节节失败的大关键。"[①]中国近代教育道德一天一天堕落，内忧外患一天一天增加，社会秩序一天一天破坏，其总病根就是人口问题。谷春帆指出：工业化后可以养活较多的人口，但实现工业化的过程，需要资本蓄积，需要提高农村购买力，首先必须要控制人口，控制人口为工业化的前提。

关于中国人口问题与工业化的关系，谷春帆认为：严重的劳力问题，简单说，就是量太多，质太差。"劳动供给量过多，是中国工业化的最大障碍。第一，人口太多，生产总额不够温饱，无力储蓄，因之妨碍资本之积聚。中国人民之穷，即因中国人民之多。第二，人口太多，劳动力供给过剩，争夺工作，使生活程度降低。大量产业预备军，愿意在不堪生活的条件下工作，人工比机械低廉，因而妨害机械之使用。第三，人口太多，不能生存，一遇灾荒，往往爆发，成为破坏一切生产力之因素。第四，人口因多而穷，教育不普及，因而影响到质劣。"在质的方面，"人口问题对于工业化，恐怕更要有切肤之痛。即使大规模采用机器生产，而熟练工人的需要，却只会增加不会减少。这正与机械化部队比步队之需要更熟练更有智识的士兵一样。苏俄五年计划之缺乏熟练劳动即其一证。使用机器，非但需要技术上的训练，而且尤需要社会上的训练"。[②] 他主张通过类似军队训练的社会教育、学校培训，以及工厂训练等多种途径培养熟练劳动力。

为了实现工业化，谷春帆主张节制生育。同时他又强调节制生育的暂时性：在中国工业化初期应限制生育，生产力发展了，又可以奖励生育。他说："我所说的限制人口生育，不是永久的。现在人多地少，生产力低故要限

---

① 谷春帆：《国民经济建设的前提》，《社会经济月报》第 4 卷第 8 期(1937 年)。

② 谷春帆：《中国工业化之前提》，《经济动员》第 2 卷第 2 期(1938 年)。

制生育。将来生产力高,自然又可奖励生育。总以人口的适中量为准。"[①]"中国人口并非绝对过多。但因生产力停滞薄弱,故全体人民所生产之货物,尚不敷全体人民的消耗。以致资本无法蓄积,工业无法推进。最要紧自然提高生产力。但如其生产力提高一些,人口亦增加一些,则结果仍是不敷,仍是贫弱。印度在英国统治下就有这种情形。所以在眼前提高生产力,勿宜鼓励生育。至少人口之增加,要比生产力来得慢才好。"他还重视人口的质量问题,认为"中国对于人口品质的改良,比人口数量之增加,尤其要紧"。又指出在生产力增加以后,人口数量自然可以任其增加。"一切生产事业要人来做。人是增加财富的原动力。人愈多则财富生产愈多。所以鼓励生育原自不错。"不过他又强调增加人口决不能突破这个底线:"全体人民生产的财富至少要能养活全体人民。若不能则是人口相对过剩。在此时要提高生产力亦要暂时节育。"[②]

此外,谷春帆还提出了中国人的民族性问题。他认为,任何民族都只有一种特性,一种适应环境的心理习惯。"从大体上说,中华民族过着小农自给生活。这种经济生活,即为决定中华民族特性之根本原因。"[③]他主要分析了中国的农民和士大夫。

谷春帆指出,三四千年文化的浸润,在农民的心理上不会不留下深刻的斑痕。家庭组织的坚强,使他们的心理上发生惰性,不能立刻适应新的大的组织。卑顺屈服在中国农民中似乎特别发达。"因为卑顺,所以农民是消极的。他们的自信力比较薄,他们的生活比较知足。他们对于不如意的事,能够逆来顺受。他们的生活艰苦,他们不得不重实际而少理想……这种心理状态是他们社会的地位,历史的积重造成功的。在转变期的中国,能不能迅速改善,我觉得大有问题。"[④]他提出要将农民"卑顺、驯服、知足、消极"的心理改变过来,使他们积极参加中国工业化。但又担心"工业化发展的机会,只限于社会上层。社会的限制,仍旧将农民捆在下层,永久不得解放"[⑤]。

谷春帆所说的"士大夫",是一个泛概念,是指中国的统治阶级,具体则

---

① 谷春帆:《国民经济建设的前提》,《社会经济月报》第4卷第8期(1937年)。

② 本段未注明出处的引文均见谷春帆:《中国工业化通论》,商务印书馆1947年版,第191、192页。

③ 谷春帆:《中国工业化通论》,商务印书馆1947年版,第78页。

④ 谷春帆:《中国工业化通论》,商务印书馆1947年版,第91页。

⑤ 谷春帆:《中国工业化通论》,商务印书馆1947年版,第92页。

是指地主。谷春帆指出，地主的土地小的数百顷，大的三四万亩，或雇工自己经营，或用奴隶经营。但中国历史上并没有大规模的集团耕作，所以地主虽大，而其经营组织则几乎是“无为而治”。“因之统治的地主阶级，是用‘无组织’的方式来经营的。换句话说，他是依赖农人的组织而经营的……而农人的组织，便是一个一个家庭。”①由于交通不方便，社交缺乏，一样阻碍了地主们团体意识的发展。他还认为，地主的儿童教育、生活状况及社会环境等所养成的人格，比之农民，一般地更不宜于组织团结的发展。

对于中国近代的情况，谷春帆分析说：“近百年来，自五口通商至抗日战争，中国志士仁人，为国家为民族，对内对外，均尽力想使中国赶上西洋文明……中国民族性，在许多地方，已受近代文明的洗礼。但大致说来，仍旧保留着小农制下传统的惰性。一方面还是卑顺驯服，忍耐宽弛。一方面还是虚诞空疏爱面子。而共通的还是散漫无组织，孤独自私。这些习性大多是农业自给制度所养成。”②他认为，在中国工业化以后，上述的“民族性”才能改变过来。“民族性与工业化互为因果。工业化可以纠正民族性。民族性改变亦可以推进工业化。如民族性顽固不改，则工业化会得流产。八十年来新工业没有成绩，民族惰性是其一因。”③

七、混合经济制度论

前已指出，谷春帆在1930年代初针对资本主义本身的弊端，就主张实施统制经济，进而主张实施社会主义统制经济。随着时间的推移，谷春帆思想发生了变化，他分析了自由竞争的市场经济和计划经济的缺陷，主张将苏联的计划经济、德国的统制经济、英美的放任经济三种制度各采取一点以形成混合经济制度。1944年谷春帆访美归来后，他惊叹于美国自由经济的活力和强大，主张采取偏向自由经济的混合经济制度。

1932年4月，谷春帆在《银之发炎——后序》中针对国际经济对中国银本位制经济的冲击时指出：国际经济流行的是金本位制，中国若继续维持银本位，则金银比价之危险，永不可免，而国际贸易与其他无形收支，都不得不随之而来苦痛的调剂。若中国改用金汇兑制，则其弊害更大。因此，中国应加强对国际汇兑和国际贸易的管理，让本国货币与世界货币完全绝缘。一切经济行动与设施，将尽为有意志有目的的政策的结果，而不

---

① 谷春帆：《中国工业化通论》，商务印书馆1947年版，第94页。
② 谷春帆：《中国工业化通论》，商务印书馆1947年版，第101页。
③ 谷春帆：《中国工业化通论》，商务印书馆1947年版，第102页。

复为外界势力盲目行动的苦恼的顺应。“故币制问题之关键，在于贸易外汇等种种国际经济关系之能否保证我人以确立不变之平衡收支，而此一问题则又系于我人能否解除无秩序生产制度之盲撞的国际经济侵掠。此诸问题，如环相连，惟有从现在无秩序之经济社会中，更进入高级社会，而为有秩序有意识之统制，然后国际经济对吾人之侵掠，币制问题对于我人之苦恼，始得一解百解。所谓低级范畴之一矛一盾，惟有借更高级之范畴，始得解释。”[①]谷春帆从主张中国应对国际汇兑和国际贸易加强统制，到主张对全部经济社会进行有秩序有意识的统制以建立一个高级社会，这些言论，反映出他对社会主义统制经济的向往，该篇文章也可能是最早在中国主张实施统制经济者。

1933年7月，谷春帆发表《中国经济改造的实现方法》[②]，该文首先对中国经济改造进行两个假定：(1)一定要一面提高生产力，一面平均分配，双方并进；(2)要实现这种改造，唯有采取社会主义的统制经济。而全文的重心在研究如何实现社会主义统制经济的方法上。他的方法就是在中国建立社会主义统制经济特区，“一国两制”，和平进行经济竞争，最后让人民选择实现更好制度。

谷春帆指出：“用统制经济来改造中国经济，不论是法西斯蒂式，或是苏维埃式，第一个前提，就是要放弃统一中国的迷梦，在现在的情势下，中国是无法统一，而且也竟无需乎统一。在现在的情势下，施行统制经济，只能在小范围内试验(譬如说一省两省之地)。只要不是太小，太小则不能自给自足，建立不起一个经济单位来，这个小区域就是一个小中国。第一个前提，小中国与大中国间，一定要保持着绝对的和平，任何军事行动，任何对抗的设备，一定要撤除，这是一个绝对必要的条件，否则彼此疲于交閧，小中国内统制经济，固然无法进行，而大中国内的自然经济，也会得日趋崩溃！”又说：“在和平的关系下统制的与非统制的经济，大家都能够发挥全力，各自去发展各自范围内的生产事业，而且因为统制的经济生产，要从根本上改造的缘故，恐怕最初期的成绩，还不一定赶得上现有的经济生产。这样从兵戎相见的比较长短一变而改为从建设成绩来比较长短，国民自然会下最后的判断。”

谷春帆的上述思想，实际上是希望劝和国民党和共产党的内战，让共产

① 谷春帆：《银之发炎》，著者1932年刊，第133～135页。
② 谷春帆：《中国经济改造的实现方法》，《申报月刊》第2卷第7号(1933年)。

党在苏区进行社会主义统制经济的试验，双方和平进行经济建设的竞赛，最后逐步实现社会主义。这主张从当时政治形势看，显得十分幼稚，是不可能实现的。但从经济思想史上看，谷春帆可能是最早大胆提出一个国家（大中国内的小中国）、两种制度（社会主义、资本主义）长期和平进行经济竞争的思想。两种经济制度并存于一国，也可说是一种混合经济制度。

在统制经济的思潮中，1937年谷春帆发表《用计划经济的观点来观察自由竞争下的静态经济》。他认为，计划经济理论与自由竞争理论相比其基础还相当薄弱，计划经济的实践也仅有一个苏联的榜样。而苏联计划的本身，也还错误多端，还在实验错误和改良的过程中，苦于没有一个预先讨论得明明白白的理论。谷春帆通过严格的假设，论证了自由竞争的价格制度能够达到生产与消费的均衡。这种均衡理应成为计划经济的标准，然而计划经济失去物价这个枢纽，很难达到生产与消费的均衡。通过两种制度的对比，谷春帆认为自由竞争和计划经济各有长短：

自由竞争通过短期的不平衡可以达到充分就业和产量最大。“自由竞争时，生产与需要，如连环马并辔而进，生产动一步，需要带动一步。需要动一步，生产亦带动一步。因为这样，生产与需要永远得不到静止的平衡。也因为这样，生产与需要常常有脱节，有损失，有错误。然而也因为这样，生产与需要在理论上才可以互相发挥而趋向最适中的境界，使全体乐业而产量最丰富。”

计划经济可以使短期易于平衡而难以达到充分就业和产量最大。“在计划经济或在统制经济下，不是武断限定需要之数量而使生产依为标准，便是武断限定生产数量而使消费依之调节。在两个可变数中，钉住一个为标准，使其余一个依之计划。因为这样就失去自由竞争下生产与消费互相发挥的关系，就失去理论上得到最适中境界最大量生产的条件。所以自由主义者往往不赞成经济计划或统制。虽然计划经济下所钉住的一个变数，仍只是暂时的标准，可以随时改进，因之仍可维持供需间相互影响的关系，但在理论上不能如充分自由之运用圆活，故自由主义者仍可以为自由胜于计划。但两个可变数同时变迁，其平衡甚难。如船向灯塔行，而灯塔本身浮泊，东西不定，则船自不能定。物价不定则生产消费均无一定，彼此盲撞。如将生产消费之一，假为固定，则平衡当然较易。”

自由竞争和计划经济的结果相差无几。“自由主义者往往轻视短时期内的生产消费失谐之损失，以为无足轻重，如A. Marshall即是如此。但事实上经济活动，无非短期之相续。自由主义理论上生产消费充分相互发挥以达到最高阶段之利益，诚比计划经济为大。但其生产消费往来失谐之损失，亦定比计划统制为大。事实上充分自由永难实现。所以自由竞争流为独占。严格计划亦难实现，更难持久。所以计划经济流为不三不四之统制。独占与统制其相去无几，差不多是一而二二而一了。”①

谷春帆通过自由竞争和计划经济两种制度的对比分析，认识到了每种制度均有缺陷，不能盲目相信，这种思想为他后来提出混合经济制度论奠定了思想基础。

1938年，谷春帆再次对自由竞争和计划经济作了对比分析和批评。他批评私人资本主义的自由竞争法则以物价为调节枢纽，而物价本身变动不居，生产者与消费者只能根据一个不可确切捉摸的物价来盲撞。往往不是生产过多，便是生产不足，造成大量浪费。非但中国的经济建设要迎头赶上，不能这样浪费。尤其因为中国经济建设的意义不限于经济，而是整个社会整个文化的变革，所以不能不也不会不采取一种统制的组织。他又批评计划经济说：“至于计划经济，在原则上无可非议，而且比不彻底的统制，还要言之成理。如其一个社会，可以像工厂组织一样，有个有意识主宰的经理，自然最好。但事实上，整个社会的范围太大，非但调查统计不完备，工作消费不能全如程序，要发生可惊的浪费。而人之能力、嗜好、年龄、生死，及其化（花）钱储蓄之态度，均非固定不变。则经济计划，即在先天上含有参差失序的必然。”

对于引进外资的影响，谷春帆认为：“因为要招揽外国资本，在绝对的计划经济与极端的国家资本主义下，均属难能。同时招揽外国资本，要其大量迅速有效地应用，又非借重国家的力量及施以若干统制不可。所以中国工业化的前途，不是计划经济，而是统制经济。不是纯粹的私人资本或国家资本主义，而是国家资本与私人资本兼收并容的发展。”②

1945年谷春帆著《中国工业化计划论》，提出了完整的“混合经济制度论”。他认为国家管理经济的方式有三种：做、管、放。“计画经济是国家定一计画，自己去做。与之相反的放任经济，即是国家全不计画，亦全不去做。而将计画与做的工作，完全交之与人民。所以这种经济型态，如用一个字来表示其特征，便是放。”③在两种极端形态中间，另有一种中间形态。“他不同

① 谷春帆：《用计划经济的观点来观察自由竞争下的静态经济》，《经济学季刊》第7卷第4期（1937年）。

② 谷春帆：《中国工业化之前提》，《经济动员》第2卷第2期（1938年）。

③ 谷春帆：《中国工业化计划论》，商务印书馆1945年版，第6页。

于放任经济，因为他主要是规范生产力的方向，而不是放任。他又不同于计画经济，因为他主要只是规范人民的生产力，而不是国家自己来计画来做。若要用一个字来表示此一型态之特征，我们可用一管字。”①“这三种形态，各有其历史的使命。各有其特殊的环境与意义。各有其必要的条件。亦各有其利弊长短。”②

谷春帆说，世界上有三种经济制度：苏联为代表的计划经济，英美为代表的放任经济，德意为代表的统制经济。它们之所以采纳不同制度，完全是因其本国历史环境不同。中国选择经济制度，要适合中国的国情，完成中国的工业化任务。中国应将三种经济制度混合起来，各采取一些。

他认为，中国工业化的任务，在开头便不是单纯的。它一面要破坏旧的桎梏，从旧的思想文物中解放出来；一面要提高生产力，发展新的技术与组织；而另一面使种种方面的努力，集中在统一的目标上。所以三种经济形态可以在某一点上说全合用，也可以说全不合用。放任经济可以解放生产力，是合用的，而缺乏集中统一的意思。统制或指导经济可以规范经济活动到一定目标上，但又缺乏发展生产力的作用。计划经济提高生产力，使其向一定目标努力，似乎最合宜，但缺乏一个彻底破坏解放的前提。因此，任何一种单纯的形态，对中国均有不宜。中国工业化的形态，势所必然将为一种混合的形态。“就是说，国家自己计画，自己做，同时也鼓励，也放任，私人去做。而给予一种指导及管制。他将并合计画经济，放任经济，统制经济，指导经济，而于每种型态中采取一些。”③

马寅初等人提出混合经济是考虑到世界上三种经济制度各有利弊，为吸收众长，所以应将三种形态综合成混合经济。这种想法有走捷径，制度上赶超欧美之嫌。谷春帆提出混合经济是从国情立论，更有着落、更深刻。

谷春帆还指出，在混合经济的三种形态中，在工业化建设初期应强调计划，但计划经济仅是过渡办法，随着时间的推移，计划经济成分应逐渐淡出，让位于指导经济和放任经济。他说：“计画经济，是从干涉人民的经济活动中，谋经济力量之增长。但这是过渡办法。到经济力量增加之时，计画统制的程度，应当一天一天减轻。让渡与自由放任之经济。到最后，则差不多全部经济，全放任人民自由。而国家只经营一些公共的经济事业，国防公共工程之类。国家仍要有计画来办理这些事业。但其办理是代替人民处理公共

---

① 谷春帆：《中国工业化计划论》，商务印书馆1945年版，第10页。

② 谷春帆：《中国工业化计划论》，商务印书馆1945年版，第12页。

③ 谷春帆：《中国工业化计划论》，商务印书馆1945年版，第16页。

事务，而不是干涉人民的经济活动。在中国的情形下，我希望经过二、三期国家建设以后，人民富力增加，国家计画统制指导的成分，即可逐渐减少。所以在我的系统中，放任经济是渐增重要的项目。与苏联式的计画，与德意式的统制，不同在此。”①

谷春帆对政府管制经济的困难和官吏管理经济的弱点进行了论述，因此统制应愈简单愈好。“所谓统制管制者，是人民要东，而政府偏要抑之使西。根本先是一层困难。管制统制之人是政府公务员，对产业情形隔阂。管制机构是衙门，与产业界成为对立。根本难行。”“国家工业化计划生产之成功，主要须赖公营与指导民营两办法。统制只是必不得已的消极办法，不能积极增加生产。所以愈少用愈好。用到之时，亦要愈简单愈好。愈采会商方式，愈少强制方式，愈好。”②因此，谷春帆主张国营企业实行公司制。衙门机关是“管”的机关，而不是“做”的组织。官僚机构是为管理众人而设，故特重法令防弊拘牵的周到，而经济建设则为经营生产事业，性质完全不同，政治势力与事业经营，愈分开愈好，国营公司的人事财政应完全独立。

1949 年 4 月，在上海的《经济评论》举行了《和平后我国经济制度的抉择问题》笔谈，讨论题目是：(1)和平后经济方面的目标是(A)社会主义理想的实现，还是(B)高速度生产力发展；(2)为实现上面两项目标，应选择(A)严格的计划经济制度，还是(B)以市场价格机构为主而由政府作适度适时干涉的制度？③

此时战争的胜负已成定局，上海即将解放，18 位参加此次笔谈的经济学家大多倾向于方案(A)，谷春帆的答复是：“从实现社会主义的理想看，它既然要使重要生产工具公有公营，则当然以采行制度 A(严格的计划经济制度)为宜。至于从加速生产力的发展观点，比较制度 A 与制度 B(自由市场价格机构为主而由政府适时作适度干涉的制度)，那个效率高，则没有一定，这要看政府的办事效率如何。在行政效率不高的国家，也许制度 B 容易做些，无论有无外资都是一样(我以为外资之来与不来，与此两种制度选择的关系不大)。以中国的实现情势，实施制度 A，确是困难。我国资本蓄积迟缓，行政效率太差，人民生活程度已经太低，无法再降低。至于随严格的计划经济制度而来的缺点，实为政治民主的不容易建立。但在此两种制度之间，很可能有一折中制度，可称为‘指导经济’。”可见谷春帆明显倾向于方案

① 谷春帆：《中国工业化计划论》，商务印书馆 1945 年版，第 22 页。
② 谷春帆：《中国工业化计划论》，商务印书馆 1945 年版，第 58、59 页。
③ 谷春帆：《指导经济一个中间型态的经济制度》，《经济评论》第 5 卷第 1 期(1949 年)。

(B)，即仍然坚持偏向自由市场经济的混合经济制度。

第五节　唐庆增的经济思想

一、理论经济学家唐庆增

唐庆增(1902～1972)，字叔高，江苏无锡人。出身书香世家，父亲为上海南洋大学(上海交通大学前身)创始人国学大家唐文治。1920年留学美国，1923年获密歇根大学经济学学士，1925年获哈佛大学硕士。回国后任上海中国公学大学部、上海商科大学、复旦大学、中央政治学校、暨南大学、浙江大学等校教授，光华大学、大夏大学经济系主任。1934～1937年主编《经济学季刊》。新中国成立后，长期担任复旦大学教授。著作有《唐庆增经济论文集》、《西洋五大经济学家》、《国际商业政策史》、《国外汇兑》、《穆勒：政治经济学原理》(英文原本节选，中文序言和注释)、《大学经济课程指导》、《唐庆增经济演讲集》、《唐庆增最近经济论文集》、《经济学概论》、《中国经济思想史》、《节本盐铁论》(评注本)、《中美外交史》、《唐庆增抗日救国言论集》等。其中，《中国经济思想史》为他的代表作[①]。

唐庆增的著作集中在20世纪30年代出版，他是当时中国最著名的理论经济学家之一。1937年，刘秉麟指出："唐叔高先生对于理论上之纂讨，真是朝夕孜孜，日深一日，其体大思精之处，前途正未可限量。"[②]遗憾的是，唐庆增在20世纪40～70年代因健康等原因很少有著述发表[③]。1942年夏炎德对唐庆增有一全面的评价："唐庆增先生为一纯正之学者，于理论经济学研究甚精。历年主持光华与大夏诸大学经济学系，著述甚多，并主编《经济学季刊》。唐氏之思想趋向英国古典派，于亚当·斯密尤所心折，对马克思则抨击不遗余力，言论文章多主合理之个人主义，颂扬自由精神，认为政府于经济之职务仅限于若干有限的方面，即于统制经济高唱入云之际，彼仍持自由经济如故。虽然，中国产业基础未立，不能全任贸易自由，坐视本国幼稚

---

① 参见叶坦：《"欲创造适合我国之经济科学"的唐庆增其人其书》，唐庆增《中国经济思想史》，商务印书馆2010年版，第469～488页。

② 《刘秉麟先生序》，刘絜敖：《经济学方法论》，商务印书馆1937年版。

③ 据笔者所知，1939年12月，唐庆增在《财政评论》第2卷第6期发表《从租税原则上以观察中国之税制》，在1940年代他还有多篇论文发表，如《郑观应对于中国工业之意见》、《汤寿潜工业学说述评》，二文分别载于《中国工业》第2卷第2号和第2卷第6号(1944年)，但从1940年代直至其去世，尚未发现他有专著出版。

工业为外力摧残。以是征收保护关税,亦为唐氏所赞同。以言中国经济,则认为生产重于分配。彼对于经济思想史研究最深,私人藏书甚富。论此方面之修养,国内学者实无有出其右者,特当代之理论非所娴熟耳。氏所著《中国经济思想史》,业已完成上卷。彼于中西学均有素养,以著此书,最为合格;虽所据文献中不免杂有伪书,然于此学术空气稀薄之时,终不失为一重要之收获。惜渠近年牵于课务,健康不佳,中下卷不知何日能脱稿而已。"[①]夏炎德对唐庆增可谓推崇备至,将他与马寅初、刘大钧、李权时、叶元龙并列为中国五大经济学家,同时也指出了唐庆增对当代经济理论(当时的凯恩斯、哈耶克等理论)不熟悉的缺点,可谓评论恰当。

唐庆增还热心抗日,其讲演和论文汇编在《唐庆增抗日救国言论集》(1933)一书中,他在该书序言中说:"吾侪书生,既不能上马杀贼,与强敌周旋于疆场之上,退而以三寸毛锥,致力于监督政府,唤醒民众,亦未始非报国之一道。"在"九一八"和"一二八"事件后,唐庆增主张政府应立即对日宣战,反对蒋介石政权的不抵抗政策。他在《汉奸辩》一文中说:"今人所抨击之汉奸,未必定属卖国求荣之辈,当世之所谓伟人,或反系真正之汉奸。""助日人杀人放火者,诚属汉奸,袖手旁观,坐视日人杀人放火,置同胞生命财产于不顾者,实属汉奸中之大者。""马占山变节,举世称之为汉奸,然马氏孤军抗日,以弹尽援绝而降,尚有可原。彼坐拥十万雄师,不发一矢一卒,忍令国土沦亡者,殆为汉奸中之汉奸矣。"[②]该文言辞犀利,矛头直指蒋介石、张学良等辈手握兵权者,其书生报国的激情和不惧权贵的勇气跃然纸上,令人起敬。

唐庆增的经济学中国化论、中国经济思想史论,以及自由经济论,均属于理论经济学的重要课题。他的理论并非全部由其首创,而是结合中国实际搬运西方理论,其自由主义论的核心是西方古典和新古典经济学。除此之外,他还大量吸收德国历史学派的方法和主张,比如,对中国经济思想史学科的重视,提倡建立"中国化的经济学系",以及在自由经济论中同时主张保护关税,均是受历史学派影响。唐庆增认为:"世间一切学说与制度,本无绝对的是非,适于甲国者,未必合于乙国,当以能否适用为断,不能一概而记也。"[③]这种论调就是典型的历史学派主张。另外,唐庆增思想还来自中国的传统经济思想,特别是儒家学说,其提倡中庸的和缓的个人主义就是明证。

---

① 夏炎德:《中国近百年经济思想》,商务印书馆1948年版,第178、179页。

② 唐庆增:《唐庆增抗日救国言论集》,上海社会科学书店1933年版,第48～50页。

③ 唐庆增:《中国生产之现代化应采个人主义》,罗荣渠主编《从"西化"到现代化》,北京大学出版社1990年版,第304页。

唐庆增的经济思想还存在一个重要问题，就是反对马克思主义，否认中国存在阶级和阶级斗争，据此提出了若干鼓吹阶级调和的经济政策主张。

二、经济学中国化论

20世纪二三十年代，西方经济学传入中国已经数十年，而中国经济学教育和科研却仍处于草创阶段。在这种背景下，唐庆增发表了西方经济学中国化和提高中国经济学教育和科研水平的论著，在当时经济学界独树一帜，产生了广泛影响。正如马寅初评价他这方面贡献时指出："俱能详他人之所略，实为研究经济学之指南，亦提倡经济学声中之一宗大事也。"①

（一）经济学教育

唐庆增对经济学课程设置、教与学的方法、书籍选择、毕业论文写作、留学指导等问题均有详细论述②，以下重点介绍他对经济学系课程设置的观点。

唐庆增受历史学派影响，明确主张设立"中国化的经济学系"，他把中国新式教育一味模仿西方而没有供给适合国情的教材，视为现代化的困难和障碍，认为"欲求我国之现代化，于外邦之先进国家之状况，固应注意，尤须留意本国之环境，现时我国学校所灌输者，多为外邦之学理与事实，入社会办事后，遂觉格格不入矣"③。因此，唐庆增将课程建设不仅作为经济学教育的重要内容，且将其提高到现代化能否成功的高度加以反复论证，著书立说。

在《改造我国大学中经济课程刍议》④中，唐庆增指出大学经济课程应该进行七个方面的改进：(1)厘清文科、商科界限，文科为纯粹经济学，商科为应用学科。文科经济学课程应大力扩充，应开设经济学原理、经济史、经济思想史、财政学、劳动问题、农业经济、世界经济趋势、统计学、高等经济、经济问题等课程，使经济学系在文科中单独成为一学系；(2)扩充经济学课程；(3)选用适合学生程度的英文教本；(4)延长授课时间，学年功课不能半年讲完；(5)课程安排由浅入深，学生不能越级选课；(6)课程设置不能内容重复；(7)授课内容应增加本国材料。

---

① 《马寅初序言》，《唐庆增经济论文集》，商务印书馆1930年版。

② 参见《唐庆增经济论文集》有关论文及《大学经济系论文之作法》，《经济学季刊》第5卷第3期(1934年)。

③ 唐庆增：《中国生产之现代化应采个人主义》，罗荣渠主编《从"西化"到现代化》，北京大学出版社1990年版，第303页。

④ 《唐庆增经济论文集》，商务印书馆1930年版，第35～40页。

唐庆增主张纠正当时经济学教育过度国际化的弊病。课程设置切忌盲从欧美各国,"吾人今日之使命,在能建设一适合国情之经济学程,初不必处处以模仿外邦制度为事也"。并且认为"我国大学中经济课程有一最大缺陷,即因国中合用之教本过少,不能不用西文书籍,其结果恒使莘莘学子之脑筋中,充满不少外邦事实,于本国情形反多不甚了了"。他强调了中国的经济学教育需要本国教本、本国内容、本国学程。

在《经济学系在大学课程中之地位及其使命》①中,唐庆增全面论述了培养经济学本科生的方案。他认为,大学中经济学系内容可分为课程教学与课外工作二种。课程教学包括基本学科、理论之部、应用之部、研究学程四个方面,具体要求如下:(1)基本学科以"经济学原理"一科为主,还应包括欧美亚"经济史"、"经济学范围与方法"、"经济学教学法"。(2)理论部分包含"西洋经济思想史"、"中国经济思想史"、"价值与分配论"、"经济名著选读"、"近代西洋经济思想派别"、"社会主义史"、"高等经济学"等科。(3)应用部分为"财政学"、"中国财政问题"、"所得税问题"、"货币与银行"、"会计学"、"统计学"、"经济环境"、"劳工问题"、"中国经济问题"、"关税问题"、"农业经济"、"穷困问题"、"人口问题"、"现今世界经济趋势"、"欧美各国货币制及银行制度"。(4)研究学程(research course),"即以上述学程为基础,特将范围缩小,研究集中一点,不必另谋科目(例如大学四年级或毕业院学生,苟欲读货币与银行,作为研究科目,可认定一题目研究,如发行纸币问题与农民银行研究之类,余可类推,但以曾经读过该科学生为限)。除应作论文之外,担任该项研究学程之教授,应时时与学生商议,提出问题讨论,并随时检查其读书之报告,俾可随时试验学生学业之进步与否,并选修该科后所获之实益。"

唐庆增指出,中国大学经济系建设的目标是成立一中国化的经济学系。"将来大学中之经济学系,必可完全以本国情形为基础,我国大学中设立经济学系,历史既不甚久,故内容颇多模仿他国大学,间有不合国情之处,加以本国著述不多,故不能不借重西书以为教本,此系过渡时代办法,他日当能完全成立一中国化的经济学系,一方面研究西洋经济学说及制度之精华,一方面阐求我国固有之思想及改良国内之经济状况,采他人之长,补吾人之短,以切实之功夫,为精确之研究,是则愚所切望者也。"

---

① 《唐庆增最近经济论文集》,民智书局1933年版,第87~88页。

1933年唐庆增著《大学经济课程指导》[①]一书，对前文提出的经济学学科建设的问题和目标作了进一步论述，并详细设计了经济系应开课程。该书建议选本系科目31门，选其他院系科目38门，这些科目并不要求每位学生都必须修完，除经济学原理等必修课外，学生可选修上列一半左右课程。从这些众多课程可知，唐庆增既重视国际通用的基本经济理论，又重视有关中国经济问题的学习，同时强调经济学专业学生应大量选学其他学系科目以扩大知识面。唐庆增的课程表中还有一显著特点，即历史类课程占比较大，应选本系科目31门中，历史类课程占7门(包括近代经济思潮)。

唐庆增设计的本系31门课程已经涵盖了今天教育部规定的8门经济学类各专业核心课程中的6门，即西方经济学(经济学原理)、国际经济学(国际贸易、中国及欧美各国币制、中国及欧美各国银行)、货币银行学(货币与银行)、财政学、会计学、统计学(经济统计学)。

政治经济学、计量经济学这两门今日的核心课程在唐庆增的时代还没有正式出现。他设计了《社会主义史》，以介绍包括马克思主义的各种社会主义流派。他还设计了“初等微积分”课程，认为“凡研究经济学中数理学派之学说者，不可不读此科，习之于研究统计学上，亦有极大之裨益”。表明他是重视数理知识在经济学中的作用的，但他仅仅把数理知识看成对研究经济学中数理学派和统计学有用，与今天计量经济学的广泛应用已不可同日而语。

唐庆增经济学课程方案与他尊崇新古典经济学、赞赏历史学派、反对马克思主义的经济思想相关，基本理论部分即为新古典经济学，多开历史课程以及各门课程的中国化，明显受历史学派影响，用《社会主义史》取代马克思经济学与他反马克思立场息息相关。

(二)经济学科研

对于如何提高中国经济学的科研水平，唐庆增发表了《今日国中经济学家之责任》、《研究经济学之方法》、《经济学自修指导》等文章，详细论述了提高科研能力的各个方面。

关于中国经济学家的责任，早在1927年6月，唐庆增就提出中国经济学家有八大责任：(1)编撰适合中国国情的经济学课本和参考书；(2)编撰经济学经典论著选本；(3)统一经济学译名；(4)编辑字典及百科全书；(5)整理和编订古今中外名著；(6)研究中国经济问题；(7)搜集和编制各项统计；(8)灌

① 唐庆增：《大学经济课程指导》，民智书局1933年版。

输经济常识①。这八大责任可以说是八大紧迫任务，均为关系中国经济学学科发展的基础工作。

关于研究经济学的两个先决条件，唐庆增认为应是道德训练和广博的知识。他说：道德训练与研究经济的关系非常深切，“研究工作之成功与否，研究结果之真实与否，皆由此一点而有所分歧，第一，研究时要有进取的精神，要耐劳，切勿虎头蛇尾……第二，研究经济学，要有大公无私的精神，要正直，要以社会为前提，切不可贪图利己。研究经济学的目的，并不是使自己发财，乃是为社会上多数人谋幸福。若研究的人有大公无私的精神，才能够增进大众的利益，有饭吃，要大家有饭吃，这样才好……第三，要有敏锐的眼光，因为经济事物，变化非常之快，如果观察稍为迟钝，就不能得到事实的真相，难免要落伍了”。除道德训练外，研究经济学还应有广博的知识，“社会科学有好多种，社会、政治、法律、心理等等都与经济学有密切的关系。研究经济学的人，对于这等科学，也就不可不有充分的知识。在研究高深经济学时，常有以特殊有关系的科学作根据，而终完成他的特殊理论”②。从上述言论可知，唐庆增特别强调经济学家的道德责任和进取心，这些观点对今天的经济学界仍有启发意义。

关于如何进行经济学自修，唐庆增指出应注意16个问题，即：(1)研究应按部就班由浅入深；(2)选择有价值而又适合本人程度的书籍；(3)自修之初，读经济书籍不宜过多；(4)不宜躁进；(5)应分部分时间研究他种学科；(6)多请教师长；(7)朋友常切磋；(8)选择研究科目以个性所近为标准；(9)学以致用，观察学习时事经济动态；(10)订购研习中外经济名刊，如哈佛大学《经济学季刊》等；(11)常备字典和百科全书，如《帕尔格雷夫经济学字典》等；(12)须细心，须思虑；(13)随时记录研究心得；(14)最好通晓英文、德文、法文、日文；(15)读译本应慎重，最好比勘原文；(16)研究学术，全赖个人毅力与精神③。

关于学术规范，唐庆增指出：在写作论文时，“引句必须注明出处，免有掠美之嫌，此层极重要而为青年所最易忽略”。“附录应列举参考书目，所用杂志报章之材料，亦当一一为之标明，是为著述材料之来源，至属重要。”④

唐庆增以上关于经济学者如何进行科研工作的论述，看似为细枝末节

---

① 《今日国中经济学家之责任》，《唐庆增经济论文集》，商务印书馆1930年版，第1～8页。

② 唐庆增：《研究经济学之方法》，《唐庆增经济演讲集》，世界书局1933年版，第25、26页。

③ 唐庆增：《经济学自修指导》，《经济学季刊》第2卷第4期(1931年)。

④ 唐庆增：《大学经济系论文之作法》，《经济学季刊》第5卷第3期(1934年)。

问题,实际上却是经济学学科建设的基础,经济学进步应从小事做起、从基础做起。唐庆增的文章离今天已经70多年,中国经济学也已经取得了巨大的进步,但他强调经济学者的道德责任、治学毅力、学术规范等对今日仍有启发意义。

唐庆增和何廉都关心中国经济学的学科建设,都强调经济学的中国化。二者比较,唐偏重理论,何偏重实践。然而何廉主持的南开大学经济研究所取得了巨大成功,唐庆增主持的光华大学、大夏大学经济系却相对无闻,其中有一个重要原因在于学科建设必须要有物质基础,何廉在中外募集了大批款项,可以聘请一流教授,招收一流学生,进行连续的社会调查。唐庆增就没有这些条件。尽管如此,唐庆增关于学科建设和经济学中国化的理论在当时别树一帜,对中国经济学发展仍然有贡献。

三、中国经济思想史论

唐庆增1925年回国后,即开始研究和讲授"中国经济思想史",积10年之力,1936年出版《中国经济思想史》(上卷)。该书内容为原始社会至秦末的上古经济思想史,是唐庆增中国经济思想通史三部中的一部。其余二部中世纪和近代经济思想史的专著没有最后完成。但他发表了大量有关中世和近代经济思想史的论文,如盐铁论研究,孙鼎臣、陈炽、曾国藩、郑观应、汤寿潜、徐光启等人的经济思想研究。加上他还发表了不少有关外国经济思想史的论著,可见唐庆增不仅是研究中国先秦经济思想史的专家,而且是有体系通论古今中外经济思想史的大家。他对中国经济思想史的有关论述在今天仍然具有参考价值。

(一)中国经济思想史研究的作用

唐庆增认为研究中国经济思想史有三大理由:(1)可以解决现代经济问题;(2)可以帮助了解经济理论的源流;(3)可以发扬中国的固有文化①。接着他又提出研究中国经济思想史有五大利益,即在上述三大利益(理由)之外,补充两点:可以了解各种经济专门名词的意义;可以学习前人研究经济的方法②。

在前述众多作用中,唐庆增特别强调中国经济思想史研究的现实意义,即研究旧经济思想,创立新经济科学。1929年9月,唐庆增提出:"我们要解

① 《中国经济思想史之根本问题》,《唐庆增经济演讲集》,世界书局1933年版,第76～78页。
② 唐庆增:《中国经济思想史》(上卷),商务印书馆1936年版,第4、5页。

决解决经济问题，必须根据以往的学说，来发明新的经济科学，倘使完全抄袭人家，无论在国情上环境上事实上都有不合之处，希望大家努力，整理中国固有经济思想，以创造经济科学。”[①] 1931 年 4 月，唐庆增又指出：“我国文化有数千年之历史，然在今日，竟致落伍，有系统之中国经济学，至今犹未成立。现今我国经济问题，为数特多，然解决中国经济问题，决非剿袭欧美学说，生吞活剥，便可奏效，吾人必须研究中国历代所产生之各种经济理论，撷取其精华，然后再审度国情，自创一独立之科学，舶来学说，如经典派历史学派以及社会主义学派等之学说，虽俱当研究，但不可一意盲从，忘却我国经济思想自有其历史的发展，与其特殊之意义，此不可不察也。”[②]1933 在《经济学概论》中，他更明确提出：“今后欲立国于世界舞台，当从研究旧有之思想下手，建设新经济科学”[③]。

研究现实问题，创立新经济科学都必须研究中国经济思想史，因此，中国经济思想史的研究就成为中国经济学界的迫切任务。1936 年唐庆增指出：“世界各国实情不同，其历史的背景亦迥异，处今日而欲创造适合我国之经济科学，必以不背乎国情为尚。在纵的一方面，必须研究我国经济思想与制度之史的发展，在横的一方面则当研究各地经济状况与解决之方案；探讨本国经济思想发展之历史，即属第一种之研究，盖一国自有其特殊之环境与其需要，非审度本国思想上之背景，不足以建设有系统之经济科学也。彼罗斯休(Roscher)、贝觉(Pecchio)、泼拉斯(Price)之流，努力于本国经济思想历史之研究，亦本此意，为其国人士服务，为创造本国新经济思想之准备耳。然则中国经济思想史之研究，讵非当前之急务耶？”[④]

唐庆增对研究中国经济思想史作用的特殊认识，来自德国历史学派的影响，本文上段引述他对德国历史学派代表罗雪儿的赞佩，可知其端倪。他还多次著文肯定历史学派，如认为：“历史学派主张用历史方法(historical method)以阐明经济学原理，不仅著书立说，彼辈且自行努力研究德邦及其他欧洲各国之经济史，该派中人有相对之观念(relativism)，所以有别于英国旧派经济家之绝对主义(absolutism)，实予经济学一大进步，所谓相对观念者，包含有三要素：(一)时间，(二)地点，(三)环境，盖谓应用经济原理，须受

① 《中国经济思想四大潮流》，《唐庆增经济演讲集》，世界书局 1933 年版，第 73 页。

② 《研究中国经济思想史之一得》，《唐庆增经济演讲集》，世界书局 1933 年版，第 127 页。

③ 唐庆增：《经济学概论》，世界书局 1933 年版，第 28 页。

④ 唐庆增：《中国经济思想史》(上卷)，商务印书馆 1936 年版，“自序”第 1 页。“罗斯休”即“罗雪儿”。

此三者所限制，而绝对主义者，则并不注意于此，欲知何种学理始能适用于某种时间地点及环境，势非研究经济史不可，此该派学说之骨干也。”[①]唐庆增将历史学派另一首领施穆勒(G.V.Schmoller)作为西洋五大经济学学家之一，对其思想予以肯定，并认为“施穆勒最大之贡献，为引起经济学者对历史事实之兴趣”[②]。

唐庆增认为研究中国经济思想史十分迫切和重要，其研究经济思想史的首要目的是创造中国的经济科学：“欲产生一适合国情之经济思想，非研究中国经济思想之历史不可，学者当注意现在中国经济组织之内容，再细察过去中国经济思想之得失，采用学说之长而创一新思想，以解决现在之经济问题。”[③]这一研究目的，与当时胡适等人“整理国故”是为了“打鬼”(清除传统思想的危害)，以及后来一些学者研究经济思想史是为了寻找中国古人的光辉成就不同。

从唐庆增的研究实践观察，他主要是批评中国的旧思想，赞扬很少，这样就会产生一悖论，即如何从落后的经济思想中学习长处来创造新经济科学。既然中国古代经济思想不是经济科学，且是现代化障碍，为何不大量或全盘直接引进西方的经济科学呢？因为全面引进西方的经济科学，可能不适合国情。国情为落后，如何发扬之，先进为外来，又不能完全接受之。在这种困境下，研究旧经济思想，创立新经济科学，似乎成为中国经济思想史学科难以完成的任务。

(二)中国经济思想史研究的方法

唐庆增认为，中国经济思想史研究难度大，必须讲究研究方法。

关于研究者的资格和素质，唐庆增认为，合格的中国经济思想史研究者在个人修养方面要有毅力和耐心，眼光远大严谨，批评公正，这类似于章学诚提出的史家应具有德、才、学、识四种素质中的德、才、识。至于知识方面，唐庆增提出研究者应掌握八类知识：(1)经济学原理和西方经济思想史；(2)中国经济史；(3)国学常识；(4)政治学和中国政治思想史；(5)中国哲学史；(6)中国法制史；(7)社会学；(8)逻辑学[④]。这些要求，意味着研究中国经济思想史不是一般的经济学者和史学家所能胜任，必须要有较高的综合素质才适合进入该领域。

---

① 《经济史之重要及其研究法》，《唐庆增经济演讲集》，世界书局1933年版，第262、263页。

② 唐庆增：《西洋五大经济学家》，黎明书局1930年版，第30页。

③ 唐庆增：《中国经济思想史》(上卷)，商务印书馆1936年版，第4页。

④ 唐庆增：《中国经济思想史》(上卷)，商务印书馆1936年版，第28～33页。

关于选择研究对象，唐庆增认为："研究中国经济学说之历史第一步，须先调查历代政治家或思想家中，具有经济理论贡献于世者，究为何等人物，调查宜有忍耐心，宜完备，须费长时期之光阴，多量之心血，各处访求。"[①]即研究者首先必须下大力气审慎选择有独到经济理论贡献的思想家作为研究对象。

关于如何搜集该对象的相关史料，唐庆增认为有四个途径：(1)学者或政治家本人的著作；(2)经济思想见于实用者，如经济政策、经济设施等；(3)法典及其他制度；(4)报纸、杂志、宣传品等[②]。并提出研究者应埋头于故纸堆中，与古籍为伴，长年累月，才能找出有价值的史料。

关于整理研究史料，唐庆增认为应采取四个步骤：(1)分析，解剖学说；(2)解释，解释作者的真实思想；(3)比较，比较该种学说的优劣；(4)批评，叙而有断[③]。这四个步骤缺一不可。他还指出中国经济思想史研究者容易犯的几个弊病："(一)只以个人学说为研究之本位，无非将某人著述原文，分门别类，取数段堆砌在一处，而冠以西洋经济名词，笼统其词，加以宣传，便算能事已毕，而于理论之真相，与他人学说之异同，及其在全部思想史中之脉络，丝毫不遑顾及。(二)喜以不相干之西洋学说，与之比较，自诩为创见，按二种学说如果确可相比，不妨一试，否则拟于不伦，引人走入歧路，此风创自梁任公，如称墨子节用，即西文 political economy 一名词原意，又称墨子为中国之马克思，牵强可笑，殊足为盛名之累，此盖对于经济原理与西洋经济思想无彻底研究之所致。(三)于作者之时代背景，不能兼行顾到，致使学说与事实，分而为二，不特无由察见著者思想之来源与意义，即其对于事实所生之影响，亦往往忽略，此为研究中国经济思想史者最易堕入之陷阱。"[④]指出研究者只有观点摘录，没有分析、解释、比较与批评；对东西方经济思想进行不恰当的比较；不懂思想家的时代背景，没有阐述思想对实际的影响。这些问题，对今日的中国经济思想研究者仍然具有警示意义。

关于到底是以研究思想家人头为主还是以专题为主，唐庆增也作了堪称经典的论述。1931 年 4 月，唐庆增提出有四种研究途径：或研究个人经济理论，或研究一学派，或研究一时代的经济思想，或研究专题。他认为前三

---

① 《研究中国经济思想史之一得》，《唐庆增经济演讲集》，世界书局 1933 年版，第 125、126 页。
② 唐庆增：《中国经济思想史》(上卷)，商务印书馆 1936 年版，第 34、35 页。
③ 唐庆增：《中国经济思想史》(上卷)，商务印书馆 1936 年版，第 37～39 页。
④ 《研究中国经济思想史之一得》，《唐庆增经济演讲集》，世界书局 1933 年版，第 125 页。

种方法均有缺陷，专题研究没有缺陷，比较妥善[1]。到 1936 年出版《中国经济思想史》时，唐庆增已有丰富的具体研究经验，体会到各种方法均有缺陷，应四个方面同时并重。他指出："我人研究经济思想之历史，或以作者为单位，或以学说为单位，或以派别为单位，或以时代为单位，各有其利弊，不能一概而论。以作者为单位，其最大危险，则为研究而后，仅能得个人之见解及主张，更研究他人亦如之，事毕后，不能得一有系统之概念，若欲综合贯通诸人学说，作一总概括的批评，尤非易易。若只以学说为单位，则有将重要点遗漏之危险，且各人学说，甚为复杂，本人主义之上下起承及与他人学说之关系颇密切，若只以学说本身为根据而研究之，势必将某人之全部思想割裂拆开，故此法亦非尽善。若仅以派别为单位而研究之，则同派作家，主张非尽一致；且思想庞杂之作家，无由断定其确隶某派。至以朝代为研究之单位，未足以概括中国经济思想历史之全体，更无足论。其实整理思想史料，于此四方面不妨同时着重，先以个人为单位，逢作者思想大体相同之处（如孔子与孟子之放任观念，管子与商子之干涉主张），提出作为一派之特点，至一时代终了时，再作一总结，研究某一特殊时期经济思想之特点及其趋势，同时更可注意几种重大问题，就各人及各时代各派别之学说比较之，此四种方法，系属相成而非相反，固可并行不悖者也。"[2]

唐庆增主张作者、学说（专题）、派别、时代四种并重，他的《中国经济思想史》专著即是实践这种主张的样本。他研究的时代为先秦，可称为断代史。在这一时代中，分为儒家、道家、墨家、法家、农家等派别，可以说是以派别为研究单位。在每一派别中，分别论述其代表人物，可以说是以人物为中心。最后，他将各派别、各代表人物相关论述列为六大专题，即经济概念、生产论、消耗论、分配论、交易论、财政论。这一体例创新，值得我们学习和揣摩。当然，所谓的四种方法同时并重，实际上是必然有所侧重，他的专著仍然是以人物为主要研究对象的。

（三）中国经济思想的得与失

前已指出，唐庆增认为研究中国经济思想史的目的在于"细察过去中国经济思想之得失，采用学说之长而创一新思想，以解决现在之经济问题"。又指出："不可以中国经济思想历史之渊古而自大，因为可贵者，是在进步，

---

① 《中国经济思想史之根本问题》，《唐庆增经济演讲集》，世界书局 1933 年版，第 78～80 页。

② 唐庆增：《中国经济思想史》（上卷），商务印书馆 1936 年版，第 36 页。

但也不要以为落伍自卑。”[①]唐庆增把客观评价中国经济思想的得与失作为创立中国经济科学、解决现实经济问题的迫切任务。

1930年，唐庆增作了《中国工商业不发达之原因》的演讲，他认为有事实和思想两方面原因导致中国工商业不发达。在讲到思想原因时，他说：“我国虽有数千年之历史，但经济学说散漫混淆，了无系统可言，经济思想则有之，殊谈不到科学二字……思想为事实之渊源，一种学说，其力量足以左右社会之趋向也。思想既足以支配事实，则中国昔日流传至今之经济思想，其谬误之部分，必须改良矫正，否则我人将永受其祸害矣。”[②]中国经济思想不合于工商业之处有三点：(1)贱视商业；(2)鄙视工艺；(3)压制欲望。

1933年，唐庆增在所著《经济学概论》专门列一节叙述“中国经济思想之特质”。他对中国经济思想总体评价是：中国数千年来，思想家及政治家发挥经济思想者甚多，但只有经济学说而无经济科学。中国经济思想历史虽长，而进步非常迟缓，中国现时物质文明的落伍，未始不是经济思想不发达所造成的。

唐庆增认为中国经济思想的特征有：(1)经济思想多与他种思想混淆，并不纯粹。如孔子与墨子批评经济事物，皆以伦理之眼光出之；商子、韩非子等各有贡献，惜皆受法律观念所支配；农家经济学说最为纯粹，惜其见解过于理想，未经实行。且诸家之经济思想，散漫而无系统，缺乏经济专著。(2)内容最大的弊病，在于带有浓厚的消极色彩，而缺乏积极的进取精神。譬如救荒政策，注重救济者多，而顾及预防者绝少。甚至有认为饥荒为无可避免之天罚，不知提倡科学方法，以谋出路。(3)汉代及汉以后的政治家与思想家，对于社会上各种阶级多存偏袒心理，重农轻商，工商业的发展受到压制。

在《中国经济思想史》中，唐庆增又指出：“我国自有经济思想以来，迄于今日，凡思想家及政治家之意见，大都均注重在分配之平均，不能积极的提倡生产。要知分配非不必讲，然必须俟一国生产极发展后方谈得到，中国数千年以来，生产既未见发达，人民之脑海中，则为‘知足’一消极观念所限制，只求能维持其生活，已觉心满意足，不欲再求生产之进步，而所发生之经济学说，多趋向于消极方面，只知均富，不知加富。不但中国上古经济思想有此项病态，即以中世及近代经济学说言之，亦何莫不然。今日中国物质文明

① 《中国经济思想之改造》，《唐庆增经济演讲集》，世界书局1933年版，第116页。

② 《中国工商业不发达之原因》，《唐庆增经济演讲集》，世界书局1933年版，第282、283页。

之落伍，原因固多，要实由于历代经济思想之不健全所致，最大疵病，即为重分配而轻生产，因忽略生产而交易学说亦无足观。”①

唐庆增对中国过去的经济思想，虽然强调用客观态度研究其得和失两方面，但主要是研究失，以批评为主。他认为：“中国既有四五千年之历史，何以经济思想乃不甚发达？此问题极为重要，盖今日吾侪欲促进经济思想之进步，第一步在扫除一切阻碍中国经济思想进步之要素，换词言之，即中国经济思想不发达之种种原因，须慎加研究，发现以后，始能加以补救，逐渐建设一健全之经济思想，思想成熟后，乃有中国经济科学可言。”②说明他对中国经济思想的基本判断是：中国经济思想不发达。要促进中国经济思想的进步，必须扫除一切阻碍中国经济思想进步的因素。这实际上说明了他研究的前提或立场是批评，而不是发扬。

唐庆增还进一步分析了中国经济思想不发达的原因，他认为可从思想和事实两方面去认识。思想方面的原因有：(1)人生观之谬误，如崇信鬼神、清静无为、禁欲等；(2)重视农业之过甚；(3)贱视工商二业之过甚；(4)伦理观念之注重；(5)佛教之输入；(6)经济定义之混淆。事实方面的原因有：(1)经济事物之简单及其变迁之迟缓；(2)国家地势之阻隔；(3)历代政府之失着；(4)政治上之纷乱；(5)公私经济之不分；(6)国民性上之缺点，如喜保守秘密、喜墨守成规、喜侥幸赌博等；(7)社会组织之不良“中国社会向以家庭为单位，个人主义，向无充分之发展”；(8)读书方法之不合；(9)著书方法之不合；(10)佳书之散佚③。唐庆增总共列举了 16 点原因，稍嫌冗繁，但其中不乏独特之见。

另一方面，唐庆增也论述了中国经济思想的长处和优点，但往往以遗憾和批评的语气叙述，如说：“我觉得中国经济思想，大有可取之处，不过进步太慢，虽然管子货币分量论还在西洋之前，但终究不能成为经济科学。所以西洋人看中国经济思想，为 child economics。”④“在中国上古时代，西洋经济思想界甫肇其端(希腊)，而中国经济思想早已蓬蓬勃勃，充满活泼之生气，惜发达早而进步迟，终至落伍而无由自拔，此真最可痛心之事也。”⑤

唐庆增对中国经济思想的肯定集中在专章论述“中国上古经济思想在

---

① 唐庆增：《中国经济思想史》(上卷)，商务印书馆 1936 年版，第 369 页。
② 唐庆增：《中国经济思想史》(上卷)，商务印书馆 1936 年版，第 15 页。
③ 唐庆增：《中国经济思想史》(上卷)，商务印书馆 1936 年版，第 15～27 页。
④ 《中国经济思想四大潮流》，《唐庆增经济演讲集》，商务印书馆 1936 年版，第 72 页。
⑤ 唐庆增：《中国经济思想史》(上卷)，商务印书馆 1936 年版，第 369 页。

西洋各国所生之影响”，特别是论述了中国古代经济思想对法国重农学派的影响。胡寄窗认为唐庆增这一论述“不同凡响”①。

1936 年 6 月，唐庆增在《从历史上以观察我国今后应采之经济政策》一文中认为：“我国历代之经济政策，向主放任，而不重干涉，营利之事，任人民自办；盖深以与民争利为戒，虽似保守而扰民之政得以稍减。”②唐庆增肯定了在儒家经济思想影响下的古代放任政策。

总之，唐庆增对中国经济思想是批评多，表扬少。

以上所述为唐庆增对中国经济思想总体的得与失论，具体到各学派、各个人物的经济思想，他都有很切实的评价。比如，他对中国经济思想的各派评价是：“儒家思想是中庸派，因其处处主张和平，如欲望租税都以为不要太多，亦不要太少，不可不谓为其思想上之特点。法家是功利派，或称功利主义者，专讲富国强兵的国家主义。和大同思想相反，主张侵略他人。墨家处处注重利用，讨论何者上算，何者不上算，事体之有价值者则行之。如奢华之事，于国民无利，则极力反对。其打算盘的手段，非常精明，故称为实利派。农家是劳力派，劳力派也是墨子主张的，不过农家尤其看重，他们看个人在社会上有价值与否，就是看他能自食其力与否，所以日本有人批评农家为社会主义学派，最大贡献，就是劳力论。此四派中儒法影响后世最大，其原因为墨家被斥为异端，农家为孟子所痛骂之故，不过讲其贡献，则理论方面，儒家为多，政策方面，法家为多。”③以上各派各有优劣，但他认为道家思想消极，一无所长，是中国经济思想进步的障碍。又比如，唐庆增认为儒家对分配、消费、生产、财政都有不错的经济理论，但“对于货币学说之贡献，最为浅薄，实为缺憾”④。唐庆增对中国经济思想具体学派和人物思想的得失论，是他前述总体得失论的细化与深化。

唐庆增将儒家、墨家、法家、农家列为中国经济思想史的四大潮流和派别，而将道家排除在外，理由是：“其学说遗祸甚大，乃属消极的而非积极的”⑤。这种论断，理由薄弱，道家在中国影响远远超过墨家、农家，与法家也不相上下，汉初政府还一度实施道家的主张。唐庆增反复申论的中国落后的经济思想多与道家有关，这难道不是历史潮流和派别之一吗？问题只能

---

① 胡寄窗：《中国近代经济思想史大纲》，中国社会科学出版社 1984 年版，第 475 页。

② 唐庆增：《从历史上以观察我国今后应采之经济政策》，《经济学季刊》第 7 卷第 1 期（1936 年）。

③ 《中国经济思想四大潮流》，《唐庆增经济演讲集》，世界书局 1933 年版，第 72、73 页。

④ 唐庆增《中国经济思想史》（上卷），商务印书馆 1936 年版，第 133 页。

⑤ 唐庆增《中国经济思想史》（上卷），商务印书馆 1936 年版，第 9 页。

是，唐庆增选择重要潮流和派别的标准不是历史实际本身产生的重要影响，而是他自己有一个标准，即评判中国经济思想得和失的标准，那就是是否有利于中国经济和中国经济科学的发展。结合他的经济自由主义论，实质上他是以是否有利于中国现代资本主义经济和现代资产阶级经济科学的发展作为评判标准的。

四、经济自由主义论

在20世纪二三十年代，中国兴起了马克思主义和国家资本主义(统制经济)两大经济思潮，加上执政的国民党也标榜实行孙中山的节制资本的民生主义，自由资本主义原理和制度受到了普遍的质疑。在这种背景下，唐庆增是少有的坚持为新古典经济学与资本制度辩护的经济学家，他是20世纪30年代中国经济学界经济自由主义的代表者之一。

(一)赞颂新古典经济学与资本制度

1929年资本主义世界出现了经济大危机，1931年夏，中国遭遇罕见的大水灾，这年9月日本又占领东北，世界和中国都处于大动荡之中。在这种背景下，除马克思主义者批判自由资本主义外，中国当时主流经济学界兴起了统制经济思潮，也开始质疑和批判自由资本主义。1931年9月，此前倾向于资本主义的马寅初开始批评自由竞争的资本主义，认为资本主义各自为政造成过量生产、贫富悬殊等严重问题，已经不适合中国，希望将苏联的计划生产与资本主义的价格制度结合起来，以创造一种新制度[①]。

在统制经济思潮刚刚兴起的时候，1932年9月，唐庆增发表《经济学与现代文明》[②]，该文通过对现代文明的特征、经济学对现代文明的贡献、现代文明的功罪三大问题的论述，为新古典经济学与资本制度进行了辩护。唐庆增在这篇长文中尽管只有一处使用了“资本制度”一词，然而他的所谓“现代文明”实际上就是指自由资本主义制度。他运用新古典经济学理论，论证了资本制度的特征及其思想渊源，并对批评现代资本主义物质文明的观点进行了答辩。

唐庆增认为，现代文明的最重要特征是人民生活改善，人民生活改善来自物质进步和经济增长。经济增长首先来自私有制和企业自由制度的确立。加上货币经济取代自然经济，交易范围的扩大，以及价格制度和现代工

① 《资本主义欤共产主义欤》，《马寅初全集》第5卷，浙江人民出版社1999年版，第375页。

② 唐庆增：《经济学与现代文明》，《经济学季刊》第3卷第3期(1932年)。

业组织自动调节经济活动的妙用，这些因素相互作用，共同促进了现代物质文明的进步。

唐庆增强调现代物质文明建设于私产制度和企业自由两种经济制度之上。“现今在私产制度之下，社会容纳个人于财产有管理及使用之权限，即死亡后，如何处置，他人亦无由干涉之，至企业自由，谓社会容纳个人择取任何方法以获财富，法律上于此二种自由权虽亦加以限制（如劫掠夺取在所严禁，又国家租税亦为限制之一种），然其范围究甚狭小。此二种特权，寓意至深，前者所以鼓励私人企业之创立，后者使志在获得财富之企业家，不能不出于竞争之一途耳。”[①]唐庆增强调的私产制度和企业自由带来了现代物质文明，与1921年李达指出的自由竞争和私有财产“这两大原则就是现社会中万恶的根源”[②]，可谓针锋相对。

唐庆增又指出，自由价格制度是调节生产的指南针。他说：“现今个人之契约权，亦系自由的，国家于此点虽亦保留其干涉权，然于双方所经营生产事业之种类，何人为生产者，以及生产品如何分配等等，概不顾问，物价高下，工资大小，地租数目，利息率一任自然经济势力之决定，不代为规定也。生产界之指南针，厥为自然价值，能示生产者以使用资本劳工及土地之途径与方向，盖价值为供求间关系所决定，价值之涨高，或因需要之增加，或由供给之减少，价值增加使生产者能获得较佳之报酬，间接的即渐使此物供给，得以增加；价值之跌落，证明供给之增加或需要之减少，价值跌落，能使生产者应用其生产力量于其他物品，间接的足以限制此物之供给。故在自由企业制度之下，价值乃为生产者之南针，此外更无其他之标志矣。”[③]

唐庆增还认为，现代工业制度具有自动促进经济进步的功效。他说：“现代之工业构造，绝似一座具有活动能力之机器，世事有新陈代谢，工业构造则有自行适合一种妙用，盖世界既无日不在变动之中，新欲望层出不穷，有新欲望则有满足该项欲望之新方法，应时而生，创造与需要间之相互关系，互久不断。吾人就经济组织之全部观之，其进展盖具有一定之方法，计划与系统，无冲突而有合作，个人于物质享受与精神愉快，俱得相当之满足。”[④]

以上两段议论意在说明资本主义并不是因为政府干涉少的“无政府”带

---

① 唐庆增：《经济学与现代文明》，《经济学季刊》第3卷第3期（1932年）。

② 《讨论社会主义并质梁任公》，《李达文集》第1卷，人民出版社1988年版，第68页。

③ 唐庆增：《经济学与现代文明》，《经济学季刊》第3卷第3期（1932年）。

④ 唐庆增：《经济学与现代文明》，《经济学季刊》第3卷第3期（1932年）。

来了生产过剩和经济危机，恰恰是因为自由价格制度和现代工业制度都具有自动调节功能而促进了社会进步。

唐庆增认为现代物质文明的思想渊源为经济学，他所说的“经济学”，是指资产阶级经济学，而不包括马克思主义经济学。他说经济学对社会进步有八方面的贡献：(1)济学目标在满足人类的欲望，“经济学即指导与鼓励人群生存方法之一种科学，小之与个人之荣辱有关，大者民族之存亡系焉”。(2)经济学研究人与人的关系和人与财富的关系并重，以社会上大多数人的福利为归，能培植人群的同情心。(3)经济学所依据的基本观念为个人主义，此为近代文明的特色。“经济学盖认私人利益能与社会利益互相调和，一方面私人获利，同时社会福利亦能增加，此为促成近代私人企业之动机，影响之深，不庸忽视者也。”(4)经济学分工论促进了机器和科学的发明。(5)经济学提倡的自由竞争制度促进了优胜劣汰，有利于经济增长和物价稳定。(6)经济学主张社会财富按照个人(要素)生产能力和贡献分配，可鼓励私人的向上和创造。(7)自由贸易学说促进了国际贸易。(8)社会进步原理承认以人为主体和中心，进一步促进了社会进步。[①]

唐庆增应用了亚当·斯密的分工论与无形之手论、李嘉图的自由贸易论、巴斯夏(C.F.Bastiat)的经济和谐论、克拉克的边际生产力分配论等，说明这些经济理论对社会发展的贡献，同时用以回应对经济学的批评。他还对现代资本主义的物质文明进行了一些辩解。如针对现代社会贫富分配不均现象，他说：富人资产虽在增加，但穷人的数量也在减少，资本家收入虽在扩展，但工人的待遇也有大幅度提高，甚至超过百年前的上等阶级；个人之智慧、道德、体格的自然不平等，收入不可能完全平均。针对今人自私自利观念过重，贻害社会极大的指责，唐庆增辩解说：“须知现代文明之特色，为个人力量之培植与发展，此为社会制度进步之原动力，倘加以遏制，则社会即无由进步，且今人经济上之活动固以牟利为目标，其熟思考虑，则较前为审慎，更无限制之必要，社会主义之缺憾，即在其实行以后，个人之进取与负责心，将由是而减少，则不如任私人自利心充分发展之为愈也。”[②]唐庆增也承认现代文明有缺点，少部分人在新旧交替时期也可能牺牲社会利益。但他认为这只是过渡时期的暂时现象，从长远来看，社会物质进步会更多，人民生活会越来越好。

---

① 唐庆增：《经济学与现代文明》，《经济学季刊》第3卷第3期(1932年)。

② 唐庆增：《经济学与现代文明》，《经济学季刊》第3卷第3期(1932年)。

唐庆增的上述观点在当时的中国思想界是十分罕见的。

(二)批评马克思主义经济学与社会主义制度

20世纪30年代,针对马克思主义在中国的流行,唐庆增对马克思主义进行了批评。这方面的代表作为《马克思经济思想与中国》[①]。该文认为:“近年来西洋经济思想在中国最占力量者,莫马克思主义若,一唱百和,全国风靡,长此以往,非使我国成为该学说之牺牲品不止。”文中说马克思主义在中国风行的原因有四:(1)国民生计之憔悴。“共产之说,在一经济落后之国家,极能耸人听闻,在国民生计宽裕之邦,人民必能洞烛其谬,不为所惑”。(2)知识程度之低下。由于国民缺乏经济知识,“自马氏学说盛行,而适合国情之西洋理论,反无人顾问”。(3)学者卖书之投机。“大凡经济学说,其愈激烈愈新奇者,最足以耸人听闻,反是含有至理而平淡无奇者,则人皆漠然视之,传布不能广远。今日国内社会人士,既以研读马克思书籍为时髦,一般书贾,迎合国人心理,投社会之所好,亦复推波助澜……故坊间所见关于马克思之一切书籍,琳琅满目,数以千计,一若不备马克思主义书籍,即不成其书肆”。(4)学校课本之作祟。中国经济学课本,大半用西文书籍,内容侧重外国情形,学子无法研究解释现实中国经济问题,让马克思主义经济学说乘虚而入。一种学说的受欢迎,必有其深刻的社会原因,唐庆增承认马克思主义已在中国迅速传播,却只是将它归结为几种非本质的因素。

唐庆增批评了马克思主义的主要经济理论,他用“合力论”批评“唯物史观”的经济单因素决定论,用“阶级调和论”批评“阶级斗争论”,用“生产要素价值论”批评“劳力价值论”,用“资本制度有利于劳工生活改善论”批评“劳工愈来愈穷论”,用“20世纪资本制度已无经济恐慌论”批评“周期性经济危机论”。作为经济思想史学家的唐庆增,竟然说马克思这些主要观点多为前人说过,无甚创造。他的结论是:“现今中国劳资二方,目标利益完全一致”,救济劳工最根本的办法在于增加资本,发展生产,马克思主义在中国不可行。用马克思主义经济学眼光来看唐庆增的论点,其错误是显而易见的。所谓“20世纪资本制度已无经济恐慌论”更是违背了当时的事实。唐庆增发表此文在1931年底,正是在世界性资本主义经济危机期间,被学界称为“纯正之学者”的唐庆增却对此视而不见。

1933年7月,《申报月刊》组织了中国现代化的专题讨论,共发表26篇长短文章。其中,唐庆增《中国生产之现代化应采个人主义》是唯一主张发

① 唐庆增:《马克思经济思想与中国》,《经济学季刊》第2卷第4期(1931年)。

展自由资本主义者。他在社会主义与资本主义模式之间，选择了资本主义。文中说："社会主义，只适用于贫富不均之国家，而我国乃为生产落后之国家也。社会主义重分配，而我国当前之问题乃属生产，经济进化有一定之程序，在一贫困之国家，第一步当设法增加其富力，财富既定，分配渐形不均，乃由国家设法调剂之，此时方适用社会主义。"①中国数千年来只重均富，不重生产。生产还未发达就实施社会主义经济政策，结果造成今日物质文明落伍，今天不能再走历史老路。"财富之增加，非实行个人主义，殆无由达其目的也。欲使财富之增加，不外采用新生产方法，组织新企业，生产发达后，人民自然能达到温饱之地步，以论生产三大要素，我国现今所缺乏者，厥为资本而非人工及土地，故增加资本，为今后之要图。获得(gain)为人类本性，现代化之障碍，既已除去，人民必乐于经营企业，获利愈多，则人民皆自动的投资，不患资本之无着，如果实行社会主义，则人民之获利之希望小，甚而竟至灭绝，则资本之来源，更形缺少，所谓新生产方法新企业等，皆将成为泡影，国人将永远陷于穷困而莫能自拔矣。"②唐庆增认为，中国现时施行经济政策，不可模仿苏俄制度，舆论认为苏俄模式已经成功者为皮相之论，首先是苏联的统计宣传不尽可靠，其次是中国人多地广，试行国家大托拉斯，巨额资本无从筹划，管理也将成为一大难题。他的结论为："欲使中国现代化，以采用私人资本主义为宜……国民资本及外国资本，当同时兼用，以促成中国之现代化，纯恃国民资本，既嫌不足，专赖外债，亦非善策。"③

在1933年出版的《经济学概论》中，唐庆增再次肯定了个人资本主义和批评了社会主义。他指出："今日之研究中国经济者，或主张以社会主义救中国，或则以为个人主义较社会主义为宜。按社会主义亦有其真正之价值在，特在一穷困之国家，其首要急务，在增加生产，非注重分配之社会主义所得而解决者。财富之增加，在鼓励人民之投资，奖励人民所创办之事业，则新企业方能成立，人人能达温饱之地步。社会主义之流弊，在遏制个性，埋没人民之创造能力，故在发展国民经济之初步，殊不宜采用，否则将自阻其进步之源泉也。"④

---

① 唐庆增：《中国生产之现代化应采个人主义》，罗荣渠主编《从"西化"到现代化》，北京大学出版社1990年版，第304页。

② 唐庆增：《中国生产之现代化应采个人主义》，罗荣渠主编《从"西化"到现代化》，北京大学出版社1990年版，第305页。

③ 唐庆增：《中国生产之现代化应采个人主义》，罗荣渠主编《从"西化"到现代化》，北京大学出版社1990年版，第306页。

④ 唐庆增：《经济学概论》，世界书局1933年版，第33页。

（三）和缓的个人主义与政府的有限职能

唐庆增主张和缓的个人主义，以区别于极端个人主义和无政府主义。在这种主张指导下，他进而提出政府应具有保护私人资本主义发展的有限经济职能。

唐庆增赞同个人主义的价值观，反对国家干涉论。他认为："个人主义非恶名也。今人闻及个人主义之名词，殆无不掩耳疾走，甚且斥此主义为罪恶之源泉，为中国贫困之原因……今人之不满个人主义者殆亦惑于名词之不祥耳。实则国人只有自私自利损人利己之行为，我国现时既无资本家一阶级，更无个人资本主义之可言。"①他说亚当·斯密的《道德情感论》(*Theory of Moral Sentiments*)第二章说明了个人主义的真谛是注重同情，决不希望他人之失败云云。而中国人则不分青红皂白，举凡政治之出轨，经济之破产，无一不归咎于个人主义，何不思之甚也。唐庆增这样来解释个人主义，与当时中国流行的批判个人主义价值观非常不同。

唐庆增在提倡个人主义时，还进一步宣称他是主张和缓的个人主义，明确反对极端个人主义和无政府主义，认为这两种极端论点是"持同一之论据，认政治为祸害。然以为此祸害为不可避免的，原因为个人道德之不健全，个人有自由权，但以不侵犯他人同等之权利为限，否则政府应起而干涉。如个人道德达于最完全之境界，不致侵犯他人，则政府无存在之必要矣。在目前政府之职务，应以保护人民生命财产及契约为限，不得超过此项职务，极端的个人主义，以人类自然权利(natural right)为根据，其学说过于抽象，是其大病"②。

唐庆增这种和缓或者中庸的个人主义论，在他反对道家尊崇儒家的评论中也有体现。他指出："道家经济思想，有无为哲学作基础，故提倡放任主义，儒家之主张放任，亦显而易见，然如道家中之老子庄子，乃以返乎自然为号召，其所主张者，乃为绝对的放任主义。孔孟虽不赞成干涉主义，然深信'因民之所利而利之'一信条，所谓均富井田重农兴商诸设施，无一不赖政府之力量，可知儒家所提倡者，乃属相对的放任主义，亦即有限制的放任主义，所以有别于无限制的无为，如老子所谓'民莫之令而自均'是也。"③

所谓和缓的个人主义的要点是：(1)个人对于其自身利害，较外方之观

---

① 唐庆增：《中国生产之现代化应采个人主义》，罗荣渠主编《从"西化"到现代化》，北京大学出版社1990年版，第306页

② 唐庆增：《经济学概论》，世界书局1933年版，第265、266页。

③ 唐庆增：《中国经济思想史》(上卷)，商务印书馆1936年版，第168页。

察为明了，私人之利益与社会之利益为一致的，偶有例外，则政府可以干涉之。(2)企业家个人对于本人事业之兴趣，较政府所生者为浓厚，且如果政治不上轨道，管理易生流弊。(3)公家所经营之事业，如果受损失，可赖租税以为弥补，如果私人企业管理不良，营业失败，将受淘汰，故公共事业效率低落，仍得存在，而人民将受其累。(4)个人主义者，更以为经济自由对于一国人民能产生教育上之影响，管理工商业之经验，为一种有价值之训练，政府如取放任主义，可使个人依赖自己，养成其自立之能力。[①] 由此可知，唐庆增已经认识到个人资本主义拥有信息优势和激励优势，且能培养人民的能力带来可持续发展，而政府过度干涉，如国有企业会产生腐败，效率低下，经营失败而不受淘汰，即今日所谓预算软约束，这些观点很有见地。

唐庆增并非反对政府的一切干涉，而且认为政府具有重要的经济职能，但是必须明确个人权利和政府职能的划分，划分的标准为是否增进社会福利。他指出政府有五种经济职能：(1)保护人民，维持秩序——个人之自由，私人之产业与契约权，俱为经济生活中之基本要素，政府之责任在规定并保障产业权及契约权。(2)保障一切特权——政府为使经济活动有良好效果，保障人民使其能享受各种特权，如注册商标、著作等特权，借以鼓励人民之进取，政府且许可私人建立工业之自由，使一国之生产事业日益发达。(3)限制竞争——如劳工契约之立法、利息率之限制、食品之检查等。(4)政府自行举办各种事业——如道路、公园、铸币、教育、邮政等，其例不胜枚举，此类事业或私人不愿承办，或无力经营，非由政府自行举办不可。(5)扶助私人企业发展——政府对于私人所办企业予以各项扶助，如关税保护政策；最普遍者为直接予以补助金，或予以各种便利，如豁免租税。[②]

上述第一、二种政府职能，实际上是通过经济立法保护、保障私人资本的自由发展。第三种限制竞争职能，似乎与唐庆增自由竞争理论相悖，他解释说："其用意在减少各种不平等之现象也。近代政府除工厂法、铁路管理限制独占以及遗产税等数种设施外，余者成效尚鲜。"第四种政府自行举办各种事业，唐庆增提出的原则在很大程度上限制了政府自办事业和企业的范围。第五种以保护关税补助金等方式扶助私人企业的发展，这与唐庆增

① 唐庆增：《经济学概论》，世界书局1933年版，第266、267页。

② 唐庆增：《经济学概论》，世界书局1933年版，第267、268页。

企业自负盈亏、优胜劣汰的主张相背，他的解释是，“于工商业落伍之国家，甚为相宜，不能谓为违背自然法而反对之”。唐庆增指出的保护、保障、扶助私人企业职能，目的在于鼓励私人资本的发展。限制职能和自营职能为政府的社会和公共政策职能，以解决市场的失灵。唐庆增主张的核心是政府应保护私人资本主义发展。

关于落后国家应实施保护关税而不是自由贸易政策，唐庆增说：“考现时国外贸易发达之国家，其本国生产事业，必极进步，否则贸易失所凭借，无从发展，此为一定不易之理，故发展农工业，乃为推广贸易之先决条件，现时我国农工二业之不振，原因虽多，然受外国粮食及外货竞争之打击不少，处今日局势之下，当采取保护政策之关税，关税不应纯从国库上着想，应以保护本国基本工业为主旨，俾能造成巩固之经济地位。”①这些论断，似乎违背了他宣扬的经典学派国际自由贸易增进各国福利的主张，然而它却符合他赞赏的德国历史学派李斯特等人的主张。可见，唐庆增是有选择地吸收了这两派的理论。

1936年6月，唐庆增在《从历史上以观察我国今后应采之经济政策》②中再次论述了政府和人民经济职能的划分。他指出现时我国应该采用的经济政策，一方面宜酌取往昔放任的精神，同时也应设法避免国家干涉的弊窦，其原则有四：(1)生产事业以私人经营为原则，私人不愿承办或无力经营者(如重工业)，应由国家举办。(2)国家对于私人所办之企业应予以各项扶助，或则直接予以经济补助，或则予以各种便利，例如租税之豁免。(3)国家为使人民经济活动有良好效果起见，一切特权(如注册商标、著作等特权)当有保障，以鼓励人民之进取，此外更当保护社会公众福利，例如关于劳工契约之立法，食品之检查。(4)保护人民，维持安宁；个人之自由，私人之产业及契约权，俱为经济生活中之基本要素，当受法律保护；私人创立企业之自由亦须提倡，俾资本得以积聚，而生产得以发展。

此四条与前五条相比，取消了限制竞争职能，只在保障职能后附带提出政府应保护社会公众的福利，举例时也取消了利息率限制。政府自行举办各种事业这种积极职能，也重新表述为私人不愿或无力经营者由国家举办的消极功能。总体分析，唐庆增在政府与人民、干涉与放任的选择中，进一步主张放任人民自由经营，防止政府的过多干涉。

---

① 唐庆增：《经济学概论》，世界书局1933年版，第230页。

② 《经济学季刊》第7卷第1期(1936年)。

(四)劳资协调与主佃合作

唐庆增从中国经济问题是生产不足而不是分配不均的观点出发,反对阶级斗争,主张阶级调和,提出了劳资合则两成,分则俱亡以及田主与佃户利害休戚一致等论断。

他说:“征诸晚近事实,西洋经济社会之发达与进步,全由于劳资协调,倘社会上经济利益不能调和,即无由进步,至在中国工业界,现呈落伍现象,尤赖于劳资之合作,合则两成,分则俱亡。若在农业界中,田主与佃户利害,休戚亦属一致,皆谈不到阶级战斗,今人以风牛马不相及之学说,恣意宣传,非庄生所谓朝菌不知晦朔,蟪蛄不知春秋者耶!”①“朝菌不知晦朔,蟪蛄不知春秋”引自《庄子·逍遥游》。“朝菌”是一种植物名或虫名,日生夜死;蟪蛄属蝉科,春生夏死或夏生秋死。唐庆增以此来比喻宣传阶级斗争者的无知,表明了他对马克思主义学说及有关政策完全持否定态度。

唐庆增认为,解决中国劳资问题的根本在劳资合作发展生产,发展生产一方面需要资本家提高管理水平采用机器,另一方面需要劳工增进技艺上的知识与能力,使其效率增加,生产增加,因此工资也增加。同时需要工人“尽其所能,专心工作,勿受外界之挑拨煽惑,或内部少数人之把持垄断,轻于罢工,致发生工业上之停顿,减少其出品因而影响及其工资”②。唐庆增还指出“打倒资本家”一语失当,因今日中国尚无所谓资本家,既无此阶级,即无所谓打倒。这就造成了自相矛盾:既主张劳资合作,劳资的“资”自然是指资本家,但又说当时中国尚无所谓资本家,既无资本家,又如何进行“劳资合作”!

唐庆增又认为,中国农村根本问题不是地主剥削农民的主佃问题,而是政府扰乱农村的政治黑暗问题。他指出:“今日国中农民多受政治黑暗社会不上轨道之影响,所受地租之压迫,犹其次焉者,治本之法,端在使政治清明,纳社会于正轨,讲求新生产方法,应用大量资本,以开垦荒地,尤须谋地主佃户之合作,则地租自然减低,若强用法律力量,制定地租数目,其效力恐其薄弱。”③这是针对“二五减租”而言的,他主张农村也实施自由放任政策。

---

① 唐庆增:《马克思经济思想与中国》,《经济学季刊》第2卷第4期(1931年)。

② 唐庆增:《中国劳资问题》,《唐庆增经济演讲集》,世界书局1933年版,第293、294页。

③ 唐庆增:《经济学概论》,世界书局1933年版,第128、129页。

第六节　陈长蘅的经济思想

一、近代中国人口理论的先行者陈长蘅

陈长蘅(1888～1987),字伯修,四川荣昌(今属重庆)人。光绪三十二年(1906年)考入四川留学预备学堂。宣统三年(1911年)在北京考取“庚款奖学金”留学美国,入密歇根大学学习经济学,1914年转入哈佛大学学习市政学与商业管理,1916年获哈佛大学文学士学位[①]。1917年回国,任北京大学经济系讲师。1918年兼任北京盐务稽核总所翻译。后在北京交大管理学院任教五年。又历任南京军需学校教官,四川朝阳学院经济系教授兼系主任,浙江英士大学教授等。1923年11月,参与中国经济学社的创办,1925年被推举为学社理事。1927年8月任国民政府财政部秘书。1928年11月起任立法委员,延续四届。1948年任行政院主计官兼岁计局局长。中华人民共和国成立后任金华新成初级中学校长。1956年任上海市文史馆馆员。1961年任上海市人民政府参事。1980年任上海市人口学会顾问。1987年病逝。著作有《中国人口论》、《进化之真相》、《三民主义与人口政策》、《民生主义之综合研究》等,翻译有《美国现今的经济革命》。

近代中国研究中国人口问题的学者不少,20世纪二三十年代著名的人口学者有陈长蘅、许仕廉、陈达等。陈长蘅是其中的先行者。

陈长蘅在哈佛大学学习时,写成了《中国人口论》一书,于1918年9月开始由商务印书馆出版。1926年完成修订本,仍由商务印书馆出版。从初版算起,到1928年9月,10年间该书共出了8版。修订本的《自序》即初版的《自序》,但略有改动。如介绍撰写此书的目的,新版为:“是书之作,欲与国人商榷人口孳生之道。必婚姻以时,养育有度,然后全国人民,有衣有食,有养有教,室家富厚,文化长兴,全群嬗进,弗替弗衰。”新版另有《修正再版序》,其中指出:“中国今日之大患,第一患不安,第二患寡,第三始患不均。且中国今日之不均,亦大都产于不安,盖豪强者皆利用不安,以从事争权夺利垄断一切也。不安与贫,固与人口问题有密切关系,即不均亦与人口问题有相当关系。譬如善于虑后者能知节育,不善于虑后者不知节育,亦足以发生不均。故欲谋国家之长治久安,民富之有加无已,及社会之比较均平,则

---

① 北京清华学校编:《游美同学录》,清华大学1918年版,第31页。

人口问题实有极堪注意之价值焉。”两版都分为 8 章，章名相同，依次为：绪论，人口原理，人口编查法略说，世界诸国与我国人口之现情，人口疏密孳生徐速与国家强弱种族盛衰国民贫富生活文野之关系，婚姻之改良，婚姻之改良(续)，世界进化之趋势与吾国图强之指针。但章名下有分标题，则两版略有差异。修正版还附有两篇补遗，一是《洪亮吉之人口论及物竞论》(“及”字目录中作“与”)，另一是《中国近百八十余年来人口增加之徐速及民势之变迁》。

1929 年底，陈长蘅又作《三民主义与人口政策》。他在《自序》中说：“本书之作，意在阐发中山先生的人口理论，研讨我国的人口病态，和草拟易于实现三民主义的人口政策，以与国人商榷。并尽量介绍欧美学者对于人口问题的最新研究和最新理论，以供读者之参考。”孙中山曾在《三民主义・民族主义》的报告中担心中国人口的减少，陈长蘅的节制生育主张似乎同孙中山的人口思想有矛盾，因此他接着就声明：“我们仔细浏览《中山全集》，便知中山先生并未无条件的提倡增加人口，而且为忧虑中国人口过庶的最先知最先觉。著者自信本书所拟定的人口政策乃建造三民主义的新国家所必要的条件，同时这种人口政策也只有在三民主义下才能够完全实现。”他还说本书的人口政策主张比《中国人口论》“更为积极，更为彻底，思想范围更为扩大，内容亦比较丰富”。

陈长蘅的这两部著作，引用国外的资料以及西方学者的理论和观点自无待言，但也大量引用中国先哲的言论，这在留学生中是比较少见的，说明陈长蘅有很好的国学基础。但正所谓“智者千虑，必有一失”，他在写《中国人口论》时竟还不知道清人洪亮吉有人口论。1926 年，张荫麟在《东方杂志》第 23 卷第 2 号发表《洪亮吉及其人口论》，陈长蘅读到后，再细读洪氏全书。“不禁惊喜交集。盖惊洪氏对于人口学说贡献之巨，而喜张先生之能表彰先贤，发前人未发之秘也。”[①]因此，他补写《洪亮吉之人口论及物竞论》，作为《中国人口论》增订版的补遗之一。在该文中，陈长蘅认为洪亮吉不但提出了类似马尔萨斯的人口论，还提出了类似达尔文的进化论。

在民国时期，陈长蘅是中国影响最大的研究人口问题的经济学家。1941 年，朱通九指出：“研究我国人口问题享有盛名者，首推陈长蘅氏。良以陈氏在留学时代，即以专门研究人口问题著名，而返国以后仍以研究我国人口为其终身事业，于逻辑上前后极为一致，国人目为人口专家，亦其宜也。

---

① 陈长蘅：《中国人口论》，商务印书馆 1928 年版，《补遗一》第 2 页。

查陈氏于返国后即著《中国人口论》一书，颇为各方所注意。旋于民国十八年又出版《三民主义与人口政策》一书，重申其民生主义与限制人口之主张。翻覆申论，极负时望。"①

除人口问题外，陈长蘅还针对统制经济、货币银行以及汇率等问题发表了具有影响的独特见解②。他也是民生主义经济学的代表③。

民国时期，对中国人口状况和人口政策的认识有两种截然相反的观点：一种比较乐观，认为中国不存在人口压力，中国地大物博，人民勤劳节俭，只要改良社会制度，大力发展生产，改善人口分布，人口就不会过多，甚至认为近代中国社会动乱，人口有下降趋势，应提倡增加人口。其代表人物有孙中山、杨效春、张履鸾等。另一种比较悲观，认为中国人口已经严重过剩，人口过多已经成为中国贫穷、落后、动乱的根源之一，应节制生育。这一派学者大多赞成马尔萨斯(T.R.Malthus)的人口论，代表人物有陈长蘅、许仕廉、陈达、彭一湖、董时进等，陈长蘅是其中最有影响的一位。

陈长蘅人口论的概念框架源自马尔萨斯人口论，即人口增加速度超过财富和土地增加速度，导致人口过剩，人口过剩又导致一切社会罪恶和灾难，人口和财富的平衡要靠人类自己的生育限制；不然，就要受到天然制裁。另一方面，陈长蘅还吸收了达尔文(C. R. Darwin)、边沁(J. Bentham)等其他经济学家、社会学家、优生学家的观点。他在将马尔萨斯理论运用到中国时，还结合中国实际提出了更具体更切实的主张。因此，陈长蘅的许多观点已经不是马尔萨斯理论的简单照搬，而是体现了他本人的独特思考。

二、人口作用论

人类社会由人组成，人口的多少对社会经济的发展具有不言而喻的重要作用。对此，陈长蘅在《中国人口论》专章论述了人口多少增加快慢对国家和个人的影响。他认为，一国人口总量不可过多，也不可过少；增加速度不可过快，也不可过慢。人口的数量和增加速度必须与一国的社会经济发展相适应。

陈长蘅分析了人口过少、增加速度太慢对国家和社会的不利影响。他

---

① 朱通九：《近代我国经济学进展之趋势》，《财政评论》第5卷第3期(1941年)。

② 陈长蘅此方面的文章有：《民生主义之计划经济及统制经济》，《经济学季刊》第5卷第4期(1935年)；《管理的货币制度与计划的银行制度刍议》，《时事月报》第14卷第1期(1936年)等。

③ 夏炎德：《中国近百年经济思想》，商务印书馆1948年版，第194页。

指出:“自古迄今,凡执牛耳掌霸权之国,必首谋户口之蕃殖,民庶之众多。”[①]越王勾践战败后,十年生聚,加以教训,终于灭吴。商鞅坏井田、开阡陌以诱三晋之民,充实秦国。世界历史上的强国都是广土众民,如德国、美国、英国等;而由强转弱的国家均是人口太少,如荷兰、葡萄牙、西班牙。亚洲西部和罗马几大文明古国的灭亡,也是因人口下降。他还引英国霍伯(Hubbard)的观点说:罗马帝国男女纵欲,配偶不想传后,导致人口减少,最后国家灭亡。中华民族望子孙最切,因此文明延续五六千年。“是以古代诸文明国族,今皆灭亡,而中国犹俨然独立东亚,以四百兆众名于世。”[②]陈长蘅的这一分析与马尔萨斯理论不同,马尔萨斯只分析了人口过剩对社会的灾难影响,陈长蘅却分析了人口不足对社会同样有不利影响。

结合中国国情,陈长蘅重点分析了人口过多的不良后果。他认为,现在的世界不能以国家人口的多少定国家的强弱,人口过多,造成多重恶果:(1)影响个人成长、身体健康。“人民萎弱而不健康,早夭者多,人寿不长。”“欧美种族躯体日形健硕,吾国民人躯体日形短小,多由欧美人民婚姻以时,生育有节,吾国人则否也。”[③](2)带来人民贫穷。“中国今日民贫之一最大原因,厥为人民孳生太繁,地力有限,生育无限,以有限供无限,则殆,生计憔悴岂偶然哉。今日明达之士,固云务科学、兴实业、开财源矣,然而人民生育苟不减低,则人口之增加,恒速于财富之增加,虽实业兴、财源辟,民人将贫困如故。”[④](3)导致国势不振、社会黑暗。“吾国今日之黑暗现象,皆贫字为其坯胎,我同胞贫穷之原因甚多,而生育太繁,乃其最大之一因。”[⑤](4)减少资本积累,难以工业化,国家就难以跟上世界潮流。

陈长蘅还将人口过多同帝国主义侵略以及国内阶级矛盾对中国社会经济的影响进行比较分析。

首先,陈长蘅将人口过多同帝国主义的侵略进行比较。他说:“有些人以为中国的乱源都是由于帝国主义的压迫。但是帝国主义者何能够以小役大,以寡犯众,和以后进压迫先进呢?可见我们不能用外因来解释中国的贫弱,中国的贫弱自有其更为复杂而更为重大的内因。据我们的观察,各种内

---

① 陈长蘅:《中国人口论》,商务印书馆 1918 年版,第 67 页。

② 陈长蘅:《中国人口论》,商务印书馆 1918 年版,第 71、72 页。

③ 陈长蘅:《中国人口论》,商务印书馆 1928 年版,第 98 页。“欧美”、“欧美人民”1918 年版原作“欧西”。

④ 陈长蘅:《中国人口论》,商务印书馆 1918 年版,第 78 页。

⑤ 陈长蘅:《中国人口论》,商务印书馆 1918 年版,第 82 页。

因之最大者莫如‘无教无养的小孩子的哭声比别的国家独多’。这种哭声是比帝国主义者的军舰在我们的领海内河所发出的炮声，尤令人感觉不安。因为这种哭声就是一个民族毫无远识远虑的显著表征。”①

其次，陈长蘅将人口过多与国内阶级矛盾比较，即将马尔萨斯和马克思理论进行比较。他认为中国有两种人口压迫：“一为因土地与资本太少，生产不够，分配不敷而发生的人口过剩。二为因土地与资本过于集中，生产虽多，分配不均而发生的人口过剩。在马克思一派的学者只承认第二种的人口过剩，而否认第一种马尔萨斯所指示的人口过剩。”陈长蘅认为，中国实以第一种的人口压迫远较严重。霸占地球面积的欧美是“不患寡而患不均”，人浮于地的中国则“固患不均而尤患寡”。全国农民生活艰难的根本原因不仅由于田制不良，乃是由于耕地太少，收益太微。“根本解决中国的民生问题，及使耕者皆有其田，便要设法维持土地与人口适当比例。务使每亩耕地的收益固然最大，每个农人的收益也是最大。才能够免除上述第一种人口压迫。不过因产业发达分配不均所发生的第二种人口压迫，也要思患预防，免致在各工商业中心增加许多滋长甚速的贫民窟，而乡村地方过剩的人口则仍然无从安插也。”②

通过比较，陈长蘅指出中国有三种人口压迫。第一种“为人口与土地失去均衡，致物力与富源不能维持加多之民数”。也就是人生的各种物质需要不足供给现有人口时所发生的压迫。“此种压迫，实最基本而最严重。”不过在西方诸国已不多见，在中国与印度则属常有之事，结果常使人口受马尔萨斯所谓的各种“天然的制裁”。这种人口压迫在地不加广民日加多的农业国家时常发生。第二种“乃由于政治经济与社会种种制度之不良，致财富分配多集中于少数之治人阶级、有枪阶级和资产阶级。而多数人民则感觉物力维艰，生活困难”。第一种人口压迫是患寡，第二种人口压迫是患不均。后者与马克思所说的资本主义国家的人口压迫虽颇相仿，但仍有显著差别。第三种“则为外侮纷乘，疆土日削所致。此种人口压迫与孙中山所谓受外国人口增加的压迫，不尽相同”。③

陈长蘅提出的三种人口压迫论，实际上是承认中国贫穷落后的原因是

---

① 陈长蘅：《三民主义与人口政策》，商务印书馆1930年版，第248、249页。

② 陈长蘅：《研究中国人口问题应行注意的几个要点》，中国社会学社编《中国人口问题》，世界书局1932年版，第29、30页。

③ 本段引文均见陈长蘅：《我国人口的三种压迫与其解救方法》，《申报月刊》第1卷第4期(1932年)。

多种多样的，不能用单因素来解释，即马克思主义者和民族主义者的理论都有一定的合理性。但陈长蘅仍然强调了他长期主张的“人口与土地失去均衡”是中国贫穷落后最重要、最基本的原因这一论断。

陈长蘅不仅认为人多是中国贫穷落后的根本原因，甚至认为它已经影响到中国民族的生死存亡。他说：“吾人详考我国近百八十余年国家之治乱及民势之消长，便知与人口密度有大关系。语云：‘国以民为本，民以食为天’。又云：‘无三年之食，国非其国。’是以一国一民族治乱兴亡存灭继绝之最后原因，不得不征诸其土地与人民有无适当比例。而能否维持此两者之均衡，则又视其国民与政府有无远大之眼光与毅力。若地不加广，民日增多，则人民生计困乏，教育不兴。民数虽众，非弱即贫，非贫即昧。一旦与他族接触，遂毫无抵抗之力。致已有之领土与及已有之生计，亦不能自保。虽欲不亡，必不可得。”①

陈长蘅估计中国人口总数是4.46亿余，人口的自然增长率约为10‰，已经远远超过了“适度人口”的要求。他认为，“此项自然增加率如不减低，则在二十世纪之末，我国的人口可增加到九万万以上”。这样庞大的人口必须加以控制，“否则我们生齿越繁，人口压迫越甚；人口压迫越甚，社会纷乱越甚；社会纷乱越甚，人民越无生计、无教育、无进步，国家越无组织、无团结、无能力”。又指出：“我国则迄今仍抱着只知有家族而不知有国族的宗法传统思想，添子益孙，多多益善，所以直到现在仍然专靠内乱天灾及疾病饥饿来和缓人口的压迫及消减人口的过剩。”内乱纷争无论谁胜谁负，“无非表演大规模的民族自相残杀，国家元气亦因此挫丧无余。于是外患乘之，割地赔款层见叠出。领土丧失之后，人口压迫愈甚，内乱亦愈演愈烈，强邻又起而兼弱攻昧取乱侮亡。如此循环下去，非弄到国破家亡，民奴种灭，其势不止。”②

三、人口与土地均衡论

上节已经指出，陈长蘅认为人口过多过少对国家都会产生危害。那么，人口多少的标准是什么呢？陈长蘅认为，民以食为天，人口与土地必须维持一定比例和均衡，这个比例就是人口多与少的标准，过此标准便会出现失

---

① 陈长蘅：《中国近百八十余年来人口增加之徐速及民势之变迁》，《中国人口论》，商务印书馆1928年版，补遗二，第48、49页。

② 本段引文均见陈长蘅：《我国土地与人口问题之初步比较研究及国民经济建设之政策商榷》，《地理学报》第2卷第4期（1935年）。

衡。他根据马尔萨斯理论认为，人口增加过多过快，土地却不可能同步增加，人地矛盾必然出现，为了缓和人地矛盾，二者必须保持一定的比例。他说："一国人口之增加，速者数十年而一倍，缓者亦一二百年而一倍。而农产物之增加，则除四征八讨开疆拓土之诸国外，决难一再加倍。已耕之地，无论添施人工若干，绝不能如人口继续增加。是以一国人口之多寡，当与幅员之广袤有适当之比例，然后无人满为患。"[①]

关于人口与土地的具体比例，陈长蘅先后提出了三个标准。1926 年他提出中国人均应为 12.5 至 15 亩左右，前者依据为孟子所说"百亩之田，一夫耕之，八口之家可以无饥"[②]，据此计算，即每口 12.5 亩。后者为美国哈佛大学教授伊斯特(E. M. East)估计人类每人须有二英亩半的土地(约合 15 华亩)方足以供营养[③]。1931 年，陈长蘅又提出：美国华盛顿经济学研究社理事库辛斯基(R. R. Kuczyrski)根据德国战前的生活标准，以为每人只需要一英亩半(约合 10 华亩)，便可维持适当的生活程度[④]。这样，陈长蘅就提出了维持合适的生活人均耕地应达 10 亩、12.5 亩、15 亩三个标准(但 12.5 亩的标准是有问题的，因为先秦的亩积比秦以后的亩积要小得多，《二程遗书》二下就有"古者百亩，今四十一亩余"的记载，这说明战国时有百亩田的八口之家，按宋朝的亩积标准，人均只有 5 亩多一点)。

根据上述人口与土地的合适标准，中国的人地矛盾就特别突出。中国一方面生育率过高，另一方面土地却相对贫瘠，人均耕地远在标准之下，人口已经超过土地的承载能力，出现了人口与土地的严重失衡。

陈长蘅认为，中国人口是高生育率和高死亡率，中国人口生育率高的特殊原因有三：(1)中国人以繁衍后代为人伦之大经，"人无论贵贱，咸知无后之为不幸……生生不已，是以子孙众多，人口繁密，天灾人祸、内忧外患、贫苦饥馑、疾病死亡"[⑤]等一切灾难都不足以阻止中国人生儿育女。(2)"大致农业国之人民，增加较速……盖农人恒家居，且经济之欲望不奢，稍可糊口，即娶妻养子。工商业人恒逐利，往来无定，且经济之欲望较奢，故娶妻较迟

---

① 陈长蘅：《中国劳动问题讨论》，《清华学报》第 3 卷第 1 期(1926 年)。转引自《人口问题资料》，商务印书馆 1960 年版，第 69 页。

② 引文有误。《孟子·梁惠王上》的原文为："百亩之田，勿夺其时，八口之家可以无饥矣"。

③ 商务印书馆编：《人口问题资料》，商务印书馆 1960 年版，第 69 页。

④ 陈长蘅：《研究中国人口问题应行注意的几个要点》，中国社会学社编《中国人口问题》，世界书局 1932 年版，第 28 页。

⑤ 陈长蘅：《中国人口论》，商务印书馆 1928 年版，第 94 页。

……吾国农业国也，生齿必繁。”[①](3)“吾国宗法之制仍存，共产之风未改，家族世代同居，依赖成性，经济权操诸家长。少壮夫妇，不审家计盈虚，不谋生育节制，相率添子益孙，多多益善，孳生无度，钟衍太繁，人口日稠，又势所必至。”[②]以上三条分别从中国独特的文化、经济、社会特色分析了中国人口生产过多过快的原因。

陈长蘅根据前述人均耕地的三个标准，认为中国内地 18 省[③]莫不人口过庶。1922 年华洋义赈救灾总会调查直鲁江浙等省 248 村(直隶最多)共6 482家，有以下结果：(1)平均每家丁口为 5.28 人。(2)在江苏平均每家有地 19.5 亩，即每人仅 3.6 亩有奇；在直隶每家有地 23 亩，即每人 4 亩有奇。(3)在直隶无地之家数约占 11%有奇。(4)农人借贷利率每月 2 分至五六分不等。(5)江苏各村居民约有一半皆贫(江、浙两次战争以前状况)，直隶约有 80%皆贫。“此虽调查各区之现象，不足以概其余，然全国农人之贫苦，亦可想见。较诸上列标准实不如远甚。”[④]

1935 年 8 月，陈长蘅发表《我国土地与人口问题之初步比较研究及国民经济建设之政策商榷》，该文通过统计数据，详尽描述了全国已耕地、可耕地、可耕未耕地的实况。

关于中国已耕地，具体数字见表 7—1。

表 7—1　　中国已耕土地面积与土地总面积及人口总数比较[⑤]

范　围	总面积(亩)	已耕土地面积(亩)	垦殖指数(%)	人口数	人均摊耕地(亩)
全国	17 946 643 520	1 373 986 210	7.65	446 949 832	3.07
内地 18 省	5 883 080 320	1 063 030 680	18.07	404 432 908	2.62
全国户均摊耕地					20.45
全国农民人均摊耕地				335 222 194	4.09
18 省农户户均摊耕地					17.50

① 陈长蘅：《中国人口论》，商务印书馆 1928 年版，第 68 页。

② 陈长蘅：《中国人口论》，商务印书馆 1918 年版，第 54、55 页。

③ 内地 18 省指河北、山西、山东、河南、安徽、江苏、浙江、福建、江西、湖北、湖南、广东、广西、陕西、甘肃、四川、云南、贵州。

④ 商务印书馆编：《人口问题资料》，商务印书馆 1960 年版，第 69、70 页。

⑤ 原表包括全国 30 个省每一个省的数字，本表仅选择了全国各省加总的数据。

续表

范　围	总面积(亩)	已耕土地面积(亩)	垦殖指数(%)	人口数	人均摊耕地(亩)
18省农民人均摊耕地				303 324 681	3.50
附日本农户户均摊耕地					17.52
附日本农民人均摊耕地					3.61

资料来源:陈长蘅《我国土地与人口问题之初步比较研究及国民经济建设之政策商榷》,《地理学报》第2卷第4期(1935年)。

从表7—1可知,全国人均耕地3.07亩,内地18省人均耕地2.62亩,全国农民人均耕地4.09亩,内地18省农民人均耕地3.5亩,如此数字同陈长蘅提出的维持生活人均耕地应达10亩、12.5亩、15亩三个标准相差甚远。特别是18省农户的户均和人均耕地还不如公认人均耕地很少的日本。

陈长蘅还将中国人均耕地与世界44个重要的国家和地区进行比较。他发现,世界大多数国家的人均已耕土地面积皆大于中国,仅日本本部与荷兰及荷属东印度群岛的人均已耕土地面积小于中国(中国内地18省的人均已耕地尚小于荷属东印度群岛)。中国已耕土地总面积比英领印度还少17 453 424英亩或113 447 256华亩。"可见我国已耕土地面积并不甚多,同时也表示我国可耕未耕的土地甚属有限。不然我国的人口约比印度多四分之一,何以我国以勤劳著称的农民对于全国容易耕种的土地还没有去利用呢?"①

根据地质专家翁文灏的统计,陈长蘅认为:中国可耕地约占领土面积的四分之一。这还是从宽估计,因为盆地虽有四块,其中只有四川一块是好的,又丘陵地之可耕者,最多恐怕只有三分之二。所以,全国可耕地共折合32亿亩。以4亿人来分配,每人只分8亩或1.2英亩多。中国全国所有可耕之地纵能尽耕,按照伊斯特所定的生活标准,只能供给2亿至2.5亿人;按照库辛斯基所定的生活标准,亦只能供给3.2亿至4亿人②。陈长蘅在此得出了一个重要结论:中国可耕土地全部开发最多只能供给4亿人够标准的生活。

关于可耕未耕地,陈长蘅研究了它的数量及其地域分布,详见表7—2。

① 陈长蘅:《我国土地与人口问题之初步比较研究及国民经济建设之政策商榷》,《地理学报》第2卷第4期(1935年)。

② 陈长蘅:《研究中国人口问题应行注意的几个要点》,中国社会学社编《中国人口问题》,世界书局1932年版,第28页。

表 7—2　　　　　中国可耕未耕地的大概估计及其地域分布

可耕未耕地所在省区		可耕未耕地面积约计（%）	可耕未耕地面积约计华亩数	大概纬度	大约海拔（英尺）	年大概平均雨量（英寸）
1	内地 18 省	9.1	535 360 000	17～43	500～2 500	20～50
2	东三省及热河	14.2	293 441 000	38～53	500～2 000	20～30
	(1)辽宁		27 698 000			
	(2)吉林		91 083 000			
	(3)黑龙江		141 315 000			
	附呼伦贝尔		8 028 000			
	(4)热河		25 317 000			
3	察哈尔	8	33 256 000	39～46	3 000	10～20
4	绥远	11	54 210 000	38～44	3 000	10～25
5	宁夏	7	34 005 000	37～43	3 000	10～15
6	西康	5	3 7962 000	27～32	8 000	15～40
7	青海	3	35 088 000	32～39	8 000	5～10
8	新疆	7.5	197 775 000	35～46	3 000	5～20
9	外蒙古	7.5	194 296 000	45～53	3 000	5～10
10	西藏	2	29 072 000	27～36	10 000	5～35
	总计		1 444 465 000			

资料来源：陈长蘅《我国土地与人口问题之初步比较研究及国民经济建设之政策商榷》，《地理学报》第 2 卷第 4 期（1935 年）。

从表 7—2 可知，中国尚有 14 亿余亩可耕地，但这些可耕地一大半在纬度高、海拔高、雨量小的边远地区，质量大不如已耕地，即使完全开垦也不能解决中国人地失衡的问题。

陈长蘅进而指出，如参照翁文灏估计的数字进行微调，全国可耕地除已耕的 1 373 896 240 华亩外，仅尚有 1 526 000 000 至 1 726 000 000 华亩。上述可耕地表面看来似乎很多，约占已耕土地的一倍多。但是要知道这些可耕未耕的土地大半都比已耕土地差。不是因为土质较为恶劣、地区较为偏远，便是因为雨量较少、气候较寒。何况这些土地纵能尽耕，按全国的人口总数计算，每人亦仅能再摊 3.43 至 3.92 华亩。如果把已耕地及未耕地合并计算，每人也仅能均摊 6.5 至 6.99 华亩。按照伊斯特所定每人需用 2.5 英亩或约合 15 华亩的标准，我们全国的可耕地是每人要短少 8 华亩。即使按照库辛斯基所定1.5英亩或约合10华亩的较低标准，每人仍然短少可耕地3华亩。“所以我们希望这些可耕未耕地将来都能用来改善全国农民和一般人民的生活，而不希望用来维持贫穷愚昧的更大人口。因为我国人民的生活标准如果提高到同欧洲一样，我们的耕地至少应增加两三倍。若是要提高到同美国一样，则我们的耕地更应增加五六倍。所以我们总要同世界各重要国家作相对的比较，才知道我们已耕之地和未耕之地皆不甚多。”①

除农用耕地外，陈长蘅还研究了中国人均牧地和林地面积。他指出：中国农地、牧地及林地就已用者及可用者合计约为290万至350万平方英里，或约合120.64亿至131.04亿华亩，以全国人口来摊算，每人可平均摊27至30华亩。“此三种土地之每人均摊数，在欧西重要国家可达四五十亩乃至六七十亩，在美国则约为一百二十亩。在苏俄则仅就耕地及林地合计，每人已可均摊一百十四亩。于此可见我们国人是相形见绌，惭愧无地。”②既然如此惭愧无地，如果没有其他办法，则只有坚决控制人口。

陈长蘅认为发展各种实业不能解决中国的人地失衡矛盾。因中国能够开垦的耕地十分有限，随着经济社会的发展，需要土地的地方却越来越多。解决吃饭问题要土地；穿衣的纺织原料要土地出产；住房的地基与建筑材料的供应要土地；行路方面，铁路公路要占地，交通器具需要土地出产的原料；教育印刷也需要土地。人民生活处处需要土地，因此，即使实业发展了，也很难维持更多的人口。

如果实现孙中山主张的耕者有其田，或者平均分配土地，每人分得土地仍达不到前述伊斯特和库辛斯基所定“标准”。农业革命后，农村多出20%的人口，只好发展工商业安插。发展工商业的问题是：矿藏不丰富；资本缺乏与技术落后；全球市场竞争激烈。所以要在最近的将来靠城市的工业化来吸收农村的过剩人口及解决全国人口的过庶又很少希望。如果用城市勉强来吸收农村过剩人口，还必须假定城市人口不增加或逐年下降。

按照陈长蘅的推论，开垦荒地、平均分配土地、工业化、城市化均不能解决中国人多地少的难题，只有控制人口一条路。

陈长蘅关于中国已经出现严重人地失衡的观点发表后，在经济学界引起了强烈反响，出现了一场关于人口与土地的论战。

---

① 陈长蘅：《我国土地与人口问题之初步比较研究及国民经济建设之政策商榷》，《地理学报》第2卷第4期（1935年）。

② 陈长蘅：《我国土地与人口问题之初步比较研究及国民经济建设之政策商榷》，《地理学报》第2卷第4期（1935年）。

1936年4月，萧铮发表同翁文灏、陈长蘅商榷的论文。他逐段逐条批驳了翁文灏《中国人口分布与土地利用》和陈长蘅《我国土地与人口问题之初步比较研究及国民经济建设之政策商榷》二文。比如，陈长蘅多次以伊斯特和库辛斯基所定人均耕地至少在10亩以上作为人生"标准"。萧铮则认为事实"正证明他们所订的标准，不见得是正确"。通观全文，萧铮主要在四个方面批判了翁文灏、陈长蘅："（一）人类根本有创造生活资料之能力，利用土地改良之可能性尚甚大，（二）中国之地力估计，事实证明不似翁陈二先生之低，人口状态亦不似翁陈二先生之悲观，（三）人类生活标准之高下，根本不依耕地分配之指数，（四）国力之增强，根本不在于生育率之减少。就吾国国民经济而论，土地本身殊无可怨言，人口之多亦为劳动力丰富的好现象，惟其质较劣，然此乃教育问题，而非生育问题也。国民经济上之缺憾，乃在资本之缺乏及制度之不良，而资本缺乏之主因，非为土地生产力不足，亦非为人口之消耗力太大，而别有其他原因，主要者为帝国主义政治的经济的侵略及本身政治经济之劣败，生产流通诸技术之落后，'天公'——土地与人口——殊不负其辜。"萧铮的结论是："土地问题者，非为怨天时之不顺，地力之不厚，而为不良的土地制度之妨碍地利。人口问题者，非为生齿之过繁，而为分布之不均，素质之不良。"[①]

同月13日至17日，陈长蘅在《新京日报》发表《关于中国土地与人口问题——答萧青萍先生》，对萧铮的批评进行了逐段逐句的反驳。陈长蘅指出：萧铮太迷信科学万能，以为土地利用可"随心所欲"。且只知道科学利用，而不知道经济利用，即没有考虑到科学上可能的东西，经济上不一定合算。所以土地纵可改良，而结果是"科学则科学矣，经济则未也"。"我们对于中国的地势、地质、气候、雨量等各种天然的缺陷，决不能一概抹杀，而仅谓万能的科学可以替我们解决一切。""我们的人巧不能尽夺天工。"

王亚南指出：陈长蘅等人的人地失衡论，首先是统计数字不准确。"所有这类统计数字，通是'想当然耳'，或'以意为之'的。任何一个落后的社会，根本不可能有正确的统计数字"[②]。王亚南还认为，即使统计数据准确，人地真失衡，为什么不在耕作上求改进？中国土地问题的实质在于以土地制度为核心的落后生产关系，包括地权分配不均、地租率过高等问题，而不是人口与土地的失衡问题。

---

① 萧铮：《中国的土地与人口问题：兼请益于翁文灏陈长蘅二先生》，《地政月刊》第4卷第5期（1936年）。此文先发表于《中央日报》1936年4月5～9日。

② 王亚南：《中国社会经济改造思想研究》，中华书局1950年版，第83页。

四、适度人口论

人口数量要适中，不可太多也不可太少。这是悲观派、乐观派都同意的观点，问题的焦点是：人口适中的标准是什么？陈长蘅从边沁"最大多数人最大幸福"引申出适度人口的标准是"最高生活的最大民数"。该论是陈长蘅不同于论敌的主要思想。它用积极的高生活标准衡量人口是否过多，脱离了马尔萨斯人口增殖的生存限制的悲观论。陈长蘅设想的生活标准是美国和超过美国的标准，由此他看到中国的人口问题就异常严重，主张在未达到标准之前应一直限制生育，反映了陈长蘅既有赶超美国的崇高志气，也有好高骛远、不切实际的偏向。

1930年，陈长蘅在《三民主义与人口政策》一书中专章论述"人口密度与人生标准"，他说："中国现时人口过庶与否，以及理想的人口密度应为若干，全视吾人所假定的生活标准如何为断。大致我们所假定的生活标准愈高，则我们理想中的最适宜的密度亦愈小。譬如现时国内的乐观派说：'中国尚无所谓人口问题'，都是因为他们心中所悬想的生活标准，在我们看来是一种很低的人生标准；他们所假定的生活标准是只能适合'物种互竞原则'而不能适合'人类互助原则'的标准。他们的标准是远在国家民族适存点以下。我们则深信中国民族各个人的生活标准，如果不努力去尽量提高，我们的人口就是能够增加很快；而大家长此黑暗贫弱混沌纷乱，中国也仍然有灭国灭种之忧！我们所以主张人口要有最适当的密度，是因为要在适当的人口密度之下，才能够提高我们国民全体的一般生活标准，而使我们国家民族永久适于生存。这个最适当的或时中的人口密度，是与人口达到饱和点时的密度完全不同。人口在饱和点时的密度，是最高生育率和最高死亡率正负相消时的密度。饱和的密度，是人口压迫达到顶点时的密度，是种族最不适于生存的密度。时中的密度，是人口压迫降到零点时的密度，是国家种族最适于生存进化的密度。故又可称为中和的人口密度。中和的人口密度，是远在饱和的密度之下。饱和的密度，好比不设座位任人拥挤的旧式戏园的密度一样，中和的密度，好比设有一定座位依次入座的最新式戏园的密度一样。"①

陈长蘅设想的最高生活标准是赶超美国当时的生活程度，他说：美国1922年的国富约等于中国国富的16.8倍，1928年则增至19.9倍。美国人

① 陈长蘅：《三民主义与人口政策》，商务印书馆1930年版，第106页。

的国富平均摊额，竟等于中国人平均摊额的66倍左右。我们的国富总额连意大利、印度都比不上，真不愧为世界上最穷的国家。而要与美国并驾齐驱，必须进行“物质革命”克服“穷”；“教育革命”克服“昧”。实现这两项目的则需要投资约1.5万亿元到2万亿元，而中国的财富仅380余亿元。如果没有“生育革命”控制人口以积累资本，则“物质革命”和“教育革命”就永远无法实现。陈长蘅再次强调中国土地和耕地面积短少限制了中国发展，他说：“欲使我国农人的生活程度和一般人民的生活程度达到欧美最先进诸国的水平面，皆非有一二倍乃至二三倍之领土不为功。中国现在的人口占世界四分之一，领土则仅占地球面积十二分之一，即短少地球面积十二分之二，或六分之一。所以我们算来算去，总是不够。”①

1931年陈长蘅指出：“现代人口学者大都主张维持最高生活的最大民数，而不主张维持最低生活的最大民数。这两种的最大民数有很大的差别。大致生活程度愈高的国家，其人民每人关于衣、食、住、行、乐、育，所需用的土地亦比较增多。所以我们如果一面要努力去实现三民主义，尽量去提高人民全体的生活程度，一面要努力去添子益孙，尽量去加大我们已经人满为患的人口数量，似无异缘木求鱼也。所谓最高的生活程度，不仅是求物质的欲望满足，并且要求精神的欲望满足。一个进化的民族不仅要求生存，并且要求有意义的生存，和有价值的生存。”②

1935年陈长蘅指出：“现代的国家皆努力设法维持最高生活与最大幸福的民数，而不欲维持最低生活与最大昏乱的民数。凡遇数量与品质不可得兼的时候，宁舍数量而取品质。因为无条件的增加人口数量，非特不能增加国家民族的力量，反而根本危及国家民族的生存。盖缘现代战争，是斗智兼斗力……所以现代国家即专为国防安全计，也要各自努力去维持最适中的人口密度。”③

陈长蘅最高生活的最大民数论已经不同于马尔萨斯人口论，他引用和赞同的是加拿大土兰多大学经济学院院长马克哀夫在其所著的《人口的趋势》一文中的观点，马克哀夫说：“在过去的人类历史中一切人口的均衡，大都取决于马尔萨斯所谓天然的食物限制。至于将来的人口均衡，则当取决

① 陈长蘅：《三民主义与人口政策》，商务印书馆1930年版，第127页。

② 陈长蘅：《研究中国人口问题应行注意的几个要点》，中国社会学社编《中国人口问题》，世界书局1932年版，第30、31页。

③ 陈长蘅：《我国土地与人口问题之初步比较研究及国民经济建设之政策商榷》，《地理学报》第2卷第4期（1935年）。

于生活标准的限制，前种限制为自然的，后种限制为意志的。意志的限制愈有效，人类愈无生计困乏之虞。故将来静止的人口，必为生育率减到恰够补偿最低死亡率地步的人口均衡，且生育节制应愈普遍愈佳，故应使最需节育之各阶级均得着应具的节育知识，方能收最低死亡与最低生育之最大利益。"[①]马寅初也指出：最适宜的人口密度论不可与马尔萨斯人口论相提并论，"马氏之最多人数最低生活之悲观论调，一变而为最高生活最适宜人数之乐观论调"[②]。陈长蘅中国人地失衡论说明中国确实具有"马尔萨斯陷阱"，他的最高生活的最大民数论说明通过控制人口等措施是能够摆脱"马尔萨斯陷阱"的。

五、人口政策论

陈长蘅研究人口问题的目的是要影响中国的人口政策。他在《中国人口论》里提出了人口统计和"迟婚减育"，在《三民主义与人口政策》里提出了"生育革命"，主张优生与节育，即控制(减少)人口数量，提高人口质量。

(一)人口统计

陈长蘅认识到人口问题关系到中国的生死存亡，了解中国人口的真相是中国政府和学术界的迫切任务。早在1918年他就建议政府进行规范的人口编查统计。他指出：人口编查方法可以分为两种，即定期统计和常年注册。定期统计是指在一定年限内统计一次人口，类似于今天的人口普查。常年注册是指"于全国各行政区域设常定注册机关，专掌人民生死婚姻之随时详细注册"[③]，类似今天的户口婚姻的登记注册。他认为，定期统计的作用有五：(1)可以显示民数多寡，增加徐速与国内各区域人口的疏密；(2)可以知道人民的生死存亡，国势的盛衰消长；(3)可以帮助立法者分配行政区域及选举区域；(4)可以知道有军人资格的男丁，有入学年龄的子弟；(5)可以帮助政府均派赋役，举办公众卫生，慈幼养老，振穷恤贫，救灾赈饥，宽疾安富，与振兴其他庶政。常年注册的作用有二：一是可以知道全国人民每年生死婚姻之总数；二是可以知道各行政区域每年生产率、死亡率、婚姻率。他强调："常年注册与定期统计贵相辅而行，欲知一国人口真相，二者皆不可偏废也。"[④]

---

① 陈长蘅：《三民主义与人口政策》，商务印书馆1930年版，第110页。
② 《经济学概论》，《马寅初全集》第11卷，浙江人民出版社1999年版，第342、343页。
③ 陈长蘅：《中国人口论》，商务印书馆1918年版，第31页。
④ 陈长蘅：《中国人口论》，商务印书馆1918年版，第34页。

1930年,陈长蘅更明确地表示,政府应首先“迅速积极筹备清查全国户口及创办生命统计,使大家明了我国人口的各种事实真相”[①]。

(二)婚姻改良

中国高生育率等人口问题与中国的婚姻习俗有极大关系,《中国人口论》中关于婚姻改良的就占了两章,陈长蘅提倡改良婚姻,主张迟婚减育,反对早婚多育。他提出中国婚姻习俗应进行四方面的改良。

(1)男女平等。陈长蘅指出中国男女在工作、教育、遗产、婚姻等方面存在着严重的不平等。“吾国虽以四万万人立国,其一半固处于隶属之地位,今欲扫除陋习,革新社会,当自男女平等始。”[②]他认为男女应在社交、伦理、法律、经济、教育方面平等,但不主张妇女与男子在政治方面平等,认为政治为一国兴亡所系,不能交到没有知识的妇女手里。

(2)制定婚姻法。陈长蘅认为中国婚姻的弊端有三,即婚姻不自由、一夫多妻、婚嫁太早。应制定婚姻法克服这些弊端。在《中国人口论》中介绍了美国、哥伦比亚、奥地利、英格兰、法兰西、德意志、意大利的婚姻法摘要。并结合中国国情,提出了婚姻法的要点10条,主要内容有:男子未满20岁,女子未满18岁,不许结婚;同姓之亲者,不许通婚;已有夫或妻者,不许再婚;癫狂痴呆及神经病者,不许结婚;未经男女本人自愿者,不许成婚;等等。

(3)颁布离婚法。国家公布法律,允许和规范人民离婚行为。

(4)变革家庭与财产制度。大家庭的族居制度弊端丛生,成年子女结婚后,应单门立户,与父兄财产独立。

陈长蘅改良婚姻的方案,是期望通过法律和移风易俗的手段,达到迟婚减育,以减少人口数量,提高人口质量。

(三)生育革命

“生育革命”一词原由吴稚晖提出,被陈长蘅所沿用。陈长蘅在《三民主义与人口政策》一书里提出了生育革命的具体方案。他认为生育革命至少有三个最大目标:要维持适合最高人生标准的人口数量;要实现适合优生理则的人种改良;要增进两性生活的和乐健康与整个人类的安宁福祉。

陈长蘅提出一对夫妇应养育2至4个孩子。他说:“生育愈多,死亡率愈高,其最大原因皆由于为母者养育太紧,气血衰弱所致。所以我们的结论是每双健全良好的夫妇至少应养子女二人,至多可养四人,非有夭折,不宜再

① 陈长蘅:《三民主义与人口政策》,商务印书馆1930年版,第307页。

② 陈长蘅:《中国人口论》,商务印书馆1918年版,第87页。

行增多，且养子期间不宜过密，或一年两年，可由夫妇量力自行酌定，能使授乳期毕数个月后始再怀孕最佳。俗谚说得好：'一个儿子提心吊胆；两个儿子，锦上添花；三个儿子，到老变成四家；多男多女多冤家；一男一女一枝花；无男无女赛仙家。'"①陈长蘅提出最多4胎最少2胎的政策，说明他既反对多生，也反对不生。他特别批评新马尔萨斯主义派"以无子为上策，为夫妇者，宁愿斩绝子嗣，以遂本身之宴乐轻便，而忘好生之德，覆宗绝嗣，残种灭族，莫此为甚"②。

陈长蘅的"生育革命"还包括提高人口品质的优生优育和人种改良。他指出："我们不但不要再去鼓励多生，而且还望大家努力去灌输西方诸国调剂人口和改良种族的各种健全学理和健全方法。一面要限制'天公'随意移民到我们乌托邦里来，以减轻我们人口的压迫，一面也要求'天公'多送一些健全优秀的小孩子，少送一些劣弱低能的小孩子到我们乌托邦来，以增进我们种族的健康。所以我们还望大家一致欢迎'节孕'与'优生'两个'并蒂连理'的大运动，为精深的研究，作正常的宣传，使国人养育有节，淑种有方，共开好花，共结好果。"③关于优生的具体办法，陈长蘅在其拟定的婚姻法里有一些相应的规定。

在节育的方法上，陈长蘅主张依靠自我节制的"自然的节育方法"，不主张依靠药物、机械等避孕方法。他指出："理想的节育方法应具备几个条件：一须不悖人道，二须不伤身体，三须普遍适用，四须无由滥用。"④

陈长蘅认为，生育革命应以政府为主要训导保育机关。他提出除由政府积极筹备清查全国户口及创办生命统计外，并由政府卫生机关设立人口问题专门委员会，努力去研究遗传优生的原理实施和生育节制的知识方法。教育机关、科学团体及妇女团体也应各有研究讨论的组织，以辅政府之不及。政府应随时召集专家讨论人口问题的研究方法及决定人口政策的施行步骤。并应训练公众卫生人才、医学人才与看护人才，以便从事实际卫生行政、优生行政、接生保育与节育训导等工作。务使将来全国地方自治完成时，虽最小自治单位亦有公众设立的保育院，以为保护产妇婴孩的场所，并为节育知识的训导机关。"凡产育频仍或不应有生育之妇女，以及其他需要节育知识之已婚男女或将婚男女，均得申请公立保育院之负责医生或看护

① 陈长蘅：《三民主义与人口政策》，商务印书馆1930年版，第298页。
② 陈长蘅：《中国人口论》，商务印书馆1918年版，第22页。
③ 陈长蘅：《三民主义与人口政策》，商务印书馆1930年版，第78页。
④ 陈长蘅：《三民主义与人口政策》，商务印书馆1930年版，第311页。

士授以应有之知识。又依法应行绝育之太不健全分子，亦应分别施行绝育手术。凡此种种设施均应由政府机关负责举办，远较完善。”①

1934年，陈长蘅在研究统制经济理论时，提出了人口统制的理论和措施。他认为：“人口统制在现今的中国也是非常重要。无论从品质的方面着想，或是从数量的方面着想，都是绝对需要。”在人口统制的具体措施方面，陈长蘅提出：“(一)奖励移民开发边疆及改善全国人口分布。(二)人民结婚应由户籍主任登婚，未结婚前应由医生查验体格，以视有无危险的遗传病或传染病，合格的人方许结婚。由户籍主任为结婚登记及发给结婚证书。(三)应由国家普设产科医院，保证妇婴的健康。并设托儿所为妇女每日作工期间寄托婴孩的场所。(四)子女出生应一律依法登记，凡生育过多或体质不良的夫妇，应由产科医生教以避孕方法。(五)已婚夫妇有危险传染病或不良遗传病不能疗治者，应由法律授权的国家医院施行绝育手术。”②

陈长蘅在统制经济时代提出的生育政策，可名为统制生育政策(以区别于后来马寅初提出的计划生育政策)。该政策强调国家应干涉人民的生育行为，但侧重在优生优育等卫生政策方面，没有强调国家应规定一对夫妇只能生几口人的政策。

1936年，陈长蘅与萧铮辩论时对自己的人口政策进行了总的概括。他说，生育革命“是由国家的卫生机关和医院来负责指导，使凡养育过多以危害母子健康的人们都可节制孕育。鄙人并主张养儿子应该有预算，以最少一枝花、最多两枝花为原则，特别优良的分子自然还可以多生，至于最下级的愚劣癫狂分子则应由国家许可的合格医院严格检验之后，施以绝育手术，以免传后。又婚姻不论贫富均须由户籍主任证婚，并一律依法登记。不许名流或家长证婚。政府应把国民当作国家的子女。婚姻大事既关系民族福祉，故不能只视为家庭的私事。必如此才能根本改换我们国人‘知有家族而不知有国族’的旧观念。孟子说：‘圣人复起，不易吾言。’鄙人相信鄙人的主张总比萧先生的主张更为接近总理的育儿或育幼制度。并且更能于法律上、经济上、教育上、社会上，确认男女平等之原则，助进女权之发展。鄙人并不反对无后为大之说。不过认为立后之外，还要留点精神从事立德立功立言，国家社会才可日进于缉熙光明”③。该政策强调了国家对优秀分子和愚劣癫狂分子实行差别的生育政策，这一政策的出发点是优生优育，却忽略

① 陈长蘅：《三民主义与人口政策》，商务印书馆1930年版，第307页。
② 陈长蘅：《民生主义之计划经济及统制经济》，《经济学季刊》第5卷第4期(1935年)。
③ 陈长蘅：《关于中国土地与人口问题——答萧青萍先生》，《新京日报》，1936年4月17日。

了公民的平等人权，体现了陈长蘅精英阶级的立场。

综上所述，陈长蘅思想并不仅仅是来源于马尔萨斯人口论，还来源于达尔文进化论、边沁功利主义福利论，以及其他与他主张一致的经济学家、社会学家、优生学家等专家的观点。特别是他就学的哈佛大学教授嘉惠尔(T. N. Carver)、伊斯特对他的影响甚大。

第七节　翁文灏的经济思想

一、赶超战略的提出者翁文灏

翁文灏(1889～1971)，字咏霓，浙江鄞县(今宁波市鄞州)人。1912年在比利时罗文(Louvain)大学获理学博士学位。1913年任北洋政府地质研究所教师，1921年任地质调查所代理所长，主持地质矿产调查工作。并兼北京大学地质系、清华大学地理系教授。1932年被任命为南京政府国防设计委员会(1934年改组为资源委员会)秘书长。1938年1月至1946年5月任经济部部长。1945年6月至1947年4月任行政院副院长。1947年4月至1948年5月任资源委员会委员长，负责经济建设和主管国营工矿业。1948年5月至11月任行政院院长。1949年1月任总统府秘书长。同年赴欧洲。1951年回到新中国。曾任第二至四届全国政协委员、国民党革命委员会中央常委、台湾和平解放工作委员会委员等职。著作有《锥指集》、《翁文灏先生言论集》、《国民经济建设运动》、《抗战以来的经济》、《中国经济建设论丛》等。翁文灏去世后，学术界编辑出版了《翁文灏论经济建设》、《科学与工业化——翁文灏文存》等。

作为民国时期著名的地质地理学者和长期负责经济建设的官员，翁文灏对中国经济问题发表了许多独特的言论，对学术界和实际经济工作都产生了重要的影响。他首次以确实数据来论证中国地大而物不博，即中国国土虽大，适合人居和农业的优质土地不多，矿藏也不够丰富，强调人口与资源对经济建设的制约作用。在此认定的基础上，他提出了中国快速实现工业化的主张和方法。

翁文灏地大物不博论阐述的是人口与资源对经济发展的客观约束，他的赶超战略强调的是建设者对经济建设的主观能动作用。前者主要是以地质地理学家的视角，后者主要是站在领导经济建设的官员的立场。在提出前者时，忽略了人的主观能动性；在论述后者时，又忽略了资源和资本对中国经济的约束。另外，翁文灏还针对当时“以农立国”同“以工立国”的争论，提出了“以农立国以工建国”论。

抗战时期，翁文灏在《国民经济建设运动》[①]中提出了国民经济建设的六条原则：经济建设之首要在“生之者众”；经济建设应确认为我国的基本工作；经济建设应以国家的利益高于一切；经济建设应以国防为中心；经济建设应采迎头赶上主义；经济建设应在整个计划经济之下分途并进。这六条原则基本上概括了他的工业化和赶超战略思想。

二、地大物不博论

长期以来，中国人常常认为本国地大物博，无所不有。翁文灏首次以确实数据对此论表示了质疑。

在《中国地理区域与其人生意义》[②]中，翁文灏将中国的领土分为五种自然区域，其面积如下：

平原	380 000 平方英里	占全国总面积 10%
盆地	600 000 平方英里	占全国总面积 16%
丘陵地	340 000 平方英里	占全国总面积 9%弱
高原	1 400 000 平方英里	占全国总面积 34%
山脉	1 200 000 平方英里	占全国总面积 30%

从上面的统计可知，中国的高原与山脉占全国面积 64%。而平原、盆地与丘陵地合计仅占 35%。对于后三种适合农业经济的土地，大致每种约有 30 余万平方英里可耕地，合计为 100 万平方英里，改成亩数约为 40 亿亩，以 4 亿人来分配，每人可分得 10 亩，不足 2 英亩。这与外国比起来(如美国每人分 8 英亩)是很少的。关于已耕地，每人只分 4 亩多一点，比美国每人 17 亩，英国 14 亩，德国 10 亩，中国的数目还是太小。中国平原最多还可以多安置四千多万人，过此便要达到饱和点出现“人口过剩”。翁文灏由此得出结论：“这种情形对于人生，文化等方面的发展是不利的。我们常常听说中国地大物博；地大地小是一个问题，地好地坏又是一个问题，如果是‘石田’，虽大也是没用处的。”

翁文灏此文指出了中国一个重要的国情：中国国土虽大，但大半地方不适合农业，多是“石田”，中国可耕地和已耕地，都远远低于美国等国。中国

① 翁文灏：《国民经济建设运动》，中央训练团 1940 年 10 月印。
② 翁文灏：《锥指集》，农矿部地质调查所 1930 年印，第 269～274 页。

虽是地大，实际上是物不博，对流传甚广的“中国地大物博论”表示了质疑。

在《中国人口分布与土地利用》[①]中，翁文灏将人口分布与自然环境结合起来分析，对“中国人口众多，地大物博优越论”进行了进一步的质疑。他指出：中国全国的面积3千尺以下的只有三分之一，而1万尺以上的却有五分之一。全年降雨量不到20吋的地方至少占全面积二分之一。在这种地理环境下，全国人口集中在五个区域。第一是中原区，人口约8 000万；第二是扬子江的中下游平原，人口约7 000万；第三是以上平原附近的丘陵地，人口约9 000万；第四是浙闽粤三省为主的东南沿海区，人口约7 000万；第五是四川盆地，人口4 000余万。以上五个区域总面积约计70万平方英里，占全国17％弱，他的人口则有3.5亿余人，占全国83％强，密度总平均每平方英里多至500人。其余20％的人口乃分布于其他83％的面积，平均密度每平方英里只有35人。“可见中国人口分布是极端的不平均。我们虽然号称拥有如何大的土地，但是我们真正利用的不过很少的一部分，还不到百分之二十。”翁文灏揭示了中国人口分布的一个显著特点：不到20％的土地承载了80％以上的人口。

翁文灏认为，“人口集中太密故生活低下”。为了减轻人口压力，只有移民开荒，但全国能开荒移民的地方却不多，最多能够在东北、西北以及内地等处再移民4 000万人。他的结论是：中国人向来好以地大物博自豪。大多数的人往往默认一切土地皆可同等利用，只要有人去开发。其实地的好坏大有分别，好的地方一平方英里养1 000人绰有余裕，坏的地方一平方英里养50人还甚困难。“这种分别在中国尤其是格外明显，格外重大，这是讲开发土地的人所必须深切认识的。”翁文灏作为当时中国地质学权威，长期调查研究中国国土问题，其言论非普通学者可比。因此，《中国人口分布与土地利用》一文即成为研究中国人口分布和土地利用的经典之作，产生了广泛的影响。

在《中国经济年鉴》第二章《地理——自然环境》篇中，翁文灏将地势高低是否适合人生分为五种：500公尺以下为最适者，500～1 000公尺为尚适者，1 000～2 000公尺为或适者，2 000～4 000公尺为不甚适者，4 000公尺以上为不适者。中国2 000公尺以下适于人生者，“不过得百分之四十，而后二等不适于人生者，则共占百分之六十。可见所谓中国地大物博云者，或不尽如普俗想像之甚。严格言之，前二等即一千公尺以下者，在全国仅占百分

① 翁文灏：《中国人口分布与土地利用》，《独立评论》第3、4号(1932年)。

之三十二即三分之一弱，可见中国疆域虽广而开发不易充分，不能平均者不惟人事，亦关地理”①。

翁文灏以上三篇文章主要阐述了中国耕地和水资源的相对匮乏，以及由此对农业经济的影响。另一方面，他还详细研究了中国地下矿产资源的储量以及它对工业化的影响。

在《中国地下富源的估计》②中，翁文灏估计全国铁矿砂储量是97 000万吨，其中辽宁一省占了74 000万吨，“所以除了辽宁省之外，中国铁矿真是甚穷，要是靠这一些来发展大规模的钢铁业真要格外珍惜格外节省”。中国煤矿储量共有20余万兆吨，占世界第二位，煤矿是我国特有的富源。石油矿要靠钻探很难估计。此外如钨和锑，都是中国所特富为世界各国所不能及的，只可惜用途有限，于经济不产生很大影响。他说：“中国地大物博固然不能信仰太过，但是尚未开发的地下富源照目前情形确还不算少，不宜过于短气。”

在《关于中国工业化的几个问题》③中，翁文灏专门分析了中国的资源能容许中国工业至如何程度的问题。他指出：我们中国人向来以地大物博自傲，一开口便自称物产丰富，无所不有，外国人并不同情。物产是否丰富，必用近代眼光，考察实际情形，与世界各国互相比较，才能得到准确观念，以免徒托空言，终以自误。为此，他比较几种较为重要的矿产后指出：“我国主要矿产在世界上并非最富之国，比之北美，英国及苏联诸大国大有不如。但比之德意日富源较少之国，则略较丰裕。”他的结论是：中国矿藏虽有贫富不同，但以工业方法善为布置，皆尚足以长补短，勉可有为，不至于过分缺乏。“但天然资源并不易养成世界头等强国。”

翁文灏关于中国工业化的资源条件基本够用的结论，与他前述对农业资源的悲观认识已经不同，但他仍然认为中国的工业资源仅仅基本够用，而不富有，也就谈不上地大物博。

翁文灏地大物不博论以及他对中国人口与资源分布特点的研究产生了广泛深远的影响。人口学家陈长蘅对翁文灏此论极表赞同，成为他论证中国人口过多的一个重要依据④。经济学家陈伯庄采纳翁文灏的论断，得出

---

① 翁文灏：《地理——自然环境》，《中国经济年鉴》，商务印书馆1934年版，(B)24、25页。

② 李学通编：《科学与工业化——翁文灏文存》，中华书局2009年版，第212～218页。

③ 《关于中国工业化的几个问题》，《科学与工业化——翁文灏文存》，中华书局2009年版，第563～580页。

④ 陈长蘅：《研究中国人口问题应行注意的几个要点》，中国社会学社编《中国人口问题》，世界书局1932年版。

"中国地虽大而人口更过剩得可怕，物虽博而资本缺乏得慌"的结论，认为解决人口过剩和耕地不足的矛盾，需要开垦荒地2.55亿～5.4亿亩，需要工业化启动资金47.25亿元[①]。而陈伯庄的论断恰恰是马寅初提出发展小工业论的前提[②]。

同时，翁文灏地大物不博论也受到了各方面的批评和质疑。土地问题专家萧铮逐段逐条批驳了翁文灏《中国人口分布与土地利用》的观点[③]。如翁文灏认为中国"人口集中太密故生活低下"，萧铮却认为"因为人口密度高，恰好是生活程度高的反证"，认为翁的荒地估计太悲观。

王亚南把地大物不博论作为民国时期影响广泛的五大经济理论之一，他认为：(1)统计数据有问题；(2)自然的禀赋是一回事，自然对人类的贡献又是一回事；(3)依据已有的不完全统计，中国资源是能够成就中国经济现代化的任务而不致感到如何缺憾的，况且还可通过国际贸易从其他国家或地域得到弥补；(4)中国在自然条件上表现的一切缺点，事实上无非是由于我们没有能力利用自然控制自然，以致"暴殄天物"地浪费或断丧自然的结果[④]。王亚南指出了中国的自然禀赋不错，即使有问题也可以通过国际国内市场来解决，我们不能归罪于天，应该反思人未尽其力。

土地是生产要素之一，翁文灏通过探索中国地理地质的特点，认识到土地对经济建设的限制作用，"一国的经济政策必须以其自然背景为基础，不能凭空理想"[⑤]。并认识到了中国资源的稀缺性，从农业上看，中国已经人地比例失调，从工业上看，中国资源也并不丰富，由此提出了地大物不博论。他对中国国情研究的这些开创性成果，对我们今天正确认识人口与资源的相互关系也有启发。当然，正如他的批评者所指出的，他的理论过于悲观，没有看到人力的作用。

三、迎头赶上论

近代以来，中国陷入半殖民地半封建社会的深渊，内忧外患，民不聊生，

---

① 陈伯庄：《经济政策与经济发展的关系》，《经济学季刊》第3卷第4期（1932年）。

② 《农村经济与家庭观念之关系》，《马寅初全集》第5卷，浙江人民出版社1999年版，第457～465页。

③ 萧铮：《中国的土地与人口问题：兼请益于翁文灏陈长蘅二先生》，《中央日报》，1936年4月5～9日。

④ 王亚南：《中国社会经济改造思想研究》，中华书局1950年版，第12～14页。

⑤ 《中国煤矿业的厄运——经济战的一个例》，《科学与工业化——翁文灏文存》，中华书局2009年版，第221页。

中国经济与世界强国的差距越来越大，志士仁人，痛心疾首，立志追赶强国。翁文灏从经济建设方面提出，要以苏联、德国为榜样，发奋图强，争取在短期内迎头赶上美、英、苏、德、日五大国。

（一）苏联、德国是榜样，经济建设是中心

20世纪30年代，美、英、法等国经济陷入大萧条。同时，苏联却由落后的农业国经过两个五年计划变成了先进的工业国，德国也在短期内由第一次世界大战后的战败国迅速崛起。苏、德的迅速成功给落后的中国提供了成功追赶的榜样。

1937年翁文灏访问欧洲考察经济，苏联和德国的追赶决心和短期内的建设成绩给他印象深刻。他说："由苏联见闻所及以及考察所得，合之德国所有之经验，明见一个旧国家，处此世界，必须有决心，尽力所能，彻底建成工业生产之基础，方能确图自立。建设愈进，则生产愈增，国计民生自也因之愈裕，畏葸必更落后，猛进方能有成。国虽旧邦，其命维新，国家存亡，端在乎此，舍此便是歧途，决无悖理。我国能迅自警醒，勉力为之乎！"①他希望中国以苏、德自强进取的精神为榜样，赶快建设。

1939年1月，翁文灏在西南实业协会讲演时指出："前年，余曾历往欧洲各国考察发展经济的方法，尤感德国和苏联二国用力甚多。德国人认为，大战时德国最大困难不在军事，而由于经济力量不足，故目前复兴工作，首要即为充实经济。俄国在帝制时代，其经济设备并不比中国为多，有几种事业甚至还不及目前的中国。但自革命之后，经过两个五年计划，各种工业生产能力，一跃而成为世界头等国家。"②由此他归纳出以下三条意义：(1)发展经济是建国极重要的工作；(2)这种工作的成功并不需要太长的时间，我们如果真正努力，在十年间就可把中国造成真正近代的国家；(3)我们的工作没有向右或向左的疑问，只有按照需要，大家一致努力贡献于我国经济的发展。翁文灏认为只要做到这三条，中国的经济建设在短期内就可以取得成功。

（二）技术与制度要新

在《国民经济建设运动》的讲演中，翁文灏明确指出："经济建设应采迎头赶上主义。此所谓迎头赶上，乃谓承认科学进步，日新月异，经济兴隆，后

① 《翁文灏自订年谱初稿》，《近代史资料》总88期，中国社会科学出版社2002年版，第79、80页。

② 《在西南实业协会四川分会成立会的演讲》，《科学与工业化——翁文灏文存》，中华书局2009年版，第398页。

来居上，亟宜前瞻远问，采行新法，未可留恋已往，墨守旧规。”[①]在生产技术和生产制度两方面都要追赶强国：第一，接受新式生产技术，实现工业化，战时提倡手工业是不得已而为之；第二，生产组织由公司企业制代替个人经营和家庭制度，大企业制逐渐代替小公司制，在施行严格统制经济的国家，整个国家已变成一个大公司。翁文灏于此提出了后发展国家追赶先进国家应采取模仿最先进的生产技术和生产组织。实际上就是提倡大工业建设，跨越式发展。

（三）速度要快，规模要大

前已指出，翁文灏认为根据苏、德经验，经济建设并不需要太长时间，他强调建设应短时期内收到最大效果。“如果不是这样，那就世界各国进步，我们不进步，当然落后。慢慢的进步，还是落后。我们不甘落后，我们要赶上大家，也就是说我们非快快进步不可。”[②]中国应以苏联快速建设成功为榜样，真正的建设，是有轨道的快快的进步，快快的成功。他提出：“10年之期，克观成效，20年之后，焕成新邦。”[③]战后中国实业建设务必在最短期内，克告成功。

除高速度外，翁文灏还强调建设规模应大。他说：“我们不走大规模的高速度的建设之路，国家就不能存在。”[④]苏联筹措建设资本在“三五”计划时达人均一千卢布，中国现有人均国民收入才四十元左右（不到三十卢布），所以要像苏联那样大规模建设不可能，但中国计划建设的规模不能太小，“因为世界各国的建设，都是规模庞大，进步迅速，我们本来已是很落后了，如果计划太小，那就永远赶不上去”[⑤]。

（四）赶超五大国，煤钢是重点

翁文灏认为国与国之间的经济建设是一种竞赛，落后者必须迎头赶上。他将中国与美国、英国、日本的煤炭和钢产量进行比较，发现差距太大，中国应以苏联为榜样，奋起直追。“我们需要建设，更需要大规模与高速度建设。”[⑥]

他又将中国与美、英、苏、德、日五国的煤、钢、石油、电力的产量进行比

---

① 翁文灏：《国民经济建设运动》，中央训练团1940年10月印，第5页。

② 《中国经济建设之轮廓》，《科学与工业化——翁文灏文存》，中华书局2009年版，第447页。

③ 《中国经济建设概论》，《科学与工业化——翁文灏文存》，中华书局2009年版，第493页。

④ 《中国经济建设之轮廓》，《科学与工业化——翁文灏文存》，中华书局2009年版，第447页。

⑤ 《中国经济建设之轮廓》，《科学与工业化——翁文灏文存》，中华书局2009年版，第441页。

⑥ 《经济建设是一种竞赛工作》，《科学与工业化——翁文灏文存》，中华书局2009年版，第455页。

较。他说:煤矿为中国实业最发达者,但美国产量是中国的 21 倍多,英国为 12 倍多,苏联为 6 倍多,德国为 18 倍多,日本为 3 倍多。钢铁产量差别更大,2 275 个中国等于美国,500 个中国等于英国或苏联,625 个中国等于德国,175 个中国等于日本。“在此望尘莫及的实状之下,而欲实行迎头赶上的建国之计,势非发奋为雄,认真建设不可。”①可见,翁文灏追赶的主要国家就是这五大国,主要产品就是煤和钢。

他进一步指出:“在国际上中国第一步须迅速赶上日本,我有富源,我能开发,我有工程,我能进行,如此始不负我国天产之资源,庶发扬我民族固有之才能,在国内各项重要工作,务要齐头并进,迎头占先,相辅相成,在短时期内,造成崭新的立国基础。”②

翁文灏的赶超思想还体现在他设计的三个“五年计划”中,将他的“五年计划”与他追赶的五大国工业产量比较可列表如下:

表 7—3　　翁文灏“五年计划”与五大国产量比较

比较项目		煤炭产量(万吨)	钢产量(万吨)	电力产量(亿度)	石油产量(万吨)
各国每年实际产量	美国	42 100	9 100	880	17 000
	英国	25 800	2 100	206.9	1 000
	苏联	12 900	2 200	205.2	3 000
	德国	36 400	2 500	310	70
	日本	6 500	7 00	197	35
	中国	2 000	4	7	—
翁文灏“五年计划”	“一五”计划(1942 年 3 月提出)	6 000	200	4 亿元	—
	“一五”计划(1943 年 1 月提出)	8 000	300	300 万千瓦(装机容量)	400 万桶石油(1 吨≈7 桶)
	“一五”计划(1943 年 9 月提出)	8 000	200	1 600 万千瓦	40 万桶汽油
	“二五”计划(1942 年 3 月提出)	10 000	500	6 亿元(60 亿度)	—

资料来源:《科学与工业化——翁文灏文存》,中华书局 2009 年版,第 491、442、508、569～571 页。

从表 7—3 可以看出,中国与五大国实际差距非常大。翁文灏希望两个

① 《中国经济建设概论》,《科学与工业化——翁文灏文存》,中华书局 2009 年版,第 492 页。

② 《经济建设是一种竞赛工作》,《科学与工业化——翁文灏文存》,中华书局 2009 年版,第 453 页。

“五年计划”就可以赶上日本。完成表中追赶式“五年计划”需要庞大的资金,他估计需要300亿元。假设前四年为投资期,则每年需投入75亿元,而抗战前每年实际投入建设仅4.6亿元,资本缺口太大。对此,翁文灏提出的解决办法是:艰苦奋斗和利用外资。前者指要学习苏联人的吃苦精神,一方面努力工作,多创造财富;另一方面节俭消费,积累资本。后者指通过借贷及合资等方式利用外国资本。他认为,“建设是一年年的增加投资,一年年的增加生产,子母相权的几何级的发展”①。资本困难主要在开始时期,资本会随着经济的发展自身积累。但他对实施赶超的资本困难问题认识不足,论述也不多。

翁文灏迎头赶上论体现了中华民族不甘落后、自强不息的大国精神,只有想到走多远才能走多远,这是中国经济复兴的思想源泉。另一方面,这也反映了急于求成的思想。

四、国防重工业中心论

翁文灏提出经济建设应以国防为中心。针对是先富后强优先发展民生工业,还是先强后富优先发展国防工业的争论,他指出:“实则富与强,民生与国防相辅相成,难分先后,理应兼筹并顾,未便强分差等。惟是当今有强权无公理,弱肉强食,国际鼎沸的大时代,我们的经济建设,在百端待举之下,建设方案,不能无一中心,此中心应为国防。”②国防建设应注意五点:(1)加速生产国防所需要的材料与物品,达到自给自足;(2)重要的工业中心分配在比较安全的区域;(3)国内国际经济运输通畅;(4)国民应努力工作,加强组织;(5)健全金融制度,使全国的物力、财力,充分运用于一国的需要。

翁文灏认为,国防与民生能兼顾建设最好,但事实上不得不有所专重,选择的标准要看国际形势。近代以来,各国互相争夺。“有实力然后方能有公理,因此国防力量,遂成为各国安危存亡的关键所在。实际的形势既然如此,则近代经济建设不能不以强固国防为第一前提,自属毫无疑义。”在抗战时期国防建设尤其重要。“我们要对敌抗战,必须有坚强的军械;我们要有坚强的军械,又必须有制造的机能;我们要有制造的机能,又必须发挥物质的开发与利用。”③因此,国防建设是最急要的任务。

关于国防经济建设同工业化机械化的紧密联系,翁文灏指出:“国防力

---

① 《中国经济建设之轮廓》,《科学与工业化——翁文灏文存》,中华书局2009年版,第446页。

② 翁文灏:《国民经济建设运动》,中央训练团1940年10月印,第4、5页。

③ 《国防经济建设之要义》,《科学与工业化——翁文灏文存》,中华书局2009年版,第420页。

量在直接应用上固为陆海空军之武器，但在根本意义上言之，则首在全国机械制造之能力及主要物资之供应。后者能具，则武器当然易成，后者不备，则仍虚有其表，不能支持，亦不易发挥。因此吾国建设，务当特重生产、运输皆充分使用机械方法，各处电力务必加强，燃料、钢铁、化工各业务求充分发展，使国家富有近代实力。”①

国防工业建设中，最重要者则为重工业建设。“重工业为国防力量的基础，他的生产数量多寡，可以表示一个国家强弱，所以世界上图强的国家，对于重工业的发展都在积极努力。”②“欲使工业化成功，必须有计划的进行，及以重工业为核心。”③

翁文灏指出在工业化建设中，必须特别看重各种重工业，尽先建设，然后方能在短时期内培成经济的基本与国防的实力。他说，日本、苏联、德国都在数年乃至数十年内突然奋起。“推其原因，实皆赖以重工业为核心之工业化工作为其中心理由。”④

五、计划与管制经济论

翁文灏又提出经济建设应在整个计划经济之下分途并进。他认为实施计划经济为抗战建国纲领所规定，政府应在四个方面加强计划：(1)规定国营民营的范围。(2)产业部门的配合，农业、工业、交通等部门的配合，以及工业内部各部门的配合。(3)产业地域的调整，如国防工业应按军事观点设置内地，民生工业应按需求状况分设沿海。(4)人民利得的调整，即保障人民得到公平分配，除实施孙中山平均地权、节制资本的政策外，还应划分国营民营的范围征收直接税、推行合作运动、施行产业保息、规定最低工资等方法来调整人民的利益分配。⑤ 翁文灏所指四项政府干涉经济的活动，集中在国营政策、产业政策和分配政策。

翁文灏分析了美英、德国、苏联三种不同的经济制度，指出：“美、英等国，生产事业归民营，而保护管制则责在政府；德国奖助人民努力生产，但和

---

① 《中国经济建设中几个根本观念》，《科学与工业化——翁文灏文存》，中华书局 2009 年版，第 593、594 页。

② 《抗战三年之经济建设》，《科学与工业化——翁文灏文存》，中华书局 2009 年版，第 400、401 页。

③ 《国营重工业的意义与任事同人的责任》，《科学与工业化——翁文灏文存》，中华书局 2009 年版，第 466 页。

④ 《国营重工业的意义与任事同人的责任》，《科学与工业化——翁文灏文存》，中华书局 2009 年版，第 465 页。

⑤ 翁文灏：《国民经济建设运动》，中央训练团 1940 年 10 月印，第 6、7 页。

平时期，已由政府全权彻底统制，对于私人权利，限制极严；苏联方针，对经济事业，重在废私归公，尽由公家经营。三种方式，各有不同，认真进行，亦各有成绩。中国由农业国进入工业阶段，不偏向于资本主义及共产主义，而期发挥全民利益，以巩固国家安全，至应因地制宜，决定妥善制度。"①

翁文灏提出以"计划与管制经济制度"作为经济建设的共同方向。针对苏联式完全国营的计划经济，德、意、日式政府完全管制的全面经济，英、美式自由竞争为主体的经济，他主张中国应对这三种经济制度折中取法："中国折衷取法，当以国防意义为中心，由政府多负责任，促进国营事业，奠其基本，管制民营事业，以正其趋向，俾可殊途同归，速增国家实力。对于民生主要事业亦宜通筹管制，俾分配合宜，市场不致紊乱。盖民生乐利，必赖有强固国力以为保护。中国为复兴计，势非于最短期间认真建设不可，自须以政府为中心，舍短从长，领导前进。"②翁文灏名为折中取法的综合，实际上是强调以政府为中心，政府多负责任，对于民生主要事业通筹管制的统制经济制度，即倾向于德、日政府完全管制的经济制度。他对三种制度的不同批评也反映出其制度偏向。

对苏联完全国营的计划经济，翁文灏指出："吾国以民生及国防为根本主义，于节制资本之中，仍尊重耕者地权与食衣住行之利便，自未便为过分宏大之牺牲，而循共产国家之先辙，但其计划方法及勇进精神，自有可供参政之处。"③中国采纳苏联式制度的是其计划方法及勇进精神，区别却异常明显，特别是中国经济制度应保留私有产权，人民有消费自由等，可见他主张的制度不是苏联式制度。

对英、美自由竞争为主体的经济，翁文灏早在1937年考察英国时就观察到："统观英人意志极重经常之标准，而于紧急进行之方法则甚不注意。"④即英国注重普通经济原则和原理，没有超常规快速强大的方法，这与他观察到的苏联、德国经验恰恰相反。英、美制度"与中国国情亦多相近之处，良以中国农工商贾，原有特长，内在国中，出至海外，自力经营，均有绩效。惟立国于近代世界，旧法与新法不能相竞，手工与机器不能相等，人力与电力不足相抵，散漫与团结不复相容，身家之计与系统组织亦不可相争。欲积极改

① 《国防经济建设之要义》，《科学与工业化——翁文灏文存》，中华书局2009年版，第423页。

② 《国防经济建设之要义》，《科学与工业化——翁文灏文存》，中华书局2009年版，第433、434页。

③ 《国防经济建设之要义》，《科学与工业化——翁文灏文存》，中华书局2009年版，第432页。

④ 《翁文灏自订年谱初稿》，《近代史资料》总88期，中国社会科学出版社2002年版，第76页。

良，争取时间，自非由政府统率领导不为功，即在英、美等国有识之士，近亦深知在此国际竞争之中，政府管制必须加强，方能使国家基础，日益加稳”[①]。翁文灏认识到英、美制度可以发挥人民的特长，但感觉建设太慢，不符合世界潮流，可见英、美制度也不是翁文灏心中的好制度。

对德、意、日政府完全管制的全面经济，翁文灏的批评是：“此项制度，由散漫而得整齐，于短时期内奋勉图功，与中国需要略较相近。惟德、意、日等国资源甚窘，而中国天赋较丰，故彼方之侵略他国为尚者，中国则仍恪持和平，自行发展，且正当借中国生产之发展，以巩固国际之和平，此实为根本分别，不可同日而语。”[②]翁文灏认为德、意、日式制度“与中国需要略较相近”，他反对的是德、意、日式制度带来的对外政策，而对这种制度本身却没有一句批评，可见他是倾心于德、日制度的。

在20世纪40年代，翁文灏与当时许多学者官员一样主张采取混合经济制度，希望采纳美英、德国、苏联三种模式之长，并结合中国国情，创立一种更好制度。然而，这种完美制度恐怕难以做到，正如王亚南批评指出，混合经济中必然有一种主要生产关系代表社会性质[③]。翁文灏主张的经济制度实质就是德、日政府完全管制的统制经济制度。这一主张也与他的“赶超论”息息相关。英、美模式建设太慢，苏联建设速度快，但要废除私有制。德国建设速度快，同时还保留私有制，比较符合翁文灏的理想。

六、国营事业论

（一）国营事业的重要

翁文灏从工业化战略阐明了国营事业的重要性。为了迎头赶上，必须快速工业化；为了快速工业化，必须实施统制经济，优先发展重工业；“欲求重工业之产生，势非由政府特为设法促进不可”[④]。重工业与国营事业之所以联系紧密，是因为私人经营受资本、技术、市场等限制，对轻工业热心较多，对重工业用力极少，对于投资大、见效慢、风险大的重工业建设，必须依靠国营事业。

翁文灏从发展国家资本的方面论述了国营事业的重要性。他说：“制造

① 《国防经济建设之要义》，《科学与工业化——翁文灏文存》，中华书局2009年版，第433页。

② 《国防经济建设之要义》，《科学与工业化——翁文灏文存》，中华书局2009年版，第432页。

③ 王亚南：《中国社会经济改造思想研究》，中华书局1950年版，第138页。

④ 《国营重工业的意义与任事同人的责任》，《科学与工业化——翁文灏文存》，中华书局2009年版，第466页。

及发展国家资本为民生主义之要旨，总理遗教中特为郑重昭示，如不从此着手，则民生主义之根本要义无从实现，其他各节目自尽成为空谈。欲实现此要旨，首宜重视者厥为国营事业。”①

(二)国营事业的范围

关于国营民营的划分标准，翁文灏说：“大体言之，凡企业的性质与国防有重大关系，或企业的规模为私人能力所不能经营，或企业无利可图为私人所不肯经营，或特种物品，在国际上或国内有独占性质者，均应由国家经营，此外则皆任私人经营。”②

关于国营事业的具体范围，翁文灏认为最重要者有三种：“一为金融事业，其宗旨在将全国财力集中运行，以达近代国家之目的……二为交通事业，如铁路、公路、水路及航空的运输……三为重要工矿事业”③。他列举了八种在政府规定规模以上的工矿事业应为国营：(1)电力业(电力网全归国营)；(2)与冶金有关之炼焦烟煤及大规模之烟煤矿；(3)石油采炼及汽油之制炼；(4)铁钢铜铅锌铝镁金之采矿及钨锑汞钼铋等之冶炼及运销；(5)动力机、主要工业机器及飞机、机车、卡车、轮船等之制造；(6)发电机、电讯机及主要电工器材之制造；(7)主要之基础化学工业；(8)其他经政府认为必须国营之事业。从这八项事业可知，翁文灏将重化工业作为国营工矿事业的主体。

关于民营事业的范围，翁文灏说：“除政府指定应归国营之工矿事业外，皆归民营，如纺织业、食品业、油脂业等多数事业自尽在其列。”④

(三)国营企业经营管理

关于国营事业的主管机关，翁文灏认为：政府应确实规定国营主任机关，务使职责明晰，不使其他机关纷争竞力，以免混乱。主管机关应制定各种法规。“对于各工矿业务之产运销状况及工作效率，为切实之登记，及适宜之管制。”“国营工矿事业由中央政府主持办理，认有必要时，得准许地方政府加入股份，但不得因此损及中央主持之权。”⑤

关于经营方式，翁文灏认为有三种：(1)国有独资，由国营主任机关自为

---

① 《战后工业政策的建议》，《科学与工业化——翁文灏文存》，中华书局 2009 年版，第 555 页。

② 翁文灏：《国民经济建设运动》，中央训练团 1940 年 10 月印，第 6、7 页。

③ 《战后工业政策的建议》，《科学与工业化——翁文灏文存》，中华书局 2009 年版，第 555、556 页。

④ 《战后工业政策的建议》，《科学与工业化——翁文灏文存》，中华书局 2009 年版，第 560 页。

⑤ 《战后工业政策的建议》，《科学与工业化——翁文灏文存》，中华书局 2009 年版，第 558、559 页。

经办，全用政府公款为资本；(2)国营公司，由国营主任机关发起，招收民资或外股；(3)特许民营，由国营主任机关指导考核。对于这三种方式，翁文灏后来强调采用公司组织："本会(资源委员会)所办重大事业，应速采用公司组织，或为有限公司，或为股份有限公司，均为企业精神，力图事业发展，以期用国库有限资金，宏增国家民族日进无穷之产业。""资委会对于各大事业，尽量使其企业化，俾可提高效率。"①

关于经营目标，翁文灏指出：国营工矿事业不纯以营利为目的，但"仍宜力图健全业务，增加效率，减轻成本，以为全国之表率，每年所有盈利，原则上宜再投于生产事业，以期发展国家资本"②。

关于员工管理，翁文灏以资源委员会为例，强调挑选职员既注重专门技术的训练及修养，又注重必须具有为国家服务的精神。国营事业职员待遇参照公务员，不超过公务员待遇的30%，工人待遇依照各地工人一般标准。官僚作风万万不可带入国营企业，"以往假公济私开支浪费的恶习，尤其不可传染。我们的国营工业，处处要讲高度的效率，低廉的成本和优良的服务"。"服务人员决不可自行投资于所办的事业，亦不可投资于性质相近的任何事业，如果自行投资做了东家，便是违反了国营的根本意义。"③

以上翁文灏提出的发展国营事业的主张和有关政策，主观上是希望实现中国的工业化。但在抗战时期，国民政府正处于加速腐败的过程中。他作为这一政府的官员，不会不知道自己的主张是很难实现的，所以也只能是说说而已。他反对将官僚作风带入国营企业，这一条对于国民政府的国营企业来说，就是一个实现不了的奢望。

七、以农立国以工建国论

本书第四章第三节"主要争论问题"对以农立国还是以工立国的争论已有专题介绍，这里再评述翁文灏的有关观点。

在《国民经济建设运动》中，翁文灏强调国民经济是一个有机整体，各产业部门应密切配合，不可偏废和畸形发展。"我们常听到以农立国或以工立国的辩论，其实，无工业则农业产品无由加工与运销，农业工具无由制造，农

① 《资源委员会工作应注意之方向》、《资源委员会事业概况》，《科学与工业化——翁文灏文存》，中华书局2009年版，第665、678页。

② 《战后工业政策的建议》，《科学与工业化——翁文灏文存》，中华书局2009年版，第559、560页。

③ 《战后经济建设应有的几点认识》、《关于国营事业之意义》，《科学与工业化——翁文灏文存》，中华书局2009年版，第618、650、651页。

田水利无由举办；无农业则工业原料无法供应，工人之食粮无由取给。所以农业与工业，不是(质)上孰能立国，孰不能立国的问题，而是量上如何配合，始能立国的问题。”①

在1941年7月7日《中央日报》的“抗战四周年纪念增刊”中，翁文灏发表《以农立国以工建国》一文。此文后来分别编入罗荣渠主编的《从“西化”到现代化》及《科学与工业化——翁文灏文存》中。两书在此文的标题中都加了一个逗号，成为《以农立国，以工建国》，而且论文中的文字和标点都与原发表之文略有差异。

翁文灏先分析了重农者和重工者各自所持的理由。重农的理由是：中国是一个农业古国，农民约占人口的五分之四，农业生产占全国生产总额头等重要的地位，出口贸易以农产品为大宗，“因此有人想到中国的经济建设不得不以农业为中心”。重工的理由是：中国是一个需要工业化最迫切的国家，为了加强国防，争取抗战胜利，以及为了提高文明水准，增进人民福利，使我国成为现代国家，非加紧发展工矿事业不可，“因此有人想到中国的经济建设应以工业为中心”。然后，翁文灏提出了自己的观点说：“其实这两种主张各有其是处，分开来看，都觉太偏，合起来说，才是正道，二者是相辅相成而不可分的。”

接着，翁文灏分析了农业对工业以及整个国家都有重要作用：“我国的农产品大体可分食粮，工业原料和出口物资三种，工业原料是发展工业的基础，出口农产品是换取外洋军火和建设器材的重要物资，都是抗战建国所不可少的，食粮对于国计民生的重要是大家都知道的。古人说：‘民以食为天。’这在平时如是，在战时尤然。我们抗战到了四年后的今天，对于这句话自更能深切体验其意义。一个农业大国，在抗战建国期中，最根本最重要的凭借天然便是农业生产，惟有足食足兵然后方能巩固国基，独立自存。只有农产品增加了，人人衣食无忧，建设的工作方能顺利推进。在这个意义上，‘以农立国’这句话可以说是十分正确的。”

在肯定“以农立国”有正确的一面后，翁文灏又指出决不能将其解释为“仅有农业而不顾工业，更不能解释为保守故有的生产方法和技术……发展农业必须与工业化相配合，始有远大的前途可言”。他强调，“中国必须工业化，只有工业化才能使中国富强，使中国成为国际经济发展中的重要一员”。他还指出，“工业化运动并不限于都市和工业区，而且要推进到广大的农村，

① 翁文灏：《国民经济建设运动》，中央训练团1940年10月印，第7页。文字有订正。

使农业生产逐步机械化，我们四万万五千万同胞要想从穷困中挣扎出来，赶上欧美人民的水准，必须要走这条路”。翁文灏说美国一个农民能养活十多个人，而中国8个人才能养活10个人。“这个比数不能改进，我国人民的生活将永无好转的一天。所以我说，立国虽不妨以农业，建国则必须以工业。”

在另文中，翁文灏亦分析了工业对农业的促进作用。“工农两业相辅而不相害，工业的发达正可辅导农业的增长，有了化学肥料及水的灌溉，则农田产量自必加高。陕西泾惠渠灌水的结果，使每亩小麦产量自一担半增至二担以上，棉花产量自四成加至二担以上，即其明证。至如糖厂既成，则甘蔗、甜菜自必增多；油厂既成，则植物籽种自必加盛；电力溉田则成本自轻，收获自富。工业方法之裨益农产，诚如操之左券，可无疑义。”[①]

翁文灏上述言论表面上看是综合折中，农工并重，但实质上仍是工重于农的比重论。他说：“发展农业必须与工业化相配合，始有远大的前途可言。中国必须工业化。只有工业化才能使中国富强，使中国成为国际经济发展中的重要一员。”“吾人而不欲建国，则亦已矣，如诚欲建成近代国家，则建设工业实为最重要最急需之工作。诚宜万众一心，竭全力以为之。”[②]可见，翁文灏认为现在最重要最急需的工作就是工业建设，而不是农业，或农工并重。

重农派提出的中国过去是以农立国，现在是以农立国，将来仍是以农立国。重工、重农两派争论的焦点在将来以何立国。翁文灏认为农业是基础，工业建设才是方向，农业不能被轻视，但工业化建设才是重点，生存靠农业，发展靠工业，即是说，将来应是以工立国。这些观点与周宪文等重工派没有实质差异，而与董时进、杨开道等重农派“农业攻势工业守势”有根本的不同。

第八节　董时进的经济思想

一、农业经济学家董时进

董时进（1900～1984），四川省垫江县（现属重庆市）人。1920年毕业于北京农业专门学校。1921年毕业于清华学校后公费留美。1924年获康奈

---

① 《关于中国工业化的几个问题》，《科学与工业化——翁文灏文存》，中华书局2009年版，第572页。

② 《中国经济建设的前瞻》，《科学与工业化——翁文灏文存》，中华书局2009年版，第475页。

尔大学农业经济学博士学位。1925年回国，在北京多所高校任教授，讲授农业经济学。1927年任华洋义赈救灾总会农利股主任。1928年任北平大学农学院教授、院长。1934年任江西省农业院院长、国防设计委员会专员。1938年任四川大学农学院教授、院长，该年10月创办《现代农民》月刊。1939年在重庆沙坪坝兴办大新农场，种植果树，饲养奶牛。1942年赴成都主持四川省农业改进所。参与发起成立中国民主同盟，1945年任中央委员。1947年创建中国农民党，任主席。1950年去香港。1957年到美国，执教于加利福尼亚州州立大学，又任美国国务院农业顾问。1978年后曾三次回国访问。1984年在美国去世。1986年西南农业大学将董时进捐赠的政府给大新农场的补偿款2.6万元人民币设立“董时进博士农业科学奖学金”。董时进从1920年起即在《东方杂志》发表论文，一生著述宏富。民国时期主要著作有《食料与人口》、《农村合作》、《董时进论文及演说辞》、《农业经济学》、《中国农业政策》、《国防与农业》、《农民与国家》等。1950年在香港出版《论共产党的土地改革》。董时进定居美国后，还在台湾出版了《两户人家》、《阿宝救牛记》两本以中国大陆农村生活为题材的小说。《农业经济学》、《中国农业政策》、《国防与农业》是董时进的代表作。

董时进认为农业在中国工业化的过程中有特殊的重要性，提出了一系列振兴中国农业的方案。首先，他主张对中国农业的生产方向进行根本改造，发展国际化、市场化、产业化的现代进取农业，生产附加值高的农产品以增加农民的收入，以营利的经济农业逐渐取代传统自给自足的种粮农业。其次，针对水土流失严重，灾害频仍，他于1936年在中国首次系统提出了山坡地退耕还林还草主张。第三，为了保持必要的人均耕地，他主张坚决控制人口。第四，针对他认为农民的愚蠢驯良，主张教育和组织农民，使他们成为现代农民。作为重农派和维护土地私有制主张的代表，董时进的这些观点具有重要的思想史价值。此外，他提出的营利农业论、水土保持论、节制生育论、现代农民论等理论，对今天研究“三农”问题也有参考价值。

但董时进的主张也存在一些严重的错误。他坚决维护农村的旧生产关系，主张保留土地私有制，反对中国近代以来有关改革土地制度的任何主张。他曾批评孙中山提出的土地国有及土地涨价归公的主张。他也反对国民政府的“二五减租”政策。他更反对中国共产党的土地改革政策。他说中国的封建制在秦朝就已取消，在此以后的农民，不管是自耕农或佃农，都是身份高尚的人民[①]。“佃农耕种的田地通常并不比自耕农耕种的田地生产低。”[②]在1949年新中国成立前后，董时进将反对矛头指向中国共产党的土地改革，还上书毛主席，并将此信四处散发，造成了不小的影响[③]。因此受到了思想界的批判，认为他是中国右翼资产阶级学者，是地主阶级的代言人[④]。

二、重农论

在以工业化为特征的现代化过程中，传统农业的地位和作用遇到了挑战。学农出身的董时进毕其一生以振兴农业为志向，对农业在中国现代化过程中的作用进行了反复申论，他是民国时期中国“重农论”思想的代表。

董时进认为中国发展农业具有比较优势，应振兴农业以振兴中国经济，建立一个理想的东亚大农国。在认识农业与工业对实现现代化作用的过程中，他的思想前后并不一致。最初他认为中国应以农立国，不宜工业化；接着他认为建立农业国与建立工业国并行不悖，只有城市和工商业的发展才能拯救农村，中国必须工业化；再到认识农业与工业相比具有许多弱点，但工业的发展离不开农业；最后提出“工业要跟得上人，农业要赶得过人”的发展战略。这一思路历程，可以说反映了近代重农派思想从进攻、对峙再到防守、反击的过程。

1923年底到1924年春，董时进发表三篇系列文章，主张“以农立国”，反对中国进行工业化。在《论中国不宜工业化》[⑤]中，他认为：工业国必须依靠农业国的原料和食品，难以自立，世界工业国家生产过剩，造成国际国内政治经济动荡。而农业国可以不依靠工业国而独立，也没有贫富悬殊、生产过剩的政治经济危机，加之“中国有长远之农史，广大之农地，良善之农民，宜发挥其所长，不宜与西人为我占劣势之竞争”。在《中国立国事业之讨论》[⑥]中，他将农业国与工业国在经济、社会、伦理、健康、军事、人才六方面的事实进行比较，得出农业国均似不弱于工业国的结论。在《论中国不宜以外资开发富源》[⑦]中，他认为工业化必然要利用外资开发资源，在合作开发中，作为

---

① 董时进：《国防与农业》，商务印书馆1944年版，第121页。

② 董时进：《土地改革与集体农场》，《经济评论》第1卷第5期(1947年)。

③ 《关于董时进上书反对土地改革问题》，《观察》第6卷第12期(1950年)。

④ 汪海波、邹斌：《第二次国内革命战争时期马克思主义与反马克思主义在土地问题上的斗争》，《经济研究》第2期(1960年)。

⑤ 董时进：《论中国不宜工业化》，《申报》，1923年10月25日。

⑥ 董时进：《中国立国事业之讨论》，《东方杂志》第20卷第23号(1923年)。

⑦ 董时进：《论中国不宜以外资开发富源》，《东方杂志》第21卷第10号(1924年)。

弱国，难以防止被外国掠夺；加之国内政治腐败，又难以预防断送富源。因此，中国不能盲目地牺牲资源以工业化。

上述三篇系列文章，董时进主要从世界资本主义工业国的危机和中国发展农业的比较优势立论，把发展农业和发展工业对立起来。他批判了“贱农重工”思想，却采取了“贱工重农”的方法，这就回到了中国古代“重本抑末”的思想传统。其主要论点明显不符合现代化、工业化的时代潮流，受到了杨铨、恽代英等人的批评[①]，但其反对借外资开发富源的主张却得到了恽代英的部分肯定[②]。董时进写作这三篇文章时，还处于求学阶段，具有幼稚的探索痕迹。随着思考的深入，他对上述早期偏激的保守观点，不断进行修改甚至批判[③]。

董时进留美归国后，逐步认识到发展农业与工业化并不是对立的非此即彼的关系，而是具有相互促进的作用。他提出一国可以同时为农业国和工业国，建设农业国与振兴工业并不矛盾。“营利的农业，根本性质，与工业无异，所异者，仅是生产之种类不同。我们现在的问题，是如何能把中国的农业，由仅供糊口的家庭生产事业，改为有利的生产事业，把我们的农民，改为实业家。”[④]这就进一步指出了农业本身也应工业化、产业化。他还认识到，救济农村不能专门在农村内部绕圈子，应从发展都市工商业入手，工商业发展对于农民至少有两重利益：一为农产品价格可以提高；二为创造工作机会，消纳农村过剩人口。并提出了都市工商业的发展是农业现代化的前提这一“以工促农”[⑤]的论断。

董时进承认工商业发展对农业有促进作用，但与工业相比，农业的发展有其特性和弱点，农业在工业化过程中有自然衰落的趋势。

农业与工商业相比弱点明显，如不便大规模经营、靠天吃饭、有很强的季节性、收益递减现象突出等。董时进指出：“世界愈机械化，产业愈组织化，农业之缺点愈形昭著。故近代农业之地位，殆有岌岌不可终日之势，其与工商业各业相形之下，不啻一羸弱多病之稚子，苟不特别加以扶助，必将

---

① 罗荣渠主编：《从“西化”到现代化》，北京大学出版社 1990 年版，第 708、710 页。

② 《如何方可利用外资——评〈太平洋〉四卷六号董时进先生的一封信》，《恽代英文集》，人民出版社 1984 年版。

③ 比如：董时进认为农国优于工国的最重要的理由是农国可以自给自足，后来他提出的中国农业新政策，特别批判了自给自足论。

④ 董时进：《理想的东亚大农国》，《东方杂志》第 24 卷第 11 号(1927 年)。

⑤ 董时进：《论复兴农村》，《独立评论》第 56 号(1933 年)。

日就衰微，以至于沦亡。”[①]然而农业为工商业的基础，食料的源泉，事关人类生存，各国均予以重视并进行扶持。中国“以农立国”，农业是国家的基础。“中国农业，因其经济上之重要，对于国家政治及社会秩序，亦有至大之关系，欲救济中国之不安，亦非谋农业之振兴，使农民之经济及生活得到解决，而能自安其业不可也。”[②]

抗战时期，举国上下均已认识工业化的极端重要，但出现忽视甚至漠视农业作用的思想倾向，董时进接连著文予以辩驳。

董时进批评讲工业化者不承认和不知道农业的重要性，指出农业在国家现代化过程中作用十分重大。“第一必须提高人民的生活程度，改善他们的营养，增进他们的体质和健康，这完全是农业的事情。第二必须发展工业，发展工业首需有丰富优良的原料，供给原料也是农业的事情。农业对于国家的重要，绝不至因工业化或现代化而减轻，只有愈更加强。”[③]

在《工业要跟得上人，农业要赶得过人》[④]中，董时进认为：在工业化的战略中，农业不但不应被轻视，且应特别重视，将农业经营成国家的优势产业。“我们有广大的地面，有优良肥美的气候土质，有各种动植物产，有世界上最多数精巧勤苦的农人，有数千年积累的农事经验及农业遗产。”完全可能建成一流的赶得过人的农业强国，即“农业要赶得过人”。“我们必须做到使中国农业能够领导全球，为国家民族争光，使各国可以派人来中国研究农学，考察农业，采购优良植物”。要建成农业强国，除在农业上努力外，同时还需要工业的帮助，必须工业跟得上人，然后农业才赶得过人，不是建成以前那种没有工业的农业国，而是要建成工业不弱于人、农业胜得过人的国家。上述思想与杨开道“农业攻势，工业守势”论相似[⑤]，反映了重农派对重工派思想的反击。

董时进在 20 世纪 20 至 40 年代，不断阐发农业的重要，从“中国不宜工业化”，到建立“东亚大农国”，再到“工业要跟得上人，农业要赶得过人”。他对农业与工业关系的认识不断变化，但其一脉相承的思路是，中国具有发展农业的比较优势，应建立一现代化的农业强国。他本人也以中国农业的发

---

① 董时进：《农业经济学》，北平文化学社 1933 年版，第 24、25 页。

② 董时进：《农业经济学》，北平文化学社 1933 年版，第 57 页。

③ 董时进：《农业与国运》，《大公报》，1943 年 6 月 5 日。

④ 董时进：《工业要跟得上人，农业要赶得过人》，《大公报》，1944 年 7 月 6 日。

⑤ 杨开道：《再论中国以何立国》，周宪文编《新农本主义批判》，国民出版社 1945 年版，第 31 页。

达为终生奋斗目标。

三、营利农业论

董时进主张的营利农业，就是反对中国几千年来自给自足的种粮农业，提倡发展面向国际国内市场的高价农产。他认为只要赚钱，就不怕进口粮食。中国农业的出路不是在使出一担谷的地面出两担谷，而在使出一块钱的地面出几块钱。强调的是每亩地能出产几元几角，而不是出产几斗几升。重视的是增加农民货币收入，而不是增加粮食产量。其论点的独特之处在于反对稻麦独尊，以粮为纲，用增加农民收入来进口粮食以解决中国农业问题，看出了农民致富和国家粮食自给的矛盾。通过长期的思考和实践，董时进提出了栽种高价作物，增加农民收入，不惜进口粮食以解决中国农村穷困问题的农业新政策。

营利农业针对的是自给自足的种粮农业，董时进认为中国农业最困难最根本的问题为：一方面人多地少，受土地的限制；另一方面，作物以五谷粮食为主，受自给性束缚。在人多地少的国家种植谷粮，既浪费土地，又不能充分利用人力，只能放弃自给式农业，采取营利式农业。这样，就可以克服上述两重限制，达到中国农业的解放。[①]

营利农业核心是强调经济效益，就是要"利用快捷廉便的运输设备，及广大的市场，与丰富的人工，俾在最狭之地面上取得价值最大之出产，而不必拘泥于生产自己食用的粮食。这即是要使农民有多量贵重之农产出售，必要时宁可购买粮食，国家亦须有多量贵重之农产出口，必要时不妨输入粮食"。"什么是贵重的农产呢？即是在一定地面上的出产值钱较多的物品，例如蚕丝、牛乳、各种水果、蔬菜、花卉、烟草、茶叶、甘蔗、棉花、槟麻、人参、薄荷、除虫菊、漆、蜡以及其他药用及工艺用植物之类是。此类物产与粮食的性质迥然不同。粮食作物占地面大，需人工少，一定地面上的收获所值甚微，在地广人稀之国土，利用畜力及机械行粗疏的栽培，最为适宜。故世界上出产谷物最丰，输出粮食最多的地方为加拿大、美国中部、澳洲及苏俄等处。地窄人稠之国家，若专务栽培谷粮，不但不能充分用人工，尤属浪费土地。此等国家宜尽可能范围内生产上述各种高价的物品，这无论是在消纳人工的多寡或就收获物的经济价值上说，都是最有利益的。此类农产一亩

---

① 董时进：《中国农业政策》，商务印书馆 1940 年版，第 9～12 页。

的收入，通常可抵谷类数亩乃至数十亩。”①

营利式农业比自给自足农业增加了商品买卖的不确定因素，经济作物能顺利卖出，粮食能安全买进吗？它涉及两大难题：(1)高价作物的销路如何，(2)粮食安全如何保障。针对第一点，董时进认为可以利用国际国内两个市场，国内交通的发展、工商业的发达、城市的膨胀、人口的增加，都有利于各种农产品的交流和推销。战后国际贸易的恢复，也有利于农产品出口。针对大量种植经济作物后必然进口粮食，董时进认为进口粮食并不可怕，如巴西、英国、丹麦等国就是榜样。

《中国农业政策》发表后，引起了各方面的关注。粮食自给问题成为讨论的中心。

翁文灏在《中国农业政策·序言》里首先仍然强调粮食自给，只在粮食有余的地区赞同发展高价农产。农学家汤佩松十分赞同发展高价农产，但认为董时进的农业政策是以国际贸易为中心设计的，忽略了国防设计、工业建设、国民营养等相互联系的其他重要方面②。董时进回应称他全书的重心是“经济”二字，他并没有忽略汤佩松所指的几个问题③。在中山大学农学院任教的翟克提出了14个问题与董时进商榷。其中提到：“外人购我之特用农产品是主动的，而我依赖别人之粮食供给是被动的(注意特用作物之需要弹性比之粮食之需要弹性大得多)！这样对于民族生命及国防经济是否合算？是否需要？”翟克认为：“在世界大同，各国贸易自由之秋，就农业经济本身立场言，董先生之中国农业政策，实至高明者。无奈当此你死我活，日夕争斗之时，高谈以此易彼，求食于人，其危险之如何，为计之愚，无待赘言也。”④农村社会学家杨开道对《中国农业政策》大加赞赏，但他也并不完全赞同董时进放弃自给式农业的主张。他将自给分为全国自给，农区自给，农家自给，认为“农民放弃自给农业，农区各有专门特产是对的，而全国则仍然应有相当程度的自给性，一个大国的自给性，要比一个小国大”⑤。

针对大家对进口粮食的担心，董时进辩称他并不是主张无条件的放弃粮食自给，仅主张要尽量生产高价物品，必要时不妨减少普通食粮作物的栽培。他主张暂且不忙讲自给他给，要求能给。大量生产高价物品换取外国

---

① 董时进：《中国农业政策》，商务印书馆1940年版，第21、22页。
② 汤佩松：《评〈中国农业政策〉》，《新经济》第5卷第1期(1941年)。
③ 董时进：《中国农业政策的讨论》，《新经济》第5卷第7期(1941年)。
④ 翟克：《评董时进先生著〈中国农业政策〉》，《民族文化》第3卷第6期(1943年)。
⑤ 杨开道：《评董时进〈中国农业政策〉》，《中农月刊》第3卷第8期(1942年)。

粮食，是解决一般人民的粮食问题的捷径。他的主张不会增加粮食问题严重性，恰恰就是解决粮食问题的。①

1944年董时进在《国防与农业》中进一步论述了中国实施营利农业的必要性。

首先，农业最需要国际合作，中国最需要自由贸易。"从经济利益着想，实不应将其宝贵的土地，概行栽培五谷，而宜竭力发展每亩土地可以消纳劳力较多，出产价值较大，以及不便由外国输入之物品，俾与地广人稀之国家交换廉价之粮食。中国与西欧诸国，同属利于自由贸易者。实行自由贸易，则国家经济便于发展，讲求自给自足，则国家经济受其束缚。"②董时进鼓吹农业自由贸易，旨在辩护进口粮食不用担心。这种观点当时就受到思想界的批评，评者指出：各国农产物不能自给自足，世界才惹起无穷的战乱。各国间利害关系愈密切，则彼此发生冲突的可能性愈大。自给自足并不是"保守"，而是将来与国际合作的根基，根基不稳，谈自由贸易与国际合作非常危险。③

其次，中国应发展营养农业，特别是牛奶、水果等产业，以解决中国人的健康问题。"中国一般人民生活太低，营养太劣，不仅粮食不足，其他食物尤不足。为改善营养，提高生活计，应需之食物很多，实难一一自足。迫不得已，惟有极力发展最适宜，最有利之产品，以换取利益较薄及适宜性次之产品。中国必须采取此项政策，然后可以使一般国民都得到充分的营养，解决足食的问题。若斤斤于粮食的自给，不但目的不易达到，即使达到，也会放弃良好的机会，影响他种物品的生产，反而妨害真正足食的成功。"④因此，董时进特别提倡发展畜牧业，尤其是乳牛业，提出"建国的第一步——发展乳牛"⑤的口号，认为只有大力发展既经济又营养的畜牧业，才能让中国人体质逐渐强大起来。

第三，中国应发展特产农业。"发展特产，即系在土地面积限制之下，利用技巧，攻打偏风的办法。中国欲以生产粮食争胜于世界，绝非地广人稀机械耕种之南北美及澳大利亚诸国之敌手。但发展特产，则可利用此等国家之廉价的粮食。中国的丰富人工，农民的精巧技能，各地方历代传下来的优

---

① 董时进：《中国农业政策的讨论》，《新经济》第5卷第7期(1941年)。

② 董时进：《国防与农业》，商务印书馆1944年版，第28页。

③ 柯化民：《董时进："国防与农业"》，《国防月刊》第2卷第4期(1947年)。

④ 董时进：《国防与农业》，商务印书馆1944年版，第39页。

⑤ 董时进：《建国的第一步——发展乳牛》，《大公报》，1943年9月3日。

美物产，皆属吾国农业上之重要资源，指示农业发展的另一个有利的方向。”[①]从国际竞争的比较优势方面，指出中国也应发展经济农业。

发展经济作物的论点并非董时进独创，吴景超就指出：粮食以自给为满足，不追求输出，粮食自给的基础上应大力发展经济作物[②]。巫宝三赞同吴景超增加商品作物生产的观点，他在与汤佩松的讨论中，指出前提必须是商品作物生产和衣食作物生产没有冲突[③]。而董时进则认为在这两者冲突时，应以发展经济作物赚钱为主。

董时进发展高价农产的思想，是中国最早系统提出现代农业应走产业化、国际化思路的思想家。但他对依靠国际市场解决中国粮食问题过于乐观，他所列举的榜样国家，实际上与中国国情差异甚大。从人口来看，它们并不算大国，英国、丹麦已经完成工业化，巴西农业也早已适应世界市场，这些都是中国所没有的。粮食安全，不仅仅是一个经济问题，它是关系到治国安邦的重大政治问题。而董时进主要是从经济方面立论，他的观点具有很大的片面性。

四、水土保持论

所谓水土保持，就是要适宜地管理和利用水源及土壤，不使其流失，以免产生破坏作用。“水土保持”这个名词是从美国传到中国来的，在 20 世纪三四十年代，美国还派了两位水土保持专家来华帮助中国调查和设计[④]。美国的水土保持运动启发了董时进，他成为中国最早一批系统研究此问题的专家，并提出了山坡地退耕还林还草的政策主张。

20 世纪 30 年代初期和中期，中国发生了罕见的大水灾。1931 年的长江大水灾损失在 20 亿元以上。1935 年长江水灾，湖南一省的损失超过 2 亿元，湖北超过 5 亿元，该年黄河的水灾，山东一省的损失超过 1.5 亿元。[⑤] 加上世界经济危机的冲击，中国农村经济急速衰落。在这样的背景下，探寻中国贫穷和多灾的原因，成为一个重要的时代课题。

通过实地调查，董时进发现农村土地的土壤破坏十分严重，成为农村衰落的主要原因。土壤破坏主要有三种情形：(1)石沙淹没，土质变坏；(2)河

---

① 董时进：《国防与农业》，商务印书馆 1944 年版，第 104 页。

② 吴景超：《我国农业政策的检讨》，《新经济》第 2 卷第 10 期(1939 年)。

③ 巫宝三：《我国农业政策之商榷》，《新经济》第 3 卷第 8 期(1940 年)。

④ 退思(董时进笔名)：《何谓水土保持》，《现代农民》第 7 卷第 3 期(1944 年)。

⑤ 董时进：《资源保存与民族复兴》，《新中华》第 4 卷第 20 期(1936 年)。

流冲溃，将土壤卷走；(3)雨水洗刮山上土壤。土地破坏的根本原因是由于山坡的开发和河流湖泽的淤塞。董时进发出警告：若不赶紧挽救，大好良田与山林都将变成沙漠和石岩，岂但造成灾荒，真可以亡国灭种。[①]

董时进介绍了美国人在资源丰富的情况下仍为后人着想的富源利用理念，以及美国政府为保护森林、野生动物、土壤而颁布的法律和政策，希望资源破坏严重的中国人猛醒[②]。

董时进认为，中国贫穷和多灾最根本而又有永久性的原因是天然资源的耗竭和破坏，而不是内战、土匪、官府剥削、帝国主义侵略、实业不振、水利不修等表面原因。中国农业开发悠久，与农业有关的土壤森林及江湖等资源已经耗竭或破坏不堪，直接导致水土流失和各种灾害。任意开发农业带来三大永久性害处：(1)减少肥沃土地；(2)减少有利的天然产物，如某些鸟兽鱼鳖；(3)变水利为水害。造成资源破坏的原因是历史上中国人对自然界因果关系没有认识，又因为我们的祖先原来在上游居住，看不见给下游造成的破坏，只管开发取给，从没有想到后患。一地资源耗尽，然后往他处(下游)迁徙，结果形成今日多灾极贫的局面；另一方面，今天的目标仍然是地尽其利，着重在开发取用，没有保存地利的意识。他还对当时开发西北提出质疑，认为西北是我们祖先早已毁坏放弃了的，“我们再回去无异乎厨房的东西吃光了，又跑到垃圾箱里找骨头”。挽救资源破坏的根本办法是限制山地开垦，并将已开垦的山地改作造林和栽培牧草之用。[③]

董时进将资源保护提到救国救民的高度，他说：国强民富要看其所统辖的天然资源是否丰富、齐全和完整。资源贫乏，国家必定贫穷，资源保存不当，国家也会衰败下去。中国的衰败，根本原因即在于资源的破坏，因此救国救民必先救资源。

董时进将天然资源分为矿产、鸟兽水产、森林、水、土壤，矿产为不可补充资源，鸟兽水产、森林、水、土壤为可再生资源，指出对不同的资源应有不同的保护。中国现在用新法开采矿产的时期不算久，矿产保护问题还不急迫，但也应“在开采和使用上都要极力讲求经济并应限制输出”。中国几种可再生资源的保护非常急迫，它们之间又有连带关系。“森林砍伐，鸟兽便失掉地盘，土壤损失，河流就会淤塞，水利水产也随着减少。”土壤和森林保护尤为迫切和重要。

① 董时进：《土地破坏与农村衰落》，《地政月刊》第1卷第12期(1933年)。
② 董时进：《美国之富源保存运动——愿中国人猛醒》，《国闻周报》第13卷第32期(1936年)。
③ 董时进：《中国天然资源损害的危险及其挽救办法》，《科学》第20卷第10期(1936年)。

董时进还指出西北、西南的过度开发，带来了下游的灾难。“中国的西北是华北各主要河流的发源地，同时也是各省天灾的制造场。因为西北是汉族的老家，所以那块地方的树木砍伐和土地开垦都最早。西北原有的肥土，早已沉在黄海和河流的下层，上面已经盖起很厚的后来冲下去的粗砂，现时泥沙仍继续往下倾注，使得山坡上的土质不断变劣，而下游的淤塞也一天更甚一天。倘不想根本办法，一般的水利和救灾工作，都是白做。现在有很多的人主张到西北去开垦，这更令人不能不耽心，因为去西北开垦，很容易弄出不好的结果来。”四川省土地开垦程度超过其他地方，外省人都称赞四川农业发达，农民勤苦，“不知下游的水灾，就是他们造成的”。“为这般贫民的极微贱的生活使得山地毁坏下游闹灾，这种事情只有中国才允许，这还不如由政府拨款将他们收容起来，免得为害山河。”①

董时进提出了停耕山地种林种草是保存资源的根本挽救办法，首先是限制山地的开垦，并将已开垦而不宜开垦的山堆停止耕种，分别种植牧草或栽培树木。时人主张荒山造林的很多，荒山固应该造林，然而仅在荒山上造林还不够，必须将许多耕地也拿来造林或畜牧。为此，中国政府和人民应有彻底的觉悟和下最大的决心，将天然资源的保存列为经济建设的中心，使全国动员，去弥补这几千年来疏忽放任的过失。同时应该准备至少以 50 年乃至 100 年的期间，集中力量于资源保存工作。只要山地能退耕还林还草，资源保存问题就解决了一大半。因为山地的破坏，是许多种资源破坏的原因，山地得到保护，即江湖、平原、森林、鸟兽、鱼鳖得到保护。水利、航运和灌溉排水的障碍也可以减除，那时去筑堤疏河才有效果。

1944 年董时进出版《国防与农业》，该书第十一章专论水土保持与水利问题。他强调退耕还林政策实行之前，应统筹规划。在举办之先，必须作详细的调查测量，决定何者可以耕种，何者不可以耕种。不可以耕种的土地，尚未开垦的不许开垦，已经开垦的停止耕种，而改作畜牧或造林之用。并提出退耕还林要特别注意农民安置。“要将山地停止耕种，必须对于原来居住耕种之人民，设法救济，使能另谋生路。政府必须帮助农民迁徙及改业，或使之另行获得耕种之土地及经营之资本。”②“停止耕种之土地，并非停止生产，不过改变用途，嗣后经营林业及畜牧，仍须有人从事。某处地方或须划作矿区，其他地方或须培植风景，供人游览，故随处皆可以创造职业的新

① 以上两段引文均见董时进：《资源保存与民族复兴》，《新中华》第 4 卷第 20 期(1936 年)。

② 董时进：《国防与农业》，商务印书馆 1944 年版，第 113 页。

机会。”①

董时进是中国最早系统提出退耕还林还草政策的科学家，其主张在国民政府时期根本无法实行。新中国成立之初，国家即开始关注退耕还林、水土保持。其后几十年，退耕及恢复植被工作进展缓慢。2002年国家《退耕还林条例》出台，各地开始了大规模的退耕（田）还林（草、湖）运动。董时进的主张在六十多年后得到了全面的实施。

五、节制生育论

董时进是民国时期众多主张控制人口的理论家之一，他从农业经济与社会的多个角度反复申论了中国节制生育的必要性。

（一）土地问题与节制人口

关于开垦荒地的用途，董时进认为，各国人民之生活，可以维持于适宜的程度者，每人平均约需耕地1.5英亩。我国现在每人只有耕地约0.6英亩。因此应大力开垦荒地，而垦荒的同时必须控制人口。“中国之荒地，无论其为多少，宜悉作为提高人民生活程度之用，不宜以供人口繁殖之资。”②这一观点得到了人口学家陈长蘅的赞同③。

关于扩大农场面积，董时进指出，与美国相比，中国农场的面积太小，全国平均分配土地，则农家每户所得，不过二十余亩，同为不便耕种不经济的过小农场。扩大农场有两条路，一为移民垦荒，二为发展各项实业，以消纳一部分农业人口。但若人口随时增加，则垦荒与发展实业以扩大农场的效果就不会显著。“欲补救农场过小之困难，恐终非讲求人口之限制，及土地之更有效的利用不可。”④董时进认识到，农场过小不能靠土地改革等方法解决，根本出路在控制人口。

关于人均耕地，针对中国地大物博，荒地众多，人口密度不大，因此不怕人多的观点，董时进指出：新疆、西藏等西部地区占去了中国一大半，这些地方没有多少出息；中国的荒地一种是土地瘠薄，不堪耕种，一种是地势卑下，易遭水淹。中国内地18省人口密度已接近德国、意大利，超过法国这些高密度国家，论地面的人口密度不如论耕地的人口密度正确，中国人均耕地远低

① 董时进《国防与农业》，商务印书馆1944年版，第114页。

② 董时进：《食料与人口》，商务印书馆1929年版，第72页。

③ 陈长蘅：《研究中国人口问题应行注意的几点》，中国社会学社编《中国人口问题》，世界书局1932年版，第29页。

④ 董时进：《农业经济学》，北平文化学社1933年版，第113、114页。

于美国、法国[1]。从动态观察，人均耕地会越来越少，今后为了水土保持必须将部分耕地还给江湖和森林，为了农民增收广种经济作物，种粮食的土地减少，加上工业化后交通、学校、工厂、城市的发展占用耕地，人、地比例会越来越失衡，只有控制人口才能保持一定的人均耕地[2]。

（二）资源保护与节制人口

董时进分析了人口增长与资源破坏以及社会周期性动荡的密切关系，他说：人口稀少，人们种植良好土地。随着人口增多，人民被迫种植山地和低洼地，一方面造成水土流失和填塞河湖，破坏水土资源，带来自然灾害；另一方面这些劣地农民，抗灾荒能力异常薄弱，一遇天灾，必然人祸相伴，社会由此动乱。经过一段时期后，人口减少，社会恢复平静。如此周而复始，一次比一次自然资源破坏更厉害，中国人种和文化就越来越差。他由此提出："中国并不一定要四万万五万万人，有一万万两万万也可以成世界最强的国家，如果四万万人中有两三万万时常过着非人类的生活，倒不如只有一两万万，大家都过高尚满足的生活。这样情形的国家才能强盛，物质和精神文明才能进步，这并不非说我们要把现在的人杀掉几万万，但是我们对于人口增殖，决不能再行放任，必须远谋有效的广大的节制生育，限制人口的办法，与资源的保存同时进行。"[3]

（三）经济社会问题与人口过多

董时进认为：中国国弱民穷，原因在人多。"中国地面大，人口总数很多，然而大多数太穷，致一切建设文化都不易发达，所以宁可牺牲量，增进质。我们不用怕人太少，中国的人口怎样也不会减少到列强人口之下。中国弱并不是御侮的人数不够，乃是因太穷、太弱、太愚，穷弱愚的最大原因，便是人太多。必须将数减少，质才容易提高。"

中国社会上许多痛苦和罪恶，也是因为人多。"人太多，生活太困难，大家备受生计的压迫，常处于捉襟见肘，朝不保夕之情况中，怕穷，怕饿，已经成了天性。他们往往不顾一切，以求维持生命的安全，贪婪，盘剥，吝啬，欺诈以及许多残忍的事体，都从此发生，礼义廉耻全管不着。凡曾经留心观察中国社会内幕的，想必不难举出许多事例来。我们必须承认，中国的贫民实在是人口压力下的牺牲者，并不是帝国主义所造成。他们可以说是富人的

① 董时进：《在中国何以须节制生育》，《东方杂志》第 33 卷第 5 号（1936 年）。

② 董时进：《国防与农业》，商务印书馆 1944 年版，第 144 页。

③ 董时进：《资源保存与民族复兴》，《新中华》第 4 卷第 20 期(1936 年)。

牛马机械，贫民愈多，富人愈占便宜。他们纯粹是为富人活着的，所得到最粗劣最少量的衣食品，不过刚刚使他们可以勉强生活，好为富人做工。他们再要生生不已，永远也翻不过身来。”①董时进将穷人的穷困归罪于自己生养过多，没有看到甚至否认了帝国主义和封建剥削这些根本原因。

董时进的另一重要理论“营利农业论”也与人口问题紧密相关，其目的就是为了解决中国人多地少的矛盾。种植高价农产人工需要多，收益又大，从就业和收入两方面解决中国人口过剩问题。收益增加后，进口粮食，可以解决人多的吃饭问题②。

董时进主要论述了彻底认识节制生育的必要性，至于方法，他希望政府及社会人士不惜以各种方法达到节制生育的目的，不必因或有之流弊而有所顾忌与迟疑。

六、现代农民论

董时进认为中国传统农民的重要特点是愚蠢驯良，农村社会的主要矛盾不是地主对农民的阶级压迫和剥削，而是政府（官僚军阀）对农民（包括地主）的掠夺与剥削。愚弱的农民要防止被剥削和掠夺，只有通过教育和组织来帮助他们，以提高农民的知识和公民能力，使之成为现代农民。

董时进首先批判了中国传统农民愚蠢和驯良的国民劣根性，指出必须通过教育和组织的方法，使传统农民转变为现代农民。与梁漱溟、晏阳初不同的是，董时进主张组织农民向政府争取权利。

董时进这样描述了中国的乡村和农民：“乡下的黑暗，乡下人的愚蠢，真有令人想不到的。”③“乡下不是纯粹的好地方，乡下人不尽是真正的好人。就我的本乡说，并且我相信各地乡下情形都差不远，那便是一个毁人的地方：吸烟，赌钱，偷窃，欺骗，奸淫，抢劫，都是日常的事情。”④“乡下是暗无天日的活地狱，是纯粹的中古社会，到处人吃人，一个剥削一个，一个压迫一个，稍说厉害一点，乡下几乎无一人不是土豪，大土豪欺服小土豪，小土豪欺服更小的土豪，最没出息的，也会在自己家里妇女儿童中间充土豪，或在鸡狗牛马身上使用权威。世界上压迫与被压迫的两极端，都在乡下。”⑤董时进

① 以上两段引文均见董时进：《在中国何以须节制生育》，《东方杂志》第33卷第5号（1936年）。

② 董时进：《中国农业政策》，商务印书馆1940年版，第11页。

③ 董时进：《乡居杂忆》（一），《独立评论》第30号（1932年）。

④ 董时进：《乡居杂忆》（三），《独立评论》第30号（1932年）。

⑤ 董时进：《乡下目前最需要什么样的教育》（三），《独立评论》第47号（1933年）。

完全抹杀农村社会的主要矛盾是阶级斗争，他所说的“大土豪”和“小土豪”都不是专指地主阶级。

董时进认为农民中愚弱分子太驯良，对于国家或社会没有很大益处，必须教育改造。“这一些弱者，乃是一般人所呼为真好人的。不过我以为他们实在不能算好，只能说是驯，不能算道德高尚，因为他们根本不知道德，只能算愚蠢无用。而且在这般弱者之中，比较的强者，仍要欺负更弱者。最弱分子对于自家的妇女小孩，或家畜，鸟兽，也是不讲仁慈的。这般愚弱分子，对于国家或社会，也并没很大益处。他们虽是生产者，然而生产能力很薄弱，不过可以养活自己。他们的最大用处，是供人家宰割，替别人当奴隶。他们的最大本领，是能消极的吃苦，并非积极的能干……然而这般人毕竟是国家的主人翁，他们既是这样愚蠢无用，国家的政治，又焉得不糟。要想中国好，必须将这般愚蠢驯良的乡下人化为有意识的好人，化为真诚实而且可以反抗恶势力的人。”①

董时进认为乡村完全是弱肉强食，对弱者不能仅是同情，哀其不幸，而是应怒其不争。“我们对于乡间弱肉强食的现象，不能专责备强者，也要责备弱者。犹之老虎咬山羊，不能只说老虎可恶，也怪山羊太无抵抗。”②

关于如何教育改造乡下农民，董时进认为农村需要的教育并不是实用的农业技术教育，而是平等的做人教育，具有反抗意识的“调皮教育”。农民“有了用手的能力，用脑的能力太缺乏，生产的本(领)不坏，做人的资格太不够，所以他们所最需要的教育，是要能够增加他们用脑的本领和做人的资格的教育”③。

为了教育和组织农民，以使愚蠢驯良的传统农民变成现代农民，董时进创办了《现代农民》月刊和成立了中国农民党。

1938 年 10 月，《现代农民》创刊。董时进在《本刊的宗旨》中指出：“本刊编印的宗旨极其单纯，即是要为农民服务。本刊服务的方法也很单纯，即是：(1)传达有益于农民的智识，启发农民的思想；(2)为农民作口舌，替他们说话。”“尽一个刊物的力量来帮助农民提高他们的智识程度和生产能力，使他们成为现代的农民。”④

董时进认为农民之所以需要教育和帮助，仍是因为他们愚蠢驯良，“农

---

① 董时进：《乡居杂忆》(三)，《独立评论》第 30 号(1932 年)。

② 董时进：《乡居杂忆》(三)，《独立评论》第 30 号(1932 年)。

③ 董时进：《乡下目前最需要什么样的教育》，《独立评论》第 47 号(1933 年)。

④ 《本刊的宗旨》，《现代农民》第 1 卷第 1 期(1938 年)。

民们居住在闭塞的乡下，消息不灵通，又是终年劳碌困苦，所以他们的智识和思想总不免落后”。“农民们有说不尽的痛苦，但是他们不能说话，更不能有力量的说话，因而一些在政治上及社会上有权力地位的人们多不知道他们的痛苦，即使知道也不同情，即使同情也不为他们解除。所以他们永远陷在水深火热之中。”

农业、农民、农村紧密相连，《现代农民》的内容固然注重农业，同时也注重农民的生活及与农民有关系的政治、经济、社会各种问题。董时进特别强调农民应该自己组织起来，争取自己的权利，农民强则国强。“农民到底是中华民国的主人翁。主人翁是如此的落伍，如此的穷困，如此的不能行使主权，难怪国事总弄不好，民治总不能实现，国家总强不起来。我想凡是希望中国好的人们没有不愿意替农民说话，为农民效力的。”“我们不讳谈政治，因为政治的良否关系整个国家及人民的一切事情。我们相信，要想把政治弄好，绝不能专靠少数贤明的统治者。他们纵有千头万臂，也不能照护几万万毫无自治和自卫能力的民众，杜绝贪官污吏和土豪劣绅的横行。惟有把民众自身健全起来才可以使政治修明，才可以实现社会的公道，保障国家及人民的一切事情的合理发展，也才可以使中国成一个现代的民治国家。”①

董时进提出一个现代农民最低限度的标准应该是：(1)要能够饱暖，即在凶年也不受冻馁。(2)要身体健全。现在一般农民不但是枯瘦羸弱，而且残废有病的很多，不是害痧眼，便是生干疮，不是聋哑，便是肺痨，试下乡去看，健全完整的人真不易得。(3)要能写读。(4)要能履行国民的义务，行使国民的权利，不是当奴隶式的顺民。(5)要能团结合作。② 以上五条，包括经济、健康、文化、政治、道德五个方面，与晏阳初用文艺、生计、卫生、公民四大教育来解决农村愚、穷、弱、私四大问题的论点相似③。

为了将中国农民组织起来和替农民“代言”，董时进于 1947 年主持成立了中国农民党。《中国农民党成立宣言》提出：“我们认为农民所受的剥削，主要的是政治的剥削，因为政治不良，法纪不存，农民智识低落而又散漫，一切军阀官僚，皆可以利用他们的权位，肆意掠夺人民，使得整个乡间凋竭，个个乡民贫穷，因此我们认定，改善农村经济的办法，应着重在改良政治，修明法纪，使乡间所生产的财富不再被非法剥削，集中城市，而不是要从富农和

① 以上两段引文均见董时进：《本刊的宗旨》，《现代农民》第 1 卷第 1 期(1938 年)。

② 董时进：《如何才算现代农民》，《现代农民》第 1 卷第 1 期(1938 年)。

③ 《晏阳初文集》，四川教育出版社 1990 年版，第 37 页。

乡间小地主的手里夺取一些去弥补贫农。”[①]说明了董时进等人看到了农民所受的主要剥削是政治权力的剥削而不是地主富农对贫农的剥削，只有提高农民的政治地位才能改善他们的经济状况。

上述董时进的现代农民论同样是别出心裁。他认为农村的斗争只是弱肉强食的生存斗争，农民是受军阀官僚压迫而不是受地主剥削，因此反对改变农村生产关系以解放农民，主张通过教育和组织以提高农民的知识和公民能力，使农民成为现代农民。他把农民看成弱者，夸大了农民愚蠢驯良的弱点，忽视或没有看到农民勤苦、良善以及革命性等优点。

总的来说，董时进的经济思想与他在美国接受的资产阶级农业经济学教育密切相关，往往用美国经验来分析中国问题。他的经济思想背后的政治哲学是：“中国的财富是既患寡，又患不均，甚至可以说是患寡尤过于患不均。”“我们只制止了资本主义的财富集中，却没有制止军阀及官僚主义的财富集中。”官僚集中的财富应该打倒，资本集中的财富大部分留在社会，解决了就业等问题，应该鼓励[②]。这说明他的经济思想的实质是反对官僚干涉经济，提倡发展私人资本主义。

第九节　顾翊群的经济思想

一、法币改革的设计者顾翊群

顾翊群(1900～?)，字季高，江苏淮安人。早年就读于北京大学，预科毕业后曾在北京政府财政部任职，后仍入北大学习。1921 年赴美国留学，1924 年获美国工商管理硕士学位后回国。曾任中华教育文化基金会财务秘书、清华大学经济系讲师、中孚银行沪行副经理等职。1934 年被国防设计委员会派赴欧美考察金融币制近一年。回国后，同李滋罗斯等一起参与了币制改革方案的设计。1936 年任行政院参事，曾同陈光甫等赴美订立《中美白银协定》。回国后，任广东省银行行长。1938 年 12 月至 1940 年 8 月任广东省财政厅长。1940 年至重庆担任中国农民银行总经理。1941 年任财政部代理常务次长、“四联总处”秘书长等职。1944 年参加布雷顿森林国际金融会议。1946 年任中央银行监事会监事，又任国际货币基金组织中国执行干事，

---

① 《中国农民党成立宣言》，《现代农民》第 10 卷第 6 期(1947 年)。

② 董时进：《既患寡又患不均》，《现代农民》第 11 卷第 7 期(1948 年)。

后任该组织财务处负责人。1966年在国际货币基金组织退休后定居中国台湾。民国时期著《中国经济建设与农村工业化问题》(合著)等书数种,以及《中国货币应若何安定》、《入超果于中国有大害否》、《经济思想与社会改造》、《中国新货币政策与国际经济均衡》等论文若干。1966年后在台湾出版了《危机时代的国际货币金融论衡》、《中西社会经济论衡》等书。

顾翊群一生的最大的亮点是参与了法币政策的制定。他和章乃器对法币政策的态度正好取针锋相对的立场。

1933年8月15日,顾翊群向蒋介石条陈《中国货币金融政策草案》,经蒋介石批交宋子文、孔祥熙"采阅"[①]。表明顾翊群及其货币方案已引起最高当局的重视。1934年1月,顾翊群向行政院呈《关于防止银价提高之说帖》[②]。他针对美国提高银价,提出了治标和治本的办法。治标办法是先使美国不再购买世界生银,以免沪上银底大批流出,而肇金融恐慌;治本方法为采用积极货币政策,压低中国对外汇价,膨胀国内货币及信用,以抬高物价。其工具为对外设立汇兑平衡基金,对内设立各发行银行的钞票准备金,最终目的为卖出银货,采用金本位。行政院两次开会专门讨论了顾翊群的方案,作出了应付银价提高的对策。顾翊群的主张已得到了行政当局的认同和实施。

1934年5月到1935年4月,国防设计委员会特派顾翊群赴欧美考察币制[③]。回国后,他参加制订币制方案,在本书孔祥熙经济思想的货币论中已经述及,不重复。他本人也曾回忆说,1935年他回国后,"奉派任行政院参事,并参加与英国所派来华之李滋罗斯代表团之联系";并指出,1935年11月3日,与法币政策六条同时公布的"财长孔庸之先生发表宣言,原稿为余所拟"[④]。

顾翊群有关法币改革方案的建议和设计与他的经济思想息息相关。20世纪30年代,顾翊群是中国金融权威[⑤]。他在法币改革前后发表了大量言论,在美国提高银价迫使中国货币升值的过程中,提出了管理通货论,在批

---

① 中国第二历史档案馆编:《中华民国史档案资料汇编》,第五辑第一编,财政经济(四),江苏古籍出版社1994版,第46页。

② 中国第二历史档案馆编:《中华民国史档案资料汇编》,第五辑第一编,财政经济(四),江苏古籍出版社1994年版,第149页。

③ 中国第二历史档案馆编:《中华民国史档案资料汇编》,第五辑第一编,财政经济(四),江苏古籍出版社1994年版,第310页。

④ 顾翊群:《危机时代国际货币金融论衡》,台北:三民书局1971年版,第171、173页。

⑤ 著名经济学家姚庆三评语,见姚庆三:《读实业部银值物价研究委员会报告书后》,《社会经济月报》第2卷第8期(1935年)。

判经济学界“保护贸易论”、“自给自足论”中，利用“比较优势论”，提出了落后的中国应积极参加世界经济的理论，在批判思想界的“苏联计划经济”热中，为市场经济体制进行了辩护。

顾翊群的经济、金融思想明显经历了两个阶段：1933～1934 年他提出的管理通货论，其思想主要来自凯恩斯，其关注重点在抬高和稳定国内物价，目的在应付经济危机，制度前提为实施计划经济。1935 年他考察欧美回国后，思想起了明显的变化，将货币改革和经济发展结合起来，转为服膺米塞斯(L. V. Mises)和哈耶克的理论，通货管理偏重于汇价稳定，目的在于连接世界经济促进经济的长期发展，并提出了自由经济论。

顾翊群的言论在当时产生了广泛的影响。他是“货币改革派”和“经济自由主义派”的代表，他的思想直接影响了法币政策的制定，特别是法币改革的国际化特色更是顾翊群一直鼓吹的结果。正因为此，在当时“反帝反封建”的时代主潮中，顾翊群被章乃器等人称为经济学界中的“帝国主义战线派”、“买办经济学家”。

20 世纪 40 年代，顾翊群已经是政府重要官员，其言论往往更具官方色彩，他提出的农村工业化论强调了城市农村的均衡发展。

二、管理通货论

20 世纪 30 年代世界经济“大萧条”对中国经济产生了巨大的冲击，中国出现银价忽低忽高、白银进出流动频繁、经济波动异常等危机现象。对于危机爆发的原因及治理的对策，非马克思主义经济学家中出现了两派：一派以马寅初、谷春帆等人为代表，认为危机的原因在于国际贸易的入超，应采取统制贸易的政策，即贸易平衡论；另一派以顾翊群、姚庆三、张素民、赵兰坪等人为代表，认为危机的原因是中国币制，应改变货币制度，即币制改革论。在币制改革派中，顾翊群是最早提出“管理通货论”者，他主张中国应放弃传统放任的货币政策，实施对货币的积极管理，以应对经济危机。

1930～1932 年，中国经济界讨论的中心是如何应对世界白银流入导致银价下跌、物价上涨。1933 年初，马寅初、刘振东、宋子文、张公权等大部分经济界人士仍在担心银价下跌，希望提高和稳定银价。此时顾翊群却敏锐地观察到中国物价已开始下跌，美国购银将会使银价暴涨，并会严重威胁中国经济。

1933 年 3 月 21 日，顾翊群发表《中国当前之金融危机》。该文认为：“吾国因银价跌落，所蒙受之利益。自英日美相继停止金本位后，已消灭无余，美国提议购银，不啻对吾所沿用之银本位，加以极大之胁迫。”[①]主张一旦美国实施购银，政府应先机力断，禁银出口，以确保银本位制度。4月4日，顾翊群又发表《再论美国购银之危险性》[②]。该文认为美国购银，中国将首蒙不利，而美国既达不到其设想的目的，必反受其害，全世界也将受金荒之苦，希望美国有识之士阻止购银案的实现。5月2日，顾翊群再次发表《世界货币战与中国》，三论美国政府提高银价对中国的危害："美国购银，则我国货币，被其拉起，我国将致破产。"此文又在前论"禁银出口"策上，提出先实行"增银出口税"策，若不行，再实行"禁银出口"。在该文最后，顾翊群还以中国的凯恩斯自居，他说："昔 J. M. Keynes 于英国恢复金本位时，曾力言英镑不应自三元余回至四元八角六分之平价。因此种人为之紧缩，足致英国于困穷，英当局殊不之信，结果则工业衰退，入超增加，至 1931 年卒被迫而放弃。我国经济界久习于低落之银价，今乃受美国政治之影响，骤作急遽之上腾。愚诚不愿吾言之中，而为 Keynes 氏之续也。"[③]顾翊群在短短两个月内，三论美国提高银价之害，并提出了禁银出口策。他在给吴大业信中指出："弟历次文章中对禁银出口并不积极主张，但对银价不必提高则极力申说。"[④]其核心观点是反对通货紧缩。

从3月底到5月初，顾翊群三论美国抬银之害，引起了经济学界的激烈争论。4月25日，薛遗生发表《评禁银出口议》[⑤]，反对顾翊群的主张，认为治本的办法是发展生产。5月，谷春帆发表《禁银出口问题及征收银出口税》，其主要观点是："银出入为贸易出入之结果，而非贸易出入之原因，吾人如能振兴贸易，则银之为物，不召而自至，不禁而自留。"[⑥]6月，马寅初、刘振东均批评了顾翊群的主张。刘振东认为，美国抬银对中国是利害互见，主张"以提高银价而安之"[⑦]。马寅初认为："顾季高氏可谓今日主张银贵有害于我国之代表人物。余昔对黄元彬氏之银贱有利于中国说，已略加评述，对于顾氏之主张同样可以适用……吾意中国实业不发达，工业品出口者尤少，无关重轻。目下要图，宜兼顾消费者之利益，增大其购买力，如买机器、书籍及其他

---

① 顾翊群：《中国当前之金融危机》，《银行周报》第 17 卷第 10 期（1933 年）。

② 顾翊群：《再论美国购银之危险性》，《银行周报》第 17 卷第 12 期（1933 年）。

③ 顾翊群：《世界货币战与中国》，《银行周报》第 17 卷第 16 期（1933 年）。

④ 吴大业：《答顾翊群君关于提高银价与中国银货外流之讨论》，《银行周报》第 17 卷第 31 期（1933 年）。

⑤ 薛遗生：《评禁银出口议》，《银行周报》第 17 卷第 15 期（1933 年）。

⑥ 谷春帆：《禁银出口问题及征收银出口税》，《东方杂志》第 30 卷第 9 号（1933 年）。

⑦ 刘振东：《世界经济会议与中国》，《时事月报》第 8 卷第 6 期（1933 年）。

建设事业所需材料，无不利银价之涨也……故提高银价，增进我国消费者之购买力，在目前经济环境之下，实利多害少。""余仍以为银价有提高之必要，此次美国提高银价之企图在求银价提高后长期的安定，认为于我利多害少。"①

8月15日，顾翊群向蒋介石上陈《中国货币金融政策草案》，他指出："自经济战争日益激烈以来，各国学者首倡计划经济之议，当局者采纳其议，实施而有效者，为苏俄及意大利。斯二国者，虽政制不同，然成效则一。近来美国亦将起而效法矣。我国将来欲立国于大地上，恐非循此途径不为功。"②为配合计划经济政策，货币政策应放弃中国传统的放任政策，采取积极的货币金融政策——货币管理制，以便抬高国内物价，最后目的为3至5年后，采取与各国相同的本位货币——金本位。

9月，顾翊群将上蒋介石的条陈扩充为两篇论文。在《中国应定货币政策之绪论》③一文中，顾翊群认为：在世界各国相继采纳货币派的主张，实行通货管理制的经济环境下，我国应效法各国，实施通货管理制以自卫。他还根据凯恩斯提高及安定国内物价重于安定对外汇价的理论，反对将我国银币与金币安定，以及与美元5角或6角安定，主张"必也吾国之货币，对吾国一般货物之购买力，经政府努力之后，得以安定，斯乃为安定之真正意义，与英美诸国之用意相同"。即是反对汇价钉住政策。在《中国货币应如何安定》④一文中，顾翊群从理论上进一步论证了世界和中国为什么都要采取通货管理制。他指出，金或银作为价值的尺度，而其本身价值也在不断变化，造成物价的剧烈波动。"货币之需供，与货物之需供，对于物价有同等之影响耳。且平常物价变动，由于货币方面者，较由于货物方面者为烈。"政府可以通过货币数量的控制来维持物价的平衡。

由于顾翊群的详细介绍、分析及应用，使凯恩斯提出的管理通货论在中国得到了广泛传播，从此，"管理通货"就成为中国经济学界的一个重要名词。顾翊群提出的设立汇兑平衡基金及集中各行准备金等办法，政府也相继实行。但此时顾翊群主张的"管理通货制"，是"管理银本位制"，而不是"管理纸币制"。而"管理银本位制"又仅是一个过渡期，当时认定的最终目

---

① 马寅初：《世界经济会议前之美国经济政策与吾国经济之关系》，《时事月报》第8卷第6期(1933年)。

② 中国第二历史档案馆编：《中华民国史档案资料汇编》，第五辑第一编，财政经济(四)，江苏古籍出版社1997年版，第39页。

③ 顾翊群：《中国应定货币政策之绪论》，《复兴月刊》第2卷第1期(1933年)。

④ 顾翊群：《中国货币应如何安定》，《银行周报》第17卷第36期(1933年)。

的是放弃银本位制，实现金本位制。他强调抬高及稳定国内物价为主，而不是主张汇价钉住政策。

顾翊群提出"管理银本位制"后，经济学界给予了很高的评价，马寅初认为是稳定银价的四个重要方策之一①。何廉在提出应对美国抬银运动的对策时，几乎原话复述了顾翊群提出的"管理银本位制"②。赵兰坪也认为，顾翊群是最早提倡"管理通货制"者③。

胡适在 1933 年 6 月 17 日的日记中写道："季高去年作文预言美国必将抛弃金本位，当时人皆笑之。今年美国果放弃金本位，我作书贺季高说，此可见科学的思考方法的重要。季高搜集材料甚勤，设备甚周详，思考甚细密，故为今日经济金融界一个最有希望的人才。"④

1933 年 7 月，中国代表宋子文与美国、印度、墨西哥等方签订《伦敦白银协定》。该协定的精神为稳定和提高银价，其中规定中国政府的义务为："自 1934 年 1 月 1 日起，四年之内，应不将其由熔毁货币所得之生银出售。"⑤这一协定，既是美国抬高银价集团活动的结果，同时也是中国从 1930 年以来经济界恐惧银价下跌希望银价上涨的愿望。到 1934 年后，中国经济界才猛醒，原来银价上涨更危险。事后证明，在 1933 年初美国政府刚刚酝酿提高银价，国内经济界正在希望提高银价的时候，顾翊群能够预言美国提高银价对中国之害，确属有先见之明。

三、安定汇价论

前已指出，1935 年前顾翊群的管理通货政策目的在于抬高和稳定国内物价，反对汇价钉住政策。1935 年顾翊群考察国外币制归国后，将货币改革同经济长期发展结合起来，提出中国货币应同先进国家货币安定，以联结世界经济，促进国际贸易和吸引外资。实际上提出了中国应加入英镑或美元集团。在实行法币政策后，他明确提出通货管理应以安定汇价为主，国内物价应温和地自由伸缩。

(一)安定货币联结世界经济

1935 年 5 月，顾翊群在《入超果于中国有大害否》一文中认为："白银流

① 《中国经济改造》，《马寅初全集》第 8 卷，浙江人民出版社 1999 年版，第 509 页。

② 何廉：《银价问题与中国》，《独立评论》第 92 号(1934 年)。

③ 赵兰坪：《最近吾国经济论战之回忆》，《时事月报》第 14 卷第 2 期(1936 年)。

④ 《胡适日记全编》(六)，安徽教育出版社 2001 年版，第 224 页。

⑤ 中国人民银行总行参事室：《中华民国货币史资料》(第 2 辑)，上海人民出版社 1991 年版，第 113 页。

出由于外资之逃遁，外资逃遁，由于我国货币经人为的手段提高的缘故，苟美国不断购银，使我国货币继续上涨，则政府无论如何举措，外资亦是有去无回的。”“挽救现状，只有货币改革，乞灵于高关税，则愈弄愈糟。”“中国应工业化，以避免交换条件之不利，而养活此过众之人口，并提高生活程度，毫无可非议。但工业化之资金，来自外人及本国农业，对外资固须安定货币以使奇高之利息转低，而挽回外人及华侨之信任心。”“我国如欲抵制货币危机，建设经济基础，只有仍在货币改革及吸引外资上设法，即不成功，其害亦较小；若妄欲效法苏俄，则流弊更大，不知伊于胡底矣。”[①]顾翊群认识到只有安定货币才能吸收外资，只有外资进入中国才能工业化。

8月，顾翊群在《经济思想与社会改造》一文中认为：“中国目前要务，首应办理的，为安定货币。货币安定后国际贸易便可扩充。由国际贸易之扩充，国际投资才逐渐增加，政府同人民方可积极推行工业化。工业化有相当成功后，农村过剩人口有容纳之处，农业产品亦有销路，农业之不景气乃可慢慢的消减。”[②]安定货币包括三个步骤：第一是改定本位，使中国货币与先进的债权国发生关系，货币的对外价值水平在我国国际收支的顺势恢复后即可决定。第二是改造金融，使我国中央银行、特种银行及普通商业银行的业务不互相重叠，短期的金融市场应当从速成立而以中央银行统驭之。第三是财政改造，其中包括旧债整理和预算平衡，前者可以恢复对外信用并降低政府债务利率，后者则是维持人民对货币信心的必需条件。

1936年6月，法币政策已实行半年多，顾翊群还发表文章说：“顾欲参加世界经济果由何术？曰，自安定货币始。盖货币安定则国内经济与国际经济均衡，然后国际经济之进步，我皆可以蒙受。苟货币不安定，则国内经济与国际经济恒背道而驰；当世界恐慌时，我固可借独立之货币，以保持半独立之经济状况，当世界经济恢复时，我再不参加，则自食其果，长受经济落后之苦痛。”[③]

(二)安定汇价重于安定物价

法币政策实施后，对经济学界关于通货管理应侧重对外汇价稳定或侧重国内物价稳定的争议，顾翊群明确主张应稳定汇价，国内物价可温和浮动[④]。

---

① 顾翊群：《入超果于中国有大害否》，《社会经济月报》第2卷第5期(1935年)。

② 顾翊群：《经济思想与社会改造》，《民族》第3卷第8期(1935年)。

③ 顾翊群：《中国新货币政策与国际经济均衡》，《经济学季刊》第7卷第1期(1936年)。

④ 顾翊群：《中国现在果需要一个不动的物价水平否？》，《银行周报》第20卷第8期(1936年)。

顾翊群认为维持对外汇兑有两大原因:(1)过去各国在工业化以前,都是先改革币制,然后利用外资以发展产业,然后工农阶级的收入即有显著的进步。如中国政府从此能将对外汇率有效地维持下去,使得国际贸易从此不是赌博,则国内小民的生计,必有明确的改善。(2)中国的对外贸易,不仅是供中外货物的交换,而实为世界新知识新技术的传播,兼为中外资金进出及一切无形的国际收支的凭借。现在中外利息水平相差如此之高,假定对外汇率安定了,而入超不增加,外资不流入,则真是稀有奇迹,中国绝不应对外有持续的出超。简言之,对外汇兑苟有持久的安定,则人民自生信仰之心,对外收支上的无形项目,将有巨额的有利数字,远在入超数字之上。此无形的有利数字超过有形的入超数额,将在我国对外汇兑基金数字的增大上表现出来。我们不惧入超之增大,亦不惧法币发行之增大,而惧对外汇兑准备之数额,不能随法币发行之数额,为同程度之增加。以上第一条侧重发展国际贸易,第二条侧重吸引外资,目的都是通过稳定汇率以参与全球化,以利用国际市场提供的资本与技术来促进中国现代化。

关于国内物价方面,顾翊群说:"我们不反对其为温和之上升或下落,但须其与成本有相当之适应,并须物价的变动不能给与企业生产者以过度的激刺,使其事业为失计之扩充,而须令其他供给生产要素者,享受生产进步之益,对外我们希望国内物价之起落,须较轻于国际物价之变动,使国内外经济的平衡不致激烈变动而影响汇率。"①

顾翊群安定汇价重于安定物价的论断主要受哈耶克思想影响,朱炳南当时就批评顾翊群太相信哈耶克理论,该理论也许并不一定适合中国②。

顾翊群"安定汇价联结世界经济论",当时就受到了民族主义者的批判。章乃器指出:"币制改革法案中由国家银行无限制买卖外币的一条条文,我们却上了帝国主义的圈套,而这个条文的理论根据,却正是古典学派的自由主义,有了这一个条文的存在,中国货币才完全国际化。因为这个条文的存在,中国的货币改革便完全失去战时经济的作用。自然,帝国主义每一次给圈套我们戴的时候,都有一种诱惑,而这次改革币制给我们的诱惑,便是投资,在币制改革的前后,中国的御用经济学者大吹大擂的宣传:只要中国加入英镑集团,伦敦的大量低利游资,就可以投到中国来,中国在接受投资的时候,就同时有购买力可以消纳各国的过剩商品,这样,中国在消纳国际过

① 顾翊群:《中国现在果需要一个不动的物价水平否?》,《银行周报》第20卷第8期(1936年)。
② 朱炳南:《国民经济建设与物价水平》,《东方杂志》第33卷第14号(1936年)。

剩资本和过剩商品的条件之下，就可以重新建立国际的均衡。”[①]章乃器从战争准备、货币独立权等方面指出了顾翊群这一理论的买办性质。另一方面，顾翊群恰恰也是中国较早主张与国际经济全面接轨的经济学家。

四、经济自由主义论

1934年春到1935年春，顾翊群被政府以“欧美币制金融考察员”身份派赴欧美考察，历时11个月，直接会见了凯恩斯和哈耶克等人。回国后，他往往不大直接论述金融币制，而是从经济思想、经济哲学的高度全面研究中国经济金融问题，将币制改革同他的经济自由主义主张结合起来。他运用哈耶克理论批判了苏联模式的计划经济，主张市场经济，运用比较优势论批判了贸易保护主义，主张中国融入世界经济。在20世纪30年代，当马寅初、刘大钧、何廉等经济学界领袖人物竞相主张统制经济理论的时候，顾翊群却对统制经济论进行了批判，他是当时中国“经济自由主义派”的代表。

(一)批判苏联模式的计划经济，主张资本主义市场经济

前已指出，顾翊群在1933年上蒋介石条陈时即认为中国应采取计划经济制度。1935年顾翊群考察欧美回国后思想大转弯，开始运用市场经济的原理，批判了苏联模式的计划经济。

顾翊群认为，市场经济能有效地配置资源，无市场，则经济的评价无法实现。他说：“在资本制度之下，市场系价格之决定者，在市场上决定之价格，代表供求相应之状况。不仅消费品如面包牛油之价格，由市场之供求决定，而使生产者与消费者，得到满意。即高生产过程之商品，如机车发电机之类，他们的生产的原素，都是一层层在自由市场上决定，觉得有利后，然后再加入他们的生产过程。消费品的生产者，同生产品的生产者，竞争资本劳力等原素，何方应得多少，全由市场来决定……各种商品同劳务不能同时生产，市场之存在使我们知道何种商品应当先生产及多生产，何种应当后生产及少生产。无市场，则经济的评价，无法实现。”

顾翊群指出，苏联废除市场后，社会经济无法正常运行，矛盾越来越多。“苏俄在成立初年，因为要实现十成的科学社会主义，事事完全照马氏所指示的办理。货币取消，市场亦没有，结果生产停顿，人民饿死甚多。到一九二一年，列宁知道不能不开倒车，所以采用新经济政策，而容许货币同市场经济的复活……自从采行五年计划后，苏俄在国内外的宣传大为加紧。其

① 章乃器：《经济论争中的两条战线》，《中山文化教育馆季刊》第3卷第2期(1936年)。

计划经济之'内在的矛盾性'仍逐渐显露……苏俄因不认利益之存在,且不愿任令市场恢复自由性,对于各种商品生产之孰先孰后,孰多孰寡,无标准以为判断,但凭定计划者之理想,故劳费大而成功小。五年计划,事实系国防计划,即系把消费品之生产速度减低,而将生产品之速度加快,以便制造飞机大炮等战争品。然人民对消费品的需要,异常迫切,以至需要多而供给少,逼得政府不能不下令统制消费,按官定之价格以售出消费品,此官价当然较市场——即黑市场——价格为远低,所以政府不能不将人民身分厘定,使人民的购买力不随其所有货币之多寡,而看其属于何种合作社。"

顾翊群认为,计划经济即使经济总量提高了,也是消费者丧失消费自由压低生活程度的代价所换来,得不偿失。他说:"所谓在计划经济中生产与消费为有计划的适应,是毫无意义的。俄国有一万六千余万人,每人都想坐汽车,请问苏俄政府是否生产一万六千万辆汽车分给民众?姑毋论汽车的生产须与棉麦汽油钢铁竞争生产上所必须的原素,如资本劳力等等,而在无市场经济中此等竞争无法表现。即如苏俄政府认为汽车的生产较其他商品重要而制出一万六千万辆汽车,假如一万六千万人中有一千万人自愿不坐汽车而改住洋房,政府是否允许抑制禁止?苟允许则计划失败,不允许则消费不是真正的消费,而是削足就履式的消费。"

他又指出:"要知在我们的世界当中,消费自由是最可贵的,富人有听大戏坐汽车的自由,穷人亦有逛大世界喝烧酒的自由。只要口袋里有钱,无论何人可以有几千种或几万种不同的消费。说到一个人对于一种商品的需要,而不提该商品的价格是不通的。平常化(花)二十枚铜元买一包香烟的人们,遇到烟价涨至一百铜元时,可以不抽香烟而改买一份报纸看看。计划经济者想以工程师在图案室计划的理想,把人民随时改变的消费习惯确定,请问可以成功否?现在仅有苏俄一国实行计划经济,虽然该国本身没有自由市场,但尚可以利用资本制度国的市场,以为本身生产评价的标准。假如实现计划经济者的理想,将全世界都实行此种制度,则评价的标准全失,美国人何以知道他们不应奖励种植桐树,中国人何以知道不应制造汽车呢?请问此种生产是不是盲目的生产呢?"①

在上述几段文字中,顾翊群提出了一些非常深刻的经济观点,该文可能是中国经济思想史上的第一篇详细批判苏联计划经济体制的文章。

---

① 以上四段引文均见顾翊群:《入超果于中国有大害否》,《社会经济月报》第2卷第5期(1935年)。

8月，顾翊群还站在自由经济的立场上，全面批判了当时流行的各种经济思想，特别是集中批评了认为中国不能再走自由经济这条老路，而应当效法苏俄采行计划经济的观点。顾翊群认为持这种主张的学者，“对于所谓自由主义的经济学和所谓苏俄式的计划经济，其实都没有真正的了解”①。

顾翊群运用哈耶克、米塞斯等经济学家的理论，提出了判断经济制度优劣的三项标准：(1)此制度对于资本的积聚能使其为合理的平衡的增加否？(2)此制度对于景气的变动能为适当的调节，不至使人民精神上物资上损失太大否？(3)此制度对于全国人民应得之收益，能为合理的公道的分配，使得大家都有相当的购买力以享受一适宜的生活否？通过分析研究，顾翊群认为，苏俄式的计划经济在这三方面都不如自由经济。

顾翊群还对马克思主义在中国的流行进行了分析。他认为，在中国讲到经济问题的只有马克思主义学者在出风头。有许多文章满纸都是“矛盾”、“倾销”、“剥削关系”等字样，似乎不如此就不是讨论经济学。他分析这是中国目前的环境所造成的。“中国有种种内忧外患，复有显明的生产落后财富不均的现象。在此种环境之下，普通人最容易相信马克思学说，聊自宽解。他们以为资本主义国家虽富强，将来——或者就在目前——就要崩溃，我们虽弱，等他们崩溃后自然可得胜利。一般时髦学者为迎合群众心理起见，更不停地鼓吹此种议论。最奇怪的，他们差不多一致认为在帝国主义同封建势力未消灭以前，中国无经济建设之可能。但经济苟不建设，则中国有何实力以对付内忧外患，此点他们是避而不谈的。我以为此种议论仍然是中国旧式腐败心理的表现，即自己不努力而骂骂他人出口气而已。”②

顾翊群以上所说实际上是夸大其词。20世纪30年代中国虽有一些马克思主义经济学家，但人数及有关论著均属于少数。当时流行的经济学是西方的资产阶级经济学，而不是马克思主义经济学。明目张胆宣传马克思主义是有危险性的，不可能因此而受到奖励。顾翊群本人就是很好的例子，他的自由主义经济学因适应当政者的需要而参加了国家机密级的金融活动，成为国民政府要员。他发表这些言论，反映了他的官方身份和彻底的反马克思主义的立场。

1936年，顾翊群再次批判了国家干预论，他认为：“政府与国民经济有极

---

① 顾翊群：《经济思想与社会改造》，《民族》第3卷8期(1935年)。转引自顾翊群：《危机时代国际货币金融论衡》，台北：三民书局1971年版，第27、28页。

② 顾翊群：《经济思想与社会改造》，《民族》第3卷8期(1935年)。转引自顾翊群著：《危机时代的国际货币金融论衡》，台北：三民书局1971年版，第18、19页。

重要之关系,初无人能否认。然政府之职能,在提倡指导奖进事业,而不必事事自为经营。在战时人民生命且应为国牺牲,经济福利自不遑顾及,政府为便利作战起见,宜统制一切,但此非可语于平时。自各国野心家热烈备战,经济学者复进以谬误之理论,于是统制经济之说,风靡一时。"顾翊群指出了统制经济只能是一种战时经济,不能用于中国的平时建设。

顾翊群还指出了自由主义经济理论的学理基础,他说:"盖经济社会,表面似甚复杂,其实建基于数条简单原则之上,即(1)分工,(2)私有财产,(3)自由交换是也。苟此数条原则,得以严格实现,则由县而省,由省而国,由国家而推及世界,经济社会将日益扩大,一处新发明之生产技术,聚集充裕之资本,他处均蒙受其益,所有参加此社会分子日益繁荣。为后进之国家着想,欲发展经济,最扼要之举,莫过于参加此世界经济者也。"①

顾翊群是中国较早清楚认识苏联计划经济模式弊端的经济学家,但他的批判是站在资本主义市场经济的立场上,与中国改革开放初期站在社会主义市场经济立场对苏联计划经济模式的批判不同。顾翊群的意图是为在中国实施英美自由资本主义经济制度进行辩护。

(二)批判贸易保护主义,主张中国融入世界经济

20 世纪 20 至 30 年代,中国经济思想界多主张李斯特的贸易保护主义理论,马克思主义者也认为,帝国主义的经济侵略是近代中国贫穷落后的根本原因。顾翊群对这两种理论都进行了批评,极力主张中国参与国际贸易,融入世界经济。他说:"世界各国因地域的关系,或生产技能习惯不同,对于某种货物的生产较其他货物的生产特别擅长。假使各国均从事于生产本身所擅长的货物,而以之与其他各国所擅长的货物交换,则全世界均蒙其利。并且此种长处只须相对的,而不须绝对的……再举例来说,假使某大学教授研究学问的本领,及拉车的能力,均比他的包车夫为大,他是否一面努力研究,同时自己拉车,抑雇佣包车夫替他拉车,而自己专心研究?我们知道,某教授雇佣车夫,以便自己研究,是对于某教授,车夫以及全社会三者都是有益的事情,即是合乎经济的事情。假使某教授同时既要研究,又要拉车,包车夫也要如此,则此二人以及社会均吃亏。在包车夫无研究能力时,某教授以研究进益,易包车夫拉车之劳务,并非对于包车夫实行剥削。包车夫只有要求研究的愿望,而无能力,是无用的。他只有一面积极拉车,而以余力研

① 以上两段引文均见顾翊群:《中国新货币政策与国际经济均衡》,《经济学季刊》第 7 卷第 1 期(1936 年)。

究，以便将来出人头地。若既不能研究，复不肯拉车，但终日诅咒某教授为剥削者，则是自甘下流，不可救药了。”

在研究了国际贸易理论之后，顾翊群进而认为中国的国际贸易不是中国落后的根本原因，而是中国进步的根本原因。他说：“我们苟将中国自五口通商以来的历史一看，则见一方面是帝国主义者利用不平等条约对我们压迫，一方面我国亦借国际贸易的增加，以逐渐工业化，而养活较多的人口。我们试闭目一想，假使没有对外贸易，中国今日之经济是处于何阶段？我们以落后的农业国家，没有国际贸易，就可以维持现在庞大的人口吗？我们苟不因从事国际贸易，则目前微弱的金融同工业资本从何产生？一般都市的生活程度，苟无国际贸易，何法维持，其实，即使此时此刻一般帝国主义国家忽然消灭，使得中国对外无贸易，中国的问题，如人口过剩，生产落后，分配不均等问题，只有格外困难，而无解决的可能。在此种情形之下，我们所能想象的，是出口货生产者之破产，交通之停顿，都市繁荣之崩溃，以及全社会之大混乱。总之，我国向来全靠对外贸易以增进智识，改良生产，并使国民生活程度稍稍提高。我们目前自应设法解除不平等条约的束缚，以便积极扩充国际贸易，庶使我国全体经济得以昭苏。至于因外国货品进口而我国农村的自足自给状况被打破，这是很可惋惜而无法避免的。”①

顾翊群的上述言论，立即引起了激烈的批评，章乃器指责道：“市场国际化的主张者，他们反对中国有关税壁垒，反对管理贸易，而认为生产落后的中国，应该尽量接受成本低廉的外国商品，以提高人民的幸福。他们更认为贸易入超可以转变为国际投资，可借此以建设民族资本。他们根本否认不等价交换说，以为车夫拉教授，虽然表面上是不等价交换，然而可以得着教授宝贵的教训，依然是值得，依然要努力的拉。中国对外贸易的利害，我们有摆在眼前的整个农村的破产，似乎用常识就可以判断了。固然，在对外贸易的过程当中，我们是学了一些生产技术。然而，用整个的农村破产去掉换这一些生产技术，是不是得不偿失呢？车夫拉断了气，而教授所给与他的，还不过是一些皮毛的皮毛呢！哎！我们为什么一定要做车夫？是命中注定的吗？为什么我们不能自己保留一个人的身份，去学习一些技术呢？为什么别的国家，可以大模大样的在国民经济的建设当中，输入外国的资本和技术呢？这真是典型的奴隶哲学了！”②

---

① 以上两段引文均见顾翊群：《入超果于中国有大害否》，《社会经济月报》第 2 卷第 5 期（1935 年）。

② 章乃器：《经济论争中的两条战线》，《中山文化教育馆季刊》第 3 卷第 2 期（1936 年）。

章乃器和顾翊群对国际贸易的不同观点，可以说是困扰如中国这样的后发展国家的一个长期难题。没有国际贸易，后发展国家难以进步；落后国家与发达国家进行贸易，落后国家又好像吃亏。章乃器看到了后发展国家应该有志气，不能一直跟在发达国家后受其剥削。顾翊群看到了只有脚踏实地拉车，才有机会成为教授。

综上所述，参与法币改革的顾翊群大力提倡和宣传自由主义经济理念，其目的是要利用自由主义思想来指导法币改革，因此，法币政策就不仅是一个挽救经济危机的临时方案，而是促进经济长期增长的制度设计。他的经济自由主义思想集中体现在法币政策的国际化中，他批判苏联模式的计划经济，主张市场经济，意味着中国不能学习苏联将自己和资本主义世界孤立起来，而应该通过货币改革加入市场经济的大本营——英、美诸国，这就为加入英镑和美元集团提供了思想支持。他批判贸易保护主义，主张中国融入世界经济，意味着中国应与国际全面接轨，国际贸易和国际投资是中国经济建设的重点，维持汇价稳定就成为货币政策最重要的目标。

五、农村工业化论

1944 年，顾翊群主张中国战后应实施农村工业化。马寅初发展乡村小工业的许多论点被顾翊群吸收，如解决农村过剩劳动力、利用农民闲暇、避免都市工业的缺点等。顾翊群农村工业化论的核心在于让整个农村工业化和现代化，使城乡经济均衡发展，并提出了实施农村工业化的具体政策，这些方面均大大发展了马寅初的思想。

太平洋战争爆发后，国民政府估计对日战争胜利不远，开始准备战后经济复员和经济建设，工业化建设方案就成为政府和学界讨论的中心。1943 年 4 月下旬，国民政府邀请专家在重庆召开“工业建设计划会议”，拟定了战后五年建设计划的初稿。在这种背景下，顾翊群于同年 6 月发表《中国战后农村工业化问题》[①]，阐述了他对中国工业化建设的基本看法。他强调中国应特别发展农村小工业，农村与城市应均衡发展，走一条与西方工业集中都市不同的工业化道路。

关于农村工业化的含义，顾翊群指出：(1)促进农民自己从事于副业生产，扩充农村手工业，以增加农民收益；(2)使都市工业分散，建立于农村，使

---

① 顾翊群：《中国战后农村工业化问题》，《大公报》1943 年 6 月 20、21 日。后收入翁文灏、顾翊群：《中国经济建设与农村工业化问题》，社会经济出版社 1944 年版。

农民使用现代技术和工具。这一农村工业化含义，属于周宪文指出的当时农村工业化四种含义之二：(1)在农村建立工业，即工厂田园化；(2)发展工业性质的农家副业，即农业兼营工业。与“农业工业化”以及“工业兼营农业”的农村工业化概念不同①。

顾翊群认为农村工业化的作用有九条：(1)可以减少农村过剩人口；(2)可以利用农村季节性剩余劳力；(3)就近提供原料；(4)减少都市动力负担；(5)避免都市工业地价高、不合卫生、社会问题多等都市病；(6)可促进农业生产；(7)可训练农民，使兵农合一；(8)增加农民收入，有利于工业品的推销；(9)可以节制资本。这几条与马寅初发展农村小工业的论点相似。

既然农村工业化作用如此巨大，为何世界各国均是城市化与工业化相伴而行呢？早在 20 世纪 30 年代中期，吴景超就提出了“发展都市以救济农村”的主张②，指出都市有种种便利，工业化必然和城市化相伴，至于工厂设置在市区、郊区，以及远郊，这要根据各厂的具体情况，但围绕都市的工业化是趋势。顾翊群逐条反驳了反对农村工业化的六种意见。他认为，工业集中都市有多种弊病，中国不一定走欧美同样的道路。都市虽然拥有原料集中、市场接近、资金容易筹集、工人容易招聘等便利，但政府也可将这些便利普及于内地乡村。都市工业化和农村工业化都可接收农村劳动力，但后者使中国农村社会变动更小。农村工业规模小、效率低的弱点，也可以由合作经营等方式克服。

顾翊群还提出了实施农村工业化的具体办法，即政府组织，农民银行贷款，民间力量合作等。他特别指出：“我们建设今后的乡村工业，不限于技术的改良，且需变革组织，以促进农民自营自有自享为原则。故私营方式应逐渐取缔，而以合作组织方式为中心，并由上而下成立联合组织，办理供销业务。但在目前，农民合作组织一时不易普遍发展，不妨暂时采用公营制度作为合作组织之桥梁。”③还提出用保护关税以免受外国工业倾销之影响。这些观点，说明顾翊群期望用政府干预的办法来推进农村工业化，与他在 20 世纪 30 年代提倡自由主义的思想前后矛盾。

顾翊群主张城市和农村均衡发展的农村工业化论，是对杨开道、董时进的以农立国派和吴景超等主张的城市工业化中心派的调和。然而，正如周

---

① 周宪文：《论农村工业化》，《财政评论》第 11 卷第 4 期(1944 年)。

② 吴景超：《第四种国家的出路》，商务印书馆 2008 年版，第 65 页。

③ 翁文灏、顾翊群：《中国经济建设与农村工业化问题》，社会经济出版社 1944 年版，第 43、45 页。

宪文指出的，农村工业化理论忽略了城市化带来的分工细化的巨大利益，农村工业化没有前途①。

顾翊群提出农村工业化理论时仍然强调均衡分析，这与他 20 世纪 30 年代的分析方法一脉相承。早在 1936 年，顾翊群就论述了经济建设应平衡发展："我们开始时，若懂得经济平衡发展的重要，便可将许多不切实际及大而无当的计划取消，因为这许多计划，本身未尝无价值，但实现后，全国经济为不平衡的发展，国内经济复不能为国外经济适应，必定要萃全国经济的资源，来补救几个错误的计划，结果是人民负担之增重。"②

另一方面，20 世纪 40 年代的顾翊群与 20 世纪 30 年代又有明显的不同，他在提出政策主张时，言必称国父和总裁，自由主义再次变为统制经济。作为扶助农村发展的中国农民银行总经理，他提出农村工业化论还有为中国农民银行在工业化过程中争取更大权力之嫌。总之，学者出身的顾翊群在 20 世纪 40 年代更像一个官方代言人。

第十节　章乃器的经济思想

一、货币金融学家章乃器

章乃器(1897～1977)，原名埏，字子伟，浙江青田人。1913 秋考入浙江省立甲种商业学校，1918 年夏毕业，进浙江地方实业银行为练习生。1919 年春，到通县(今北京市通州区)的京兆银行任营业部主任，一年后任襄理兼营业部主任。1920 年直皖战争后失业，经友人介绍到中美实业公司任会计主任，不久辞职。1921 年进浙江地方实业银行上海分行工作。1923 年该行官、商股分家，商股办浙江实业银行，总行设于上海。章乃器先后任总行营业部主任、襄理、副经理等职。1927 年创办《新评论》半月刊，抨击时政，1928 年被国民政府查封。1932 年 3 月参与发起成立金融学术团体中国兴信社，6 月设立中国征信所。1935 年 7 月任中国征信所董事长。从 1934 年起，他还先后被聘为上海立信会计专科学校、上海商学院、光华大学、沪江大学等校教授。1933 年，章乃器开始参加救国会的活动。1936 年夏，因上海市长吴铁城对浙江实业银行总经理李馥荪施加压力，致章辞职。11 月，救国会被取

① 周宪文:《论农村工业化》,《财政评论》第 11 卷第 4 期(1944 年)。

② 顾翊群:《中国现在果需要一个不动的物价水平否?》,《银行周报》第 20 卷第 8 期(1936 年)。

缔，章乃器与沈钧儒、李公朴、邹韬奋、沙千里、王造时、史良七人被捕，时称“七君子”案。1937抗战爆发后获释。1938年2月，受安徽省政府主席李宗仁之邀去该省工作，先任省政府委员兼省动员委员会秘书长，3月任财政厅长。时省政府设在大别山区，先在六安县，后迁立煌县(今金寨县)。他理财有方，采取“铲除贪污，节约浪费”的方针，使安徽的战时财政由大量亏空转为略有节余，每月还补助新四军3万元，并培养了数以千计的财经干部[①]。1939年7月，被国民政府罢免。1940年在重庆与上海银行联合创办上川实业公司，任总经理。1942年退股，另组上川企业公司。在重庆期间，积极参加争取和平、民主运动。抗战胜利后参与发起成立民主建国会。1947年流亡香港，又创设港九地产公司，获利颇丰。1948年末，应邀去沈阳参加新政协的筹备工作。新中国成立后，曾先后任全国政协常委、中央人民政府财政经济委员会委员、粮食部部长、全国工商界联合会副主席、第一届全国人大代表、民主建国会副主席等职。1957年被错划为右派，1980年平反。著作有《章乃器论文选》、《中国货币问题》、《激流集》、《中国金融货币问题》等，除《中国货币问题》外都是论文集，都出版于20世纪30年代。此外，还与钱俊瑞、骆耕漠、狄超白合著《中国货币制度往那里去》，章乃器写其中的第四章《各派币制改革论之介绍及批评》，1935年11月出版后即再版，章加写第五章《新货币制度的分析》。又在《中国的经济恐慌与经济改造》一书中，收有章写的《改造中国经济的正路和歧路》一文。后经其子章立凡编成《章乃器文集》上、下卷，上卷为《学术编》，下卷为《政治杂著编》。其中略有遗漏，如《中国货币问题》一书及有几篇发表过的论文未曾编入。

章乃器文思敏捷，善于作文。救国会的活动，重庆沧白堂、较场口事件中的抗议活动，以及各民主党派在香港的联合活动，所发表的文件大多由他执笔[②]。他在金融、工商企业工作数十年，十分关心现实的经济问题，写下了大量经济论文，以货币、金融为主，兼及农业、工业、对外贸易等。观点比较进步，有些货币观点还符合马克思主义的理论，说明他曾学习过马克思主义的经济学著作。

二、货币本质、职能论

章乃器关于货币本质、职能的著作见《中国货币问题》一书，出版于1937

---

① 《七十自述》，《章乃器文集》下卷，华夏出版社1997年版，第612、613页。

② 《七十自述》，《章乃器文集》下卷，华夏出版社1997年版，第610、613页。

年2月，是杨东蓴主编的《大众文化丛书》之一。此书分《货币的意义和效用》、《中国货币的种类》、《中国货币制度的改革》和《列强对华货币权的争夺》四部分。同本题有关的是前两部分。

《货币的意义和效用》抽象地论述了货币的本质和职能，共七节，各节的要点如下：

1. 货币的发生和它的特质

章乃器肯定“只有金银，才是真正的货币，它是一切商品的等价物，表现一切商品的价值和价格，它可以购买一切商品，因为它同样是社会劳动的产物，具有一定的价值”①。又说：“货币和其他商品一样，它也是社会劳动的产物，是一种商品，它具有真实的劳动价值，所以它能够表现一切商品的价值。在交换和流通过程中，它是一般商品共通的等量形态，一切商品和它比较以后，都表现它们自身的价值，因此它是商品价值中一种共通的最高的形态。”②

2. 货币的价值尺度和价格标志

这是说货币的价值尺度职能及其价格标准。章乃器反对商品的价值由人们的欲望所规定的观点，并指出：“一切商品的价值是由于社会劳动力所产生的……商品价值的真实基础，就是社会劳动。货币——金货或银货，也同样有价值，因为它也是由社会劳动制造出来的。”③他解释价格标志说：“价格标志是表现一定单位的金子的重量……作为价格标志的货币，则可以计算金子自身。”④“价格标志”即“价格标准”，是政府对铸币的法定重量的规定。章乃器的这一解释有一点疏忽，他既然用金货、银货来代表货币，则解释价格标志时，也应该把“银子”列入。

3. 货币的交换作用

章乃器指出：“货币在流通的各种商品中间，作媒婆的工作，而发挥它的流通手段的机能。”⑤将货币执行流通手段职能比作媒婆的作用，是他的创造。他还指出：“一种商品卖却了转换为货币的时候，表现了它的价值及使用价值，以及社会劳动的生产物，假使没有卖却，它的使用价值及价格……都不能表现出来。”⑥所以货币交换的作用是商品生产及经济生活中的一个

---

① 章乃器：《中国货币问题》，大众文化出版社1937年版，第1页。
② 章乃器：《中国货币问题》，大众文化出版社1937年版，第4页。
③ 章乃器：《中国货币问题》，大众文化出版社1937年版，第8页。
④ 章乃器：《中国货币问题》，大众文化出版社1937年版，第9页。
⑤ 章乃器：《中国货币问题》，大众文化出版社1937年版，第11页。
⑥ 章乃器：《中国货币问题》，大众文化出版社1937年版，第12页。

最重要的因素。

4. 货币的流通作用和它的必要数量

关于货币流通的需要量，章乃器将它归纳为以下几条：(1)市面上流通的各种商品价格越高，所要的货币就越多；(2)某一天以信用贩卖的商品越多，所要的货币就越少；(3)限期支付总额越多，所要的货币也越多；(4)货币支付额相抵销的越多，则所要的货币数量就越少；(5)货币流通速度越大，则所要的数量就越少。

5. 货币的支付和储藏作用

货币的支付手段和储藏手段是货币的两个基本职能，章乃器将两者放在一起来谈。支付手段原是指货币单方面的运动，他则将现金交易亦包括在内，认为"不管现金交易也好，信用交易也好，货币本身，总是一种支付手段"①。这就混淆了货币的流通手段和支付手段的职能。关于货币储藏，他举了三种情况：一是人们为了满足他的欲望与奢华，往往用金银做成装饰品，使金银退出流通界，同时大部分现货藏在金库或地下，以备别种用途；二是商人或农民为了购买将来的必需品，或觉得目前的价格过高，必然储藏若干现金以备用；三是纸币的信用不佳，现金价格上涨，现金也会被储藏。

6. 货币的信用

这一节谈纸币的产生及其流通规律。章乃器说，商品经济异常发达的结果是，金银货币不能满足市场的需要，就产生了纸币。纸币本身没有价值，只有在代替金银时才有。假使金银的准备量减少了，不能照纸币票面的数目兑现时，纸币就要跌价，就要发生信用恐慌，甚至完全成为废物。纸币要能够保持它的效用，必须有现金准备。纸币常在流通，因此不需要十足的准备金，只要六成或七成就够了。"所以纸币有无价值，是由现金来决定的，即由社会劳动所产生的真实货币商品而决定的。"②

7. 货币的世界性

在谈世界性以前，章乃器将上面谈到的货币效用，归纳为价值尺度、交换工具、储藏工具、支付工具四种。然后指出：随着商品经济的发展，商品已突破国家成为世界的了，货币也成了世界的货币。"货币走进世界市场里面去，穿着原来的服装是不成的，世界货币市场里面所尊重的不是某一国货币的形式，也不是纸币；而是它的本质——金银的重量。"③只有金银才能在世

---

①　章乃器：《中国货币问题》，大众文化出版社 1937 年版，第 16 页。

②　章乃器：《中国货币问题》，大众文化出版社 1937 年版，第 20 页。

③　章乃器：《中国货币问题》，大众文化出版社 1937 年版，第 21 页。

界商品市场活动。“这儿，所说的世界货币，还是以国家货币为单位，拿各国的金银来比较，用汇兑的方法把它们联系起来。目下，还没有一种特别制定的通用于各国的世界货币，因此货币流通世界时，就要脱下它的外衣，而赤裸裸走入世界市场……所以，世界货币是以金银为基础，各个国家的纸币在世界市场是丧失了作用的。”①

上述章乃器的货币本质、职能论，是采用马克思的货币理论。马克思以“金”来代表货币，章乃器则从中国的实际货币流通情况出发，用“金银”来代表货币。

章乃器所处的时代，货币已开始表现出脱离金银的倾向，这是新的货币流通制度的开始。1936 年还处于萌芽时期，章乃器自然不可能有此预见。所以，他的货币理论还是属于金属本位货币流通时期的理论。不以金银的价值来解释纸币的价值的理论，是纸币流通制度确立以后的事，还需要有较长时间的社会实践，才能得到多数经济学家的承认。

《中国货币的种类》分为“封建性的货币”、“资本主义性的货币”和“列强在华的货币”三节。

“封建性的货币”是指中国“封建残余势力的割据和剥削作用而产生的”②货币，包括各省县政府、省银行、军队、钱庄、典当和商号等机构发行的私票。章乃器说：“比如江西的私票在全国是顶发达的了，九江一市的私票就有十余种之多，其他各省，几乎都有，据统计家的估计，全国私票，大概有一亿五千万元之多吧。”③此外还有中国的“国粹”铜元，它所表现的封建势力的割据性，特别明显。四川各大小军阀都有几架制造铜元的机器，要多少就造多少，尽量增加自己的财富，残酷剥削人民，铜元的种类和数量特别复杂。“所以，从货币方面看来正给流俗经济学家及御用学者们所说的中国已经资本主义化的理论一个当头棒喝。”④

“资本主义性的货币”是指法币和银行纸币及政府发行的银元。在实行法币政策前，享有发钞权的银行有中央、中国、交通、中国实业、中国垦业、四明、中国通商、工农、中南银行九家；实行以后，法币的发行权集中于中央、中国、交通三家银行。章乃器认为：“银行纸币，可以[说]是中国民族资本发展的产物，就性质上说，它是资本主义性的，但是和银行纸币站在同一系列之

---

① 章乃器:《中国货币问题》,大众文化出版社 1937 年版,第 22 页。
② 章乃器:《中国货币问题》,大众文化出版社 1937 年版,第 25 页。
③ 章乃器:《中国货币问题》,大众文化出版社 1937 年版,第 27 页。
④ 章乃器:《中国货币问题》,大众文化出版社 1937 年版,第 28 页。

中的各省银行纸币及银角，却是有地方性的。”①

“列强在华的货币”是外商银行发行的纸币。章乃器指出：“外商银行的发行保证准备金……是中国民众的存款白银，所以帝国主义在华的一切财产，都是从中国人民身上剥夺去的，中国国民经济就是帝国主义在华经济的基础。”②他分析了帝国主义货币在华的势力范围，最后指出：“现在它们不是消极的增发钞票，而是运用它们强大的经济力量，来破坏中国经济，夺取中国的货币权，使中国加速的殖民地化。”③

《中国货币的种类》对货币分类所加定语的性质是不统一的：“列强在华的货币” 只是事实的表述，不涉及货币本质问题，而“封建性的货币”和“资本主义性的货币”，其中的“封建性”、“资本主义性”都是涉及货币阶级属性的用词，以此来定货币的本质在道理上说不通。钱庄是中国的传统金融机构之一，它对近代中国的金融建设和工商业的发展作出了贡献，不能认为钱庄都是封建性的。而且即使钱庄是封建性的，也不等于它所发行的货币是封建性的。对于货币（铸币、纸币）来说，对它的评价标准一是发行是否合法，二是币值是否稳定。它的实际作用就是实行各种货币职能，而不管发行或持有者属于什么阶级。在阶级社会中，货币经济的发展会加剧阶级分化，这对任何货币都一样，不能从中分出不同的阶级性来。章乃器还列举了许多政府、军阀滥发纸币的例子，滥发纸币的行为应当受到批判，但也不能因此而定这种纸币为“封建性的货币”。同样，银行的纸币也不能说是“资本主义性的货币”。总之，不论是谁发行的货币，只要有一定的流通能力，在其流通范围内都是一般等价物。

三、废两改元论

南京国民政府成立以来，在货币制度上的首要目标是实现废两改元，实行银本位制。但拖了几年，一直难以实现。1932 年七八月间，章乃器连续发表两篇文章讨论废两改元问题。

章乃器首先指出：“废两改元问题，在昔尚仅为金融币银问题；而在今日，则已成甚严重之一般社会问题。”④因为在过去数月间，银 1 两的市价从规元 7 钱 2 分跌至 6 钱 9 分以下。靠工薪度日者，受金贵银贱影响以后，又

---

① 章乃器：《中国货币问题》，大众文化出版社 1937 年版，第 31 页。

② 章乃器：《中国货币问题》，大众文化出版社 1937 年版，第 33 页。

③ 章乃器：《中国货币问题》，大众文化出版社 1937 年版，第 35 页。

④ 《旧事重提之废两改元问题》，《章乃器文集》上卷，华夏出版社 1997 年版，第 39 页。

受两贵元贱的影响,收入跌去5%。稳定币价实为当前的急务。

章乃器分析了废两改元的窒碍难行之处,共有四条:(1)担心银元数量不够用;(2)通常银元市价高出含银量实际价值颇多,实行废两改元时两、元的比价难定;(3)历来所拟废两改元的两、元比价多以平均市价为标准,按此标准海关的税收就要减少,故海关表示反对;(4)造币权未集中,难以保证银元重量、成色的准确性。他指出,现在这四条困难都得到了圆满的解决,已是实行废两改元的最好时机:(1)上海银元存数已达2.2亿多元,为空前未有,而且中央造币厂已建成,每天能造银元40万元,可以源源供给;(2)银元市价低落至含银量实值以下,便于确定对银两的换算率;(3)以目前银元市价加铸费为标准,每银元1元合规元7钱左右,按此比价折合关平银计算,海关税收并不减少(他估计关税以银元支付的部分可增收3%);(4)中央造币厂组织完竣,造币权绝对有集中可能,统一成色重量更不成问题。

实行废两改元,是否与甘末尔的实行金本位制的建议①冲突?对此,章乃器作出了以下回答:第一,甘末尔的建议提出后,至今已超过两年,世界货币制度已经起了空前的变化。由于黄金分配不均,原来的金本位国相率放弃金本位。"此举足证金本位已为一种不适宜之币制。将来世界之币制究将取何途径,尚须俟将来国际间形势之推移而定。"②甘末尔的计划已失去时代性。第二,黄金集中美、法的趋势继续增长,中国贸易入超数更加巨大,这证明中国已无实行金本位的可能性。第三,币制混乱为国内不统一、社会不安宁、工商不发达的主要元素,岂能再任其拖延二年之久?第四,甘末尔计划主张直接方法而反对间接方法,是因为如先行废两改元,会增加社会纷扰,增加国库损失。而目前废两改元已达水到渠成的时候,社会不会感到纷扰,国库反能增加收入,将来即使采行金本位,目前的废两改元亦有百利而无一害。

章乃器还提出了实行废两改元的一些具体办法。如由财政部以部令先在上海实行,确认现行之银元为唯一法偿货币,规定原有规元债权债务的换算率。同时组织币制委员会,草拟《货币法》及施行程序,提交立法院通过。"其所以主张首先在上海施行者,则以上海规元,为国内银两之中坚,且为各种银两换算之标准。上海规元一旦废止,则一切银两,自均失其凭依而同归消灭也。"③对于银两和银元的比价,章乃器主张规元7钱合银元1元。公认

---

① 甘末尔建议见本书第2页。

② 《旧事重提之废两改元问题》,《章乃器文集》上卷,华夏出版社1997年版,第41页。

③ 《旧事重提之废两改元问题》,《章乃器文集》上卷,华夏出版社1997年版,第42页。

规元1两等于33.599克,7钱为23.5193克。中央造币厂铸造新银元,假定铸造费为1%,则每元所含纯银为23.284107克。

废两改元对钱庄不利,因此发表一些反对废两改元的言论。针对这种情况,章乃器又发表《废两改元的最后争扎》一文,对"最后挣扎"进行了批评。如一种言论说废两改元须先整理硬币。章乃器批评说:"试问银两不废,硬币何由统一……废除银两与统一银元重量成色,同为整理硬币计划之重要部分;为可以并行不悖互为表里之两种手段,而且为必须同时实行之两种手段。不废除银两而徒曰统一银圆重量成色,则在整个货币计划上,将成为避重就轻,舍本逐末,察秋毫而不见舆薪。"①又有主张实行银两本位的,章乃器批评说:"抑所谓银两本位云者,纯为不顾事实不明货币学意义之谈。以数量言,全国之银元数达二十万万元,而银两数则不过一万一千万两。即以上海一埠而言,依查仓单所载银元达二万二千数百万元,而银两不过七千数百万两。敢问如废元改两,将何以供流通? 其次,则所谓银两者,原为不具现代货币条件不适于流通之物……而谓可定为本位;则吾人何不作进一步之复古而主张恢复贝壳兽皮之货币资格?"②"以身居经济界重要地位之金融领袖分子,乃有此不顾大局不知责任不辨是非之言论,可为痛哭。"③

到次年3月3日,立法院通过了《银本位币铸造条例》。3月10日先在上海实行,4月6日推行于全国。《银本位币铸造条例》规定的铸造费为2.25%,超过章乃器设计的一倍多;而每元含纯银23.493448克,比章乃器设计的23.284107克略高。但如考虑两者铸造费的不同,则实际情况恰恰相反。银本位币的铸造费比章乃器主张的铸造费多收了1.25%,按银本位币含纯银量计算,为0.2936681克。将这数字从银本位币的含银量中扣除,则银本位币实际含纯银量为23.1997799克,比章乃器设计的银元的含纯银量要低0.0843271克。也就是说,铸造银本位币比铸造章乃器设计的银元,可以获得更高的铸利。

废两改元实现后,章乃器对它作了很高的评价,称它是"空前的创举,这不但使币制统一起来,而且对于金融的整理,贸易的便利,尽了极大的推进作用";同时他也指出,废两改元"并没有把中国币制改变为极其完善的东西,它只是对封建货币势力给了一个迎头痛击,对帝国主义经济势力,作了

① 《废两改元之最后挣扎》,《章乃器文集》上卷,华夏出版社1997年版,第48、49页。
② 《废两改元之最后挣扎》,《章乃器文集》上卷,华夏出版社1997年版,第49、50页。
③ 《废两改元之最后挣扎》,《章乃器文集》上卷,华夏出版社1997年版,第50页。

一番解放的挣扎，然而币制改革，还要依事实需要而逐渐执行”①。

四、国际货币战争和中国币制改革论

（一）货币战争和货币集团

“货币战争”的名称，1935年章乃器指出“是从一九三一年世界上许多国家停止金本位以后才产生的”②。

国际金本位在第一次世界大战中已被摧毁过一次，元气始终未复，少数国家（西班牙、土耳其、哥斯达黎加）一直未恢复金本位。1929年末又有阿根廷、巴西、澳大利亚、乌拉圭放弃金本位。1931年英国、日本等18国，1832年葡萄牙等6国，1933年美国等2国又相继放弃金本位。1935年还有比利时放弃金本位。只有法国没有放弃金本位，而采取贴现率操纵政策。

1935年，章乃器分析了各主要资本主义国家的金融恐慌。他指出，资本主义发展到现阶段金融资本时代，达到了它的最高峰。信用制度是现代金融资本的骨干。自信用制度产生，便有了大量的纸币，“在目下不兑现的管理货币制度之下，货币数量的增加更是没有限制”③。信用制度的发展，产生了产业证券——股票和公司债，生产者能在资本积蓄未完成的时候取得新资本，使商品的生产力发展到最高度，金融资本独占了各部门的产业资本。信用无政府的膨胀造成无政府的商品生产，导致恐慌的爆发。各国都用货币金融政策解决危机。“自从世界各国相继放弃金本位后，各国相率以货币战争为贸易战争的一种手段——利用本国币价的低廉，使本国商品在海外市场价格低廉，易于倾销。”④停止金本位，就各国货币本身而言，是财政上或经济上的困难到了无法解救的阶段的结果；就国际关系而言，金本位是一种国际货币本位，放弃了国际货币本位而采取国家的、政治的货币本位，是国家主义突破了国际主义的表征。

对于货币战争的含义，1935年章乃器解释说：“货币战争底方式，也是花样百出，而成为一种不易了解的高深战术。到目下为止，我们可以知道的，已经有放弃金本位、减低货币成色、收买黄金、收买白银以及收买别国货币等许多种方式。而货币战争底目的，也已经由单纯的市场争夺发展到货币

① 章乃器：《中国货币问题》，大众文化出版社1937年版，第38页。

② 《国际货币战争的剖视》，《章乃器文集》上卷，华夏出版社1997年版，第187页。

③ 《各国金融恐慌与货币战争》，《章乃器文集》上卷，华夏出版社1997年版，第159页。

④ 《各国金融恐慌与货币战争》，《章乃器文集》上卷，华夏出版社1997年版，第170页。

权底争夺，而造成国际货币集团对立的尖锐化。”①他还说货币战争要运用辩证法，并举了一些例子，如其中之一是：“比方，贵金属币材的集中和控制，是货币战争中一种很重要的策略；然而，这种策略的运用，在超过某种限度时，受压迫的国家便会放弃了金属本位，采取非金属本位——法币，而根本消灭了这种策略的效用。”②这些例子说明是非是会转化的，一种成功的货币战争策略，应用到一定程度也可能走向预期的反面。

章乃器又指出：“在货币战争的过程中，货币的集团化是必然的，这正和军事战争时期中，‘同盟国’和‘协约国’运动的开展一样。”③他根据美国商务部国外贸易主任穆纪生(O. T. Murchison)的报告，参考近时的变化，提出三个货币集团及其成员国为：(1)英镑集团，由英国和英属国及自治领(不包括加拿大)、葡萄牙、瑞典、挪威、丹麦、芬兰、比利时组成。(2)美元集团，由美国、墨西哥、巴拿马、哥伦比亚、委内瑞拉及西印度非欧属各国组成(加拿大介于英镑、美元两集团之间，以后者成分较多)。(3)金集团(或称“法郎集团”)，由法国、荷兰、瑞士、波兰组成，比利时和意大利原属金集团，比利时已停止金本位，意大利的金本位已名存实亡(金集团国家于 1936 年放弃金本位)。

1935 年章乃器分析法、英、日、德、美五国的主要金融情况为：

法国是列强中货币金融政策最保守的国家。“它不单是在货币方面仍然保守着金本位，在金融方面也仍然保守着贴现率操纵政策。”④

英国在 1931 年 9 月放弃金本位以后，它的国际清算所的地位低落了许多，目前只能算是英镑集团间的清算所。伦敦金融市场舍弃了国际化的形态，步入了集团化的领域。总的来说，已进入了长期萧条的局面。

日本在 1931 年 12 月放弃金本位以后，物价上涨。一方面财政收支不能平衡，另一方面产业证券积极增加。表面上看恢复经济繁荣，实际上含有备战的意义。

德国对外维持金本位，国内流通纸币，限制输入，停付国际债务。纸币马克在国内自由流通，但不准汇至国外，出国的人把纸币换成外币，要吃亏百分之四五十。产业证券发行额低落。

美国在 1934 年 4 月放弃金本位。1934 年 1 月将货币含金量减低

---

① 《由国际货币战争说到“上海金镑”》，《章乃器文集》上卷，华夏出版社 1997 年版，第 332 页。

② 《列强对华货币战争的现势》，《章乃器文集》上卷，华夏出版社 1997 年版，第 336 页。

③ 《国际货币战争的剖视》，《章乃器文集》上卷，华夏出版社 1997 年版，第 196 页。

④ 《各国金融恐慌与货币战争》，《章乃器文集》上卷，华夏出版社 1997 年版，第 161 页。

40.94%,恢复国际间的金本位,国内只流通纸币。1934 年 6 月实行《购银法》。"它是向'金银复本位'的途径上开展着。"[①]美国的经济也逗留在长期萧条的局面,前途的可虑与英国不相上下,而财政状况的恶劣更为严重。

(二)中国的币制改革

美国的购银政策造成中国的白银外流,引发中国的金融危机。于是中国进入了限制白银外流和考虑币制改革的时期。

章乃器指出,货币问题是中国的一个重要问题,但不是中国唯一重要的问题。"在货币问题上,钻牛角尖的人们,往往也逃不出流俗经济学家的领域。他们不但是只见树木,不见森林,只见涓滴,不见江河,而且还要认树木大于森林,涓滴大于江河。本来,我们也不能抹煞货币在现社会中的重要性,然而决不能认为货币问题的解决,就是整个社会问题的解决。"[②]所谓整个社会问题,就是生产力和生产关系的矛盾,私有财产制不可能再容纳目下的伟大生产力。"中国民族革命现阶段的任务,对外是阻抑帝国主义的侵略,对内是解决土地问题和实行重要产业的国营。"[③]

就货币而言,章乃器先择要介绍了已成过去而仍然引人注意的币制主张,有徐青甫的"虚粮本位"、刘冕执的"能力本位制"、阎锡山的"物产证券"、褚辅成的"货币革命论"等[④]。目前最盛行的币制主张则要算"管理货币",而派别十分纷歧:有人主张以生活指数为标准稳定货币价值;有人主张以物价指数为标准稳定货币价值;有人主张采用英镑本位;有人主张维持银本位,但取消自由铸造,以操纵货币价值。他们的共同着眼点是货币的购买力问题,而他们主张的手段,大多以货币数量说为根据。不过,目前的货币专家,往往偏重货币的供需关系,而忽略了商品的供需关系。此外,还有人主张采用以海关金单位为本位,以金单位作为一种计算本位,兑现时按金单位的金量付给金条或外币。也有人主张减低银币成色,改以银条兑现,兑现只限于 1 000 元以上的大数,这就成为银块本位了。

对于以上的种种币制主张,章乃器归纳说:"中国目下种种式式的币制改革论,都逃不出是通货膨胀论。粮食本位、能力本位和物品本位三者,着眼于农村金融;他们的共同目标,是使人民在产品或者劳力尚未卖出之前,

---

① 《各国金融恐慌与货币战争》,《章乃器文集》上卷,华夏出版社 1997 年版,第 166 页。

② 《各派币制改革论之介绍及批评》,《章乃器文集》上卷,华夏出版社 1997 年版,第 229 页。

③ 《各派币制改革论之介绍及批评》,《章乃器文集》上卷,华夏出版社 1997 年版,第 231 页。

④ 这些货币主张在叶世昌等著的《中国货币理论史》(厦门大学出版社 2003 年版)中都有较详细的评述,可参考。

就能取得货币，使金融不至枯竭。其他各种币制改革主张，主要的是着眼于都市物价之跌落以及政府财政之困难；他们的共同目标，是抑低币价，抬高物价，刺激人民的购买，同时使政府能以改革币制的余利，渡过目下的财政难关，将来更可利用低廉的资金市场，减轻债务上利息的负担，而且以便于发行新债。”[①]他指出，通货膨胀如果只增加人民的消费力而不是人民的生产力，那是十分危险的。他反对高估货币的作用，但也肯定货币改革对减低币价、提高物价、平衡进出口贸易有一定的作用，不过这些作用都是一时的。“倘使没有一个强有力的国策做中坚，把中国民族由侵略和剥削中间解放出来；那末，这一注强心针的作用，便成为‘苟延残喘’的结果。”[②]

章乃器又提出了五个中国币制改革的主要条件：(1)和外币的联系要有自主权。如果加入美元或英镑集团，就会使货币殖民地化。(2)海外准备金的存放不能用条约规定。如果条约规定准备金要存放伦敦，我们的币价就脱离不了英镑的支配。当此第二次世界大战一触即发之际，尤其不可有任何条约的束缚。(3)汇兑政策的操纵机关保持独立性。(4)我们并不反对外人投资，也不能盲目地无条件欢迎外人投资，不能使外资有喧宾夺主之势。(5)迅速建立票据市场和产业证券市场，否则膨胀通货“徒为租界地产及公债投机‘推波助澜’，甚至为在华外商产业‘锦上添花’之用……而民族前途，已陷于‘形势日非’之境”[③]。

对于具体的币制主张，1935 年币改前章乃器曾提出两种方案。在 7 月 1 日发表的文章中，他说：“我个人的意见，认为比较可行的方法，恐怕还是以海关金单位为标准，在改用金本位制的掩护之下，减低币值……在任何的管理本位之下，硬币的行使是要禁止的。倘使我们以海关金单位为标准改革币值，纸币的最后兑付，自然也是外币汇票；它和虚金本位不同的，只是并不指定以一定比率兑给某一国的货币罢了。”[④]在 9 月 10 日发表的文章中，他说：“倘使不改用虚金本位，而用自己的管理货币，我们就只好用纸币做流通工具，用白银做准备，而把每一元纸币所能兑取的白银，打了一个折扣。”[⑤]

1935 年 11 月 4 日开始实行新货币（法币）制度，章乃器很快对它作了评论。最初的评论是重申自己的一贯金融政策主张，主要观点为：(1)“货币问

---

① 《各派币制改革论之介绍及批评》，《章乃器文集》上卷，华夏出版社 1997 年版，第 229、230 页。

② 《各派币制改革论之介绍及批评》，《章乃器文集》上卷，华夏出版社 1997 年版，第 232 页。

③ 《各派币制改革论之介绍及批评》，《章乃器文集》上卷，华夏出版社 1997 年版，第 233 页。

④ 《金融恐慌中金融制度的演变》，《章乃器文集》上卷，华夏出版社 1997 年版，第 410 页。

⑤ 《中国货币的前途》，《章乃器文集》上卷，华夏出版社 1997 年版，第 372 页。

题是中国的一个重要问题，然而决不是中国的基本问题。中国的基本问题，是民族解放问题。"[①]一部分学者的"货币第一主义"和"货币中心主义"是十分错误的。(2)我们目前要解决货币问题，如果向着货币统一和货币权独立的方向努力，对于民族解放是有相当意义的。假如使我们的货币进一步地依赖别人，甚至做了别人货币政策的俘虏，那是万万要不得的。(3)改革币制还得顾虑到半殖民地国家的不完整的国权。像统制货币、统制汇兑、统制金融，以至整个统制经济，是不容易谈的。内部政权的割据，也要使一切统制不能收效。(4)改革币制万不能投入任何货币集团，投入英镑集团必使美、日不满，投入其他货币集团亦然。(5)改革币制以后，也不能希冀得到别国币制改革所能得到的利益。(6)中国膨胀通货，如欲使工商业能受其利益，必须先把短期资金市场(票据承兑和贴现)和长期资金市场(证券市场)健全起来。否则通货膨胀就会引起公债和地产投机的高潮，造成危害国民经济的虚伪繁荣。

以后，章乃器还多次论及中国的币制问题，前已提及的《中国货币问题》一书中的第三和第四部分是其概括性的表述。章乃器指出，美国实行白银政策，向海外收买白银。"中国的投机家，特别是在华外商银行，纷纷运出大量白银……使上海的存银，由六亿元，不数月间，突然减至三亿二千余万元……一九三五年春弥漫在全国的大金融恐慌就爆发了。"[②]实际上这次金融危机开始于1934年，章乃器在另文中也说过："一九三四年八月九日以后美国对于世界白银底收买，到年终为止，使上海丧失了几及半数的存银。信用收缩底结果，使上海底地产、证券和商品都跌价；许多工商业家宣告破产，或濒于破产。这两次金融恐慌底特质，是它们底造因都包含着外来的政治势力。"[③]1934至1935年的金融危机使帝国主义趁中国币制动摇的机会，加紧夺取中国货币权。"英帝国主义的经济侵华使者李滋罗斯，便是帮助中国改革币制，使华币加入英镑集团的策划者"[④]。实行新币制，实际上是为了解决财政恐慌。"无疑的是有限制的通货膨胀，是正式通货膨胀的开端。"[⑤]

---

① 《币制改革后金融政策之重估》,《章乃器文集》上卷，华夏出版社1997年版，第382页。

② 章乃器:《中国货币问题》，大众文化社1937年版，第39页。

③ 《金融恐慌与币制危机》,《章乃器文集》上卷，华夏出版社1997年版，第359页。此文写于1934年12月。其中所说的两次金融恐慌，第一次指1932年"一二八"事变后的金融恐慌。

④ 章乃器:《中国货币问题》，大众文化社1937年版，第41页。

⑤ 章乃器:《中国货币问题》，大众文化社1937年版，第43页。

章乃器称法币为“外汇本位”①。他指出它至少有以下几种特征：(1)把华币和外币结成一定的比率，依靠和外币的联系，以及向外国售出大量白银作外汇的保证。(2)向外国借款，对英借款因日本反对而未成，最近华币和美元也联系起来，向美国借款有现实的可能。(3)中国货币权已是英镑和美元的附庸，成为殖民地性的货币。(4)中国货币价值以英镑和美元为计算标准，美元和英镑成了中国货币的价值尺度，中国货币的自主性完全丧失。第(4)条的提法不够准确，法币的对外价值虽以美元、英镑计算，而法币的对内价值则主要在国内流通中形成，由国内的因素决定，美元、英镑决定不了法币的对内价值。

(三)对中国货币权的争夺

章乃器分析了英、美、日三国对中国货币权的争夺：美国实行白银政策，主要目的是扰乱中国市场，使日益膨胀的英、日势力遭受重大损失，以便美国贸易及货币的侵入有长驱直入的机会。但英国马上给美元以出乎意料的打击，帮助中国改革币制，使华币走到英镑怀里。1935 年底，美国停止在伦敦购银，破坏英镑对华币的控制。于是银价跌落，英镑和华币的联系有动摇之象。中国经济考察团的赴美，完全是为了稳定中美币值和向美国借款。中美贸易庞大，经济关系密切，中国需要向美国借款，是促成华币和美元接近的一个重要条件。“幸而当时中美成立了谅解，中国售银于美，因此，美国才没有继续贬低银价，使中英汇兑得以维持下去。”② 1936 年 5 月中美成立白银协定。“这协定成立以后，中国货币权，就受美元的控制，换句话说，华币现已正式加入美金集团了。”③中国的货币权，实际上已经丧失。

日本看见华币加入英镑集团以后，运用所有的方法来破坏中国经济。具体方法有三种：(1)用偷运方法使中国存银减少，危害民众的经济生活。“综合各地的情形看来，被日人偷运出口的现银，不下二万万元，据美国上院白银派领袖毕德门氏的估计，则超过此数一倍以上。”④(2)用发行日钞的方法，代替法币流通，破坏中国主权。日本在上海发行的钞票已达 200 万元。

---

① “外汇本位”由金汇兑本位脱胎而来。因金汇兑本位具有单一性，故亦可简称为“汇兑本位”。如凯恩斯在 1930 年出版的《货币论》中说：“几年以前，我曾在《印度的通货与财政》(1913 年版)一书中详细地讨论了汇兑本位的问题”(何瑞英译：《货币论》上卷，商务印书馆 1986 年版，第 18 页)。这里的“汇兑本位”即金汇兑本位。20 世纪 30 年代，英、美等国已放弃金本位，因此有些学者称以外汇保证本国纸币价值的货币制度为“汇兑本位”。

② 章乃器：《中国货币问题》，大众文化社 1937 年版，第 55 页。

③ 章乃器：《中国货币问题》，大众文化社 1937 年版，第 57 页。

④ 章乃器：《中国货币问题》，大众文化社 1937 年版，第 62、63 页。

华北已成为日币的独占地带。(3)用法币兑现的办法提出现银，使法币的保证准备金数目降低。日本人用法币兑换现洋偷运出口的事不断发现，并且在乡村高价收买现银。日本还一面破坏中国，“一面树立它自己或御用的经济势力和政权，澈(彻)底支配中国，役化中国民众的经济生活”①。

针对日本加紧侵略中国的形势，章乃器指出：货币权争夺战不过是武力瓜分中国的前哨战，实际的瓜分或独占，是要靠武力来解决的。“总而言之，建立自主的货币权，首先要争取民族解放，摧毁帝国主义在华的统治，建立一个真正自主的国家。”②

五、金融制度建设论

中国的金融中心上海，云集了外商银行、华商银行、钱庄这三大金融势力下的众多金融机构。钱庄历史悠久，有些制度为银行所沿用，但银行更重视制度创新。章乃器在参加制度创新实践的同时还积极提出自己的主张，并作出理论性分析。主要有以下几个方面：

(一)中国征信所

1932年3月，中国银行张禹久和祝仰辰与上海银行资耀华共同邀请新华银行孙瑞璜、浙江兴业银行方培寿和章乃器等人，筹划设立一种信用调查的机构。经过几度磋商，先成立一个学术团体中国兴信社。“它的目标，是在研究信用调查的方法，促进信用调查的技术，交换信用调查的资料。”③6月设立信用调查服务机构中国征信所。这种性质的机构上海原来已有5家：上海兴信所，帝国兴信所，东京兴信所(“一二八”事变后停办)，商务征信所，中国商务信托总局。前3家是日商办的，后2家是美商办的。中国征信所是华商创办的同类机构的第一家。开办以后，四个月内基本会员由12家增加到18家；普通会员29家，其中有洋商22家。

中国征信所成立四个月后，章乃器著文介绍该社的成立经过及业务方针和工作规律等。

关于业务方针，章乃器指出中国征信所的方针是根据“一切的事业要从积极的方面找出路”的原则④。他说中国人事业观念的最大错误就是把大部分精神用在消极的节流工作方面，而把积极的发展事业放在脑后。中国征

① 章乃器：《中国货币问题》，大众文化社1937年版，第64页。
② 章乃器：《中国货币问题》，大众文化社1937年版，第68页。
③ 《四个月间中国征信所》，《章乃器文集》上卷，华夏出版社1997年版，第57页。
④ 《四个月间中国征信社》，《章乃器文集》上卷，华夏出版社1997年版，第62页。

信所在过去的四个月完全在积极的猛进过程中间：经费不敷，积极筹措；职员不敷，积极雇用；一切业务，积极进行。在金融界的诸先进的不断指导和赞助下，对于经费的筹措得到了圆满的结果。

关于工作规律，章乃器介绍中国征信社的规条有三："（甲）审慎以求'真'，（乙）详尽明晰以求'美'，（丙）忠实公正以求'善'。"[①]"真"就是正确。调查后还要复查，调查的人不知委查者是谁，复查的人也不知调查者是谁。这样，调查和复查的人都能以客观的态度充分写出所得到的资料和意见。再由熟悉该业的人员严加复审，然后将经过三重手续的资料整理成报告书。"美"即详尽明晰。报告书多叙事实，少下批评。对于事实，无关宏旨的微言细行、片鳞只爪的数字记录都尽量容纳，批评最好让别人来下。在报告的整理和编排上则要做到明晰。"善"即要有光明磊落、忠实公正的态度。在用人上，必须摈弃染有习气的人物，在所内工作的都是勤奋努力、清白自好的人。再有严密的组织去维持他们的工作兴趣和信仰，"善"的获得是不成问题的。

关于社会观感，章乃器指出中国征信所已经获得了社会的信任。许多工商业者想加入做会员，要求先替他们调查两家顾客的情况，等到看到调查报告书后，就立刻加入了。尤其有几家洋商银行和洋行十分赞美征信所调查的精密，想不到初开办的征信所能有这样的出品。同时也有许多人对征信所的作用有误解，以为征信所是介绍放款投资的机关。对此章乃器表示："征信所的调查报告，的确可能一面使金融界得到稳妥放资途径，而一面使需要资金的工商业者得到适宜限度的资金的通融。然而，这是征信所的工作自然的结果，而不是征信所工作的直接的目标。这是间接的、不期然而然的效能，而不是一种业务。"[②]还有一部分人以为不应该把中国工商业家的内容"和盘托出"地告诉给洋商会员，章乃器认为这更是错误得不可思议，一个正当的营业机关，决不拒绝把组织的内容告人（一部分不肯出面的股东，是法律上的隐名合伙人是应当秘密的）。"在贸易上不使对方彻底了解我们的内容，条件上一定要非分的吃亏……征信所的报告也许要告诉别人若干内容不良的工商业者，然而同时告诉别人许多内容优良的工商业家。这样，我们把这大堆的'统货'按等级整理清楚了，总价格自然马上要抬高。"[③]

最后，章乃器感慨地发挥说："中国目下的大患，就是大家对于技术的疏

---

① 《四个月间中国征信社》，《章乃器文集》上卷，华夏出版社 1997 年版，第 63 页。

② 《四个月间中国征信社》，《章乃器文集》上卷，华夏出版社 1997 年版，第 64 页。

③ 《四个月间中国征信社》，《章乃器文集》上卷，华夏出版社 1997 年版，第 64、65 页。

懈；而社会的不安定，一面往往不能维持一种技术机关的存在，一面又要使人民没有恒心去做抱残守缺的技术上的钻研。所以到了今日，社会上尽多万能之人，而没有专能真能之人，说中国没有灭亡吗？技术上早就已经是无国之人！”①他说关于国内经济的调查，经常出版而有参考价值的只有一份外国人主编的《海关报告》。中国人没有出版过连续二期以上的《中国年鉴》，而英国人胡德海所编的英文《中国年鉴》却继续出版了 10 年以上。中国征信社的设立，既表示中国人对技术需要有了觉悟，而且表示中国人的技术工作能力并不亚于任何外国人。他希望中国征信所的发展能引起中国一切技术机关的发展，使中国人能改变旧习而趋向到科学的手段。中国征信所在抗战时期结束。

（二）金融市场

1933 年章乃器说：“所谓金融市场本来包括了两个抽象的市场，就是（一）银钱市场（Money Market）和（二）资本市场（Capital Market）。银钱市场的效用，在供给一种活动的资金；它的主要的方法，就是票据的贴现。资本市场的效用，在供给一种产业的资本；它的主要的方法，是股票和公司债的投资。”②

关于银钱市场，章乃器指出，中国目前还只有放账和押款，票据贴现真难遇见，这还不是现代的银钱市场。他说：他在三年前在《银行周报》曾发文，请本埠各同业公会取消送货回单，改用本票或汇票支付货款，把死债务变成流通的票据。到现在似乎还未有人实行，以致要贴现而无票可贴。他希望银行界负起责任来做一下。

三年前即 1930 年，章乃器发表文章提出了巧妙应用信用制度的办法：卖方在卖出货物时可即时取到现金，买方则可在数月后支付货款，由金融业者调剂于买卖双方之间。先以现金供给卖方，收取若干利息，承受卖方的债权，三方可以各得其利。债权变为流通的票据，票据可以贴现。他说：“在世界进步市场中，贴现已成金融业放资方面之最重要业务。而流通票据，则已成为现代金融制度之枢纽。一般所谓信用云者，殆可谓流通票据之作用而已耳。”“总之，票据之在今日，已成为现金之代用品，而现代货币学者，果亦认票据为通货之一部分也。”③

1935 年，为应对金融危机，章乃器提出了“信用统制”的主张。他说，外

---

① 《四个月间中国征信社》，《章乃器文集》上卷，华夏出版社 1997 年版，第 65 页。

② 《承受业务与信托事业之前途》，《章乃器文集》上卷，华夏出版社 1997 年版，第 70 页。

③ 《信用制度革新论》，《银行周报》第 14 卷第 41 号。

商银行的资金运用，只能使外货由外国运到通商口岸，做的是进出口押汇业务；而洋行买办、都市的批发商和零买商，以至内地的批发商和零卖商，资金通融都依赖华商银行和钱庄。倘若我们能把这种资金通融加以统制，便可以使到了口岸的外货，无由运入内地。信用统制的具体方法为：(1)金融业对于押款和押汇的抵押品定一限制，使不需要的洋货不能得到抵押的通融。(2)工商业向金融业支用信用借款时，金融业可以调查进货内容，甚至在订定借款契约时，就加入“借款人进货，须商得银行同意”的条文。(3)对于某种营业，绝对不与通融。将来在票据贴现制度确立时，还得保持这种办法的一部或全部。“倘使我们能够把信用放款改为票据贴现，那末，在金融业自身，因贴现而取得的票据，可以用再贴现方法取得资金的补充——票面债权自身就是能流通的，和不能流通的帐面债权绝对不同。再因为可以在票面侦知借款人——贴现人——底营业情形，心理上不容易因怀疑而起了恐慌。而票据贴现，所用的往往是汇票，除了贴现人以外，至少还有承兑人可以负责，更可以比较的放心。这样，就可以把恐慌原因灭除了一部分。”①

关于资本市场，1933 年章乃器说：中国的资本市场连雏形都还没有具备。资本市场分为证券市场和公司债市场。“我们虽然有了一个证券市场，然而这个金融市场所买卖的，只有国债。股票的买卖，只有在信交风潮时代，开了许多虚伪的而且凌空的股票行市；以后差不多就不大容易看见了。公司债事实上更是没有上过市场。一个没有股票和公司债的买卖的市场，不能算是资本市场。因为只有股票和公司债的投资才能把金钱输到生产资本上去。”②次年他又指出：“目下活跃在中国人自己的证券市场里面的，只有‘财政的发行’——公债和库券。所以说，中国只有自己的‘财政市场’。”③

中国没有自己的资本市场，却有外商的资本市场，代表机关为上海众业公所。在该所开行市的有 150 余种外国工商业股票和公司债，其中有些产业远在南洋群岛，据 1933 年 12 月 31 日统计，购买股票和公司债的中国人占 69%。针对这种情况，章乃器指出：“购买产业远在南洋群岛的橡皮种植公

---

① 《当前的金融问题》，《章乃器文集》上卷，华夏出版社 1997 年版，第 406 页。

② 《承受业务与信托事业之前途》，《章乃器文集》上卷，华夏出版社 1997 年版，第 70、71 页。中国的股票买卖在清同治年间的上海就已产生。光绪、宣统年间已有华商经营的买卖本国公司股票的机构，先后有上海平准公司、股票交通公司等。民国年间，1914 年成立上海股票商业公会，买卖股票。1918 年北京成立北京证券交易所。1920 年上海股票商业公会改组为上海华商证券交易所，又有上海证券物品交易所成立。1921 年上海各种交易所纷纷成立，爆发了信交风潮，交易所大量倒闭。上海华商证券交易所、上海证券物品交易所仍存在，但证券业务以公债买卖为主。1933 年，上海证券物品交易所的证券业务并入上海华商证券交易所。后者因抗日战争爆发而停业。

③ 《经济统制与银行》，《章乃器文集》上卷，华夏出版社 1997 年版，第 397 页。

司的股票，是资本的飞走；而购买外人在华工商业的股票，更是资助外国资本向中国作经济侵略——表面上资本并没有飞走，而实际上较资本的飞走影响更为严重。"①

章乃器又举欧美的证券市场作为比较："我们倘使把欧美的证券市场来分析一下，就会见到他们所做的买卖，主要的算是股票和公司债，国债的买卖反而比较的很几微。这样的一个证券市场，才配算为资本市场。在上海倒是洋商经营的众业公所，专门在那里做在华外国公司的股票和公司债的买卖。这也可见中国目下的生产事业，大权还在外国人的手里；也可以说外国人会想法子把中国人的金钱输到他们的产业上去，而中国人却一点都不曾注意到把国人的金钱运用生产事业上去。"②

章乃器认为建设资本市场，信托业的责任比银行业还重。他指出，要建设一个资本市场，还必须有一个健全的承受业务。他主张信托业和银行业合作，共同担任这个繁重的工作。所谓承受业务，就是股票和公司债的发行，要先由金融业承受下来，再逐渐通过证券市场分散到社会中去。这样做的意义，从产业一方面讲，是把股票和公司债的发行开了一条康庄大道；从社会一方面讲，指导人民的投资是金融界的责任。他说："倘使我们有组织严密的承受机关，就不至有过去的橡皮股票风潮和信交风潮。金融业对于股票和公司债的承受，自然要经过严密的审查。所以，不可靠的股票和公司债，自然就不会有人承受……自然也就没有人敢于投资。所以，金融业的承受和不承受，无形中就给一般人以一个指针。"③要实行承受业务，必须判断发行股票或公司债的公司的事业前途，组织、设备和营业的情况，公司董事和高级职员是否有作为等。承受以后，还要派人管理被承受公司的账目和财产，派人参加公司的董事会。这样一笔投资，比通常的放款还要稳妥。当然也要考虑自己的实力，不要承受过大的数额。至于承受业务的利益，则是将股票或公司债适当加价出售，可能还有被承受者给予的手续费。章乃器认为："金融业在这个时候，倘使能够放大眼光，大规模地举办承受业务，建设起来一个有力量的资本市场，供给生产事业以需要的资金，那才真算是把

① 《经济统制与银行》，《章乃器文集》上卷，华夏出版社 1997 年版，第 398 页。

② 《承受业务与信托事业之前途》，《章乃器文集》上卷，华夏出版社 1997 年版，第 71 页。

③ 《承受业务与信托事业之前途》，《章乃器文集》上卷，华夏出版社 1997 年版，第 72 页。橡皮即橡胶。橡皮风潮发生于宣统二年(1910 年)六月。此前伦敦橡胶价格上涨，刺激了橡胶公司的产生。上海也成立了多家，发行股票，人们趋之若鹜，股价狂涨。六月橡皮股票大跌，资金链断裂，形成风潮，时称"橡皮风潮"。

握着发展产业的枢纽。”①以上他所说的金融业，包括信托业和银行业，而不包括钱庄。

六、中国农村经济论

章乃器很注意中国农村的经济问题。1932 年发表《发展农业金融以巩固经济基础刍议》，提出了发展中国农业金融的设想。他指出，中国近年水旱频仍，农业歉收，丝茶出口失败，农村经济早呈崩溃之象。加上内乱迭起，内地游资纷纷输送口岸，农村金融枯竭更逾往常。现金集中之上海，五年来现金增加数几及 4 倍，以致年来农村通货极度紧缩，上海通货极度膨胀。他比喻说：“金融之流通，犹血液之循环。一面有回血管集血液于心脏，一面更须有输血管运血液于四肢。如是循环往复，人体乃得存活而不敝。今以言我国，则上海金融，犹之循环系失去心脏，血液无所调节而成为乱流；全国金融，则犹之循环系失去输血管，血液淤积于心脏而无从转运于四肢。”②近年金钱流向上海的趋势更甚，遂形成四肢贫血心脏充血的病态。

要改变上述情况，章乃器认为关键在于建立一个大规模的农业金融机关，以输送资金于内地。资金的募集必须由政府负责于前，然后由金融界赞助于后。募集资金的唯一方法是由政府发行一种农业金融公债。假定为 5 000万元，第一次先发 1 000 万元，由金融界承募 500 万元。此 1 000 万元为农业银行的基金，设立三四十家分行。将来逐步推广，并增加资本。当时金融界对公债已失去信心，章乃器认为过剩的现金总不能不谋出路，况且此公债与以前的公债不同，募债的数量并不大，是可以完成的。他又提出因为资金来自上海，农业银行的总行必须设于上海，但不得在上海放款；银行的董监事须由公债应募者中推举若干人。分行设在各县县政府所在地，若干分行之上设一管辖联络机关。“要之，组织之要义，在使筹集之资金，完全贷放于农村；而不向都市投机潮流中，推波以助澜。”③

关于农业银行的经营，章乃器指出：农业银行的责任，不仅在贷放若干资金，而须为国家推行农业政策。如奖励特种农产品、选择种子、改良耕地、应用新式农具、推行新式肥料及药品、提倡农村合作事业等，都可由农业银行在放款条件上进行操纵。关于资金的安全，章乃器强调必须有特殊的设

---

① 《承受业务与信托事业之前途》，《章乃器文集》上卷，华夏出版社 1997 年版，第 73 页。

② 《发展农业金融以巩固经济基础刍议》，《章乃器文集》上卷，华夏出版社 1997 年版，第 32 页。

③ 《发展农业金融以巩固经济基础刍议》，《章乃器文集》上卷，华夏出版社 1997 年版，第 36 页。

计。他提出以500万元现金和500万元公债为保证，发行1 000万元农民兑换券，只能在上海兑现。兑换券上印有分行所在地县名，如该县被占，则立即宣布停兑该县地名的兑换券。

对于可能有的质疑，章乃器也作了解释。(1)现金留上海，上海现金仍未减，内地现金仍未增。答复说：现金非即为通货。准备金不能流通，则上海通货已减少；内地现金未增加，但通货已增加。(2)兑换券在上海兑现，难期迅速，如农民兑换券流通阻滞，如何解决。答复说：这是未明货币关系之重要。兑换券的能否流通，视市面的供求关系而定。在上海兑现，已是各发行银行的通例，无足骇怪。如能由其他发行银行发行，专一由农业银行领用，则尤为妥善。(3)农民兑换券按省发放，但收回时必杂有他省的兑换券，如一旦因匪患而停兑，该县农业银行未有完全保障，而邻县的持票人反而受其影响。答复说：在资金贷放于农民以后，随收随付，库存必极有限。如现金及他县地名兑换券积存渐多，可随时设法调换。此项设计的比较优良，在于停兑只限于一县，范围较小，既能杜盗匪之觊觎，又可防止此类事变的发生。(4)所谓资金安全，尤须债权可靠。贫困农民贷以资金，偿还是否有望？掠夺者可否挟债权以榨取现金？答复说：农村贫困在于资金枯竭，若以资金输入农村，则农村贫困立解。军阀匪盗志在速得，而农业银行债权多属长期，即使挟债权以榨取，农民亦必以停兑之兑换券归还，则其榨取亦必徒劳。

章乃器的上述发展农业金融的主张无人问津。1933年10月，他发表《崩溃中的中国经济社会》，其中分析了中国农村破产的原因，共有五条：(1)国际资本主义剥削，代表这种剥削的是贸易入超。贸易入超又使国内农产品跌价。“以工业品的倾销增加农民的支出，再以农产品的倾销减少农民的收入，这是对于农民的‘双斧伐树’式的剥削。”[①](2)内战。民国以来规模较大涉及中央政府的内战有20次，规模较少的更多。内战的直接间接损失有人估计为100亿元。内战的背后提线的往往是帝国主义列强。(3)国内工业品侵入。新兴的国内工业不但自身要剥削农民，而且还要帮同帝国主义剥削农民。(4)天灾。1929年西北大旱灾，1931年长江水灾，1933年黄河大水灾，损失不可胜计。(5)苛捐杂税。苛捐杂税的剥削收入一半经过经纪阶级(买办阶级)之手流入外洋，换回杀中国人的飞机、大炮和种种外货；一半进入贪官污吏的私囊，集中于帝国主义控制的商埠或变成商埠中的洋房大厦。章乃器认为：“上面所举各种农村破产的原因，几乎尽数和资本主义有

---

① 《崩溃中的中国经济社会》，《章乃器文集》上卷，华夏出版社1997年版，第105页。

关。所以,我们或者可以说:资本主义的发展是农村破产的中心原因。"[①]这里的"资本主义"是"国际资本主义"的简称。

在1934年初,章乃器继续发表文章讨论中国农村的经济问题。这时,他已称中国农村为"半封建的农村"。他指出:"中国农村的衰落,决不是偶然的。依照历史的路线,这半封建的中国农村,在这资本主义发展到最高形态的时候,衰落本来是必然的……资本主义的发展愈高,它需要封建残余外壳的营养料也愈多。然而,封建残余所有的营养料,本来是有限的;经过了不断的吸吮,自然是一天一天的枯竭下去,而至于无以应付。"[②]资本主义和封建残余矛盾尖锐化的结果,由突变而进化为新的经济形态——新的社会制度。目下恰到了由衰落而转归蜕化的阶段。他指出:"中国农村的前途,只有蜕变的一条路。所谓蜕变,当然是农村的工业化。"[③]

章乃器分析中国农村工业化的道路,认为逃不出以下三种:一是民族资本的农村工业化,二是国际资本的农村工业化,三是社会主义的农村工业化。他说在整个民族资本附庸于国际资本,整个经济组织存在于倒置形态中时,民族资本的农村工业化是不可能的。又因为中国土地庞大,任何帝国主义都不能在中国确立一个单纯的政权,国际资本的农村工业化也是不可能的。"那末,中国农村的工业化,恐怕只剩有社会主义的一种方式——就是农村在国有农场和集合农场制度之下工业化。恐怕也只有在这一种方式之下,倒置的经济组织可以变为顺置,而一切文明的设施,可以供我们的利用。"[④]

在1934年,因资金痈滞上海,产生了"资金归农"的呼声。章乃器指出:"在封建势力和帝国主义的两重剥削之下,'资金归农'是不可能的。"[⑤]在农村整个破产的情况下,"农民根本就谈不到生产的借贷,而只可能有'寅吃卯粮'的消费的借贷。中国农民在本质上,也只可能有'饥寒所迫'的消费的借入,而不可能有'整暇'的生产的借入"[⑥]。而军阀、官僚的搜括所得,又以上海为窖藏的渊薮。1933年由内地流向上海的现金,有7 000万元之多,而上海各银行农民放款,数目不过一二百万元。在美国实行白银国有的政策下,

① 《崩溃中的中国经济社会》,《章乃器文集》上卷,华夏出版社1997年版,第106页。
② 《中国经济的过去与今后》,《章乃器文集》上卷,华夏出版社1997年版,第108、109页。
③ 《中国经济的过去与今后》,《章乃器文集》上卷,华夏出版社1997年版,第111页。
④ 《中国经济的过去与今后》,《章乃器文集》上卷,华夏出版社1997年版,第115页。
⑤ 《中国财政金融之现势》,《章乃器文集》上卷,华夏出版社1997年版,第282页。
⑥ 《我国银行业底前途》,《章乃器文集》上卷,华夏出版社1997年版,第403页。

上海的存银由4、5月间的5.9亿元跌到10月中的4.1亿元。“目下中国底金融问题，不是‘资金归农’的问题，而是‘资金出洋’的问题了。”①

1935年7月，章乃器在《改造中国经济的正路与歧路》中，又谈到中国的农村问题。他指出：“农民利益必须保护，是很明显的。然而殖民地的自由主义者，却要说：保护农业的结果，必然要使宝贵的资本，滞流在不经济的农业生产上，而使工业化停顿。本来，站在国民经济的立场，我们不单是要求都市的工业化，而且要求农村的工业化——农业的现代化……假如说我们应该消灭农业资本，使所有的耕地荒芜，使占人口总数的百分之八十的农民失业，那岂不是成了刽子手的政治？”②他又批评了“殖民地的重农学说”，也即“以农立国”的主张。他说“这是抬出陈年尸首来镇压人心”的一种方法，是“失败主义的重农学说”，这种学说只会“使中国民族解放运动完全失败”③。

1935年12月，章乃器为中国经济学社年会作《币制改革后金融政策之重估》的演讲，其中论及对于农村的救济问题。他指出，对于消灭地方苛捐杂税，当局虽经一度努力，但多数还是改头换面，阳奉阴违，国家关、盐各税年来也只有加重。年来水旱频仍，救灾工作松懈，根本谈不到农作收益的保障，农民多数无以聊生。为了农民的利益，应该使农产物价格提高；但为了使工业在外货倾销下能苟延残喘，又希望农产物价格低落。在捐税负担和农作损失的双重压迫下，对农民兑款，只能加重他们的负担，加速他们的贫困化。此外，还有佃农和地主的“隔离”，土豪劣绅的把持信用合作社，居间商人的垄断贷款。以上种种，都是不易解决的问题。因此，章乃器提问说：“民族解放是中国的基本问题：还有人能加以否认吗？”④

七、经济建设总论

中国应如何建设自己的经济，章乃器发表多篇论文阐述了自己的观点。以下所述未表明时间的都发表于1935年。

在《经济论争的两条战线》中，章乃器回顾了西方经济学在中国传播的历史。他说，在《原富》传入中国的几十年间，以《原富》为中心的古典学派慢慢地在各部门伸展其势力。到了“五四”前后，新经济学（指马克思主义经济

① 《中国财政金融之现势》，《章乃器文集》上卷，华夏出版社1997年版，第283页。
② 《改造中国经济的正路与歧路》，《章乃器文集》上卷，华夏出版社1997年版，第181、182页。
③ 《改造中国经济的正路与歧路》，《章乃器文集》上卷，华夏出版社1997年版，第182、183页。
④ 《币制改革后金融政策之重估》，《章乃器文集》上卷，华夏出版社1997年版，第388页。

学)才被介绍到中国来,马上在革命理论方面开展很大的势力。这一阶段的理论斗争还比较空洞。“就在一九二六——一九二七年间的大革命当中,这两派的论争,还依然是在维护资本主义和主张社会主义的对立当中,作单纯的理论斗争。”① 1927 年中国革命失败以后,一直到“九一八”事变为止,是英美势力的全盛时代。他们在华注意于御用经济学的培养,于是自由主义、个人主义的古典学派,以及专门分析浮表事态的流俗经济学者就成了它们最理想的工具了。而进步的分子则减少了纯理论的介绍和革命策略的主张,致力于现实的批判,在各经济部门和古典学派和流俗经济学者交锋。有一些天良未丧、一时误入歧途的流俗经济学者,因为环境的刺激,则发生了政治意识,坚定地站到民族战线上,成为古典学派的反对派。他们和主张民族革命的进步分子联合,成为很广大的民族战线。“这样,时代和环境便造成中国经济学界中帝国主义战线和民族战线的尖锐对立。”②

章乃器肯定古典学派在历史上的价值,它完成了英帝国主义在国际上的特殊地位。从 18 世纪末叶到 20 世纪初期,整个资本主义在百余年的猛烈开展后碰了壁。因此,英国也只好收起自由主义的旗帜,筑得和别人一样高的关税壁垒。帝国主义相率关起大门,却要半殖民地国家门户洞开。整个的古典学派,除了自由主义可以做帝国主义掠夺自由的掩护之外,个人主义又恰好是帝国主义瓦解半殖民地民族战线的利器。因此,章乃器说:“半殖民地的古典学派,是不折不扣的亡国经济理论;这种理论从中国人的口中、笔下发挥出来便成为不折不扣的汉奸经济理论。”③接着,他还批判了要求中国生产国际化、市场国际化、交通国际化和资本国际化的理论,针锋相对地提出:“我们主张:中国的生产应该完全站在自足自给的原则之下,中国的市场应该在建设民族资本的意义之下,加以管理;中国的交通应该以联络国内的生产市场和消费市场为主要目的,而以巩固国防为副作用;中国的货币应该在保持独立的原则之下,统一国内的币制,集中全国的力量,以应付未来的大战。简单的说,我们站在民族的战线,反对一切投降式的国际化!”④他还赞扬德国经济学家李斯特为德国民族打算而建立历史学派,劝告中国的“御用学者”知所取舍,快点改途易辙!

发展经济必须有对外贸易,针对“贸易入超是一件可以乐观的事,外资

① 《经济论争中的两条战线》,《章乃器文集》上卷,华夏出版社 1997 年版,第 240 页。
② 《经济论争中的两条战线》,《章乃器文集》上卷,华夏出版社 1997 年版,第 241 页。
③ 《经济论争中的两条战线》,《章乃器文集》上卷,华夏出版社 1997 年版,第 243 页。
④ 《经济论争中的两条战线》,《章乃器文集》上卷,华夏出版社 1997 年版,第 250 页。

更应该无条件的欢迎”的观点，章乃器指出：“国际贸易本来是国际间劳动结果的交换。外国商品价格的低廉，就表示别人可以用很短时间的劳动结果，交换我们很长时间的劳动结果。这样的交换，与其说是‘享用’，毋宁说是‘受罪’”①。如果进口的是生产工具，即使一时吃亏，还是利多于害。但中国进口的主要是消耗品和轻工业原料，甚至有许多是竞争性的农产品，对此抱乐观态度是错误的。

章乃器还认为，中国资源丰富，面积几乎相当于欧洲大陆，经济建设应该采取自给自足主义。只要交通便利，消除国内的封建割据，国内贸易的发展就足以满足国内的需要。“我们用不着夸大的主张‘国际分工’，而只须切实的主张‘省际分工’。高谈维护国外贸易而忘记了开发沟通国内的资源，显然是殖民地自由主义者为帝国主义争取利益的企图，是应该反对的。”②同时他也声明国外贸易是必需的，倘使有人要反对一切国际贸易，甚至主张闭关自守，那又是开倒车的机械论者。

建设需要资金，关于能否借外债的问题，章乃器表示：“倘使条件相宜，外债也大可以借。不过，借债是借债，因借债而牵涉到币制的独立，甚至牵涉到其他的政治问题，那是要不得的。”③在另一篇文章中他又说：“资本是利润的积蓄；倘使我们能借到外国的低利资本以经营产业，而仅仅分配给他们一小部分的利润，那种间接的外人投资，是可能产生民族资本的。外人在华经营产业的直接投资，他们既然已经取得全部的利润，还可能产生民族资本吗？”④这些论述表明章乃器反对利用有附带条件的外资，赞成外人的间接投资而反对其直接投资。但反对外人直接投资也不是绝对的，从以下的主张中可见：“我们应该欢迎外国资本，然而是有计划，有条件的，而不能是被动、放任的。那几种事业可以特许外人经营，那几种事业可以允许外人合资经营，要有一定的程序。倘使是借款方式的间接投资，那自然是‘多多益善’。顶顶要不得的，就是目下以外国军事势力保护外人投资的状态；这种投资的增加，必然要转变成为列强对于我们国土军事的占领——东北事件，就是一个显例。”⑤

章乃器指出，生产、市场、交通和货币四个国际化，是帝国主义战线的四

---

① 《改造中国经济的正路和歧路》，《章乃器文集》上卷，华夏出版社 1997 年版，第 176、177 页。
② 《改造中国经济的正路与歧路》，《章乃器文集》上卷，华夏出版社 1997 年版，第 185 页。
③ 《国际投资市场的中国》，《章乃器文集》上卷，华夏出版社 1997 年版，第 320 页。
④ 《改造中国经济的正路与歧路》，《章乃器文集》上卷，华夏出版社 1997 年版，第 178 页。
⑤ 《改造中国经济的正路与歧路》，《章乃器文集》上卷，华夏出版社 1997 年版，第 185 页。

大政策，在理论上是从古典经济学派的自由主义和个人主义发展出来的。这种国际化就是要中国向帝国主义投降。他提出要“站在民族的战线，反对一切投降式的国际化”①。

1934年，章乃器讨论了统制经济问题。他说统制经济并不是“放之天下而皆准”的，不同的国家有不同的统制经济。“资本主义先进国——帝国主义——的经济统制，对内是在加重对于劳动阶级的剥削，而对外是在以倾销方式夺取市场，加重对于殖民地的剥削，在国际间，是取‘攻势’的；在半殖民地的经济统制就不然，它的主要任务，就在防止帝国主义攻势的统制经济下的加重剥削；所以，在国际上是取‘守势’的。”②他指出“守势”的统制经济应具备三个基本条件：(1)在贸易统制方面，要能调剂输出入商品的数量，消灭每年六七亿元的入超；(2) 在产业统制方面，要能使国货工厂抵挡得住帝国主义在华工厂的压迫，华商航业抵挡得住外商航业的压迫；(3)在金融统制方面，要能在破碎的金融权下树立起金融壁垒，消极的要能防止资本飞走，积极的要能使华商银行抵挡得住外商银行的压迫。三个基本条件还要在一个必备的“统一性”底下表现出来。中国的现状正和实行“守势”的统制经济的条件背道而驰，所以不能实行统制经济。

章乃器反对实行统制经济，但主张实行计划经济。1935年他说：“在民族资本极端幼稚的中国，我们要毫不客气的主张计划经济。”③他提出五条中国迫切需要的建设项目：(1)水利建设，消极的在防止灾荒，积极的在便利灌溉及运输；(2)重工业建设，煤、铁、煤油、酸和碱，须能自给；(3)运输建设，须有适宜的铁道网，目的在开发资源，运出土产，而不在推销外货；(4)电气建设，造成适宜的电气网，使农村电气化，消极的可以抵制煤油的输入，积极的可以使农业生产现代化；(5)金融建设，要有统一的币制和有系统的金融组织。

中国不独立，一切建设计划都无从谈起。故章乃器最后表示：“我们对于中国的经济建设，就不能不定立下来一个前提——要在帝国主义和封建势力消灭之后，我们才可能有一个民族中心的经济建设。”④

---

① 《经济论争中的两条路线》，《章乃器文集》上卷，华夏出版社1997年版，第250页。
② 《统制经济与银行》，《章乃器文集》上卷，华夏出版社1997年版，第396页。
③ 《改造中国经济的正路与歧路》，《章乃器文集》上卷，华夏出版社1997年版，第184页。
④ 《改造中国经济的正路与歧路》，《章乃器文集》上卷，华夏出版社1997年版，第186页。

第十一节　伍启元的经济思想

一、参加九教授声明的伍启元

伍启元(1912～?),广东台山人。1932年毕业于上海沪江大学,入清华研究所。1934年赴英国留学,入伦敦经济学院学习,1937年获博士学位。同年回国,任武汉大学经济学教授。1939年回清华大学,为设在昆明的国立西南联合大学(简称"西南联大")教授。1946年任伦敦经济学院教授。1947年起在联合国工作,先后任亚洲及远东经济委员会行政管理处主任、秘书处经济社会事务部公共管理处主任、发展计划署高级顾问等职。1974年在联合国退休后,任纽约大学教授。1978年改任该校荣誉教授。1982年秋任台中东海大学荣誉讲座兼法学院院长,并担任中国台湾政府机构咨询委员会职务。著作有《中国新文化运动概观》、《物价统制论》、《国际价格理论大纲》(英文)、《战后世界币制问题》、《当前的物价问题》、《中国工业建设之资本与人材问题》、《由战时经济到平时经济》、《公共政策》等。

伍启元是20世纪三四十年代十分活跃的中国学者之一。国民政府的恶性通货膨胀造成了国统区人民的深重灾难,包括伍启元在内的西南联大的部分教授先后三次公开对政府提出了批评意见。1942年4月30日,他们发表《我们对于当前物价问题的意见》,署名者有伍启元、李树青、沈来秋、林良桐、张德昌、费孝通、杨西孟、鲍觉民、戴世光九人。1944年5月1日,他们又发表《我们对于物价问题的再度呼吁》,因九人中只有五人在校,故署名者为杨西孟、戴世光、李树青、鲍觉民、伍启元五人。1945年5月1日,他们再发表《现阶段的物价及经济问题》,在校的署名者为戴世光、鲍觉民、费孝通、伍启元、杨西孟五人。1945年伍启元汇编三篇文章,并以重庆《大公报》上刊登的一篇响应文章为附录,由求真出版社出版《昆明九教授对于物价及经济问题的呼吁》。此书署"伍启元等著",可见伍启元在三次活动中所起的重要作用。九教授的声明在当时产生了广泛的社会影响。

1945年11月25日晚,昆明的西南联大、云南大学、中法大学、省立英专四校师生和32个群众团体,在西南联大联合举办一个反内战时事晚会,受到国民政府军警的包围和破坏,在晚会上发表演说的有钱端升、伍启元、费孝通、潘大逵四教授。这次晚会是后来发生"一二·一"惨案的前奏。后人在回顾"一二·一"惨案时,总要提到这四位教授对爱国民主运动的支持。

伍启元的经济论著很多，本文就其中的三部主要著作论述其主要的经济思想，分为四论：物价统制论，抗战时期物价论，利用外资论，和谐管理论。

二、物价统制论

1939 年 1 月成立国防最高委员会后，伍启元曾受托设计“物价统制”，开始思考这一问题。后来陆续在报刊上发表关于物价统制的论文。1940 年整理成《物价统制论》一书，作为《中国人文科学社丛刊》之一，1941 年 10 月由正中书局出版。书中第二章谈物价统制的几个理论问题，是伍启元物价统制论的核心观点。

伍启元原是自由经济的主张者，在战争时期，则认为有实行物价统制的必要。他对物价统制下定义说：“凡是用政府的力量和人为的方法，使物价离开在自由市场中供需所决定的地方，而移到政府所认为适当的地位，就是统制物价的行为。”①这就是说，自由市场中的物价决定于供求关系，统制经济下的物价决定于政府政策。伍启元是供求价值论者。

按照以上定义，伍启元对物价统制作出了两点解释：

第一，自由主义经济有两个特征：一是一切经济活动都以取得利润为目的，二是一切生产、分配、消费都受价格所决定。“换句话说，自由主义的经济一方面是一个利润的经济，一方面是一个价格的经济。”②而在物价统制的情况下，利润、价格机构的运行都受了极大的限制，利润已失去了许多原有的特质，价格则由政府所规定。当时有些学者认为实行物价统制就是完全放弃自由主义经济，实行纯粹的计划经济。伍启元说这种看法是完全错误的。他认为物价统制的目的之一，就是使自由主义经济能够相当地继续存在，在相当条件下维持利润机构和价格机构的地位。政府还是要用利润来做统制生产的工具，要保证企业者和商人的合理利润，自由主义经济只是受了限制而没有完全崩溃。他还分析了统制经济和计划经济的不同，认为在纯粹计划经济下，一切都由政府规定，价格不是整个经济机构的重心，政府并无统制价格的必要。因此，统制经济是“站在纯粹自由主义经济（或纯粹商品经济）与纯粹计画经济（或纯粹集体经济）之间”③的一种经济制度。这里所说的纯粹的计划经济只是一种逻辑推理，当时只有苏联实行计划经济，但肯定不是伍启元所说的那种纯粹的计划经济。因此，伍启元实际上并未

① 伍启元：《物价统制论》，正中书局 1943 年版，第 8 页。

② 伍启元：《物价统制论》，正中书局 1943 年版，第 9 页。

③ 伍启元：《物价统制论》，正中书局 1943 年版，第 10 页。

准确回答统制经济和计划经济的区别到底在哪里。

第二,统制物价要由政府规定每一种被直接统制的商品的“适当的”或“合理的”价格。政府或统制机关在决定物价时,必须考虑到生产要素所有者、生产者、商人和消费者四方面的利益,既使生产要素所有者得到合理的收入,生产者得到合理的售价,商人得到合理的报酬,同时又必须符合消费者的购买能力。做到这一点不是一件容易的事,所以统制物价机关不只是规定物价,还要统制物价以外的其他因素,其中最重要的因素是供需情况和通货情况。

1. 调节供需

有些反对统制物价的人认为,统制物价违反供求的原则,如果物价定得过低,就会产生供不应求的现象。伍启元肯定这种反对理论有一部分真理,因此他指出统制机关不但要规定物价,并且应该设法增加供给和限制购买,使商品的供给量等于需要量。另一方面伍启元又认为这种反对理论也有可以批评的地方,理由有五:(1)在战争时期,物价提高不一定会使供给数量增加。由于交通不便、原料来源困难等原因都会造成这个结果。(2)统制物价不一定会对生产有不利影响。生产者虽然得不到物价高涨所带来的暴利,但用不着负担物价变动的风险,又可以得到合理的利润,所以也乐于增加生产。(3)平衡物价本身有时也可以增加供给的数量。如真的物价平定,囤积存货的人会把所存货物拿到市场出卖,因而增加供给数量。(4)若需求缺乏弹性,则物价无论怎样增减,消费的数量都不变。在这种情况下,更可以利用统制的方式去平衡物价。(5)其他需求有弹性的物品,消费量要随着物价的变动而变动,价格提高会减少贫穷阶级和固定收入者的消费。这种减少消费的方式是不公平的,常会引起国内贫苦阶级、劳动阶级和中产阶级的不满,因此应竭力避免。“我们只有用统制的——即一般限制消费的——方式,使一切消费者都受到同样的影响,才是一种公平的办法。”①

2. 通货膨胀

反对物价统制的另一重要理论是通货膨胀论。这种理论认为,物价上涨是由于通货数量增加,通货价值下降,不是用统制的方法所能停止的。伍启元也承认这种理论包含部分真理。倘使国家对货币数量、货币流通速度、国民岁入等重要因素都不加以统制,而只统制物价,是不会有效的。“物价

① 伍启元:《物价统制论》,正中书局 1943 年版,第 13 页。

继续上涨，本身就是通货膨胀的最好证明。”①因此，伍启元主张物价统制应注意货币流通数量、人民岁入总额、人民岁出分配、长期投资动向等种种问题。政府首先应该限制货币发行数量和平衡人民的收入，其次要鼓励人民储蓄，还可以直接统制投资，防止资本集中于不重要的和未被统制的生产上面。伍启元又认为这种理论包含着一个重大的错误，因为它否定物价本身也可以影响通货，事实上统制物价或稳定物价会产生通货收缩的影响。可以分两方面来说：(1)战时财政亏缺，是通货膨胀的主要原因。倘使没有人为的办法加以干涉，非至通货完全崩溃、财政完全破产不止。物价统制就是防止的一种办法。物价稳定以后，可以减少财政亏缺，通货膨胀也得到一定限制。(2)战争时期生产者和商人的利润膨大，是通货膨胀的另一主要原因。统制物价使物价稳定，生产者和商人只能得到合理的利润，他们的收入减少，通货膨胀的趋向也就停止了。至于统制物价能不能使通货膨胀完全免除，伍启元作了否定的回答。他说：“除了我们走到纯粹计画经济的路上，除了我们把整个经济都统制起来，我们是无法完全避免通货膨胀，我们是无法避免物价水准提高的。”历次的大规模战争都证明了这一点。“统制物价的功能，只在防止若干被统制的物品的高涨，而不能阻止一切物价的变动；平衡物价的作用，只在限制通货的过度膨胀，而不能完全避免通货的膨胀的。”②

以上述理论为基础，伍启元对物价统制提出了各种具体的主张。如关于统计物价的范围，他提出了六个方面：(1)在农产品中，至少应统制粮食、主要原料(特别是衣类的原料)、重要输出品(如桐油)的价格。(2)在工矿产品中，应统制棉纺织品及其他日用必需品、主要矿业和化学工业。(3)贸易委员会已统制的输出物品。(4)与抗战建国有关以及与民生有密切关系的输入物品，除物价统制外，还允许以法定汇率购买外汇及免税等方法来降低价格；其他输入物品分别情形，禁止输入或增加进口税。(5)统制工资。(6)其他影响物价的因素，如利润、地租、运输费、保险费、利息、燃料价格等都应统制。从这六条看，伍启元所主张的统制范围是比较广的。

伍启元的物价统制理论和主张，其成功的关键必须以政府人员能奉公守法而且有很高的办事效率为前提，而这却是国民政府所不具备的。在这样的条件下，统制范围越广，问题也就越多。结果统制变成了垄断，财政亏

---

① 伍启元：《物价统制论》，正中书局 1943 年版，第 15 页。

② 伍启元：《物价统制论》，正中书局 1943 年版，第 17 页。

缺始终存在而且越来越严重,滥发货币成了弥补财政赤字的最主要方法。伍启元认为统制物价可以抑制通货膨胀,而国民政府的通货膨胀却成了无法医治的痼疾。这样,就使伍启元统制物价的理想成为不可能实现的空想。

三、抗战时期物价论

《物价统制论》出版后,国统区的物价上涨更为迅猛。约半年后昆明九教授就发表了《我们对于当前物价问题的意见》。再过约一年后的1943年5月,伍启元又在商务印书馆出版《当前的物价问题》,这可以看作是对《意见》的详解,也是物价统制论的续论。

抗战五年来的物价上涨,伍启元认为有三个特征。第一,物价增涨已经到了很猛烈的高度。昆明物价平均超过战前100倍,重庆超过50倍,已经远超于其他国家的战时物价上涨程度。第二,物价作加速率的增涨。重庆的物价在抗战初期只有轻微的增涨,以后愈涨愈高,愈涨愈快。第三,物价的变动并不是齐一的变动。各种物价上涨的程度有很大的差别,造成了价格失衡,包括不同性质物品间的价格失衡、物价与工资间的失衡和地区间的物价失衡。物价失衡又引起了生产的失衡和分配的失衡。

关于分配的失衡,伍启元说:"如果物价变动不使财富分配发生不良的影响,则物价问题绝不能算是一极端严重的问题。物价问题所以严重,是因为物价变动使国家财富发生一种极不公平的和违反正义的重分配……是因为物价变动使财富集中到少数人的手里,因而孕育下将来社会激烈变动的祸根。"[①]他还引了昆明九教授"物价意见书"中的一段话说明"大部份对国家民族有贡献的阶层所得到的实在报酬大为减少——减少到很不合理的地步"[②]。

伍启元分析当时物价变动的原因,共提出了四条:通货膨胀,物资缺乏,投机因素和垄断因素。前两条是基本原因,后两条是辅助原因。

1. 通货膨胀

对于通货膨胀和就业的关系,伍启元按照凯恩斯的理论作了解释。他说:通货数量增加,"在有失业状态存在的条件下,将一方面增加劳动的雇用,一方面也提高了物品的价格。但在劳动到达'完全就业'或'充分就业'点以后,货币需要的增加,不会再增加劳动的雇用,其全部影响都集中在物

① 伍启元:《当前的物价问题》,商务印书馆1943年版,第9页。

② 伍启元:《当前的物价问题》,商务印书馆1943年版,第10页。

价方面。结果如果其他因素不变，物价上涨与通货数量的增加，会成一种正比例的关系”[①]。他指出，中国在抗战前就已经通货膨胀，约到 1939 年劳动才达到完全就业点。

伍启元继续分析说：通货膨胀包括法币膨胀、信用膨胀和货币流通速度增加，其中最重要的是法币膨胀，法币膨胀主要是由于财政原因。“抗战发生后，由于战费的增加和税收的锐减，财政亏缺突然增大。当时当局因种种关系，并没有采用大量征税和募捐的方法，去弥补财政的短绌。结果是用发行法币的方式，去维持必要的支出，于是就走上法币膨胀的途上。”[②]法币膨胀的办法有两种：一种是财政部直接委托国家发行；一种是财政部以公债或库券交给国家银行，国家银行用增加发行的办法承购。中国主要采取后一种办法，政府要为此支付很高的利息，所以更较他国为浪费。

信用膨胀表现在以下几个方面：(1)银行存款增加，但增加的倍数远不及法币的增加倍数。(2)各种存款中，活期存款增加最多，对价格的影响较大。(3)放款增加，由于币值下跌，放款的利率是负利率。有些放款被用于囤积商品，“这一类的放款，是促进物价变乱的一个重要原因”[③]。(4)银行数目有显著增加，也助长了信用膨胀。但 1941 至 1942 年间，《大公报》发表几篇社论，夸大了信用膨胀对物价上涨的作用。中央研究院研究员巫宝三曾提出商榷意见，伍启元支持巫的观点，指出：“中国信用制度并不发达，抗战以来，信用数量的增加绝赶不上法币数量的增加，因此信用的因素，虽然不失为影响物价的一个因素，但和法币去比，其重要性是不大的。”[④]

关于货币流通速度增加，伍启元未作专门论述，仅指出同投机因素有很密切的关系。

2. 物资缺乏

一般认为，所谓物资缺乏，就是供给数量过少或不够。伍启元认为这种绝对的看法是不对的。他说：“物资本身是无所谓‘够’或‘不够’的，只有就供给与需要比较着说，物资才有‘够’与‘不够’的分别。因此我们所要分析的是物资的‘比较缺乏性’或‘比较稀少性’。”[⑤]他认为在战时中国，物资缺乏的一个主要原因是需要增加，包括军需品的需要、建国的需要和人口大量西

① 伍启元：《当前的物价问题》，商务印书馆 1943 年版，第 48、49 页。
② 伍启元：《当前的物价问题》，商务印书馆 1943 年版，第 49 页。
③ 伍启元：《当前的物价问题》，商务印书馆 1943 年版，第 57 页。
④ 伍启元：《当前的物价问题》，商务印书馆 1943 年版，第 60 页。
⑤ 伍启元：《当前的物价问题》，商务印书馆 1943 年版，第 62 页。

移的消费需要。至于供给减少，并不是指产量减少，而是指由于生产成本远高于战前，在同一价格下的物资供给数量减少了。

3. 投机因素

伍启元所说的投机范围很广，他说："凡是为避免货币购买力变动所引起的损失，或为取得货币购买力变动所引起的利益而购买或出售物品，都是投机行为。"[①]按照这一界定，不仅投机家的投机和富户的囤积居奇是投机，就是政府储蓄物资和家庭主妇多购存火油，也都是投机。"存货不存钱"的心理会增加货币流通速度。投机活动和物资缺乏、通货膨胀一样，都会引起供需关系的变化而影响物价，但它们的性质是不同的："以需要为例：物资缺乏所引起增加的是一种实在需要，通货膨胀所引起增加的是货币需要，而投机需要所引起增加的是投机需要。"[②]投机需要不仅提高需要和减少供给，并且使需要弹性和供给弹性都较以前减少。

4. 垄断因素

"所谓垄断是指生产者和出售者的数目不多，在供给方面缺乏自由竞争。"[③]伍启元分析了战争时期形成垄断的五个原因：(1)交通困难，运费激增，地域间的货物流通困难，各市场间的竞争性较小。(2)在一个市场内，工业品的生产者有限，形成"独占"态势。(3)进口物品来源困难，必须提高价格才肯出卖。(4)财富逐渐集中到少数人手里，少数大商人成为市场的最终垄断者。(5)公营、半公营或有势力者所经营而在法律上或事实上具有独占性或半独占性的贸易公司。伍启元指出，垄断因素的存在，使供求决定价格的原则不能完全适用，价格变成由垄断者(供方)决定。"根据经济理论，垄断者所决定的价格，总较自由市场所决定的价格为高。因此如其他因素不变，则垄断因素在市场所占的地位愈大，价格便愈高……在目前中国状态下，因投机活动的关系，需要的弹性很小，因此垄断者可以把价格提得很高。"[④]

四种因素对物价上涨所起的作用，伍启元曾作出如下的估计：预计在1942年底(预计时尚未到年底)，物价会比战前上涨80倍，其中属于通货膨胀的因素为30倍，物资缺乏的因素为10倍，投机和垄断的因素为40倍。他还认为，如果没有政府的干预，物价上涨必远超过80倍以上。

---

① 伍启元：《当前的物价问题》，商务印书馆1943年版，第70页。
② 伍启元：《当前的物价问题》，商务印书馆1943年版，第71页。
③ 伍启元：《当前的物价问题》，商务印书馆1943年版，第74页。
④ 伍启元：《当前的物价问题》，商务印书馆1943年版，第77、78页。

对于解决物价问题的方法，伍启元仍然主张统制物价和收缩通货。他说："收缩通货和统制物价如能措置得当，其效能不只可以停止物价上涨，并且可以使价格、生产和分配都有较合理的安排，因而使物价问题得到一个真正的解决。"[①]统制物价有治标和治本的办法。治标的办法就是限价，国民政府采取的就是这种办法。伍启元主张采取治本的办法，即"根本统制"的办法："用统制物资的生产、交易、消费、储藏和运输去防止物价上涨、纠正价格间的不平衡和改善生产与分配的办法。"[②]也就是说，要对社会经济的各个环节、各个方面进行全面的统制。

对于如何实行根本统制，伍启元从统制目标、统制范围、统制方法、统制机构和对违法者的惩罚五个方面作了分析。在统制目标上，"应对消费者维持一个最高价格、对生产者维持一个最低价格，而就价格本身说维持一个均衡的价格"[③]。在统制范围上，就地域言，应从大后方着手；就物品言，应选择几种基本的商品加以严格的管制，对其他商品也加以间接的控制。在统制方法上，是要对整个物价机构的整一的统制，还要同贸易、运输、货仓等其他统制配合起来，而根本上应从统制物资的供需着手。在统制机构上，他在1939年就建议成立一个中央集权的具有广大权力的统制物价的最高中心机构——"中央物价管理委员会"，现在的"国家总动员会议"在管理物价方面职权与其相当，只是地方的物价管理机构职权大多过于膨大。在对违法者的惩罚上，要按照情节轻重没收其囤积货物或全部财产，情节严重的要处以极刑。

对于国民政府已经实行的统制物价政策，伍启元认为存在着六方面的缺点。第一，没有决定统制的目标，"从不考虑价格对生产或消费或分配的影响，更没有考虑到一种价格与其他价格的均衡"[④]。第二，各种物价统制虽由各中央专管机关负责，但注意力只在渝市的一小角，而没有以全国为范围。第三，缺乏一个全盘的计划，直至1942年10月，蒋介石兼行政院长公布其手订的《加强管制物价方案》，才真正有了一个整一的方案。第四，没有注意用统制供求的办法统制物价，结果统制就走上失败之途。第五，缺乏一个中央统制机构来负责统制物价的最高责任，1941年2月8日成立行政院常设经济会议，同年11月后半月决定以经济会议为全国最高平价机构，不久又以国家总动员会议来取代经济会议，仍没有真正成为全国物价统制的最高

① 伍启元：《当前的物价问题》，商务印书馆1943年版，第81、82页。
② 伍启元：《当前的物价问题》，商务印书馆1943年版，第96页。
③ 伍启元：《当前的物价问题》，商务印书馆1943年版，第97页。
④ 伍启元：《当前的物价问题》，商务印书馆1943年版，第105页。

统帅部。第六，对违法的人过于宽大。伍启元对《加强管制物价方案》的实施寄予希望，并提出了一些补充的意见。

伍启元指出统制物品的供求收效比较缓慢，如欲迅速收效，则应从收缩通货数量入手。收缩通货包括收缩法币和收缩信用两项，收缩法币更为重要。而收缩法币的要点有二："一是设法使财政收支平衡（或至少使财政亏缺缩小），因而减少今后法币的增发数目；一是使现在在市面流通的法币回笼。"①平衡财政收支的方法为增加财政收入和节约财政支出。在增加财政收入方面，伍启元强调应从"增加由富裕阶级负担的租税"着手，"特别主张（一）征课一般财产税，（二）厉行所得税，战时过分利得税，及其他直接税如田赋等，和（三）开征奢侈品税（一种对富裕阶级所单独消费的物品课以百分之三百至五百的租税）"。对于前两种租税，应采取累进税率。"这种增税的办法，一方面是用来平衡财政的收支，一方面是用来平均财富的分配。"②发行公债也可以增加财政收入，但伍启元明确表示不赞成国民政府实行的募债办法。第一，过去五年发行的公债主要售给银行做证券准备，不但失去了原有的经济意义，反成为承购银行膨胀货币或信用的基础。第二，过去五年公债发行的还本期都不很长，大部分在 10 年以内或战后 10 年以内偿还，增加了偿债期间的租税负担。总之，伍启元认为："对于富裕阶级，政府应用征税的办法，而不应用募债的办法，因为这样才合乎社会正义。"③

伍启元在《当前的物价问题·自序》中说："我这本小册是以'社会正义'四个字为中心论点的。""当前物价问题所以成为一个严重问题，就是因为它实包括经济失衡和分配不均等恶劣问题。今后如欲解决物价问题，应从纠正经济失衡和树立社会正义入手。"从以上介绍的伍启元的主要物价理论和主张中，的确表明了他希望通过加强对富人的征收来解决通货膨胀的问题，即解决物价问题要顾及"社会正义"。他对国民政府的错误政策敢于提出批评，表现了学者的良知和勇气。

在《昆明九教授对于物价及经济问题的呼吁》中，我们还可以看到伍启元等教授对物价问题的更深层的意见。1942 年 4 月 30 日发表的呼吁，时间在《当前的物价问题》出版的一年以前，可以不必涉及。而后来的两次呼吁，必定会反映伍启元的新的观点。1944 年 5 月发表的第二次呼吁，指出物价上涨已到严重地步，提出法币贬值的原因有 10 条之多，其中第 7 条说的是吏

① 伍启元：《当前的物价问题》，商务印书馆 1943 年版，第 112 页。
② 伍启元：《当前的物价问题》，商务印书馆 1943 年版，第 115 页。
③ 伍启元：《当前的物价问题》，商务印书馆 1943 年版，第 123 页。

治："近年在物价剧烈变动之下，政治机构、税务机构及公营事业均日趋败坏。有势力的人因受暴利的引诱，不惜破坏法纪以谋私利；地位较低的人，因为生活困难，也被迫着去舞弊营私以自挣扎……因此目前贪污舞弊的趋向，是具有继续性和扩大性的。"[①]1945 年 5 月发表的第三次呼吁，则进而指出："现阶段的物价与经济还有一个重要的特点，就是'既得利益'集团的形成及'既得利益'集团对财政经济政策的影响与控制。"[②]"'既得利益'集团的形成是过去通货膨胀及财富集中的结果。这集团羽翼丰满之后，不但更避免负担战费，而且还用囤积垄断种种方法促使物价加速上涨，借以增加他们的财富。于是弄得物价更急速地上涨，通货更急速地膨胀，而他们的势力更为加大。"[③]"因此'既得利益'集团必须予以铲毁。除前述用租税及其他办法征用他们的资产以减轻其经济势力外，尤应消除他们对于国家财政经济政策的控制。"[④]以上所说的"既得利益"集团，实际上就是指官僚资本。但是抗战时期在国民政府的势力范围内，"官僚资本"的名称是限制使用的。许涤新曾揭露，"在政治协商会议以前三四年的这一段时间，凡是碰到官僚资本的字样或提到官僚资本有关的事实或攻击，总被一笔勾销！"[⑤]在这种形势下，用"既得利益"集团来说明恶性通货膨胀愈演愈烈的原因，是比较恰当的，这是第三次呼吁的一个新的亮点。

四、利用外资论

伍启元的中国工业化理论主要表现于《中国工业建设之资本与人材问题》一书中。此书为翁文灏、胡庶华、简贯三主编的《中国工业化丛书》之一，1945 年出版。分为上、下两篇，上篇谈资本，下篇谈人才。上篇的核心思想是充分利用外资，故名其为"利用外资论"。

关于中国工业化的资本，伍启元估计，第一个"五年计划"约需 300 亿元战前法币。这一数字十分庞大，不可能完全靠国内资本来解决，因此必须利用外资。他假定内外资各占一半，提出了如何筹措内外资的设想。

对国内资本的筹措，伍启元从考察国内资本形成的机制入手，分析说："国内资本的主要来源系国民储蓄。国民储蓄则由国民生产与国民消费而

---

① 《昆明九教授对于物价及经济问题的呼吁》，求真出版社 1945 年版，第 34 页。
② 《昆明九教授对于物价及经济问题的呼吁》，求真出版社 1945 年版，第 48 页。
③ 《昆明九教授对于物价及经济问题的呼吁》，求真出版社 1945 年版，第 49 页。
④ 《昆明九教授对于物价及经济问题的呼吁》，求真出版社 1945 年版，第 53 页。
⑤ 许涤新：《官僚资本论》，海燕书店 1949 年版，第 146 页。

决定。如果对国际资本流动放开不提,把生产额减去国民消费额(包括全部政府非建设用的支出)便系等于国民储蓄额(包括政府用作经济建设用的资金)亦即等于资本形成额……因此欲筹措国内资本,第一个办法系增加国民生产。其次,一国的国民消费额愈小,则如其他因素不变,资本形成额亦愈大……因此欲筹措国内资本,第二个办法系节约国民消费。再其次,一个国家的资本,有时可用于与经济建设无关的事业。因此欲使经建资本增加,必须限制资本流到与经济建设无关的事业,或鼓励和诱导资本流到与经济建设有关的事业。简单地说,筹措经建国币资本(即国内资本——引者)的办法应从三方面着手:(一)增加国民生产,(二)限制或减低国民消费,和(三)引导资本用于经济建设的途上。"①

伍启元对所述三条分别作了分析。如关于第三条,他提出必须设法阻止资金向土地、商业投资和资金外逃。向土地投资即购买土地成为地主,自应属于阻止之列。为什么要阻止向商业投资呢?这主要是针对中国原有商业资本的弊端而提出的。伍启元认为,中国战前在沿海一带的商业资本,很大一部分是买办阶级的资本,其作用仅系贩卖洋货,压制国内生产;另一部分是进行证券(公债为主)、外汇、金银、商品投机的资本。在抗战的过程中,中国的商业资本更作畸形的发展,国内很大部分资本都用作商品贩卖、商业经营、商品囤积及投机事业。因此,他认为投资商业和经济建设是矛盾的,提出了阻止向商业投资这一极端的主张。对于外逃资金,则应实行有利于资本回流的政策,至少应该维持汇兑的稳定和政治的安定。

所需外币资本150亿元战前法币相当于50亿美元。对于外币资本的筹措,伍启元指出:抗战以前,中国出口总值每年仅约2.5亿美元,即使全部拿来作经济建设资金,五年也不过12亿余美元,而且其中还要减去支付进口的费用。"因此如果在战争结束后中国出口总值和与经济建设没有关系的进口数值都与战前的状况完全相同,我们便无法靠出口的办法去筹措经建所需的外币资金。"②如能将出口额增至10亿美元,使进口额不超过3亿美元,每年可以从出口方面获得7亿美元,五年就是35亿美元。但做到这一点非常困难,不但要尽最大的力量增加出口和限制与建设无关的进口,而且要筹得国内资金支付给出口商品的生产者。"政府必须能够设法使人民(包括出口商品的生产者)储蓄价值与七万万美元相等的关币并用作经济建设……

① 伍启元:《中国工业建设之资本与人材问题》,商务印书馆1946年版,第14页。

② 伍启元:《中国工业建设之资本与人材问题》,商务印书馆1946年版,第22页。

然后这七万万美元才能真正用作经济建设的途上。”[①]

上述假设实际上是不可能实现的，故还必须从国外筹措外币资本。伍启元指出：“如果我国能自外国筹得全数或大部份的外币建设资金，则我国的建设工作可以较易成功，而同时人民的痛苦也可以大为减少……筹措外币建设资金对中国最有利的途径是利用外资。”[②]为了能充分利用外资，伍启元提出利用复员的机会向英、美政府交涉借贷其船舶、交通工具、工厂机器设备和剩余的钢铁、原料、器材等；向外国政府和私人借款；由外国商人直接投资或间接投资等。针对有些人害怕直接投资会使外人或多或少地控制中国的国民经济，伍启元回答说：“在平等新约已经订立的今日，只要政府能够拟订合理的工厂许可法，成立管理工矿投资之机构，使一切投资均与经济建设计划配合起来，则外人在华设厂是利多弊少的”[③]。还提出：“我们应规定外国政府在中国的任何投资，必须以中国中央政府或其所委托的国家银行为对手。中国任何机关或国营事业均不得直接向外国政府或私人借款，如有需利用外资时，应由中央政府集中洽贷。必要这样，我们才可以防止外人利用贷款之方式去助长地方割据和防止割据势力的复燃。”[④]

伍启元假定中国抗战胜利后就会进入经济建设，而且有一个“五年计划”，他只是讨论了第一个“五年计划”的资本筹措问题。他用数量分析的方法表明中国决不可能仅仅依靠国内资本进行工业建设，必须大量利用外资。他的积极利用外资思想与孙中山的主张一脉相承，而且有新的发展。但是，他的主张隐含一个前提条件，就是必须有一个能领导中国工业建设的合格的中央政府。从抗战时期伍启元对国民政府的批评，不难看出他是不会相信国民政府能够胜任工业建设重任和实行正确的利用外资政策的。而在伍启元的利用外资论中，合格的中央政府却是无须讨论的既定前提，这就使他的理论和现实存在着一个不可调和的矛盾。

五、和谐管理论

《中国工业建设之资本与人材问题》下篇讨论了中国各种建设人才（包括普通工人、技术工人、技术人员和管理人才）的需缺和训练问题，其中最有意义的是提出了对工人的管理办法，可以名之为“和谐管理论”，“和谐”是他

---

① 伍启元：《中国工业建设之资本与人材问题》，商务印书馆 1946 年版，第 24 页。

② 伍启元：《中国工业建设之资本与人材问题》，商务印书馆 1946 年版，第 26 页。

③ 伍启元：《中国工业建设之资本与人材问题》，商务印书馆 1946 年版，第 30、31 页。

④ 伍启元：《中国工业建设之资本与人材问题》，商务印书馆 1946 年版，第 32 页。

的原话。

伍启元估计在第一个“五年计划”期间，中国的工矿业和交通业约需工人450万人，主要来源是复员军队和农民。复员军队约可供给三分之一，农民需供给三分之二。他说：“使劳工从农业解放下来的唯一妥善办法是使农业机械化……为着保证工业革命和交通革命能够得到足量的工人供给起见，我们也有使农业机械化的必要，但农业机械化的进展必须与工业革命及交通革命的进展相配合，务使前者所放出来的工人全数都为后者所吸收”①。

工人中的一部分需要成为技术工人，伍启元估计在第一个“五年计划”期间约需140万人。中国因为教育比较落后，要在五年内得到140万小学生来做技工，困难是很大的。伍启元认为可以依照工作性质，采取三种训练办法。一是学徒制度，这种制度初期占有重要地位，在建设过程中，应逐渐采用较新式的训练办法。二是各种训练学校，这是训练技工的主要方式。三是雇用外国或华侨技工，并实行由他们招收学徒的特种学徒制度。此外，还需有精细的技术工人，应有计划地选择在美华侨的青年，有系统地在美国工厂分别学习，使其成为中国技工的一部分骨干。

在工人的管理方面，伍启元强调要建立劳动纪律和提高工作情绪。

关于建立劳动纪律，伍启元指出，现代生产是一种机械的生产，生产的工人也必须像机器一样有纪律，每一个工人都要成为生产机构一个不可分的部分。工人应该遵守上司的指挥，准确地完成所担任的工作。指挥者应该按照科学的方法去组织劳动，安排人力。

西方的企业管理有所谓X理论和Y理论。X理论认为人是厌恶工作的，必须进行强迫性的管理；Y理论认为人并非天生厌恶工作，在管理上应注意发挥工人的潜力和创造力。伍启元的管理思想与Y理论有相似之处，他指出：“在每一个工厂内无论在工人之间，无论工人与管理指导人员之间，都应该很和谐地生活着。必要在完全免除了冲突的心理状态下，然后厂内才能建立起完满的劳动纪律。”②管理者和被管理者应该“和谐地生活着”，没有“冲突的心理”，表明了伍启元对工人的尊重态度。他认为劳动纪律只有在尊重工人的基础上才能建立起来，所提建立劳动纪律的条件有：妥善和适当的工资制度，按年考绩的加薪办法，工人雇用的保障制度（不使其失业），改善工人的生活条件，注重工人的福利。还要鼓励和协助工人成立工会，发

① 伍启元：《中国工业建设之资本与人材问题》，商务印书馆1946年版，第57页。

② 伍启元：《中国工业建设之资本与人材问题》，商务印书馆1946年版，第71、72页。

生劳资纠纷由国家仲裁，依照公正的原则加以处理。禁止资本主关厂或开除工人，禁止工人罢工和怠工。

此外，伍启元还提出仿照苏联的办法，实行工作证制度。工作证向国家劳动管理机构领取，没有工作证的不得工作。解雇工人或转业须得到管理机构的许可。

伍启元认为实行上述办法可以使经济建设得到一批有组织、有纪律、有固定性的工人，但还不能使工人的工作效能提到最高点，必须进一步改善工人的心理和提高工人的情绪。提高工作情绪的方法有：

(1)改良工作环境。“工作环境对工作效能影响甚大。”①工作环境包括工厂的位置、建筑、光线、空气、卫生、防险及其他设备等。

(2)减低工作时间。“在现代的生产中，因为机械化的程度增加，分工的程度较细，工作的单调性增大，工作时每种动作的次数增多，工作时的自然休息减少，因此工人在工作时异常紧张和容易疲劳。”②工人每日工作七至八小时，最多九小时，现在工作十一小时左右的办法必须以法律禁止。

(3)改善工人待遇。中国过去的工资只能维持生存，根本谈不到维持效能。必须提高工资水准，对工作效率特高的还要发给奖金。此外，工人的住食、医药、工人补习及子弟入学等无形收入，都应特别推进。对工作效能特别高的工人，应给予进一步教育或训练的机会。

(4)变更工人的工作态度。可从三方面着手：使大家认识到劳动是高贵的；使工人有参加工厂管理的机会；使工人有同享利润的权利。

(5)实施工作竞赛。伍启元介绍苏联的斯达汉诺夫运动，作为中国推行工作竞赛运动的参考。

从以上可见，伍启元的企业管理目标是建立劳动纪律和提高工作情绪，管理方法是满足工人的各种合理需求，形成企业成员间的和谐关系。他的和谐管理思想不仅在当时具有先进性，就是在今天也能给人以新的启示。

第十二节　张培刚的经济思想

一、哈佛大学年度最佳经济学论文奖获得者张培刚

张培刚(1913～2011)，湖北黄安(今红安)人。1930 至 1934 年就读于武

---

① 伍启元：《中国工业建设之资本与人材问题》，商务印书馆 1946 年版，第 74 页。

② 伍启元：《中国工业建设之资本与人材问题》，商务印书馆 1946 年版，第 74 页。

汉大学，获经济学学士。1934至1940年在中央研究院社会科学研究所担任练习助理员、助理研究员。1941年公费留学美国哈佛大学，1943年与1945年分别获该校经济学硕士和博士学位。1946年回国担任武汉大学经济系教授兼主任。1948年应聘任联合国亚洲及远东经济委员会高级顾问和研究员。1949年2月再次回国，继续担任武汉大学经济系教授、经济系主任。新中国成立初期，到中共中央马列学院学习一年，1952年冬调任筹建华中工学院，任校规划委员兼办公室主任。其后一直在该校（后改名华中理工大学和华中科技大学）工作直到去世。1957年任华中工学院政治经济学教研室主任。1979年任社会科学部主任、经济研究所所长。1985年起先后任经济管理学院和经济学院名誉院长，1988年后兼任经济发展研究中心主任，1998年起担任博士研究生导师。还是中华外国经济学说研究会的名誉会长。著作主要有《广西粮食问题》、《浙江省食粮之运销》（合著）、《农业与工业化》（*Agriculture and Industrialization*）、《微观宏观经济学的产生和发展》（合著）、《发展经济学通论（第一卷）——农业国工业化问题》、《新发展经济学》（主编）、《张培刚选集》、《发展经济学教程》（主编）、《20世纪中国粮食经济》（合著）等。重要论文有《成庄村的农家经济调查》、《清苑的农家经济》、《论国营事业的价格政策》、《发展经济学往何处去——建立新型发展经济学刍议》等。

张培刚的代表作为他的博士论文 Agriculture and Industrialization: An Inquiry into the Adjustments that Take Place as an Agricultural Country is Industrialized，即《农业与工业化：农业国工业化过程中发生的调整研究》。该论文获哈佛大学1946～1947年度经济学专业最佳论文奖和“大卫·威尔士奖金”，这是东方人士在哈佛大学第一次获得此项奖金[①]。该论文又被收入“哈佛大学经济丛书”第85卷，1949年由哈佛大学出版社出版，1969年美国再版。1951年译成西班牙文在墨西哥出版。该博士论文在民国时期以中文方式发表了一部分[②]。中文全译本于1984年由华中工学院出版。

张培刚是民国时期著名的农业经济学家，研究内容涉及农家经济、粮食问题、农业与工业化的关系等问题。当时作为青年学者，其学术影响不如董

① 《校闻：张培刚教授荣获哈佛奖学金》，《国立武汉大学周刊》第366期（1947年）。

② 即《工业演进理论的一个研究》，《社会科学杂志》第9卷第2期（1947年）；《农国工业化对于国际贸易的影响》，《中央银行月报》新2卷第10期（1947年）；《农国工业化与国际资本移动》，《中央银行月报》新3卷第2期（1948年）。

时进、谷春帆、刘大钧等人。张培刚的学术产生较大影响是在中国改革开放之后，他被称为“发展经济学”的创始人之一①。

张培刚学术思想有三个特点：(1)学者型经济学家。与马寅初、谷春帆、王亚南等思想家型经济学家不同，张培刚不参与政治斗争，关心的是在既定的政治制度下如何提高经济效率。在民国百家争鸣的环境下，张培刚很少参与学术大争论，更没有挑起论争。(2)学术规范，尽职尽责。他是武汉大学和哈佛大学的优秀学生，博士论文反复引用他的老师熊彼特、张伯伦(E. H. Chamberlin)、布莱克(J. D. Black)、汉森(H. Hansen)、厄谢尔(A. P. Usher)、哈伯勒(G. Haberler)等人的观点。他又是一位好员工，在中央研究院社会科学研究所时，圆满完成陶孟和安排的任务，在武汉大学任教时，培养了众多学子。(3)采用新古典方法，注重实地调查与抽象研究。《农业与工业化》采用新古典局部均衡方法为主，辅以不完整竞争理论、总体分析、区位理论等，旁征博引，强调经济现象的一般解释，他的研究方法比当时国内学者更规范和国际化。

张培刚在民国时期的学术生涯大致可分为三个小的时期：(1)1934～1940年，在中央研究院社会科学研究所主要进行中国农村调查和农业经济研究。(2)1941～1945年，在哈佛大学研究“农业与工业化”。(3)1946～1949年，研究内容大大拓宽，涉及经济理论、制度、政策等。

二、中国农业经济论

1934～1940年，张培刚在中央研究院社会科学研究所所长陶孟和安排下，进行中国农村调查和农业经济研究，由此，他成为民国时期著名的农业经济学家，对中国农家经济和中国粮食经济的研究做出了贡献。

(一)关于中国农家经济

在20世纪20～30年代，调查研究中国农村经济主要有两派：一派以金陵大学美国教授卜凯为代表，主要关注农家经营和农耕技术；一派以中央研究院社会科学研究所陈翰笙为代表，主要关注农村生产关系和土地问题。张培刚的研究却体现了两派的某种结合，《清苑的农家经济》就是这种结合的代表。

1930年夏，陈翰笙、王寅生、韩德章、钱俊瑞、张稼夫、张锡昌主持了保定

① 参见谭慧编：《学海扁舟：张培刚学术生涯及其经济思想》，湖南科学技术出版社1995年版。

(清苑县)农村调查[1]。1931年王寅生等著《兵差与农民》[2],1933年陈翰笙著《现今中国的土地问题》,王、陈二文利用了保定调查的部分资料。调查完成后,因陈翰笙等人离开中央研究院,调查材料没有及时全面整理和出版。1934年,陶孟和即安排张培刚接手全面整理分析这批材料。1936年3月～1937年3月,张培刚著长篇论文《清苑的农家经济》分三期发表,该文共213页,字数超过10万,是对保定农村调查的较全面整理和分析。保定农村调查是陈翰笙等主持的重要的深度的农村调查,《清苑的农家经济》的出版,保留了大量的第一手材料,这是张培刚的重要学术贡献。让人难以理解的是,到1984年,陈翰笙等人仍认为:保定农村调查材料一直未及出版[3]。他们到底是不知道,或者是不认可张培刚的整理呢?可能性较大的是后者,因张培刚的整理和陈翰笙等人的期望有许多不同。

张培刚只整理了韩德章、张稼夫负责的材料,舍弃了钱俊瑞、张锡昌负责的部分。即整理了分户调查11村1 775户中的3村500户,分村调查72村中的24村,对调查的所有项目都进行了整理。在1935年冬天,张培刚与韩德章一起还对保定进行了补充调查[4]。

张培刚《清苑的农家经济》采用了陈翰笙按阶级进行的农户分类法,将农户分为地主、富农、中农、贫农、雇农五类。研究了陈翰笙在《现代中国的土地问题》里关注的各阶级农户土地占有、耕地地块的分散、耕地面积的下降、地价的下跌等内容。这体现了张培刚与陈翰笙在研究方法与内容选择上的共同点。另一方面,在材料分析和结论方面,张培刚与陈翰笙却有不同,比如,陈翰笙制作了"保定土地分配表",发现"保定的贫农与雇农,平均每家不到7亩地。所以65.2%的农家只有耕地的25.9%,反之,11.7%的地主与富农,却有土地41.3%"[5]。强调的是保定农家土地分配的严重不均。张培刚制作了"各农家所有田亩次数表",发现"94%的农家,每户所有田亩都是在一亩到五十亩这一组级"[6]。强调的是保定农村土地所有表现出小额

---

① 1930年,保定为清苑县属的一个区,为县治所在,当时的调查村均归属于清苑县。参见史志宏:《无锡、保定农村调查的历史及现存无、保资料概况》,《中国经济史研究》2007年第3期,第80页。保定农村调查和清苑县农村调查所指相同。

② 王寅生等:《兵差与农民》,见冯和法编《中国农村经济论》,黎明书局1934年版,第377～384页。

③ 陈翰笙、薛暮桥、冯和法编:《解放前的中国农村》第一辑,中国展望出版社1985年版,《陈翰笙序》;以及陈翰笙等编:《解放前的中国农村》第三辑,中国展望出版社1989年版,第40页。

④ 张培刚:《清苑的农家经济》(上),《社会科学杂志》第7卷第1期(1936年)

⑤ 《现代中国的土地问题》,《陈翰笙集》,中国社会科学出版社2002年版,第37、38页。

⑥ 张培刚:《清苑的农家经济》(上),《社会科学杂志》第7卷第1期(1936年)。

的与分散的中小农特征。又比如，张培刚和陈翰笙均认为保定农村地主、富农、中农、贫农、雇农五个阶层之间有很大的经济地位差别。陈翰笙的主要结论是："大地主是促成农村崩溃的主要因素。"①张培刚却认为：农村五个阶层的经济地位是流动的，因各农家经济地位的差异，导致他们在农业经营和家庭收支不同的效益。在农作物经营方面，地主、富农、中农均盈利，贫农、雇农亏损；在家庭收支方面，仅地主盈余，其他阶层均亏损②，而盈亏的因素是多方面的。

《清苑的农家经济》又采用了卜凯《中国农家经济》的许多方法，特别是采用了深受卜凯影响的韩德章《河北省深泽县农场经营调查》里的方法③。韩文被钱俊瑞称为"卜凯教授所著的《中国农场经济》的'具体而微'的承续"④。韩德章为张培刚同事和朋友，张培刚在《清苑的农家经济》多处提到韩德章的讨论和帮助。在文章结构和分析方法上，《清苑的农家经济》与《河北省深泽县农场经营调查》和《中国农家经济》有着清晰的借鉴和模仿关系。它们的重点都是关注和分析农家的农业经营的效益和家庭收支的盈亏。另一方面，在具体研究项目的选择和盈亏科目的计算上，张培刚与韩德章以及卜凯均有不同，张培刚、韩德章研究了农家借贷，卜凯却没有涉及。韩德章、卜凯在计算农家收支的盈余时，均减去农家总资本每年 8%的利息，张培刚在计算农家盈余时却没有此项减除。因此，再加上调查材料的不同，他们调查的结论就有很大区别：在《中国农家经济》里，平均每个农场盈利 239.6 元，场主家庭平均赚款 290.97 元⑤。在《河北深泽县农场经营调查》里，平均每个农场净亏损 124.05 元⑥。在《清苑的农家经济》里，平均每个农场的农作物经营盈利为 25.86 元，平均每个家庭的总收支亏损 20.4 元，作物经营和家庭收支盈利的农家都占 38%，亏损的农家占 62%⑦。

张培刚《清苑的农家经济》既采用了陈翰笙的阶级分析方法，又采用了卜凯的农家经营研究方法，整理保存了北方以自耕农为主的典型农村资料，这就使它具有特殊的学术价值。

---

① 《现代中国的土地问题》，《陈翰笙集》，中国社会科学出版社 2002 年版，第 44 页。

② 张培刚：《清苑的农家经济》（下），《社会科学杂志》第 8 卷第 1 期（1937 年）。

③ 韩德章：《河北省深泽县农场经营调查》，《社会科学杂志》第 5 卷第 2 期（1934 年）。

④ 《现阶段中国农村经济研究的任务——兼论王宜昌韩德章两先生农村经济研究的"转向"》，《钱俊瑞选集》，山西人民出版社 1986 年版，第 245 页。

⑤ 卜凯：《中国农家经济》，商务印书馆 1936 年版，第 113～116 页。

⑥ 韩德章：《河北省深泽县农场经营调查》，《社会科学杂志》（北平）第 5 卷第 2 期（1934 年）。

⑦ 张培刚：《清苑的农家经济》（下），《社会科学杂志》第 8 卷第 1 期（1937 年）。

除《清苑的农家经济》外，张培刚还发表了《成庄村的农家经济调查》①，该文调查结果是：成庄村 24 户农家平均每家亏损 22.6 元，盈利农家占总户数 12.5%，亏损占 87.5%。亏损原因"主要的不在支出过多，而在收入过少"。填补收支亏短的办法是：实施耕者有其田，减少佃农负担；改良农作物经营技术，以增加收获；充实农家的生产资本，使能善为耕耘和扩大蓄养；提倡乡村工业，使农民有从事副业的机会。张培刚提出的策略包括了陈翰笙等人提倡的土地改革和卜凯等人提倡的农业技术改良。

（二）关于中国粮食经济

张培刚研究中国粮食问题主要成果有：《广西粮食问题》（1938 年）、《浙江省食粮之运销》（1940 年）以及《中国粮食经济》（1941 年手稿）等。

1. 中国粮食问题的特点

中国是一个人口众多的农业大国，历史上饥馑灾荒频仍，粮食和吃饭问题始终是中国经济和社会的最基本问题。近代以来，内忧外患，粮食问题成为有关民族生存的大问题，那么，中国粮食问题到底有什么特征，亟待学术界做出回答。为此，张培刚从中外比较的角度论述了中国粮食问题的如下特点：

（1）粮食问题的中心在供给问题。美国、苏联为粮食输出问题，英国为粮食输入问题，中国则为增加生产，以达到粮食自给的问题。

（2）复杂多样的粮食生态。中国地广人多，各地粮食生产、消费、运销等方面差异极大，呈现出十分复杂多样的生态，此种特点正可抵御粮食风险。"我国正因国土面积广大，使粮食之供需调剂，近乎世界粮食问题所具有的性质，此实为我国地大之优长。"②

（3）粮食生产方面。第一，粮食生产占据全国农业生产的主要地位，粮食作物占耕地面积达 82%。第二，农业生产适应性极为迟缓，调整难度较大，粮食作物在上千年的历史中变动缓慢。第三，靠天吃饭，灾荒频仍，粮食供给稳定性差。

（4）粮食消费方面。第一，中国人民普遍营养不足，吃饱没有满足，还谈不上欧美关心的"吃好"。第二，粮食消费习惯差别极大，包括各地区的差别以及同地异时的差别。第三，中国人民食物热力来源以植物性食料为主，与欧美以动物性食料和植物性食料并重不同。第四，中国人民在食用上伸缩

---

① 张培刚：《成庄村的农家经济调查》，《中国经济评论》第 2 卷第 10 期（1935 年）。

② 张培刚、廖丹清：《二十世纪中国粮食经济》，华中科技大学出版社 2002 年版，第 12 页。

性极大，在食用数量方面，既可以日食三餐，也可以日食两餐。在食物种类上，既可以食米为主，也可以吃杂粮为生。食物上的较大弹性源自不断应付贫困和灾荒。

(5)运销机构方面。第一，粮食作物商品化程度不高，农家生产，多用于自家消费。第二，农村存在地主、商人、高利贷者三位一体的制度，“由于集三种职业于一身，地方批发商在操纵地方市场时处于有利的支配地位”[①]。农民是粮价的被动接受者。第三，运销组织零星散漫，运销效率低微；新式运输系统未能建立，粮食运费高昂，不利于调节各地供需。

(6)粮食价格方面。第一，价格异地异时差异极大。第二，价格适应迟缓，价格反应不敏捷。[②] 这意味着粮食供需调节缺乏效率，粮食经济机构极不健全。

张培刚总结的上述中国粮食问题特点，对研究今天的粮食问题仍有启发意义。

2. 中国粮食自给问题

20 世纪 20～30 年代，中国粮食贸易出现巨额入超，外国的米、麦大量输入，中国号称以农立国，粮食竟然大量依靠外国进口，这种现象通常认为是中国农村经济破产导致粮食不能自给的结果。张培刚的研究得出了与时论不同的看法。

张培刚运用省单位运销额推算法，将全国划分为米粮总区和杂粮总区。米粮总区又分为米粮不足区(苏、浙、闽、粤四省)、米粮剩余区(皖、赣、湘、桂四省)、米粮自给区(鄂、川、黔、滇四省)。杂粮总区又分为杂粮不足区(冀、鲁、豫三省)、杂粮剩余区(察、绥二省)、杂粮自给区(晋、陕、甘、宁、青五省)、东北剩余区(辽、吉、黑、热四省)。对每省的粮食运销额进行研究后，张培刚认为：中国杂粮、小麦、面粉可以自给，在现有运销条件下，只有稻米供给不足，米粮总区大致差米 887.5 万市担，杂粮总区大致差米 287.2 万市担，全国稻米常年大致不足 1 200 万市担，这个数字，也大致等于当时近 10 年来平均每年外国米进口的数字[③]。

张培刚进一步指出，常年缺米量 1 200 万市担为国内粮食运销出现阻碍和外国米倾销的结果，不能代表正常的供需关系。“我国粮食运输，以水路

---

① 张培刚、廖丹清：《二十世纪中国粮食经济》，华中科技大学出版社 2002 年版，第 403 页。
② 张培刚、廖丹清：《二十世纪中国粮食经济》，华中科技大学出版社 2002 年版，第 11～17 页。
③ 张培刚、廖丹清：《二十世纪中国粮食经济》，华中科技大学出版社 2002 年版，第 212～225 页。

为主，在水运缺乏之区，粮食即不能畅然流通。益以运销组织之不健全，中层阶段之过于繁多，致调盈剂虚之工作，更迟缓与困难。”加上“米粮剩余区各省，惯常有禁米出口法令之颁行。民国以来，湘、赣、皖三省几年年颁行米谷出口禁令”。因此，造成中国粮食不能自由流通。如果改善运销条件，取消米谷出省禁令，使各省粮食运销的潜力发挥，“在常态下，即在现有生产能力与消费习惯下，我国粮食足以自给”①。

为了达到和保持粮食自给，张培刚提出的对策是：第一，对国外粮食进口征收高额关税，以防止外国倾销和保护国内粮食生产；第二，改进国内运销机构，发展交通运输，减少粮食运销的中间环节，取消国内省县之间的粮食出口禁令；第三，提高农业生产效能，以增加粮食生产，调整消费方式，以节约不必要的浪费。

3. 粮食与经济活动的区位化

1938 年，张培刚在《广西粮食问题》一书中，制作了《广西水稻分布图》和《广西人口分布图》，他发现两图高度吻合，即广西水稻产量的分布与广西人口密度的分布一致，他进而推论：“唯人口繁殖，劳工众多之地，始能种植水稻，亦唯水稻始能赡养大宗人口，二者殆相互影响而互为条件者。”②

1944 年，张培刚在《中国粮食问题综述》英文稿中，将他在广西的发现推论到全国。他认为：全国粮食生产分为种植业为主和以畜牧业为主的两大区域，种植业为主的区域又分为稻米区和杂粮区，以畜牧业为主的区域又分为牧业区和种植业与牧业混合区。中国人口分布情况是：粮食种植业区的人口要比畜牧业区稠密，稻米区的人口又要比杂粮区稠密。因此，粮食的区域分布影响和决定了人口的分布。张培刚进一步指出：粮食生产的地域分布还决定了粮食加工业、粮食贸易中心及地方手工业的区位③。

张培刚在其博士论文《农业与工业化》中，将中国粮食生产与经济活动区位的关系抽象为一般现象。他说：“任何国家，在产业革命发生以前，食粮是工业、商业及其他各种经济活动确定区位的主要因素。一旦一个国家已经明显地开始工业化了，粮食资源就不再是主要的定位因素，而须让位于他种资源。”④张培刚还论述了粮食生产的分布又由土地、气候以及其他的农作

① 张培刚、廖丹清：《二十世纪中国粮食经济》，华中科技大学出版社 2002 年版，第 225～235、248、251 页。

② 张培刚：《广西粮食问题》，商务印书馆 1938 年版，第 20、21 页。

③ 张培刚、廖丹清：《二十世纪中国粮食经济》，华中科技大学出版社 2002 年版，第 392～394 页。

④ 张培刚：《农业与工业化》，华中工学院出版社 1984 年版，第 31 页。

便利等粮食资源所决定[1]。即地理环境决定粮食分布，粮食分布决定经济活动区位，这就近于地理环境决定论了。

三、工业化论

张培刚本为中国的农业经济学家，为了弄清农业与工业化的关系，他在《农业与工业化》里专章论述了工业化理论。

(一)工业化的定义

张培刚工业化理论的核心是他对工业化的独特定义。他指出："'工业化'(Industrialization)可以被定义为一系列基要的'生产函数'(Production Function)连续发生变化的过程。这种变化可能最先发生于某一个生产单位的生产函数，然后再以一种支配的形态形成一种社会的生产函数而遍及整个社会。'基要的'(Strategical)生产函数的变化能引起并决定其他生产函数的变化，对于后者我们可以称为'被诱导的'(Induced)生产函数。从已经工业化的各国的经验来看，这种基要生产函数的变化，最好是用交通运输、动力工业、机械工业、钢铁工业诸部门来说明。"[2]

张培刚的工业化定义是一高度抽象化的定义，其理解的重点和难点就是他用引号强调的三个关键词："生产函数"、"基要的"生产函数、"被诱导的"生产函数，而这三个关键词中的核心又是"基要的"生产函数。

为了进一步说明前述定义，张培刚又指出："如果我们将所有的生产部门——制造业、采矿业及农业——分为资本品(Capital-goods)工业及消费品(Consumption-goods)工业，显而易见的，这些基要的生产函数大都与资本品工业相关连。同样显而易见的，差不多所有的农业经营，以及一部分制作工业如纺织工业、制鞋工业，都是属于消费品工业的范围。依照这种分类，农业经营如同任何其他消费品工业一样，必定要同样受基要的生产函数的影响和控制。只有依照这种解释，在我们的定义下的工业化才可以将制造业的工业化及农场经营的工业化都包括在内。参照以往两个世纪的历史，我们就能清楚地看到，'基要的'创新('Strategical' innovation)怎样带来，又怎样加强我们所谓的'工业化'的过程。其中最显著的是：铁道的建立，钢制船舶的使用及运输的摩托化(Motorization)，蒸汽引擎的广泛应用及动力工业的电气化(Electrification)，在制造业及农业上机器的发明和应用，以及机器

① 张培刚：《农业与工业化》，华中工学院出版社 1984 年版，第 93 页。
② 张培刚：《农业与工业化》，华中工学院出版社 1984 年版，第 70、71 页。

工具的制造和精细化。这些基要的创新或基要的生产函数的变化，更进一步加强了伴随现代工厂制度、市场结构及银行制度之兴起而来的'组织上的'变化（'Organizational' changes）。这一切变化，都曾经对农业及制造工业的生产结构发生巨大的作用，因之曾经构成，而且将继续构成，工业化过程的主要特征。"①总之，"工业化的特征是战略重要性技术的变动，以及因之而起的经济组织和社会制度方面的调整"②。

从上面论述可知，张培刚的"基要的生产函数"大致是指基要技术变化引起的产出变化，它与工业生产中的资本品生产相联系。"被诱导的"生产函数是指"基要的生产函数"决定并引起变化的其他生产函数，它与农业经营和消费品工业相联系。

张培刚以"基要的生产函数"对工业化的定义强调的是技术因素，与着重资本或劳动的其他定义不同③。它说明工业化不仅是制造业的工业化，还包括农业经营的工业化，它不仅是生产力的变革，而且是社会组织的变革。张培刚认为，基要的生产函数是工业化进程中的决定因素，且大多与资本品工业相关联，这就特别强调了资本品工业在工业化过程中的重要性。

然而，张培刚的工业化定义过于抽象，对"基要的生产函数"等新名词也没有进行明确的具体解释，"一系列基要的生产函数连续发生变化的过程"似乎不能将工业社会和前、后工业化社会进行明确的区分。这一定义过于重视基要技术进步的作用，而忽略了资本和劳动，过分强调了资本品工业的重要，忽略了消费品工业和农业的作用。它具有片面的深刻性。

1944 年刘大钧也对工业化进行了定义，他指出工业化是"各种生产事业机械化及科学化，而其组织与管理亦科学化及合理化"④。工业化的特点有 10 条，主要有以下四个方面：(1)工业本身机械化与科学化；(2)各种生产事业以工业为中心而发展，工业化之影响遍及各种生产事业；(3)事业组织及管理科学化及合理化；(4)社会观念的重大变化。对比张培刚的工业化定义，刘大钧同样指出了工业化包括农业经营的工业化，工业化带来社会组织的变革等内容。刘大钧的工业化定义显得更具体和容易理解。

(二)工业化的发动因素与限制因素

张培刚指出，发动并定型工业化过程最重要的有五个因素：人口，资源

---

① 张培刚：《农业与工业化》，华中工学院出版社 1984 年版，第 71、72 页。

② 张培刚：《农业与工业化》，华中工学院出版社 1984 年版，第 157、158 页。

③ 张培刚：《农业与工业化》，华中工学院出版社 1984 年版，第 236 页。

④ 刘大钧：《工业化与中国工业建设》，商务印书馆 1944 年版，第 3 页。

或物力，社会制度，生产技术，企业创新管理才能。其中，企业创新管理才能和生产技术为发动因素，资源及人口为限制因素，社会制度则既是发动因素，又是限制因素。

企业创新管理才能是指改变生产要素的组合或应用新的生产要素组合，特别是指“企业创建精神”，即企业家为利润而经营企业外，还有“‘为企业本身的发展而经营企业’的精神或志愿”[①]。企业的创建精神是资本主义兴起的基本发动因素，中国文化传统却缺乏这种精神，以至于产业革命没有在中国自动发生。

生产技术包括发明及创新，又指产业科学和技术，以及这种科学和技术的应用。张培刚引用马克思、熊彼特、桑巴特（W.Sombart）、厄谢尔等人的观点说明，生产技术的创新在工业化兴起过程中起了关键作用。“许多经济学者和经济史家解释工业进化和现代资本主义的兴起时，很着重生产技术这一因素，有些学者或史学家甚至认为它是支配的因素。”[②]

将企业创新管理才能和生产技术作为工业化的发动因素，是张培刚偏重于生产技术的工业化定义的符合逻辑的推演。也与其老师熊彼特创新理论一脉相承。张培刚说：“熊彼特的经济发展理论则是以‘创新’为基础，而创新在本质上就是企业家所实现的生产技术资料的变动。”[③]

资源包括农地、森林、矿藏以及气候、雨量、水力等。一国资源特点是一国工业化的基本限制因素。产业革命前，影响粮食生产的资源如耕地等是经济发展的主要限制因素；产业革命后，矿藏等资源就是经济发展的基本限制因素。

人口问题包括数量、增长、构成及构成的变化等方面。张培刚认识到人均国民收入是衡量经济发展和人民福利的主要指标，“有了预期的生产技术变化及潜存的资源数量之后，人口的数量自然成为决定这些比率的限制因素”[④]。因此，人口与资源的比例是工业化的另一基本限制因素。张培刚批评了马尔萨斯理论，说明张还没有认识到发展中国家的人口陷阱。张培刚仅仅研究了人口的数量、构成等问题，还没有涉及人口质量的问题，也没有人力资本的概念。因此，他将人口因素仅仅看成是限制因素，实际上，如果认识到人口质量的提高，显然人口又是工业化的发动因素。

---

① 张培刚：《农业与工业化》，华中工学院出版社1984年版，第87页。
② 张培刚：《农业与工业化》，华中工学院出版社1984年版，第90页。
③ 张培刚：《农业与工业化》，华中工学院出版社1984年版，第89页。
④ 张培刚：《农业与工业化》，华中工学院出版社1984年版，第95页。

张培刚将社会制度因素作为既定的,没有加以研究和说明。

张培刚工业化的发动与限制五因素论,强调了企业家主导的技术创新以及人口与资源的比例关系,但是,该理论里却没有资本积累这一十分重要的因素,人口因素也不能完全称为限制因素。

(三)工业化的类型与阶段

关于工业化的类型,张培刚将其主要分为三种类型:(1)个人或私人发动的,如英国、法国、美国;(2)政府发动的,如苏联;(3)政府与私人共同发动的,如德国、日本。苏联又可称为"革命的"类型,其他国家为"演进的"类型。

关于工业化的发展阶段,张培刚根据德国霍夫曼(W. Hoffmann)的研究,将自发演进的工业化划分为三个阶段:"1. 消费品工业占优势;2. 资本品工业的相对增加;3. 消费品工业与资本品工业的平衡,而有资本品工业渐占优越地位的趋势。"①

关于工业化的类型与阶段的论述,张培刚主要是总结了发达国家的历史经验和吸收了霍夫曼的研究成果,他本人的创见不多。但是这一总结,为他肯定苏联优先发展资本品工业的历史经验做好了铺垫。

(四)工业化的速度

张培刚根据英国、美国、苏联等国不同类型工业化的历史经验,总结出一国工业化的速度由四种因素决定。第一,生产技术的发展阶段。在较后阶段进入工业化过程的国家,工业化的速度一定高于较早阶段进入工业化过程的国家,这是因为就社会结构及经济结构而论,前一种国家比后一种国家更易于采用最近的生产技术发明以及最新的组织形式,而不像后一种国家有更多的制度上的障碍。第二,政府的政策。工业发展有两种类型:一种是演进型的,一种是革命型的。在革命型的情形下,政府居于发动地位;而在演进型的情形中,政府只略尽助力,个人居于发动地位。显而易见,在政府居于发动地位的情形下,工业化的速度一定较高。第三,开始于消费品生产或是开始于资本品生产。由于技术上的理由,开始于资本品生产或着重于资本品生产的国家,在工业化初期经济转变的速度往往较高。第四,筹措资本的方法。"资本的筹措,可能基于本国的自给自足,也可能向国外借贷。如果外资能得到有效的投放和运用,而无损于本国的政治独立和国内经济的前途,则其利用实属得策,将能大大地增高工业化的速度。"②

① 张培刚:《农业与工业化》,华中工学院出版社 1984 年版,第 107 页。

② 张培刚:《农业与工业化》,华中工学院出版社 1984 年版,第 119 页。

上述第一条指出了后发国家在技术上的学习优势，第四条指出了利用外资有利于快速工业化，第二条和第三条实际上是总结和肯定苏联的工业化经验，即政府的积极作为和着重于资本品工业生产。

张培刚工业化理论主要是总结欧美、苏联等工业化先进国家的历史经验，并没有提出明确的政策主张。但是，根据他的理论论述，符合逻辑的政策推论是：后发国家工业化应重视企业家主导的技术创新，防止人口与资源比例关系的失调，政府应积极作为，重视资本品工业生产，利用后发优势，引进外资等。

四、农业与工业化论

张培刚在《农业与工业化·导论》中表明了他希望研究和解答的四个问题：(1)工业发展对于农业改革是必要条件还是充分条件？(2)在一个国家内，农业与工业之间能否维持一种平衡？(3)在农业国与工业国之间能否维持和谐及互利的关系？(4)如中国这样的农业国在工业化过程中将会遇到哪些特别迫切的问题？

为此，张培刚讨论了有关农业与工业的四种关系：(1)农业与工业，(2)农业改良与工业发展，(3)农业与工业化，(4)农业国与工业国。第一种关系是指农业与工业两种产业的静态的一般相互依存关系；第二种关系是指在工业化过程中，农业改良与工业发展的动态关系；第三种关系是指农业在工业化中的地位和作用，以及工业化对农业的影响关系；第四种关系是指正在工业化的国家和已经工业化的国家之间的经济关系。四组概念既有联系，更有区别，不能混同。

(一)农业与工业的相互依存关系

张培刚将生产活动分为农业、工业、运输、商业、银行及其他经济服务业五个部门，它们之间具有相互依存的关系。他特别研究了农业与工业这两个部门的关系。农业是指“生长性”的初级生产部门，包括一切形态的农场经营；工业是指制造及机械生产部门，也包括手工业[①]。张培刚认为，农业与工业之间有四种联系因素，即食粮、原料、劳动力、市场。所谓联系因素，意味着是一种平等的相互依存关系。张培刚也提到食粮、原料、劳动力主要是农业主动向工业提供，但是，我们也可认为工业向农业方面的食粮、原料、劳动力提供了市场，这两方面是相互依存的关系。因此，不能将张培刚提出的

---

① 张培刚：《农业与工业化》，华中工学院出版社 1984 年版，第 249、250 页。

农业与工业的四大联系因素等同于他提出了农业对工业有四大贡献，更不能进一步衍生为他提出了农业对工业化四大贡献的思想。

关于农业与工业能否保持平衡，张培刚认为，理论上，农业与工业之间应有一个调整的适度点，这个适度点可以称为“平衡”或“接近平衡点”。但是实际上，这种适度点从来不可能达到，特别是工业化过程中，“农业的扩张是多少有限的，而工业的扩张则几乎是无穷的”，“农业在整个经济里的相对重要性是下降了”[①]。由此可见，张培刚不主张农业与工业平衡发展。

（二）农业改良与工业发展

张培刚将农业改良及改革看作是农业的机械化和农场经营的大规模组织。他根据前述农业与工业的相互依存关系，认为工业化过程中两部门的发展仍然是相互影响的。他说：“工业的发展和农业的改革是相互影响的，而这两部门的活动总是相互依存的。但是我们也要承认，两种相互影响的程度决不相同。在产业革命以前的一段时期里，农业改革曾经促进了工商业的发展……但产业革命以后，工业发展对农业的影响显然大于农业对工业的影响。”[②]他进而明确指出：工业化过程中，工业的发展是农业改革的必要条件，但不是充分条件。“因为农场机器、化学肥料，以及其他为现代耕种所必须的设备和工具，都必须由现代工业来提供。而且，只有当人民的收入由于工商业的发展而获得相当大的增加之后，才可以提高（虽然是以渐减率提高）对农产品的需要并刺激农业的改良。”[③]这是现代工业在技术和市场方面对农业的深刻影响。仅仅有工业的发展还不足以引起农业的改革，农业改革还需要运输的改良和农场的合并，以及土地的重新分配等条件。

以上论述表明：张培刚虽然认识到工业化过程中农业改良与工业发展是相互影响的，但他强调的重点是工业发展对农业改良的影响，几乎没有研究农业改良对工业发展的影响。这一思想与他的工业化定义相关，他认为工业的发展和基要生产函数的变动两者，大致上是一样的东西。而基要的生产函数变动是工业化的决定因素，因此，他自然重视工业的发展超过农业的改良。他反对的主要是农业可以不依赖工业也可以单独发展的主张，这一主张在中国的代表就是“以农立国”派。

（三）农业与工业化

“农业与工业化”是张培刚用作书名的主题。农业是社会生产的一个部

---

① 张培刚：《农业与工业化》，华中工学院出版社1984年版，第239页。
② 张培刚：《农业与工业化》，华中工学院出版社1984年版，第122、123页。
③ 张培刚：《农业与工业化》，华中工学院出版社1984年版，第237页。

门，工业化是指整个社会经济转变的过程，这两者的相互关系包含农业对工业化的贡献，以及工业化对农业的影响。

关于农业对工业化的作用和贡献，张培刚指出了三点：第一，“因为对粮食需求的收入弹性低，所以在工业化达到使人民获得一个合理的生活水准时，农业的地位将不免要略形下降”。农业人口会下降，但农业产量还会升高。第二，“在中国工业化过程中，农业将只扮演一个重要而又有些被动的角色。在理论上和历史上，我们知道任何重要的并遵循科学耕作途径的农业改良，都必须以基本机要部门的工业发展为前提。”第三，“农业可以通过输出农产品，帮助发动工业化……中国农产品输出的扩张性很可能是不大的。所以发动工业化的资金，看来在很大程度上，有赖于其他渠道。”①他在《农业与工业化·结语》中指出：中国工业化的激发力量必须在农业以外的来源中去寻找。“这就是说，在未来经济大转变过程中，农业只能扮演一个重要但比较被动的角色，而要使工业化得以开始和实现，还须另找推动力量，特别是在社会制度方面。”②

张培刚将农业在工业化过程中只能扮演一个重要但比较被动的角色的论断，也与他的工业化定义相关。他理解的工业化主要是资本品工业技术进步结果，作为传统生产部门的农业很难在这方面有什么贡献。他强调的工业化的发动因素是企业家主导的技术创新。

关于工业化对农业的影响，张培刚在《农业与工业化》中以两章的篇幅分别说明了工业化对于农业生产和农场劳动的影响。

首先，张培刚认识到工业化是农业生产效率提高的前提条件，工业化影响农业生产有两种模式：一种为美国、苏联模式，即通过农业机械化提高农业生产率；一种为日本、德国模式，即通过运用化学肥料来提高农业生产。张培刚重点研究了美国、苏联模式，他认为机械化对于农业生产有四种影响：(1)动力机械和机动货车代替了牛、马、骡等役畜，提高了耕作效率；(2)提高了每个农民的生产力和每单位土地的生产力；(3)扩大了农场面积，农业经营取得了规模经济的效应；(4)有利于农产品的运输和储藏的改良，进而大大扩大了农产品市场。

其次，工业化对农场劳动的影响。在工业化过程中，农业劳动者的收入有所增长，但赶不上其他行业劳动者的收入增长，在农业生产的各要素中，

---

① 张培刚：《农业与工业化》，华中工学院出版社 1984 年版，第 207、208 页。

② 张培刚：《农业与工业化》，华中工学院出版社 1984 年版，第 242 页。

劳动所占的收入份额会下降，资本及管理的收入份额会上升。另一方面，工业化也提高了农场劳动者的收入，还减轻了农业劳动的负担。工业化对农场劳动的另一重大影响是大批农场劳动力向工厂转移。农村劳动力向城市转移有两种力量：一方面，农业使用机器后，机器代替了劳工，农村出现剩余劳动力，农民难以在农场谋生，被"推"入城市；另一方面，城市的货币工资高于农村，农民被"拉"入城市。

最后，农业与工业的四个联系因素均要发生调整。(1)粮食方面，农业将继续是粮食供给的主要来源，在工业化初期，粮食的需要会增大，在工业化中后期，农业种植结构会发生变化，即农作方式的重新定向，包括由耕种吃饱的食物向耕种吃好的食物转变，为役畜种植饲料作物的改变，以及为工业改种大量原料。(2)原料方面，工业化过程中，农业将为轻工业继续和扩大提供原料。(3)劳动力方面，工业化过程中将发生农场到工厂的劳动力转移。(4)农业为工业产品提供购买者，包括一般生活用品的购买和农业生产资料品的购买。

(四)农业国与工业国

张培刚探讨了从工业国到农业国的资本移动，农业国与工业国之间的贸易，以及农业国与工业国之间的利益协调。

关于从工业国到农业国的资本移动，张培刚认为，第二次世界大战后能够输出资本的仅有美国，资本要从美国转移到中国、欧洲等需要资本的国家，"其中最重要而基本的因素是借款国家的政治安定的情形和工业发展的远景"①。同时还要看各国推行是否有利于外资进入的政策。张培刚采用谷春帆的统计数字，认识到中国人均新式资本不足 9 元，且中国人民生活水平低，难以通过储蓄积累资本。"为了加速工业化，在维护政治独立的情况下，外国资本的利用是值得大加推荐的。这对于借贷两国双方也将是有利的。"②

关于农业国与工业国之间的贸易，张培刚认为，农业国主要输入工业制造品和输出农产品，工业国则相反。农业国与工业国之间的贸易，"农业国一般要处于相对不利的情况，因为国外对它的产品的需要，一般是较少弹性的……贸易中各项商品的需要弹性无疑是决定贸易条件有利与不利的一个重要因素。"③当农业国进行工业化时，它与别国的贸易性质和内容就开始发

---

① 张培刚:《农业与工业化》,华中工学院出版社 1984 年版,第 220 页。
② 张培刚:《农业与工业化》,华中工学院出版社 1984 年版,第 222 页。
③ 张培刚:《农业与工业化》,华中工学院出版社 1984 年版,第 229、230 页。

生变化，它输入较多的食物、原料、半制成品和制成品，输出较多的制成品和半制成品。

关于农业国的工业化给予已经工业化国家的影响，张培刚认为，农业国工业化是经济发展不可避免的结果，农业国与工业国的经济活动是相互依存的关系，农业国工业化将提高国际分工水平，有利于世界各国福利的增进。农业国工业化在某些产品上可能同老工业国形成竞争，同时，由于后进国家生产力和生活水平的提高，将提高这些国家的边际输入倾向，而有利于老工业国家。从长期和总体来看，农业国工业化对农业国和工业国双方均有利。

综上所述，张培刚讨论了农业与工业、农业改良与工业发展、农业与工业化、农业国与工业国这四种关系，最核心的问题是农业发展与工业化的互动关系。张培刚强调了工业化对农业发展的重要作用，至于农业发展对工业化的影响，他强调的是农业只能扮演一个重要但比较被动的角色。由此可知，在农业国工业化过程中，张培刚强调和重视的是工业化对农业发展的带动作用，相对忽视农业对工业化的作用和贡献。

五、管制与国营论

张培刚在《农业与工业化》中假设经济制度不变，故很少涉及经济制度。1945～1948 年，张培刚先后发表了六篇论文研究经济制度，这些文章分析了资本主义自由竞争的弊端，提出了加强国家干涉的“管制与国营论”。

(一)管制性的双重经济制度

张培刚在六篇论文中提出了五个有关经济制度的概念。

(1)在《福利经济原理——统制经济之理论的分析(书评)》[①]中，张培刚论述和肯定了勒纳(A.P.Lerner)的“统制经济”制度：勒纳的“统制经济”是对应于“放任经济”的概念，不等于“社会主义”和“集产主义”。“社会主义乃民主制度的延展，其中心并不在废除私有财产制，那种由不民主的政府占有或管理生产事业的制度，并不能称为社会主义，而只能算是集产主义。统制经济可存在于集产制，亦可存在于资本主义制，而且只有实现统制经济，始可兼存资本主义制与集产制之长，而去二者之短，放任主义与社会主义亦可因施行福利经济之原则而得到调和，此所以从经济政策理论的立场上来看，基

---

① 张培刚：《福利经济原理——统制经济之理论的分析(书评)》，《思想与时代》第 39 期(1945 年)。

于福利经济的统制经济制度是最适宜的经济制度。”由此可知，张培刚肯定的勒纳的“统制经济制度”是一种区别于苏联社会主义和原有资本主义的第三种经济制度。

(2)在《论“正统学派”对于经济学的新看法》[①]中，张培刚三次提到“社会主义的设计”。他认为，实施凯恩斯理论需要社会主义的设计，即政府举办事业，救济失业。福利经济学研究的经济资源得到最适宜的分配和利用，与社会主义的设计很接近。“老牌正统学派向所理想的境界，很明显地只有借政府的力量，实行社会主义式的设计，才能达到。正统学派阵营里的人，兜了一个大圈子，到头来，慢慢和社会主义者的看法相接近了。”张培刚提到的社会主义的设计是在原有的资本主义经济制度上的改良。

(3)在《论经济学上两大准则——效率与公平》[②]中，张培刚三次提到“社会主义计划经济”。他认为，社会经济要达到生产最有效率，只有实现社会主义计划经济，如要达到分配公平，也只有实行社会主义计划经济，如要将效率与公平结合，更要实行社会主义计划经济。张培刚此处的“社会主义计划经济”没有确指“苏联模式”，反映了他对社会主义计划经济的理论推导和向往。

(4)在《论国营事业的价格政策》和《价格政策与计划经济：介绍苏联的价格制度》[③]二文中，张培刚提出经济制度可划分为三种：“一为自由经济，又一为全盘的计划经济，再一为兼具自由经济和计划经济的双重经济，或直称为‘双重经济’。我国现行经济制度属于第三种，苏联者属于第二种，至属于完全自由经济者在今日实不易见，比较接近的要算是美国。”[④]张培刚提到的“双重经济制度”类似于谷春帆的“混合经济制度”。

(5)在《管制与国营之理论的基础》[⑤]中，张培刚认为，“管制与国营”是政府比较积极的一种经济政策，政府对于人民的经济活动，可以完全不管的放任，也可以像苏联完全集中管理所有的资源。“在这两个极端的中间，政府可采行种种方式不同的经济政策，管制与国营是靠近后一个极端的，所以是

---

① 张培刚：《论“正统学派”对于经济学的新看法》，《经济周报》第 3 卷第 1 期(1946 年)。又见《张培刚经济论文选集》上卷，湖南出版社 1992 年版，第 263～269 页。

② 张培刚：《论经济学上两大准则——效率与公平》，《武汉大学经济学会会刊》，1947 年。又见《张培刚经济论文选集》(上卷)，湖南出版社 1992 年版，第 270～272 页。

③ 张培刚：《论国营事业的价格政策》，《经济评论》第 2 卷第 2 期(1947 年)；《价格政策与计划经济：介绍苏联的价格制度》，《经济周报》第 5 卷第 18 期(1947 年)。

④ 张培刚：《价格政策与计划经济：介绍苏联的价格制度》，《经济周报》第 5 卷第 18 期(1947 年)。

⑤ 张培刚：《管制与国营之理论的基础》，《中央银行月报》新 3 卷第 5 期(1948 年)。

比较积极的。”可见，张培刚的管制经济是靠近苏联计划经济的一种经济制度。

综上所述，张培刚在六篇文章中使用了五个不同的国家干预概念，即统制经济、社会主义的设计、社会主义计划经济、双重经济、管制经济。其中，双重经济与管制经济最能代表张培刚的中国经济制度思想，他认为这两个概念反映了“我国现行经济制度”。“双重经济”强调中国实施与苏联、美国均不同的一种新制度，“管制经济”强调中国的这种制度更靠近苏联，将二者结合，即为“管制性的双重经济制度”。

（二）管制经济的理论基础

张培刚提出的“管制经济制度”不是奠定在马克思主义的社会主义理论基础之上，也不是如马寅初、谷春帆等人基于中国的现实需要，而是基于西方主流经济学的新发展。

第一，20 世纪 30 年代，张伯伦（E. H. Chamberlin）、罗宾逊（J. V. Robinson）夫人提出了不完全竞争理论。根据这一理论，资本主义并不是完全的自由竞争，而是垄断竞争，资本主义的垄断可以抬高价格、降低工资，使消费者和工人受到了剥削，也不可能使生产达到最大效率。克服垄断的弊病，需要政府的干涉。

第二，根据凯恩斯的“一般理论”，资本主义生产与消费脱节，需求不足，造成失业，为了救济失业，政府应积极举办国营事业。

第三，张培刚是中国最早系统介绍勒纳的福利经济学及统制经济理论的经济学家。根据勒纳的理论，由于资本主义存在垄断和失业问题，要达到社会经济资源的最适宜的分配和利用是不可能的，实施统制经济可以达到社会福利的最大化。统制经济的原则和结果是：限界（边际）社会收益等于限界社会成本。中央经济设计局可依据五个福利公式而达到这一结果：(1)限界社会收益等于限界产品价值；(2)限界产品价值等于限界私人收入；(3)限界私人收入等于限界私人支出；(4)限界私人支出等于限界生产要素价值；(5)限界生产要素价值等于限界社会成本。如何达到限界社会收益等于限界社会成本呢？张培刚介绍了兰格（O. Lange）提出的中央设计局可模仿私营企业“且试且改”的方法[①]。从上论述可知，勒纳、兰格等经济学家不但认识到了资本主义实施统制经济的必要性，而且提出了如何实施统制经

---

① 张培刚：《福利经济原理——统制经济之理论的分析（书评）》，《思想与时代》第 39 期（1945 年）。

济的原则和方法。张培刚赞同勒纳的理论，这是他在中国提倡管制经济的重要原因。

第四，张培刚根据西方国家正在兴起的经济发展理论，阐述了工业化才开始的国家采行管制与国营的特殊理由[①]。他认为，在国内经济方面，工业化才开始的国家更容易形成独占与垄断，工业化的任务重，还要防止工业化带来的种种弊病，这些情况都需要政府积极干涉。在国际经济方面，经济落后国家进行工业化，首先需要保护国内幼稚工业，同时需要引导和管制外国投资者，还需要政府开发和维持国外市场，这些情况也需要政府积极作为。张培刚认为，中国就是工业化才开始的国家，因此，中国应实施管制经济。

以上四条，当时许多中国经济学家认识到了第一、第二条，第三、第四条体现了张培刚的特点。

（三）双重经济的价格政策

对于"管制性的双重经济制度"如何运行，张培刚探讨了其核心部分，即价格政策如何确定[②]。他可能是中国最早研究价格双轨制的经济学家。

张培刚认为，中国是一种兼具自由经济和计划经济的双重经济制度。在自由经济制度下，市场价格是指标，它被决定于供求关系，同时又影响供求关系。在全盘的计划经济制度下，价格是一个比例尺度，成为货物和生产资源分配的计算单位。在双重经济制度下，价格要兼具这两方面的功用。同时，国营事业和民营事业的价格形成机制不同，二者有互抬、互压、竞争或相辅的关系。因此，双重经济制度下有两种价格和两种作用，它们之间配合和调整的好坏事关双重经济制度的成败。

国营与民营事业价格形成的机制不同。"私营事业以经营单位为构成之主体，每单位各自为政，损益各自负责。所以每一经营单位必以获得最大利润为目标，为达此目的，它可以自由抬高或压低价格，有时维持价格不变，而自由扩缩生产。"而国营事业的价格形成机制则是：第一，"在中央全盘计划之下，国营事业集所属各经营单位为一整体，其所求者使整体的限界社会收益与整体的限界社会成本相等"。因此，国营事业允许个别单位亏损。第二，"国营事业的各企业间及各经营单位间，产量依于预定计划，常有一定；价格亦因一方面关系国营事业各组成分子间的预算，另方面关系民营事业的生产计划，不能剧然变动。所以国营事业的价格政策较有固定性"。从此

① 张培刚：《管制与国营之理论的基础》，《中央银行月报》新3卷第5期（1948年）。

② 张培刚：《论国营事业的价格政策》，《经济评论》第2卷第2期（1947年）。

段论述可知，张培刚认识到在双重经济制度下，民营事业的价格形成与资本主义制度一样，单个企业依据利润最大化原则自由定价，灵活伸缩，而国营事业的价格形成却与苏联式计划经济一样，中央经济设计局依据社会福利最大化原则统一制定国营企业的价格，价格制定后保持稳定。这实际上已经指出了在双重经济制度下，可以并存两种价格制度，即价格双轨制。

张培刚特别研究了国营事业价格制定的原则①。他一方面认同勒纳定律作为制定国营企业价格的基础，即“若任何生产要素的限界产品价值大于该生产要素的价格，则扩大生产；若前者小于后者，则减缩生产；若前者等于后者，则维持同额生产”，目的在于限界社会收益等于限界社会成本。另一方面，他主张学习苏联计划价格制定的经验，即在产品成本之外，政府根据国家政策的需要，利用利润率和转手税的不同，灵活制定各种价格。

张培刚主张由国家统一制定国营企业价格的政策主张，与谷春帆、翁文灏等人主张国营企业实施公司制不同。张培刚更强调国家直接控制价格与生产。

关于国营民营两种价格的配合②，张培刚认为，国营与民营两种不同的价格之间有互抬、互压、竞争或相辅的关系，其中，国营企业的价格政策处于主动地位，它引导和控制着民营企业价格的制定。首先，国营企业控制了独占和垄断行业，“让人民经营竞争性的事业，则透过价格的关系及供给的配份，政府可指示和转移人民经营事业的路线”。“政府若掌握着交通运输、采矿、甚至机械等业，当可利用这几种事业的机要性，以指示民营工业，推动整个国民经济的发展。”其次，国营企业掌握重工业，让人民经营轻工业，政府可利用国营企业的价格政策作为指导和管制民营的工具。因为重工业多为“锁钥工业”，在整个社会的产业机构中，居于首脑地位，而轻工业居于附属地位，政府可利用重工业品的价格来鼓励或抑制某些轻工业品。最后，张培刚还论述了国营企业价格的相对稳定可以减缓民营企业的价格波动，从而缓和经济危机。

（四）管制经济的条件

前已指出，张培刚看到了管制经济可以克服自由资本主义的垄断和失业问题，也可以促进落后国家的经济发展，但如何实施勒纳提出的社会边际收益等于社会边际成本，在实践中却难以具体操作，如果统制经济实施不

① 张培刚：《价格政策与计划经济：介绍苏联的价格制度》，《经济周报》第5卷第18期（1947年）。

② 张培刚：《论国营事业的价格政策》，《经济评论》第2卷第2期（1947年）。

当，将会比自由经济带来更大的损失。因此，张培刚进一步研究了管制经济实施的条件。

第一，政治制度与经济制度应彻底变革。张培刚认为，苏联之所以成功，就在于变革的彻底，如果官商勾结实施统制与管制经济，将给予他们以营私自肥的机会。“施行社会主义经济或统制经济须富有革命的勇气，用革命的手段，否则难望成功。”①

第二，计划者需要超人的眼光学识。“在实行中央集权的计划经济的国家，市场经济的价格原则既已为计划原则所代替，主持计划者的眼光和学识，关系经济政策的成败，格外重大。一着之差，常引起整个经济机构的失调和受害。”②

第三，政府事业的民主化。一为人民代表参与基本经济政策的决定。二为使人民或人民代表能监督稽核政府事业，考核公营事业的管理和经营是否适当和是否真正以大多数人民的福利为前提。

第四，设计良好的管理制度，维持经营者的进取心。针对质疑计划经济下经营者没有进取心的问题，张培刚认为，确实应防止官僚化衙门化，但只要管理制度设计良好，仍可维持经营者的进取心。比如，欧美的大工商业所有权与经营权也已经分开，经理仍然有积极性。

---

① 张培刚：《福利经济原理——统制经济之理论的分析(书评)》，《思想与时代》第 39 期(1945 年)。

② 张培刚：《价格政策与计划经济：介绍苏联的价格制度》，《经济周报》第 5 卷第 18 期(1947 年)。